난 정말
C PROGRAMMING을
공부한 적이
없다구요!

저자소개

윤성우(ripeness21@gmail.com)

벤처회사에서 개발자로 일하던 저자는 IT분야의 집필과 강의로 처음 이름이 알려졌으며, 2004년부터 지금까지 OpenGL-ES 그래픽스 라이브러리의 구현과 3D 가속 칩의 개발 및 크로노스 그룹(모바일 국제 표준화 컨소시엄)의 표준안에 관련된 일에 참여하였다. 또한 핸드폰용 DMB 칩의 개발에도 참여하였으며, 현재는 ㈜액시스소프트의 CTO로 있으면서 웹 기반 솔루션 개발에 관심을 갖고 있다.

전문 기획 / 감수자 소개

이지유(iamjiyoo@naver.com)

10년 이상 비트교육센터에서 C언어와 자료구조를 강의하고 있는 C언어 전문가이다. 실무 개발에 대한 다양한 경험과 10년 이상 축적된 학습 노하우를 통해서 학생들을 지도하고 있으며, 국내 최고의 C언어 강사로 인정받고 있다. 본서의 전문 기획자로 참여하여, 그 동안 학생들을 가르치며 쌓아온 학습 노하우를 본서에 반영하였다.

난 정말 C PROGRAMMING을 공부한 적이 없다구요!

2009년 1월 2일 1쇄
2013년 10월 22일 6쇄

지은이 | 윤성우
발행인 | 전한철
발행처 | 오렌지미디어 / 서울시 성동구 홍익동 298 우림빌딩 134

출판기획 | 이주연
디자인 | 조수진
표지디자인 | MIX STYLE STUDIO

무단 복제 및 무단 전재를 금합니다.
전 화 | 050-5522-2024
팩 스 | 02-6442-2021
등 록 | 2007년 9월 20일 제 2011-000015호
ISBN 978-89-960940-1-2 93000

정가 27,000원

이 책에 대한 의견이나 조언을 주시고자 할 때, 그리고 오탈자나 버그 등을 발견했을 때에는 홈페이지에 방문하여 내용을 등록하여 주시면 감사하겠습니다.
http://www.orentec.co.kr

난 정말
C PROGRAMMING을
공부한 적이
없다구요!

윤성우 저 | 이지유 감수

ORANGE MEDIA

이 책의 특징

- 비트교육센터에서 10년 이상 C언어를 강의하고 있는 C언어 전문가와 이 책의 저자가 함께 책의 내용 및 설명의 전개 방식을 기획하여 내용의 완성도가 매우 높습니다.

- 5년 이상 이어져온 독자들의 요구 사항 및 지적 사항을 대부분 반영하여 집필되었습니다. 그만큼 독자들이 원하는 책에 가깝게 구성이 되었으며, 자세한 설명과 체계적인 진행방식으로 인해서 속도감 있는 학습이 가능합니다.

- 이 한 권으로 C언어를 완벽히 마스터할 수 있습니다. 그리고 이 책의 내용을 완벽히 이해할 수 있도록 저자 윤성우의 무료강의를 12개월간 제공합니다.

- 학습 내용을 총 5개의 Part, 36개의 Chapter에 걸쳐서 세분화하여 학습자의 편의를 최대한 고려하였습니다.

- 이해도의 확인을 위한 적절한 분량의 문제를 적절한 위치에 삽입하였으며, 응용력 향상에 도움이 되는 다양한 난이도의 문제를 삽입하여 문제를 풀면서 실력을 점검 및 향상시킬 수 있도록 구성하였습니다.

이 책의 내용

■ PART 01

프로그래밍의 기초가 되는 자료형과 데이터의 표현방식을 중점적으로 설명하고, 연산자와 함수에 대해서 설명합니다. PART 01에서 설명하는 내용을 통해서 C언어와 프로그래밍의 전반적인 이해를 갖추게 됩니다.

■ PART 02

프로그램 흐름의 세밀한 컨트롤을 위해서 반복문과 조건문을 소개합니다. 더불어 문자의 표현방식과 메모리 구조에 대한 설명을 통해서 깊이 있는 학습을 위한 기반을 다집니다.

■ PART 03

배열을 자세하고 체계적으로 설명합니다. 1차원 배열과 다차원 배열을 함수 및 문자열과 관련해서 설명하기 때문에 배열에 대한 활용적 측면을 이해할 수 있습니다.

■ PART 04

포인터를 체계적으로 설명합니다. 포인터를 완벽하게 학습할 수 있도록 구성하였으며, 상세한 설명을 통해서 포인터를 정확히 이해하고 정확히 활용할 수 있도록 유도합니다.

■ PART 05

구조체, 헤더파일의 디자인과 같은 프로젝트 진행에 있어서 필요한 내용을 담고 있습니다. 파일을 분할하는 방법까지 설명을 하고 마지막 장에서는 미니 프로젝트를 단계별로 진행하여 프로젝트를 진행할 수 있는 기반을 다집니다.

저자의 글

"난 정말 C PROGRAMMING을 공부한 적이 없다구요!"라는 이 책의 제목은 제가 몇 년 전 어느 학생으로부터 건네 들은 말입니다. 저는 독자가 이해하기 좋은 책을 집필하려고 노력합니다. 그런데 사연이 있는 이 학생의 한마디로 "독자가 이해하기 좋은 책"에 대해서 다시 한번 생각하게 되었습니다.

간단히 설명하면서 쉽게 받아들이도록 유도하는 책도 좋은 책이 될 수 있으나, 최대한 자세히 설명하면서 전부를 이해할 수 있도록 돕는 책도 좋은 책이 될 수 있습니다. 결국 이 둘 사이에서 고민하면서 새로운 C언어 서적의 집필을 결심하게 되었습니다.

물론 집필 초기에는 집필의 형태를 완전히 구상하지 못해서 고민하였으나, 그동안 독자들이 보내준 많은 질문과 조언을 정리하면서 어렵지 않게 집필의 형태를 결정할 수 있었습니다.

그러나 얼마 시간이 지나지 않아서 제가 생각하는 좋은 C언어 책의 집필을 위해서는 제가 가지고 있는 경험 이상의 것이 필요하다는 것을 알게 되었습니다. 그래서 C언어를 10년 이상 강의해 온 비트교육센터의 이지유 선생님께 도움을 청하였고(국내에서 가장 많은 학생들에게 최고의 강의 평가를 받으며 C언어를 강의하고 있습니다), 수 차례의 거절이 있었지만 결국에는 이분의 도움을 받으면서 책을 집필하는 최고의 행운을 얻게 되었습니다. 물론 이러한 행운덕분에 수도 없이 목차를 바꾸고(집필 마감 3개월 전까지도 바꾸는), 집필 중에 있던 200여 페이지 분량의 원고를 과감히 삭제하는 아주 멋진 경험도 하였지만, 그만큼 제 능력만으로 완성할 수 없는 좋은 책이 나온 것 같아 매우 기쁩니다.

이 책의 집필은 제게도 큰 도전이었습니다. 그리고 매우 힘들었던 일로 아주 오랫동안 기억될 것입니다. 제가 힘들었던 만큼 여러분에게 의미 있는 책이 되길 기도합니다. 그리고 이 힘든 작업을 완성할 수 있도록 처음부터 마지막까지 함께해주신 하나님께 감사 드리며 이만 글을 맺습니다.

저자 윤 성 우

전문 기획 및 감수자의 글

일반적으로 국내 서적이 1년 정도의 집필기간을 갖는 것과 비교하면, 이 책의 출간은 너무 오래 걸린 것이 아닌가 하는 생각을 해봅니다. 2년 전 처음으로 이 책에 대한 전문 기획자로서의 참여 제안을 받았을 때, 저자의 기대치가 너무 높아서 부담스러웠고 그로 인해서 수 차례 거절을 했었습니다. 그러나 다소 생소한 전문 기획이라는 업무의 담당과 감수의 작업을 통해서 이 책의 완성도에 일조하게 되어 매우 만족스럽습니다.

저자도 강의에 대한 오랜 경험이 있으면서 저의 경험을 존중하는 그 자세는 이 책의 가치에 그대로 반영되었다고 생각합니다. 이미 한 권의 C언어 서적을 집필한 저자가 다른 이의 경험과 기획 의도를 수렴하여 처음부터 다시 집필한다는 것은 쉬운 결정이 아닐 것입니다. 이미 잘 알려진 C언어 서적이 있음에도 불구하고, 저의 생각과 경험을 반영하여 여기까지 한참을 돌아온 윤성우 저자께 감사와 더불어 축하의 말씀을 드립니다.

감수 이 지 유

PART 01 개발환경과 자료형 그리고 연산자   15

제1장 C언어의 기본적인 이해와 개발환경   17
    1-1. C 프로그래밍의 이해   18
    1-2. C 프로그램 개발환경의 이해   23

제2장 Dev C++와 C99   37
    2-1. C99   38
    2-2. Dev C++   40

제3장 프로그램의 기본 구성과 printf 함수의 이해   51
    3-1. 프로그램의 기본 구성과 printf 함수의 기능 관찰하기   52
    3-2. 이스케이프 시퀀스와 트라이그래프 시퀀스   56
    3-3. printf 함수가 지니는 문자열 구성 능력   62
    3-4. 서식문자, 변수 그리고 연산자에 대한 기본적인 이해   65
    3-5. 들여쓰기와 컴파일의 대상에서 제외되는 주석!   70
    3-6. Dev C++의 자동생성 코드   73

제4장 데이터 표현방식의 이해   79
    4-1. 진수와 진수변환   80
    4-2. 데이터 표현의 단위(비트, 바이트, 워드)   87
    4-3. 정수의 표현방식   89
    4-4. 실수의 표현방식   93
    4-5. 정수와 실수의 표현방식, 그리고 변수와의 관계   95

제5장 자료형(Data Type)과 변수 그리고 상수의 표현   103
    5-1. C언어의 기본 자료형(Data Type): 정수형   104
    5-2. C언어의 기본 자료형(Data Type): 실수형   109
    5-3. 적절한 자료형의 선택 기준: 정수 자료형 기준   111
    5-4. 적절한 자료형의 선택 기준: 실수 자료형 기준   115
    5-5. 변수의 선언방식과 조건   116
    5-6. 변수의 상대적인 개념 상수!   120
    5-7. 접미사에 따른 상수의 자료형   128
    5-8. 상수의 표현에 대한 정확한 이해   129

Contents

제6장 C언어의 기본 연산자   135
    6-1. 산술 연산자를 통해서 보는 연산의 원리   136
    6-2. 연산자들의 우선순위와 결합방향   140
    6-3. 다양한 연산자들의 소개   144
    6-4. 자료형 변환 연산자, sizeof 연산자   161
    6-5. 연산의 결과가 남기는 것은?   165
    6-6. 자동으로 자료형이 변환되는 경우   167

제7장 함수의 이해와 디자인   175
    7-1. 함수란 무엇인가?   176
    7-2. 함수를 구성하는 요소에 대한 이해   179
    7-3. 함수의 호출   183
    7-4. 다양한 함수를 만들어보자.   187
    7-5. 함수의 정의와 그에 따른 원형의 선언   193
    7-6. 함수와 관련해서 이런 내용들이 궁금하다!   198
    7-7. 하드웨어 관점에서 한번 이해해 보시겠습니까?   202

제8장 실력 다지기 연습문제 01   207

PART 02 흐름의 컨트롤과 데이터의 표현   211

제9장 키보드 입력에 사용되는 scanf 함수의 이해   213
    9-1. scanf 함수를 이용한 정수와 실수의 입력   214
    9-2. scanf 함수의 첫 번째 문자열이 의미하는 것!   220

제10장 실행흐름의 컨트롤 1편! 분기(Branch)   229
    10-1. if 그리고 else   230
    10-2. if~else의 중첩을 대신할 수 있는 switch   244
    10-3. 원하는 곳으로 보내주마 goto!   254

제11장 실행흐름의 컨트롤 2편! 반복(Loop)   263
    11-1. 스코프(Scope)에 대한 첫 소개   264
    11-2. while문에 의한 문장의 반복   268
    11-3. do~while문에 의한 문장의 반복   278
    11-4. for문에 의한 문장의 반복   282
    11-5. 반복문의 중첩(Nested Loop)   290

제12장 문자의 표현 방법과 문자 관련 표준함수들 — **307**
- 12-1. 컴퓨터는 문자를 표현할 줄 안다. 그러나 CPU는 모른다. — 308
- 12-2. 문자의 표현방법 — 309
- 12-3. 문자 관련 함수들 — 315

제13장 메모리 구조와 변수 — **323**
- 13-1. 하드웨어 관점에서의 메모리 공간 — 324
- 13-2. 특성에 따라 나뉘어지는 메모리 공간! — 329
- 13-3. 변수의 종류에 따른 특성과 할당 위치 — 332

제14장 printf 함수와 scanf 함수의 서식문자 완벽 정리! — **349**
- 14-1. printf 함수의 기본 서식문자 — 350
- 14-2. printf 함수의 서식문자 조합 — 357
- 14-3. scanf 함수의 기본 서식문자와 서식문자의 조합 — 364

제15장 비트 연산자와 그의 활용 — **373**
- 15-1. 비트단위 연산자들의 종류와 기능 — 374
- 15-2. 비트 쉬프트(Shift) 연산자 — 380
- 15-3. 비트 연산자들의 활용 — 387

제16장 실력 다지기 연습문제 02 — **401**

PART 03 배열의 이해와 활용 — **409**

제17장 1차원 배열의 이해와 활용 — **411**
- 17-1. 배열이라는 존재가 필요한 이유 — 412
- 17-2. 1차원 배열의 이해와 활용 — 415
- 17-3. 배열의 특성과 위험성 그리고 VLA(가변 길이 배열) — 421

제18장 문자열의 이해와 표현 — **429**
- 18-1. 이제 상수에 대해서 결론을 내립시다. — 430
- 18-2. 1차원 char형 배열을 이용한 문자열의 표현 — 435

제19장 다차원 배열의 이해와 활용 — **445**
- 19-1. 2차원 배열의 이해와 적용 — 446
- 19-2. 2차원 배열의 초기화 — 454

Contents

  19-3. 2차원 배열과 1차원 배열의 관계   458
  19-4. 2차원 배열에서의 arr[0], arr[1], arr[2]를 파헤치자!   466
  19-5. 3차원 배열에 대한 소개   470

제20장 배열을 함수의 인자로 전달하기   479
  20-1. 함수의 인자로 1차원 배열 전달하기   480
  20-2. 함수의 인자로 다차원 배열 전달하기   489

제21장 실력 다지기 연습문제 03   499

PART 04 포인터의 이해와 활용   505

제22장 포인터의 개념적인 이해   507
  22-1. 포인터는 메모리의 주소와 아주 깊은 관련이 있지요   508
  22-2. 포인터 변수 선언하기   512
  22-3. 포인터 형(Type)과 * 연산자   517
  22-4. 잘못된 포인터 사용의 예와 널(NULL) 포인터   525
  22-5. & 연산을 통해 얻은 주소 값은 단순한 숫자가 아닙니다.   529
  22-6. 문자열 배열과 문자열을 참조하는 포인터   532

제23장 포인터의 포인터와 포인터 배열   539
  23-1. 포인터의 포인터   540
  23-2. 포인터 배열   547

제24장 배열과 포인터 그리고 포인터 연산   557
  24-1. 제한된 형태의 포인터 연산   558
  24-2. 배열의 이름은 상수 형태의 포인터   563
  24-3. 다차원 배열 이름의 포인터 형   572

제25장 함수 중심의 포인터 활용과 메모리의 동적 할당   589
  25-1. Call-By-Value vs. Call-By-Reference   590
  25-2. 자료형에 이름을 부여하는 typedef 키워드   596
  25-3. 메모리 공간의 동적 할당   604

제26장 메모리 컨트롤 함수와 한정자(Type Qualifiers)   621
  26-1. 한정자(Type Qualifiers) 그리고 const   622
  26-2. volatile 그리고 restrict   629

26-3. 메모리 컨트롤 함수　　　　　　　　　　　　　　　　635
26-4. main 함수로의 문자열 전달　　　　　　　　　　　　639

제27장 함수 포인터와 함수 포인터 기반의 표준 함수들　　**647**

27-1. 함수 포인터(Function Pointer)　　　　　　　　　　648
27-2. 버블 정렬(Bubble Sort)의 이해와 함수 포인터 기반의 함수 정의　　657
27-3. 함수 포인터를 인자로 요구하는 표준 함수들　　　　　　664

제28장 실력 다지기 연습문제 04　　　　　　　　　**683**

PART 05 매크로와 파일 그리고 다양한 표준함수들　**689**

제29장 문자열 관련 표준 함수　　　　　　　　　　**691**

29-1. gets 함수와 puts 함수, 그리고 버퍼(Buffer)　　　　　692
29-2. 문자열 컨트롤 함수들　　　　　　　　　　　　　705
29-3. 문자열의 정보를 파헤치는 함수들　　　　　　　　　714
29-4. printf와 scanf의 문자열 배열 버전(sprintf & sscanf)　　720

제30장 매크로와 전처리기(Preprocessor)　　　　　**729**

30-1. 전처리기(선행처리기)와 매크로　　　　　　　　　　730
30-2. 대표적인 선행처리 명령문　　　　　　　　　　　　732
30-3. 조건부 컴파일(Conditional Compilation)을 위한 매크로　　741
30-4. 매개변수의 결합과 문자열화　　　　　　　　　　　747
30-5. 그밖에 매크로　　　　　　　　　　　　　　　　753

제31장 구조체(Structure Types)　　　　　　　　**761**

31-1. 데이터를 하나로 묶을 수 있으면 좋겠다.　　　　　　762
31-2. 첫 번째 구조체의 정의　　　　　　　　　　　　　764
31-3. 구조체 변수로 가능한 것과 불가능한 것　　　　　　　769
31-4. 구조체의 정의에 포함되는 typedef 선언과 구조체 배열　　777
31-5. 구조체의 추가적인 특성과 메모리 관계　　　　　　　780

제32장 공용체 그리고 열거형　　　　　　　　　　**793**

32-1. 공용체의 정의와 의미　　　　　　　　　　　　　794
32-2. 열거형(Enumerated Types)의 정의와 의미　　　　　798
32-3. 지금까지 설명하지 않은 구조체, 공용체, 열거형의 공통된 특성　　802

Contents

제33장 파일 입출력　　　　　　　　　　　　　　　　　　　　　　　　　805
33-1. 파일과 스트림(Stream) 그리고 기본적인 파일의 입출력　　　806
33-2. 파일의 개방 모드(mode)　　　　　　　　　　　　　　　　　816
33-3. 기본적인 파일 입출력 함수들의 활용　　　　　　　　　　　　821
33-4. 텍스트 데이터와 바이너리 데이터의 동시 입출력　　　　　　833
33-5. 임의 접근을 위한 파일 위치 지시자의 이동　　　　　　　　　838
33-6. 표준 입력 및 출력 그리고 에러의 리다이렉션　　　　　　　　846
33-7. 입력과 출력을 동시에 하기 위한 r+, w+, a+의 활용　　　　849

제34장 재귀 함수와 다양한 표준 함수들　　　　　　　　　　　　　　857
34-1. 재귀의 이해와 재귀 함수의 정의　　　　　　　　　　　　　　858
34-2. 수학 관련 함수들　　　　　　　　　　　　　　　　　　　　866
34-3. 시간과 날짜 관련 함수들　　　　　　　　　　　　　　　　　875
34-4. 가변인자 함수의 정의와 이해　　　　　　　　　　　　　　　884

제35장 파일의 분할과 헤더파일의 디자인　　　　　　　　　　　　　893
35-1. 파일의 분할　　　　　　　　　　　　　　　　　　　　　　894
35-2. 둘 이상의 파일을 김파일하는 방법과 static에 대한 고찰　　898
35-3. 헤더파일의 디자인과 활용　　　　　　　　　　　　　　　　904

제36장 실력 다지기 연습문제 05　　　　　　　　　　　　　　　　　921
36-1. 명함관리 프로그램 제작 01단계 : 데이터의 입력과 조회　　922
36-2. 명함관리 프로그램 제작 01단계의 답안　　　　　　　　　　925
36-3. 명함관리 프로그램 제작 02단계 : 파일의 분할　　　　　　　927
36-4. 명함관리 프로그램 제작 02단계의 답안　　　　　　　　　　928
36-5. 명함관리 프로그램 제작 03단계 : 파일 입출력을 통한 데이터 유지　932
36-6. 명함관리 프로그램 제작 03단계의 답안　　　　　　　　　　934

APPENDIX 아스키 코드 표　　　　　　　　　　　　　　　　　　　937

찾아보기　　　　　　　　　　　　　　　　　　　　　　　　　　　939

PART 01
개발환경과 자료형 그리고 연산자

제1장 C언어의 기본적인 이해와 개발환경
제2장 Dev C++와 C99
제3장 프로그램의 기본 구성과 printf함수의 이해
제4장 데이터 표현방식의 이해
제5장 자료형(Data Type)과 변수 그리고 상수의 표현
제6장 C언어의 기본 연산자
제7장 함수의 이해와 디자인

제1장 C언어의 기본적인 이해와 개발환경

이제 시작이다.

시작이 반이라는 말이 있다. 그만큼 시작하려는 마음가짐이 중요하다는 뜻일 것이다. C언어를 공부하는데 있어서도 시작은 반이 될 수 있다. 그러나 나머지 반을 완성하려면 무던한 노력이 필요하다. 따라서 너무 조바심을 내지도, 그렇다고 너무 긴장을 하지도 않았으면 좋겠다. 아! 이렇게 정리하면 좋을 듯 하다.

"C언어는 시작이 반이다. 그리고 나머지 반은 인내다."

새로운 언어를 공부하는 것이 힘든 일이 왜 아니겠는가? 그러나 인내를 하고 순간순간 닥쳐오는 위기를 극복하면 여러분은 100% C언어를 정복할 수 있다.

이 장의 목차페이지 ➜➜➜ 1-1. C 프로그래밍의 이해   18
                             1-2. C 프로그램 개발환경의 이해   23

1-1 C 프로그래밍의 이해

C언어를 문법적으로 공부하기에 앞서서 프로그래밍 언어에 대해서, 그리고 프로그램 개발과 관련된 주변 요소들을 이해할 필요가 있다. 이 책에서는 C언어의 문법적 요소를 100% 완벽히 익히는데 초점이 맞춰져 있다. 따라서 이번 장에서는 여러분이 기본적으로 알아야 할 실리적인 내용들 위주로 설명을 진행하겠다.

■ CPU와 어셈블리 언어

과거의 이야기를 꺼내기보다는 오늘날의 환경에 맞추어 C언어를 소개하고자 한다. 여러분은 실행파일(확장자가 exe인 파일)이라는 것을 어떻게 정의하는가? 학문적인 질문을 하려는 것이 아니다. 여러분이 느끼는 대로 이야기하면 그만이다. 필자는 다음과 같이 정의하고자 한다.

"실행파일이란 CPU에게 일을 시키는 녀석!"

여러분이 내린 정의와 차이가 있을 수는 있지만 대부분 필자의 이러한 정의를 이해할 수 있을 것이다. 그럼 이제 실행파일을 정확히 이해하기 위해서 CPU에게 일을 시키는 방법이 어떻게 되는지 살펴보기로 하자. 가전기기를 구입해 본 경험이 있을 것이다. 그런데 가전기기를 구입하면 반드시 포함되어 있는 것이 있으니 다름아닌 사용설명서다. 이와 마찬가지로 CPU에도 사용설명서가 있다. 오늘날 범용적으로 사용되는 Intel사와 AMD사의 CPU에서부터 MIPS, ARM까지 다양한 종류의 CPU가 존재하며, 이들 각각의 사용을 위한 CPU의 사용설명서도 존재한다. 이 사용설명서에는 각각의 CPU에게 일을 시키기 위한 명령어들이 소개되고 있는데, 이러한 명령어들은 다음과 같은 형태로 조합이 된다.

```
ADD     r1, 8, 2
STORE   sp, 0x40
SUB     sp, sp, 4
```

이러한 명령어들의 조합은 딱! 보기에도 정감이 가지 않게 생겼다. 무엇보다도 이러한 명령어 체계를 이해하려면 해당 CPU의 내부 구조를 어느 정도 알고 있어야 한다. 즉 하드웨어를 이해하지 못하면 위의 명령어들을 이용해서 프로그램을 작성할 수 없다. 그리고 이러한 명령어 체계를 가리켜 어셈블리 언어라 하는데, 아마도 한번 정도는 들어봤을 것으로 생각한다.

"아! 그럼 실행파일이란 어셈블리 명령어들의 모음?"

어셈블리 언어가 CPU에 가장 가까운 언어임에는 틀림이 없다. 그러나 CPU가 이해할 수 있는 명령어는 아니다. 컴퓨터를 잘 모르는 사람도 컴퓨터는 1과 0만 이해할 수 있는 물체라는 사실은 알고 있을 것이다. 그런데 어셈블리 언어는 1과 0으로 이뤄져 있지 않다. 그러니 컴퓨터가 이해할 수 있는 명령어는 아니다.
따라서 어셈블리 언어로 구성된 명령어들도 컴퓨터가 이해할 수 있는 1과 0으로만 이뤄져 있는 코드(바이너리 코드)로 변환이 되어야 한다. 그리고 이러한 바이너리(binary) 코드로의 변환은 '어셈블러(assembler)'라는 프로그램에 의해서 이뤄지는데, 프로그램의 실행파일은 이렇게 변환된 바이너리 코드로 이뤄져 있다고 볼 수 있다. 하지만 바이너리 코드가 실행파일 자체는 아니다. 이 둘 사이의 관계에 대해서는 잠시 후에 설명하겠다.

[그림 1-1 : 어셈블러와 바이너리 코드]

잠시 어셈블리 언어에 대해서 소개를 하였는데, 이러한 어셈블리 언어는 CPU에 의존적이다. 쉽게 말해서 CPU별로 어셈블리 명령어의 체계가 다르다. 따라서 여러분이 Intel 계열의 CPU에서 동작하는 테트리스 게임을 만들기 위해 어셈블리 언어를 사용했다면, 이 테트리스 게임은 오로지 Intel 계열의 CPU에서만 동작을 한다. 때문에 이 게임을 ARM 계열의 CPU에서 동작시키려면 ARM 기반의 어셈블리 명령어를 사용해서 다시 구현해야 한다.
정리하면, CPU의 내부구조를 잘 알아야 하기 때문에 어셈블리 언어에 익숙해지기 위해서는 오랜 시간이 걸린다. 그리고 CPU별로 호환이 되지 않기 때문에 CPU가 바뀌면 프로그램을 다시 구현해야 하는 불편함도 따른다. 하지만 여러분이 이제부터 공부할 C언어는 익숙해지는데 걸리는 시간이 짧다. 뿐만 아니라 CPU별로 호환도 되기 때문에 한번 구현한 C 프로그램은 어느 CPU에서건 실행시킬 수 있다.

■ C언어의 특징과 컴파일러

C언어는 익숙해지는데 걸리는 시간이 짧다고 했는데, 그 이유는 다음과 같다.
- C언어는 CPU의 내부구조에 대한 지식을 필요로 하지 않는다.
- C언어는 사람들이 이해하기 쉬운 구조적인 언어의 특성을 지니고 있다. 다시 말해서 C언어를 이용하면 우리가 생각하는 내용을 쉽게 프로그램으로 옮길 수 있다.

더불어 C언어로 구현된 프로그램은 어느 CPU에서건 실행시킬 수 있다고 하였는데, 이제부터 그 이유를 설명하겠다.

어셈블리 언어는 배우기도 어렵지만, 배워서 익숙해진 이후에도 많은 양의 코드를 만들어 내기에는 불편함이 따른다. 그래서 등장한 프로그래밍 언어 중에 하나가 C언어이다. 그런데 이 C언어는 '컴파일러(compiler)'라는 프로그램과 함께 등장하였다. 컴파일러는 C언어로 구현된 프로그램 코드를 어셈블리 코드로 변환해 주는 작업을 한다. 즉 배우기도 쉽고 코드의 생산성도 좋은 C언어를 이용해서 프로그램을 작성하면, 컴파일러라는 이름의 프로그램은 이를 어셈블리 코드로 변환해 준다. 그것도 아주 멋지게 말이다! 이 얼마나 반가운 소리인가? 어려운 어셈블리 언어를 대신해서 훨씬 쉬운 C언어로 프로그램을 작성하면 컴파일러라는 것이 자동으로 어셈블리 코드로 변경해 준다니 말이다.

 **컴파일러가 만들어내는 멋진 어셈블러 코드**

컴파일러가 변환해서 만들어주는 어셈블리 코드가 프로그래머가 직접 만들어내는 어셈블리 코드보다 못하다면 어셈블리 프로그래머의 수가 적지 않았을 것이다. 그러나 오늘날의 컴파일러는 일반적으로 프로그래머가 직접 만들어내는 어셈블리 코드보다 간결하고 성능이 좋은 코드를 만들어 낸다.

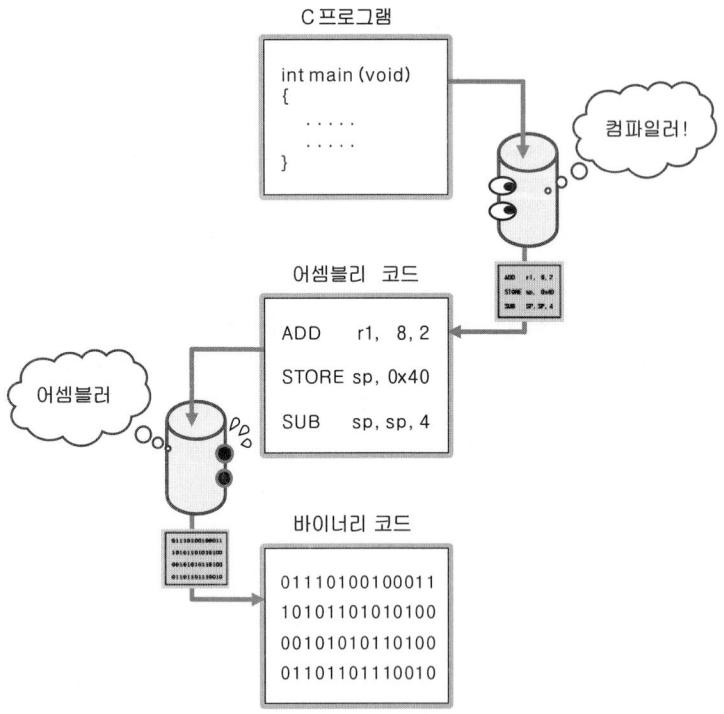

[그림 1-2 : 바이너리 코드의 생성 과정]

위 그림은 지금까지 이야기한 내용을 바탕으로 바이너리 코드의 생성과정을 정리한 것이다. 그런데 앞서 어셈블리 언어는 CPU마다 다르다고 하였다. 따라서 Intel의 어셈블리 코드로 변환해 주는 컴파일러,

ARM의 어셈블리 코드로 변환해 주는 컴파일러가 별도로 존재할 수밖에 없다. 이를 그림으로 정리하면 다음과 같다.

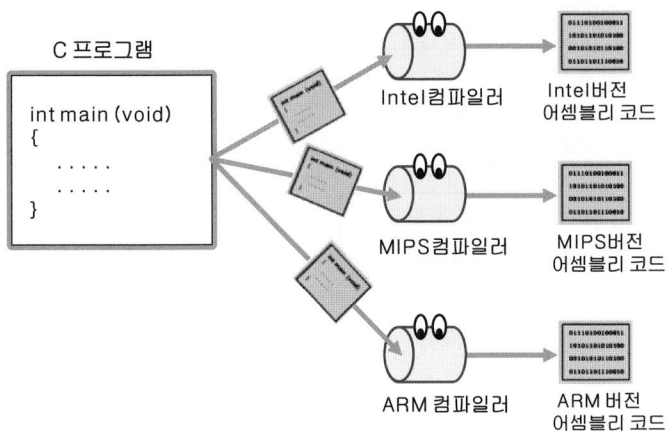

[그림 1-3 : 바이너리 코드의 생성 과정]

위 그림을 보면서 알 수 있는 사실은, C언어로 구현된 프로그램은 코드의 수정을 거치지 않고도 각기 다른 CPU를 기반으로 하는 시스템에서 실행이 가능하다는 것이다. 컴파일러만 달리해서 컴파일 해 주면 되기 때문이다.

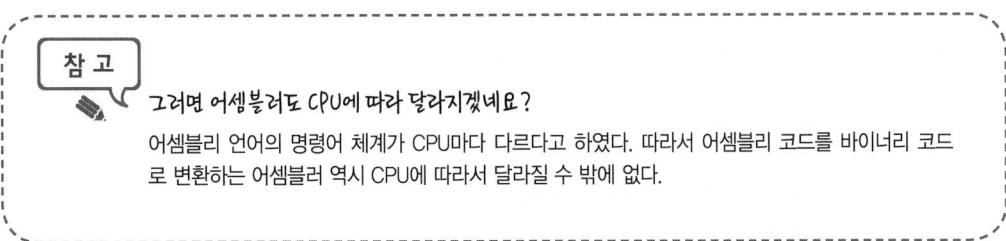

그러면 어셈블리도 CPU에 따라 달라지겠네요?
어셈블리 언어의 명령어 체계가 CPU마다 다르다고 하였다. 따라서 어셈블리 코드를 바이너리 코드로 변환하는 어셈블러 역시 CPU에 따라서 달라질 수 밖에 없다.

■ 바이너리 코드는 어떻게 실행파일이 되는가?

C 프로그램이 컴파일러에 의해 어셈블리 코드가 되고, 이 어셈블리 코드는 다시 어셈블러에 의해서 바이너리 코드가 된다. 그렇다면 바이너리 코드는 어떻게 실행파일이 될까? 이에 대한 이해를 위해서는 실행파일의 특성에 대해 조금 더 알 필요가 있다.

여러분이 주로 사용하는 Windows에서 실행되는 실행파일은 Linux에서도 실행이 될까? 안 된다. 마찬가지로 Linux에서 실행되는 실행파일은 Windows에서 실행되지 않는다. 동일한 CPU를 사용하고 있어도 실행되지 않는다. 이유가 뭘까? 가장 큰 이유는 실행파일의 포맷(구성 형태)이 다르기 때문이다. 실행파일을 더블 클릭하면 해당 프로그램이 실행되어야 한다. 그런데 프로그램의 실행이라는 것은 운영체제(operating system)에 상당히 의존적이기 때문에 Windows는 Windows 나름의 실행파일 포맷을, Linux는 Linux 나름의 실행파일 포맷을 정의하고 있다. 따라서 여러분이 만든 바이너리 코드를 Windows의 실행파일로 만들기 위해서는 Windows의 실행파일 포맷에 맞춰서 구성해야 한다. 그렇다면 이 작업은 누가 해 주는가? 바로 '링커(linker)'라는 프로그램이 처리해 준다.

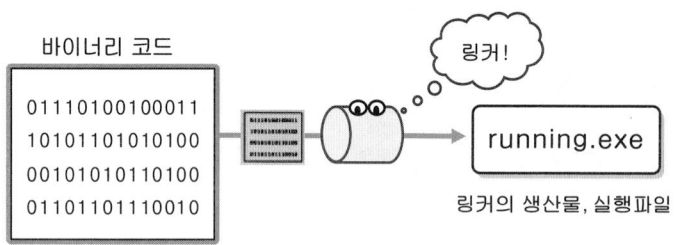

[그림 1-4 : 실행파일을 생산하는 링커]

■ 소스파일(Source File), 오브젝트 파일(Object File), 실행파일

지금까지 해 온 이야기를 정리하면서 프로그램의 개발과정과 파일의 종류에 대해서 설명하고자 하는데, 필자는 여러분이 쉽게 접할 수 있는 Windows를 기반으로 내용을 설명하겠다.

• 1단계 : C언어로 프로그램을 작성, 그리고 확장자가 .c인 파일에 저장

제일 먼저 해야 할 일은 C언어를 기반으로 프로그램을 작성하는 것이다. 그리고 이렇게 작성된 프로그램이 저장된 파일을 가리켜 소스파일이라 한다. C언어의 소스파일은 확장자를 .c로 주어야 하는데, 이는 약속이며 이렇게 확장자가 .c인 소스파일이 컴파일의 대상이 된다.

• 2단계 : 컴파일의 결과로 확장자가 .obj인 오브젝트 파일을 생성

소스파일을 만들었으면 이 파일은 컴파일러에 의해서 어셈블리 코드로 변환 된 다음에, 어셈블러에 의해 바이너리 코드로 변환되어야 한다. 그런데 일반적으로 컴파일러가 어셈블러의 역할까지 담당하기 때문에 컴파일러가 컴파일을 하면 바로 바이너리 코드가 생성된다. 그리고 이렇게 생성되는 바이너리 코드는 오브젝트 파일이라 불리는, 확장자가 .obj인 파일에 저장이 되며 링커의 링킹(linking) 대상이 된다.

• 3단계 : 링커의 의한 실행파일의 생성

링커는 오브젝트 파일을 확장자가 .exe인 실행파일로 만들어 준다.

1~3단계의 진행과정을 그림으로 정리하면 다음과 같다.

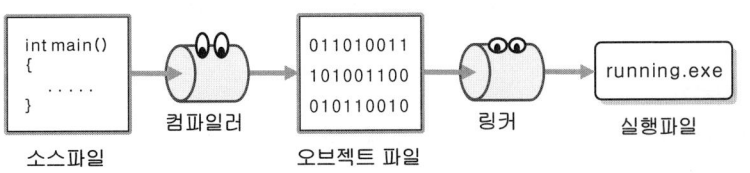

[그림 1-5 : 소스파일에서 실행파일의 생성 과정]

이제 여러분은 실행파일을 무엇이라 정의하겠는가? 필자는 앞서 했던 정의가 여전히 마음에 든다. 그러나 공부한 내용이 있으니 다음과 같이 정의를 해도 부담스럽지 않을 것이다.

"실행파일이란 CPU에게 일을 시키기 위한 바이너리 형태의 명령어를, 운영체제에서 요구하는 포맷에 맞춰서 구성한 파일"

1-2 C 프로그램 개발환경의 이해

이제 실습을 위한 개발환경을 설명하고자 한다. 다양한 개발환경이 존재하지만 이 책에서는 학생들이 가장 보편적으로 많이 사용하는 Microsoft사의 개발환경을 중심으로 설명을 전개하고자 한다(2장에서는 또 다른 개발 환경인 Dev C++에 대해서도 설명한다). Microsoft사의 개발환경을 선택한 이유는 딱 두 가지이다. 가장 보편적으로 사용된다는 점과 무엇보다도 이제는 공짜로 사용할 수 있다는 점이 그 두 가지이다.

■ 실행파일 만들기 실습(Visual C++ Express Edition 기반)

그럼 이제 실행파일을 직접 만들어 보기로 하겠다. 이 책에서는 여러분이 Microsoft사의 홈페이지에서 무료로 다운받아서 사용할 수 있는 Visual C++ Express Edition을 기본 개발환경으로 사용한다.

• 01 단계 : Visual C++ Express Edition 다운 및 설치하기

Visual C++ Express Edition은 Microsoft사의 홈페이지에서 무료로 다운받을 수 있다. 그런데 홈페이지의 구성은 상황에 따라서 달라질 수 있으므로, 다운 및 설치까지는 여러분의 몫으로 남겨두겠다. 굳이 Microsoft사의 홈페이지에 들어갈 필요없이 네이버에서 검색만 해 봐도 쉽게 구할 수 있다(그리고 이

는 불법이 아니다). 그리고 게임 프로그램을 하나 설치하는 정도로 설치 방법도 매우 쉽다.

• 02 단계 : Visual C++ 실행하기

다음은 설치가 완료된 이후 Visual C++을 띄웠을 때 처음 보게 되는 화면이다.

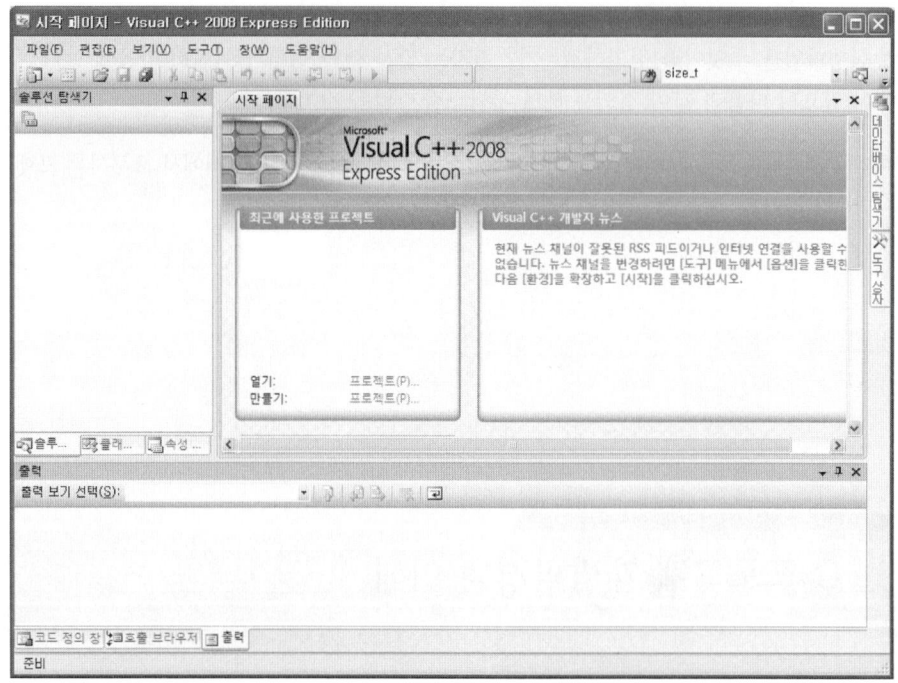

[그림 1-6 : Visual C++의 첫 화면]

• 03 단계 : 솔루션(solution)과 프로젝트(project) 만들기

Visual C++을 띄웠으니 프로그램을 만들어야 한다. 그런데 프로그램을 만들기에 앞서 솔루션과 프로젝트라는 것을 만들어야 한다. 솔루션은 하나 이상의 프로젝트를 담는 장소이고, 프로젝트는 하나 이상의 소스파일을 담아두는 장소라고 정의할 수 있다.

솔루션과 프로젝트는 개발중인 소프트웨어의 관리를 위해 정의된 것들이므로 여러분은 이 둘을 묶어서 소스파일을 담아두는 장소라고 간단히 알고 있기 바란다. 메뉴에서 다음과 같이 선택을 한다.

✓ 파일→새로 만들기→프로젝트

그리고 나면 다음 화면이 나타난다.

난 정말 C PROGRAMMING을 공부한 적이 없다구요!

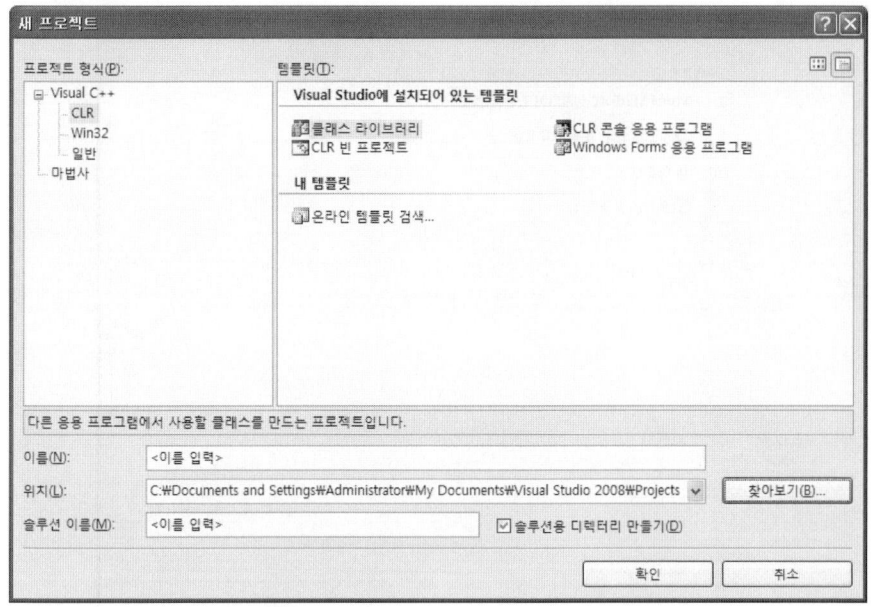

[그림 1-7 : 솔루션과 프로젝트 만들기]

여기서 우리가 앞으로 제작할 프로그램의 성격에 맞는 템플릿(프로그램 제작의 틀)을 선택하고, 새로 만들어지는 솔루션과 프로젝트의 이름을 입력해야 한다. 다음과 같이 선택하고 입력하자. 우선 프로젝트 형식을 Win32로 변경해야만 템플릿을 아래와 같이 선택할 수 있다.

- ✓ 프로젝트 형식 : Win32
- ✓ 템플릿 : Win32 콘솔 응용 프로그램
- ✓ 이름 : FirstProject
- ✓ 위치 : C:\
- ✓ 솔루션 이름 : FirstSolution

선택 및 입력을 정확히 했다면, 다음 그림과 동일한 형태를 보여야 한다.

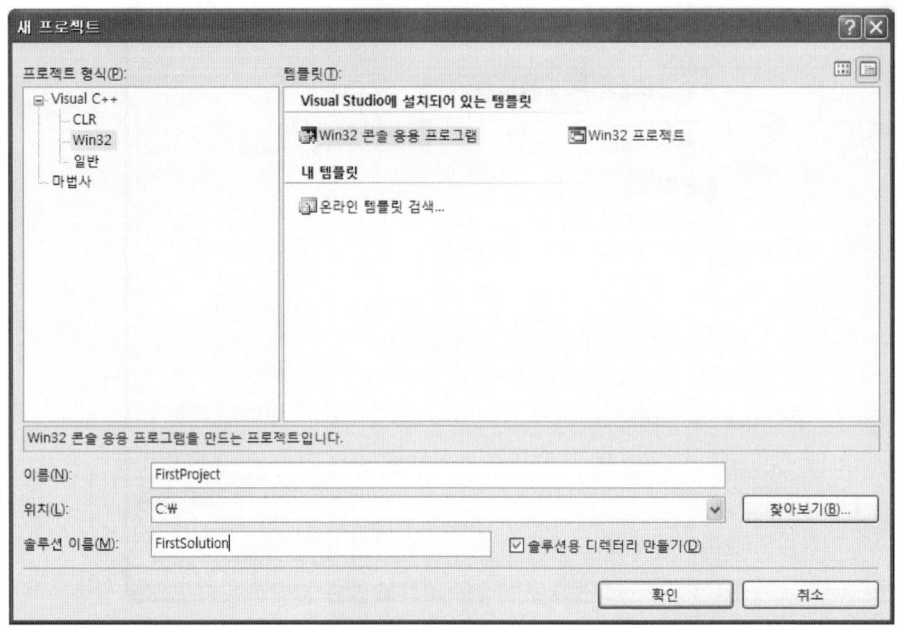

[그림 1-8 : 솔루션과 프로젝트 정보 입력]

이제 '확인' 버튼을 눌러서 넘어가자. 그러면 다음 화면을 볼 수 있다.

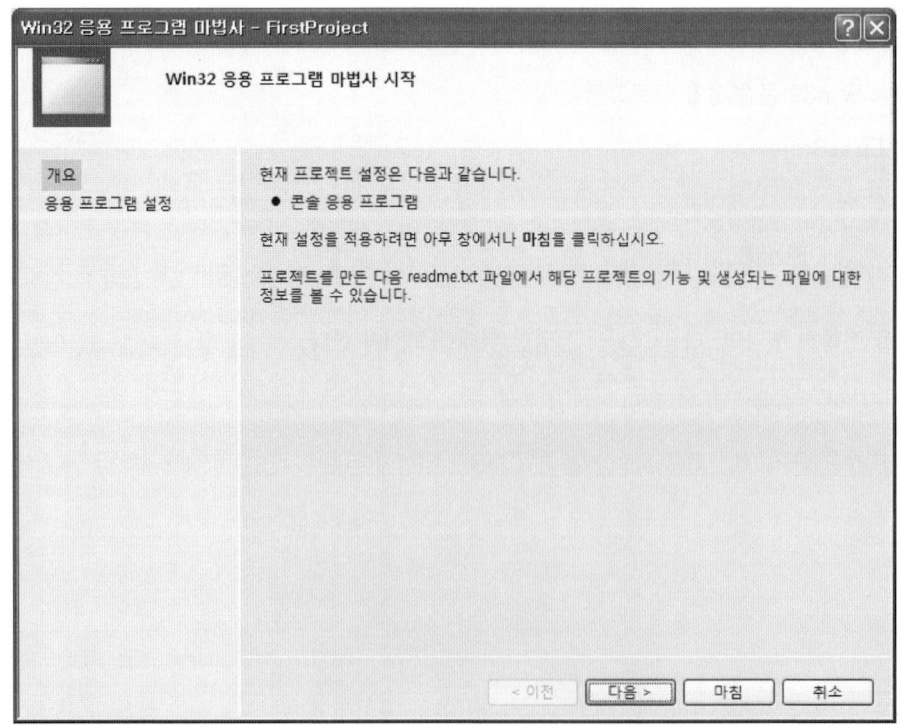

[그림 1-9 : 입력정보 확인]

여기서 그냥 '마침' 버튼을 누르지 말고 '다음' 버튼을 누르자. 그러면 아래의 화면을 볼 수 있다.

[그림 1-10 : 일부 설정 변경]

기본적으로 추가 옵션의 '빈 프로젝트'가 해제되어 있는데, 이를 선택하고 '마침' 버튼을 누른다. 다음은 최종으로 보게 되는 화면이다.

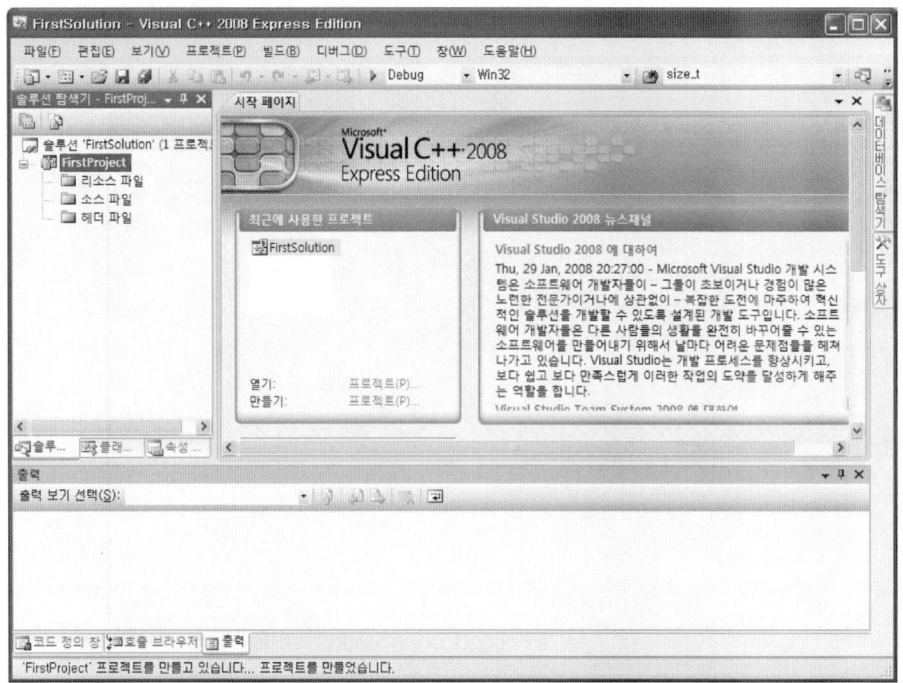

[그림 1-11 : 솔루션과 프로젝트 생성 완료]

위 그림의 왼쪽에 있는 솔루션 탐색기를 보면 여러분이 만든 솔루션의 구성도를 볼 수 있다. FirstSolution 아래에 FirstProject가 있고, FirstProject 안에 리소스 파일, 소스파일, 그리고 헤더파일을 저장할 수 있는 영역이 나뉘어 있음을 볼 수 있다.

• 04 단계 : 소스파일 만들기

소스파일을 담을 수 있는 프로젝트를 만들었으니 이번에는 소스파일을 하나 추가해 보겠다. 솔루션 탐색기의 '소스파일' 위에서 마우스 오른쪽 버튼을 눌러, '추가'의 '새 항목'을 선택한다.

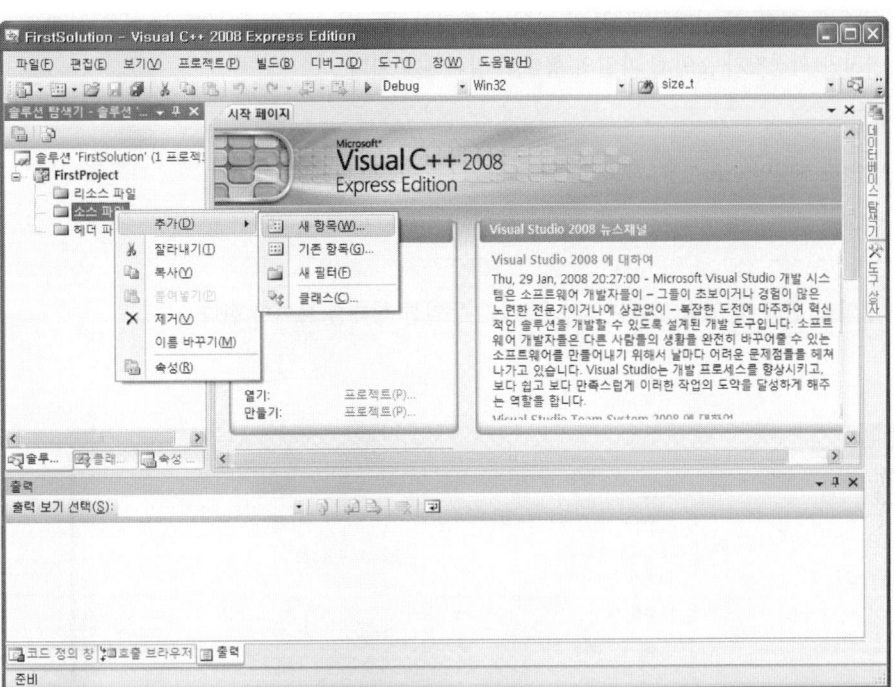

[그림 1-12 : 소스파일 추가를 위한 '새 항목' 선택]

이렇게 '새 항목'을 선택하면 다음 화면을 볼 수 있다.

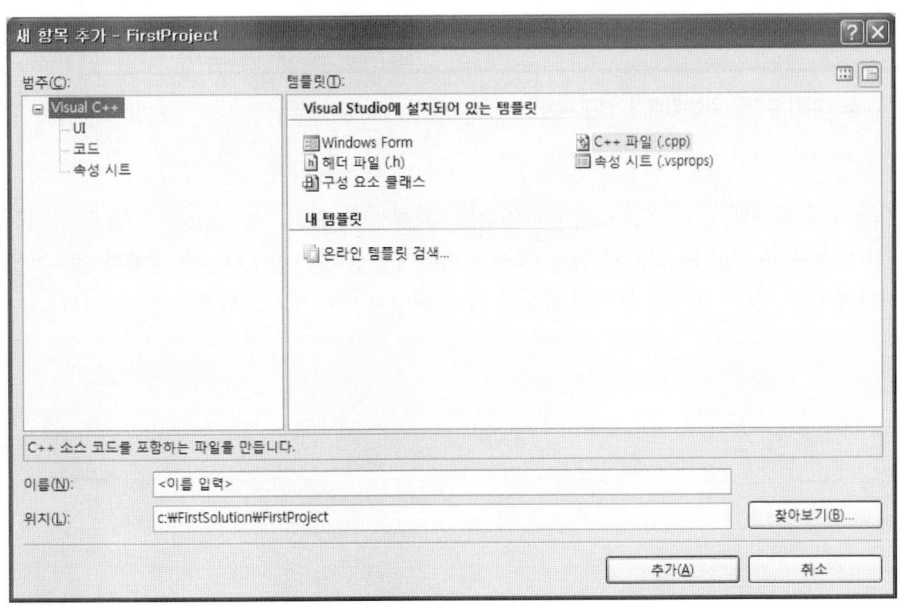

[그림 1-13 : 소스파일 추가를 위한 입력 화면]

그리고 다음 내용을 입력 및 선택한다. 특히 파일의 확장자가 .c임에 유의해야 한다. 비록 선택은 'C++ 파일(.cpp)' 이지만 확장자가 .c인 C 파일의 형태로 입력해야 한다.

- ✓ 범주 : 코드
- ✓ 템플릿 : C++파일(.cpp)
- ✓ 이름 : first.c

위 사항들을 정확히 선택 및 입력 했다면 다음 그림과 동일한 형태를 보여야 한다.

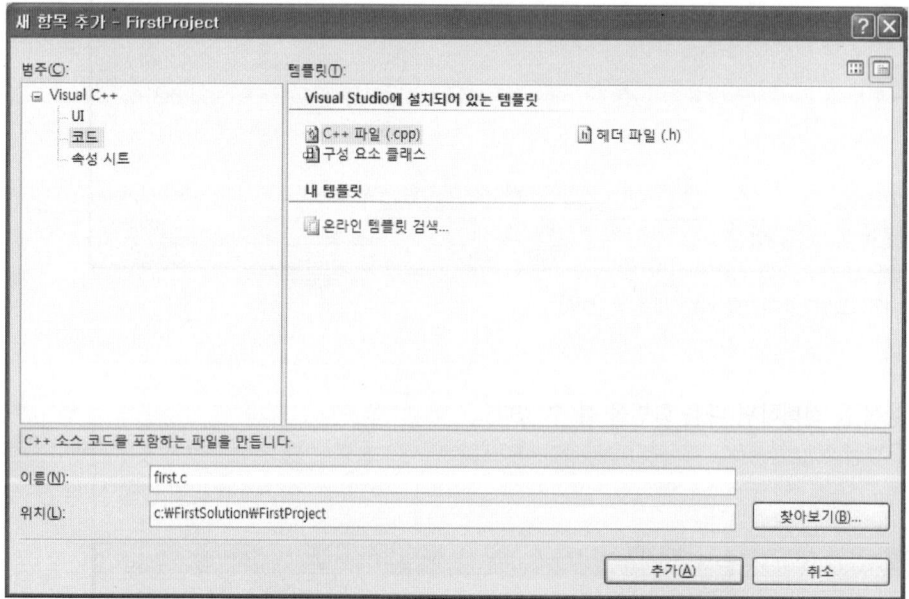

[그림 1-14 : 소스파일 추가를 위한 입력 및 선택 내용]

여기서 확장자를 .c로 둔 이유는 C 표준으로 컴파일 하기 위해서다. 확장자를 .cpp로 두면 C++ 표준으로 컴파일 되기 때문에(Visual Studio의 특징이다) 여러분이 C언어를 공부하는데 방해가 될 수 있다. 마지막으로 하단에 있는 '추가' 버튼을 누르면 다음과 같이 파일이 하나 생성되었음을 볼 수 있다.

난 정말 C PROGRAMMING을 공부한 적이 없다구요!

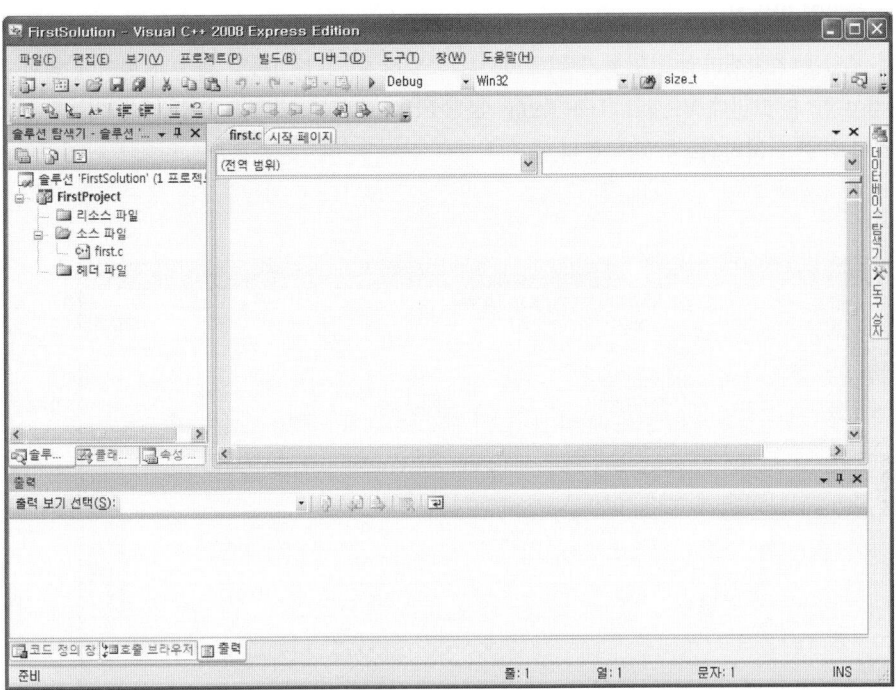

[그림 1-15 : 소스파일 추가 완료]

이제 비로소 프로그래밍을 시작할 준비가 되었다.

• 05 단계 : C 프로그램 작성하기

우리가 만든 소스파일 first.c에다 다음 소스코드를 입력하자. 아직 그 내용을 모르기 때문에 더더욱 오타 없이 입력하기 위해서 노력해야 한다. 지금으로선 오타가 발생했을 때, 이를 쉽게 발견하는 능력이 여러분에겐 없으니 말이다.

■ first.c
```
1.   #include <stdio.h>
2.
3.   int main(void)
4.   {
5.       printf("C 프로그래밍 \n");
6.       return 0;
7.   }
```

제1장 C언어의 기본적인 이해와 개발환경 _31

• 06 단계 : 실행파일 만들기

그림 1-5에서 보였듯이 실행파일을 만들기 위해서는 컴파일러에 의한 컴파일 과정과 링커에 의한 링킹의 과정을 거쳐야 한다. 그런데 Visual C++ Express Edition에서는 '빌드(Build)' 라는 기능을 제공하여, 이 두 과정이 한번에 처리되도록 도와준다.

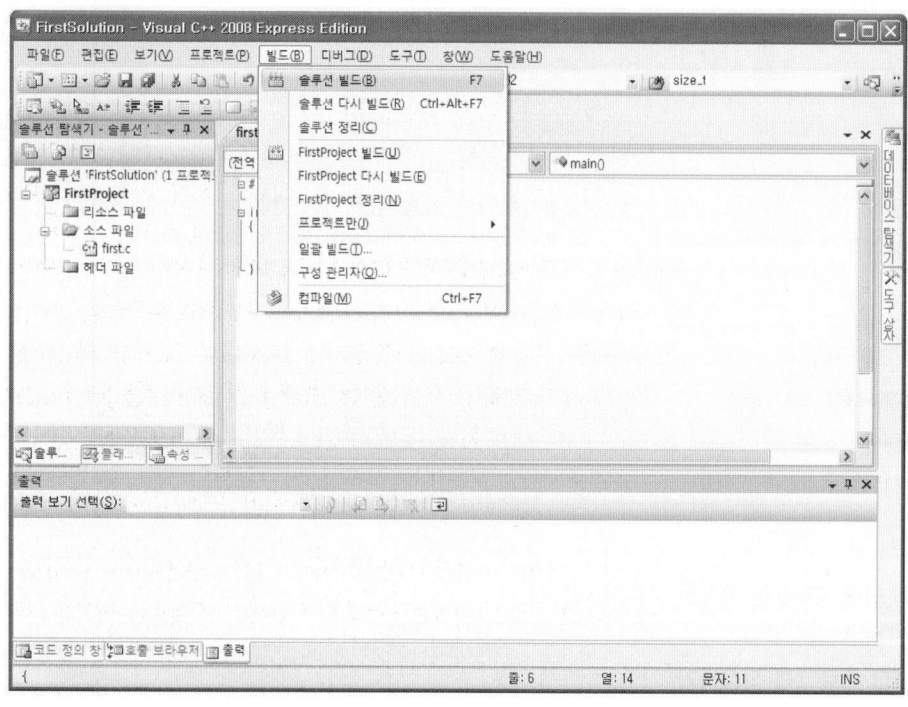

[그림 1-16 : 실행파일의 생성]

위 그림과 같이 메뉴에서 '빌드'를 선택하면 다양한 선택의 기회가 주어진다. 무엇을 선택하는 것이 옳겠는가? 단순히 생각하자. 여러분이 빌드 할 대상이 무엇인가? 위 그림의 왼편에 있는 솔루션 탐색기를 보고 답해 보자.

아마도 대부분 first.c를 빌드의 대상으로 답했을 것이다. 맞다. 그런데 조금 더 큰 범위에서 이야기하면 FirstProject를 빌드의 대상으로 답할 수 있다. 그리고 그보다도 큰 범위에서 이야기하면 FirstSolution을 빌드의 대상으로 답할 수 있다. 그럼 다시 메뉴를 보자. 무엇을 선택해야 하겠는가? 여러분의 답변처럼 'FirstProject 빌드'를 선택해도 되고, '솔루션 빌드'를 선택해도 된다. 지금은 어떤 것을 선택해도 차이가 없으니 여러분이 마음에 드는 것으로 선택해도 된다. 다음 그림은 빌드의 결과를 보여준다.

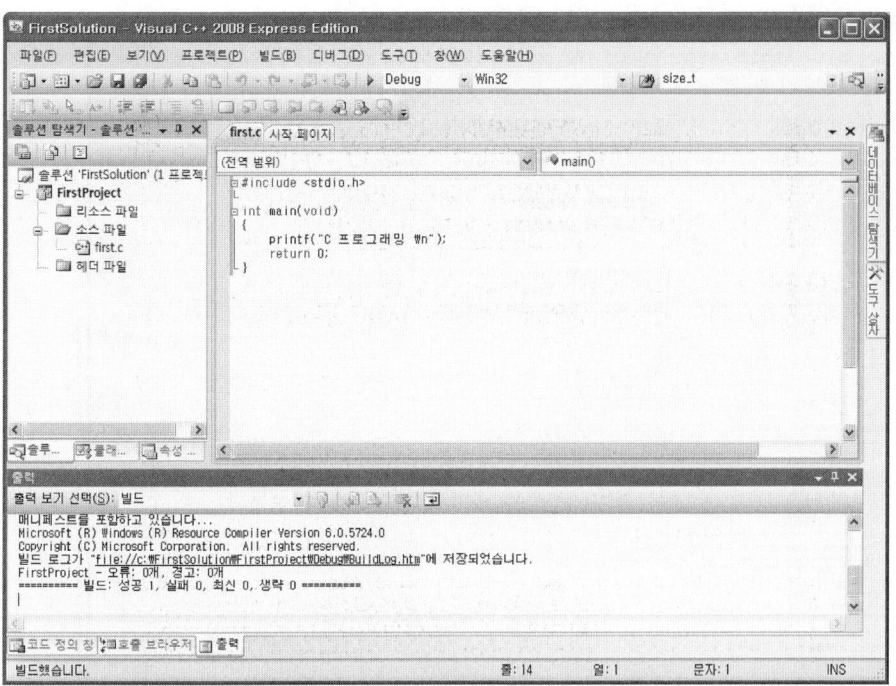

[그림 1-17 : 빌드의 결과]

위 그림의 하단에서는 빌드의 결과를 보여준다. 자세히 보면 빌드에 성공했음을 알 수 있다. 빌드에 성공을 하면 실행파일이 생성된다. 그리고 만약에 빌드에 실패했다면, 출력되는 메시지를 참조하여 오타가 없는지부터 살펴봐야 한다.

• 07 단계 : 실행하기

이제 실행파일을 찾아볼 차례이다. 기본적으로 실행파일의 이름은 프로젝트의 이름을 참조하여 만들어진다. 여러분도 필자와 동일한 위치에 디렉터리를 만들어서 작업했다면 다음 위치에 다음 이름으로 실행파일이 만들어져 있을 것이다.

✓ C:\FirstSolution\debug\FirstProject.exe

그런데 일반적으로 프로그램 개발과정에서는 개발한 프로그램의 실행을 위해서 실행파일을 더블 클릭하지는 않는다. 왜냐하면 Visual C++ Express Edition 상에서도 얼마든지 실행이 가능하기 때문이다. 다음 그림을 보자.

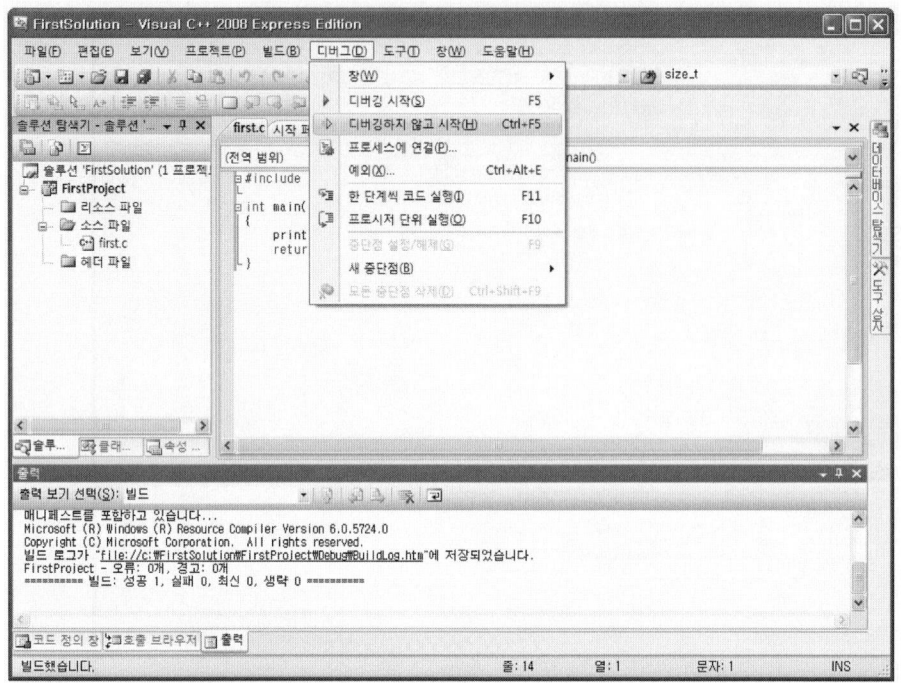

[그림 1-18 : 프로그램 실행방법]

위 그림은 메뉴에서 '디버그'를 선택하면 '디버깅하지 않고 시작'이라는 것을 선택할 수 있음을 보여준다. 바로 이것을 선택 함으로서 프로그램을 실행시킬 수 있다. 다음 그림은 위 예제의 실행결과이다.

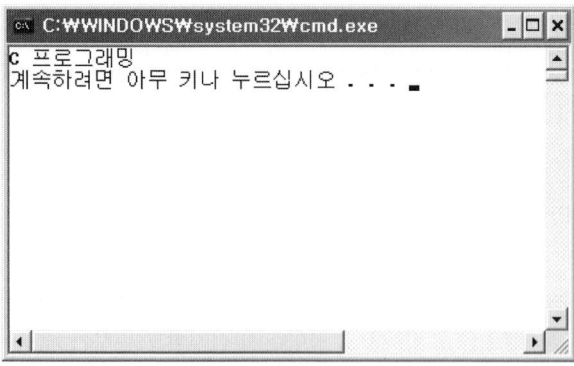

[그림 1-19 : 프로그램의 실행결과]

위 출력 결과 중에서 여러분이 프로그램으로 출력한 문자열은 다음과 같다.

"C 프로그래밍"

그리고 "계속하려면 아무 키나 누르십시오"라는 문장의 출력은 여러분이 프로그램상에서 명령한 내용이 아니라 Visual C++이 추가로 출력한 문자열이다. 아무 키나 누르면 출력 창을 닫겠다는 것을 알리기 위함이다. 이로써 C언어를 공부하기 위한 환경적인 요소들은 전부 설명이 끝이 났다. 이제 본격적으로 C언어를 공부할 준비가 된 것이다.

제2장 Dev C++ 과 C99

컴파일 환경을 두려워할 필요가 전혀 없습니다.

많은 사람들이 소프트웨어 툴(tool)을 처음 다루는 것에 대해 부담을 느낀다. 오죽하면 소프트웨어 툴과 관련된 자격증들이 존재하겠는가? 마찬가지로 여러분들 역시 소프트웨어 툴에 대한 부담감은 가지고 있을 것이다. 그러나 툴은 툴일 뿐이다. 여러분이 조금만 관심을 가지면 쉽게 사용이 가능하다. 쉽게 사용하라고 만든 것이 툴이기 때문이다.

이 장의 내용은 1장과 3장을 연결하는 내용이 아니기 때문에 3장을 먼저 공부한 다음에 이번 장의 내용을 공부해도 좋다. 1장에서 하나의 툴을 소개했는데, 이어서 또 하나의 툴을 소개하면 여러분이 피곤하게 느낄 수 있다. 따라서 이번 장의 내용은 한참 뒤에 읽어봐도 된다. 어느 순간 이번 장의 내용이 필요하다고 느끼는 순간이 있다. 그 때에 참조를 해도 늦지 않는다.

이 장의 목차페이지 ➤➤➤   2-1. C99   38

                                     2-2. Dev C++   40

2-1 C99

이 책에서는 여러분에게 C언어의 최신(사실 이제는 최신이라고 이야기하기에는 조금 민망한 만큼의 시간이 흘렀다) 표준에 대해서 상당부분 소개를 한다. 따라서 이를 테스트하기 위한 환경으로 Dev C++의 정확한 사용방법을 설명하고자 한다. 왜냐하면 Microsoft사의 컴파일러들은 다른 컴파일러들에 비해 표준사항의 반영이 대체로 늦거나 아직 계획에 없기 때문이다. 그리고 표준사항의 반영 유무와 상관없이 많은 사용층을 보유하고 있는 Dev C++을 사용해보는 것은 여러분에게 큰 의미가 있다.

■ C언어의 최신 표준 C99

C언어의 표준은 ANSI(American National Standards Institute)라는 이름의 미국 표준 협회에서 제정을 하고, 이렇게 ANSI에서 제정한 C언어의 최신 표준안을 가리켜 C99라 한다. 이름에서 느껴지듯이 이 최신 표준안은 99년도에 제정되었다. 따라서 여러분 입장에서는 조금 어이가 없을 것이다.

"아니 99년도에 제정된 표준안이 최신이라니!"

그러나 최소한 수년에서 길게는 십 년 이상이 흘러야 표준안이 실제 프로그래밍 환경에서 영향력을 발휘한다는 소프트웨어의 특성을 알고 나면 그리 놀랄 일도 아니다. 오히려 99년도에 제정된 표준임에도 불구하고 아직도 이를 완벽히 지원하는 컴파일러가 없다는 사실에 더 놀라야 하지 않을까?

이 책에서도 C99의 표준안을 100% 반영해서 설명하지는 않는다. 필자가 설명을 해도 지원하는 컴파일러가 없어서 확인할 길이 없는 경우도 있기 때문이다. 때문에 컴파일러가 지원하는 사항들과 실제로 사용이 되고 있는 내용들 중심으로 설명할 예정이다.

ANSI와 Dennis Ritchie

ANSI는 미국의 공업표준과 표준안을 제정하는 협회이다. C언어는 Dennis Ritchie에 의해 창시되었으나, 범용적인 사용을 위해 ANSI에서 그 표준을 제정하였다. 그리고 지금도 ANSI에 의해서 C언어의 표준은 다듬어지고 있다.

■ 최신 표준을 받아들이는 자세

필자가 감히 여러분에게 마음가짐이나 자세를 말씀드릴 위치는 아니다(그래서 위 제목을 정해놓고 잠시 고민을 하였다). 그러나 선배의 입장에서 조언하고픈 이야기가 있다. 아무리 못해도 이 책의 독자인 여러분보다 최소 10년 이상은 선배일 터이니, 이정도 자격은 있다고 생각한다.

일반적으로 우리는 최신이라는 단어에 약하다. 최신의 것을 알고 싶어하고, 최신의 것을 구하고자 하고, 최신의 것을 사용하고 싶어한다. 잘못된 생각은 아니다. 그러나 최신의 것만큼이나 이전의 것에도 관심을 둬야 한다. 특히 소프트웨어 개발에서는 말이다. 소프트웨어의 표준은 하드웨어의 표준에 비해 그리 단단하지 못하다. 때문에 자주 바뀌기도 하고, 때로는 업계의 관심을 끌지 못해서 사라지기도 한다.

이 책에서는 최신의 표준을 설명하면서 최신의 표준을 적용하기 이전의 개발 방법도 동시에 언급한다. 이유는 간단하다. 아직은 최신의 표준을 100% 반영해서 개발하는 환경이 조성되어 있지 않기 때문이다. 이는 단순히 컴파일러의 문제만은 아니다. 표준이 아무리 뛰어나도 프로그래머의 선택을 받지 못하면 활용되지 않는다. 실제로 표준에는 있지만 사용되지 않는 C 문법도 존재한다(손에 꼽는다). 때문에 가장 좋은 것은 최신의 표준도 알고, 현재 프로그래머들이 선택하고 있는 일반적인 방법도 아는 것이다. 그것이 최신이던 아니던 말이다.

최신의 표준에서는 기존에 가능하던 것을 불가능하게 막지 않았다. 오히려 프로그래머의 선택을 기다리는 다양한 기능이 추가되었을 뿐이다. 이들을 사용하겠는가? 그것은 프로그래머인 여러분의 선택에 달려 있다. 하지만 대부분의 프로그래머들이 선택하는 내용에 귀 기울이는 것도 소프트웨어 개발에 필요한 요소이다.

■ C99와 Dev C++

몇 년이 걸리던 언젠가는 모든 컴파일러가 C99의 표준을 완전히 반영하게 될 것이다. 그러나 아직은 아니다. 따라서 필자는 여러분이 Microsoft사의 컴파일러뿐 아니라, 다른 진영에서 제공하는 컴파일러도 하나 정도 더 다룰 줄 알았으면 좋겠다. 그래서 선택한 것이 Dev C++이다. 이 개발환경이 사용하는 컴파일러는 gcc라는 Linux 기반의 컴파일러를 Windows 기반으로 옮겨놓은 것이다. 그런데 gcc는 Microsoft사의 컴파일러보다 C99의 표준을 빠르게 반영해왔다. 따라서 Dev C++ 기반으로 컴파일 정도는 할 줄 아는 것이 좋겠다.

> **참고**
>
> **IDE(Integrated Development Environment)**
> Visual C++ Express Edition이나 Dev C++과 같이 코드 구현과 컴파일이 가능하고 디버깅 및 실행도 가능한 소프트웨어를 가리켜 '통합개발환경(IDE)'이라 한다. 이는 그 자체만으로도 단순한 컴파일러가 아닌 큰 규모의 소프트웨어이다. 컴파일러를 포함하여 소프트웨어 개발에 필요한 모든 요소를 하나로 묶어 놓은, 말 그대로 통합적인 개발 환경인 것이다.

2-2 Dev C++

앞서 Dev C++에 대해 간단히 소개하면서 가장 중요한 사실을 빼먹을 뻔 했다. 그것은 Dev C++ 역시 무료라는 것이다. 무료로 배포되기 시작한지 얼마 되지 않은 Visual C++ Express Edition(오랜 시간 무료로 사용하려면 개인 정보의 등록 절차가 필요하므로 무료라고 말할 수 없다는 분들도 있다)이 향후에 유료로 바뀐다 하더라도 끝까지 무료로 남아있을 대표적인 개발환경이다.

■ Dev C++ 설치 과정

Dev C++ 역시 인기있는 개발환경이다. 이미 두터운 사용자층을 형성하고 있으며, 대학을 중심으로 사용자의 수도 꾸준히 늘고있다. 그런데 설치하기가 어렵다거나 실행시키는 방법이 복잡하다는 오해가 있는듯 보인다. 그래서 이 책에서는 이 툴의 설치과정을 아주 친절히 설명한다(그런데 설명할 내용이 별로 없다. Visual C++을 다룰줄 안다면 필자가 설명을 안해도 쉽게 다룰수 있을 정도니 말이다). 뿐만 아니라 자동으로 생성되는 일부 소스코드에 대해서도 속 시원히 설명할 터이니 천천히 따라오기 바란다.

일단 Dev C++을 다운받자. 이 툴 역시도 네이버의 도움을 받아서 쉽게 구할 수 있지만 아래의 홈페이지에 방문을 해서 다운받는것도 좋은 경험이라 생각한다(영어가 부담스럽다면 다운은 네이버에서 받자). 왜냐하면 이곳에서는 Dev C++과 관련된 다양한 글들을 읽을 수 있기 때문이다.

✓ http://www.bloodshed.net/dev/devcpp.html

홈페이지의 구성은 달라질 수 있으니 일단 다운로드 받는 것은 여러분의 몫으로 남겨두겠다. 자! 설치를 시작하자. 일단 설치파일을 실행시키면 다음 화면을 보게 된다. 프로그램 설치과정을 어떠한 언어로 안내해 드릴지를 묻는것이다. 당연히 Korean! 선택한다.

[그림 2-1 : Dev C++ 설치 1단계]

OK 버튼을 누르면 다음 화면을 보게 된다. 설치를 위해 동의를 하자(동의 사항 전문을 읽어보고 싶다면 필자는 기다려 줄 수 있다. 단순히 상업적인 내용이 담겨있는 것은 아니니 말이다). '동의함' 버튼을 눌러 다음으로 넘어간다.

[그림 2-2 : Dev C++ 설치 2단계]

다음으로 설치할 구성 요소에 대해 묻는 창이 뜬다. 기본 설정을 그대로 따르고 '다음' 버튼을 누르자.

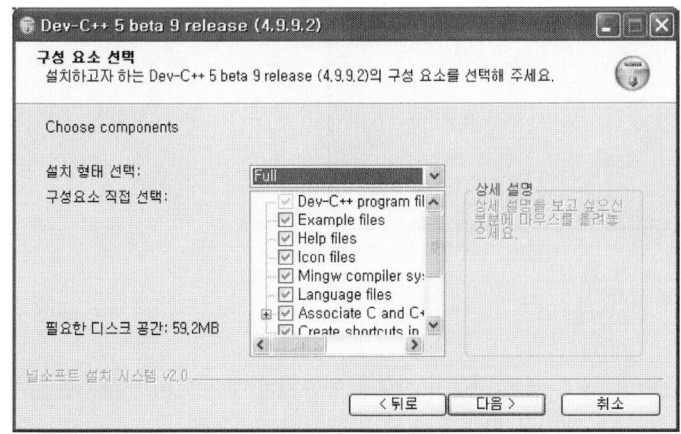

[그림 2-3 : Dev C++ 설치 3단계]

이어서 설치할 디렉터리 정보를 묻는 창이 뜬다. 원하는 위치로 변경을 해도 괜찮다. 입력이 끝나면 '설치' 버튼을 누르자.

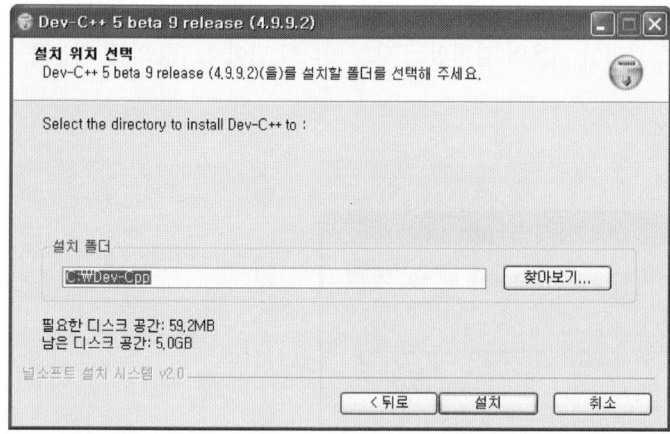

[그림 2-4 : Dev C++ 설치 4단계]

'설치' 버튼을 누르면 다음과 같이 프로그램이 설치되는 것을 볼 수 있다.

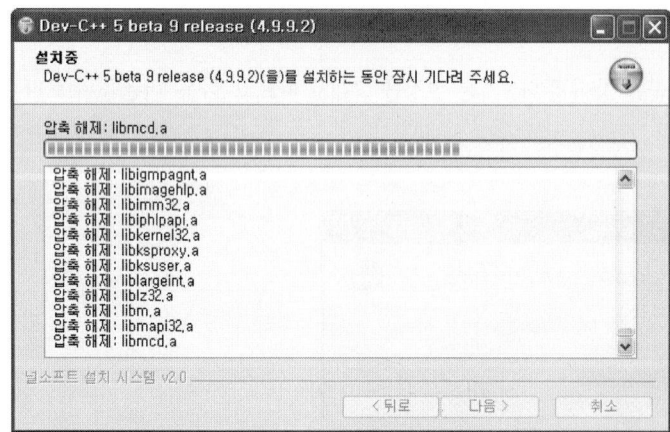

[그림 2-5 : Dev C++ 설치 5단계]

설치가 완료되면 다음과 같은 창이 뜬다. Dev C++의 사용자 지정을 위한 창인데 간단히 '예(Y)'를 누르자.

[그림 2-6 : Dev C++ 설치 6단계]

마지막으로 다음 창에서 '마침'을 눌러 설치 종료와 동시에 툴을 띄우자.

[그림 2-7 : Dev C++ 설치 7단계]

툴을 처음 띄우면 다음과 같이 툴의 언어를 선택하는 창이 뜬다. 이는 툴의 구성요소를 소개하는 언어를 선택하는 것이다. 아래 그림의 좌 상단을 보면 메뉴에 File, Edit, Search와 같은 글들을 볼 수 있다. 이러한 글들을 표시할 언어를 선택하는 것이다. 영어를 선택해도 좋고 한글을 선택해도 좋다. 필자는 한글을 선택하겠다. 그리고 Next 버튼을 누르자.

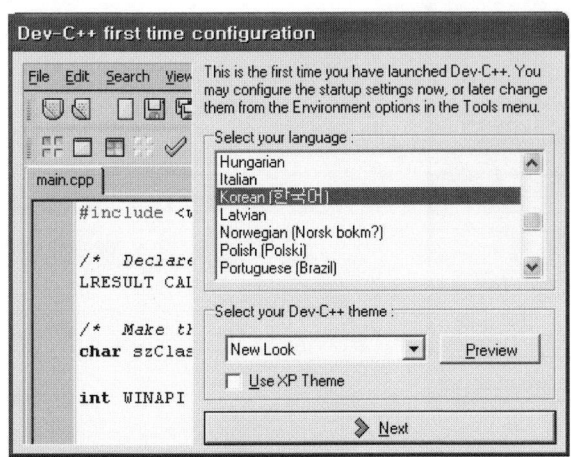

[그림 2-8 : Dev C++ 설치 8단계]

다음으로 뜨는 창은 프로그래밍 환경에 관한것이다. 가급적 "Yes, I want to use ~"를 선택하자. 이어서 Next를 누르자.

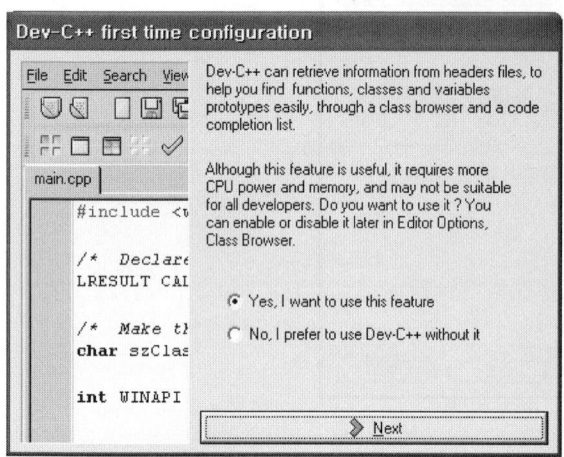

[그림 2-9 : Dev C++ 설치 9단계]

다음은 설치 9단계에서 선택한 사항과 관련이 있는 내용이다. 역시 자세한 설명은 지금 여러분에게 필요치 않으니, 일단 "Yes, Create ~"를 선택하고 Next를 누르자.

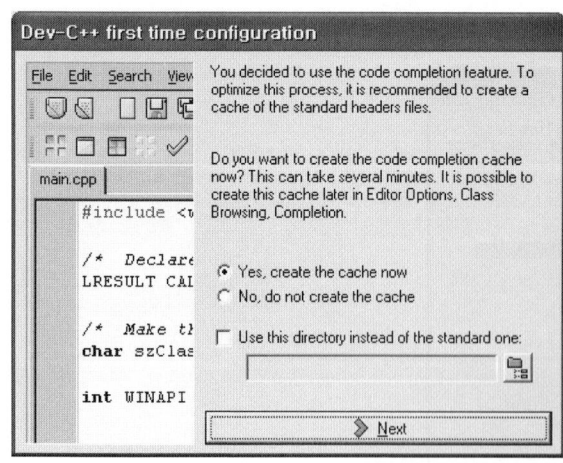

[그림 2-10 : Dev C++ 설치 10단계]

다음과 같은 화면이 뜨면서 시간이 조금 걸린다.

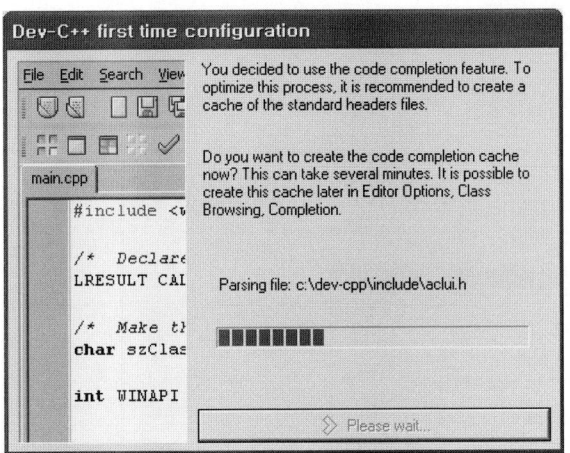

[그림 2-11 : Dev C++ 설치 11단계]

이제 정말 마지막이다. 다음 화면에서 OK 버튼을 누르자.

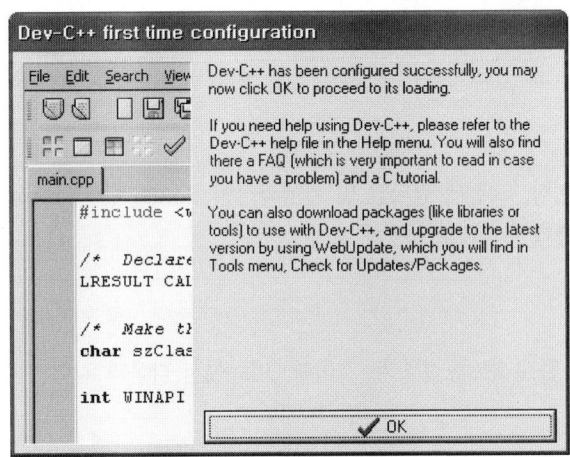

[그림 2-12 : Dev C++ 설치 12단계]

그러면 실제 Dev C++의 메인 화면을 다음과 같이 볼 수 있다. 메뉴를 비롯해서 화면을 구성하는 모든 글들이 한글로 표시되고 있음을 볼 수 있다.

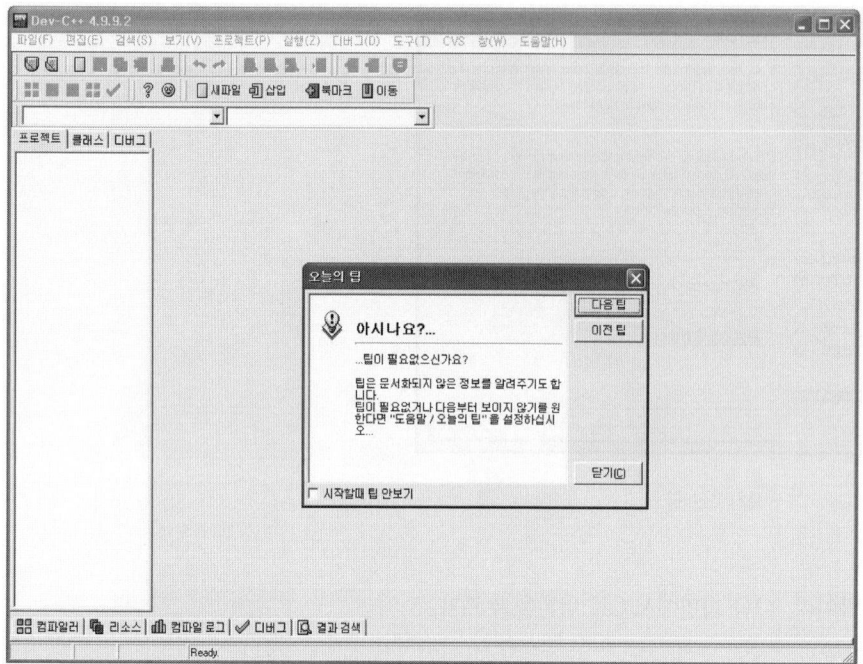

[그림 2-13 : Dev C++ 설치 13단계]

■ Dev C++ 기반 개발과정

툴을 띄웠으니 컴파일 및 실행을 해 볼 차례이다. 그런데 컴파일 및 실행과정이 Visual C++ Express Edition에서 거쳤던 과정과 거의 동일하다. 함께 순서대로 진행해 보자.

• 01 단계 : 프로젝트(project) 만들기

제일 먼저 해야할 일은 소스파일을 담기위한 프로젝트를 만드는 것이다. 메뉴에서 다음과 같이 선택을 하자.

✓ 파일→새로 만들기→프로젝트

그리고 나면 다음 화면이 나타난다.

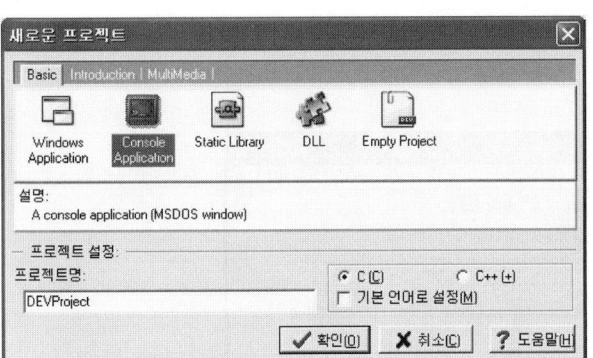

[그림 2-14 : Dev C++ 프로그래밍 1단계]

여기서 다음과 같이 선택하고 입력하자(그림 2-14의 선택을 그대로 따라한다). 프로젝트명은 여러분이 변경해도 되지만 나머지는 반드시 따라야 한다.

- ✓ Basic : Console Application
- ✓ 언어형식 : C
- ✓ 프로젝트 명 : DEVProject

선택 및 입력이 끝났으면 '확인' 버튼을 누르자. 그러면 다음과 같이 프로젝트 파일의 생성위치를 묻는 화면이 뜬다. 앞서 Visual C++을 설명하면서 프로젝트는 소스파일을 담는 장소라고 하였다. 그런데 이 프로젝트에 대한 정보 역시 파일에 저장된다(이는 Visual C++도 마찬가지이다). 바로 이 파일의 이름과 생성 위치를 여러분이 선택할 수 있도록 기회를 제공하고 있는 것이다. 그냥 기본적으로 입력된 사항을 수용하고 '저장' 버튼을 누르자.

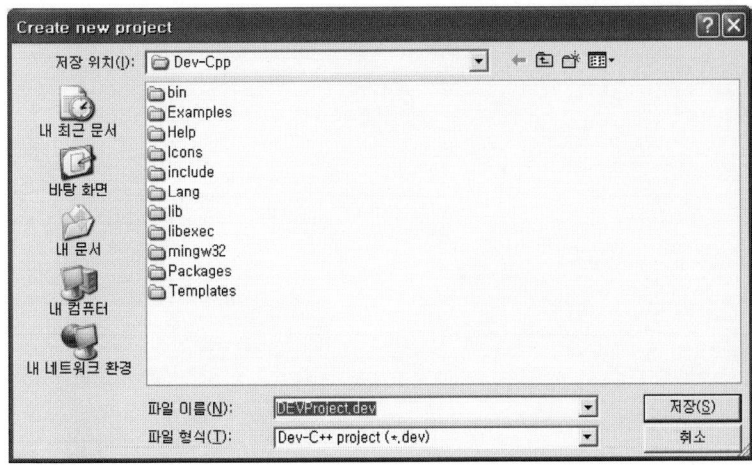

[그림 2-15 : Dev C++ 프로그래밍 2단계]

'저장' 버튼을 누르면 아래의 창을 볼 수 있다.

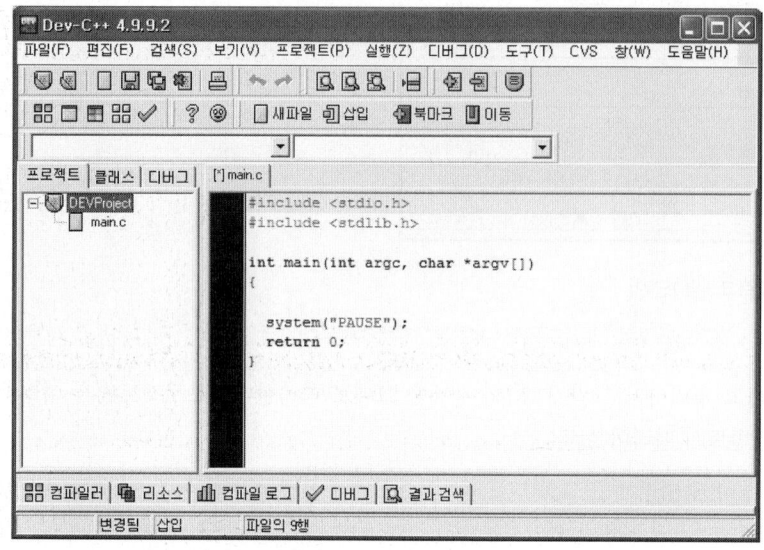

[그림 2-16 : Dev C++ 프로그래밍 3단계]

위 그림의 왼편을 보면 자동으로 main.c가 생성되었음을 볼 수 있다. 그리고 자동으로 생성된 소스코드도 볼 수 있다. 이것을 틀로하여 프로그래밍을 하면 된다. 그런데 아무래도 조금 부담스럽다. Visual C++에서 처음으로 삽입했던 코드와는 차이가 있기 때문이다. 어찌 되었건간에 컴파일과 실행까지는 해보자. 이를 위해서 위 코드에 다음 문장을 삽입하자. 앞서 보았던 first.c와 동일한 기능의 프로그램을 구현하려는 것이다.

   printf("C 프로그래밍 ₩n");

삽입 위치는 다음 그림을 참조하자.

난 정말 C PROGRAMMING을 공부한 적이 없다구요!

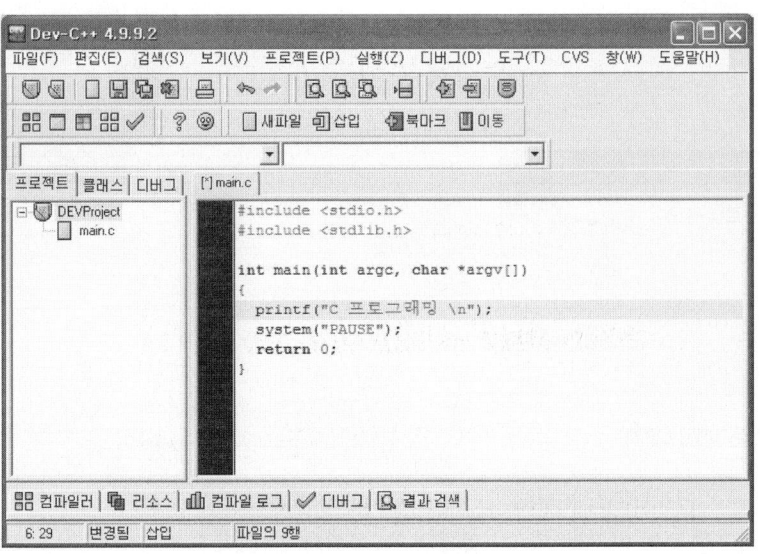

[그림 2-17 : Dev C++ 프로그래밍 4단계]

이제 컴파일 및 실행을 위해 메뉴에서 '실행(Z)'을 누르자. 그러면 선택할 수 있는 다양한 내용이 눈에 들어온다.

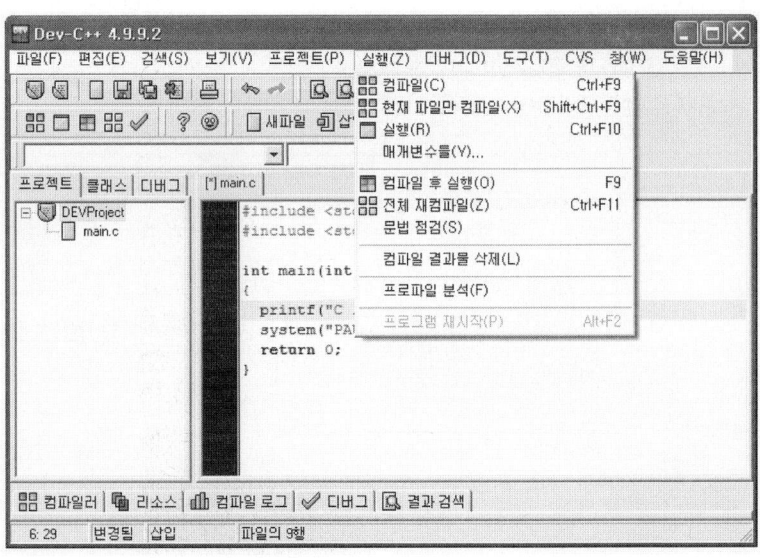

[그림 2-18 : Dev C++ 프로그래밍 5단계]

다양한 선택이 존재한다. 컴파일만 할수도 있고 실행만 할수도 있다. 그리고 컴파일과 실행을 동시에 할 수도 있다. 일단 '컴파일 후 실행(O)'을 선택하여 컴파일과 실행을 동시에 진행해 보자. 다음 그림은 이를

제2장 Dev C++ 과 C99 _49

선택하여 얻어낸 실행의 결과이다.

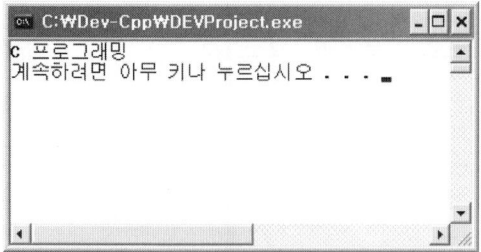

[그림 2-19 : Dev C++ 프로그래밍 6단계]

실행결과를 그림 1-19와 비교해 보면 아무런 차이가 없음을 알 수 있다. 이로써 Dev C++의 사용방법에 대한 설명을 마치겠다. 그리고 여기서 자동으로 생성된 소스코드에 대한 설명은 다음장에서 이뤄지니(아직 소스코드에 대해서는 아무런 설명도 전개된 바가 없지 않는가) 지금부터 부담을 느낄 필요는 없다.

제3장 프로그램의 기본 구성과 printf 함수의 이해

이놈의 성격이 문제네!

필자도 처음 C언어를 공부할 때 많은 고민을 했던 기억이 난다. 당시 다음과 같은 내용들로 고민을 하였다.

"#include 가 도대체 뭐지? return은 뭐고 함수는 또 뭐야?"

여러분도 이번 장의 내용을 공부하면서 이와 같은 고민을 할 수 있다. 그러나 지금 이해가 가능한 내용들이 아니니 필자처럼 그냥 못 넘기는 성격의 소유자라 할지라도 가볍게 넘길 수 있어야 한다, 공부에도 요령이 필요하다. 때가 되면 자연스럽게 알게 되는 내용을 지금 알기 위해서 고생할 필요가 없지 않은가? 예전의 필자처럼 말이다.

이 장의 목차페이지 ▶▶▶

3-1. 프로그램의 기본 구성과 printf 함수의 기능 관찰하기	52
3-2. 이스케이프 시퀀스와 트라이그래프 시퀀스	56
3-3. printf 함수가 지니는 문자열 구성 능력	62
3-4. 서식문자, 변수 그리고 연산자에 대한 기본적인 이해	65
3-5. 들여쓰기와 컴파일의 대상에서 제외되는 주석!	70
3-6. Dev C++의 자동생성 코드	73
프로그래밍 문제의 답안	77

3-1 프로그램의 기본 구성과 printf 함수의 기능 관찰하기

아무리 쉬운 내용도 처음엔 어렵게 느껴진다. 그러나 필자가 설명하는 내용을 받아 들이려고 조금만 노력한다면 그리 힘들지 않게 이해할 수 있다. 지금부터 설명하는 내용은 이해도 중요하지만 관찰이 더 중요하다.

■ 프로그램의 기본 틀

우선 다음 예제를 컴파일하고 실행해 보겠는가?

■ 예제 3-1.c
```
1.   int main(void)
2.   {
3.       return 0;
4.   }
```

예제 3-1은 컴파일도 잘 되고 실행도 잘 된다. 다만 아무것도 나타나지 않을 뿐이다. 뭔가 프로그램을 작성했다면 그에 따른 액션이 있어야 하는데 아무것도 나타나지 않는다. 왜 그럴까? 그것은 위의 코드가 프로그램의 기본 틀이기 때문이다. 다시 말해서 위의 틀에다가 여러분이 원하는 내용을 채워 넣어야 한다. 이 틀을 가리켜 보통 다음과 같이 부른다.

"main 함수"

함수라고? 수학시간에 배운 그 함수를 말하는 것인가? 개념적으로는 수학시간에 배우는 그 함수를 말하는 것이 맞다. 일단 그렇게 알고 있자. 이것이 왜? 함수인지에 대해서는 뒤에서 공부할 것이다. 그리고 이제부터는 틀이라는 표현을 쓰지 않고 main 함수라 부르겠다. 그리고 지금 main 함수에 대해서 자세한 설명을 하기에는 조금 이르다. 그러나 여러분이 계속 공부해 나가기 위한 기본적인 이해를 돕는 설명을 할 터이니 가급적 눈에 익혀 놓기 바란다.

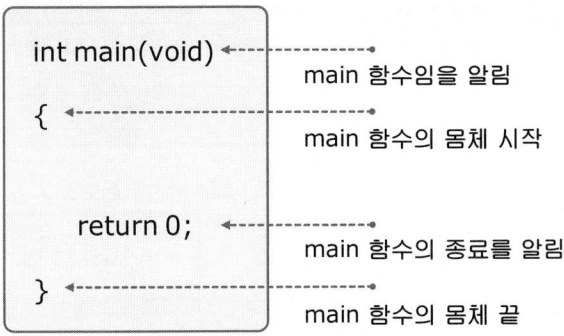

[그림 3-1 : 프로그램의 기본 틀]

위 그림이 보여주는 틀에서 가장 눈에 띄는 것은 다음 문장이다.

```
int main(void)
```

이는 아래에 등장하는 내용이 main 함수의 몸체임을 알리는 역할을 한다. int가 무엇이고 또 void는 무엇인지 궁금한가? 이에 대해서는 나중에 이해하기로 하고, 그냥 이 문장을 통째로 받아들이기 바란다.

그 다음으로 보아야 할 부분은 시작 중괄호 {와 끝 중괄호 }이다. 이 중괄호에 의해서 main 함수의 몸체 부분이 결정된다. 그리고 잠시 후 알게 되겠지만 main 함수는 프로그램이 시작하는 위치이다. 더불어 끝이 나는 위치이기도 하다. main 함수의 몸체 부분에 있는 내용들이 모두 실행되고 나면 프로그램은 종료된다. 따라서 잠시 후에 우리는 시작 중괄호 {와 끝 중괄호 }으로 표현되는 main 함수의 몸체에다 프로그램 코드를 채워 넣을 것이다.

마지막으로 다음 문장이 눈에 들어온다.

```
return 0;
```

이는 main 함수의 종료를 알리는 문장이다. 물론 여러분은 궁금해 할 것이다. 이 문장이 어떻게 해서 main 함수의 종료를 의미하는지 말이다. 이후에 함수에 대해 공부하면서 이 부분을 다시 설명하겠다. 그때까지는 main 함수의 종료를 의미하는 문장으로, 그리고 main 함수의 종료로 인해 프로그램의 종료로 이어지는 문장으로 이해하고 있길 바란다.

■ printf 함수를 이용한 문자열 출력

main 함수를 구성했으니 이 함수의 몸체에 채워 넣을 수 있는 내용들을 설명할 차례이다. 일단 다음 예제를 실행해 보고 예제 3-1과 비교 관찰해 보자.

■ 예제 3-2.c

```
1.    #include <stdio.h>
2.
3.    int main(void)
4.    {
5.        printf("사과 \n");
6.        printf("토마토 \n");
7.        printf("파인애플 \n");
8.        return 0;
9.    }
```

먼저 5, 6, 7행을 보면 printf로 시작하는 문장을 볼 수 있다. printf 역시 함수이다. main 함수는 우리가 만들어가는 함수인 반면, printf는 이미 만들어져 있는 함수이다. 그리고 5, 6, 7행의 printf로 시작하는 문장은 이미 만들어져 있는 printf 함수를 실행시키는 문장이다.

그러나 지금 이 사실을 이해하려고 노력할 필요는 없다. 5, 6, 7행의 문장이 가져다 주는 효과만 관찰하면 그것으로 충분하다. 함수라는 개념을 이해하기에는 아직 이르기 때문이다. 5, 6, 7행을 자세히 살펴보면 문장의 기본 구성이 다음과 같음을 알 수 있다.

```
printf("...");
```

이러한 유형의 문장을 만나면 모니터로 출력이 이뤄진다. 그렇다면 출력의 대상은 무엇일까? 이미 관찰했겠지만 출력의 대상은 위 문장의 괄호 안에 표시가 된다. 단 괄호 안에 표시할 출력의 대상은 반드시 큰 따옴표로 묶어줘야 한다. 즉 5, 6, 7행은 다음 문장을 각각 출력하라는 의미이다.

```
"사과 \n"
"토마토 \n"
"파인애플 \n"
```

그럼 이제 위 예제를 실행시켜 보기로 하겠다.

■ 실행결과 : 예제 3-2

```
사과
토마토
파인애플
```

실행결과를 보면서 확인이 되는 사실이 몇 가지 있다. 제일먼저 확인할 수 있는 것은 다음과 같다.

"main 함수의 몸체에 나열되어 있는 문장들이 순차적으로 실행된다."

그리고 printf 문장에서 표현된 내용은 모니터로 출력이 이뤄진다는 것도 확인이 되었다. 단 출력의 내용에 의심이 간다. 5, 6, 7행에서는 출력 대상에 \n이 존재하는데, 출력결과를 보면 어디서도 이를 볼 수가 없다. 그렇다면 \n이 의미하는 바는 무엇일까?

\n과 같은 문자를 가리켜 '이스케이프 시퀀스(escape sequence)'라 부르기도 하고, 간단히 특수문자라고 부르기도 하는데, 이는 단순히 출력되는 문자가 아니라 다른 의미로 해석이 되는(별도의 기능을 제공하는) 문자이다. \n의 경우 개 행(행을 바꿈)의 의미를 지닌다. 만약에 위 예제에서 \n을 모두 삭제한다면, 출력물이 모두 한 줄에 나타난다.

그리고 5, 6, 7행에서와 같이 큰 따옴표로 묶여있는 데이터를 가리켜 문자열이라 한다. C언어는 문자열을 큰 따옴표로 묶어서 표현한다. 큰 따옴표로 묶이면 무조건 문자열이다. 다시 말해서 큰 따옴표 안에 표현되는 것은 그 내용이 무엇이든지 문자열로 인식이 된다. 그것이 설령 숫자라 하더라도 말이다. 따라서 다음과 같은 표현은 C 프로그램에서 모두 문자열로 인식된다.

```
"m^^m"
"1234567"
"printf( )"
```

그러므로 printf 함수에 대해서는 다음과 같이 정리할 수 있다.

"printf 함수는 문자열의 출력 기능을 제공한다."

이제 1행에 삽입되어 있는 다음 문장을 보자.

```
#include <stdio.h>
```

이러한 유형의 문장을 가리켜 '헤더파일 선언'이라 한다. 그런데 이 문장이 의미하는 바는 나중에 이해하는 것이 좋으니, 지금은 다음과 같이 간단히 이해하고 넘어가기 바란다.

- printf 문을 사용하겠다는 선언
- printf 문을 사용하기 위해 삽입해야 하는 문장

위 두 문장이 말하는 바가 결코 틀린 설명은 아니다. 다만 정확히 이해하기 위해서는 알아야 할 내용들이 많기 때문에 결론만 여러분께 말씀 드린 것이다.

> **참고**
>
> **#include <stdio.h> 문장은 항상 맨 위에 와야 하나요?**
>
> #include <stdio.h> 문은 상황에 따라서 맨 위에 오지 않을 수도 있다. 그러나 main 함수보다는 먼저 등장하는 것이 좋다. 왜냐하면 다음과 같은 선언을 담고 있기 때문이다.
>
> "printf 함수를 사용하겠습니다."
>
> 따라서 printf 문장보다는 먼저 등장해야 한다. 그리고 예제 3-2에서는 이 문장을 없애도 컴파일도 되고 실행도 된다. 이는 이 문장이 있으나마나 한 문장이라서가 아니라, 컴파일러가 일부 잘못된 부분을 묵인해주고 이를 적절히 처리해주기 때문이다. 따라서 반드시 이 문장을 삽입해서 컴파일 하는 습관을 들여야 한다.

다시 한번 main 함수의 몸체 부분에 선언되어 있는 문장들을 살펴보자. 이 문장들의 끝에는 모두 세미콜론(;)이 삽입되어 있다. 이는 C 프로그램을 구성하는 명령문의 끝을 표시하는 것으로서, 명령문을 구분하는 기준이 되므로 반드시 삽입해야 한다. 갑자기 명령문이라는 표현을 쓰니까 이것이 뭔지 궁금한가? 단순하게 생각하자. 컴퓨터에게 일을 시키는 문장을 의미하는 것이다.

3-2 이스케이프 시퀀스와 트라이그래프 시퀀스

C언어는 \n 이외에도 다양한 종류의 이스케이프 시퀀스를 제공하고 있는데, 이스케이프 시퀀스는 출력되는 문자가 아닌, 별도의 기능을 제공하는 문자라고 하였다. 그리고 유사한 성격의 트라이그래프 시퀀스라는 것도 있는데, 이들에 대해서 살펴보고 정리해 보겠다.

■ 이스케이프 시퀀스(Escape Sequence)의 의미와 종류

먼저 이스케이프 시퀀스를 표를 통해서 정리하고, 예제를 통해서 각각의 기능을 확인해 보겠다.

이스케이프 시퀀스	의미하는 바
\a	경고음
\b	백스페이스(backspace)
\f	폼 피드(form feed)
\n	개 행(new line)

\r	캐리지 리턴(carriage return)
\t	수평 탭
\v	수직 탭
\'	작은 따옴표 출력
\"	큰 따옴표 출력
\?	물음표 출력
\\	역슬래쉬 출력
\ooo	아스키 문자 8진수 표시
\xhhh	아스키 문자 16진수 표시

[표 3-1 : 이스케이프 시퀀스]

위 표에서 \f와 \v는 모니터 출력이 아닌 프린터 출력을 위해 정의된 이스케이프 시퀀스이기 때문에 모니터 출력에서 사용을 하면 이상한 문자가 출력되고 만다. 즉 모니터 출력에서는 별 의미가 없는 이스케이프 시퀀스들이다. 그럼 이제 나머지 이스케이프 시퀀스가 의미하는 바를 살펴보자. 다음 예제는 이스케이프 시퀀스 \a, \b, \n, \r, \t가 의미하는 바를 보여준다.

■ 예제 3-3.c
```c
1.    #include <stdio.h>
2.
3.    int main(void)
4.    {
5.        printf("boy\tapple\n");
6.        printf("mornimk\b\bng\n");
7.        printf("up\rdown\n");
8.        printf("sound!\a\a\a\n");
9.        return 0;
10.   }
```

- 5행 : 출력 문자열의 구성을 보면 boy 다음에 \t가 온다. 따라서 모니터상에서 boy가 출력된 다음에 탭 키가 입력이 되고, 이어서 apple이 출력된다.
- 6행 : mornimk가 출력된 다음에 \b가 두 번 온다. 따라서 커서가 두 칸 앞으로 이동하여 ng가 출력된다.
- 7행 : up이 출력된 다음 \r이 온다. \r은 커서를 맨 앞으로 이동시키므로 커서 이동 후 down이 출력된다. 결과적으로 up은 지워진다.
- 8행 : sound! 출력 후 \a가 세 번 등장한다. 따라서 삐 소리를 총 세 번 들을 수 있다.

■ 실행결과 : 예제 3-3

```
boy    apple
morning
down
sound!
```

다음 예제에서는 이스케이프 시퀀스 \', \", \?, \\가 의미하는 바를 보여준다.

■ 예제 3-4.c

```c
1.   #include <stdio.h>
2.
3.   int main(void)
4.   {
5.       printf(" \"Double quotation mark\"\n");
6.       printf(" \\backslash\\           \n");
7.       printf(" \' \?                    \n");
8.       printf(" ' ?                     \n");
9.
10.      return 0;
11.  }
```

- 5행 : 문자열 안에 큰 따옴표를 표시하기 위해서 \"을 사용하였다. 큰 따옴표는 문자열의 시작과 끝을 의미하는 용도로 사용되기 때문에 문자열 안에 그냥 삽입해버리면 문자열의 끝 또는 문자열의 시작을 의미하는 바로 해석되어 오류가 발생하게 된다.
- 6행 : 문자 \는 이스케이프 시퀀스를 표현하는 용도로 사용된다. 따라서 이를 출력하기 위해서 문자열에 \를 그냥 삽입해 버리면 문제가 발생할 수 있다. 예를 들어 문자 \와 문자 b를 이어서 출력하기 위하여 이 둘을 단순히 이어버렸다고 가정해 보자. 그렇게 되면 이스케이프 시퀀스 \b가 되어 커서가 한 칸 앞으로 이동하게 된다. 그래서 문자 \의 출력을 위해서는 \\을 삽입해야 한다.
- 7행 : 작은 따옴표와 물음표의 출력을 위해서 해당 이스케이프 시퀀스를 문자열에 삽입하였다.
- 8행 : 그런데 7행처럼 작은 따옴표와 물음표의 출력을 위해서 반드시 이스케이프 시퀀스를 사용해야만 하는 것일까? 8행에서는 이 부분을 확인하기 위해서 문자열 안에 작은 따옴표와 물음표를 그냥 삽입해보았다.

■ 실행결과 : 예제 3-4

```
"Double quotation mark"
\backslash\
' ?
' ?
```

실행결과를 보니 7행과 8행의 출력결과에 차이가 없다. 작은 따옴표와 물음표는 이스케이프 시퀀스로 구성을 하지 않아도 출력이 가능하니 \'과 \?의 필요성에 대해서 의문이 생긴다. 하지만 이 의문점은 '트라이그래프 시퀀스(trigraph sequence)'에 대해서 알고 나면 자연스럽게 풀릴 것이다.

>
> ₩와 \의 차이점은 말이죠.
> 프로그래밍에서 ₩와 \은 같다. 다만 일반적으로 역슬래쉬를 한글 폰트로 출력하면 ₩이 출력되고, 영문 폰트로 출력하면 \이 출력된다.

● 문 제 3-1 [printf 함수의 활용과 이스케이프 시퀀스의 활용]

◉ 문제 1
아래의 내용을 출력하는 프로그램을 작성하되 printf 함수의 호출 문장을 단 한번만 사용해야 한다. 그리고 한 줄에 한 문장씩 출력이 이뤄지도록 해야 한다.
• C 프로그래밍은 쉽다!
• 누구나 잘할 수 있다.

◉ 문제 2
아래의 내용을 출력하는 프로그램을 작성하자. 이번에도 물론 한 줄에 한 문장씩 출력해야 한다. 그러나 printf 함수의 호출 문장은 여러분이 원하는 만큼 사용해도 된다.
• ₩n은 다음 행의 맨 앞으로 커서를 이동시킵니다.
• ₩a는 삑~ 소리를 내고요, ₩t는 수평 탭 키의 입력을 의미합니다.
• 이처럼 이스케이프 시퀀스는 ₩로 시작을 합니다.

■ 트라이그래프 시퀀스(Trigraph Sequence)의 의미와 종류

트라이그래프 시퀀스라는 것이 있다. 이는 그 이름이 의미하듯이 하나의 문자를 표현하기 위해서 연결해 놓은 세 개의 문자를 뜻한다. 잠시 다음 문자들을 보자.

　# [ ] { } ₩ ^ | ~

위 문자들은 우리가 사용하는 시스템에서 쉽게 입력이 가능한 문자들이다. 그런데 세계적으로 사용되는 다양한 언어의 시스템 중에서는 이러한 문자의 표현이 제한되어 있는 경우가 있다(위 문자들을 대신해서 자국의 언어를 표현해야만 하는 경우가 하나의 예이다). 그래서 ANSI 표준에서는 C 프로그램상에서 이들 문자를 언어에 제한 없이 표현할 수 있도록 트라이그래프 시퀀스를 아래와 같이 정의하였다.

트라이그래프	대체 문자
??(	[
??)	]
??/	₩
??!	|
??'	^
??-	~
??=	#

[표 3-2 : 트라이그래프 시퀀스]

위 트라이그래프 시퀀스를 사용하면 어떠한 시스템에서도 해당 시퀀스의 단일 문자를 입력할 수 있다. 그러나 우리가 사용하는 컴퓨터에서는 이들 문자를 키보드로 직접 입력할 수 있기 때문에, 트라이그래프 시퀀스를 사용할 필요가 없다. 그렇다면 필자가 이들 문자를 설명하는 이유는 무엇일까? 그것은 트라이그래프 시퀀스의 존재를 이해해야 이스케이프 시퀀스 ₩'와 ₩?의 필요성을 이해할 수 있기 때문이다(더불어 여러분이 트라이그래프 시퀀스를 사용해야만 하는 시스템에서 개발할 수 있음도 염두 해 두었다). 예를 들어서 다음 문장을 출력한다고 가정해 보자.

　　"트라이그래프 ??'은 단일문자 ^으로 대체된다."

다음과 같이 printf 문장을 구성하면 되겠는가?

　　printf("트라이그래프 ??'은 단일문자 ^으로 대체된다.");

안 된다! 위와 같이 printf문을 구성하면 트라이그래프 시퀀스가 해당 단일문자로 대체되어 다음과 같은 출력을 보이게 된다.

　　"트라이그래프 ^은 단일문자 ^으로 대체된다."

따라서 다음 예제와 같은 입력을 고려해야 한다. 관건은 트라이그래프 시퀀스가 형성되지 않도록 ??'을 다른 형태로 입력하는데 있다.

■ 예제 3-5.c

```
1.    #include <stdio.h>
2.
3.    int main(void)
4.    {
5.        printf("트라이그래프 ??'은 단일문자 ^으로 대체된다. \n");
6.        printf("트라이그래프 ??\'은 단일문자 ^으로 대체된다. \n");
7.        printf("트라이그래프 \?\?'은 단일문자 ^으로 대체된다. \n");
8.        return 0;
9.    }
```

- 5행 : 출력 문자열중에 트라이그래프 시퀀스 ??'가 삽입되었으므로 단일문자 ^으로 대체되어 출력된다.
- 6행 : 이스케이프 시퀀스 \'을 이용해서 트라이그래프 시퀀스 ??'가 형성되지 않도록 하였다. 따라서 원하던 출력 결과를 기대할 수 있다.
- 7행 : 이스케이프 시퀀스 \?을 이용해서 트라이그래프 시퀀스 ??'가 형성되지 않도록 하였다. 6행에서 사용한 방법과 다르지만 그 결과는 동일하다.

■ 실행결과 : 예제 3 5

```
트라이그래프 ^은 단일문자 ^으로 대체된다.
트라이그래프 ??'은 단일문자 ^으로 대체된다.
트라이그래프 ??'은 단일문자 ^으로 대체된다.
```

위 예제에서는 분명히 \'와 \?의 필요성을 보여주고 있다. 그리고 지금까지 설명한 내용을 참조하여 여러분이 구성하는 문장에 트라이그래프 시퀀스가 삽입되지 않도록 주의해야 한다. 이것이 필자가 여러분에게 트라이그래프 시퀀스를 설명한 이유이다.

3-3 printf 함수가 지니는 문자열 구성 능력

앞서 큰 따옴표 안에 표시된 데이터를 가리켜 문자열이라 하였고, printf 함수는 이 문자열을 모니터로 출력하는 함수임을 설명하였다. 그러나 printf 함수가 제공하는 기능은 이보다 더 대단하다.

■ **printf 함수를 이용한 숫자 출력**

관찰! 관찰이 중요한 시기이다. 일단 다음 예제를 컴파일 및 실행해서 결과를 보자. 그리고 문제가 되는 부분은 어디인지 찾아보자.

■ 예제 3-6.c

```
1.   #include <stdio.h>
2.
3.   int main(void)
4.   {
5.       printf("Apple %d Orange %d Kiwi \n");
6.       return 0;
7.   }
```

■ 실행결과 : 예제 3-6

```
Apple 4198778 Orange 1 Kiwi
```

분명 위 예제 5행에서는 다음 문자열이 출력되도록 printf문을 구성하였다(학습 편의상 마지막에 있는 \n은 생략하였다).

"Apple %d Orange %d Kiwi"

그런데 출력된 결과는 다음과 같다(출력된 숫자의 종류는 여러분과 일치하지 않을 수 있다).

"Apple 4198778 Orange 1 Kiwi"

문제가 발생한 부분이 어디인가? %d를 출력하라는 부분에서 %d가 출력되지 않고, 엉뚱한 숫자만 출력이 되었다. 무엇이 문제일까?

%d와 같은 문자를 가리켜 '서식문자(conversion specifier)'라 하는데, 이는 %d를 출력하라는 의미로 해석되지 않고 다음과 같은 의미로 해석이 된다.

"저기 있는 저 데이터를 부호 있는(음수, 양수 구분되는) 10진수 정수형으로 출력해라!"

즉 printf 문은 문자열을 차례대로 출력해 나가다가 %d를 만나면 %d를 그대로 출력하는 것이 아니라, 다른 곳에 표현되어 있는 데이터를 부호 있는 10진수 정수의 형태로 출력한다. 그렇다면 위 문장에서 언급하는 '저기'는 도대체 어디인가? 다른 곳에 표현되어 있는 데이터를 10진수 정수형으로 출력한다고 했는데, 다른 곳이 어디냐는 뜻이다. 다음 예제는 '저기(다른 곳)'가 어디인지를 보여준다.

■ 예제 3-7.c
```
1.    #include <stdio.h>
2.
3.    int main(void)
4.    {
5.        printf("Apple %d \n", 100);
6.        printf("Apple %d Orange %d \n", 100, 200);
7.        printf("Apple %d Orange %d Kiwi %d \n", 100, 200, 300);
8.        return 0;
9.    }
```

- 5행 : printf문의 괄호 안에 문자열 하나("Apple %d \n")와 숫자(100)가 삽입되었다. 그리고 이 두 데이터는 콤마(,)로 구분하였다.
- 6행 : printf문의 괄호 안에 문자열 하나와 두 개의 숫자(100과 200)가 표현되어 있다. 마찬가지로 이 세 개의 데이터는 콤마로 구분된다.
- 7행 : 이번에는 괄호 안에 문자열 하나와 세 개의 숫자가 표현되어 있다. 물론 데이터들은 콤마로 구분된다.

■ 실행결과 : 예제 3-7
```
Apple 100
Apple 100   Orange 200
Apple 100   Orange 200   Kiwi 300
```

위 예제 5, 6, 7행과 출력결과를 관찰하면 %d와 데이터의 연결 관계를 파악할 수 있다. 이 관계를 그림으로 정리해 보겠다. 다음 그림은 위 예제 6행의 printf문을 예로 하여 %d와 출력할 데이터의 연결 관계를 설명한다.

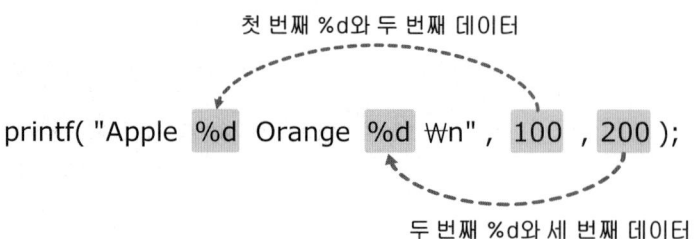

[그림 3-2 : %d와 데이터의 연결 관계]

위 그림을 보면 printf문의 괄호 안에 총 3개의 데이터가 표현되었음을 알 수 있다. 그리고 데이터들은 콤마로 구분이 되는데, 이 중 첫 번째 데이터인 문자열은 다음과 같다.

```
"Apple %d Orange %d \n"
```

printf 함수는 문자열을 모니터로 출력하는 기능을 제공하므로, 위 문자열을 구성하는 문자들의 나열 순서대로 출력이 된다. 그런데 중간에 서식문자 %d가 등장하였다. 따라서 10진수 정수의 형태로 출력이 이뤄지는데, 그 출력의 대상이 되는 데이터는 printf문에 두 번째로 등장하는 숫자 100이다. 이어서 계속 출력이 진행된다. 그런데 Orange가 출력되고 나서 다시 %d가 등장하였다. 이번에는 100 다음에 등장하는 세 번째 데이터 200이 10진수 정수의 형태로 출력된다.

 참고   10진수 정수니까 10진수 정수의 형태로 출력된 것 아닌가요?

예제 3-7에서는 10진수 정수를 10진수 정수의 형태로 출력하고 있다. 그리고 그 과정에서 서식문자 %d가 사용되었다. 그런데 이를 보면서 다음과 같이 질문할 수도 있다.

"굳이 %d를 명시해 줘야 해? 어차피 10진수 정수니까 10진수 정수로 출력되는 것 아냐?"

C언어에서 표현하는 데이터는 그 표현된 방식과 출력의 방식을 달리 할 수 있다. 예를 들어서 위 예제에서는 데이터를 10진수 정수의 형태로 표현했지만, 다른 서식문자를 사용하여 8진수나 16진수로도 출력이 가능하다. 때문에 10진수 정수로 표현된 데이터라 하더라도, 서식문자 %d를 이용하여 10진수 정수의 형태로 출력한다는 것을 명시해야 한다.

정리하면, printf문에 삽입되어 있는 %d의 개수만큼, printf문에 추가로 데이터가 삽입되어야 한다. 그래야 %d와 출력할 데이터 사이에 짝이 맞을 것 아닌가? 이제 다시 예제 3-6을 보자. 아마도 이상한 출력결과의 원인을 여러분 스스로 찾아낼 수 있을 것이다. 다음은 예제 3-6에서 삽입된 printf문이다.

```
printf("Apple %d Orange %d Kiwi \n");
```

분명 문자열 안에는 %d가 두 개 등장하는데, %d와 짝을 이룰 데이터가 추가로 삽입되어 있지 않다. 결국 출력할 대상을 찾지 못하여 이상한 값이 출력되었다.

토막 퀴즈

문제 : 그림 3-2를 보면서 대답해 보자. printf문의 첫 번째 데이터로 등장하는 문자열 안에 %d가 총 다섯 개 등장한다면, 문자열 뒤로 총 몇 개의 데이터가 추가로 삽입되어야 하는가?

정답 : %d와 짝을 맞추기 위해서 총 다섯 개의 데이터가 추가로 삽입되어야 한다.

참고

"conversion specifier"의 한글식 표현은?

컴퓨터 용어의 한글 식 표현에 대한 기준이 모든 용어에 대해서 마련되어 있지는 않다. 그래서 "conversion specifier"의 한글 식 표현도 다양하게 존재한다. '변환 문자'라고도 하고 '변환 지정자' 또는 '변환 지시자'라고도 한다. 그리고 '변환'이라는 단어를 대신해서 '서식'이라는 단어를 적용하기도 한다. 즉 '서식문자', '서식 지정자' 또는 '서식 지시자'라고도 한다. 때문에 필자는 한글 식 표현에 너무 연연해 하지 말라고 말씀 드리고 싶다. 대신 반드시 원어를 확인하고 사전적 의미를 파악한 다음에 그에 따른 한글 식 표현을 선택해서 사용하는 자세가 필요하다.

3-4 서식문자, 변수 그리고 연산자에 대한 기본적인 이해

뭔가 조금 시원치 않다. 왜냐하면 위에서 설명한 내용만을 가지고는 서식문자의 필요성을 이해하는데 한계가 있기 때문이다. 예를 들어서 그림 3-2의 printf문이 보이는 출력결과를 위해서 복잡하게 서식문자 %d를 써야만 하는 이유를 찾을 수 없다. 다음과 같이 문자열을 구성해도 같은 결과를 얻을 수 있기 때문이다.

```
printf("Apple 100 Orange 200 \n");
```

그래서 서식문자가 가져다 주는 이점을 살펴보려고 하는데, 이를 위해서는 '변수'라는 것을 알아야 한다. 변수는 간단한 개념이니 여기서 1차적으로 설명을 하겠다. 그리고 이후에 보다 자세히 설명할 것이다.

■ 메모리 공간의 할당과 활용에 대한 궁금증

컴퓨터 프로그래밍에서 이야기하는 변수를 한 문장으로 정의하면 다음과 같다. 아직 완벽히 이해가 되진 않겠지만 일단 한번 읽어라도 보자.

"데이터의 저장과 참조를 위해 할당된 메모리 공간"

프로그래머에게는 메모리 공간을 활용할 수 있는 권한이 주어진다. 단! C언어를 사용하는 여러분은 C언어에서 정의한 방법을 기준으로 메모리 공간을 활용해야 한다. 변수라는 것도 C언어에서 정의한 메모리 공간의 활용방법 중 하나이다.

자! 그럼 본격적으로 변수에 대해서 이야기 해 보자. 메모리 공간을 활용한다는 것은 무엇을 뜻하는가? 메모리는 데이터를 저장하고, 저장된 데이터를 참조하기 위한 물리적 장치이기 때문에, 메모리 공간을 활용한다는 것은 "데이터를 저장 및 참조하는 것"이라고 정의할 수 있다.

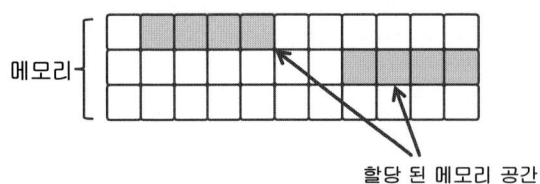

[그림 3-3 : 메모리 공간의 일부와 할당 받은 메모리]

위 그림은 메모리 공간의 일부를 표현한 것인데, 이 메모리 공간에서는 두 개의 메모리 영역이 프로그래머에게 할당되어 있다. 그런데 위 그림을 보면서 여러분은 다음 내용이 궁금할 것이다.

"할당을 어떻게 받았지?"

필자가 메모리 공간의 할당 방법을 설명하지 않았으므로 궁금한 것이 당연하다. 그리고 또 다음 내용도 궁금할 것이다.

"할당 받은 메모리 공간에 어떻게 접근을 하지?"

다시 말해서 어떻게 할당 받은 메모리 공간에 데이터를 저장하고, 저장된 데이터를 참조할 수 있느냐는 뜻이다. 이 두 가지 궁금증에 대한 해답은 모두 '변수'에 있다.

■ 변수(Variable)에 대한 간단한 이해

위 그림 3-3을 보면서 이야기를 이어나가자. 기본적으로 메모리 공간의 할당과 접근이라는 두 가지 문제를 해결하기 위해서 C언어에서는 변수라는 개념을 도입하였다. 즉 변수라는 것을 선언하면 그림 3-3에서처럼 메모리 공간이 할당된다. 그리고 그 할당된 메모리 공간의 접근을 위해서 이름이(변수의 이름이) 붙여진다. 예를 들어 여러분이 다음과 같이 생각했다고 가정하자.

"난 10진수 정수의 저장을 위한 메모리 공간을 할당하겠다."

"그리고 그 메모리 공간의 이름을 num이라 하겠어!"

이 때 여러분은 다음과 같이 선언해 주기만하면 된다. 그리고 이를 가리켜 num이라는 이름의 변수가 선언되었다고 한다. 다시 말해서 num이라는 이름의 메모리 공간이 할당된 것이다.

```
int num;
```

여기서 int라는 선언이 의미하는 바는 다음과 같다.

"10진수 정수를 저장할 메모리 공간을 할당하겠다."

그리고 이어서 등장하는 num은 그 메모리 공간에 붙여질 이름으로, 의미하는 바는 다음과 같다.

"그 메모리 공간(변수)에 접근할 때에는 num이라는 이름을 사용하겠다."

따라서 그림 3-3과 같이 두 개의 메모리 공간을 할당하고 각각을 num1과 num2라 이름 붙여주고자 한다면 다음과 같이 선언하면 된다.

```
int num1;
int num2;
```

이제 num1과 num2라는 이름의 두 변수가 선언되었다. 다음 그림은 변수 num1과 num2의 선언 결과를 보여준다. 메모리 공간에 이름이 붙여졌음을 확인하기 바란다.

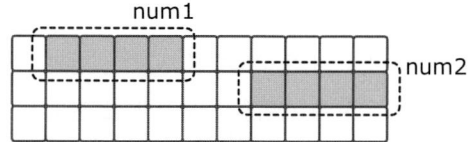

[그림 3-4 : 변수 num1과 num2의 선언]

■ **변수의 출력을 위해 사용되는 서식문자**

변수가 무엇인지도 알았고 서식문자에 대해서도 알았으니 이 둘을 함께 활용하는 예제를 제시하겠다. 다음 예제를 통해서 서식문자가 필요한 이유도 확인하기 바란다.

■ 예제 3-8.c

```
1.  #include <stdio.h>
2.
3.  int main(void)
4.  {
5.      int val=0;
6.      val=1+2;
7.      printf("1+2=%d \n", val);
8.
9.      val=2+3;
10.     printf("2+3=%d \n", val);
11.     return 0;
12. }
```

■ 실행결과 : 예제 3-8

```
1+2=3
2+3=5
```

위 예제의 5행을 보자. 먼저 int라는 단어가 등장하고, 이어서 val이라는 단어가 등장하였다. 단지 이것이 전부였다면, 즉 다음과 같이 선언되었다면 변수 val에는 예측 불가능한 값(이 값은 의미가 없는 값이기 때문에 쓰레기 값이라 한다)이 저장된다.

    int val;

그런데 기호 = 이 등장하고 있다. 이는 수학에서 의미하는 '같음(값이 같음)'을 뜻하는 것이 아니라 '대입(값을 저장)'을 뜻하는 것이다. 이 기호의 정확한 기능은 = 기호의 오른편에 오는 값을 = 기호의 왼편에 저장하는 것이다. 따라서 5행의 변수 val에는 0이 저장된다. 즉 변수 val이 선언과 동시에 0으로 초기화 되는 것이다.

이제 6행을 보자. = 기호도 등장했고 + 기호도 등장했다. 이들 각각을 가리켜 대입 연산자, 덧셈 연산자라 한다. 즉 이렇게 컴퓨터에게 일을 시키기 위해 약속해 놓은 기호를 가리켜 연산자라 한다. 그렇다면 대입 연산자와 덧셈 연산자중 무엇이 먼저 실행될까? 무엇이 먼저 실행되는지를 알아야 6행이 의미하는 바를 파악할 수 있지 않겠는가?

다행히도 C언어에서는 연산자들 사이에 우선순위를 정해놓았다. 그리고 이 순서를 가리켜 '연산자 우선순위'라 한다. 다양한 연산자들과 이들의 우선순위는 이후에 설명을 하니 여기서는 일단 덧셈 연산자가 대입 연산자보다 먼저 실행된다는 사실만 알아두자. 즉 6행의 연산과정과 결과는 다음과 같다.

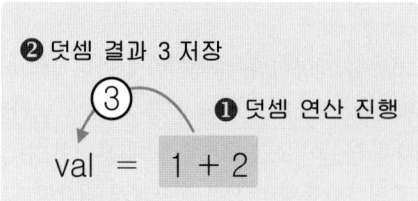

[그림 3-5 : 덧셈과 그 결과의 대입연산 과정]

덧셈 연산자가 먼저 실행되므로 덧셈의 결과인 3이 대입 연산자에 의해 변수 val에 저장된다. 그리고 7행에서 변수 val이 지니고 있는 값도 다음 과정을 거쳐서 출력이 된다.

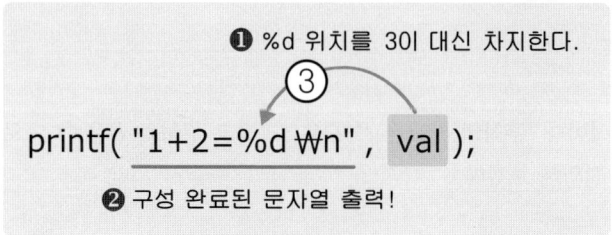

[그림 3-6 : printf 문에 의한 변수의 값 출력]

이 과정에서 한가지 주목해야 할 부분은 변수 val이 지니고 있는 값 3을 서식문자 %d를 활용함으로서 출력할 수 있다는 사실이다. 이 한가지만 보더라도 서식문자는 분명 필요하다. 이제 9행을 보자. 이번에는 2와 3을 더한 결과를 변수 val에 저장하고 있다. 이처럼 변수는 여러분이 원하는 값으로 언제든지 변경이 가능하다(그래서 이름이 변수이다).

이로써 간단히 서식문자, 변수 그리고 연산자에 대해서도 맛을 보았다. 이들에 대한 1차적인 설명을 진행한 것이다. 이후에는 보다 깊이 있는 설명을 진행하겠다.

■ printf 함수에 대한 결론! 문자열을 구성하는 능력!

잠시 정리를 하면 printf 함수는 문자열을 출력하는 함수이다. 그런데 문자열을 단순히 출력하는 것이 아니라, 서식문자를 활용하여 변수가 지니고 있는 값들을 문자열의 일부로 구성해서 출력하는 기능을 지닌다. 이점을 기억하자. printf 함수는 단순히 문자열을 출력하는 함수라고 말하면 안 된다. 문자열을 구성(또는 조합)하여 출력하는 기능을 지닌다고 말해야 정확하다.

3-5 들여쓰기와 컴파일의 대상에서 제외되는 주석!

C언어는 여러분이 프로그램에 주석(comment)을 달 수 있는 기능을 제공한다. 주석이란 간단히 말해서 메모이다. 따라서 주석을 이용하면 프로그램 코드에 여러분이 원하는 메모를 얼마든지 달수 있다. 일반적으로 프로그래머들은 소스코드에 많은 양의 주석을 단다. 본인이나 타인이 소소코드를 쉽게 분석할 수 있도록 돕기 위해서, 또는 코드를 활용하는데 있어서 알려줘야 할 주의사항들도 주석을 이용해서 전달한다.

■ 블록(block) 단위 주석 : /* ~ */

예를 들어 다음과 같은 내용을 여러분이 작업한 소스코드의 머리부분에 남겨두고 싶다고 가정해 보자.

파일이름 : 예제 3-9.c
작성자 : 홍길동
작성일 : 2012년 9월 25일
작성이유 : printf 함수의 기능 테스트

이럴 때 쓸 수 있는 주석이 블록 단위 주석이다. 주석의 시작은 /* 으로, 그리고 주석의 끝은 */ 으로 표시한다. 위 내용을 예제 3-8에 주석으로 삽입해 보겠다.

■ 예제 3-9.c

```c
1.  /*
2.      파일이름 : 예제 3-9.c
3.      작성자 : 홍길동
4.      작성일 : 2012년 9월 25일
5.      작성이유 : printf 함수의 기능 테스트
6.  */
7.  #include <stdio.h>
8.
9.  int main(void)
10. {
11.     int val=0;   /* 변수 선언 및 초기화 */
12.
13.     val=1+2;    /* 덧셈연산 후에 대입연산 */
14.     printf("1+2=%d \n", val);
15.
16.     val=2+3;
17.     printf("2+3=%d \n", val);   /* 문자열 출력 */
18.     return 0;
19. }
```

- 2~5행 : 블록단위 주석으로 묶였다. 따라서 컴파일러는 이 부분을 완전히 무시한다.
- 11, 13, 17행 : 블록단위 주석을 이용해서 한 줄짜리 주석을 만들었다. 이처럼 블록단위 주석을 이용해서 줄 단위 주석도 삽입할 수 있다.

■ 행(line) 단위 주석 : //

한 줄짜리 주석을 삽입할 때에는 행 단위 주석을 활용할 수도 있다. 다음 예제에서는 위 예제의 주석을 행 단위 주석으로 모두 처리하였다.

■ 예제 3-10.c

```
1.   // 파일이름 : 예제 3-10.c
2.   // 작성자 : 홍길동
3.   // 작성일 : 2012년 9월 25일
4.   // 작성이유 : printf 함수의 기능 테스트
5.
6.   #include <stdio.h>
7.
8.   int main(void)
9.   {
10.      int val=0;    // 변수 신인 및 초기화
11.
12.      val=1+2;     // 덧셈연산 후에 대입연산
13.      printf("1+2=%d \n", val);
14.
15.      val=2+3;
16.      printf("2+3=%d \n", val);   // 문자열 출력
17.      return 0;
18.   }
```

- 1~4행 : 이 부분을 행 단위 주석으로 모두 주석처리 하였다.
- 10, 12, 16행 : 역시 행 단위 주석처리 하였다.

결과적으로 예제 3-8, 3-9, 3-10은 완전히 동일하다. 주석의 유무와 주석의 처리방식에만 차이가 있을 뿐이다.

> **참고** 주석은 취향에 따라 달라집니다.
>
> 위 예제에서 보여주듯이 블록단위 주석을 이용해서 행 단위로 주석 처리를 할 수도 있고, 행 단위 주석을 이용해서 특정 블록을 주석처리 할 수도 있다. 어떠한 방법이 더 좋다라고 상대적으로 말할 수는 없다. 모두 좋은 방법이기 때문이다. 실제로 주석처리 방식은 프로그래머의 취향에 따라서 달라진다. 그래서 팀 단위로 프로젝트를 진행할 때에는 팀을 구성하는 모든 프로그래머가 주석처리 방식을 통일시키기 위해서 논의를 한다.

● 문 제 3-2 [잘못된 주석 처리]

아래 예제를 보면서 정상적으로 주석처리 된 문장을 모두 찾아내고, 주석처리는 하였으되 문제가 있거나 주석으로 처리되지 않는 부분은 또 어디인지 찾아보자.

```
1.   #include <stdio.h>
2.
3.   int main(void)
4.   {
5.       int val;
6.
7.       /*
8.       val=1+2;    /* 덧셈과 대입연산 */
9.       printf("1+2=%d \n", val);
10.      */
11.
12.      val=2+3;
13.      printf("2+3=%d /*5가 출력*/ \n", val);
14.      printf("프로그램 종료! \n" /* 프로그램이 종료됨을 알림 */);
15.
16.      return 0;
17.  }
```

이 문제는 필자가 별도로 언급하지 않은 주석의 특성을 알게 하는데 목적이 있으니, 반드시 컴파일 및 실행을 통해서 주석에 대한 추가적인 특성을 확인해야 한다.

■ 들여쓰기(Indentation)

지금까지 소개한 소스코드를 보면 중괄호 이후에 다음의 형태로 들여쓰기가 되어 있음을 알 수 있다.

```
int main(void)
{
    int val;   /* 들여쓰기 */
    ....       /* 들여쓰기 */
    return 0;  /* 들여쓰기 */
}
```

이는 어디까지나 코드의 가독성을 위해서 존재하지만, 소스코드를 보기 좋게 구성하는 것은 매우 중요한 일이기 때문에 들여쓰기를 습관화해야 한다. 그리고 들여쓰기가 필요한 상황은 이 책의 예제를 통해서 앞으로 얼마든지 경험할 수 있기 때문에, 이와 관련된 별도의 설명은 생략하고자 한다.

몇 칸씩 들여쓰기 할까요?

"대략 N칸 정도 들여쓰기 하면 보기가 좋아요"라고 쉽게 말할 수 있는 문제가 아니다. 별것 아닌 것 같지만 이는 프로그래머의 성향과 관련이 있기 때문에 아주 예민한 사항이다. 따라서 겁 많은 필자도 (프로그래머는 프로그래머를 두려워한다. 최소한 필자는 그렇다) 몇 칸 정도의 들여쓰기가 좋다고 이 책에서 말할 자신은 없다. 참고로 여건이 된다면 인터넷에서 들여쓰기와 관련된 글들을 찾아보기 바란다. 여러 곳에서 들여쓰기라는 하나의 주제로 프로그래머들이 논쟁하고 있다는 사실을 알 수 있을 것이다.

3-6 Dev C++의 자동생성 코드

이 내용은 2장을 공부한 다음에 공부할 내용이므로 2장을 그냥 지나쳐 왔다면 지금은 그냥 넘어가도 된다. 그러나 Dev C++의 자동생성 코드에 대한 설명이 여기 3장 마지막에 있다는 사실은 기억하기 바란다.

■ 콘솔(Console)이란

여러분이 만들고 있는 프로그램을 '콘솔 프로그램'이라고 부르는 것은 알고 있을 것이다(그림 1-8과 그림 2-14를 통해서). 그렇다면 콘솔이 무엇일까? 원래 콘솔은 입력장치와 출력장치를 총칭하는 말이다. 따라서 컴퓨터의 대표적인 콘솔은 키보드와 모니터이다. 그런데 일반적으로 콘솔 창(window)이라 하면,

모니터를 뜻하기 보다는 명령 프롬프트 창을 의미하는 것이 보통이다. 즉 다음 그림이 바로 콘솔 창이다.

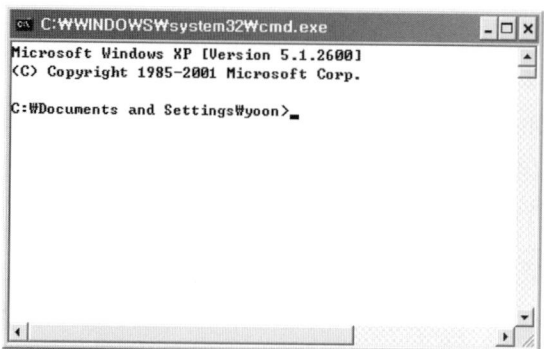

[그림 3-7 : 콘솔 창]

따라서 콘솔 프로그램이라는 것은 위의 콘솔 창을 기반으로 동작하는 프로그램을 의미한다. 그런데 이 콘솔 창의 정확한 명칭은 Windows에서는 '명령 프롬프트'이고 Linux에서는 '쉘'이다.

■ 명령 프롬프트에게 PAUSE 명령 전달하기

지금까지 우리가 작성한 예제를 실행시키면 마지막에 다음의 문장이 계속 삽입되어 왔다.

"계속하려면 아무 키나 누르십시오"

또는 영어로 다음과 같이 출력되기도 한다.

"Press any key to continue"

이 문장은 여러분이 입력하지도 않았는데 자동으로 입력된다. 어떻게 해서 이러한 일이 벌어질 수 있는 것일까? 이에 대한 이해를 위해서 그림 3-7과 같이 명령 프롬프트 창을 하나 띄워서 pause 명령어를 입력하고(대소문자 가리지 않음) 엔터 키를 눌러보기 바란다. 그러면 다음과 같은 결과를 볼 수 있다.

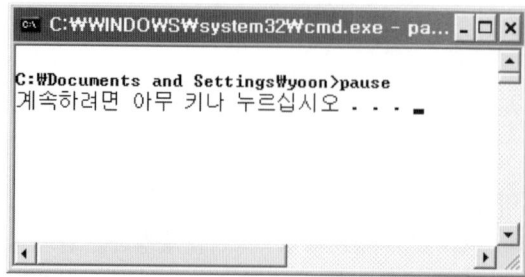

[그림 3-8 : pause 입력 결과]

어떤가? 프로그램 종료 시 자동으로 나타나는 문자열과 동일한 문자열이 출력되고, 아무 키나 입력할 때까지 멈춰 서 있지 않는가? 이로써 여러분은 다음 사실을 파악할 수 있다.

"아! Visual C++이 프로그램 실행 후 마지막에 pause 명령을 전달하는구나!"

그렇다! 만약에 pause 명령을 전달하지 않으면 실행결과 창이 바로 사라지기 때문에 실행결과의 확인을 위해서 pause 명령을 전달해 주는 것이다.

■ 프로그램상에서 PAUSE 명령 전달하기

안타깝게도 Dev C++에서는 pause 명령을 자동으로 전달해 주지 않는다. 따라서 프로그램이 종료되기 직전에 pause 명령을 프로그래머가 직접 전달해야 한다. 그렇다면 프로그램상에서 pause 명령을 어떻게 전달해야 할까?

system이라는 이름의 함수를 사용하면 된다. 모니터로 출력을 할 때에는 printf 함수를 사용했듯이 명령 프롬프트에 명령을 전달할 때에는 system이라는 이름의 함수를 사용하면 된다. 예를 들어서 여러분이 잘 아는 dir명령이나 cls명령을 내리고 싶다면 다음과 같이 문장을 구성하면 된다(이 두 명령어를 잘 모른다면 일단 명령 프롬프트를 띄워서 직접 입력해 보자).

```
system("dir");   // 파일과 디렉터리 정보가 출력된다.
system("cls");   // 콘솔 창에 출력된 내용이 전부 지워진다.
```

마찬가지로 pause 명령이 필요하면 다음과 같이 문장을 구성하면 된다.

```
system("pause");
```

그런데 이 함수들을 사용하려면 다음 문장을 프로그램 윗부분에 추가해야 한다.

```
#include <stdlib.h>
```

이는 printf 함수를 사용하기 위해서 #include <stdio.h> 문장을 추가하는 것과 그 이유가 동일하다. 그럼 지금까지 설명한 내용을 확인하기 위해서 다음 예제를 실행해 보자.

■ 예제 3-11.c

```
1.  #include <stdlib.h> //system 문장을 위해
2.
3.  int main(void)
4.  {
5.      system("dir");
6.      system("pause");
7.      system("cls");
8.      return 0;
9.  }
```

- 1행 : 아래에서 printf 함수를 호출하지 않고 system 함수만 호출하기 때문에 이 문장만 삽입되었다.
- 5행 : dir 명령이 내려졌으니 콘솔 창에 파일과 디렉터리 정보가 출력된다.
- 6행 : 그리고 이어서 pause 명령이 내려졌으니 아무 키나 입력될 때까지 프로그램의 실행이 멈추게 된다. 물론 "계속하려면~"이라는 문자열도 출력이 된다.
- 7행 : 아무 키나 입력되면 7행이 실행되는데, 여기서 cls 명령이 내려지므로 앞서 5, 6행에서 출력한 내용 전부가 사라진다.

실행결과는 별도로 싣지 않겠으니 여러분이 직접 확인하기 바란다.

■ Dev C++의 자동생성 코드

지금까지 설명한 내용이 이해되었다면 Dev C++이 자동으로 생성하는 코드가 눈에 화~악! 들어온다. 자! 함께 보자.

```
1.   #include <stdio.h>
2.   #include <stdlib.h>
3.
4.   int main(int argc, char *argv[])
5.   {
6.       system("PAUSE");
7.       return 0;
8.   }
```

1행은 printf 문장의 등장을 예상해서 여러분을 대신하여 넣어준 문장이다. 그리고 2행은 6행의 system 문장 때문에 삽입되었다. 그리고 한가지 더! 4행을 보면 main 함수가 다음과 같이 구성되어 있다.

```
int main(int argc, char *argv[])
```

앞서 우리가 구성했던 다음 main 함수와 비교해서 차이가 있다

```
int main(void)
```

이것은 지금 신경 쓰지 말자. 다 때가 되면 알게 된다. 만약에 이 부분이 거슬린다면 변경시켜도 된다. Visual C++에서 사용하는 문장으로 변경을 해도 전혀 지장이 없다.

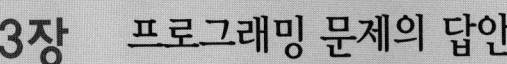

3장 프로그래밍 문제의 답안

■ 문제 3-1의 답안

• 문제 1

문자열 사이에 \n을 삽입하여, 두 개의 문장을 하나의 문자열 안에 표현할 수 있는가를 묻는 문제이다.

■ 소스코드 답안
```
1.   #include <stdio.h>
2.
3.   int main(void)
4.   {
5.       printf("C 프로그래밍은 쉽다! \n누구나 잘할 수 있다. \n");
6.       return 0;
7.   }
```

참고로 두 문자열을 나란히 표현해 두면, 이는 하나의 문자열로 인식된다. 즉 위 답안의 5행은 다음과 같이 표현을 해도 동일한 결과를 얻을 수 있다.

```
printf("C 프로그래밍은 쉽다! \n" "누구나 잘할 수 있다. \n");
```

또는 다음과 같이 표현을 해도 된다.

```
printf("C 프로그래밍은 쉽다! \n"
       "누구나 잘할 수 있다. \n");
```

즉 나란히 표현한다는 것은 중간에 공백이 없어야 함을 의미하는 것은 아니다. 줄 바꿈을 비롯하여 공백의 삽입은 허용이 된다.

• 문제 2

이스케이프 시퀀스의 출력을 위해서 주의해야 할 사실을 기억하고 있는지 확인하기 위한 문제이다. 참고로 필자는 출력할 문자열의 길이가 긴 경우에는 문제 1의 답안에서 설명한 방식을 이용하여 두 줄에 걸쳐서 표현하였다.

■ 소스코드 답안

```
1.    #include <stdio.h>
2.
3.    int main(void)
4.    {
5.        printf("\\n은 다음 행의 맨 앞으로 커서를 이동시킵니다. \n");
6.        printf("\\a는 삑~ 소리를 내고요,"
7.                "\\t는 수평 탭 키의 입력을 의미합니다. \n");
8.        printf("이처럼 이스케이프 시퀀스는 \\로 시작을 합니다. \n");
9.
10.       return 0;
11.   }
```

■ 문제 3-2의 답안

이 문제는 주석과 관련하여 추가적으로 알아야 할 사실에 대한 관찰을 유도하고 있다. 따라서 예제를 반드시 컴파일 및 실행해봐야 한다.

■ 소스코드 답안

```
1.    #include <stdio.h>
2.
3.    int main(void)
4.    {
5.        int val;
6.
7.        /*
8.        val=1+2;    /* 덧셈과 대입연산 */
9.        printf("1+2=%d \n", val);
10.       */
11.
12.       val=2+3;
13.       printf("2+3=%d /*5가 출력*/ \n", val);
14.       printf("프로그램 종료! \n" /* 프로그램이 종료됨을 알림 */);
15.
16.       return 0;
17.   }
```

위 예제를 컴파일 하면 7~10행에서 오류가 발생한다. 7~10행까지 블록으로 주석처리가 되어 있는데 그 중간에 다시 주석이 삽입되었기 때문이다. 주석은 주석을 포함할 수 없다. 따라서 이 예제의 컴파일을 위해서는 8행의 주석을 지워야 한다. 8행의 주석을 지우고 다시 컴파일 및 실행을 하면 다음과 같은 출력 결과를 확인할 수 있다.

    2+3=5 /*5가 출력*/
    프로그램 종료!

13행의 출력결과를 보면 문자열 안에 삽입되어 있는 주석은 주석이 아니고 문자열의 일부가 됨을 알 수 있다. 그리고 14행의 출력결과는 문자열 이외의 영역이라면 어디든 주석이 삽입될 수 있음을 보이고 있다.

제4장 데이터 표현방식의 이해

C언어를 마음에 들어 해야 C언어를 잘 다룰 수 있습니다.

여러분은 C언어를 어떻게 바라보는가? 잘 정돈되고, 체계화된 문법 구성을 지니는 프로그래밍 언어라고 생각하는가? 필자는 그렇게 생각한다. C언어는 상당히 간결하고 체계적이다. 그렇다면 이렇게 체계적인 언어를 학습하는데 있어서 어려움을 느끼는 이유는 무엇일까? 필자 개인적으로는 C언어를 디자인한 이의 생각에 쉽게 공감하지 못하는 부분이 있어서 그렇다고 생각한다. 조금 이상하게 들릴지 모르지만 C언어를 공부하면서 C언어를 평가해보기 바란다. 예를 들어서 한가지 문법 내용을 가지고 여러분이 다음과 같이 평가했다고 가정해 보자.

"음! 멋진걸 사용하기 좋게 디자인되어 있어"

그렇다면 여러분은 그 문법 내용을 완벽히 이해한 것이다. 반대로 다음과 같이 평가를 내렸다고 가정해 보자.

"어이쿠 뭘 이렇게 복잡하게 만들어 놨대?"

그렇다면 여러분은 그 문법 내용을 잘 이해하지 못하고 있을 확률이 높다. 여러분은 지금 C언어를 공부하고 있다. 그리고 C언어를 잘 다루고 싶어 한다. 그렇다면 문법 하나하나가 여러분의 마음에 들어야 한다. 아니 마음에 쏙 들도록 노력해야 한다.

이 장의 목차페이지 ➡➡➡

4-1. 진수와 진수변환	80
4-2. 데이터 표현의 단위(비트, 바이트, 워드)	87
4-3. 정수의 표현방식	89
4-4. 실수의 표현방식	93
4-5. 정수와 실수의 표현방식, 그리고 변수와의 관계	95
프로그래밍 문제의 답안	100

4-1 진수와 진수변환

이번 장에서는 C언어와 관련이 있으면서 컴퓨터 분야에서 보편적인 내용으로 통하는 것을 설명하려 한다. 그러나 이 내용들은 C언어를 구성하는 문법만큼이나 중요하다. 필자가 앞으로 설명하는 내용을 정확히 이해하려면 여기서 설명하는 내용이 기본이 되어야 한다.

■ 컴퓨터의 데이터 표현 및 처리방식

여러분이 알고 있는 사실에서부터 이야기를 시작하겠다. 컴퓨터는 0과 1을 이용해서 데이터를 표현하기도 하고 처리(연산)하기도 한다. 따라서 컴퓨터의 메모리에는 다음과 같은 형태의 데이터가 저장이 된다.

```
10110110 11010011 00010100 11010000
```

그렇다면 이 데이터의 정체는 무엇일까? 정수일까? 아니면 실수일까? 정수나 실수가 아니면 혹시 문자(문자열)는 아닐까? 이 질문에 대해서는 여러분도, 필자도 그리고 저 데이터를 저장하고 있는 메모리도 답을 할 수가 없다. 왜냐하면 데이터는 저장되어 있는 형태에 따라서 그 종류가 결정되는 것이 아니고, 저장되어 있는 데이터를 어떻게 해석하느냐에 따라서 그 종류가 결정되기 때문이다. 다시 말해서 위 데이터는 정수도 될 수 있고, 실수도 될 수 있다. 문제는 어떻게 해석을 하느냐에 달려있다.

지금 한 이야기가 조금 어렵게 들릴 수도 있다. 그러나 여러분은 기본적으로 컴퓨터가 데이터를 어떻게 표현하는지 알아야 한다. 정수를 표현하는 방식, 실수를 표현하는 방식, 그리고 문자를 표현하는 방식도 알아야 한다. 이번 장의 목적이 바로 여기에 있다.

여기서 말하는 실수란?

중고등학교 때 수학을 좀 하셨던 분이라면 위에서 등장한 "정수일까? 아니면 실수일까?"라는 질문에 대해서 이의를 제기할 수 있다. 왜냐하면 실수는 정수를 포함하는 개념이기 때문이다. 다시 말해서 정수도 실수이다. 그런데 프로그래밍 분야에서 말하는 실수는 정수가 아닌 실수를 의미한다. 즉 실수라 하면 소수점 이하의 값을 갖는 수를 의미하는 것이다.

■ 2진수, 8진수, 10진수 그리고 16진수

컴퓨터의 데이터 표현방식을 공부하기에 앞서서 기본적으로 진법에 대해서는 이해하고 있어야 한다. 그래서 여러분이 이미 알고 있을 법한 내용임에도 불구하고 잘 모르는 분들을 위해서 자세히 정리해 보겠다.

컴퓨터는 데이터를 표현하는데 있어서 0과 1만을 사용한다고 하였다. 이것이 바로 2진수의 데이터 표현 방식이다. 즉 2진수는 두 개의 기호 0과 1을 다양한 형태로 조합해서 데이터를 표현하는 방식이다. 그렇다면 10진수는 데이터를 표현하는데 있어서 열 개의 기호를 조합하는 방식인가? 물론이다! N진수 데이터 표현방식이라 했을 때, N은 데이터를 표현하는데 사용하는 기호의 개수를 의미한다. 다음 그림은 진수 별 데이터 표현 기호의 범위를 보여준다.

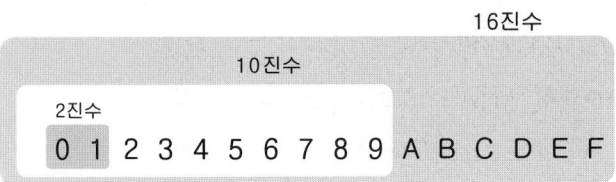

[그림 4-1 : 진수 별 데이터 표현 기호의 범위]

위 그림에서 주목할 것은 16진수의 표현 기호이다. 총 열 여섯 개의 기호로 데이터를 표현해야 하기 때문에 아라비아 숫자 기호 열 개와 알파벳 기호 여섯 개를 이용한다.

왜 자꾸 기호라는 표현을 쓰지?

2진수의 0과 1뿐만 아니라, 10진수의 0~9까지도 숫자라는 표현을 쓰지 않고 기호라는 표현을 쓰고 있다. 하지만 분명 숫자가 맞고 숫자라고 표현해도 된다. 다만 이들은 숫자이기 이전에 기호이다. 이들을 이용해서 수가 아닌 다른 데이터, 예를 들어 문자와 같은 데이터도 표현이 가능하다는 것을 암시하기 위해서 기호라는 표현을 쓰고 있다.

■ 2진수로 표현할 수 있는 것들

여러분은 2진수를 비롯한 진법변환을 중학교 수학시간에 이미 공부하였다. 그런데 그 때에는 2진수로 양의 정수를 표현한다는 가정하에 모든 수업이 이루어졌다. 때문에 2진수는 양의 정수를 표현하는 도구라고 머리 속에 새겨져 있을 확률이 높다. 실제로 그렇다면 이 생각을 버리자. 물론 2진수를 이용해서 양의 정수를 표현할 수도 있지만, 다른 것도 얼마든지 표현할 수 있기 때문이다. 컴퓨터는 2진수를 이용해서 실수도, 문자도 표현한다고 하지 않았는가? 데이터 표현방식에 대한 기준만 결정이 되면, 2진수로 어떠한 데이터도 표현할 수 있다. 하다못해 여러분의 친구들 정보도 2진수로 표현할 수 있다.

■ 2진수, 10진수, 16진수를 이용해서 양의 정수 표현해 보기

2진수로 양의 정수만 표현 가능한 것은 아니라고 했지만, 진수 관계를 이해하기에는 양의 정수를 기준으로 생각하는 것이 편하다. 따라서 10진수로 표현된 양의 정수를 2진수와 16진수로 어떻게 표현이 가능한지 함께 확인하도록 하겠다. 다음 그림에서는 우리에게 익숙한 10진수와 컴퓨터에게 익숙한 2진수를 비교하고 있다.

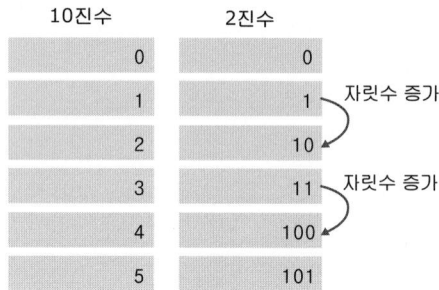

[그림 4-2 : 10진수와 2진수의 비교]

위 그림에서 보여주듯이 2진수라고 해서 어렵게 생각할 것 없다. 단지 모든 숫자를 두 개의 기호 0과 1로 표현할 뿐이다. 그러다 보니 자릿수가 증가하는 시점이 10진수와 차이가 난다. 10진수는 9 다음에 자릿수가 증가한다. 왜냐하면 9보다 큰 값을 의미하는 기호가 없기 때문이다. 반면 2진수는 1 다음에 자릿수가 증가한다. 왜냐하면 1보다 큰 값을 의미하는 기호가 없기 때문이다. 그래서 2진수는 자릿수의 증가가 아주 빈번하다. 위 그림에서도 보여주듯이 10진수로 5까지 표현하는데 있어서 2진수는 두 번이나 자릿수가 증가하였다.

이번에는 10진수와 16진수를 비교해 볼 텐데, 비교하는 값의 범위가 그림 4-2와는 다르다. 이는 16진수의 자릿수 증가 위치를 확인하기 위함이다.

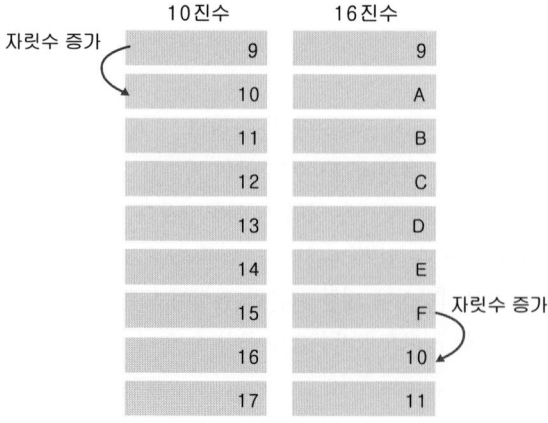

[그림 4-3 : 10진수와 16진수의 비교]

위 그림에서 보여주듯이 16진수는 가장 큰 값을 의미하는 기호가 F(10진수로 15)이기 때문에 F 다음에 자릿수가 증가한다. 이렇듯 각 진법 별로 자릿수의 증가 시기만 이해해도 각 진법 별 데이터의 표현방식을 이해할 수 있다.

문 제 4-1 [2진수, 8진수, 16진수 데이터 표현 방식의 이해 확인]

다음은 진법변환에 대한 문제이다. 그런데 이는 여러분이 진법변환을 할 줄 아는가를 묻기 위함이 아니고 데이터 표현 방식을 이해하는지 묻기 위함이니, 굳이 수학 교과서에 있는 진법변환 공식을 활용할 필요는 없다(단순하게 그림 4-2, 4-3에서 소개하는 방식으로 해결하기로 하자).

◉ 문제 1
10진수 8에서 20까지를 2진수와 16진수로 각각 표현해 보자. 다소 지루한 문제가 되겠지만 진수 표현과 자릿수의 증가에 익숙해지는 것을 목적으로 문제를 제시하였다.

◉ 문제 2
10진수 5부터 18까지를 8진수로 표현해 보자. 8진수에 대해서는 별도로 언급하지 않았지만 0~7까지 총 8개의 기호로 데이터를 표현한다는 사실을 알고 있으니 충분히 해결할 수 있다.

◉ 문제 3
2진수 두 개를 가지고 표현할 수 있는 데이터의 수는 00, 01, 10, 11 이렇게 총 4개이다. 그렇다면 2진수 N개를 가지고 표현할 수 있는 데이터의 수는 총 몇 개인가?

> **참고**
>
> **왜? 2진수와 16진수를 공부해야 하나요?**
> 2진수와 16진수를 중요시 하는 이유는 무엇일까? 이는 컴퓨터가 2진수로 데이터를 표현하기 때문이다. 그런데 여러분도 알다시피 2진수로 데이터를 표현하면 한참을 늘어뜨려야 한다. 어떻게 하면 간결하게 표현이 가능할까? 16진수를 사용하면 된다. 2의 4승이 16이 아닌가? 따라서 2진수 네 개는 16진수 하나로 표현이 가능하다. 그래서 컴퓨터 분야에서는 16진수를 많이 사용한다.

■ 2진수를 10진수로 변환하기

아무래도 우리의 생각은 10진수로 돌아간다. 따라서 2진수 데이터를 10진수로 변환하는 기본적인 방법은 알아 둘 필요가 있다. 일단 네 자릿수의 2진 데이터를 가지고 분석을 해 보자. 다음은 10진수로 얼마인가?

　　0001

당연히 1이다. 그럼 다음은 각각 10진수로 얼마인가?

　　0010,　0100,　1000

연습장에 조금만 풀어서 써보면 알 수 있다. 각각 2, 4, 8이다. 정리하면 다음과 같다(값이 1에서부터 시작해서 2의 배수로 증가하고 있음에 주목하기 바란다).

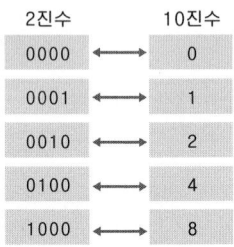

[그림 4-4 : 2진수와 10진수의 변환 관계]

그럼 이제 응용이다. 다음은 10진수로 얼마인가?

　　1001

1001은 1000과 0001의 합이니 8과 1의 합으로 볼 수 있다. 따라서 10진수로 9이다. 한 문제 더 해보자. 다음은 10진수로 얼마인가?

　　1111

1111은 1000+0100+0010+0001와 같으므로 8+4+2+1이 되어 15가 된다. 이제 네 자릿수로 표현된 2진 데이터는 얼마든지 10진수로 변환할 수 있을 것이다. 이로써 충분하다. 사실 이 내용을 설명한 이유는 이어서 소개하는 2진수와 16진수 사이의 변환을 설명하기 위함인데, 딱 필요한 만큼만 설명을 하였다.

■ 2진수를 16진수로 16진수를 2진수로 변환하기

앞의 '참고'에서 언급했듯이 2진수와 16진수는 컴퓨터 분야에서 중요하게 여겨지는 대표적인 데이터 표현법이다. 그리고 2진수는 쉽게 16진수로, 16진수는 쉽게 2진수로 변환이 가능하다. 따라서 이 둘 사이의 변환방법에 대해서 살펴보고자 한다.

16진수 F는 10진수로 15이다. 마찬가지로 2진수로 1111은 10진수로 15이다. 즉 2진수 1111과 16진수 F는 같다. 따라서 2진수와 16진수 사이에는 다음 관계가 성립한다.

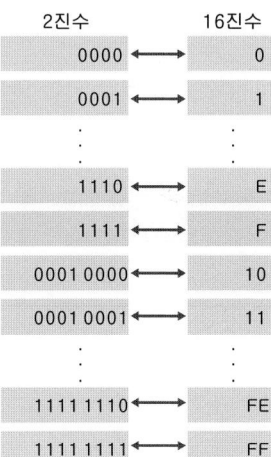

[그림 4-5 : 2진수와 16진수의 변환 관계]

위 그림을 통해서 여러분이 관찰해야 할 사항은 2진수 숫자 네 개가 16진수 숫자 하나로 표현된다는 사실이다. 따라서 2진수를 16진수로 변환할 때, 2진수 숫자를 네 개씩 끊어서 16진수로 바꿔주면 된다. 예를 들어서 11111110을 16진수로 변환해보자. 그러면 네 개씩 숫자를 끊어서 16진수로 변환하면 된다. 즉 1111은 16진수로 F이고 1110은 16진수로 E이므로 11111110은 16진수로 FE가 된다.

반대로 16진수를 2진수로 변환할 때에는 거꾸로 생각하면 된다. 즉 16진수 숫자 하나를 네 개의 2진수 숫자로 변환하면 된다. 예를 들어서 16진수 2F를 2진수로 변환해보자. 16진수 2는 2진수로 0010이고 16진수 F는 2진수로 1111이다. 따라서 16진수 2F는 2진수로 00101111이 된다(물론 앞의 0은 생략해서 101111로 표현해도 된다).

문 제 4-2 [2진수와 16진수 사이의 변환]

● 문제 1
다음 두 2진수를 16진수로 변환하여라.
  2진수 1 : 110000101001
  2진수 2 : 100111000101

● 문제 2
다음 세 16진수를 2진수로 변환하여라.
  16진수 1 : AD
  16진수 2 : 12DE
  16진수 3 : DA10BF

■ 8진수와 16진수로 숫자 표현하기

프로그램 코드상에서는 숫자를 10진수가 아닌 8진수와 16진수로도 표현이 가능하다. 이는 쉬운 내용이니 예제를 통해서 설명하겠다.

■ 예제 4-1.c

```c
1.  #include <stdio.h>
2.
3.  int main(void)
4.  {
5.      int n8 = 010;   // 8진수 숫자 표현
6.      int n10 = 10;   // 10진수 숫자 표현
7.      int n16 = 0x10; // 16진수 숫자 표현
8.
9.      printf("8진수 초기화 변수 값 : %d \n", n8);
10.     printf("10진수 초기화 변수 값 : %d \n", n10);
11.     printf("16진수 초기화 변수 값 : %d \n", n16);
12.     return 0;
13. }
```

- 5행 : 우선 5행을 보면 변수 n8을 초기화하는 값이 010이다. 이는 숫자 10 앞에 0이 붙어있는 형태인데, 이것이 바로 8진수를 표현하는 방법이다. 즉 숫자 앞에 0이 붙으면 이는 8진수로 해석이 된다. 따라서 이 경우에는 8진수 10이 변수 n8에 저장된다.
- 7행 : 7행을 보면 숫자 10 앞에 0x가 붙어있음을 알 수 있다. 이미 예상했겠지만 이처럼 숫자 앞에 0x가 붙으면 이는 16진수로 인식이 된다.
- 9~11행 : 10진수로 저장을 하건 16진수로 저장을 하건, 메모리상에는 2진수의 형태로 저장이 된다. 그리고 9~11행에서는 이렇게 저장된 데이터를 참조하여 10진수 정수의 형태로 출력하고 있다(서식문자 %d를 사용했으므로).

■ 실행결과 : 예제 4-1

```
8진수 초기화 변수 값 : 8
10진수 초기화 변수 값 : 10
16진수 초기화 변수 값 : 16
```

이쯤 되면 저장된 데이터를 8진수로 출력하거나 16진수로 출력할 수는 없는지 궁금할 것이다(필자만의 생각인가?). 물론 출력 가능하다. 위 예제에서 사용한 서식문자 %d가 10진수 정수 형태의 출력을 의미하는 것처럼 8진수 또는 16진수 형태로 출력하는데 사용할 수 있는 서식문자가 별도로 존재하기 때문이다. 미리 말씀 드리면, 서식문자 %o와 %x를 사용하여 저장된 값을 출력하면 각각 8진수와 16진수의 형태로

출력이 된다. 이에 대해서는 뒤에서 다시 정리하고 설명한다. 그러나 여러분이 궁금해할 것 같아서 미리 말씀 드렸다.

4-2 데이터 표현의 단위(비트, 바이트, 워드)

데이터 또는 메모리 공간의 크기를 나타내는데 사용되는 단위가 있다. 따라서 이들에 대해서 설명하고자 한다.

■ 비트(bit)와 바이트(byte)

컴퓨터가 나타내는 데이터의 최소 단위를 가리켜 비트라 한다. 1비트는 2진수 값 하나를 지정할 수 있는 메모리 공간의 크기를 의미한다. 그리고 이러한 비트가 여덟 개 모이면 1바이트가 된다.

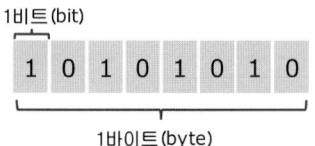

[그림 4-6 : 비트와 바이트의 관계]

참고

1바이트가 꼭 8비트는 아니라고?

1바이트는 하나의 문자를 저장할 수 있는, 8비트 이상의 크기를 의미하기 때문에, 1바이트는 8비트가 아닐 수도 있다. 그러나 대부분의 시스템에서 1바이트를 8비트로 표현하기 때문에 일반적으로 1바이트를 8비트라고 이야기한다. 이는 골치 아픈 소리처럼 들릴 수 있지만, 혹시라도 여러분께 상식으로 기억될까 해서 필자가 그냥 몇 자 적어보았다.

■ 32비트, 64비트 시스템에서의 워드(word)

워드는 CPU가 한번에 처리할 수 있는 데이터의 크기를 의미하는 단위이다. 일반적으로 16비트 시스템에서는 한번에 처리할 수 있는 데이터의 크기가 16비트로 제한된다. 따라서 16비트 시스템에서는 1워드가 16비트이다.

마찬가지로 32비트, 64비트 시스템에서는 CPU가 한번에 처리할 수 있는 데이터의 크기가 각각 32비트, 64비트이다. 따라서 각각의 시스템에서는 1워드가 32비트, 64비트가 된다. 이처럼 워드라는 단위는 비트나 바이트 단위와는 그 개념이나 용도에 있어서 약간 차이가 있다. C언어를 공부하는 과정에서는 워드라는 단위를 사용할 일은 별로 없다. 그러나 알아두는 것이 좋다. 여러분이 공부하는 컴퓨터 관련서적에서 워드 단위를 기준으로 무엇인가를 열심히 설명할지도 모르니 말이다.

■ 킬로 바이트(kilobyte), 메가 바이트(megabyte), 기가 바이트(gigabyte)

보통 단위에 K가 붙으면 1000을 곱하고, M이 붙으면 거기에다 다시 1000을 곱한다. 따라서 1킬로 바이트는 1×1000 바이트로, 1메가 바이트는 1×1000×1000 바이트로 생각하는 경우가 많다. 그런데 메모리 공간의 크기를 나타내는 바이트 단위에서는 단위가 증가할 때마다 1000을 곱하는 것이 아니라 1024를 곱한다. 즉 킬로 바이트, 메가 바이트 그리고 기가 바이트는 다음의 관계를 갖는다.

- 1 KB(킬로 바이트) = 1×1024 바이트
- 1 MB(메가 바이트) = 1×1024×1024 바이트
- 1 GB(기가 바이트) = 1×1024 ×1024×1024 바이트

> **1024를 대신해서 1000을 곱하는 경우도 많다.**
>
> 요즘은 인터넷 강의가 많이 활성화되었다. 그리고 고교 학습으로 유명한 M사나 E사를 비롯한 여러 인터넷 교육 관련 회사가 1초당 1MB 이상의 고화질 서비스를 실시하고 있다. 이는 1초에 1MB 이상의 음성, 영상정보를 전송한다는 뜻이다. 불과 몇 년 전과 비교를 해도 상당히 고화질의 서비스가 이뤄지고 있는 것이다.
>
> 여기서 여러분이 M사의 동영상을 시청하고 있다고 가정해 보자. M사는 C사의 도움을 받아서 초당 1MB의 동영상 서비스를 여러분에게 제공하고 있다. 그렇다면 여러분이 초당 전송 받는 동영상의 크기는 몇 바이트가 될까? 정확히 계산한다면 1x1024x1024 바이트가 되어야 한다. 그런데 실제로는 1x1000x1000 바이트로 전송이 이뤄진다. 이처럼 경우에 따라서는 단위가 증가할 때마다 1024를 대신해서 1000을 곱하기도 한다. 그런데 이는 공학적 측면의 계산이 아니다. 그저 서비스를 사용하는 사용자에게 사용료를 청구하는데 사용하는 방식일 뿐이다.

그렇다면 1000이 아닌 1024를 곱하는 이유는 무엇일까? 그것은 1000이 2의 N승이 아니기 때문이다 (1024는 2의 10승이다).

위 단위들은 컴퓨터의 메모리 공간을 나타내는 단위이다. 따라서 메모리 공간의 크기를 표현하기에 편리하도록 단위가 책정될 필요가 있다. 그렇다면 2의 N승의 형태가 메모리 공간의 크기를 표현하기에 편리하다는 뜻인가? 그렇다! 매우 편리하다. 왜냐하면 메모리 공간의 크기도 2의 N승의 형태로 증가하기 때문이다.

4-3 정수의 표현방식

필자가 다음과 같이 이야기하며 해당 내용을 한차례 강조한적이 있다.

> "데이터는 저장되어 있는 형태에 따라서 그 종류가 결정되는 것이 아니고, 저장되어 있는 데이터를 어떻게 해석하느냐에 따라서 그 종류가 결정된다."

어떤가 지금 다시 읽어보니 조금 더 느낌이 와 닿는가? 이 말의 내용을 정확히 이해하면, 컴퓨터에 정수나 실수, 그리고 문자와 같은 데이터를 저장하고, 또 저장된 데이터를 참조하는 방식은 사람들이 만들어놓은 약속이라는 것을 알 수 있다.

이로써 두 번 설명을 하였는데 아직 이해가 덜 되어도 상관없다. 세 번째 마지막 설명이 여러분을 기다리고 있으니 말이다. 이번 설명은 컴퓨터의 정수와 실수 표현법에 관한 것이다. 사람들이 정해놓은 약속이라고 생각하고 읽어 내려가면 된다.

■ 정수를 표현하는 방식

정수를 표현하는데 있어서 제일 먼저 결정할 사항은 "몇 바이트로 정수를 표현할 것인가?" 이다. 정수는 1바이트, 2바이트 그리고 8바이트로도 표현할 수 있다. 물론 표현하는 바이트 크기가 크면 클수록 표현할 수 있는 정수의 범위는 넓어진다. 그러나 값을 표현하는 기본 원리는 동일하니, 설명의 편의를 위해서 1바이트를 기준으로 정수의 표현방식을 설명하겠다. 다음 그림은 정수 표현의 기본 원리를 보여준다.

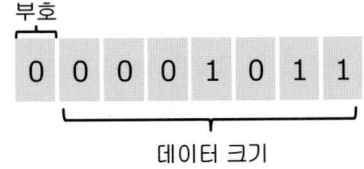

[그림 4-7 : 양의 정수 표현방식]

위 그림에서 보여주듯이 가장 왼쪽에 존재하는 비트는 부호를 표현하는데 사용이 된다. 이 비트가 0이면 양수를, 1이면 음수를 의미하는데, 이 비트가 0인 경우 나머지 일곱 비트는 데이터의 양적인 크기를 의미한다. 즉 위 그림의 경우 나머지 일곱 비트가 0001011이므로 값은 +11이다(8+2+1의 결과). 간단하지 않은가? 실제로 컴퓨터의 데이터 표현방식 중에서 양의 정수 표현방식이 가장 간단하다.

MSB(Most Significant Bit)
부호를 결정하는 가장 왼쪽에 존재하는 비트를 가리켜 MSB라 한다. MSB는 Most Significant Bit의 약자로서 가장 중요한 비트라는 뜻을 지닌다. 이 비트의 설정에 따라서 값의 부호도 달라지고, 나머지 일곱 비트의 해석방식도 달라지기 때문에 가장 중요한 비트임에 틀림이 없다.

■ 음의 정수를 표현하는 방식이 이게 맞아?

양의 정수를 표현하는 방식을 생각하면서 음의 정수를 표현하는 방식도 간단할거라고 생각할 수 있다. 그렇다면 그림 4-7을 통해 설명한 내용만 가지고 -1을 표현해 보겠는가?

"음수니까 가장 왼쪽 비트를 1로 설정하고, 데이터의 크기가 1이니 나머지 일곱 비트를 0000001로 채우면 되는 것 아냐? 그래! 10000001이 -1이 되겠군"

여러분이 이렇게 결론을 내렸다면, 과거 필자가 생각했던 것과 그 모양새가 완전히 똑같은 것이므로 감사하다는 인사를 하고 싶다(필자와 같은 생각, 같은 실수를 하는 분들을 보면 필자는 마냥 반갑다). 그렇다면 검산을 해 보자. 위와 같은 방식으로 컴퓨터가 음의 정수를 표현해도 문제가 되지 않는지를 말이다. 검산 방법은 간단하다. 양의 정수 +1과 음의 정수 -1을 더해서 0이 나오는지 확인하면 된다.

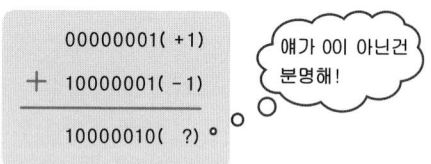

[그림 4-8 : 0이 나오는가에 대한 검산과정]

우리가 함께 생각한 -1과, +1의 덧셈 결과로 0이 나오지 않는다는 사실을 위 그림은 보여준다. 다시 말해서 우리가 생각한 음의 정수를 표현하는 방식은 적절치 않다는 결론이 나온다. 그렇다면 무엇이 적절한 표현방식일까?

"양의 정수 값에 2의 보수를 취하면 그것이 바로 음의 정수 값이 됩니다."

일단 한 문장으로 음의 정수 표현법을 설명했는데, 이는 사실이다(검증은 잠시 후에). 따라서 다음과 같은 관계가 성립이 된다.

"양의 정수 2를 1바이트로 표현하면 00000010 이다. 그런데 이 데이터에 2의 보수를 취한 결과로 얻게 되는 데이터는 -2이다."

"양의 정수 5를 1바이트로 표현하면 00000101 이다. 그런데 이 데이터에 2의 보수를 취하여 결과로 얻게 되는 데이터는 -5이다."

그렇다면 이것이 사실인지 확인하기 위해서 우리는 2의 보수가 무엇인지부터 알아야 한다.

■ 2의 보수는 말이야!

이 책은 프로그래밍 책인 만큼 보수에 대한 수학적 배경과 설명은 뒤로하고 2의 보수 계산법을 결론적으로 설명하겠다. 다음 그림은 1바이트로 표현된 양의 정수 +5에 대한 2의 보수 계산 과정을 보여준다.

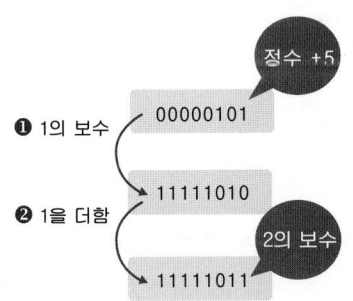

[그림 4-9 : 2의 보수 구현과정]

위 그림을 보면 2의 보수 계산 과정의 첫 번째가 1의 보수를 구하는 데서 시작함을 알 수 있다. 그런데 1의 보수는 각 비트 별로 1은 0으로, 0은 1로 변경하여 얻어진다.

1의 보수가 구해졌으면 그 다음으로 해야 할 일은 1을 더하는 것이다. 말 그대로 1만 더하면 된다. 그리고 이렇게 해서 얻어진 결과가 우리가 찾던 바로 그! 2의 보수이다. 생각보다 2의 보수를 구하는 것은 쉽다. 숙달이 되면 연습장이 필요 없을 정도다.

그럼 이제 2의 보수가 음수를 구하는 방법이 맞는지 확인해 보자. +5와 그림 4-9에서 계산한 2의 보수 (+5의 2의 보수)를 더해서 그 결과가 0인지만 확인하면 된다. 만약에 결과가 0이라면 분명 2의 보수는 양의 정수에 대한 음수 표현방식으로 컴퓨터가 사용하기에 부족함이 없음을 입증하는 셈이 된다.

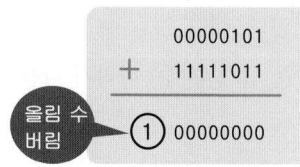

[그림 4-10 : 2의 보수 검증과정]

위 그림에서 보여주는 연산결과에 대해서 보충 설명이 조금 필요하다. 컴퓨터는 N바이트 덧셈 연산을 할 경우 그 결과도 N바이트로 만들어 낸다. 즉 1바이트 덧셈 연산의 결과는 1바이트가 되어야 하기 때문에, 위 그림의 덧셈 과정에서 발생한 올림 수(carry)는 그냥 버려진다. 따라서 덧셈의 결과는 0이 되는 것이다. 이로써 2의 보수는 양의 정수에 대한 음수 계산방법으로 사용할 수 있음이 입증되었다. 그리고 실제로 컴퓨터는 이 방법을 통해서 음의 정수를 표현한다.

● 문 제 4-3 [2진수 데이터의 정수 표현]

◉ 문제 1
아래의 데이터는 부호 있는 정수를 1바이트로 표현한 것이다. 앞서 설명한 정수 표현방식을 기준으로 하여 10진수로 각각 얼마가 되는지 계산해 보자(물론 가장 왼쪽의 비트는 MSB이다).
   00010001,   10001011

◉ 문제 2
1바이트로 부호 있는 정수를 표현할 때, 표현 가능한 최대값과 최소값을 2진수 데이터로 표현하고, 표현된 값이 10진수로 얼마가 되는지 계산해보자.

4-4 실수의 표현방식

지금부터 필자가 실수의 표현방식을 설명하는 이유는 정수의 표현방식과 비교해서 어떠한 차이점이 있는지를 알게 하기 위함이다. 따라서 잠시 후에 등장하는 다소 복잡해 보이는 수식을 부담스러워할 필요는 없다.

■ 실수의 표현방식이 고민거리인 이유는?

다소 엉뚱한 질문을 드려보겠다.

 "1과 5 사이에 존재하는 정수의 개수는 몇 개인가?"

1과 5를 포함한다면 총 5개이다. 그렇다면 다음 질문에 답해보겠는가?

 "1과 2 사이에 존재하는 실수의 개수는 몇 개인가?"

질문의 요지가 파악이 되는가? 1과 2 사이에만도 무한개의 실수가 존재한다. 따라서 소수점 이하 자리수까지 표현해야 하는 실수는 컴퓨터로 표현하는데 한계가 있다. 사람이 1과 2 사이에 존재하는 실수 조차 전부 표현하지 못하는데, 어떻게 컴퓨터가 모든 실수를 제대로 표현할 수 있겠는가? 정리하면, 실수를 표현하는데 있어서의 문제점은 다음과 같다.

 "그 많은 실수를 어떻게 표현하지?"

■ 그래! 정밀도를 포기하고, 대신에 표현의 범위를 넓히자.

정수의 표현법을 여러분도 봐서 알겠지만, 정수는 오차 없이 표현이 가능하다. 오차 없이 완벽히 음의 정수와 양의 정수를 표현해 낼 수 있다. 그러나 오차를 허용하지 않으면서까지 그 광대한 실수를 표현한다는 것은 불가능하다. 결국 다음과 같은 결론에 도달하게 된다.

 "정밀도를 포기하고, 대신에 표현의 범위를 넓히자."

아니, 그렇다면 정밀도(값을 정확히 표현할 수 있는 능력)만 포기하면 실수를 폭넓게 표현할 수 있다는 뜻인가? 그렇다! 정밀도만 포기한다면 폭넓게 실수를 표현할 수 있다. 다음과 같은 식을 활용하면 충분히 가능하다(아래 식은 지수로 표현되어 있음에 주목해야 한다).

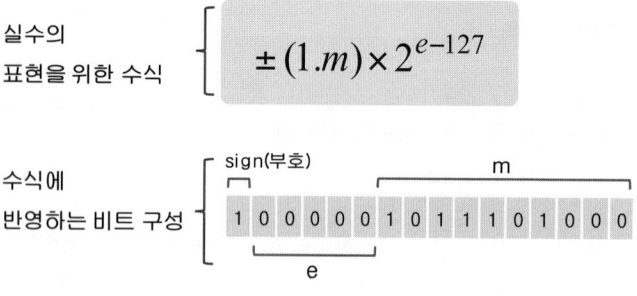

[그림 4-11 : 실수의 표현방식]

위의 식은 컴퓨터 시스템에서 실수를 표현하기 위해 약속해 놓은 IEEE 754 표준을 이해하기 쉽게 표현한 것이다. 위 식의 e과 m에 눈 짐작으로라도 적당한 값을 넣어보자. 예를 들어서 부호 비트에는 양수를 의미하는 0을, e에는 00000을, 그리고 m에는 0000000001을 넣어보자. 이 때 위 식을 통해서 표현되는 값은 다음과 같다.

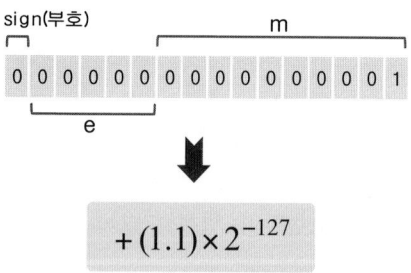

[그림 4-12 : 실수의 표현 사례연구]

위 그림을 보면서 이 값의 크기가 어느 정도 되는지 감이 좀 오는가? 대략 써 보면 다음과 같다(필자가 계산기 열심히 두들겨서 계산했다).

6.4652189295225812938280509547224 × (10의 -39승)

표현할 수 있는 값의 크기가 어마어마하게 증가했음을 알 수 있다. 하지만 단점도 있다. 이러한 표현방식으로는 위의 숫자(6.4652…)보다 아주 조금 작거나, 아주 조금 큰 수를 표현하지 못한다. 이는 m이 1 증가할 때, 전체 값이 얼마나 크게 변경되는지, 그리고 e가 1 증가할 때, 전체 값이 얼마나 크게 변경되는지를 확인하면 쉽게 이해가 가능하다.

>
> **IEEE(Institute of Electrical and Electronics Engineers)**
> 미국에 있는 IEEE('아이 트리플 이'라 읽는다)는 전기전자공학의 최대 기술조직으로서 주요 표준을 결정하고 발전시키는 역할을 담당한다. 이곳에서 실수 표현방식에 관한 표준도 정의를 하였으며, 이를 가리켜 IEEE 754라 한다. 따라서 여러분이 실수 표현의 정확한 표준을 알고 싶다면 IEEE 754에서 정의하고 있는 32비트로 표현되는 단정도(single precision)와 64비트로 표현되는 배정도(double precision)를 살펴보면 된다. 그런데 위 그림 4-11과 차이가 나는 부분은 m에 할당된 비트 수와 e에 할당된 비트 수 정도이니 쉽게 이해가 가능하다.

이제 필자는 여러분이 다음 문장을 이해할 수 있을 것으로 기대한다.

"데이터는 저장되어 있는 형태에 따라서 그 종류가 결정되는 것이 아니고, 저장되어 있는 데이터를 어떻게 해석하느냐에 따라서 그 종류가 결정된다."

여러분은 이제 정수의 표현방식과 실수의 표현방식을 알게 되었다. 따라서 위 문장이 의미하는 바를 이해할 수 있으리라 필자는 믿는다.

4-5 정수와 실수의 표현방식, 그리고 변수와의 관계

실수가 어떻게 표현되는지, 그리고 정수가 어떻게 표현되는지 이제 알게 되었다. 그럼 이들이 변수와 어떠한 관계를 갖는지 살펴보자.

■ 아! int는 메모리 공간의 저장 및 참조 방식을 의미하는 거구나

앞서 다음과 같이 변수를 선언한적이 있다.

    int num;

여러분은 이 선언에서 int가 의미하는 바를 알고 있다. int는 다음과 같은 의미를 지닌다고 설명하였다.

"난 10진수 정수를 저장할 수 있는 메모리 공간을 할당하겠다."

그리고 이렇게 선언된 변수 num에 여러분이 데이터를 다음과 같이 저장한다고 가정해보자.

    num=12;

그러면 num이라는 이름이 부여된 메모리 공간에는 숫자 12가 정수의 표현방식으로 저장된다. 그리고 이렇게 선언된 변수 num에 저장된 값을 참조할 때에도(읽을 때에도) 저장된 형태와 동일하게 정수의 표현방식으로 해석해서 참조하게 된다. 그런데 이 모두가 int라는 키워드 덕분이다. 자! 이제 아주 중요한 결론을 내려보자.

- int는 변수의 데이터 저장 및 참조방식에 대한 선언이다.
- int는 10진수 정수형으로 값을 저장 및 참조하라는 의미를 담고 있다.

> **참고**
>
> **키워드(Keyword)**
> 키워드란 C언어의 문법을 구성하기 위해서 특별한 의미를 담아, 그 용도를 미리 약속해 둔 단어를 의미한다. 변수나 함수의 이름을 제외하고 여러분이 보아 왔던 대부분의 단어가 키워드들이다. 즉 int, double, void, return과 같은 단어가 전부 키워드에 속한다.

이렇듯 메모리 공간의 데이터 표현방식을 의미하는 int와 같은 키워드를 가리켜 '자료형(data type)'이라 한다. 따라서 자료형은 크게 다음과 같이 두 가지로 나뉜다.

- 정수를 표현하는데 사용되는 '정수 자료형'
- 실수를 표현하는데 사용되는 '실수 자료형'

이는 크게 나눈 것일 뿐 C언어의 자료형은 보다 세분화된다. 그리고 세분화된 정수 자료형 중 하나가 바로 int인 것이다.

> **토막 퀴즈**
>
> 문제 : C언어에서 20종류의 정수 자료형과 10종류의 실수 자료형을 제공한다면(이는 실제와 다르다) C언어가 데이터를 표현하는 방식은 몇 개라고 볼 수 있는가?
>
> 정답 : 자료형은 데이터의 표현방식을 의미하므로, 자료형의 개수만큼 데이터의 표현방식이 다양해진다. 따라서 30개의 데이터 표현방식이 존재한다고 볼 수 있다.

■ 그렇다면 실수를 저장 및 참조하기 위한 자료형은?

다양한 종류의 자료형에 대해서는 다음 장에서 자세히 설명한다. 그러나 실수 자료형에 대한 이야기가 나왔으니, 대표적인 실수 자료형인 double을 간단히 소개하고자 한다. 다음 예제는 double형 변수의 선언과 활용을 보여준다.

■ 예제 4-2.c

```
1.   #include <stdio.h>
2.
3.   int main(void)
4.   {
5.       double realOne=12.345678;
6.       double realTwo= 0.123456;
7.
8.       double addResult=realOne+realTwo;
9.       double minResult=realOne-realTwo;
10.
11.      printf("실수의 덧셈결과 : %f \n", addResult);
12.      printf("실수의 뺄셈결과 : %f \n", minResult);
13.      return 0;
14.  }
```

- 5, 6행 : 실수를 저장할 수 있는 두 개의 double형 변수를 선언하고 초기화하고 있다.
- 8, 9행 : 두 개의 변수를 추가로 선언하고 있는데, 5행과 6행에서 선언한 변수에 저장된 값을 참조하여 덧셈과 뺄셈을 진행하고, 그 연산의 결과로 얻어진 값으로 초기화하고 있다.
- 11, 12행 : 8행과 9행에서 선언한 변수의 값을 출력하고 있다. 그런데 여기서 서식문자 %f가 사용되었음에 주목하자.

■ 실행결과 : 예제 4-2

```
실수의 덧셈결과 : 12.469134
실수의 뺄셈결과 : 12.222222
```

지금까지는 int형 변수에 저장된 값의 출력을 위해 %d를 사용하였는데, 이는 10진수 정수의 형태로 출력하기 위함이었다. 그런데 위 예제에서는 10진수 실수의 형태로 출력을 해야 한다. 그리고 이 때 사용하는 것이 서식문자 %f이다.

이로써 여러분은 두 개의 서식문자를 알게 되었다. 하나는 %d이고, 또 다른 하나는 %f이다. 이러한 서식문자들에 대해서는 이후에 체계적으로 정리할 것이니, 당분간은 이렇게 소개하는 것만 기억하기 바란다.

■ 실수는 표현의 범위를 넓히기 위해서 정밀도를 일부 포기했다면서요

컴퓨터가 실수를 표현하는 방식은 아주 가까운 근사치를 표현하는 방식이다. 따라서 실수를 표현하는데 있어서 오차가 존재하는 것은 당연한 일이며, 이러한 오차를 가리켜 부동소수점 오차라 하는데, 이는 컴퓨터의 실수 표현방식이 부동소수점 방식(그림 4-11과 4-12의 표현방식)이기 때문이다.

그럼 부동소수점 오차가 발생하는 예제를 하나 보이겠다. 그런데 이 예제는 지금까지 소개하지 않은 문법적인 요소를 담고 있다. 그러나 걱정할 것 없다. 아주 간단해서 필자의 설명을 통해 대략적인 이해가 가능하기 때문이다. 그리고 혹 이해가 안되더라도 걱정하지 말자. 출력결과를 통해서 오차가 발생한다는 사실만 확인해도 되니 말이다.

■ 예제 4-3.c

```
1.   #include <stdio.h>
2.
3.   int main(void)
4.   {
5.       int i=0;
6.       float real;
7.
8.       real=0;
9.       for(i=0; i<30; i++)
10.          real=real+0.1;
11.
12.      printf("0.1을 30회 더한 결과 : %f \n", real);
13.
14.      real=0;
15.      for(i=0; i<50; i++)
16.          real=real+0.1;
17.
18.      printf("0.1을 50회 더한 결과 : %f \n", real);
19.
20.      real=0;
21.      for(i=0; i<100; i++)
22.          real=real+0.1;
23.
24.      printf("0.1을 100회 더한 결과 : %f \n", real);
25.      return 0;
26.  }
```

- 6행 : double형 변수가 아닌, float형 변수를 선언하고 있다. float도 double과 유사한 자료형이다. 차이가 있다면 double은 8바이트로, float는 4바이트로 실수를 표현한다는 점이다. 이 예제에서 float형 변수를 선언한 이유는 부동 소수점 오차를 쉽게 확인하기 위해서다. 표현하는 바이트의 수가 작을수록 정밀도가 떨어져서, 쉽게 부동 소수점 오차를 확인할 수 있다.
- 8행 : 변수 real을 0으로 초기화하고 있다.
- 9행 : 이 문장은 여러분에게 소개하지 않은 문장이다. 간단히 기능을 설명하면, 아래 10행에 등장하는 문장을 총 30회 반복 실행시키는 역할을 담당한다. 문장 중간에 숫자 30이 쓰여있는 것이

보이는가? 만약에 이 숫자를 50으로 바꾸면 아래에 등장하는 문장은 총 50회 반복 실행된다.
- 10행 : 조금 이상해 보일 수도 있다. 그렇다면 여러분은 대입 연산자를 '대입'이 아닌 '같다'는 의미로 해석을 해서 그런 것이다. 대입의 의미로 해석하면 이 문장이 다음과 같은 의미임을 쉽게 알 수 있다.

    "변수 real이 가지고 있는 값에 0.1을 더하여 다시 real에 저장을 해라."

    결과적으로 변수 real에 저장된 값이 0.1 증가한다.
- 12행 : 9행과 10행에 의해서 변경된 real의 값을 출력하고 있다. 처음에 0으로 초기화 되어 있던 real의 값을 0.1씩 총 30회에 걸쳐서 증가시켰으니 3.0이 출력되어야 한다.
- 14~18행 : 0.1을 총 50회 더해서 출력한다.
- 20~24행 : 0.1을 총 100회 더해서 출력한다.

■ 실행결과 : 예제 4-3

```
0.1을 30회 더한 결과 : 2.999999
0.1을 50회 더한 결과 : 4.999998
0.1을 100회 더한 결과 : 10.000002
```

실행결과를 통해서 여러분의 눈으로 직접 부동소수점 오차를 확인할 수 있다. 이로써 여러분은 다음 두 가지 사실을 알고 있어야 한다.

- 부동소수점 오차가 존재한다는 사실!
- 부동소수점 오차가 존재하는 이유!

● 문 제 4-4 [부동소수점 오차]

◉ 문제 1
예제 4-3에서는 0.1을 30회, 50회, 100회 더했을 때 만들어지는 부동소수점 오차를 확인해 주었다. 이 예제를 적절히 변경하여 0.1을 1000회, 10000회 더했을 때 만들어지는 부동소수점 오차가 어떻게 되는지 확인해 보자.

◉ 문제 2
문제 1의 해결을 위해 여러분이 만든 예제에서는 float형 변수를 사용하여 0.1을 더해나갔을 것이다. 이제 이 변수를 double형으로 변경해 보자. 그랬을 때에도 오차가 존재하는지 확인해 보자.

4장 프로그래밍 문제의 답안

■ 문제 4-1의 답안

• 문제 1

10진수 8에서부터 20까지를 2진수로 표현하면 다음과 같다.
1000, 1001, 1010, 1011, 1100, 1101, 1110, 1111, 10000, 10001, 10010, 10011, 10100

그리고 16진수로 표현하면 다음과 같다.
8, 9, a, b, c, d, e, f, 10, 11, 12, 13, 14

• 문제 2

10진수 5에서부터 18까지를 8진수로 표현하면 다음과 같다.
5, 6, 7, 10, 11, 12, 13, 14, 15, 16, 17, 20, 21, 22

• 문제 3

2진수 하나로 표현할 수 있는 데이터의 수는 0과 1 이렇게 둘이다. 그리고 2진수 두 개로 표현할 수 있는 데이터의 수는 00, 01, 10, 11 이렇게 넷이다. 그리고 세 개로 표현할 수 있는 데이터의 수는 000, 001, 010, 011, 100, 101, 110, 111 이렇게 여덟이다. 즉 2진수 하나가 늘 때마다 표현할 수 있는 데이터의 수는 두 배로 늘어난다. 따라서 2진수 N개를 가지고 표현할 수 있는 데이터의 수는 다음과 같이 공식화할 수 있다.

$$2^N 개$$

■ 문제 4-2의 답안

이 문제는 2진수와 16진수 사이의 변환을 연습하기 위해서 제시한 문제이다. 2진수 데이터를 4개씩 끊어서 16진수로 변환하는 것에 대한 연습이라고 보면 된다.

• 문제 1

✓ 110000101001를 16진수로 변환하기
2진수 1100, 0010, 1001은 16진수로 각각 C, 2, 9이므로 2진수 110000101001은 16진수로 C29이다.

✓ 100111000101를 16진수로 변환하기
2진수 1001, 1100, 0101은 16진수로 각각 9, C, 5이므로 2진수 100111000101은 16진수로 9C5이다.

• 문제 2

✓ 16진수 AD를 2진수로 변환하기
16진수 A와 D는 2진수로 각각 1010, 1101이므로 16진수 AD는 2진수로 10101101이다.

✓ 16진수 12DE를 2진수로 변환하기
16진수 1, 2, D, E는 2진수로 각각 0001, 0010, 1101, 1110이므로 16진수 12DE는 2진수로 0001001011011110이다. 그리고 앞에 있는 0을 생략하여 1001011011110으로 표현할 수도 있다.

✓ 16진수 DA10BF를 2진수로 변환하기
16진수 D, A, 1, 0, B, F는 2진수로 각각 1101, 1010, 0001, 0000, 1011, 1111이므로 16진수 DA10BF는 2진수로 110110100001000010111111이다.

■ 문제 4-3의 답안

이 문제는 프로그래밍과 관련이 없는 듯 보이지만, 이 정도 계산은 할 수 있어야 한다. 그리고 실제로 프로그래밍과도 관련이 있다. 따라서 계산 능력이 뛰어날 필요는 없지만 계산방법은 알고 있어야 한다. 많은 문제를 풀기보다는 하나의 문제를 바탕으로 계산방법을 이해하는 것이 중요하다.

• 문제 1

✓ 00010001
이 값은 MSB가 0이므로 양의 정수를 의미한다. 따라서 MSB를 제외한 나머지의 크기만 계산하면 된다. 10001은 10진수로 17이므로 이 값은 10진수로 +17이다.

✓ 10001011
이 값은 MSB가 1이므로 음의 정수이다. 따라서 이 값에 2의 보수를 취하면 다시 양의 정수가 된다(2의 보수를 취하는 것은 -1을 곱하는 것과 같다). 그리고 양의 정수를 구해야 값의 크기(절대값)를 쉽게 계산할 수 있다. 자! 그럼 계산해 보자. 10001011의 1의 보수는 01110100이므로 2의 보수는 01110101이다. 그리고 이는 10진수로 117이다. 따라서 10001011은 -117이라는 결론이 나온다.

• 문제 2

✓ 1바이트로 부호 있는 정수를 표현할 때 표현 가능한 최대값
1바이트로 표현할 수 있는 가장 큰 정수의 값은 01111111이므로 127이 가장 큰 값이다.

✓ 1바이트로 부호 있는 정수를 표현할 때 표현 가능한 최소값
이 문제는 퀴즈의 성격이 강하다. 단순히 생각하면 1바이트로 표현할 수 있는 가장 큰 정수의 값이 127이니 가장 작은 정수의 값도 -127일 것이라고 생각할 수 있다. 그런데 이번 문제를 통해서 여러분이 고민하기 바랬던 숫자가 있다. 그것은 바로 10000000이다. +127은 01111111이고, -127은 10000001이다.

그렇다면 이 둘 사이에 있는 값 10000000은 얼마가 되어야 할까? 보는 관점에 따라서 +128이라고도 할 수도 있고, -128이라고도 할 수도 있다. 그런데 우리가 사용하는 대부분의 컴퓨터 시스템에서는 이를 -128로 인식한다. 그래서 컴퓨터 관점에서는 1바이트로 표현할 수 있는 최소값은 10진수로 -128이 된다. 이 사실을 알고 있으면 이후에 자료형 별로 표현할 수 있는 최대, 최소값의 절대값이 다른 이유를 이해할 수 있다.

■ 문제 4-4의 답안

이 문제는 여러분의 관찰을 유도하는 문제이다. 일단 필자의 시스템에서 실행한 결과를 말해 보겠다. 0.1을 1000회, 10000회 더했을 때 출력된 결과값은 각각 99.999046, 999.902893 이었다. 눈짐작만으로도 더하는 횟수가 많으면 많을수록 오차가 더 크게 발생함을 알 수 있다. 그리고 float형 변수를 double형으로 변경해서 실행한 결과에서는 오차가 확인되지 않았다. 이로써 double형 데이터가 float형에 비해서 훨씬 정확한 계산이 가능함을 확인하였다.

제5장 자료형(Data Type)과 변수, 그리고 상수의 표현

여러분은 자료형이 무엇이고 변수가 무엇인지 이미 알고 있다.

필자는 앞서 여러분에게 자료형이 무엇인지, 그리고 변수가 무엇인지에 대해 설명하였다. 그러나 자료형과 변수에 대해서 개념적인 이해만 갖췄을 뿐, 이들에 대한 세부적인 내용은 아직 언급하지 않았다. 따라서 이번 장에서는 여러분이 갖춘 이해를 바탕으로 자료형과 변수에 대한 모든 것을 정리하고자 한다.

이 장의 목차페이지 ➡➡➡

5-1. C언어의 기본 자료형(Data Type): 정수형	104
5-2. C언어의 기본 자료형(Data Type): 실수형	109
5-3. 적절한 자료형의 선택 기준: 정수 자료형 기준	111
5-4. 적절한 자료형의 선택 기준: 실수 자료형 기준	115
5-5. 변수의 선언방식과 조건	116
5-6. 변수의 상대적인 개념 상수!	120
5-7. 접미사에 따른 상수의 자료형	128
5-8. 상수의 표현에 대한 정확한 이해	129
프로그래밍 문제의 답안	133

5-1 C언어의 기본 자료형(Data Type) : 정수형

C언어에는 다양한 자료형이 존재한다. 다시 말해서 다양한 형태의 데이터 표현방식이 존재한다. 따라서 각각의 자료형이 지니는 특성을 살펴볼 텐데, 만약에 아직도 자료형과 변수에 대한 이해가 부족하다면 4장에서 설명한 내용들을 다시 한번 참조하기 바란다.

■ 자료형을 나누는 기준은 무엇일까?

이 장의 소 단원 제목이 "C언어의 기본 자료형" 인데, 여기서 말하는 '기본'은 다음의 의미를 지닌다.

"C언어에서 기본적으로 제공하는~"

이처럼 제목이 의미하듯이 C언어는 기본적으로 다양한 자료형을 제공한다. 그렇다면 이렇게 다양한 자료형을 제공하는 이유는 무엇일까? 앞서 자료형은 데이터의 표현방식(저장 및 참조방식)을 결정한다고 하였다. 따라서 최소한 두 개의 자료형은 필요하다. 우리가 표현해야 할 데이터의 종류가 정수와 실수 이렇게 두 가지로 나뉘기 때문이다.

실제로 정수냐! 실수냐! 이것이 자료형을 나누는 기준의 전부라면 자료형은 딱 두 개만 있으면 된다. 그런데 자료형의 종류는 이보다 훨씬 많다. 데이터를 표현할 때 사용하게 되는 바이트의 수가 다양하기 때문이다. 정수는 4바이트로도 그리고 8바이트로도 표현할 수 있다. 다만 표현하고자 하는 값이 크다면 8바이트로 정수를 표현하면 되고, 그렇지 않다면 4바이트로 정수를 표현하면 된다.

마찬가지로 4바이트로도 그리고 8바이트로도 실수를 표현할 수 있다. 높은 정밀도를 필요로 하면 8바이트로 표현하면 되고, 그렇지 않다면 4바이트로 표현하면 된다. 따라서 자료형을 나누는 큰 기준은 다음과 같이 정리할 수 있다.

- 자료형을 나누는 기준 1 : 표현할 데이터의 종류(실수 혹은 정수)
- 자료형을 나누는 기준 2 : 바이트 크기

■ C언어의 정수 자료형 정리하기

먼저 정수를 표현하는 자료형의 종류를 정리해 보겠다. 그런데 자료형의 이름은 변수를 선언하는데 사용이 되니, 선언할 수 있는 정수형 변수의 종류를 정리하는 것으로도 볼 수 있다.

정수 자료형	자료형의 크기
char	최소 8비트 이상

short	최소 16비트 이상
int	최소 16비트 이상
long	최소 32비트 이상
long long	최소 64비트 이상

[표 5-1 : 정수형 기본 자료형에 대한 C99의 정의]

이 표가 썩 마음에 들지는 않을 것이다. 각 자료형 별 크기가 딱 떨어지게 "얼마다!" 라고 표시되어 있지 않고 "최소 몇 비트 이상이다"라고 표시되어 있으니 말이다. 그런데 우리는 이 부분에 주목할 필요가 있다. 이것은 컴파일러 별로 자료형의 크기가 달라질 수 있음을 의미하기 때문이다. 실제로 위 표에서 언급하는 사항을 만족하고 또한 다음 사항을 만족한다면, 각 자료형의 크기는 얼마든지 달리 결정될 수 있다. 그리고 그것이 바로 C언어의 표준이다.

```
char ≤ short ≤ int ≤ long ≤ long long
```

■ 정수 자료형의 일반적인 크기

표 5-1은 어디까지나 C언어의 표준을 여러분께 알리기 위함이었다. 그렇다면 현재 여러분이 사용중인 컴파일러는 정수 자료형의 크기를 어떻게 정해놓고 있을까? 다음 표를 함께 보자. 이 표를 통해서 각 자료형 별로 바이트 크기가 어떻게 되는지, 그리고 바이트 크기에 따라서 값의 표현 범위가 어떻게 달라지는지를 확인하기 바란다.

정수 자료형	크기	값의 표현범위
char	8비트	−128 이상 +127 이하
short	16비트	−32,768 이상 +32,767 이하
int	32비트	−2,147,483,648 이상 +2,147,483,647 이하
long	32비트	−2,147,483,648 이상 +2,147,483,647 이하
long long	64비트	−9,223,372,036,854,775,808 이상 +9,223,372,036,854,775,807 이하

[표 5-2 : 정수 자료형의 보편적인 크기]

위 표는 말 그대로 여러분이 보편적으로 사용하는 컴파일러를 기준으로 정리한 표이다. 따라서 이 표의 내용과 다른 컴파일러도 존재한다. 그러나 지금은 위의 표가 보여주는 것으로 충분하다. 표 5-1에 너무 마음 쓰지 말자. 예를 들어 누군가 여러분에게 다음과 같이 질문을 했다고 가정해 보자.

"int는 정수를 몇 바이트로 표현하나요?"

그렇다면 여러분은 이렇게 대답해도 된다.

"int는 정수를 4바이트로 표현해!"

질문하는 사람도 다음과 같이 답변해 주길 바라는 것은 아닐 테니 말이다.

"아! int는 데이터를 최소 16비트 이상으로 표현하는 자료형의 이름이야, 그리고 그 크기가 short보다 같거나 크고 long보다는 같거나 작아야 해"

사실 필자는 이러한 형태로 답변을 한적이 있다. 그러자 그 친구로부터 들은 한마디는 다음과 같다.

"네?"

그래서 필자는 최고가 늘 최선이 아니라는 생각을 갖게 되었다(여러분에게까지 이 생각을 강요하고픈 마음은 없다).

자료형 short, long, long long의 뒤에는 int를 붙일 수 있습니다.

short를 대신해서 short int를, long을 대신해서 long int를, 그리고 long long을 대신해서 long long int를 사용할 수 있다. 이는 같은 표현이기 때문이다. 그러나 보편적으로 int가 생략된 형태로 사용한다.

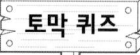

문제 : 표 5-2를 보면, 자료형 별로 표현할 수 있는 최대값과 최소값의 절대값이 동일하지 않음을 알 수 있다. 예를 들어 char형의 경우 최대 값에 대한 절대값이 127인 반면, 최소 값에 대한 절대값은 128이다. 마찬가지로 다른 자료형의 최대, 최소값의 절대값 크기에도 차이가 있다. 이유가 무엇일까?

정답 : 4장에서 제시했던 문제 4-3의 두 번째 문제의 해설에서 그 이유를 자세히 설명하였으니 참고 바란다.

■ 자료형을 잘못 선택했어요!

프로그램을 구현하다 보면 실수로 변수의 자료형을 잘못 선택하는 경우가 있다. int형 변수에 저장할 수 있는 값의 범위는 다음과 같다.

-2,147,483,648 이상 +2,147,483,647 이하

그런데 int형 변수에 -2,147,483,648보다 작은 값이 저장되는 상황이 발생할 수 있다. 그리고 이러한 상황을 가리켜 '언더플로우(underflow)'라 한다. 유사하게 int형 변수에 +2,147,483,647 보다 큰 값이 저

장되는 상황도 발생할 수 있는데, 이러한 상황을 가리켜 '오버플로우(overflow)'라 한다. 이러한 언더플로우, 오버플로우 상황이 발생하면 저장된 값은 어떻게 될까? 다음 예제를 통해서 이를 확인해 보겠다.

■ 예제 5-1.c

```
1.  #include <stdio.h>
2.
3.  int main(void)
4.  {
5.      int n1 = +2147483647;  // int형 변수의 최대 값
6.      int n2 = -2147483648;  // int형 변수의 최소 값
7.
8.      printf("오버플로우 발생 전 : %d \n", n1);
9.      n1 = n1+100; // overflow 발생
10.     printf("오버플로우 발생 후 : %d \n\n", n1);
11.
12.     printf("언더플로우 발생 전 : %d \n", n2);
13.     n2 = n2-100; // underflow 발생
14.     printf("언더플로우 발생 후 : %d \n", n2);
15.     return 0;
16. }
```

해 설

- 5행 : 변수 n1에 int형 변수가 저장할 수 있는 최대 값을 저장하고 있다.
- 6행 : 변수 n2에 int형 변수가 저장할 수 있는 최소 값을 저장하고 있다.
- 9행 : n1에 저장된 값에 100을 더하여 그 결과를 다시 n1에 저장하고 있다. 오버플로우가 발생하는 순간이다.
- 13행 : n2에 저장된 값에 -100을 더하여 그 결과를 다시 n2에 저장하고 있다. 언더플로우가 발생하는 순간이다.

■ 실행결과 : 예제 5-1

```
오버플로우 발생 전 : 2147483647
오버플로우 발생 후 : -2147483549

언더플로우 발생 전 : -2147483648
언더플로우 발생 후 : 2147483548
```

실행결과를 보니 오버플로우와 언더플로우가 발생하면서 부호도 바뀌고 숫자도 전혀 이치에 맞지 않는 값이 출력됨을 알 수 있다. 이것이 바로 오버플로우와 언더플로우가 가져다 주는 결과이다.

"그럼 오버플로우나 언더플로우가 발생하면 일단 부호가 바뀌나요?"

바뀔 수도 있지만 바뀌지 않을 수도 있다. 간혹 위의 결과를 보면서 어떻게 저 결과가 나왔는지 비트 단위로 계산을 하는 친구들이 있는데, 어차피 오버플로우와 언더플로우의 결과는 쓸모가 없기 때문에 그럴 필요까지는 없다.

 문 제 5-1 [적절한 자료형의 선택]

> 예제 5-1에서는 자료형을 잘못 선택하여 언더플로우와 오버플로우가 발생하였다. 따라서 문제가 발생하지 않도록 적절한 자료형으로 변경해 보기 바란다. 참고로 long long형 변수를 10진수 정수형으로 출력하려면 서식문자 %lld를 사용해야 한다(이건 완전 답을 가르쳐 준거나 다름이 없다). 서식문자 %lld에 대해서는 나중에 자세히 설명할 테니, 필요하다면 일단은 그냥 사용해보기 바란다.

■ unsigned를 붙여주면 자료형의 수가 두 배로 늘어납니다.

표 5-2에서 정의하고 있는 다섯 개의 자료형은 음의 정수와 양의 정수 모두를 표현할 수 있는 자료형들이다. 그런데 이들 앞에 unsigned를 붙여주면 다섯 개의 자료형 모두 양의 정수만 표현할 수 있는 자료형의 이름이 된다. 다음 표는 이에 대한 내용을 정리한 것이다.

정수 자료형	크기	값의 표현범위
unsigned char	8비트	0 이상 255 이하
unsigned short	16비트	0 이상 65,535 이하
unsigned int	32비트	0 이상 4,294,967,295 이하
unsigned long	32비트	0 이상 4,294,967,295 이하
unsigned long long	64비트	0 이상 18,446,744,073,709,551,615 이하

[표 5-3 : 정수 자료형의 보편적인 크기 2]

자료형의 이름 앞에 unsigned를 붙이면 부호를 결정하던 가장 왼쪽의 비트(MSB)가 단순히 값의 크기를 결정하는데 사용이 된다. 그래서 unsigned가 붙으면 음의 정수를 표현하던 크기만큼 양의 정수로 표현범위가 넓어진다.

그리고 표 5-2의 자료형 이름 앞에는 signed를 붙일 수 있다. 그러나 이 키워드를 붙인다고 해서 의미가 변하지는 않는다. 즉 int와 signed int는 같은 것이며, short와 signed short도 같은 것이다. 따라서 대부분의 프로그래머들은 signed라는 키워드를 생략한다.

> 참고
>
> **char형은 예외일 수 있습니다.**
> 표 5-2의 자료형 이름 앞에 signed를 붙여도 의미가 동일하다고 하였는데, char형의 경우에는 예외일 수 있다. char를 unsigned char로 처리하는 컴파일러도 있기 때문이다. 그런데 char형은 문자의 표현에 주로 사용되기 때문에, 이 부분을 신경 써야 하는 상황은 그리 많지 않다. 참고로 여러분이 사용하는 컴파일러는 char를 signed char로 처리하는 컴파일러일 확률이 높다.

● 문 제 5-2 [같은 의미를 지니는 자료형의 이름]

int는 signed int를 대신할 수 있고, short는 short int를 대신할 수 있다. 왜냐하면 이들은 같은 의미를 지니기 때문이다. 이러한 내용을 기반으로, 다음 각각의 자료형들과 동일한 의미를 지니는 자료형의 이름을 모두 나열해 보자.
- unsigned long
- signed long

5-2 C언어의 기본 자료형(Data Type) : 실수형

이제 실수 자료형에 대해서 살펴볼 차례이다. 정수 자료형과 마찬가지로 자료형 별로 데이터 표현에 사용되는 바이트 크기를 기준으로 세분화된다.

■ C언어의 실수 자료형 정리하기

실수 자료형은 정수 자료형에 비해 그 수가 상대적으로 적다. 특히 실수 자료형의 이름 앞에는 unsigned 키워드를 붙이는 것이 허용되지 않으므로 여러분이 살펴봐야 할 자료형의 수가 몇 개 되지 않는다. 일단 표준에서 정의하고 있는 실수 자료형에 대해서 정리를 하겠다.

실수 자료형	값의 표현범위	소수점 이하 정밀도
float	최소 10^{-37}이상 10^{+37}이하	6자리 이상
double	최소 float 이상의 범위	10자리 이상
long double	최소 double 이상의 범위	double 이상의 정밀도

[표 5-4 : 실수형 기본 자료형에 대한 C99의 정의]

위 표를 여러분께 보여드리는 이유가 있다. 잠시 표 5-1과 비교해 보자. 둘 다 표준을 근거로 작성된 표이다. 그런데 차이가 있다. 정수 자료형은 할당되는 바이트 크기에 초점이 맞춰져 있는 반면, 위의 표는 바이트 크기에 대해서 언급조차 하지 않고 있다. 대신 정밀도가 언급되고 있다(물론 표현 가능한 범위와 정밀도는 바이트 크기와 밀접한 관계가 있다).

앞서 공부했듯이 실수의 표현에는 오차가 존재한다. 그리고 이는 치명적인 약점이 아닐 수 없다. 따라서 실수를 사용하는데 있어서의 관심사는 오차의 발생을 막는데 있다. 위의 표를 보면 '소수점 이하 정밀도' 라는 것이 있다. 그리고 float 자료형은 정밀도가 6자리 이상 되어야 한다고 명시되어 있다. 이는 다음과 같은 뜻을 지닌다.

"float형으로 표현된 데이터는 소수점 이하 최소 6자리까지는 오차가 발생하지 않습니다."

위의 표 5-4에서 말하는 것을 암기하거나 조목조목 이해하려 들 필요는 없다. 이 표가 여러분에게 말하는 것은 다음과 같이 하나의 문장으로 정리할 수 있으니 말이다.

"float보다는 double이, double보다는 long double이 표현 범위도 넓고, 정밀도도 높습니다."

■ 일반적인 실수 자료형의 표현

그렇다면 여러분이 보편적으로 사용하는 컴퓨터 시스템에서는 각 자료형 별 데이터 표현 범위와 정밀도가 어느 정도나 될까?

실수 자료형	값의 표현범위	소수점 이하 정밀도	바이트 수
float	10^{-37}이상 10^{+38}이하	6자리	4
double	10^{-307}이상 10^{+308}이하	15자리	8
long double	10^{-4931}이상 10^{+4932}이하	18자리	12

[표 5-5 : 실수형 기본 자료형의 보편적인 정밀도]

위 표의 내용은 컴파일러에 따라서 약간의 차이를 보인다. 한 예로 long double의 경우 VC++에서는 double과 동일한 바이트 수 8바이트로 표현이 된다. 따라서 당연히 정밀도와 값의 표현범위도 double과 동일하다. 반면 Dev C++에서는 위 표에서 보여주듯이 12바이트로 long double을 표현한다. 따라서 double보다 높은 정밀도와 넓은 값의 표현범위를 갖는다.

5-3 적절한 자료형의 선택 기준 : 정수 자료형 기준

지금까지 자료형에 대해서 이야기하였다. 그러나 이렇게 다양한 자료형 중에서 무엇을 선택하느냐 하는 문제가 남아있다. 따라서 자료형 선택의 기준을 여러분께 알려드리고자 한다.

■ 정수형 데이터를 처리하는 경우에 있어서의 자료형 선택

자료형의 이름은 변수를 선언하는데 사용이 되므로, 자료형을 선택하는 이유는 변수를 선언하기 위함으로 볼 수 있다. 따라서 가장 먼저 생각해 볼 부분은 변수에 저장할 값의 크기이다. 표 5-2와 표 5-3을 참조하면 여러분이 필요로 하는 변수의 자료형을 쉽게 결정할 수 있다. 그런데 여기 예외적인 상황이 존재한다. 변수에 저장된 데이터를 가지고 연산을 하는 상황이 바로 예외적인 상황이다. 다음 예제를 보자.

■ 예제 5-2.c

```
1.   #include <stdio.h>
2.
3.   int main(void)
4.   {
5.       char ca=10;
6.       char cb=20;
7.
8.       short sa= 1025;
9.       short sb= 4327;
10.
11.      char addResultOne=ca+cb;
12.      short addResultTwo=sa+sb;
13.
14.      printf("char형 변수 덧셈결과 : %d \n", addResultOne);
15.      printf("short형 변수 덧셈결과 : %d \n", addResultTwo);
16.      return 0;
17.  }
```

- 5, 6행 : 정수 10과 20은 char형 변수에 저장하기 충분하다.
- 8, 9행 : 정수 1025와 4327은 char형 변수에 저장하기에는 그 값이 크지만, short형 변수에 저장하기에는 충분하다.
- 11행 : 덧셈 결과도 마찬가지이다. 10과 20의 합 30은 char형 변수에 저장할 수 있는 크기이다.
- 12행 : 1025와 4327의 합 5352도 short형 변수에 저장할 수 있는 크기이다.

■ 실행결과 : 예제 5-2

```
char형 변수 덧셈결과 : 30
short형 변수 덧셈결과 : 5352
```

위 예제에서 선택된 자료형들이 적절하다고 생각하는가? char형, short형 변수로 충분히 표현이 가능한 정수들을 int형 이상의 자료형을 사용하여 표현하지 않았으니, 메모리 공간을 효율적으로 사용했다고 칭찬받을 수 있는 코드임에는 틀림이 없다. 그러나 연산의 효율성 측면에서 보면 이야기가 다르다.

컴퓨터(CPU)는 생각보다 단순하다. 사람에게는 2자리 수 덧셈을 가르치면, 4자리 수 덧셈이건 8자리 수 덧셈이건 척척 계산해 낸다. 그러나 컴퓨터는 다르다. 16비트 덧셈을 하도록 만들어져 있는 컴퓨터는 16비트 덧셈만 처리할 줄 안다. 따라서 16비트 덧셈만 처리할 줄 아는 컴퓨터에게 8비트 덧셈을 시키려면 나머지 8비트에 0을 채워서 16비트로 만들어줘야 덧셈이 가능하다. 마찬가지로 16비트 덧셈만 처리할 줄 아는 컴퓨터에게 32비트 덧셈을 시키려면 16비트씩 두 번에 걸쳐서 덧셈을 하고, 그 결과를 하나로 묶는 작업을 거쳐야 한다.

이런 사실을 알고 위 예제를 다시 보자. 위 예제의 11행과 12행에서는 각각 8비트 덧셈과 16비트 덧셈이 이뤄지고 있다. 오늘날 대부분의 컴퓨터는 32비트 이상의 시스템이므로, 연산의 기본단위는 최소 32비트이다(16비트 시스템은 한번에 16비트 연산을 하고, 32비트 시스템은 한번에 32비트 연산을 한다). 따라서 일반적인 연산 방식으로는 이 두 줄의 연산이 불가능하다. 그러나 다행히도 이러한 상황을 대비하여 C표준에서는 'Integer(Integral) Promotion'이라는 것을 정의하였다. 한글로는 보통 '정수의 승격'이라 표현하는데, 이것이 무엇인지 한마디로 설명하면 다음과 같다.

"int보다 작은 크기의 데이터를 가지고 덧셈 연산을 할 경우, 그 데이터를 일단 int형으로 바꿔서 덧셈 연산을 진행합니다."

위 문장은 덧셈에 대해서 이야기했지만, 덧셈뿐만 아니라 여러분이 앞으로 보게 될 다양한 연산에 대해서도 마찬가지이다. 뺄셈을 하건 나눗셈을 하건 곱셈을 하건 마찬가지라는 뜻이다. 그럼 위 예제 11행에서 일어나는 일들에 대해 생각해 보자.

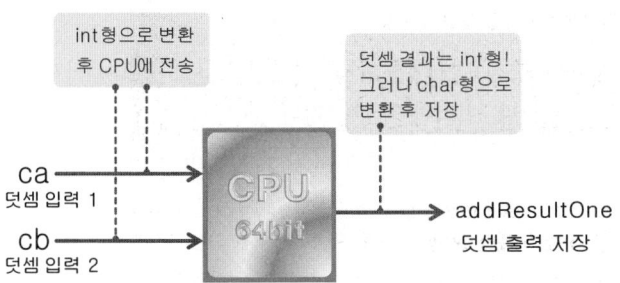

[그림 5-1 : Integer Promotion 진행 과정]

위 그림이 설명하듯이 char형 변수 ca와 cb는 int형으로 변환되어 CPU에 전송된다. 쉽게 설명하면 1바이트짜리 데이터가 4바이트로 변환되어 CPU에 입력되는 것이다. 그 후 CPU는 프로그램 코드대로 덧셈 연산을 하고, 그 결과로 4바이트짜리 덧셈 결과를 내놓는다(int형 덧셈 결과를 내놓는다). 그러나 이 결과는 곧이어 다시 1바이트짜리 char형 데이터로 변환이 되어 저장된다.

결과만 놓고 보면 char형 데이터의 덧셈이 이뤄진 것이지만, 중간에 데이터들이 int형으로 변환되어 덧셈이 되고, 다시 그 결과가 char형으로 변환되었다. 즉 두 번의 변환과정이 발생한 것이다. 만약에 위 예제에서 선언한 변수들의 자료형이 char형과 short형이 아닌 int형이었다면 이러한 불필요한 변환과정을 거치지는 않았을 것이다.

자! 이제 정리가 좀 된다. 위 예제는 메모리 공간의 효율적 측면에서 본다면 좋은 점수를 줄 수 있지만, 연산 속도 측면에서 본다면 좋은 점수를 줄 수 없다. 데이터의 변환 과정을 거쳐야 하기 때문이다.

컴퓨터가 정말 바보라서 그런 것은 아니고요
연산의 기본단위가 16비트이면 16비트 컴퓨터이고, 32비트이면 32비트 컴퓨터이다. 그리고 32비트 컴퓨터는 실제로 16비트 연산을 하지 못한다. 그러나 이는 CPU를 정해진 단위의 연산만 가능하도록 디자인하여 연산속도를 높인 결과이다.

■ 그러면 메모리의 효율을 우선시 할까요? 연산속도를 우선시 할까요?

예제 5-2와 같은 경우는 연산속도를 우선시하는 것이 맞다. 즉 모든 변수를 int형으로 선언하는 것이 옳다. 보통 정수를 저장하기 위한 변수를 선언할 때, 그 값의 크기가 크고 작음에 상관없이 int형 변수를 선언하는 것이 보통이다.

"그럼 char랑 short가 뭐 필요 있나요?"

물론 필요 있다. 데이터라고 해서 무조건 연산이 필요한 것은 아니다. 연산이 그리 중요시 되지 않고, 연산이 자주 이뤄지지도 않는 형태의 데이터도 있다. 이러한 특성을 지니면서 저장해야 할 데이터의 양이 많은 경우에는 char나 short형으로 저장을 하는 것이 메모리를 절약할 수 있어서 바람직하다.

■ 그런데 왜 하필 int형이야?

여러분은 16비트 시스템, 32비트 시스템, 이런 말들을 많이 들어봤을 것이다. 컴퓨터 한대 장만하려 해도 이러한 내용들로 광고가 이뤄지니 조금만 둘러봐도 쉽게 접할 수 있는 말들이다. 그렇다면 'N비트 시스템'에서 N이 의미하는 바가 무엇일까? 이는 시스템이 한번에 연산할 수 있는 데이터의 크기를 의미한다. 더불어 시스템이 한번에 이동시킬 수 있는 데이터의 크기도 의미한다.

즉 16비트 시스템은 한번에 16비트의 데이터를 처리할 수 있고, 한번에 16비트의 데이터를 이동시킬 수 있다. 그리고 32비트 시스템은 당연히 한번에 32비트의 데이터를 처리 및 이동시킬 수 있다. 그래서 16비트 시스템에서는 16비트 크기의 데이터 연산(예를 들어서 16비트 데이터들의 덧셈 연산)을 가장 빨리 처리하고, 32비트 시스템에서는 32비트 크기의 데이터 연산을 가장 빨리 처리한다.

그런데 여기서 주목해야 할 것은 int형이 16비트 시스템에서는 16비트로, 32비트 시스템에서는 32비트로 표현되어왔다는 사실이다. 즉 int형으로 데이터를 변환한다는 것은 시스템이 가장 빨리 처리할 수 있는 형태의 자료형으로 변환한다는 의미를 담고 있다.

■ Integer(Integral) Promotion에 대해서 조금 더 살펴보자.

4바이트 int형 데이터보다 작은 크기의 바이트 수로 표현되는 자료형들을 나열해 보면 다음과 같다.

- char
- unsigned char
- short
- unsigned short

이들은 연산이 이뤄질 경우 Integer Promotion(정수의 승격)이 일어나는 대표적인 자료형들이다. 그런데 이들이 무조건 int형으로 변환되는 것은 아니다. 예를 들어서 short와 int가 모두 32비트로 표현되는 시스템이 있다고 가정해 보자. 표준에서 short는 최소 16비트 이상이면서 int보다 같거나 작아야 한다고 명시되어 있으니, short와 int가 모두 32비트로 표현된다고 해서 이상할 것은 전혀 없다.

그런데 이런 경우 unsigned short를 int로 변환시키면 문제가 발생한다. unsigned short가 표현해야 할 값의 모든 범위를 int로 표현할 수 없기 때문이다. 따라서 표준에서는 다음과 같이 정의하고 있다.

"Integer Promotion 과정에서 int로 변환했을때, 표현이 불가능한 데이터는 unsigned int로 변환한다."

위 정의처럼 int로 표현 불가능한 데이터는 unsigned int로 변환하기 때문에, 위의 네 가지 자료형은 어떠한 시스템에서건 문제 없이 int 또는 unsigned int형으로 변환이 되어 연산이 가능하다.

5-4 적절한 자료형의 선택 기준 : 실수 자료형 기준

실수 자료형을 선택하는 경우에는 이것이 옳은지를 먼저 판단해야 한다. 이는 정수 자료형으로 대체가 가능한지를 생각해봐야 한다는 뜻이다. 왜냐하면 실수형 데이터의 처리는 정수형 데이터의 처리에 비해 CPU가 상당히 부담을 느끼기 때문이다(여러분은 실수의 표현방식과 정수의 표현방식을 알고 있으니, 이 부분에 대해서도 어느 정도 이해가 될 것이다).

■ float냐 double이냐 그것이 문제로다

실수의 저장을 위한 변수를 선언할 때, 선택할 수 있는 자료형은 float, double, long double 이렇게 세 가지이다. 그런데 이 중에서 long double은 double과 동일한 크기로 표현되거나, 12바이트로 표현되는 것이 보통이다.

long double이 double과 동일한 크기로 표현된다면, 굳이 long double로 변수를 선언할 필요가 없다. 그리고 12바이트로 표현되는 경우라면 사용하기에 조금 부담스럽다. 12바이트로 표현이 된다는 것은 넓은 표현범위와 높은 정밀도를 제공한다는 의미인데, 일반적으로 이 정도의 표현범위와 정밀도를 필요로 하지는 않기 때문이다. 불필요하게 큰 자료형을 선택했다가 CPU에게 부담만 줄 수 있다. 그래서 일반적인 선택의 범위는 좁힐 수 있다. float를 선택하느냐 double을 선택하느냐의 문제로 말이다.

■ 골치 아프면 그냥 double을 선택해

골치 아프면 그냥 double을 선택하라는 조언이 성의 없게 들릴 수 있다. 그러나 이는 도움이 되는 조언이다(말 그대로 조언일 뿐이긴 하지만 말이다). 오늘날의 컴퓨터는 풍부한 메모리 공간과 강력한 연산능력을 갖추고 있다. 따라서 float와 double 사이에서 고민이 된다면 가벼운 마음으로 double을 선택할 수 있다. 그리고 이렇게 double을 선택해야 부동소수점 오차를 줄여서 프로그램을 보다 안정적으로 만들 수 있다.

물론 이는 상황에 따라 달라진다. 필자는 double의 선택을 위해서 풍부한 메모리 공간과 강력한 연산능력을 조건으로 내걸었다. 하지만 모든 시스템에서 이 두 가지 조건을 만족하는 것은 아니다. 임베디드 환경과 같은 소형시스템에서는 전혀 다른 결정을 내려야 할 수도 있다.

■ 꼼꼼히 살펴보고 결정을 하려면 제일 먼저 봐야 할 것은 정밀도!

정수 자료형의 선택 조건은 데이터의 표현범위가 우선시 되어야 한다. 그러나 실수 자료형의 경우는 다르다. 실수 자료형은 그 표현방식의 특성상 오차가 존재하기 때문에 값의 표현범위보다는 정밀도가 우선시 되어야 한다.

표 5-5에 실수 자료형의 특성을 정리해 놓았는데, 이중에서 값의 표현범위는 필자도 기억하지 못한다. 필요한 경우 참조만 할 뿐이다. 그러나 정밀도는 기억하고 있다. 실제 프로그램 개발에서 실수 자료형을 선택하는 조건은 정밀도가 되는 경우가 대부분이기 때문에 자연스럽게 기억하게 된 것이다.

> **참고**
>
> **실수 자료형이 정수 자료형보다 값의 표현범위가 넓다.**
>
> 실수 자료형을 선택할 때에는 정밀도를 우선시 한다는 부분을 다시 한번 생각해 볼 필요가 있다. 다음은 float형 변수가 표현할 수 있는 값의 범위이다.
>
> 10^{-37} 이상 10^{+38} 이하
>
> 반면 다음은 정수 자료형 중에서 가장 넓은 범위의 값을 표현할 수 있는 long long형의 대략적인 표현범위이다.
>
> 2^{-63} 이상 2^{+63} 이하
>
> 계산기를 두들겨 보면, float형 변수의 표현 범위가 비교도 안될 만큼 넓다는 것을 알 수 있다. 따라서 실수 자료형에서는 값의 표현범위가 그리 중요하지 않다. 이는 정밀도를 포기한 실수형 데이터가 얻게 되는 이점을 확실하게 보여주는 대목이기도 하다.

5-5 변수의 선언방식과 조건

'자료형' 하면 일단 변수가 떠오른다. 하지만 자료형 자체는 데이터의 표현방식을 의미하는 것일 뿐, 변수 자체를 의미하는 것은 아니다(뒤에서 이야기하지만 자료형은 상수와도 관계가 있다). 하지만 자료형의 이름은 주로 변수를 선언하는데 사용이 되므로 이 둘을 묶어서 이해하는 것은 바람직하다. 여기서는 이와 관련해서 변수를 선언하는 다양한 방법과 제약사항들에 대해서 정리하고자 한다.

■ 변수는 '선언(Declaration)' 한다고 표현한다

지금까지 필자가 별다른 설명 없이 '선언'이라는 단어를 자주 사용해 왔다. 그러나 단어 자체가 의미하는 바가 충분해서 내용을 이해하는데 불편함은 없었을 것이다. 선언! 말 그대로 알리는 행위이다. 다음과 같은 문장이 있다고 가정하자.

```
int val;
```

이는 val이라는 이름의 변수에 int형으로 데이터를 저장 및 참조해야 함을 알리는 것이다. 누구에게 알리는가? 컴파일러에게 알리는 것이다. 따라서 이 문장의 선언 이후부터 여러분은 val이라는 이름을 이용해서 int형 변수가 할 수 있는 모든 일을 할 수 있고, 컴파일러는 이 모든 것을 허용한다. 그래서 변수는 '선언(declaration)' 한다고 표현하는 것이다.

■ 변수의 다양한 선언방법

변수에 값을 저장하는 행위를 가리켜 대입이라 한다. 그래서 대입에 사용되는 기호 = 를 가리켜 대입 연산자라 한다. 그런데 값을 처음 대입할 때에는 '초기화한다'는 표현을 쓰는 것이 보통이다. 다음은 두 개의 변수를 선언하고 초기화하는 일반적인 방법을 보여준다.

```
int main(void)
{
    int val1;    // val1의 선언
    int val2;    // val2의 선언

    val1=10;    // val1의 초기화
    val2=20;    // val2의 초기화
    . . . . .
}
```

이 문장을 보면서 다음과 같은 사항이 궁금할 수 있다.

"val1을 선언했으니 val1을 초기화하고, 그 다음에 val2를 선언하고 초기화하면 안되나?"

왜? 안되겠는가? 다 된다! 즉 다음 코드도 문제 없는 코드이다.

```
int main(void)
{
    int val1;    // val1의 선언
    val1=10;    // val1의 초기화

    int val2;    // val2의 선언
    val2=20;    // val2의 초기화
    . . . . .
}
```

이렇게 변수 별로 선언과 초기화를 묶어두면 보기에도 좋다. 그런데 한가지 문제가 있다. 분명 C의 새로운 표준에서는 이것이 적합한 문법이라고 명시해 놨음에도 불구하고, 이를 반영하지 않아서 컴파일 오류를 발생시키는 컴파일러가 여전히 존재하기 때문이다. 이전 표준에서는 변수의 선언과 관련해서 다음과 같은 제약사항을 두었다.

"변수의 선언이 블록 안에 올 때에는 반드시 블록의 머리부분에 등장해야 합니다."

이 문장이 말하는 블록이란 중괄호 {와 }으로 둘러싸인 영역을 의미하는 것이다. 즉 블록 안에서 필요로 하는 변수의 선언은 항상 앞부분에 제일 먼저 등장해야 한다는 뜻이다. 그런데 위의 코드를 보면, 변수 val2의 선언이 val1의 초기화 다음에 등장하고 있다. 따라서 새로운 표준을 반영하지 않은 컴파일러에서는 오류가 발생한다. 실제로 최신 컴파일러 중에서도 이 표준을 반영하지 않은 컴파일러가 있으니(대표적으로 MS사의 컴파일러) 주의를 해야 한다.

다음은 변수를 선언과 동시에 초기화하는 방법과 둘 이상의 변수를 한 줄에 선언 및 초기화하는 방법을 보여준다.

```
int main(void)
{
    int val1=10;      // val1의 선언 및 초기화
    int val2=20;      // val2의 선언 및 초기화

    int val3=30, val4=40;    // val3, val4의 선언 및 초기화
    . . . . .
}
```

위 코드에서 보여주듯이 콤마(,)를 이용해서 둘 이상의 변수를 선언하는 것도, 둘 이상의 변수를 선언하고 초기화하는 것도 가능하다.

 참 고

오! 내 컴파일러는 어디서든 변수를 선언할 수 있네

여러분이 사용하는 컴파일러가 블록 내 어디에서건 변수를 선언할 수 있도록 허용한다 하더라도, 블록의 머리부분에 변수를 선언하는 것이 바람직하다(C++이 아닌 C로 프로그램을 구현할 때를 기준으로 말씀 드리는 것이다).
여기에는 여러 가지 이유가 있는데, 그 중 하나는 호환성 때문이다. 여러분이 구현한 프로그램을 다른 환경에서 다른 컴파일러로 컴파일 했을 때 문제를 일으키지 않도록 구현할 필요가 있다.
또 다른 이유는 프로그래머의 습관 때문이다. 전통적으로 C언어로만 프로그램을 개발하는 프로그래머들은 아직도 관습적으로 블록의 머리부분에 변수를 선언한다. 프로그램은 팀을 구성해서 개발하는 것이 보통이니 기존 프로그래머들의 코딩 스타일을 존중할 필요가 있다. 그러나 이는 개발환경에 따라서, 그리고 개발에 참여하는 구성원들에 따라서 얼마든지 달라질 수 있는 문제이다.

■ 변수의 이름이 되기 위한 조건

변수의 이름이 되기 위한 조건을 언급하면서 변수에 대한 설명을 마무리하고자 한다. 다음은 변수의 이름을 지을 때 적용되는 규칙들이다.

- 규칙 1. 변수의 이름은 알파벳, 숫자, 언더바(_)를 조합해서 만들 수 있다.
- 규칙 2. 변수의 이름은 대소문자가 구분된다. 따라서 변수 이름 money와 MONEY는 서로 다른 이름으로 간주된다.
- 규칙 3. 변수의 이름은 숫자로 시작할 수 없고, C언어의 문법을 구성하는, 의미를 지니는 키워드는 사용이 불가능하다.
- 규칙 4. 변수의 이름에는 공백이 포함될 수 없다.

따라서 다음과 같은 변수 선언문은 유효하지 않다.

    int 7ThVal;   // 변수 이름이 숫자로 시작했으므로
    int phone#;   // 변수 이름에 #과 같은 특수 문자는 올 수 없음
    int name Man;   // 변수 이름에 공백이 올 수 없음

그리 복잡한 내용은 아니나 기억하려니 부담이 된다. 그렇다면 한번만 읽고 넘어가자. 여러분이 실수로 변수의 이름을 잘못 지정한다면 컴파일러기 컴파일 오류를 발생시켜주니, 이와 같은 오류를 만나면 그때 가서 이 내용을 다시 한번 확인하면 된다. 실제로 지금 설명한 이 내용은 그리 중요하게 여겨지지 않는 것이 보통이다. 이보다는 다음 내용이 더 중요하게 여겨진다.

"변수의 이름을 정할 때에는 반드시 의미 있는 이름을 붙이도록 노력해야 한다."

예를 들어 사람의 나이를 저장하는 용도의 변수를 선언할 경우, age라는 이름이 좋을 듯 하다. aaa 또는 num과 같은 의미 없는 이름의 사용은 자제하는 것이 좋다. 그래야 누가 보더라도 이해하기 쉬운 좋은 소스코드를 만들어 낼 수 있다.

잠시 여담을 말씀 드리겠다. 필자가 존경하는 선배 프로그래머가 있다. 한 때 이분과 같은 회사에서 신입 사원의 기술면접을 담당한적이 있는데, 그 때 이분이 뽑았던 질문 내용 중에 다음과 같은 것이 있었다.

"여기 이 글에서 설명하는 데이터를 저장하기 위한 변수의 자료형을 선택하고, 변수의 이름도 결정해 보세요."

그래도 프로그래머를 테스트하기 위한 질문인데, 너무 수준 이하의 질문이 아니냐고 물을 수도 있다. 하지만 반대로 그만큼 변수의 이름을 정하는 것이 중요하다고 생각해 볼 수도 있다.

5-6 변수의 상대적인 개념 상수!

상수에 대해 공부하기에 앞서 변수라는 용어부터 다시 한번 정리하자. 변수는 메모리 공간에 붙여진 이름을 통해서 값의 변경이 가능한 메모리 공간을 의미한다. 이 개념을 이해하면 무엇을 가리켜 상수라 하는지 짐작해 볼 수 있다.

■ 무엇을 상수(Constant) 라 하는가?

수학적으로 변수는 변경이 가능한 수를 의미하는 반면, 상수는 변경이 불가능한 수를 의미한다. 다음 수학식을 보자.

$$3x + 7y = 28$$

이 식에서 3, 7 그리고 28은 상수이다. 이들은 변경하면 안 되는(또는 변경할 수 없는) 수이기 때문에 상수라 한다. 그러나 x와 y는 식의 등호만 성립하면 어떠한 수도 될 수 있다. 즉 그 값이 고정되어 있지 않기 때문에 변수라 한다. 이는 여러분도 이미 알고 있는 어렵지 않은 이야기다. 그런데 프로그래밍에서 말하는 상수와 변수의 개념도 이와 유사하다.

■ CPU와 메모리의 관계를 중심으로 이해하는 상수!

덧셈의 결과로 변수를 초기화하는 다음 코드를 보자.

```
int main(void)
{
    int n;
    n=2+5;
    . . . .
}
```

위의 코드에서는 2+5의 연산결과를 변수 n에 저장하고 있다. 그렇다면 덧셈연산을 CPU가 실행해야 한다는 뜻인데, 그러기 위해서는 2라는 정수도, 5라는 정수도 메모리상에 존재해야 한다. 그래야 CPU가 연산을 할 수 있다. 왜냐하면 CPU는 메인 메모리(main memory)상에 존재하는 데이터를 가지고 연산을 진행하기 때문이다. 단순하게 생각하자. CPU는 연산장치이다. 그렇다면 연산의 대상이 어딘가에 저장되어 있어야 할 것 아닌가? 그 장소가 바로 메인 메모리일 뿐이다.

> **참고**
>
> 컴퓨터 살 때 램(RAM) 용량 확인하잖아요.
> 메인 메모리는 그 이름이 의미하듯이 프로그램 실행의 중심이 되는 메모리로서 일반적으로 램(RAM)이라는 물리 메모리로 구성된다. 하지만 메인 메모리가 반드시 램이어야 하는 것은 아니다. 여러분이 사용하는, 그리고 알고 있는 대부분의 시스템에서 메인 메모리를 램으로 구성하기 때문에 '램'이라 하면 메인 메모리를 의미하는 것으로 인식될 뿐이다.

다음 그림에서는 위의 코드가 실행되는 과정을 CPU와 메모리(여기서의 메모리는 메인 메모리를 의미한다) 중심으로 설명하고 있다.

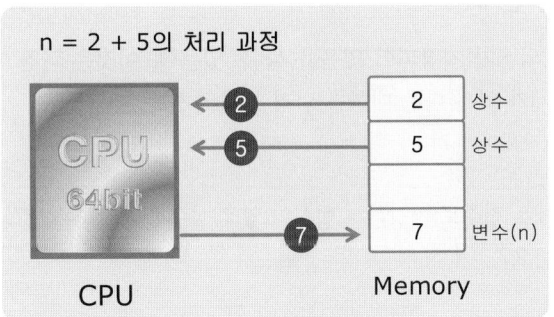

[그림 5-2 : CPU와 메모리 사이에서의 연산 과정]

위 그림을 보자. 숫자 2와 5가 메모리에 저장되어 있는데, 이렇게 저장되어 있는 값이 덧셈 연산을 위해서 CPU로 이동을 한다. 그 다음에야 비로소 CPU는 덧셈을 하고, 그 결과로 만들어진 숫자 7은 n이라는 이름이 부여된 메모리 공간에 저장이 된다. 이 그림을 통해서 여러분에게 가장 알리고 싶은 사실은 다음 하나이다.

"정수 2와 정수 5도 메모리 공간에 저장이 된다."

보다시피 우리가 흔히 프로그램 코드상에 삽입하는 단순한 숫자들도 프로그램으로서 제 역할을 하기 위해서는 메모리 공간에 저장되어야 한다. 그렇다면 위 그림에서 2와 5가 저장되어 있는 메모리공간의 값을 프로그램 코드를 통해서 변경시킬 수 있겠는가? 딱 잘라 말하지만 없다! 방법이 아예 없다. 덧셈의 결과 7이 저장되어 있는 메모리 공간은 n이라는 이름을 통해서 얼마든지 저장된 값을 변경시킬 수 있다. 그러니 2와 5가 저장되어 있는 메모리 공간에는 이름이 없다. 따라서 우리가 프로그램 코드상에서 접근할 수 있는 방법이 전혀 없는 것이다. 그리고 이것이 바로 상수의 특징이다.

이제 여러분은 프로그램 코드상에서 변수와 상수를 구분할 수 있게 되었다. 사실 변수는 이미 구분할 수 있었다. 다만 프로그램 코드상에서 표현되는 숫자들이 상수라는 사실을 몰랐을 뿐이다. 그렇다면 다음 코드상에서 변수와 상수의 개수가 각각 몇 개인지 세어보자.

```
int main(void)
{
    int n1, n2;

    n1 = 1 + 2 + 3;
    n2 = n1 + 1;
    . . . .
}
```

위 코드에는 총 두 개의 변수(n1, n2)와 네 개의 상수(2, 3 그리고 두 개의 1)가 선언되어 있다.

■ 상수 2와 5를 어떻게 메모리에 저장할 건데?

다시 그림 5-2를 보자. 이 그림을 보면 상수 2와 5가 저장되어 있음을 볼 수 있는데, 이것은 과연 메모리상에 어떻게 저장이 되겠는가? 이 문제와 관계가 있는 다음 대화를 먼저 보기로 하자.

- **여러분** : 숫자 2를 저장하고 싶어요.
- **컴퓨터** : 아 그러세요? 2를 저장하는 방식에는 정수로 저장하는 방식이 있고 실수로 저장하는 방식이 있습니다. 어떤 방식을 원하시나요?

- **여러분** : 정수로 저장하고 싶어요.
- **컴퓨터** : 그렇군요. 그런데 정수를 저장하는 방식도 또 나뉩니다. 음의 정수까지 표현하는 방식과 양의 정수만 표현하는 방식이 있지요. 저장할 숫자가 음수라면 반드시 음의 정수까지 표현하는 방식을 선택해야 하는데, 지금 저장하고자 하는 값이 양수이므로 두 가지 방식 모두 가능합니다.

- **여러분** : 음의 정수까지 표현하는 방식으로 저장하겠습니다.
- **컴퓨터** : 그럼 이제 한가지만 더 결정하시면 됩니다. 몇 바이트로 숫자 2를 표현해서 저장할까요? 숫자가 작아서 1바이트, 2바이트 그리고 4바이트로도 표현이 가능합니다. 물론 그 이상도 가능하고요.

- **여러분** : 4바이트로 표현해 주세요.
- **컴퓨터** : 네 알겠습니다. 그럼 숫자 2를 음의 정수 표현이 가능한 4바이트 형태의 정수 표현 방식으로 메모리에 저장하겠습니다.

위 대화를 읽으면서 여러분이 무릎을 탁! 치며 다음과 같은 독백을 흘렸을 것으로 기대한다.

"그래 맞아, 어떠한 숫자건 표현하는 방법을 결정해야 메모리에 저장을 할 수 있어."

그렇다! 실제로 상수를 저장할 때에도 다음 세가지를 결정해야 비로소 저장이 가능하다.

- 정수형으로 저장할 것인가? 실수형으로 저장할 것인가?
- 음수를 표현할 것인가(단 정수의 경우에만, 실수 자료형에는 unsigned가 없다)?
- 몇 바이트로 표현할 것인가?

그런데 이 세가지 질문은 다음과 같이 하나의 질문으로 줄일 수 있다.

"자료형이 무엇인가?"

즉 자료형이라는 단어만 사용하면 위 대화는 다음과 같이 간략해 진다. 위 대화와 아래 대화의 내용은 100% 동일하다.

- **여러분** : 숫자 2를 저장하고 싶어요.
- **컴퓨터** : 아 그러세요? 그럼 2를 어떠한 자료형의 형태로 저장해 드릴까요?

- **여러분** : int형으로 저장해 주세요.
- **컴퓨터** : 네 알겠습니다.

즉 자료형이라는 것은 변수를 위해서만 존재하는 것이 아니다. 데이터를 표현하는 방법을 정의해 놓은 것이니 상수에서도 의미를 지닌다. 아니 컴퓨터상에 표현하고자 하는 데이터는 무엇이든지 자료형이 결정되어야 한다. 자료형은 데이터를 표현하는 방법을 결정해 놓은 것이기 때문이다.

■ 정수형 상수와 실수형 상수의 자료형은?

아래 코드를 보자. 이 코드에는 상수가 등장하는데, 이중 일부는 정수로 표현되어야 하고, 나머지는 실수로 표현되어야 한다.

```c
int main(void)
{
    int n;
    double d;

    n = 1 + 2;
    d = 1.2 + 2.4;
    . . . . .
}
```

위 코드에서 1과 2는 정수로 메모리 공간에 저장되어야 하고, 1.2와 2.4는 실수로 메모리 공간에 저장되어야 한다. 그렇다면 각각 어떠한 자료형으로 저장이 이뤄질까? 특별히 어떻게 표현 및 저장해달라는 선언이 없기 때문에 이는 약속을 통해 정해야 할 사항이다.

- 정수형 상수는 int형으로 표현한다.
- 실수형 상수는 double형으로 표현한다.

이 두 가지가 표준에서 정의하고 있는 사항이다. 즉 위 코드에서 정수 1과 2는 int형으로 표현되어 메모리에 저장되고, 실수 1.2와 2.4는 double형으로 표현되어 메모리에 저장된다.

"위의 코드에서 변수 n이 int형이고, 변수 d가 double형이라서 그런 것 아니에요?"

충분히 이런 의문을 가질 수 있다. 그러나 대입 연산자의 왼쪽에 있는 변수의 자료형에 따라서 상수의 자료형이 결정되는 것이 아니다. 상수가 각각 int형과 double형으로 표현된다는 사실을 필자가 미리 알았기에 이에 맞춰서 변수의 자료형을 int와 double로 선언했을 뿐이다.

> 만약에 int형으로 표현할 수 없는 상수가 등장한다면?
> 여러분이 프로그램상에서 표현한 상수가 int형으로 표현이 불가능하다면, int보다 표현의 범위가 넓은 long형으로 표현이 되고, long형으로도 표현이 불가능하다면 long long형으로 표현이 된다.

■ 접미사(단어의 뒤에 붙어서 의미를 부여하는 것)를 이용해서 상수의 자료형 변경하기

실수 3.14는 float형으로도, double형으로도 표현이 가능한 숫자이다. 그런데 그냥 3.14라고 쓰면 앞서 말했듯이 double형으로 표현이 된다. 이의 확인을 위해서 다음 코드를 보자. 이 코드는 컴파일 과정에서 전달해주는 메시지를 보기 위한 예제이다.

```
int main(void)
{
    float f1 = 3.14;    // 경고 메시지 발생
    float f2 = 1.24 + 2.56;   // 경고 메시지 발생
    . . . . .
}
```

위 코드를 컴파일하면 변수 f1과 변수 f2가 초기화되는 과정에서 다음의 내용을 담은 경고 메시지를 볼 수 있다.

"double형 상수를 float형 변수에 저장하면 데이터가 잘려나갈 수도 있습니다."

우선 변수 f1의 초기화 문장을 보자. 컴파일러는 당연히 3.14를 8바이트 double형 상수로 생각한다(실수형 상수는 값의 크기에 상관없이 무조건 double형으로 표현된다). 그런데 이 값을 저장할 변수 f1이 4바이트 float형이다. 따라서 컴파일러는 데이터가 잘려나갈 수 있음을 경고한다. 값의 크기에 상관없이 말이다.

이번엔 변수 f2의 초기화 문장을 보자. 여기서는 1.24와 2.56의 덧셈이 먼저 실행된다. 물론 각각의 상수가 double형으로 표현되니, 8바이트 double형 덧셈이 이뤄지고, 덧셈의 결과도 double형으로 얻게 된다. 그런데 이 결과를 4바이트 float형 변수에 저장하려 드니 데이터가 잘려나갈 수 있음을 경고하는 것이다.

코드를 하나 더 소개할 테니 위의 코드와 비교해 보자. 위 코드와의 차이점은 상수 뒤에 f가 붙어있다는 점이다.

```c
int main(void)
{
    float f1 = 3.14f;
    float f2 = 1.24f + 2.56f;
    . . . .
}
```

위 코드는 앞서 소개한 코드와 달리 경고 메시지를 출력하지 않는다. 이유는 접미사 f가 붙은 상수는 double형이 아닌 float형으로 표현되기 때문이다. 따라서 위 코드의 덧셈 연산은 당연히 float형으로 진행이 되고, 그 결과도 float형으로 얻어진다. 그러니 경고 메시지가 사라지는 것은 당연하다.

경고 메시지는 일정하지 않다.

위에서 언급한 경고 메시지는 컴파일러에 따라서, 그리고 컴파일러의 설정에 따라서 나타날 수도 있고 나타나지 않을 수도 있다. 그러니 위 메시지를 눈으로 확인하기 위해서 노력하기 보다는 필자가 보여드리는 사례를 통해서 참고만 하면 좋겠다.

다양한 접미사들과 이들이 의미하는 바에 대해서는 잠시 후 별도로 정리하도록 하겠다. 일단은 실수형 상수 뒤에 f를 붙이면 float형 상수가 된다는 사실만 기억하자.

■ 리터럴(Literal) 상수와 심볼릭(Symbolic) 상수

지금껏 여러분께 보여드린 상수들은 실수던 정수던 간에 그냥 단순히 숫자였다. 변수와 달리 별도의 이름을 갖지 않는 그냥 숫자였다. 이처럼 이름을 갖지 않는 상수를 가리켜 '리터럴 상수'라 한다. 그런데 이

름이 있는 상수도 존재한다. 그리고 이렇게 이름을 갖는 상수를 가리켜 '심볼릭 상수'라 한다. 이어서 소개하는 const 상수는 대표적인 심볼릭 상수이다.

앞으로 여러분은 컴퓨터 프로그래밍 분야를 공부하면서 '리터럴'이라는 단어를 자주 접하게 될 것이다. 그래서 그 개념이 애매하기로 소문이 자자한 리터럴에 대해서 자세히 설명하고자 한다. 다음 코드를 보자.

```
int num = 10;
```

여기서 num은 변수인가? 물론 변수이다. 그럼 10은 상수인가? 당연히 상수이다. 그렇다면 만약에 변수 num의 값이 변경되지 않도록 막을 수만 있다면(변경되지 않는 특성을 부여할 수만 있다면) num도 상수라고 할 수 있겠는가?

필자가 아주 재미있는 질문을 여러분께 드렸다. 여러분은 다양하게 결론을 낼 수 있다. 그런데 C언어에서는 이러한 경우 num을 상수로 인정한다. 그럼 num도 상수가 되고, 10도 상수가 된다. 이 둘의 차이점은 무엇인가?

num은 10이라는 숫자를 의미하는 상수이다(의미라는 단어에 밑줄 쫙 그어라). 그래서 '심볼릭(의미하는, 상징하는) 상수'라 부른다. 반대로 숫자 10은 뭘 의미하는 상수가 아니다. 그냥 그 자신이 상수다. 그리하여 '리터럴(글자 그대로라는 뜻) 상수'라 부른다. 이제 리터럴이라는 단어가 의미하는 바를 알겠는가? 리터럴이라는 단어의 본질을 이해하기 위한 설명을 드렸는데 이해가 잘 되지 않는다면, 숫자와 같이 이름이 없는 상수를 리터럴 상수, 이름이 있는 상수를 심볼릭 상수라고 이해하기 바란다. 말이 나온 김에 C언어의 리터럴 상수의 종류를 정리해 보겠다.

- 정수 리터럴 (상수)
예) 10, 20, 30, 40, 50

- 실수 리터럴 (상수)
예) 0.1, 0.2, 0.3, 0.4, 0.5

- 문자 리터럴 (상수)
예) 'A', 'B', 'C', 'D', 'E'

- 문자열 리터럴 (상수)
예) "ABCDE"

이처럼 C언어에서는 정수와 실수 그리고 문자와 문자열을 상수로 표현한다. 문자와 문자열에 대해서는 이후에 다시 설명이 진행되니 일단은 리터럴 상수의 종류와 표현방법에 대해서만 정리하기 바란다.

■ const 상수

위에서 변수 num에 저장된 값이 변경되지 않도록 할 수 있다면 이를 상수라 할 수 있겠냐고 물었다. 실제로 변수에 저장된 값이 변경되지 않도록 막을 수 있는 방법을 const라는 키워드를 통해서 C언어는 제공한다. 다음 코드를 보자.

```
int main(void)
{
    const int MAX_LEN = 369;
    const double PI = 3.1515;
    . . . .
}
```

위 코드에서는 MAX_LEN이라는 이름의 상수와 PI라는 이름의 상수를 만들고 있다. 변수의 선언 앞에 const라는 키워드가 선언되면 해당 변수에 초기화 된 값은 변경이 허용되지 않는다. 만약에 변경하려 든다면 컴파일러가 에러를 발생시켜 버린다. 따라서 값을 변경시킬 수 없는 상수가 되는 것이다. 그리고 이렇게 만들어진 상수를 가리켜 const 상수라 하는데, const 상수는 대표적인 심볼릭 상수이다. 다음 코드는 잘못된 const 상수의 사용 예를 보여준다.

```
int main(void)
{
    const int MAX_LEN;
    MAX_LEN = 280;   // 값의 변경 불가! 컴파일 에러 발생!
    . . . .
}
```

위의 코드를 보면서 다음과 같은 질문을 할 수도 있겠다.

"const로 선언된 상수의 값이 변경이 불가능한 건 알겠는데요. 이 경우는 상황이 조금 다르지 않나요? 상수를 선언만하고 초기화하지 않았으니, 한번 정도는 값을 저장할 기회를 줘야지요."

이런 생각을 했다면 여러분은 정말로 멋쟁이다. 비록 C언어는 초기화 값을 지정해 주지 않아서 쓰레기 값으로 초기화 된 경우에도 그 값의 변경을 허용하지 않지만, const 상수를 지원하는 다른 프로그래밍 언어 중에서는 무조건 한번의 초기화 기회를 허용하는 언어도 있다. 마지막으로 한가지 더 알아야 할 것은 상수의 네이밍(이름을 지어주는) 규칙에 관한 것이다. 다음 두 가지 사항을 반드시 지켜야 하는 것은 아니지만 일반적으로 많은 프로그래머들이 지키려고 노력하는 네이밍 규칙들이다.

- 상수의 이름은 대문자로 표시를 한다.
- 둘 이상의 단어를 묶을 때에는 언더바(_)로 단어를 이어서 이름을 짓는다.

상수의 이름을 이렇게 짓는 이유는 변수와의 구분을 쉽게 하기 위함이다. 위에서 선언한 상수의 이름도 이 규칙을 적용하였다.

5-7 접미사에 따른 상수의 자료형

접미사를 통해서 상수의 자료형을 int와 double 이외의 것으로 지정하는 것이 가능하다고 앞서 설명하였다. 여기서는 C언어에서 제공하는 다양한 접미사들을 정리해 보고자 한다.

■ 정수형 상수에 붙일 수 있는 접미사들

다음은 정수형 상수에 붙일 수 있는 접미사들이다. 따라서 실수형 상수에는 붙일 수 없거나 다른 의미로 해석이 될 수 있음에 주의해야 한다.

접미사	자료형	사용의 예
U	unsigned int	unsigned int n = 1025U
L	long	long n = 2467L
UL	unsigned long	unsigned long n = 3456UL
LL	long long	long long n = 5768LL
ULL	unsigned long long	unsigned long long n = 8979ULL

[표 5-6 : 접미사에 따른 정수형 상수의 자료형]

위 표를 보면서 이상한 점을 발견하지 못했는가? 가장 기본이 되는 정수형 기본 자료형은 char, short, int, long 이렇게 네 가지인데, char 그리고 short와 관련된 상수를 표현하는 접미사에 대한 설명이 존재하지 않는다. 이유가 무엇일까?

나중에 알게 되겠지만, char형의 경우 정수 자료형 중 하나이긴 하지만 문자를 표현하기 위해 디자인된 자료형이다. 따라서 일반적으로 정수형 상수를 char형 변수에 직접 저장하지 않는 관계로 char형으로 상수를 표현하기 위한 접미사는 정의되어 있지 않다. 그리고 short는 그 사용빈도수가 낮은 자료형이다. 많은 양의 데이터를 저장할 때에는 메모리의 소모량을 줄이기 위해서 선택하기도 하지만 일반적으로 선택하는 자료형은 아니다. 따라서 이에 대한 접미사 역시 정의되어 있지 않다. 대신에 short형 상수가 와야 할 위치에 숫자가 오면 이는 int형 상수가 아닌, short형 상수로 인식된다.

더불어 접미사는 대소문자를 가리지 않는다는 사실도 기억하기 바란다. 따라서 위의 표와 달리 소문자로 접미사를 표현해도 될 뿐만 아니라, 대소문자를 섞어서 표현할 수도 있다.

■ 실수형 상수에 붙일 수 있는 접미사들

다음은 실수형 상수에 붙일 수 있는 접미사들이다. 그런데 여기에는 한가지 주의할 사항이 있다. 그것은 표 5-6에도, 그리고 아래의 표에도 접미사 L이 존재한다는 점이다. 즉 L은 정수형 상수에 붙이느냐, 아니면 실수형 상수에 붙이느냐에 따라서 그 의미가 달라진다.

접미사	자료형	사용의 예
F	float	float f = 3.15F
L	long double	long double f = 5.789L

[표 5-7 : 접미사에 따른 실수형 상수의 자료형]

5-8 상수의 표현에 대한 정확한 이해

정수형 상수는 int로, 실수형 상수는 double로 표현된다고 앞서 설명하였는데, 일단 이 정도만 이해하고 있어도 충분하다. 그러나 보다 더 정확한 사실을 알고자 하는 독자들을 위해서 상수의 표현에 대한 모든 것을 여기 정리해 보고자 한다.

■ 실수형 상수는 무조건 double형으로 표현이 되나?

실수형 상수는 무조건 double형으로 표현이 된다. 따라서 이 부분에 대해서는 앞서 설명한 내용을 보충할 필요가 없다. 그리고 실수형 상수의 끝에 접미사 F를 붙이면 무조건 float형으로, 접미사 L을 붙이면 무조건 long double형으로 표현이 된다고 했던 내용도 실수형 상수를 표현하는 접미사에 대한 내용 전부이다.

■ 정수형 상수는 무조건 int형으로 표현이 되나?

필자가 앞서 정수형 상수는 int형으로 표현이 된다고는 했으나, 무조건! 이라는 수식어는 달지 않았다. 이유는 정수형 상수는 경우에 따라서 다양한 형태로 표현될 수 있기 때문이다. 정수형 상수가 기본적으로 int형으로 표현되는 것은 맞다. 다만 예외적인 상황이 있어 이를 여기서 정리해 보고자 한다.
미리 말해 두지만 내용이 조금 복잡하다(어려운 것이 아니라 복잡할 뿐이다). 따라서 여러분이 먼저 공부하고픈 내용부터 공부한 다음, 나중에 이 내용에 대한 이해가 필요할 때 참고해도 충분한 내용이므로 일단 패스(pass)! 해도 된다.

아래 표는 정수형 상수의 자료형을 결정짓는 기준을 보여준다. 이 기준은 몇 차례의 변경을 거쳐서 정리된 사항들이다.

대상이 되는 상수	상수의 예	자료형 그룹
• 10진수 정수형 상수	1090	• int • long • long long
• 8진수 정수형 상수 • 16진수 정수형 상수	07125 0x1616	• int • unsigned int • long • unsigned long • long long • unsigned long long
• 접미사 U로 표현되는 정수형 상수	1090U 07125U 0x1616U	• unsigned int • unsigned long • unsigned long long
• 접미사 L로 표현되는 10진수 정수형 상수	1019L	• long • long long
• 접미사 L로 표현되는 8진수 정수형 상수 • 접미사 L로 표현되는 16진수 정수형 상수	07125L 0x1616L	• long • unsigned long • long long • unsigned long long
• 접미사 UL로 표현되는 정수형 상수	1090UL 07125UL 0x1616UL	• unsigned long • unsigned long long
• 접미사 LL로 표현되는 10진수 정수형 상수	1019LL	• long long
• 접미사 LL로 표현되는 8진수 정수형 상수 • 접미사 LL로 표현되는 16진수 정수형 상수	0715LL 0x1616LL	• long long • unsigned long long
• 접미사 ULL로 표현되는 정수형 상수	1090ULL 07125ULL 0x1616ULL	• unsigned long long

[표 5-8 : 정수형 상수의 자료형 결정 기준]

턱! 하니 들이댄 표 앞에서 질리는 것도 당연하다. 그러나 표를 보는 방법과 규칙만 이해한다면 이렇게 정리된 표가 여러분에게는 선물처럼 느껴질 수도 있을 것이다. 우선 첫 번째 행을 보자. 대상이 되는 상수가 다음과 같다.

• 10진수 정수형 상수

그냥 정수형 상수가 아니라 10진수 정수형 상수이다. 이러한 경우 여러분이 이미 알고 있듯이 해당 상수는 int형으로 표현이 된다. 그러나 int형으로 표현하기에는 그 값이 너무 크다면 어떤 일이 일어나겠는가? 어떤 일이 일어나는지를 설명하는 것이 자료형 그룹이다. 첫 번째 행의 자료형 그룹은 다음과 같은 순서로 나열되어 있다.

- int
- long
- long long

여기서 첫 번째로 등장하는 것이 기본형이다. 즉 int형으로 표현할 수 있는 범위의 상수라면 무조건 int형으로 표현된다. 그러나 int형으로 표현할 수 있는 값의 범위를 넘어서는 상수라면 long형의 선택이 고려된다. 그리고 long형으로도 표현할 수 없다면 마지막으로 long long형의 선택이 고려된다.

이번엔 표의 두 번째 행을 보자. 대상이 되는 상수들은 다음과 같다.

- 8진수 정수형 상수
- 16진수 정수형 상수

'상수의 예'를 보면 8진수 정수형 상수의 예로 07125가 소개되고 있다. 이는 0으로 시작하니 8진수 정수형 상수가 맞다. 그리고 16진수 정수형 상수의 예로 0x1616이 소개되고 있다. 이 역시 0x로 시작하니까 16진수 정수형 상수가 맞다. 이처럼 8진수 정수형 상수와 16진수 정수형 상수는 다음과 같은 자료형 그룹을 갖는다.

- int
- unsigned int
- long
- unsigned long
- long long
- unsigned long long

즉 8진수와 16진수로 표현된 상수도 int형으로 표현할 수 있는 범위의 상수라면 무조건 int형으로 표현된다. 그러나 int형으로 표현 가능한 값의 범위를 넘어서는 상수라면 unsigned int형부터 시작을 해서 unsigned long long형까지 적절한 자료형을 찾아보게 된다.

하나만 더 보도록 하겠다. 위 표의 끝에서 두 번째 행을 보자. 대상이 되는 상수들은 다음과 같다.

- 접미사 LL로 표현되는 8진수 정수형 상수
- 접미사 LL로 표현되는 16진수 정수형 상수

그리고 자료형 그룹은 다음과 같다.

- long long
- unsigned long long

즉 접미사 LL이 붙어서 표현되는 10진수가 아닌 정수형 상수들이 long long형으로 표현할 수 있는 범위의 상수라면 무조건 long long형으로 표현된다. 그러나 이를 넘어선다면 unsigned long long의 선택이 고려된다.

■ 10진수 정수형 상수와 10진수가 아닌 정수형 상수의 자료형 그룹이 다른 이유는?

표 5-8을 관찰해 보면 똑같은 정수형 상수라도 10진수냐 아니냐에 따라서 자료형 그룹이 달라지는 것을 알 수 있다. 8진수와 16진수 상수 표현이 뭐 그리 대단하다고 10진수와 달리한 것일까? 그래서 더 복잡하게 만들어 놓은 것일까? 언뜻 보면 복잡해 보이지만, 이는 C언어가 얼마나 합리적이고, 실리적으로 디자인되어 있는지를 보여주는 대목이다.

대부분의 프로그래밍 언어에서 8진수와 16진수의 표현을 허용하고 있는데, 어떠한 경우에 8진수와 16진수 표현법을 사용하는가에 주목할 필요가 있다. 일반적인 숫자를 표현하는 것이 목적이라면 모두에게 익숙한 10진수 표현법을 사용하면 된다. 그러나 메모리의 주소 값을 표현하는 것이 목적이라면(주소 값에 대해서는 이후에 설명을 한다) 16진수를 사용하는 것이 여러모로 편리하다. 그리고 0과 1로만 구성이 되는 데이터를 표현하고자 한다면, 8진수의 선택을 고려해 볼만하다.

즉 8진수와 16진수 표현법을 사용하는 상황에서는 0보다 작은 음수를 표현하는 일이 거의 없다. 따라서 8진수와 16진수의 자료형 그룹에 unsigned 자료형을 추가로 삽입하여 표현할 수 있는 양수 값의 크기를 두 배로 늘려주고 있는 것이다.

0과 1로 구성된 데이터를 표현하는데 8진수가 어울리는 이유는?

8진수 하나로 2진수 세 개를 완벽히 표현할 수 있으므로(최소 000, 최대 111), 8진수를 이용하면 2진수를 세 개씩 끊어서 표현하기에 좋다. 마찬가지로 16진수 하나로 2진수 네 개를 완벽히 표현할 수 있으므로(최소 0000, 최대 1111), 16진수를 이용하면 2진수를 네 개씩 끊어서 표현하기가 좋다.
따라서 8진수와 16진수는 2진수를 대신 표현하는 대표적인 수단이다. 하지만 사람에게는 8진수와 2진수 사이의 변환이 16진수와 2진수 사이의 변환보다 쉽기 때문에 8진수를 이용해서 2진수를 표현하는 것이 일반적이다.

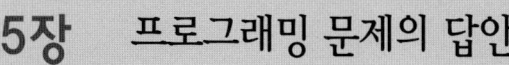

5장 프로그래밍 문제의 답안

■ 문제 5-1의 답안

int를 long형으로 변경할 경우에도 동일한 문제가 발생할 확률이 높다. 왜냐하면 int형 데이터와 long형 데이터를 동일하게 4바이트로 표현하는 컴파일러가 존재하기 때문이다. 따라서 long long형으로 변경을 해야 문제가 발생하지 않는다.

■ 소스코드 답안
```
1.   #include <stdio.h>
2.
3.   int main(void)
4.   {
5.       long long n1 = +2147483647;
6.       long long n2 = -2147483648;
7.
8.       printf("덧셈 전 : %lld \n", n1);
9.       n1 = n1+100;
10.      printf("덧셈 후 : %lld \n\n", n1);
11.
12.      printf("뺄셈 전 : %lld \n", n2);
13.      n2 = n2-100;
14.      printf("뺄셈 후 : %lld \n", n2);
15.
16.      return 0;
17.  }
```

위 코드에서는 변수 n1과 n2를 long long형으로 선언했기 때문에 문제가 발생하지 않는다. 그리고 long long형 데이터는 %lld로 출력해야 한다는 점을 참고로 기억하기 바란다.

■ 문제 5-2의 답안

✓ unsigned long과 동일한 의미를 지니는 자료형의 이름

unsigned long int 이렇게 하나!

✓ signed long과 동일한 의미를 지니는 자료형의 이름

long, long int, signed long int 이렇게 셋!

제6장 C언어의 기본 연산자

여러분의 감각과 상상력을 충분히 활용하세요.

프로그래밍 언어는 사람들이 이해하기 쉽고 활용하기 편리하게 만들어진 언어이다. 프로그래밍 언어를 디자인할 때 가장 눈치를 많이 보는 대상은 컴파일러도, CPU도 아닌 프로그래밍 언어를 활용하는 프로그래머들이다. 실제로 여러분이 "이런 코드도 동작할 것 같은데"라고 생각했던 코드가 문제없이 컴파일 및 실행되는 경우를 종종 경험할 것이다. 이는 그만큼 사람들의 생각을 고려하여 디자인되었다는 뜻이다.

따라서 여러분은 프로그래밍 언어를 공부하는데 있어서 여러분의 감각과 언어에 대한 나름의 상상력("음 이런 코드는 이런 의미로 해석이 될 거야"라는 식의 상상력)을 동원해서 공부하는 것이 많은 도움이 된다.

이 장의 목차페이지 ▶▶▶

6-1. 산술 연산자를 통해서 보는 연산의 원리	136
6-2. 연산자들의 우선순위와 결합방향	140
6-3. 다양한 연산자들의 소개	144
6-4. 자료형 변환 연산자, sizeof 연산자	161
6-5. 연산의 결과가 남기는 것은?	165
6-6. 자동으로 자료형이 변환되는 경우	167
프로그래밍 문제의 답안	172

6-1 산술 연산자를 통해서 보는 연산의 원리

이미 알고 있듯이 CPU에게 연산(operation)을 시키기 위해서 정의한 기호를 가리켜 '연산자(operator)' 라 한다. 지금부터 C언어의 다양한 연산자들을 소개하겠다. 가급적 쉽고 간결한 예제를 통해서 연산자의 기능을 빨리 파악할 수 있도록 돕겠다.

■ 대입 연산자(=)와 산술 연산자(+, -, *, /, %)

두 개의 피연산자를 필요로 하는 연산자를 가리켜 '이항 연산자(binary operator)'라 하는데, 지금 소개 하는 대입 연산자와 산술 연산자는 모두 이항 연산자에 속한다.

연산자	연산자의 기능	결합방향
=	연산자 오른쪽에 있는 값을 연산자 왼쪽에 있는 변수에 대입한다. 예) val = 20;	←
+	두 피연산자의 값을 더한다. 예) val = 4 + 3;	→
-	왼쪽의 피연산자 값에서 오른쪽의 피연산자 값을 뺀다. 예) val = 4 - 3;	→
*	두 피연산자의 값을 곱한다. 예) val = 4 * 3;	→
/	왼쪽의 피연산자 값을 오른쪽의 피연산자 값으로 나눈다. 예) val = 7 / 3;	→
%	왼쪽의 피연산자 값을 오른쪽의 피연산자 값으로 나눴을 때 얻게 되는 나머지를 반환한다. 예) val = 7 % 3;	→

[표 6-1 : 대입연산자와 산술연산자]

다음은 위 표에서 정리한 연산자들을 활용한 예제이다. 우선 이 예제를 통해서 연산자의 기능을 파악하 자. 그리고 위 표의 오른편에 표시되어 있는 '결합방향'에 대해서는 잠시 후에 설명을 하겠다.

■ 예제 6-1.c
```
1.   #include <stdio.h>
2.
3.   int main(void)
```

```
4.  {
5.      int n1 = 7;
6.      int n2 = 3;
7.
8.      int result = n1 + n2;
9.      printf("덧셈 결과 : %d \n", result);
10.
11.     result = n1 - n2;
12.     printf("뺄셈 결과 : %d \n", result);
13.
14.     printf("곱셈 결과 : %d \n", n1 * n2);
15.     printf("나눗셈 결과 : %d \n", n1 / n2);
16.     printf("나머지 결과 : %d \n", n1 % n2);
17.     return 0;
18. }
```

- 8행 : 변수 n1과 n2의 덧셈 결과로 변수 result가 초기화된다. 여기서 주목할 것은 변수를 선언하는 선언문에도 연산식이 올 수 있다는 점이다.
- 11행 : 변수 n1에서 n2를 뺀 값이 변수 result에 저장된다.
- 14행 : 일단 문장의 구성이 지금까지와 다르다. 그러나 printf문보다 연산식이 먼저 실행된다는 사실만 알면(이 사실을 기억하자) 이 문장이 어떻게 처리되는지 쉽게 파악할 수 있다. 이 부분에 대해서는 잠시 후 다시 정리하겠다.
- 15행 : n1을 n2로 나눈 결과가 출력되리라 생각할 수 있다. 실제로도 나눗셈의 결과가 출력된다. 그러나 실행결과가 여러분의 예상과 차이를 보일 수 있는데, 이 부분에 대해서도 잠시 후에 설명하겠다
- 16행 : % 연산자는 나머지를 계산하는 연산자이다. n1을 n2로 나눴을 때의 나머지는 무엇인가? 7을 3으로 나누었으니 1이다. 따라서 1이 출력된다.

■ 실행결과 : 예제 6-1

```
덧셈 결과 : 10
뺄셈 결과 : 4
곱셈 결과 : 21
나눗셈 결과 : 2
나머지 결과 : 1
```

위 예제의 14행이 처리되는 과정을 설명하면 다음과 같다.

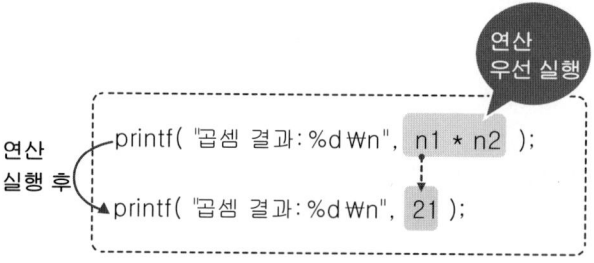

[그림 6-1 : printf문에 존재하는 연산식의 처리 과정]

위 그림에서 보여주듯이 printf문에 연산식이 존재하면, 연산식이 우선적으로 처리된다. 그리고 연산의 결과로 얻어진 값을 기반으로 재 구성된 printf문이 실행되는 것이다.

■ **연산결과의 자료형은 피연산자의 자료형과 일치합니다.**

예제 6-1에 대한 설명은 아직 끝나지 않았다. 이 예제에서 또 하나 관찰할 것은 연산의 결과이다. 15행을 보면 다음 문장이 존재한다.

    printf("나눗셈 결과 : %d \n", n1 / n2);

n1은 7이고 n2는 3이니 나눗셈의 결과는 다음과 같이 이야기할 수 있다.

    2.33333…

또는 다음과 같이 이야기 할 수도 있다.

    "몫은 2이고 나머지는 1이다."

이 둘의 차이점을 알겠는가? 둘 다 답이 될 수 있다. 다만 나머지가 존재하는 방식은 정수형 나눗셈의 결과이고, 나머지가 존재하지 않고 실수의 형태로 결과를 보이는 방식은 실수형 나눗셈의 결과이다. 그렇다면 실행결과만 보고 다음과 같은 결론을 내릴 수도 있을 것이다.

    "아 / 연산자는 정수형 나눗셈을 하는구나!"

그러나 이는 잘못된 관찰결과다. 연산의 방식은 피연산자의 자료형에 따라서 결정이 된다. 두 개의 피연산자가 모두 정수이면 정수형 나눗셈을 하고, 두 개의 피연산자가 실수이면 실수형 나눗셈을 한다. 그래서 예제 6-1의 나눗셈 결과로 2가 출력되었다. 피연산자가 정수이기 때문에 정수형으로 나눗셈 된 결과이다.

■ **두 피연산자의 자료형이 일치하지 않으면요?**

아래의 코드를 CPU가 실행한다고 가정해 보자.

```
int main(void)
{
    int n1=7;
    double n2=1.245;
    double result=n1+n2;
    . . . .
}
```

여기서 연산 식 n1+n2에만 관심을 두자. 물론 여러분은 어렵지 않게 이를 계산할 수 있다. 암산으로도 가능하다. 그런데 문제는 CPU가 이것을 계산하지 못한다는데 있다. CPU는 단순하게 디자인이 되어 있다. 따라서 이항 연산의 경우, 두 피연산자의 자료형이 동일해야만 연산이 가능하다.

그렇다면 위의 연산 n1+n2는 계산이 불가능한 것일까? n1과 n2의 자료형이 다르니 원칙적으로는 불가능하다(그래서 프로그래머들은 이러한 형태의 문장을 구성하지 않는다). 그러나 연산을 위해서 하나의 피연산자가 다른 하나의 피연산자 자료형으로 자동 형 변환되기 때문에 두 피연산자의 자료형이 일치되어 연산이 가능하다.

그리고 이러한 형 변환은 데이터의 손실을 최소화하기 위해서 값의 표현범위가 넓은 쪽으로 이뤄진다. 따라서 위의 코드에서는 int형 변수 n1에 저장된 값 7이 double형 실수 7.0으로 변환이 되어 덧셈이 진행된다. 물론 연산결과도 double형 실수이기 때문에 변수 result에는 8.245가 저장된다.

 **정수 7이 실수 7.0으로 변환됐다는 의미는?**

정수 7을 실수 7.0으로 변환한다는 것은 연산을 위해 CPU에 데이터를 전송하기에 앞서, 정수의 표현 방식으로 표현되었던 숫자 7을 실수의 표현방식으로 바꾼다는 의미이다.

■ 두 피연산자의 자료형이 동일해야 하는 이유와 산술 변환(Arithmetic Conversion)

앞서 5장에서는 32비트 CPU가 16비트 연산을 하지 못하는 이유에 대해서 설명하였다. 이와 같은 맥락으로 CPU는 두 피연산자의 자료형이 일치하지 않으면 이항 연산을 하지 못하도록 디자인이 되어있다. 이처럼 CPU가 제한된 연산만 가능하도록 단순하게 디자인을 한 이유는 성능을 향상시킬 수 있는 좋은 조건을 형성하기 위함이다. 즉 이는 기술력의 수준과 상관없이 성능 좋은 CPU를 디자인하기 위한 하나의 전략일 뿐이다.

그러나 이러한 CPU를 기반으로 다양한 형태의 연산이 가능하도록 하기 위해서 C 표준에서는 산술 변환 규칙이라는 것을 정의해 놓고 있다. 이는 일치하지 않는 두 피연산자의 자료형을 일치시키기 위한 규칙이다. 이 규칙의 기본전략은 위에서 언급했듯이 표현범위가 넓은 쪽으로 변환이 이뤄져서 데이터의 손실을 최소화하는데 있다(이 장의 마지막 부분에서 보다 자세히 설명한다).

■ % 연산자의 피연산자

표 6-1에서 % 연산자는 나눗셈의 나머지를 반환한다고 하였는데, 이는 % 연산자의 피연산자가 반드시 정수형이어야 함을 의미한다. 따라서 다음과 같은 코드는 컴파일 오류를 발생시킨다.

```
int main(void)
{
    double n1 = 10.0;
    double n2 = 2.0;
    int mod = n1 % n2;
    . . . .
}
```

위 코드에서는 실수형 데이터가 % 연산자의 피연산자로 등장하고 있다. 따라서 이는 컴파일 오류를 발생시킨다.

문 제 6-1 [실수형 나눗셈과 정수형 나눗셈]

10 나누기 3을 계산하는 프로그램을 작성하자. 단 어떠한 변수도 선언하지 말아야 하며, 정수형 나눗셈의 결과와 실수형 나눗셈의 결과를 다음과 같은 형태로 각각 출력해야 한다.

실수형 나눗셈 결과 : 3.333333

정수형 나눗셈 결과 : 몫 3, 나머지 1

6-2 연산자들의 우선순위와 결합방향

하나의 연산식 안에 둘 이상의 연산자가 존재할 경우 어떠한 순서로 연산을 진행해야 할까? 이것을 결정하는 두 가지 요소가 바로 '우선순위'와 '결합방향'이다.

■ 우선순위와 결합방향의 이해

연산자의 우선순위와 결합방향에 대해서는 부담을 가질 필요가 없다. 여러분이 초등수학 과정에서 이미 공부한 내용이기 때문이다. 다음 수식을 계산해 보겠는가? 쉽다고 한번에 후다닥 계산해버리지 말고, 단계별로 순서를 생각하며 한번에 하나의 연산만 진행하기 바란다.

2-1-3×2

필자의 계산과정은 다음과 같다. 여러분의 계산과정과도 차이가 없으리라 믿는다(믿는다는 표현도 어울리지 않는다. 믿을게 뭐가 있다고).

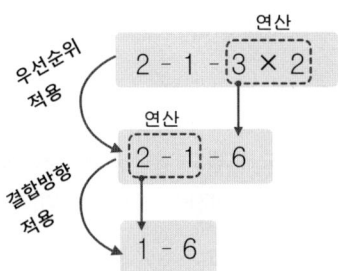

[그림 6-2 : 연산의 과정]

자! 순서가 어떻게 되는가? 당연히 곱셈을 먼저 진행해야 한다. 그리고 이는 다음과 같은 수학적 배경을 기초로 한다.

"덧셈과 뺄셈보다는 곱셈과 나눗셈이 먼저 계산되어야 한다."

이것이 바로 연산자의 우선순위이다. 즉 여러분은 이미 연산자의 우선순위를 바탕으로 수학문제를 풀어온 것이다.

곱셈이 계산되었으니 이제 뺄셈만 두 개 남았다. 어떤 뺄셈을 먼저 하느냐에 따라서 결과가 달라지는데, 이 때에는 다음과 같은 수학적 배경을 기초로 계산이 이뤄진다.

"뺄셈은 왼쪽에서부터 순서대로 계산한다."

이를 컴퓨터 프로그래밍에서는 다음과 같이 이야기 한다.

"뺄셈 연산자의 결합방향은 왼쪽에서 오른쪽으로 이동한다"

즉 동일한 연산자기 하니의 연산식 안에 둘 이상 놓어있을 때, 연신의 순서를 결정짓는 요소기 비로 연신자의 결합방향이다. 표 6-1을 보면 결합방향이 두 가지로 표시되고 있다. 하나는 ← 인데 이는 결합방향이 오른쪽에서 왼쪽으로 이동함을 의미한다. 쉽게 말해서 오른쪽에 있는 연산자부터 먼저 계산됨을 의미한다. 다른 하나는 → 인데 이는 결합방향이 왼쪽에서 오른쪽으로 이동함을 의미한다. 즉 왼쪽에 있는 연산자부터 먼저 계산됨을 의미한다.

정리하면 연산식의 연산순서를 결정짓는 1차적인 요소는 연산자의 '우선순위'이고, 2차적인 요소는 연산자의 '결합방향'이다.

■ 우선순위는 같고 결합방향이 다르면 어떻게 하냐고?

다음 문장을 실행한다고 가정할 때 연산의 순서는 어떻게 되겠는가? 참고로 덧셈과 뺄셈 연산자는 우선순위가 모두 같다.

```
int n = 3 - 2 + 1;
```

그냥 우리가 알고 있는 수학적인 배경을 가지고 본다면 뺄셈연산을 먼저 하는 것이 옳다. 그런데 잠시 이러한 수학적인 배경을 머리 속에서 지우자. 그렇다면 여러분은 고민에 빠지게 된다.

"덧셈과 뺄셈 중 무엇을 먼저 계산하지? 덧셈과 뺄셈은 우선순위가 동일한데"

이러한 경우에도 결합방향을 참조하면 된다. 표 6-1에서 보여주듯이 덧셈도 뺄셈도 결합방향이 왼쪽에서 오른쪽으로 흘러간다. 따라서 뺄셈을 먼저 하고, 뺄셈연산의 결과를 가지고 덧셈연산을 진행하면 된다.

"만약에 뺄셈과 덧셈의 결합방향이 서로 다르다면, 이러한 상황에서는 무엇을 먼저 계산해야 하나요?

충분히 궁금해할 수 있는 내용이다. 우선순위는 같지만 결합방향이 다른 두 개의 연산자가 하나의 연산식 안에 함께 있을 때에는 그야말로 연산의 순서를 결정하기가 모호해진다. 그러나 걱정하지 말자. C언어의 연산자들은 우선순위가 같으면 결합방향도 같다. 따라서 우선순위가 같은 연산자들이 모여있는 경우의 연산순서에 대해서는 신경 쓰지 않아도 된다.

■ 연산자의 종류와 우선순위 그리고 결합방향 정리

계속해서 다양한 연산자들이 소개될 텐데, 이들에 대한 대략적인 우선순위 정도는 기억해 두는 것이 좋다. 오해하지 말자. 암기해야 한다는 뜻이 아니다. 여러분이 프로그래밍을 하다 보면 아래의 표를 간혹 참조할 텐데, 이 때에 자연스럽게 기억되는 것은 매번 참조하기 귀찮을 테니 기억해 두면 편하다는 뜻이다.

순위	연산기호	연산자	결합방향
1위	()	함수 호출	→
	[]	인덱스	
	->	간접 지정	
	.	직접 지정	
	++ (postfix) -- (postfix)	후위 증가 및 감소	

2위	++ (prefix) -- (prefix)	전위 증가 및 감소	←
	sizeof	바이트 크기 계산	
	~	비트 단위 NOT	
	!	논리 NOT	
	-, +	부호 연산(음수와 양수의 표현)	
	&	주소 연산	
	*	간접 지정 연산	
3위	(casting)	자료형 변환	←
4위	*, /, %	곱셈, 나눗셈 관련 연산	→
5위	+, -	덧셈, 뺄셈	→
6위	〈〈, 〉〉	비트 이동	→
7위	〈, 〉, 〈=, 〉=	대소 비교	→
8위	==, !=	동등 비교	→
9위	&	비트 AND	→
10위	^	비트 XOR	→
11위	|	비트 OR	→
12위	&&	논리 AND	→
13위	||	논리 OR	→
14위	? :	조건 연산	←
15위	=, +=, -=, *=, /=, %=, 〈〈=, 〉〉=, &=, ^=, |=	대입 연산	←
16위	,	콤마 연산	→

[표 6-2 : 연산자의 우선순위와 결합방향]

위 표에서 여러분이 공부한 연산자는 손가락으로 꼽는다. 참고용으로 삽입한 표이니 위의 연산자들을 모두 이해한 이후부터 필요할 때마다 참고하면 된다.

■ 연산의 순서를 직접 지정할 때 사용하는 소괄호

다음 식의 연산 순서를 말해보자.

```
int num = 5 - 3 + 2;
```

먼저 뺄셈이 진행되고, 이어서 덧셈이 진행되어 변수 num에는 4가 저장된다. 그런데 이 식에서 덧셈을 먼저 진행하고 싶을 때에는 어떻게 해야 하는가? 이렇게 연산자의 우선순위나 결합방향에 상관없이 실행 순서를 지정하고 싶을 때에는 다음처럼 소괄호를 사용하면 된다.

```
int num = 5 - (3 + 2);
```

그런데 이러한 소괄호 가리켜 '괄호 연산자'라 부르는 경우가 종종 있다(이 부분은 필자도 반성한다). 그러나 이는 엄밀히 말해서 연산자가 아니다. 연산의 단위를 구분 지어주는 '구분자(separator)'이다. 따라서 괄호는 결합방향도 할당되어 있지 않다.

6-3 다양한 연산자들의 소개

연산자에 대한 기본적인 이해를 갖췄으니, 지금부터 해야 할 일은 C언어에서 제공하는 다양한 연산자들을 경험해 보는 것이다.

■ 복합(Compound) 대입 연산자

복합 대입 연산자는 대입 연산자가 다른 연산자와 묶여서 정의된 연산자이다. 복합 대입 연산자의 종류는 다음과 같다.

```
*=, /=, %=, +=, -=, <<=, >>=, &=, ^=, |=
```

위의 연산자중에서 산술 연산자와 대입 연산자가 합해져서 만들어진 복합 대입 연산자의 의미는 다음과 같다.

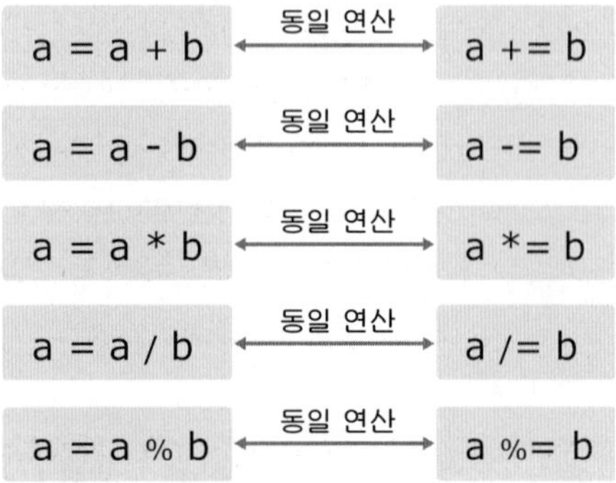

	동일 연산	
a = a + b	↔	a += b
a = a - b	↔	a -= b
a = a * b	↔	a *= b
a = a / b	↔	a /= b
a = a % b	↔	a %= b

[그림 6-3 : 복합 대입 연산자의 의미 1]

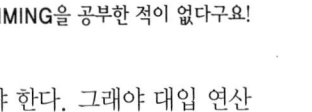

그리고 필자가 별도로 언급하진 않았지만, 대입 연산자의 왼편에는 변수가 와야 한다. 그래야 대입 연산자의 오른편에 오는 피연산자의 값을 저장할 수 있기 때문이다. 마찬가지로 복합 대입 연산자의 왼편에도 변수가 와야 한다. 그럼 이제 위 그림을 참조하여 다음 식을 분석해 보자.

    a += b;

이는 다음 식을 간단히 표현한 것이다.

    a = a + b;

여러분은 위 그림을 통해서 복합 대입 연산자가 어떻게 구성이 되고, 또 어떠한 의미로 해석이 되는지 확인할 수 있으니 별도의 설명은 생략하겠다. 대신 예제 하나를 보도록 하자. 위 그림이 설명하고 있는 내용을 확인하기 위해서 덧셈연산을 기준으로 만들어진 예제이다.

> **참고** 복합 대입 연산자 += 은 하나의 연산자일까? 두 개의 연산자일까?
>
> 과거의 표준에서는 복합 대입 연산자를 두 개의 연산자가 모여서 구성되는 것으로 정의하였다. 따라서 += 연산의 경우 +와 = 사이에 공백이 삽입될 수 있었다. 그러나 새로운 표준에서는 이를 하나의 연산자로 정의하고 있다. 따라서 +와 = 사이에 공백이 삽입되면 컴파일 오류가 발생하게 된다.

■ 예제 6-2.c

```
1.  #include <stdio.h>
2.
3.  int main(void)
4.  {
5.      int n1=7, n2=5;
6.
7.      n1+=n2;    // n1 = n1 + n2;
8.      printf("n1 += n2 : %d \n", n1);
9.
10.     n2+=12;    // n2 = n2 + 12;
11.     printf("n2 += 12 : %d \n", n2);
12.     return 0;
13. }
```

■ 실행결과 : 예제 6-2

```
n1 += n2 : 12
n2 += 12 : 17
```

실행결과는 그림 6-3에서 설명하는 바가 틀리지 않음을 증명하고 있다. 이로써 여러분은 다음 복합 대입 연산자들을 활용할 수 있게 되었다.

　　*=, /=, %=, +=, -=

그러나 아직 다음 복합 대입 연산자들에 대해서는 아는 바가 없다.

　　<<=, >>=, &=, ^=, |=

이는 비트 단위 연산자라 불리는 <<, >>, &, ^, | 연산자의 의미를 아직 모르기 때문이다. 하지만 복합 대입 연산자의 구성 규칙을 파악했다면 다음 사실은 알 수 있다.

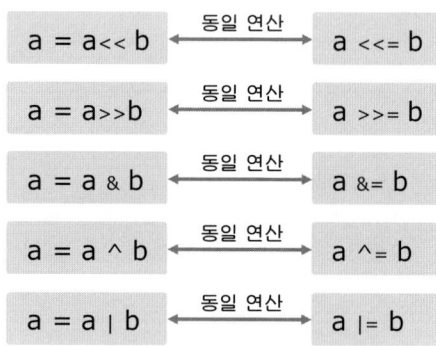

[그림 6-4 : 복합 대입 연산자의 의미 2]

따라서 비트 단위 연산자에 대해서만 공부하고 나면(15장에서 설명), 위 그림의 복합 대입 연산자들도 충분히 활용할 수 있으니, 이후에 다시 이 부분을 참고하기 바란다.

■ 부호 연산자로서의 +와 −

이번에는 피연산자가 하나인 단항 연산자(unary operator)로서의 +, − 연산자에 대해 살펴보겠다. 이미 알고 있듯이 이 둘은 이항 연산자로서 산술연산의 기능을 제공한다. 그런데 이 둘은 단항 연산자로서 부호연산의 기능도 제공한다(여러분이 알고 있는 수학에서의 의미와 동일하다). 다음 예제는 단항 연산자로서의 +, − 연산자를 설명한다.

■ 예제 6-3.c

```
1.  #include <stdio.h>
2.
3.  int main(void)
4.  {
5.      int n=5;
6.      printf("현재의 n : %d \n", n);
```

```
7.        printf("-n : %d, +n : %d \n\n", -n, +n);
8.
9.        n = -n;    // n -= n과 혼동 주의!
10.       printf("변경된 n : %d \n", n);
11.       printf("-n : %d, +n : %d \n\n", -n, +n);
12.       return 0;
13.    }
```

- 7행 : 5가 저장된 변수 n에 -와 + 연산을 했을 때, 얻게 되는 결과를 출력하고 있다. -는 부호를 바꾸는 역할을 하므로 -n의 결과는 -5가 된다. 반면 +는 붙여주나마나 이므로 +n은 그냥 5가 된다.
- 9행 : n에 저장된 값의 부호를 바꿔서 다시 n에 저장하고 있다. 따라서 5가 저장되어 있던 변수 n에는 -5가 저장된다.
- 11행 : -5가 저장되어 있는 변수 n에 -와 + 연산을 했을 때, 얻게 되는 결과를 출력하고 있다.

■ 실행결과 : 예제 6-3

```
현재의 n : 5
-n : -5, +n : 5

변경된 n : -5
-n : 5, +n : -5
```

실행결과를 통해서 확인할 수 있는 사실은 다음 두 가지이다.
- 단항 연산자로서의 - 는 부호를 바꾸는 역할을 한다.
- 단항 연산자로서의 + 는 아무런 기능을 제공하지 않는다.

- 연산자에 대해서는 추가로 설명이 필요 없을 것이다. 오히려 설명이 필요한 부분은 + 연산자이다. 붙여주나마나 한 + 단항 연산자를 만든 이유는 무엇일까? 그것은 다음과 같은 코드가 컴파일 되도록 허용하기 위함이다.

```
int n = +128;
```

프로그래머는 경우에 따라서 음수가 아님을 강조하기 위해서 위와 같은 코드를 구성하기도 한다(드물지만 말이다).

■ 증가, 감소 연산자(++, --) : prefix

이번에 소개할 연산자는 변수가 저장하고 있는 값을 하나 증가 및 감소시키는 경우에 사용하는 단항 연산자들이다. 활용빈도가 높으면서도 혼동하기 쉬우므로 확실히 이해하고 넘어가야 한다.

연산자	연산자의 기능	결합방향
++ (prefix)	피연산자에 저장된 값을 1 증가 예) val = ++n;	←
-- (prefix)	피연산자에 저장된 값을 1 감소 예) val = --n;	←

[표 6-3 : prefix 증가, 감소 연산자]

이 두 연산자들은 prefix 연산자이다(prefix는 접두사라는 뜻이다). 쉽게 설명하면 피연산자의 앞부분에 붙는 연산자라는 뜻이다. 그럼 다음 예제를 통해서 이 두 연산자가 제공하는 기능을 확인해 보자.

■ 예제 6-4.c

```
1.   #include <stdio.h>
2.
3.   int main(void)
4.   {
5.       int num1 = 7;
6.       int num2, num3;
7.
8.       num2 = ++num1;
9.       num3 = --num1;
10.
11.      printf("num1 : %d \n", num1);
12.      printf("num2 : %d \n", num2);
13.      printf("num3 : %d \n", num3);
14.      return 0;
15.  }
```

- 8행 : ++ 연산자가 사용되었다. 피연산자는 num1이다. 따라서 num1의 값은 1이 증가가 되고, 이렇게 증가된 값이 num2에도 저장된다.
- 9행 : -- 연산자가 사용되었다. 이번에도 피연산자는 num1이다. 따라서 num1의 값이 1 감소되고, 이렇게 감소된 값이 num3에도 저장된다.

■ 실행결과 : 예제 6-4

```
num1 : 7
num2 : 8
num3 : 7
```

num1은 8행에서 값이 1 증가하고, 9행에서 값이 1 감소하므로 원래 저장된 값 7이 출력되었다.

■ 증가, 감소 연산자(++, --) : postfix

++, -- 연산자는 postfix 연산자로도 사용이 된다(postfix는 접미사라는 뜻이다). postfix 연산자는 피연산자의 뒤에 붙는 연산자를 의미한다. 물론 조금 전에 설명한 prefix 연산자의 형태로 사용될 때와는 의미가 조금 다르다.

연산자	연산자의 기능	결합방향
++ (postfix)	피연산자에 저장된 값을 1 증가 예) val = n++;	→
-- (postfix)	피연산자에 저장된 값을 1 감소 예) val = n--;	→

[표 6-4 : postfix 증가, 감소 연산자]

위 표에서 언급하는 내용으로만 보면 ++ 연산자와 -- 연산자를 피연산자의 뒤에 붙인다고 해서 달라질 것은 없어 보인다. 그러나 분명 큰 차이를 보인다. 다음 예제를 통해서 이를 확인하자.

■ 예제 6-5.c

```
1.   #include <stdio.h>
2.
3.   int main(void)
4.   {
5.       int num1 = 7;
6.       int num2, num3;
7.
8.       num2 = num1++;   // 이전 예제와 차이 나는 부분 1
9.       num3 = num1--;   // 이전 예제와 차이 나는 부분 2
10.
11.      printf("num1 : %d \n", num1);
12.      printf("num2 : %d \n", num2);
13.      printf("num3 : %d \n", num3);
14.      return 0;
15.  }
```

- 8행 : ++ 연산자가 피연산자 num1의 뒤에 붙었다. 따라서 num1의 값은 1이 증가한다. 그런데 이번에도 증가된 값이 num2에 저장될까? 실행결과를 확인해 보자.
- 9행 : -- 연산자가 피연산자 num1의 뒤에 붙었다. 따라서 num1의 값이 1 감소한다. 그러나 감소된 값이 num3에 저장되는지는 실행결과를 통해서 확인하자.

■ 실행결과 : 예제 6-5

```
num1 : 7
num2 : 7
num3 : 8
```

실행결과는 예제 6-4와 차이가 있다. 분명 위 예제 8행에서는 num1의 값이 증가되었다. 그런데 num2에 저장된 값은 num1이 증가되기 이전의 값이다. 따라서 이 결과를 보고 다음과 같은 추론도 가능하다.

"아! 대입연산이 먼저 진행되었군, 대입 연산자가 우선순위가 높은가 보군!"

그러나 표 6-2를 보면 ++와 -- 연산자의 우선순위가 더 높음을 알 수 있다. 즉 대입연산이 먼저 진행된 것은 아니라는 뜻이다. 그렇다면 왜? num2에 저장된 값은 num1이 증가하기 이전의 값일까? 그것은 피연산자의 뒤에 붙는(postfix) ++, -- 연산자의 연산 특성 때문에 그렇다. 다음 그림을 보자.

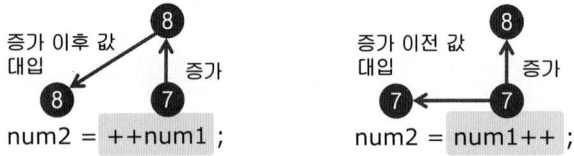

[그림 6-5 : prefix ++와 postfix ++ 의 비교]

위 그림에서 두 ++ 연산자 모두 대입연산보다 먼저 실행이 되어 num1의 값을 8이 되게 한다. 단! postfix ++ 연산자의 경우, 연산이 이뤄진 문장 안에서는 여전히 증가되기 이전의 값 7로 인식된다는 특징이 있다. 그러나 다음문장으로 넘어가면 증가된 값 8로 인식이 된다. 이는 -- 연산자도 마찬가지이다. postfix -- 연산자의 경우, 연산이 이뤄지는 순간 피연산자의 값은 1 감소한다. 그러나 연산이 이뤄진 문장 안에서는 여전히 감소하기 이전의 값으로 인식이 된다. 그리고 다음 문장으로 넘어가야 비로소 감소된 값으로 인식이 된다. 이해를 돕기 위해서 예제를 하나 더 제시하겠다.

■ 예제 6-6.c

```
1.   #include <stdio.h>
2.
3.   int main(void)
4.   {
5.       int num1, num2;
6.
7.       num1 = 7;
```

```
8.         num2 = (num1--) + 5;
9.
10.        printf("num1 : %d \n", num1);
11.        printf("num2 : %d \n", num2);
12.        return 0;
13.    }
```

- 8행 : num1의 값을 하나 감소시키고 있다. 따라서 num1의 값은 6이 될 텐데, 이 문장에서는 여전히 7로 인식이 된다. 아무리 괄호를 치더라도 이는 변함이 없다.
- 10행 : num1의 값은 하나 감소가 되었으므로 6이 출력된다. 비록 8행에서는 7로 인식이 되었으나 8행을 벗어나는 순간부터는 6으로 정확히 인식이 된다.
- 11행 : num2의 값으로 12가 출력된다. 8행에서는 num1의 값이 7로 인식되기 때문이다.

■ 실행결과 : 예제 6-6

```
num1 : 6
num2 : 12
```

이로써 ++ 연산자와 -- 연산자에 대한 설명이 끝이 났다. 필자는 ++ 연산자가 피연산자의 앞에 올 경우 'prefix ++ 연산자'라 하고, 피연산자의 뒤에 올 경우 'postfix ++ 연산자'라 하여 영문 표현을 그대로 인용하였다. 만약에 이러한 영문 표현이 불편하다면 각각을 '전위 증가 연산자(먼저 증가 시킨다는 뜻)', '후위 증가 연산자(후에 증가 된다는 뜻)'로 표현하면 된다.

토막 퀴즈

문제 : 다음 두 코드블록을 보자.

```
case 1)                case 2)
   int num = 10;          int num = 10;
   num++;                 ++num;
```

위 두 코드블록의 경우 num++와 ++num에 차이가 있는가?

정답 : 차이가 없다. 증가 및 감소 연산자를 포함하는 문장 내에서 연산의 결과를 참조하는 경우가 아니면 차이를 보이지 않는다. 그리고 ++num이 num++보다 연산속도가 빠르다고 알고 있는 경우가 있는데, 컴파일러는 위의 경우 동일한 바이너리 코드를 생성해 낸다. 따라서 실제로 속도의 차이는 없다.

■ 오~ 이걸 어떻게 해석해야 한단 말인가!

잠시 머리도 식힐 겸(머리를 더 아프게 할 확률도 있지만) 필자가 재미있는 문제를 하나 내 보겠다. 너무 심각하게 받아들이지 말자. 필자는 진심으로 즐거움을 위해서 문제를 내는 것이니 말이다. 그럼 첫 번째 문제를 드리겠다. 우선 다음 코드를 보자.

```
int main(void)
{
    int n1, n2;
    n1 = 7;
    n2 = (n1++) + (n1++);
    . . . .
}
```

위 코드의 마지막에 있는 다음 문장을 실행하고 나면 n2의 값은 얼마가 될까?

```
n2 = (n1++) + (n1++);
```

비록 n1의 값이 두 번 증가되고는 있지만, 값의 증가는 다음 문장으로 넘어가야 반영이 되므로 n2에는 14가 저장된다고 생각할 수 있다. 그러나 달리 생각해 보면, ++ 연산이 두 번 이뤄졌으므로(++ 연산이 누적되었으므로), 값이 한번은 증가가 되어 n2에는 15가 저장된다고도 생각할 수 있다. 여러분의 생각은 어떠한가?

자! 두 번째 문제이다. 이번 문제는 위의 것보다 훨씬 더 헷갈린다(그래도 즐기기를 바라겠다).

```
int main(void)
{
    int num = 7;
    num = num++;
    . . . .
}
```

위 코드의 마지막 부분에 있는 다음 문장을 실행하고 나면 num의 값은 얼마가 될까?

```
num = num++;
```

정말 기막힌 문장 아닌가? num에 저장된 값을 1 증가시켜서 다시 num에 저장하고 있다. 그런데 문제는 증가가 postfix ++ 연산자를 통해 이뤄졌다는데 있다. 때문에 이 문장은 다양하게 해석될 수 있다. 다음은 이 문장에 대한 첫 번째 해석 방식이다.

> "num의 값은 ++ 연산에 의해서 일단 증가가 되어 8인 상태야! 그런데 postfix 연산이니까 이 문장에서는 7로 인식이 되잖아? 이런 num 값을 다시 num에 저장하고 있어! 결국 num은 다시 7이 되어버린다고"

또 다른 해석 방식은 다음과 같다.

"num의 값 증가는 다음 문장으로 넘어가야 완성이 되는 거야, 그러니까 대입연산으로 인해서 num은
7이 되고, 다음 문장으로 넘어가면서 num은 8이 된다고"

여러분은 어떠한 해석이 더 타당하다고 생각하는가? 아! 너무 고민하지 말자. 어차피 정답이 없는 문제이니 말이다. 첫 번째 문제의 상황에 대해서도, 두 번째 문제의 상황에 대해서도 어떻게 동작해야 한다고 표준에서 명확히 정의하고 있지 않다. 따라서 컴파일러마다 그 결과가 다르게 나타난다. 실제로 두 번째 문제의 경우 VC++에서는 num의 값이 8이 되지만, Dev C++에서는 7이 된다. 때문에 이렇게 애매모호한 형태로 증가 및 감소 연산자를 사용하면 안 된다. 다음 예제를 VC++에서, 그리고 Dev C++에서 각각 실행해 보자.

■ 예제 6-7.c

```
1.  #include <stdio.h>
2.
3.  int main(void)
4.  {
5.      int num = 7;
6.      num = num++;
7.      printf("num : %d \n", num);
8.      return 0;
9.  }
```

실행 결과는 컴파일러마다 다르니 여러분이 직접 확인하기 바란다. 지금 한 이야기의 결론은 다음과 같다.

- 한 문장 안에서 동일한 변수를 가지고 두 번 이상 postfix ++, postfix -- 연산을 하면 결과를 예측할 수 없다.
- num = num++ 또는 num = num--와 같은 문장의 연산결과도 예측할 수 없다. 몇 줄에 걸쳐서 표현하더라도 명확한 문장을 구성해야지, 이런 모호한 형태의 문장을 구성하면 안 된다.

■ 관계 연산자 (<, >, ==, !=, <=, >=)

관계 연산자는 크기 및 동등 관계를 따지는 연산자이다. 즉 두 피연산자의 크기 관계를 따져주는 이항 연산자이다. 따라서 '비교 연산자'라고도 한다 두 피연산자의 값을 비교하기 때문이다.

연산자	연산자의 기능	결합방향
<	예) n1 < n2 n1이 n2보다 작은가?	→
>	예) n1 > n2 n1이 n2보다 큰가?	→

==	예) n1 == n2 n1과 n2가 같은가?	→
!=	예) n1 != n2 n1과 n2가 다른가?	→
<=	예) n1 <= n2 n1이 n2보다 같거나 작은가?	→
>=	예) n1 >= n2 n1이 n2보다 같거나 큰가?	→

[표 6-5 : 관계 연산자]

위의 관계 연산자들은 연산 식이 참이면 1을, 거짓이면 0을 연산결과로 내놓는다. 다음 예제를 통해서 이를 확인해 보자.

■ 예제 6-8.c

```c
1.  #include <stdio.h>
2.
3.  int main(void)
4.  {
5.      int num1 = 10;
6.      int num2 = 12;
7.
8.      int result1, result2;
9.
10.     result1 = (num1 == num2);  // 동등 비교
11.     result2 = (num1 <= num2);  // 대소 비교
12.
13.     printf("같은가? %d \n", result1);
14.     printf("같거나 작은가? %d \n", result2);
15.     return 0;
16. }
```

- 10행 : num1과 num2의 동등 여부를 확인하고 있다. 동등하다면 1이, 동등하지 않다면 0이 result1에 저장된다.
- 11행 : num1이 num2보다 작거나 같은지를 확인하고 있다. num1이 num2보다 작거나 같다면 1이, 그렇지 않다면 0이 result2에 저장된다.

■ 실행결과 : 예제 6-8

```
같은가? 0
같거나 작은가? 1
```

실행결과를 통해서 연산의 결과가 1 또는 0임을 확인하였다.

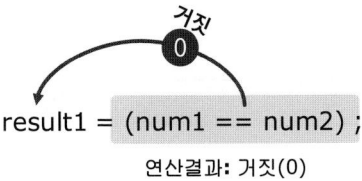

[그림 6-6 : 비교 연산의 결과가 저장되는 과정]

■ 참(true)과 거짓(false)

앞서 관계 연산자는 연산식이 참이면 1을, 거짓이면 0을 반환한다고 하였다.

"관계 연산자는 연산식이 참이면 1을 거짓이면 0을 반환한다."

그런데 이 문장은 다음과 같이 표현할 수도 있다. 둘 다 같은 의미이고 둘 다 옳은 표현이다.

"관계 연산자는 연산식이 식의 성립 여부에 따라서 '참' 또는 '거짓'을 반환한다."

그리고 위 두 문장을 분석해 보면 다음 사실을 알 수 있다.

- 1은 참을 의미한다.
- 0은 거짓을 의미한다.

C언어에서는 0을 '거짓'을 의미하는 숫자로, 0이 아닌 모든 수를 '참'을 의미하는 숫자로 정의하고 있다. 따라서 참과 거짓을 따져주는 연산자들은 연산의 결과로 0 또는 0이 아닌 값(사실상 1)을 반환한다.

0이 아닌 숫자는 모두 참이라는 사실을 기억합시다.
한번 더 강조하고 싶다. 0이 아닌 숫자는 모두 참을 의미한다. 그래서 -1도 참이고 7도 참이다.

■ 논리 연산자(&&, ||, !)

논리 연산자 역시 참과 거짓을 따지는 연산자로서 AND(논리곱), OR(논리합), NOT(논리부정)을 의미하는 연산자로 구성되어 있다.

연산자	연산자의 기능	결합방향
&&	예) A && B A와 B 모두 참이면 연산결과는 참 (논리 AND)	→
||	예) A || B A와 B 둘 중 하나라도 참이면 연산결과는 참 (논리 OR)	→
!	예) !A 연산결과는 A가 참이면 거짓, A가 거짓이면 참 (논리 NOT)	←

[표 6-6 : 논리 연산자]

위 연산자들 모두 연산의 결과로 참 또는 거짓을 반환한다. 다시 말해서 참의 경우는 1을, 거짓의 경우는 0을 반환한다. 그리고 이들 연산자들의 연산결과를 나타낸 표를 가리켜 '진리 표(truth table)'라 하는데, 이 표를 보면 논리연산의 결과를 한눈에 확인할 수 있다. 아마도 전기전자컴퓨터 관련 학과의 공대생이라면 이 표를 본적이 있을 것이다.

피연산자 1(OP1)	피연산자 2(OP2)	연산결과(OP1 && OP2)
true	true	true
true	false	false
false	true	false
false	false	false

[표 6-7 : AND 연산 truth table]

피연산자 1(OP1)	피연산자 2(OP2)	연산결과(OP1 || OP2)
true	true	true
true	false	true
false	true	true
false	false	false

[표 6-8 : OR 연산 truth table]

피연산자(OP)	연산결과(!OP)
true	false
false	true

[표 6-9 : NOT 연산 truth table]

연산의 결과가 한눈에 들어오는 진리 표도 제시를 하였으니, 다음 예제를 통해서 이들 논리 연산자의 기능을 확인해보자.

■ 예제 6-9.c
```
1.   #include <stdio.h>
2.
3.   int main(void)
4.   {
5.       int num1 = 10;
6.       int num2 = 12;
7.
8.       int result1, result2, result3;
9.
10.      result1 = (num1==10 && num2==12);
11.      result2 = (num1<=12 || num2>=12);
12.      result3 = !num1;
13.
14.      printf("result1 : %d \n", result1);
15.      printf("result2 : %d \n", result2);
16.      printf("result3 : %d \n", result3);
17.      return 0;
18.  }
```

■ 실행결과 : 예제 6-9
```
result1 : 1
result2 : 1
result3 : 0
```

다음 그림은 위 예제 10행의 연산 과정을 보여준다. 복잡해 보이지만 관계연산의 결과를 가지고 논리연산을 한 것뿐이다.

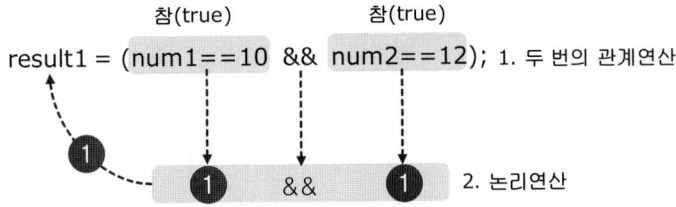

[그림 6-7 : 관계연산의 결과로 진행하는 논리연산]

&& 연산자보다 == 연산자의 우선순위가 높다. 따라서 위 그림처럼 두 개의 == 연산이 먼저 진행된다. 그리고 이렇게 두 개의 == 연산이 끝나고 나면 식은 다음과 같이 정리된다. num1은 10이고 num2는 12이므로 연산의 결과가 모두 참이 되어 모두 1이 반환되었다.

```
result1 = (1 && 1);
```

이제 논리연산을 할 차례이다. 그런데 논리 연산자의 피연산자가 둘 다 1이다. 즉 두 개의 피연산자가 모두 참이므로 연산의 결과도 참이 되어, result1에는 연산의 결과값 1이 저장된다. 그리고 11행의 연산과정은 10행과 유사하므로 생략하겠다. 대신 12행을 보자. 다음 문장이 있다.

```
result3 = !num1;
```

변수 num1에 논리 NOT의 연산을 하고 있다. NOT은 참을 거짓으로, 거짓을 참으로 바꾸는 연산이다. 그렇다면 num1이 거짓인지 참인지부터 알아봐야 한다. 10이 저장되어 있는 변수 num1은 참인가 거짓인가? 앞서 필자는 0이 아닌 모든 숫자가 참으로 인식된다고 하였다. 따라서 num1은 논리적으로 참이다. 그러므로 연산의 결과는 거짓이 되어 result3에는 0이 저장된다.

> **&& 연산자를 논리곱이라 하는 이유는?**
>
> && 연산자의 연산특성만 파악하면 부울대수를 잘 몰라도 활용하는데 전혀 지장이 없다. 그런데 왜 && 연산자를 가리켜 논리곱이라 하는 것일까? 이는 && 연산의 계산결과가 곱셈의 형태를 지니기 때문이다. 다음 곱셈 결과를 관찰해 보자.
>
> 1 × 1 = 1(참)
> 1 × 0 = 0(거짓)
> 0 × 1 = 0(거짓)
> 0 × 0 = 0(거짓)
>
> 즉 곱셈도 두 피연산자가 1인 경우에만 결과값이 1인데, 이는 && 연산자의 연산특성과 동일하다. 그래서 && 연산을 가리켜 곱은 곱이되 논리에 관한(참과 거짓에 관한) 곱이라 하여 논리곱이라 하는 것이다.

■ 논리 연산자와 Short-Circuit Evaluation(Lazy Evaluation)

C언어의 연산 과정에서 적용되는 연산 특성 중에 Short-Circuit Evaluation이라는 것이 있다(이하 SCE라 하겠다). 이제 이와 관련해서 설명을 할 텐데, 여러분은 우선 이에 대한 한글 표현이 궁금할 것이다. 솔직히 필자도 궁금해서 조사를 좀 해 봤다. 그런데 표현 방식이 통일되어 있지 않고, 흔히 사용되는 표현들도 뜻을 충분히 담아내지 못하고 있어서 필자는 영문을 그대로 표기하였다. 그래도 이해를 돕기 위해 이를 한글로 번역하라고 한다면 다음과 같이 번역하면 좋을 것 같다(이해를 돕기 위한 필자의 사견이다).

"가장 빠르게 값을 계산하는 연산"

이것이 무슨 뜻인지 알아보기 위해 다음 예제를 실행해 보자. 그리고 실행에 앞서 먼저 출력결과를 예측해 보자.

■ 예제 6-10.c

```
1.  #include <stdio.h>
2.
3.  int main(void)
4.  {
5.      int A=1;
6.      int B=0;
7.      int result;
8.
9.      result = (B && ++A);
10.     printf("%d \n", A);
11.
12.     result = (A || ++B);
13.     printf("%d \n", B);
14.     return 0;
15. }
```

- 9행 : 논리연산이 진행되고 있다. 그리고 A의 값을 하나 증가시키는 연산도 진행되고 있다.
- 10행 : A의 값을 출력하고 있다. 9행에서 값을 하나 증가시켰으므로 2가 출력될 것을 기대할 수 있다.
- 12행 : 마찬가지로 논리연산이 진행되고 있다. 그리고 B의 값을 하나 증가시키는 연산도 진행되고 있다.
- 13행 : B의 값을 출력하고 있다. 12행에서 값을 1 증가시켰으므로 1이 출력될 것을 기대할 수 있다.

■ 실행결과 : 예제 6-10

```
1
0
```

이것이 어찌된 일인가? 실행결과를 보니 변수 A와 B의 값이 하나도 증가되지 않았음을 알 수 있다. 실제로 A와 B의 값은 증가하지 않았다. SCE때문에 A와 B의 값은 증가하지 못했다. 다음 그림은 위 예제 9행과 12행을 기준으로 SCE가 미치는 영향이 무엇인지를 보여준다.

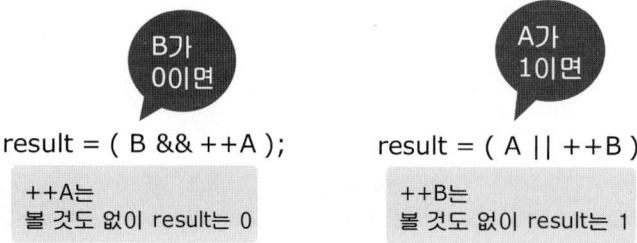

[그림 6-8 : short-circuit evaluation]

위 그림에서 보여주듯이 && 연산자의 왼편에 있는 피연산자가 거짓(0)이면 오른편에 있는 피연산자에 상관없이 연산결과는 거짓(0)이 된다. 따라서 연산속도의 향상을 위해서 && 연산자의 오른편은 확인(실행)하지 않는 편이 낫다는 결론이 나온다.

실제로 C언어는 이러한 상황에서 && 연산자의 오른편을 실행하지 않는다. 이것이 바로 SCE이다. 마찬가지로 || 연산자의 왼편에 있는 피연산자가 참(1)이면, 오른편에 있는 피연산자에 상관 없이 || 연산의 결과는 참(1)이 된다. 따라서 이러한 경우에도 || 연산자의 오른편은 실행되지 않는다. 이제 SCE가 가져다 주는 부작용(side effect)이 무엇인지 알았을 것이다. 따라서 위 예제의 9행, 12행과 같은 문장이 구성되지 않도록 주의해야 한다.

토막 퀴즈

문제 : 예제 6-10의 출력결과가 1과 0이 아닌, 처음의 기대대로 2와 1이 출력되도록 하려면 어느 부분을 어떻게 수정하는 것이 좋겠는가?

정답 : 9행을 다음과 같이 두 줄에 걸쳐서 표현한다.

++A;
result = (B && A);

마찬가지로 12행도 다음과 같이 두 줄에 걸쳐서 표현한다.

++B;
result = (A || B);

여기서 알 수 있는 사실은 다음과 같다.
"논리 연산자가 사용된 문장에는 가급적 다른 연산자가 오지 않도록 하는 것이 좋다."

■ 콤마(,) 연산자

콤마도 연산자이다. 다음 예제에서 보여주듯이 둘 이상의 변수를 동시에 선언하거나, 둘 이상의 함수 호출 문, 또는 연산문을 하나의 문장으로 표현하는 경우에 사용하는 연산자이다.

■ 예제 6-11.c

```
1.   #include <stdio.h>
2.
3.   int main(void)
4.   {
5.       int a=1, b=2;
6.
7.       a++, b++, printf("postfix ++ 연산 실행 \n");
8.       printf("a : %d, ", a), printf("b : %d \n", b);
9.       return 0;
10.  }
```

■ 실행결과 : 예제 6-11

```
postfix ++ 연산 실행
a : 2, b : 3
```

6-4 자료형 변환 연산자, sizeof 연산자

지금까지 많은 연산자들을 공부하였는데, 대부분 산술적인 개념으로 이해할 수 있는 연산자들이었다. 그러나 지금 소개하고자 하는 연산자는 자료형과 관련이 있는 연산자들이다.

■ 자료형 변환 연산자(Cast Operator)

자료형 변환 연산자라는 것은 말 그대로 자료형을 변환시키는 연산자이다. 이 연산자는 간단히 '형 변환 연산자'로 많이 불리며, 영문 표현을 참조하여 '캐스트 연산자'로도 많이 불린다. 이 연산자에 대한 이해를 위해 다음 예제를 보도록 하겠다.

■ 예제 6-12.c

```
1.   #include <stdio.h>
2.
3.   int main(void)
4.   {
5.       printf("정수 출력 : %f \n", 3);
6.       printf("실수 출력 : %d \n", 3.14);
7.       return 0;
8.   }
```

- 5행 : 숫자 3은 int형 상수이다. 그런데 이를 서식문자 %f로 출력하고 있다.
- 6행 : 숫자 3.14는 double형 상수이다. 그런데 이를 서식문자 %d로 출력하고 있다.

■ 실행결과 : 예제 6-12의 실행 1

```
정수 출력 : 0.000000
실수 출력 : 1374389535
```

실행결과에서는 엉뚱한 값이 출력되고 있다. 이는 서식문자를 잘못 지정해 줬기 때문이다. 그렇다면 제대로 된 출력을 보이기 위해서는 어떻게 해야 할까? 서식문자를 제대로 지정해 주면 된다. 하지만 서식문자를 바꿀 형편이 못 된다면 다음과 같은 방법도 고려해 볼 수 있다. 위 예제 5행과 6행을 각각 다음과 같이 변경해 보자.

```
printf("정수 출력 : %f \n", (double)3);
printf("실수 출력 : %d \n", (int)3.14);
```

이 두 문장에서 이전과 달라진 부분은 다음과 같다.

```
(double) 3
(int) 3.14
```

여기서 보이는 괄호는 연산의 우선순위 변경을 위한 괄호가 아니라, 형 변환 연산자로서의 괄호이다. 즉 각각 다음과 같은 의미를 지닌다.

"int형 상수 3을 double형 상수 3.0으로 변환하라!"

"double형 상수 3.14를 int형 상수로 변환하라!"

그런데 한가지 주의할 사항이 있다. 정수 3을 실수 3.0으로 바꾼다 해도 데이터 손실은 발생하지 않는다. 숫자 3을 double형으로 충분히 표현할 수 있기 때문이다. 그러나 실수 3.14의 경우는 다르다. 소수점 이하는 정수로 표현이 불가능하기 때문에 3.14를 int형 데이터로 변환할 경우 소수부가 잘려나가 정수 3이 된다. 다음은 변경 이후의 실행결과이다.

■ 실행결과 : 예제 6-12의 실행 2

정수 출력 : 3.000000
실수 출력 : 3

위 예제를 통해서 형 변환 연산자를 활용하는 방법은 익힐 수 있다. 그러나 이 연산자를 어떠한 경우에 활용하면 좋을지에 대한 정보는 얻을 수 없다. 일단 여기서는 형 변환 연산자 자체만을 이해하도록 하자. 앞으로 이 연산자를 유용하게 사용할 기회는 얼마든지 있으니 말이다.

■ 형 변환 연산자에 대해서 한가지 더!

형 변환 연산자의 피연산자로는 상수도 올 수 있지만, 변수도 올 수 있다. 즉 다음과 같은 형태의 코드 구현이 가능하다.

```c
int main(void)
{
    int n1 = 3;
    double n2 = (double)n1;
    . . . .
}
```

위 코드에서 변수 n1을 double형으로 형 변환 연산하고 있다. 이때 n1의 값이 double형으로 바뀌는 것일까? 간혹 이 부분을 혼란스러워 하는 경향이 있는데, 형 변환 연산자는 새로운 값을 반환하는 연산자이다. 즉 n1의 값이 double형으로 변환되는 것이 아니라, n1의 값을 참조하여 double형으로 새롭게 값을 만들어 낼 뿐이다. 따라서 다음 문장은

```c
double n2 = (double)n1;
```

형 변환 연산 후에 다음과 같이 바뀌게 된다. 그리고 나서야 비로소 대입연산이 진행된다.

```c
double n2 = 3.0;
```

■ sizeof 연산자

sizeof 연산자는 피연산자의 크기를 바이트 단위로 계산해서 반환하는 연산자이다. 다음 예제를 통해서 이 연산자의 사용방법을 보이도록 하겠다.

■ 예제 6-13.c

```c
1.   #include <stdio.h>
2.
3.   int main(void)
4.   {
5.       int num = 1234;
6.       printf("size of num : %d \n\n", sizeof(num));
7.
8.       printf("size of 1234 : %d \n", sizeof(1234));
9.       printf("size of 1234.0 : %d \n", sizeof(1234.0));
10.      printf("size of 0.1234 : %d \n\n", sizeof(0.1234));
11.
12.      printf("size of char : %d \n", sizeof(char));
13.      printf("size of short : %d \n", sizeof(short));
14.      printf("size of double : %d \n\n", sizeof(double));
15.      return 0;
16.  }
```

- 6행 : 변수 num의 크기를 바이트 단위로 계산해서 출력하고 있다. 이처럼 sizeof 연산자는 변수의 크기를 바이트 단위로 계산해 낸다.
- 8, 9, 10행 : 다양한 상수의 크기를 계산하고 있다. 이처럼 sizeof 연산자의 피연산자로 상수도 올 수 있다.
- 12, 13, 14행 : 자료형의 크기를 계산하고 있다. 이처럼 sizeof 연산자의 피연산자로 자료형의 이름도 올 수 있다.

■ 실행결과 : 예제 6-13

```
size of num : 4

size of 1234 : 4
size of 1234.0 : 8
size of 0.1234 : 8

size of char : 1
size of short : 2
size of double : 8
```

이 예제의 실행결과를 통해서 알 수 있는 사실이 한가지 더 있다. 지금까지 필자는 정수는 int형으로 실수는 double형으로 표현된다고 했는데, 이를 간접적으로라도 증명할 수 있는 방법이 없었다. 그런데 위 예제를 보면 정수형 상수 1234의 크기가 4바이트로, 실수형 상수 1234.0과 0.1234의 크기가 8바이트로 출력되고 있음을 알 수 있다. 부족하지만 이것으로 각각의 상수가 내부적으로 어떠한 자료형을 근거로 표현되는지 가늠해 볼 수 있다. 그리고 한가지 더 확인할 수 있는 것은 1234.0은 1234가 아니라는 사실이다. 1234는 정수이다. 그러나 1234.0은 실수이다. 위 예제의 출력결과가 이를 보여주고 있다.

그리고 sizeof 연산자의 피연산자가 자료형의 이름이 아니라면 소괄호는 생략할 수 있다. 그러나 sizeof 연산자의 모든 피연산자에 소괄호를 하는 것이 일반적이다. 소괄호의 생략가능 여부를 기억할 필요도 없고, 또 소괄호가 있을 때 코드가 눈에 더 잘 들어오기 때문이다.

6-5 연산의 결과가 남기는 것은?

3+5의 결과는 8이다. 이때 우리는 + 연산의 결과로 8을 얻었다고 하거나 8이 반환되었다고 한다. 그렇다면 연산의 결과로 반환되는 것은 무엇일까?

■ 우선 lvalue와 rvalue에 대해서 알아보자.

프로그래밍 언어에서는 대입 연산자의 왼편에 올 수 있는 대상을 가리켜 lvalue라 한다. 즉 대입이 가능한 피연산자를 의미하는 것으로 Left Value를 줄여서 표현한 것이다. 그런데 대입 연산자의 왼편에 올 수 있는 가장 대표적인 대상이 변수이기 때문에 lvalue를 변수로 이해하는 경향이 강하다. 하지만 대입 연산자의 왼편에 올 수 있는 것으로 변수가 전부는 아니다(이 부분에 대해서는 점차 알게 될 것이다). 따라서 모든 변수는 lvalue이지만, 모든 lvalue가 변수는 아니다. 그리고 rvalue라는 표현도 있다. Right Value의 약자로서 대입 연산자의 오른편에 올 수 있는 대상을 의미한다(lvalue에 비해서 중요도가 떨어진다).

lvalue가 무엇을 의미하는지 이해했는가? 그렇다면 다음 메시지가 의미하는 바를 이해할 수 있다. 경우에 따라서 여러분이 사용하는 컴파일러는 다음의 내용을 담은 에러 메시지를 여러분에게 전달할 것이다.

"lvalue required"

lvalue가 와야 하는데 lvalue가 오지 않았다고 불평하는 것이다. 즉 대입이 가능한 대상이 와야 하는데, 대입이 불가능한 대상(예를 들어서 상수)이 왔다고 불평하는 것이다.

> **토막 퀴즈**
>
> 문제 : 어떠한 경우에 "lvalue required" 또는 이와 유사한 형태의 에러메시지가 발생하는가? 코드를 예로 들어보자.
>
> 정답 : 대입 연산자의 왼편에는 값의 대입이 가능한 lvalue가 와야 한다. 따라서 대입 연산자의 왼편에 상수가 오면, 즉 다음과 같은 문장이 lvalue가 필요하다는 형태의 에러메시지를 발생시킨다.
>   3=5;

■ 그렇다면 연산자는 연산이 끝나고 무엇을 남길까?

연산자는 연산을 하고 나면 무엇인가를 반환한다. 보통 대입 연산자는 대입만 하는 줄 안다. 하지만 대입 연산자도 대입을 하고, 대입이 된 값을 반환한다. 따라서 다음과 같은 문장이 성립하는 것이다.

    num1 = num2 = num3;

대입 연산자는 연산자의 결합방향이 오른쪽에서 왼쪽으로 흐른다. 따라서 위 문장은 다음과 같은 순서로 진행된다.

    num1 = (num2 = num3);

즉 num2 = num3가 먼저 진행되는데, 만약에 대입연산의 결과로 아무것도 반환하지 않는다면 두 번째 대입연산이 성립하지 않는다.

    num1 = (?)

하지만 대입 연산자도 값을 반환한다. 대입이 된 값을 상수의 형태로 반환한다. 따라서 num3에 저장된 값이 5라면, 첫 번째 대입연산 이후에 위 문장은 다음과 같이 된다.

    num1 = 5;

그렇다면 대입 연산자가 반환한 것은 lvalue인가? 상수이기 때문에 lvalue가 아니다. 이처럼 지금까지 여러분께 소개한 연산자들은 연산의 결과로 lvalue를 반환하지 않는다. 따라서 연산의 결과를 가지고 대입 연산문을 구성하지 못한다. 그러나 여러분에게 소개하지 않은 연산자중에는 lvalue를 반환하는 연산자들도 있다. 따라서 이후에 필자가 다음과 같이 설명을 해도 이해할 수 있어야 한다. lvalue에 대해서 설명을 했으니 말이다.

"이 연산자는 연산의 결과로 lvalue를 반환한다. 따라서 대입 연산자의 왼쪽 피연산자가 될 수 있다."

토막 퀴즈

문제 : 다음 문장은 컴파일 에러를 발생시킨다. 이유가 무엇인가?
  (num1 = num2) = num3;

정답 : num2에 저장된 값을 2로 가정하면, 첫 번째 대입연산 이후 위 문장은 다음과 같이 된다.
  2 = num3;
즉 대입 연산자의 왼편에 lvalue가 오지 않았기 때문에 컴파일 에러가 발생한다.

6-6 자동으로 자료형이 변환되는 경우

여러분은 원할 때 언제든지 형 변환 연산자를 이용해서 데이터의 자료형을 변환할 수 있다. 그런데 여러분이 원하지 않아도 자동으로 자료형 변환이 이뤄지는 경우가 있다.

■ 산술연산 과정에서 발생하는 형 변환의 규칙

앞서 이항 연산의 경우, 두 피연산자의 자료형이 일치해야 함을 설명하였고, 일치하지 않을 때에는 일치시키기 위해서 '산술 변환(arithmetic conversion)'이 발생한다고 언급하였다. 따라서 이번에는 산술 변환의 규칙을 설명하고자 한다. 우선 다음 그림을 보자. 이 그림은 형 변환의 우선순위를 보여준다.

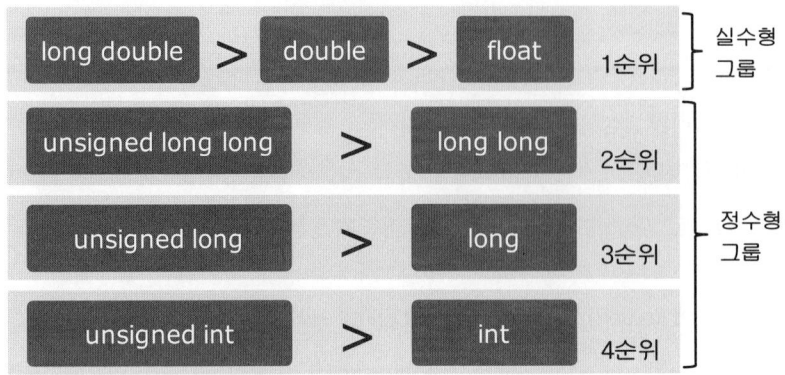

[그림 6-9 : 산술연산의 자료형 변환 규칙]

형 변환의 우선순위를 한 줄로 표현하지 않고 위 그림과 같이 분류하여 표현한 이유는 우선순위의 규칙을 파악할 수 있도록 돕기 위함이다. 이 그림에서 부등호와 순위 정보를 참조하여 형 변환의 우선순위를 확인하면 된다. 부등호 관계에서 왼쪽에 있는 것이 오른쪽에 있는 것보다 우선순위가 높다. 그리고 1순위가 가장 높은 우선순위의 그룹이고, 4순위가 가장 낮은 우선순위의 그룹이다. 그럼 위 그림을 보면서 다음 물음에 답해보자.

"float형 변수와 int형 변수의 덧셈 과정에서 발생하는 형 변환의 형태는?"

float형이 int형보다 우선순위가 높다. 따라서 int형 변수의 데이터가 float형으로 변환되어 덧셈연산이 진행된다. 한가지 예를 더 보겠다.

"double형 변수와 float형 변수의 곱셈 과정에서 발생하는 형 변환의 형태는?"

double형이 우선선위가 더 높으므로(부등호 참조) float형 변수의 데이터가 double형으로 변환되어 곱셈 연산이 진행된다. 이제 위 그림내용의 참조방법을 알았을 테니, 우선순위가 어떠한 규칙에 의해서 정해졌는지 살펴보자.

- 정수형보다 실수형을 우선시한다.
- 바이트 수가 작은 것보다 큰 것을 우선시한다.
- unsigned를 우선시한다.

위 세가지 사항을 토대로 하여 형 변환의 우선순위가 결정된 것이다. 다시 말해서 위 세가지 사항의 정보만 가지고도 그림 6-9를 그릴 수 있다.

그럼 하나씩 살펴보자. 제일 먼저 정수형보다 실수형이 우선시되었다. 이유가 무엇인가? 일반적으로 실수는 소수점 이하의 데이터가 존재한다. 그런데 이러한 데이터는 정수형으로 변환되는 과정에서 100% 소멸된다. 따라서 정수형 데이터를 실수형 데이터로 변환하는 것이 데이터 손실이 발생할 확률을 줄이는 길이다.

두 번째로 바이트 수가 작은 것보다 큰 것이 우선시되었다. 그런데 이에 대해서는 추가로 설명할 필요가 없을 것 같다. 바이트 수가 작은 것에서 큰 것으로 형 변환해야 데이터 손실이 발생하지 않는다는 것은 여러분 모두가 알고 있는 사실이니 말이다.

마지막으로 unsigned가 우선시 되었다. 쉽게 말해서 int보다 unsigned int가 우선순위가 더 높고, long 보다 unsigned long의 우선순위가 더 높다. 이렇게 정한 이유는 무엇일까? 일반적으로 컴퓨터 프로그램에서 0보다 작은 값을 데이터로 다루는 경우가 많지 않다. 즉 대부분의 숫자가 0이상일 확률이 상당히 높기 때문에 unsigned의 우선순위를 높이는 것이 데이터 손실을 줄이는 길이라고 생각한 것이다.

>  **참고**
>
> **'산술 변환'의 정확한 명칭**
>
> 산술 변환의 정확한 명칭은 '일반적 산술 변환(usual arithmetic conversion)'이다. 그러나 이 책에서는 '일반적'이라는 형용사를 제외하고 그냥 단순히 '산술 변환'이라는 표현을 쓰고 있다.

■ 그림 6-9에서 char와 short가 없는 이유

다음 질문에 답변부터 해 보겠는가?

> "5가 저장되어 있는 char형 변수와 7이 저장되어 있는 short형 변수의 덧셈과정에서 일어나는 형 변환은 무엇인가?"

이 질문에 대해 다음과 같은 판단을 내릴 수도 있다. 문제는 있지만 아주 긍정적인 판단이긴 하다.

> "char형 보다는 short형이 바이트 크기도 크고, 둘 다 정수 자료형이므로 char형 변수에 저장된 데이터가 short형으로 변환되겠지?"

하지만 잘못되었다. 5장에서 int보다 작은 크기의 데이터가 피연산자가 되는 경우 integer promotion이 발생한다고 하였다. 따라서 char형 변수와 short형 변수의 덧셈과정에서는 두 피연산자 모두 int형으로 변환이 된다. 이제 그림 6-9에 char와 short가 없는 이유를 알겠는가?

■ 3순위와 4순위가 맞붙었다. 그런데?

그림 6-9에서는 unsigned long을 3순위로, int를 4순위로 정의하고 있다. 따라서 unsigned long형 변수와 int형 변수가 덧셈연산을 하게 될 경우, int형 변수의 데이터가 unsigned long형으로 변환이 된다. 그렇다면 다음 코드를 보자. 더불어 long형의 크기가 int형의 크기보다 큰 시스템에서 이 예제를 실행한다고 가정해 보자(long과 int의 크기를 동일하게 취급하는 컴파일러도 있으므로).

```
int main(void)
{
    unsigned long n1 = 10;
    int n2 = -5;

    printf("덧셈 결과 : %d", n1 + n2);
    ....
}
```

위 코드에서는 unsigned long형 변수 n1과 int형 변수 n2의 덧셈연산이 진행되고 있다. 형 변환이 필요한 상황이다. 어떻게 변환이 이뤄지면 되겠는가? unsigned long이 순위가 높으므로 int형 변수 n2를 unsigned long형으로 변환하면 되겠는가?

아니다! 그렇게 하면 n2의 값 -5는 바뀌게 된다. unsigned long은 음수를 표현하지 못하기 때문에 쓰레기 값으로 바뀌게 된다. 따라서 이는 고민이 아닐 수 없다. 그렇다고 unsigned long형 변수 n1을 int형으로 변환하는 것은 형 변환 규칙에 맞지 않으니 참으로 난감한 상황이 아닐 수 없다.

따라서 이러한 경우에는 우선순위가 높은 unsigned long과 같은 순위의 다른 자료형에게 도움을 청하게 된다. 그림 6-9를 보면 unsigned long과 long의 순위가 동일하게 3순위임을 알 수 있다. 비록 우선순위는 unsigned long이 더 높지만 그룹을 짓는 과정에서 나뉘게 된 순위는 둘 다 3순위이다. 따라서 이 상황에서는 long을 기준으로 두 피연산자 모두를 형 변환하게 된다. 그러면 부호가 바뀌는 문제없이 정상적인 연산이 가능하다.

지금 설명한 이 규칙은 3순위와 4순위의 자료형을 예로 들어가면서 설명했지만, 이는 3순위와 4순위의 자료형에만 해당되는 규칙이 아니다. 이 규칙도 모든 연산과정에 있어서 일반적으로 적용이 되는 변환 규칙이다.

■ 대입연산은 무조건 왼편의 피연산자가 기준이에요.

다음 코드를 보자. 대입연산 과정에서 어떠한 일이 일어나겠는가?

```
int num;
num = 3.15;
```

대입 연산자의 왼편에는 int형 변수 num이, 그리고 오른편에는 double형 상수 3.15가 와 있다. 즉 두 피연산자의 자료형이 다른 상황이니 어느 한쪽에서 형 변환이 발생해서 자료형이 일치되어야 연산이 가능한 상황이다. 그런데 이러한 경우 일반적인 산술 연산자들과 달리 무조건 대입 연산자의 왼편에 있는 lvalue를 기준으로 형 변환이 발생한다. 즉 double형 상수 3.15가 int형으로 변환되어야 한다. 따라서 double형 상수 3.15는 int형 상수 3으로 변환되어 대입연산이 처리된다. 여기서 중요한 것은 기준이다. 대입연산에서의 형 변환 기준은 무조건 대입 연산자의 왼편(lvalue)이라는 사실이다. 그런데 가만 생각해보면 이는 당연한 것임을 알 수 있다. 저장이 이뤄져야 할 메모리 공간을 기준으로 형 변환이 이뤄져야 저장이 가능하기 때문이다.

문 제 6-2 [자료형 변환의 이해]

● 문제 1

다음 두 코드 블록 내에서 각각 총 몇 번의 형 변환이 발생하게 되고, 발생한 형 변환의 원인은 무엇인지 설명해 보자.

```
case 1)
   int main(void)
   {
       char n1 = 1+2;
       short n2 = 3+4;
       unsigned int n3 = n1 + n2;
       . . . . .
   }
```

```
case 2)
   int main(void)
   {
       double n1 = 3 + 2;
       long long n2 = 200LL;
       int n3 = n1 + n2;
       . . . . .
   }
```

● 문제 2

다음 문장에서 나눗셈의 결과로 저장되는 값은 얼마이고, 또 형 변환은 몇 번 발생하는지 확인해 보자.

```
double n = (double)10/3;
```

6장 프로그래밍 문제의 답안

■ 문제 6-1의 답안

피연산자가 실수이면 그 결과도 실수이고, 피연산자가 정수이면 그 결과도 정수라는 특성을 활용해서 해결하는 문제이다.

■ 소스코드 답안

```
1.   #include <stdio.h>
2.
3.   int main(void)
4.   {
5.       printf("실수형 나눗셈 결과 : %f \n", 10.0/3.0);
6.       printf("정수형 나눗셈 결과 : 몫 %d, 나머지 %d \n", 10/3, 10%3);
7.       return 0;
8.   }
```

■ 문제 6-2의 답안

・문제 1

✓ case 1 : 총 다섯 차례의 형 변환이 발생한다. 발생하는 위치와 원인은 다음과 같다.

```
1. int main(void)
2. {
3.     char n1 = 1+2;
4.     short n2 = 3+4;
5.     unsigned int n3 = n1 + n2;
6.     . . . .
7. }
```

① 3행에서 덧셈 결과 3이 저장될 때, int형에서 char형으로 1차례 형 변환
② 4행에서 덧셈 결과 7이 저장될 때, int형에서 short형으로 1차례 형 변환
③ 5행에서 n1과 n2가 덧셈을 위해 각각 int형으로 형 변환, 그리고 덧셈 결과의 저장을 위해 unsigned int로 형 변환, 결과적으로 5행에서 3차례 형 변환

✓ case 2 : 총 세 차례의 형 변환이 발생하는 위치와 원인은 다음과 같다.

```
1. int main(void)
2. {
3.     double n1 = 3 + 2;
4.     long long n2 = 200LL;
5.     int n3 = n1 + n2;
6.     . . . . .
7. }
```

① 3행에서 덧셈 결과 5가 저장될 때, int형에서 double형으로 1차례 형 변환
② 5행에서 덧셈을 위해 변수 n2에 저장된 값을 double형으로 형 변환, 그리고 덧셈 결과를 변수 n3에 저장하기 위해서 double에서 int로 형 변환, 결과적으로 5행에서 2차례 형 변환

• 문제 2

다음 문장에서 발생하는 형 변환의 과정을 먼저 살펴보자.

    double n = (double)10/3;

먼저 강제 형 변환에 의해서 정수 10이 double형으로 형 변환, 이어서 나눗셈 연산을 위해서 숫자 3도 double형으로 형 변환, 이렇게 해서 총 2차례의 형 변환이 발생하고, 형 변환에 의해서 double형 나눗셈의 결과 3.333333…이 변수 n에 저장된다.

제7장 함수의 이해와 디자인

함수는 C언어의 핵심입니다.

지금까지 C언어에 대해서 많은 것을 공부하였다. 그러나 책의 두께만 봐도 지금껏 공부한 내용이 앞으로 공부할 내용의 반도 되지 않는다는 사실을 알 수 있다. 그만큼 앞으로 공부해야 할 내용이 많다는 이야기다. 그래서 필자는 여러분에게 PART 01을 마감하는 이 시점에서 함수에 대해서 간단히 소개하고자 한다. 함수를 알고 나면 C언어로 프로그래밍을 한다는 것이 무엇을 의미하는지 이해할 수 있기 때문이다. 조금이라도 빨리 함수를 이해하는 것이 조금이라도 쉽게 C언어를 공부하는 길이 될 수 있다.

이 장의 목차페이지 ▶▶▶

7-1. 함수란 무엇인가?	176
7-2. 함수를 구성하는 요소에 대한 이해	179
7-3. 함수의 호출	183
7-4. 다양한 함수를 만들어보자.	187
7-5. 함수의 정의와 그에 따른 원형의 선언	193
7-6. 함수와 관련해서 이런 내용들이 궁금하다!	198
7-7. 하드웨어 관점에서 한번 이해해 보시겠습니까?	202

7-1 함수란 무엇인가?

이 장의 내용을 공부하고 나면, 여러분은 프로그램의 골격으로 사용해 왔던 main 함수에 대해서 정확히 이해할 수 있게 된다.

■ 함수? Function!

수학에도 함수라는 것이 있다. 그리고 수학에서의 함수와 프로그래밍에서의 함수는 유사성이 많다. 그러나 우리는 조금 다른 접근방식으로 함수를 이해하고자 한다. 함수는 영어로 Function이다. 그리고 이는 '기능'이라는 뜻을 지닌다. 따라서 다음과 같은 대화가 존재할 수 있다.

- Jun : 너 어제 '뽀로로' 캐릭터 시계 샀다며?
- Lee : 어 돈 좀 썼지, 일주일 동안 아르바이트 해서 번 돈 전부!

- Jun : 특별히 그 시계를 산 이유가 있어?
- Lee : 응 알람 시간을 맞춰놓으면 절대로 일어나지 않고는 배기질 못하거든

- Jun : 알람 관련해서 그 시계가 제공하는 특별한 뻥션(function)이 있나 보네
- Lee : 응 일어날 때까지 아주 난리를 쳐요 난리를, 생전 경험해 본적 없는 난리를

필자도 위의 대화 내용이 허무하다는 사실을 알고 있다. 하지만 '함수'라는 것을 '기능'의 의미로 인식할 수 있는 바탕을 위 대화를 통해 제공하였다. 실제로 C언어에서의 함수는 프로그램에 기능을 제공하는 독립적인 모듈(module)의 형태를 띤다. 지금까지 여러분은 printf문을 사용해 왔다. 그런데 이 printf도 함수이다. 이 함수는 문자열을 모니터로 출력하는 기능을 제공한다.

모듈(module)이 뭐에요?

앞으로 여러분은 C언어 이외의 영역에서도 모듈이라는 말을 자주 듣고 사용하게 될 것이다. 모듈이라는 단어는 컴퓨터 분야에서 다음과 같은 의미로 통한다.

"독립적인 기능을 가지는 프로그램의 구성 요소"
"독립적인 기능을 지니며, 프로그램을 구성하는 소프트웨어의 부품"

■ 함수를 구성하는 것들

은행에 있는 현금 자동 입출금기(이하 ATM 기기)는 다양한 기능을 제공한다. 그럼 ATM 기기가 제공하는 기능들도 C언어의 관점에서 함수라고 할 수 있을까? 물론이다! C언어의 관점에서뿐만 아니라, 공학의 관점에서도 함수라고 할 수 있다. 따라서 ATM 기기를 잘 분석하면 함수의 구성요소를 알 수 있다.

필자가 기억하는 ATM 기기의 기능은 입금, 출금, 이체, 통장정리, 이렇게 네 가지이다. 따라서 ATM 기기라는 프로그램은 입금, 출금, 이체 그리고 통장정리 함수로 이뤄져 있다고 말할 수 있다. 그럼 이중에서 입금 기능을 분석해 보자. 이를 통해서 함수를 구성하는 요소들이 어떤 것들이 있는지 관찰하자.

✔ 입금이라는 함수의 '이름'

ATM 기기의 앞에 서서 돈을 입금하고자 한다. 그러면 일단 '입금'이라고 이름 붙은 버튼을 찾아야 한다. 여기서 중요한 것은 이름이 붙어있다는 사실이다. 이렇게 이름이 붙어있어야 해당 기능을 선택해서 돈을 입금할 수 있다. C언어의 함수도 마찬가지이다. printf처럼 이름이 있어야 사용할 수 있다. 그리고 이렇게 함수의 기능을 사용하는 행위를 가리켜 '함수 호출'이라 한다. 정리하면 다음과 같다.

"함수는 이름이 있어야 호출할 수 있다."

✔ 입금을 위해 필요한 '입력'

입금을 하려면 ATM 기기에 '카드 또는 통장' 그리고 '돈'을 입력해야 한다. 함수도 마찬가지로 기능에 따라서 입력이 필요할 수 있다. 정리하면 다음과 같다.

"함수가 호출될 때 데이터의 입력이 가능해야 한다."

✔ 작업완료에 따른 '출력'

입금 작업이 완료되면 '입금 명세표'가 출력된다. 함수도 마찬가지로 기능에 따라서 출력이 있을 수 있다.

"함수 호출이 완료될 때 출력이 가능해야 한다."

이로써 함수를 구성하는 기본적인 사항 세가지가 명확해졌다. 이 세가지는 다음과 같다.

- 함수의 이름
- 함수의 입력
- 함수의 출력

그런데 이것이 전부가 아니다. ATM 기기는 내부적으로 '입금'이라는 기능의 처리방식이 기록되어 있다. 마찬가지로 함수를 만들 때 함수의 동작방식을 명시해야 한다. 다시 말해서 함수의 기능이 명시되어야 한다. 따라서 함수를 구성하는 기본적인 사항 네 가지는 다음과 같이 정리되어야 한다.

- 함수의 이름
- 함수의 입력
- 함수의 출력
- 함수의 기능

■ 함수를 만들고(정의하고) 사용해 보자(호출해 보자).

그럼 이제 함수를 정의하고 호출해 보기로 하겠다. 필자가 아주 간단한 함수를 만들겠다. 그러면 필자와 여러분은 이 함수를 가지고 다음 사항들을 논의해야 한다.

- 함수의 이름은 어디에 붙는가?
- 함수의 입력과 출력은 어떻게 구성하는가?
- 함수의 기능은 어떻게 명시하는가?
- 완성된 함수를 호출하는 방법은 무엇인가?

■ 예제 7-1.c

```c
1.  #include <stdio.h>
2.
3.  int Increment(int n)
4.  {
5.      n++;
6.      return n;
7.  }
8.
9.  int main(void)
10. {
11.     int num = 2;
12.
13.     num = Increment(num);
14.     printf("num : %d \n", num);
15.
16.     num = Increment(num);
17.     printf("num : %d \n", num);
18.
19.     num = Increment(num);
20.     printf("num : %d \n", num);
21.     return 0;
22. }
```

■ 실행결과 : 예제 7-1

```
num : 3
num : 4
num : 5
```

위 예제에 대해서는 아직 설명하지 않았으니 코드가 눈에 들어올 리 없다. 그래도 관심을 가지고 관찰을 하자. 그리고 다음 그림을 참조하여 위 프로그램의 구성 및 구조를 확인하자.

```
#include <stdio.h>        PART 1

int Increment(int n)      PART 2
{
    n++;
    return n;
}

int main(void)            PART 3
{
    ....
    return 0;
}
```

[그림 7-1 : 예제 7-1의 프로그램 구성]

위 그림은 예제 7-1의 구성 요소를 세 개의 파트로 나눠놓은 것이다. 이 중에서 PART1과 PART3는 지금까지 여러분이 봐 오던 것이지만 PART2는 조금 생소하다. 그런데 이것이 바로 Increment라는 이름의 함수 정의(definition)이다.

7-2 함수를 구성하는 요소에 대한 이해

앞서 소개한 예제 7-1을 이해하는 것이 이번 소단원의 목표이다. 그림 7-1의 PART2에 해당하는 부분이 함수의 정의라 하였으니, 함수를 구성하는 4대 요소(이름, 입력, 출력, 기능)가 이 안에 다 표현되어 있을 것이다.

■ 함수의 기능 표현

함수의 기능은 중괄호 {...} 사이에 명시된다. 그리고 이렇게 함수의 기능이 명시되어 있는 부분을 가리켜 함수의 몸체(body)라 한다. 즉 함수의 몸체는 중괄호로 묶어서 표현된다.

```
int Increment (int n)
{
    n++;
    return n;
}
```

[그림 7-2 : 함수 몸체의 시작과 끝]

■ 함수의 이름

아래 그림은 함수의 이름이 붙어있는 위치를 알려준다.

```
int Increment (int n)
{
    n++;
    return n;
}
```

[그림 7-3 : 함수의 이름]

위 그림을 보면 함수의 이름이 Increment임을 알 수 있다. 따라서 이 함수의 몸체 부분을 실행하기 위해서는 Increment라는 이름을 사용해야 한다. 다시 말해서 Increment라는 이름을 이용해서 함수를 호출하면 된다.

■ 함수의 입력

아래 그림은 함수의 입력이 어떻게 표현되는지를 보여준다. 함수 이름의 오른쪽에 명시되어 있는 내용이 입력의 형태를 설명한다.

```
int Increment (int n)
{
    n++;
    return n;
}
```

[그림 7-4 : 함수의 입력]

우선 소괄호를 볼 수 있다. 함수의 입력 형태는 이렇게 소괄호 안에 표시된다. 그리고 소괄호 안에는 여러분이 잘 아는 다음 표현이 들어 있다.

```
int n
```

이는 다음과 같은 의미를 담고 있다.

> "이 함수를 호출할 때에는 반드시 int형 데이터를 입력(전달)해야 해, 그러면 그 데이터를 n이라는 int형 변수를 선언해서 저장하겠어."

물론 위 문장의 표현 주체는 함수이다. 그런데 입력이라는 표현보다는 전달이라는 표현을 더 많이 사용한다. 그리고 이렇게 전달되는 데이터를 저장하기 위해 선언되는 변수를 가리켜 '매개변수(parameter)'라 한다. 따라서 위 문장은 다음과 같이 다시 쓸 수 있다.

> "이 함수를 호출할 때에는 반드시 int형 데이터를 전달해야 해, 그러면 그 데이터를 변수 n이라는 int형 매개변수를 선언해서 저장하겠어."

> **참고**
>
> 매개변수(parameter)라는 용어는 수학 용어다
> 매개변수를 컴퓨터 용어로 알고 있는 분들이 많다. 그리고 그분들이 알고 있는 것처럼 컴퓨터 용어가 맞다. 그런데 이 용어는 컴퓨터 분야에서 처음으로 정의된 것이 아니다. 이 용어는 수학에서 먼저 정의된 용어이다.

■ 함수의 출력(반환)

ATM 기기를 사용하고 나면 거래 명세표가 출력된다. 마찬가지로 함수도 호출이 완료되면서 무엇인가를 출력(반환)할 수 있다. 그런데 '입력'이라는 표현대신에 '전달'이라는 표현이 많이 사용되듯이 '출력'이라는 표현보다 '반환'이라는 표현이 많이 사용된다. 따라서 다음과 같이 문장을 정리할 수 있다.

"함수도 호출이 완료되면서 무엇인가를 반환할 수 있습니다."

```
int Increment(int n)
{
    n++;
    return n;
}
```

[그림 7-5 : 함수의 반환]

일단 위 그림의 함수 몸체 부분을 보자. 그 안에서 return이라는 키워드가 보인다. 이 키워드가 제공하는 기능이 바로 반환이다. 함수가 호출되면 함수의 몸체부분에 정의된 내용들이 차례대로 실행된다. 그러다가 return이라는 키워드를 만나면 return문이 명시하는 대상을 반환하고 함수는 종료가 된다. 즉 return이라는 키워드는 다음 두 가지 기능을 동시에 제공한다.

- 함수의 종료
- 명시된 데이터 반환

return문에 대해서 조금 더 자세히 관찰하자. 위 그림에서 보면 return문이 다음과 같이 구성되어 있다.

```
return n;
```

이는 변수 n이 저장하고 있는 값을 반환하겠다는 의미이다. 그런데 반환은 어디로 이뤄질까? ATM 기기의 거래 명세표는 기기 사용자에게 전달된다. 마찬가지로 이 함수를 호출한 대상에게 반환이 이뤄진다 (이것이 의미하는 바는 잠시 후에 함수의 호출을 공부하고 나면 명확해진다). 이러한 return문의 구성을 그림으로 정리하면 다음과 같다.

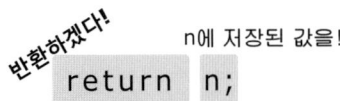

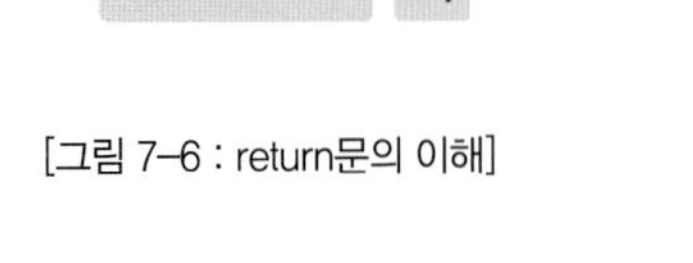

[그림 7-6 : return문의 이해]

다시 그림 7-5를 보자. 함수 이름의 왼편을 보면 int라는 선언이 존재한다. 이는 return문에 의해 반환이 되는 데이터의 자료형 정보이다. 그리고 이를 간단히 '반환형'이라 표현한다. 이처럼 함수의 정의에는 반환형이 명시되어 있어야 한다. 만약에 여러분이 선언된 반환형과 일치하지 않은 자료형의 데이터를 반환하고자 한다면, 여기 선언되어 있는 반환형의 형태로 형 변환이 되어 반환이 됨을 기억하기 바란다.

이로써 함수를 구성하는 요소들을 조목조목 모두 설명하였다. 따라서 설명된 내용을 하나의 그림으로 정리하고 나서 다음 이야기로 넘어가겠다.

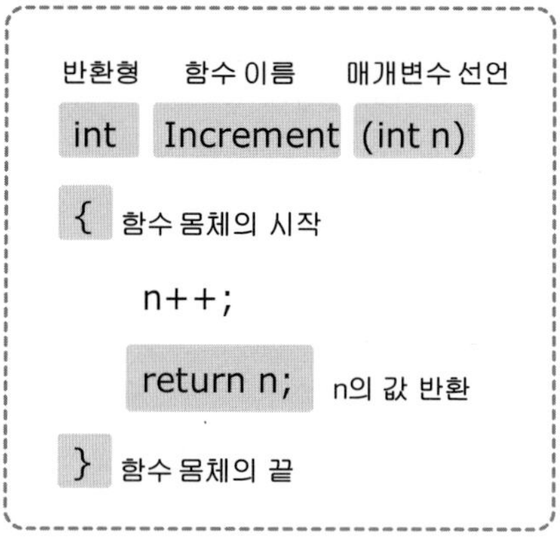

```
  반환형    함수 이름   매개변수 선언
  int   Increment  (int n)
  {  함수 몸체의 시작
       n++;
       return n;   n의 값 반환
  }  함수 몸체의 끝
```

[그림 7-7 : 함수의 구성]

7-3 함수의 호출

감(感)이 좋은 분들은 이 정도의 설명만으로도 함수를 만들 수 있다. 그러나 필자와 비슷한 정도의 감을 지니고 있는 분들을 위해서 잠시 후에 다양한 사례를 여러분에게 제시할 예정이다. 그리고 이에 앞서 잘 정의된 함수를 호출하는 방법에 대해서 먼저 살펴보겠다.

■ 함수의 호출과 그 의미

설명의 편의를 위해서 예제 7-1의 Increment 함수를 다시 한번 제시하겠다.

```
int Increment(int n)
{
```

```
        n++;
        return n;
}
```

그리고 예제 7-1의 13, 16, 19행에는 다음 문장이 있다. 이 문장이 위의 Increment 함수를 호출하는 문장이다.

```
num = Increment(num);
```

이 문장은 '함수의 호출'과 '대입연산'이 함께 묶여있는데, 이 중에서 대입 연산자의 오른편이 실제 함수의 호출에 해당한다. 따라서 위 문장이 지니는 의미는 다음과 같다.

"Increment 함수를 호출하면서 반환 되는 값을 변수 num에 저장하겠어!"

그렇다면 대입연산과 함수의 호출 중에서 무엇이 먼저 진행이 될까? 함수의 호출이 먼저 진행이 된다. 그리고 함수 호출이 완료될 때 반환되는 값을 가지고 대입연산이 진행되는 것이다. 어렵게 생각하지도 말고, 외우려고도 하지 말자. 생각해 보면 당연한 것이다. 대입할 값이 없는데 대입연산이 먼저 진행될 수 있겠는가?

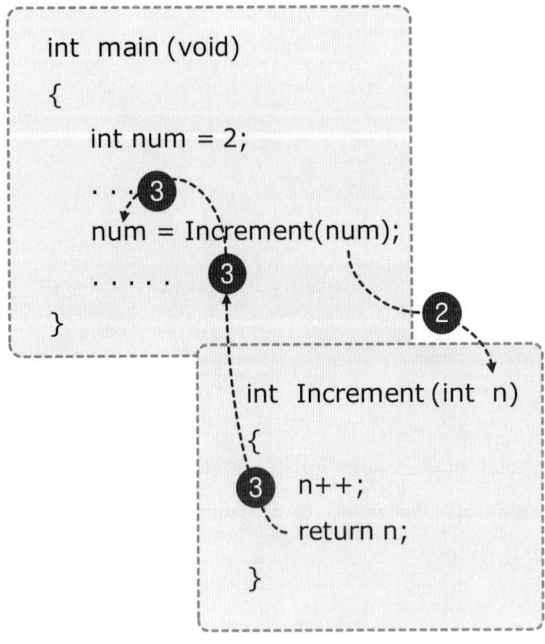

[그림 7-8 : 함수의 호출]

위 그림은 함수가 호출될 때 일어나는 상황을 설명한다. Increment 함수가 호출되면서 변수 num에 저장된 값 2가 전달되고 있다. 그리고 이 값은 매개변수 n에 저장된다. 즉 함수가 호출되면서 변수 n이 선언되었고, 이 n이 초기화되었다. 이렇게 Increment 함수가 호출되면서 값의 전달도 완료가 되었으니, 이제 Increment 함수의 몸체부분이 실행될 차례이다. Increment 함수의 첫 번째 문장은 다음과 같다.

```
n++;
```

즉 매개변수 n의 값을 1 증가시키고 있다. 이처럼 Increment 함수의 매개변수는 Increment 함수 내에서 접근이 가능하다. 그리고 이어서 증가된 n의 값이 return 문에 의해 반환되고 있다. 즉 Increment 함수의 실행을 종료하면서 증가된 n의 값 3이 반환되는 것이다. 그리고 이렇게 값의 반환이 이뤄진 다음에야 비로소 대입연산이 진행된다. 따라서 변수 num에 3이 최종적으로 저장된다.

그런데 여러분에게는 값의 반환과정이 막연하게 느껴질 수 있다. 하지만 의외로 간단하다. 함수의 호출 문장은 다음과 같았다.

```
num = Increment(num);
```

이 때 대입연산이 아닌 함수의 호출이 먼저 진행된다고 하였다. 그리고 함수 호출의 결과로 3이 반환되었다. 따라서 위 호출 문장은 함수 호출 완료 후에 다음과 같이 변경된다.

```
num = 3;
```

이처럼 함수의 호출문을 대신해서 그 위치에 반환 값이 들어서게 된다고 이해하면 된다. 그리고 이것이 의미하는 바가 바로 값의 반환이다.

이로써 예제 7-1의 이해에 필요한 모든 내용을 설명하였다. 아직도 예제 7-1이 이해되지 않는다면 필자가 지금까지 설명한 내용들을 다시 한번 천천히 읽어 보기 바란다. 마지막으로 예제 7-1의 실행 흐름을 그림으로 간단히 보여드리면서 지금 설명하고 있는 내용을 마무리 하고자 한다.

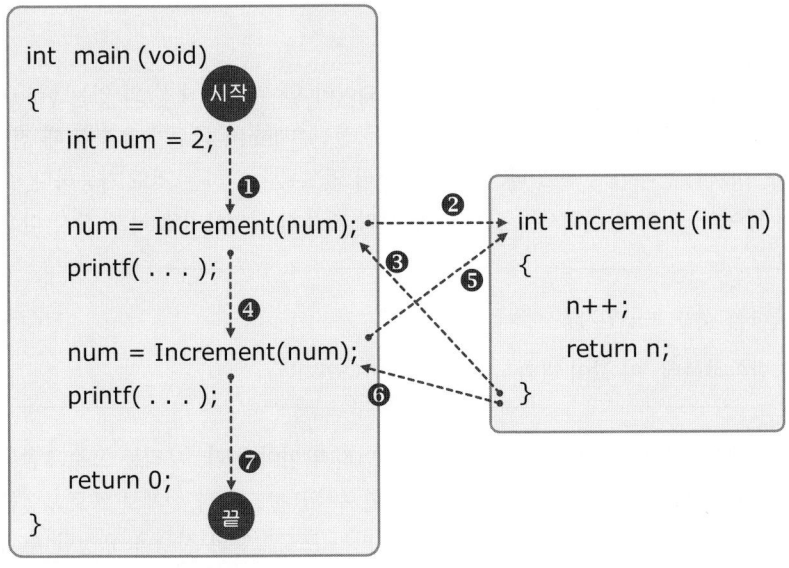

[그림 7-9 : 예제 7-1의 프로그램 흐름]

예제 7-1에서는 다음 문장이 총 세 번 등장하는데, 표현의 한계상 위 그림에서는 두 번만 등장시켰다.
```
num = Increment(num);
printf( . . . );
```

그림 7-9를 여러분께 보여드리는 이유는 필자가 지금까지 언급하지 않았지만, 여러분이 이미 파악했을 다음 사실을 확인하기 위해서다.

"한 번 정의된 함수는 프로그램 내에서 몇 번이고 호출할 수 있습니다."

인자의 전달

함수 호출 시 전달되는 값을 가리켜 '인자'라 하고, 값을 전달하는 행위를 가리켜 '인자의 전달'이라 한다. 이는 자주 사용되는 표현이므로 기억해두기 바라며, 필자 역시 이번 장 이후부터는 '인자의 전달'이라는 표현을 종종 사용할 것이다.

■ main도 함수이다. 그런데 이 함수는 누가 호출해 주는가?

앞서 프로그램의 기본 틀로 소개했던 예제 3-1의 소스코드는 다음과 같다.

```
int main(void)
{
    return 0;
}
```

위 코드 중에서 void라는 키워드가 보이는가? 매개변수가 선언되어야 할 위치에 대신 와 있는 void말이다. 이 void는 한글로 '빈' 또는 '없는'이라는 뜻이다. 즉 void라는 선언은 main 함수가 호출될 때 전달되는 값이 없음을 의미한다. 이처럼 함수가 호출될 때 전달되는 값이 없도록 정의하는 것도 가능하다. void라는 키워드를 사용해서 말이다. 이와 관련해서는 잠시 후에 보다 자세히 살펴보기로 하고 잠시 다음 질문에 답을 해 보겠는가?

- main 함수를 호출하는 것은 누구인가?
- main 함수는 0을 반환하는데, 이 값이 반환되는 위치는 어디인가?

이 두 가지에 답을 하기 위해서는 프로그램의 실행 주체가 누구인지 알아야 한다. 우리는 프로그램을 실행시킬 줄 안다. 따라서 프로그램의 실행 주체는 우리라고 생각할 수 있다. 그러나 실제로 프로그램을 실행시키는 주체는 Windows나 Linux와 같은 운영체제이다. 우리는 프로그램의 실행을 요청할 뿐이고, 실제 실행은 운영체제에 의해서 이뤄진다.

그렇다면 첫 번째 질문에 대한 답은 운영체제가 됨을 알 수 있다. 우리가 프로그램의 실행을 요청하면 운영체제는 프로그램의 실행을 위해 main 함수를 호출하기 때문이다. 마찬가지로 두 번째 질문에 대한 답도 운영체제가 됨을 알 수 있다. main 함수를 호출한 대상이 운영체제이니 당연히 운영체제에게로 반환 값이 넘어가지 않겠는가?

"아니! 운영체제가 0이라는 값을 전달받아서 이걸 어디다 써먹어?"

언제부턴가 이 반환 값을 통해서 운영체제가 프로그램의 정상적인 종료를 판단한다고 설명하는 경우가 많아진 것으로 안다. 그러나 이는 90%만 맞는 설명이다. 솔직히 말씀 드리면 운영체제는 이렇게 반환된 값을 그냥 저장만 한다. 이 값을 기준으로 특별한 액션을 취하지 않는다는 뜻이다. 따라서 0을 반환하건 100을 반환하건 프로그램의 실행결과에는 아무런 차이가 없다. 오히려 이렇게 반환된 값을 참조하여 특별한 액션을 취하는, 특별한 프로그램을 만드는 것은 프로그래머의 몫이다. 즉 이렇게 반환된 값은 프로그램을 만드는 프로그래머에게 유용한 값이 될 수 있다.

"이게 도대체 뭔 소리래?"

지금 아무리 보충 설명을 해도 여러분이 이해하는 데는 한계가 있다. 향후 기회가 된다면 운영체제와 시스템 프로그래밍을 조금씩이라도 공부하기 바란다. 그러면 main 함수가 반환하는 값이 어떠한 용도로 사용되는지 아주 정확히 알 수 있으며, 필자가 지금 설명한 내용보다 깊이 있게 이해할 수 있을 것이다. 그러니 지금은 필자가 설명한 정도의 내용으로 만족하기 바란다.

7-4 다양한 함수를 만들어보자.

자! 이렇게 해서 여러분은 함수가 무엇이고 함수의 구성요소는 어떻게 되는지 알게 되었다. 뿐만 아니라 함수를 호출하는 방법과 함수가 호출되었을 때 일어나는 일들도 알게 되었다. 따라서 남은 것은 다양한 형태의 함수를 접해보는 것이다.

■ **입력(값의 전달), 또는 출력(반환)이 없는 함수를 정의할 수 있습니다.**

키워드 void를 이용해서 입력이 없거나 출력이 없는 함수를 정의할 수 있다. 입력이 없다면 매개변수를 선언하는 위치에, 출력이 없다면 반환형을 선언하는 위치에 void 선언을 해 주면 된다. 다음 예제에서는 이러한 함수의 예를 보여준다.

■ 예제 7-2.c

```c
1.  #include <stdio.h>
2.
3.  void ShowStarLine(void)
4.  {
5.      printf("***************** \n");
6.  }
7.
8.  void ShowWaveLine(void)
9.  {
10.     printf("~~~~~~~~~~~~~~~~~ \n");
11. }
12.
13. int main(void)
14. {
15.     ShowStarLine();
16.     ShowWaveLine();
17.     return 0;
18. }
```

- 3행 : 별 모양의 라인을 출력하는 함수가 정의되어 있다. 입력과 출력이 존재하지 않기 때문에 각각 void로 선언되어 있다. 단순히 별 모양의 라인을 출력하는 기능을 제공하기 때문에 입력과 출력이 필요가 없다.
- 8행 : ~ 문자로 이뤄진 라인을 출력하는 함수가 정의되어 있다. 마찬가지로 입력과 출력이 존재하지 않기 때문에 각각 void로 선언되었다.
- 15행 : 3행에 정의한 함수를 호출하고 있다. 입력이 존재하지 않기 때문에 괄호 안에는 아무런 표시도 되어있지 않다. 이것이 입력이 없는 함수의 호출방법이다.
- 16행 : 마찬가지의 형태로 8행에 정의된 함수를 호출하고 있다.

■ 실행결과 : 예제 7-2

```
*****************
~~~~~~~~~~~~~~~~~
```

위 예제에서는 입력과 출력 모두가 void형이지만 둘 중 하나만 void형으로 정의할 수도 있다.

■ 출력은 많아야 하나지만, 입력은 둘 이상이 될 수 있습니다.

둘 이상의 인자를 전달받는 함수를 정의해야 한다면, 콤마 연산자를 이용해서 둘 이상의 매개변수를 선언하면 된다.

■ 예제 7-3.c

```
1.   #include <stdio.h>
2.
3.   int Add(int n1, int n2)
4.   {
5.       int result = n1 + n2;
6.       return result;    /* return문 case 1 */
7.   }
8.
9.   int Min(int n1, int n2)
10.  {
11.      return n1 - n2;   /* return문 case 2 */
12.  }
13.
14.  int main(void)
15.  {
16.      int addResult;
17.
18.      /* 함수 호출 case 1 */
19.      addResult = Add(3, 5);
20.      printf("덧셈 결과 : %d \n", addResult);
21.
22.      /* 함수 호출 case 2 */
23.      printf("뺄셈 결과 : %d \n", Min(5, 2));
24.      return 0;
25.  }
```

- 3행 : Add라는 이름의 함수가 정의되었다. 이 함수가 호출되면서 전달되는 두 개의 정수는 변수 n1 과 n2를 선언하여 저장하도록 정의되었다. 콤마가 사용된 점에 주목하자.
- 11행 : 지금까지 보아온 것과 형태가 조금 다른 return문이다. 기본적으로 return문의 반환 대상은 변수나 상수가 되어야 한다. 그런데 연산식이 등장했다. 일단은 어떻게 처리될지 판단해 보자(아마도 여러분의 판단이 정확할 것이다).
- 23행 : 이 printf 문도 지금까지 보아온 것과 형태가 조금 다르다. 이것 역시 어떻게 처리될지 판단해 보자.

■ 실행결과 : 예제 7-3

```
덧셈 결과 : 8
뺄셈 결과 : 3
```

위 예제의 11행을 보면 다음과 같은 문장이 있다.

```
return n1 - n2;
```

그런데 간단하게 생각하자. return할 대상이 연산식이다. 무엇을 의미하겠는가? 연산의 결과를 반환하겠다는 뜻이다. 즉 이 문장은 return보다 - 연산이 먼저 진행된다. 그리고 - 연산의 결과가 3이므로 이 문장은 다음과 같이 구성되어 return문의 처리가 진행된다.

```
return 3;
```

위 예제 23행의 printf 함수 호출 문장도 독특하다.

```
printf("뺄셈 결과 : %d \n", Min(5, 2));
```

독특하긴 하지만 이제는 여러분들 나름대로 해석이 가능할 것이다. 원칙은 간단하다. 숫자나 변수가 와야 할 위치에 연산식이나 함수의 호출이 오면, 연산 및 함수 호출의 결과가 그 위치를 대신한다고 보면 된다. 즉 이 문장은 Min 함수의 호출 결과로 3이 반환되므로, 다음과 같이 구성이 되어 printf 함수의 호출이 진행된다.

```
printf("뺄셈 결과 : %d \n", 3);
```

■ 함수 내에서 또 다른 함수를 호출할 수도 있습니다.

이미 예제 7-2에서 함수 내에서 또 다른 함수가 호출될 수 있음을 보였다. printf도 함수이기 때문이다. 그러나 난이도가 조금 더 높은 다음 예제를 통해서 이에 대한 내용을 한번 더 정리하고자 한다.

■ 예제 7-4.c

```
1.  #include <stdio.h>
2.
3.  /* 정수형 나눗셈의 몫 반환 함수*/
4.  int Quotient(int n1, int n2)
5.  {
6.      return n1 / n2;
7.  }
8.
9.  /* 정수형 나눗셈의 나머지 반환 함수*/
10. int Remainder(int n1, int n2)
11. {
12.     return n1 % n2;
13. }
14.
15. /* 정수형 나눗셈의 계산 및 결과 출력*/
16. void IntDivide(int n1, int n2)
17. {
```

```
18.        printf("%d/%d의 몫 : %d \n", n1, n2, Quotient(n1, n2));
19.        printf("%d/%d의 나머지 : %d \n", n1, n2, Remainder(n1, n2));
20.  }
21.
22.  int main(void)
23.  {
24.       printf("5 나누기 2의 결과 ***** \n");
25.       IntDivide(5, 2);
26.       printf("\n");    // 한 줄 건너 뛰기
27.
28.       printf("12 나누기 5의 결과 ***** \n");
29.       IntDivide(12, 5);
30.       printf("\n");
31.       return 0;
32.  }
```

■ 실행결과 : 예제 7-4

```
5 나누기 2의 결과 *****
5/2의 몫 : 2
5/2의 나머지 : 1

12 나누기 5의 결과 *****
12/5의 몫 : 2
12/5의 나머지 : 2
```

여러분은 이미 위 예제를 스스로 분석할 수 있는 수준이다. 따라서 이 예제의 함수 호출관계만 그림으로 정리해 드리고자 한다.

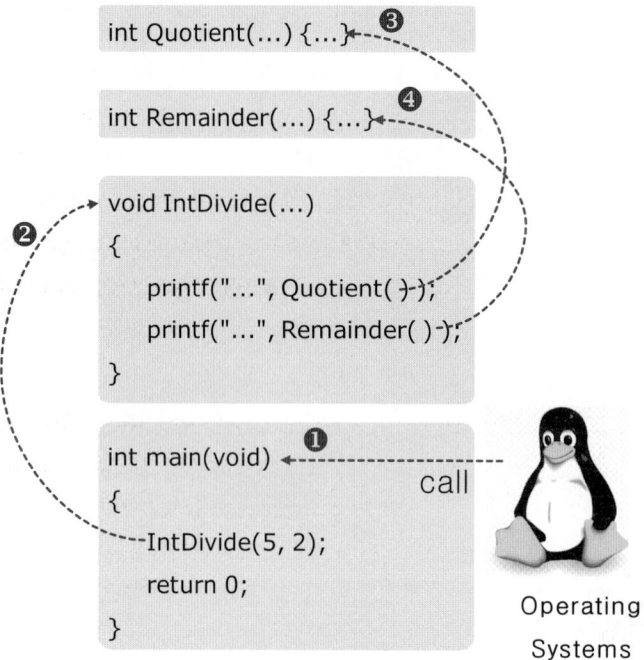

[그림 7-10 : 예제 7-4의 함수 호출관계]

 참고

IntDivide 함수가 나눗셈의 기능을 갖고 있다고 해야 하나?

위 예제의 IntDivide 함수는, 나눗셈은 Quotient 함수와 Remainder 함수의 힘을 빌려서, 그리고 출력은 printf 함수의 힘을 빌려서 처리하고 있다. 그렇다면 누군가가 다음과 같이 물었을 때 어떻게 대답하면 좋겠는가?
"IntDivide 함수가 나눗셈과 출력의 기능을 갖고 있나요?"

비록 IntDivide 함수의 기능은 다른 함수들의 힘을 빌려서 제공되는 것이지만, 이렇게 제공되는 기능도 IntDivide 함수의 기능으로 인정해야 한다. 여러분은 printf 함수가 스스로의 능력으로 문자열을 출력하는지, 아니면 다른 함수의 힘을 빌려서 문자열을 출력하는지 모르고 있다. 그리고 알 필요도 없다. 중요한 사실은 printf 함수가 문자열을 멋지게 출력한다는 사실이다. 따라서 printf 함수는 문자열 출력의 기능을 갖고 있다고 말할 수 있다. 마찬가지로 IntDivide 함수도 나눗셈과 출력의 기능을 갖고 있다고 말할 수 있다.

7-5 함수의 정의와 그에 따른 원형의 선언

지금까지 몇몇 함수들을 정의해 보았는데, 이렇게 정의된 함수들의 위치와 관련해서 주의해야 할 사실이 한가지 있다.

■ **잘못된 위치에 놓여있는 함수의 정의**

예제 7-1에서는 main 함수 내에서 호출되는 Increment 함수가 main 함수보다 먼저 등장하였다.

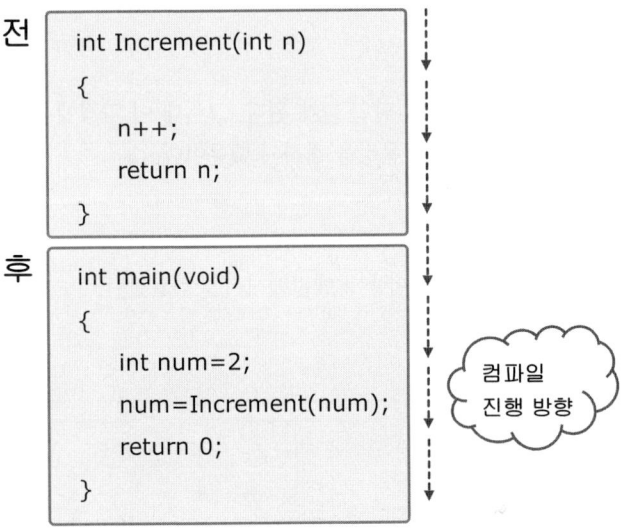

[그림 7-11 : 예제 7-1의 함수 위치]

따라서 컴파일러는 Increment 함수를 먼저 컴파일하고 main 함수를 컴파일 한다. 즉 main 함수를 컴파일 할 때에는 Increment 함수의 존재를 인식하고 있는 상태이므로 Increment 함수의 호출 문장이 문제되지 않는다. 그렇다면 이 두 함수의 위치를 다음 그림과 같이 바꿔놓으면 어떻게 될까?

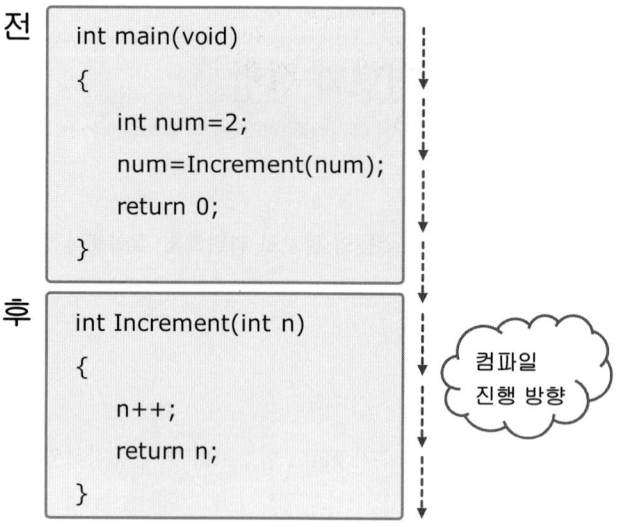

[그림 7-12 : 변경된 함수의 위치]

위 그림과 같은 상황에서는 컴파일러가 main 함수를 먼저 컴파일 하게 된다. 그런데 이 과정에서 문제가 발생한다. Increment 함수의 존재를 모르는 상태에서 다음 문장을 접하기 때문이다.

    num = Increment(num);

main 함수 내에서 위 문장을 접한 컴파일러는 다음과 같은 내용의 에러메시지를 전달한다.

    "Increment가 뭐에요?"

즉 결론은 다음과 같이 간단하다.

    "함수는 호출되기 이전에 정의되어야 한다."

■ 함수의 선언을 통해서 원하는 위치에 함수 정의하기

그림 7-12의 경우 컴파일러가 다음과 같은 내용의 에러메시지를 뿌린다고 하였다.

    "Increment가 뭐에요?"

분명히 뒤에 Increment 함수가 정의됨에도 불구하고 위에서 아래로 진행되는 컴파일 순서 때문에 이러한 에러메시지를 전달하는 것이다. 따라서 우리는 다음과 같은 정보를 컴파일러에게 미리 알려줘서 이러한 문제를 피해가야 한다.

    "Increment라는 이름의 함수가 아래에 등장합니다."

그런데 이보다는 자세한 정보를 전달해 줘야 한다. Increment가 함수의 이름이라는 정보만 가지고는

num에 저장된 값을 전달하는 Increment 함수의 호출 문이 적합한지, 대입 연산자의 피연산자로 올 수 있는지(즉 값을 반환하는지) 알 수 없기 때문이다. 따라서 다음 세가지 정보를 함께 전달해줘야 한다.

- 함수의 이름
- 함수의 매개변수 형태
- 함수의 반환형 정보

이 세가지 정보를 하나의 문장에 어떻게 담을 수 있을까? 다음과 같은 형태로 담으면 된다. 이 선언에는 함수의 이름과 반환형 및 매개변수에 대한 정보가 모두 담겨있다.

```
int Increment(int n);
```

이렇게 함수에 대한 정보를 컴파일러에게 알리는 문장을 가리켜 '함수의 선언'이라 한다. 함수의 정의는 함수의 실체이지만 함수의 선언은 컴파일러에게 함수의 형태를 알리는 역할을 한다. 따라서 그림 7-12의 문제점은 함수가 정의된 위치를 변경하지 않고도 해결할 수 있다. 다음은 지금 막 찾아낸 해결책을 기준으로 예제 7-1의 Increment 함수를 main 함수 뒤로 이동시킨 예제이다(실행결과는 예제 7-1과 동일하니 생략하겠다).

■ 예제 7-5.c

```c
1.  #include <stdio.h>
2.
3.  int main(void)
4.  {
5.      int num = 2;
6.
7.      int Increment(int n); /* Increment 함수의 선언 */
8.
9.      num = Increment(num);
10.     printf("num : %d \n", num);
11.
12.     num = Increment(num);
13.     printf("num : %d \n", num);
14.
15.     num = Increment(num);
16.     printf("num : %d \n", num);
17.     return 0;
18. }
19.
20. int Increment(int n)
21. {
22.     n++;
23.     return n;
24. }
```

위 예제 7행에 보면 다음 선언이 삽입되어 있다. 그리고 이 선언은 Increment 함수의 호출 문장을 만나기 이전에 삽입되었다.

```
int Increment(int n);
```

따라서 이 순간 이후부터 컴파일러는 Increment 함수의 호출 문장을 접해도 무리 없이 컴파일을 해 나간다.

■ 선언은 가급적 함수 안이 아니라 함수 밖 위쪽에 둡니다.

사실 예제 7-5의 Increment 함수 선언은 일반적으로 프로그래머에게 익숙하지 않은 선언방식이다. 왜냐하면 main 함수 내에 Increment 함수의 선언문을 삽입하면 Increment 함수의 호출이 허용되는 위치도 main 함수 내로 제한되어 버리기 때문이다. 따라서 함수의 선언은 main 함수 밖으로 빼내는 것이 일반적이다. 다음 예제를 보자.

■ 예제 7-6.c

```
1.   #include <stdio.h>
2.
3.   int Increment(int n);      /* Increment 함수의 선언 */
4.   int TwoIncrement(int n);
5.
6.   int main(void)
7.   {
8.       int num = 2;
9.       num = Increment(num);
10.      printf("num : %d \n", num);
11.
12.      num = TwoIncrement(num);
13.      printf("num : %d \n", num);
14.      return 0;
15.  }
16.
17.  int TwoIncrement(int n)
18.  {
19.      n = Increment(n);
20.      n = Increment(n);
21.      return n;
22.  }
23.
24.  int Increment(int n)
25.  {
26.      n++;
27.      return n;
28.  }
```

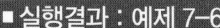

■ 실행결과 : 예제 7-6

```
num : 3
num : 5
```

위 예제의 소스코드 자체에 대한 해석은 여러분에게 맡기고 필자는 함수의 선언에 관련된 부분만 설명을 하겠다. 우선 위 예제에서 Increment 함수가 호출되는 영역을 찾아보면 다음과 같다.

- main 함수 내부 : 9행
- TwoIncrement 함수 내부 : 19, 20행

즉 main 함수 내부뿐만 아니라, 다른 함수의 내부에서도 Increment 함수의 호출이 허용되고 있다. 이는 Increment 함수의 선언이 함수 외부 상단에(3행) 존재하기 때문에 가능한 것이다. 만약에 예제 7-5와 같이 Increment 함수의 선언을 함수 내부에 두고자 했다면, main 함수 내부뿐만 아니라, TwoIncrement 함수 내부에도 선언해야만 한다. 따라서 함수의 선언은 함수의 외부에 두는 것이 일반적이다.

토막 퀴즈

문제 : 함수의 정의가 아닌 선언은 실행파일의 크기에 영향을 미칠까?

정답 : 함수의 선언은 컴파일러가 원활히 컴파일을 할 수 있도록 컴파일러에게 제공하는 정보에 지나지 않기 때문에 실행파일의 크기와는 아무런 상관이 없다.

참 고

함수 선언에서 매개변수의 이름은 생략이 가능합니다.

다음 함수 선언들을 보자.
```
int fctA(int n);
int fctB(int n1, int n2);
int fctC(double d1, double d2, double d3);
```

이 선언을 통해서 컴파일러가 얻는 정보는 반환형과 함수이름 그리고 매개변수의 개수와 매개변수의 자료형이다. 즉 매개변수의 이름정보는 필요가 없다. 따라서 위의 선언은 변수의 이름이 생략된 다음과 같은 형태로도 선언 가능하다. 물론 약효(?)는 똑같다.
```
int fctA(int);
int fctB(int, int);
int fctC(double, double, double);
```

제7장 함수의 이해와 디자인 _197

7-6 함수와 관련해서 이런 내용들이 궁금하다!

처음 함수를 공부하게 되면 이런 저런 내용들이 궁금해지기 마련이다. 여기서는 여러분이 궁금해 할만한, 그리고 궁금해하지 않았다면 필자가 먼저 질문해서 궁금하게 만들고픈 내용들을 정리하고자 한다.

■ 일치하지 않는 입력과 일치하지 않는 반환의 경우에는 어떠한 일이?

다음 예제를 보자. 이 예제에서는 int형 데이터를 전달해야 할 함수에 double형 상수를, 그리고 int형 데이터를 반환해야 할 함수가 double형 상수를 반환하는 이상한(?) 예제이다. 비록 이상한 예제이지만 이러한 상황에서 어떻게 동작하는지는 알고 있어야 한다.

■ 예제 7-7.c
```
1.  #include <stdio.h>
2.
3.  int function(int n);
4.
5.  int main(void)
6.  {
7.      printf("반환 값 : %d \n", function(5.67));
8.      return 0;
9.  }
10.
11. int function(int n)
12. {
13.     printf("입력된 정수 : %d \n", n);
14.     return 3.15;
15. }
```

- 7행 : 함수 function을 호출하면서 실수 5.67을 전달하고 있다. 그런데 11행에 정의되어 있는 function 함수는 매개변수가 int형으로 선언되어 있다. 즉 전달인자와 매개변수의 형이 일치하지 않는다.
- 14행 : 반환형은 int형으로 선언되어 있는데, 실제로 반환하는 값은 실수이다. 즉 선언되어 있는 반환형과 실제 반환되는 값의 형이 일치하지 않는 상황이다.

■ 실행결과 : 예제 7-7

입력된 정수 : 5
반환 값 : 3

우선 위 예제를 컴파일하면 7행에서 다음과 같은 내용의 경고 메시지를 볼 수 있다.

"함수 : double에서 int로 변환하면서 데이터가 손실될 수 있습니다."

마찬가지로 14행에서 다음과 같은 내용의 경고 메시지를 볼 수 있다.

"return : double에서 int로 변환하면서 데이터가 손실될 수 있습니다."

이 경고 메시지를 통해서 무엇을 알 수 있는가? int형 데이터를 전달해야 할 함수에 int가 아닌 다른 형의 데이터를 전달하면 무조건 int형으로 형 변환이 발생하고, int형 데이터를 반환해야 할 함수가 int가 아닌 다른 형의 데이터를 반환해도 무조건 int형으로 형 변환이 발생한다는 사실을 알 수 있다. 이것이 값의 전달과 반환 과정에서의 형 변환 규칙이다.

■ 위의 예제보다 더 좋은 모습을 보이려면

예제 7-7을 가리켜 이상한 예제라고 했는데, 사실 이상한 예제는 아니다. 상황에 따라서는 이러한 일들이 필요할 수도 있기 때문이다. 예를 들어서 은행의 이자계산 방식을 생각해 보자. 이자를 계산할 때에는 소수점 이하 자리까지 오차 없이 계산을 한다. 그러나 우리에게 지급을 할 때에는 원 미만 단위를 삭제한다. 따라서 만약에 이자를 계산하는 기능의 함수가 정의되어야 한다면, 내부적으로는 소수점 이하 자리까지 계산을 하고, 반환을 할 때에는 소수점 이하 자리를 삭제하여 반환하도록 디자인할 수도 있는 일이다. 다음 예제처럼 말이다.

■ 예제 7-8.c

```
1.   #include <stdio.h>
2.
3.   /*
4.       이 예제에서는 쉬운 단어의 선택을 위해서
5.       이자를 bonus로 표현하고, 원금은 money로 표현한다.
6.   */
7.
8.   int CalBonus(int money, double rate, int day);
9.
10.  int main(void)
11.  {
12.      int money = 2019;
13.
14.      /* 이율은 하루에 0.1 퍼센트 */
15.      printf("원금 %d에 대한 이자 : %d \n",
16.          money, CalBonus(money, 0.1, 7));
17.
18.      return 0;
19.  }
20.
21.  /*
```

```
22.    함수이름 : CalBonus
23.    함수기능 : 원금에 대한 이자 계산
24.    전달인자
25.        money - 원금
26.        rate  - 하루 단위 이율
27.        day   - 입금 기간
28.    */
29.    int CalBonus(int money, double rate, int day)
30.    {
31.        double bonus
32.            = money * (rate/100.0) * day;
33.
34.        return (int)bonus;
35.    }
```

■ 실행결과 : 예제 7-8

원금 2019에 대한 이자 : 14

이 예제에서 주목할 부분은 34행 한 줄이다. 31, 32행에서는 함수에 전달된 데이터를 이용해서 이자를 계산하였다. 이율이 0.1% 이므로 당연히 double형으로 연산해야 한다. 그런데 반환을 할 때에는 소수점 이하 부분을 제외한 int형 데이터로 반환하고 있다. 즉 예제 7-7과 차이를 보이는 것은 명시적으로 형 변환 연산을 하고 있다는 점이다.

"이거 해주지 않아도 int형으로 자동 형 변환 되잖아요."

맞다! 자동으로 형 변환이 이뤄진다. 따라서 반드시 필요한 연산은 아니다. 그러나 이렇게 표시해 둠으로 인해서 다음 두 가지 사실을 쉽게 알릴 수 있다.

- 함수 내에서 값을 반환할 때 int형으로 형 변환이 발생합니다.
- 형 변환으로 인한 데이터 손실은 실수(fault)가 아닙니다. 의도적인 구현입니다.

무엇이 좋은 습관인지 알겠는가? 함수를 호출하면서 값을 전달할 때, 함수를 빠져나오면서 값을 반환할 때, 자료형이 일치하지 않는다면 명시적으로 형 변환 연산자를 이용해서 표시하는 것이 좋은 프로그래밍 습관이다.

"그럼 형 변환 연산자는 이것 때문에 필요한 건가요?"

아니다! 이것이 전부는 아니라는 뜻이다. 형 변환 연산자는 훨씬 중요한 용도로도 사용이 된다. 이에 대해서도 때가 되면 설명이 이뤄지니 너무 조급해하지 말자.

난 정말 C PROGRAMMING을 공부한 적이 없다구요!

■ 반환은 했는데, 저장을 안 하네?

함수는 값을 반환한다. 그런데 이 함수를 호출한 부분에서 반환되는 값의 저장을 위한 대입연산을 하지 않고 있다면 어떠한 문제가 발생할까? 혹시 값의 반환이 이뤄지지 않는 것은 아닐까? 아니다! 값의 반환 도 제대로 일어나고, 아무런 문제도 발생하지 않는다. 이와 관련해서 다음 예제를 보자.

■ 예제 7-9.c

```c
1.   #include <stdio.h>
2.
3.   int main(void)
4.   {
5.       int num;
6.
7.       printf("12345\n");
8.       num = printf("67890\n");
9.
10.      printf("함수의 반환 값 1 : %d \n", num);
11.      printf("함수의 반환 값 2 : %d \n", printf("Before or After\n"));
12.      return 0;
13.  }
```

- 8, 10행 : 이 문장은 printf 함수가 값을 반환한다는 것을 암시한다. 출력결과를 통해서 반환된 값이 무엇을 의미하는지 추측해보기 바란다.
- 11행 : 성격은 좀 다르지만 여기서도 printf 함수 호출 시 반환되는 값을 출력하고 있다. 이 문장에 대해서는 잠시 후 자세히 설명을 하겠지만, 여러분은 여러분 나름대로 어떠한 printf문이 먼저 실행될지 예측해 보기를 바라겠다.

■ 실행결과 : 예제 7-9

```
12345
67890
함수의 반환 값 1 : 6
Before or After
함수의 반환 값 2 : 16
```

출력결과를 통해서 printf 함수가 반환하는 값이 무엇인지 알아냈는가? 그렇다! 출력된 문자열의 길이 정보를 반환한다. 8행의 함수 호출을 통해서 변수 num에 저장된 값은 6이다. 출력된 문자열의 길이가 6이기 때문이다. 여기서 주의할 사실은 \n도 하나의 문자로 간주된다는 사실이다. 그럼 이제 본론으로 들어가자. 우선 7행과 8행을 통해서 확인할 수 있는 사실은 다음과 같다.

제7장 함수의 이해와 디자인 _201

"함수가 반환하는 값을 저장하지 않아도 된다."

값의 반환과 반환된 값의 저장은 별개이다. 반환 값은 필요에 따라 저장할 수도 있고, 저장하지 않을 수도 있다. 그렇다면 반환 값을 저장하지 않으면 반환이 이뤄지지 않는 것은 아닐까? 이에 대한 답은 11행에서 찾을 수 있다. 다음 그림은 11행의 실행과정을 보여준다.

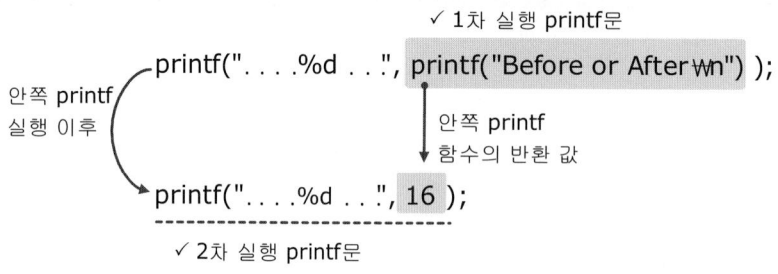

[그림 7-13 : 함수의 호출 과정]

위 그림은 11행의 실행과정을 보여준다. 일단 바깥쪽 printf 함수보다 안쪽의 printf 함수가 먼저 호출됨을 확인하자. 이는 출력결과를 통해서도 알 수 있는 사실이다. printf 함수에 전달할 값이 와야 할 위치에 printf문이 삽입되었다. 따라서 안쪽에 있는 printf 함수가 호출되고 나서, 값이 반환되어야 바깥쪽에 있는 printf 함수가 호출될 수 있는 것이다. 그리고 이 문장에서는 안쪽 printf 함수가 반환하는 값을 어디에서도 저장하지 않고 있다. 그러나 분명히 값이 반환됨을 보여준다.

저장하지 않아도 값은 분명 반환된다. 그리고 그 값은 함수가 호출된 그 문장에서는 유효하다. 다만 다음 문장으로 넘어가면서 소멸될 뿐이다.

7-7 하드웨어 관점에서 한번 이해해 보시겠습니까?

함수 호출에 대한 지금까지의 설명에 만족하는가? 그렇다면 지금부터 하는 이야기는 여러분의 관심사와 조금 동떨어져 있을 수 있다(그렇다고 생략하고 넘어가라는 뜻은 절대 아니다). 그러나 다음과 같은 내용이 궁금해서 못 참겠다면 하드웨어 관점에서 함수 호출을 이해할 필요가 있다.

"함수의 정의에서 반환형을 명시하는 이유가 뭡니까? 그게 왜 꼭 필요한 거죠?"

■ CPU 대해서 두 가지만 알고 있자. ALU와 레지스터(Register)

이전에 그림 5-2를 통해서 CPU와 메모리(메인 메모리)의 존재를 여러분에게 소개했었다. 그 때 보여드린 그림을 설명의 편의를 위해 여기 다시 싣겠다.

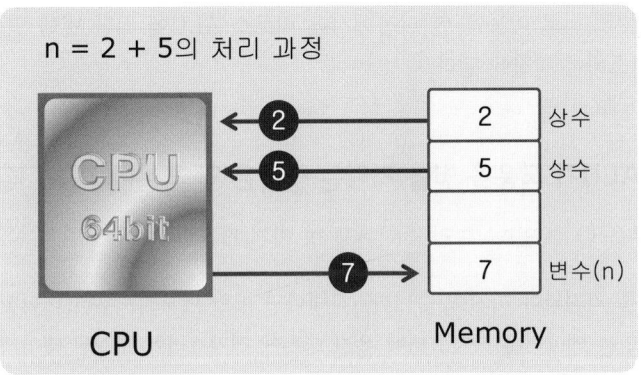

[그림 7-14 : 그림 5-2와 동일]

그런데 이 그림은 CPU의 내부가 가려져 있다. 이 안에는 어떻게 구성되어 있을까? 살짝 열어보겠다.

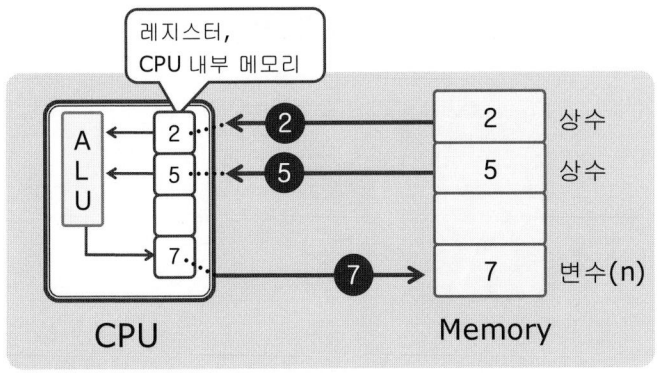

[그림 7-15 : ALU & Register]

CPU 안에는 여러 가지가 들어있다. 그런데 그림 7-15에서는 ALU(arithmetic logic unit)와 레지스터 (register)만을 보여준다. 이것이 여러분이 알아야 할 중요한 두 가지이기 때문이다.
간단히 설명을 하면 ALU는 CPU 내에서 실제 연산을 담당하는 장치이다. 그리고 레지스터는 CPU 안에 존재하는 아주 작지만 매우 빠른 속도로 동작하는 메모리로 이해하면 된다.

CPU 안에 메모리가 필요한 이유는 무엇일까? 그것은 ALU의 고속 연산을 돕기 위해서다. CPU 외부에 있는 메인 메모리로부터 데이터를 직접 읽고 쓴다면 CPU는 연산을 고속으로 처리하지 못한다. 그러나 메인 메모리에 저장되어 있는 데이터를 CPU 내부에 있는 레지스터에 옮겨 놓으면, ALU는 빠른 속도로 연산을 하는데 있어서 불편함을 느끼지 않는다. 연산에 필요한 데이터를 그만큼 빨리 읽어 들일 수 있기 때문이다. 그래서 그림 7-15에서는 피연산자 2와 5를 CPU 내부에 있는 레지스터로 이동시키는 모습을 보여주고 있다. 이렇게 피연산자가 레지스터로 이동을 한 다음에서야 비로소 ALU에 의한 덧셈 연산이 진행되고, 그 결과 값 7도 일단은 레지스터에 저장이 된다.

■ 레지스터를 활용한다고 해서 ALU가 도움을 받을 거라는 생각은 안 드는데요?

그림 7-15를 보면서 다음과 같은 질문을 할 수 있다. 그리고 이는 분명 멋진 질문이다.

"어차피 메인 메모리로부터 데이터를 가져와야 하지 않습니까? 그렇다면 메인 메모리로부터 데이터를 가져오는 것과, 메인 메모리에 있는 데이터를 레지스터에 옮긴 다음에 레지스터에 저장된 데이터를 가져오는 것이 무슨 차이가 있나요?"

아주 큰 차이를 보인다. 너무 이야기가 깊어지면 오히려 혼란만 가중될 테니, 이해를 돕는 사례 한가지를 들겠다. 다음 식을 계산한다고 가정해 보자.

```
int n = 1 + 3 + 5;
```

이 문장에서는 총 2회의 덧셈이 진행되는데, 만약에 메인 메모리만 존재한다면 다음과 같은 방식으로 연산이 이뤄져야 한다(덧셈의 결과를 저장하는 대입연산의 과정은 생략되었다).

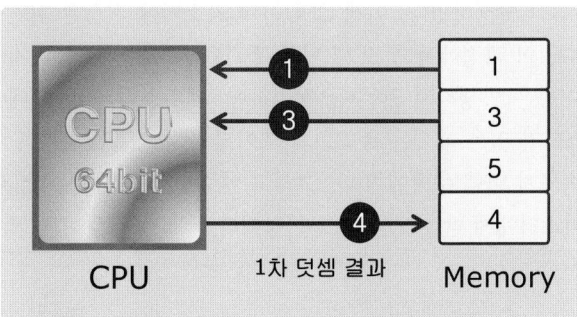

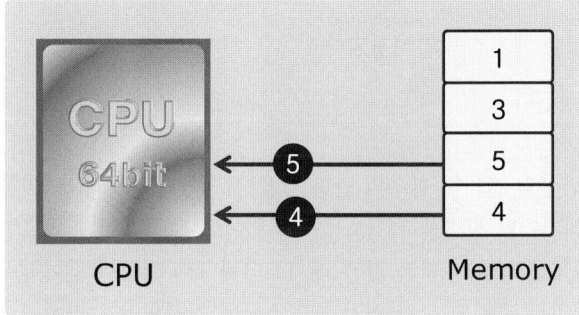

[그림 7-16 : 메인 메모리만 존재하는 경우의 연산과정]

1차와 2차의 덧셈 과정에서 총 5회의 데이터 이동이 CPU와 메인 메모리 사이에서 있었다. 이러한 데이터의 이동이 적으면 적을수록 연산속도는 당연히 빨라지게 된다. 다음 그림은 레지스터가 존재하는 경우의 연산 과정을 보여준다.

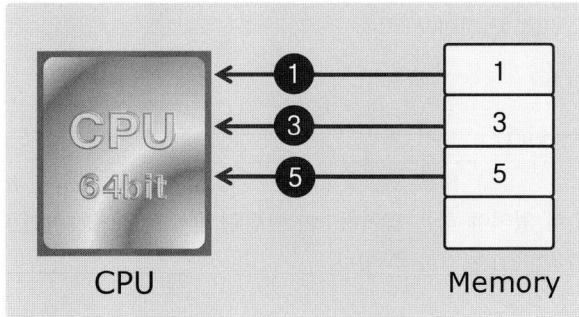

[그림 7-17 : 레지스터가 존재하는 경우의 연산과정]

제7장 함수의 이해와 디자인 _205

그림 7-17에서 보여주듯이 레지스터가 존재하는 상황에서는 피연산자를 한꺼번에 레지스터로 이동시킨다. 그리고 이 과정에서 데이터의 이동은 3회 발생하였다. 이제 CPU는 레지스터에 저장된 피연산자를 참조하여 1과 3과 5의 합을 계산할 것이다. 이 과정에서 첫 번째 덧셈 결과인 1과 3의 합도 레지스터에 저장을 하기 때문에 더 이상의 데이터 이동은 발생하지 않는다. 정리하면, 레지스터가 없을 때에는 총 5회의 데이터 이동이 필요하지만, 레지스터가 있을 때에는 총 3회의 데이터 이동으로도 충분히 연산이 가능하다. 따라서 레지스터가 존재하면 속도가 빠를 수밖에 없다. 그리고 아주 단적인 예를 보였지만, ALU가 고속으로 연산을 하는데 있어서 레지스터에게 받는 도움은 그 이상이다.

■ 연산의 결과와 반환된 값을 저장하는 1차적 메모리 공간은 레지스터

레지스터가 무엇인지 알았을 것이다. 따라서 다음 두 가지 사실을 기억해 두면 좋겠다.

- 산술연산을 포함하여 연산의 결과는 일단 레지스터에 저장된다.
- 함수의 반환 값도 일단 레지스터에 저장된다.

즉 대입 연산자를 사용해서 별도의 변수에 연산의 결과나 함수의 반환 값을 저장하지 않는다면, 이들 값은 레지스터에 머물다가 소멸된다. 하지만 레지스터에 머물러있는 동안에는 이 값을 얼마든지 참조할 수 있다. 예제 7-9의 11행에서 출력한 안쪽 printf 함수의 반환 값은 레지스터에 저장되었던 값이 출력된 것이다. 그리고 다음과 같은 문장의 연산 결과로 출력되는 값 역시 레지스터에 저장되었던 값이 출력되는 것이다(정확히 표현하면 레지스터에 저장되었던 3+5의 연산결과가 printf 함수의 매개변수로 전달된 다음에 출력이 된다).

```
printf("연산의 결과 : %d ", 3 + 5);
```

지금 설명한 내용이 이해되었다면 함수의 정의에서 반환형이 필요한 이유를 찾을 수 있다. 반환형을 굳이 명시해야만 하는 이유가 무엇일까? 함수호출이 완료되면서 반환되는 값은 레지스터에 저장된다고 하였다. 그렇다면 다음 사항들이 미리 결정되어 있어야 한다. 그래야 메모리 공간에 적절히 데이터를 저장할 것 아닌가(이와 관련된 내용은 앞서 5장을 통해서 충분히 공부하였다).

- 정수형으로 저장할 것인가, 실수형으로 저장할 것인가?
- 정수형이라면 음의 정수도 표현할 것인가?
- 값을 몇 바이트 메모리 공간에 저장할 것인가?

그래서 함수의 정의에 반환형 정보가 명시되어 있어야 하는 것이다. 이 반환형 정보를 참조해야만 레지스터에 어떻게 데이터를 표현할지(저장 및 참조할지) 결정할 수 있다.

제8장 실력 다지기 연습문제 01

PART 01에서는 컴퓨터의 데이터 표현에 대한 이론적인 내용과 C 언어의 연산자 그리고 함수에 대한 설명이 주를 이루었다. 때문에 연산자의 활용과 함수의 정의라는 두 가지 주제를 가지고 문제를 제시하고자 한다.

연습문제 리스트 ➡➡➡

문 제 1 [단순한 함수의 정의]
문 제 2 [함수의 정의와 활용]
문 제 3 [자료형의 판단]
문 제 4 [연산자의 활용]
문 제 5 [연산자의 활용]
문 제 6 [관계 및 논리 연산자의 활용]

문 제 1 [단순한 함수의 정의]

inch 단위의 데이터를 cm 단위의 데이터로 변환하는 함수와 cm 단위의 데이터를 inch 단위의 데이터로 변환하는 함수를 각각 다음의 형태로 정의하자. 참고로 1inch는 2.54cm이다.

- `double InchToCm(double inch){...}`   /* 반환 값은 cm 단위의 데이터 */
- `double CmToInch(double cm){...}`   /* 반환 값은 inch 단위의 데이터 */

그리고 3.24inch를 cm 단위로 변환하여 그 결과를 출력하고, 12.7cm를 inch 단위로 변환하여 그 결과를 출력하는 main 함수를 정의하자.

문 제 2 [함수의 정의와 활용]

12기가 바이트가 몇 메가 바이트인지, 그리고 몇 킬로 바이트인지 계산하여 출력하는 프로그램을 작성하자. 단 기가 바이트를 메가 바이트로, 기가 바이트를 킬로 바이트로 변환하는 함수를 각각 다음의 형태로 정의해야 한다.

- `int GigaToMega(int num){...}`
- `int GigaToKilo(int num){...}`

그리고 이 두 함수 내에서는 절대로 곱셈 연산을 하면 안되고, 대신 다음 함수를 활용해야 한다.

```
int Multi1024(int num)
{
    return num*1024;
}
```

문 제 3 [자료형의 판단]

5장에서 자료형을 설명하면서 int는 signed int와 동일하고, short는 signed short와 동일함을 설명하였다. 하지만 char형은 예외이다. 컴파일러에 따라서 char를 signed char로 처리하는 컴파일러도 있고, unsigned char로 처리하는 컴파일러도 있다. 여러분의 개발환경에서는 char가 어떻게 처리되는지 궁금하지 않은가? 이를 확인하기 위한 예제를 작성해 보자.

*힌 트 : 자료형에 대한 이해도를 묻는 쉬운 문제이다. signed char형 변수에는 음수를 저장할 수 있지만, unsigned char형 변수에는 음수를 저장할 수 없다는 사실을 활용하자.

문 제 4 [연산자의 활용]

섭씨 온도(C)와 화씨 온도(F)의 관계는 다음 식과 같다.

$$C = \tfrac{5}{9}(F-32)$$

이 식을 참조하여 화씨 온도를 섭씨 온도로 변환하는 함수를 다음과 같은 형태로 정의하자.

```
double FahToCen(double fah){...}      /* 변환된 섭씨 온도 반환 */
```

그리고 화씨 124.5도를 섭씨로 변환하여 출력하는 main 함수도 정의하자. 물론 main 함수에서는 FahToCen 함수를 활용해야 한다.

*힌 트 : 문제에서 요구하는 바는 어렵지 않다. 하지만 수식을 단순히 코드로 옮겨만 놓으면 정수형 나눗셈을 하여 잘못된 연산 결과를 보일 수 있으므로 주의해야 한다.

문 제 5 [연산자의 활용]

초 정보를 시:분:초의 정보로 변환하여 출력하는 함수를 다음과 같은 형태로 정의하자.

```
void SecToHMS(int sec){...}      /* 함수 내에서 시:분:초 정보 출력 */
```

그리고 이 함수를 활용해서 3245초와 5109초를 시:분:초의 정보로 변환하여 출력하는 main 함수도 정의하자.

*힌 트 : 이 문제의 해결을 위해서는 / 연산자와 % 연산자를 활용해야 하며, 변수도 적절히 선언해야 한다.

문 제 6 [관계 및 논리 연산자의 활용]

인자로 전달된 정수에 해당하는 년도가 윤년(2월을 29일로 둔 해)인지 아닌지를 확인하여 윤년인 경우에는 1을, 윤년이 아닌 경우에는 0을 출력하는 함수를 정의하자. 그리고 이 함수의 인자로 2000, 2012, 2015를 전달하여 출력결과를 확인하는 main 함수도 정의하자. 참고로 윤년이 되기 위한 조건은 다음과 같다.

- 4로 나누어 떨어지는 년도는 윤년이다.
- 4로 나누어 떨어지지만 100으로도 나누어 떨어지는 년도는 윤년이 아니다.
- 4와 100으로 나누어 떨어지면서 400으로도 나누어 떨어지면 윤년이다.

*힌 트: 윤년이 되기 위한 조건은 보기보다 까다롭다. 따라서 구현에 앞서 조건을 정확히 분석해야 하며, 관계 연산자와 논리 연산자는 참의 경우 1을, 거짓의 경우 0을 반환한다는 사실도 활용해야 한다. 그리고 위 조건을 하나의 문장에 모두 담을 수도 있지만 둘 이상의 문장에 나누어 담을 수도 있음을 기억하기 바란다.

PART 02
흐름의 컨트롤과 데이터의 표현

- 제 9장 키보드 입력에 사용되는 scanf 함수의 이해
- 제10장 실행흐름의 컨트롤 1편! 분기(Branch)
- 제11장 실행흐름의 컨트롤 2편! 반복(Loop)
- 제12장 문자의 표현 방법과 문자 관련 표준함수들
- 제13장 메모리 구조와 변수
- 제14장 printf 함수와 scanf 함수의 서식문자 완벽 정리!
- 제15장 비트 연산자와 그의 활용
- 제16장 실력 다지기 연습문제 02

제9장 키보드 입력에 사용되는 scanf 함수의 이해

PAPT 01의 시작은 printf! PART 02의 시작은 scanf!

PART 01을 시작하면서 처음 여러분에게 소개한 것이 printf 함수였다. 유사하게 PART 02를 시작하면서는 scanf 함수를 소개하려고 한다. 그러나 printf 함수에 대해서 처음 설명을 진행할 때와 마찬가지로 이 함수 역시 사용법 위주로 설명이 제한될 수밖에 없다. 그래도 마치 여러분이 이해하고 있는 것처럼 느껴지도록 익숙해져야 한다. 그리고 이것이 바로 이번 장의 목표이다.

이 장의 목차페이지 ▶▶▶

9-1. scanf 함수를 이용한 정수와 실수의 입력	214
9-2. scanf 함수의 첫 번째 문자열이 의미하는 것!	220
프로그래밍 문제의 답안	227

9-1 scanf 함수를 이용한 정수와 실수의 입력

scanf 함수를 정확히 이해하기 위해서는 배열과 포인터에 대한 이해가 필요하다. 그러나 배열과 포인터를 공부하기 훨씬 전부터 scanf 함수의 활용을 곳곳에서 필요로 한다. 왜냐하면 키보드로부터 데이터를 입력 받는 아주 기본적인 기능을 이 함수가 제공하기 때문이다. 그래서 이번 장에서는 scanf 함수의 기본적인 이해와 활용에 대해서 이야기하고자 한다.

■ 콘솔(Console)에 대한 용어정리

본격적으로 들어가기에 앞서 콘솔이라는 단어를 다시 한번 정리하고자 한다(3장에서 한번 언급). 콘솔이란 데이터의 입력을 담당하는 키보드와 출력을 담당하는 모니터를 총칭하는 단어이며, 이중에서 키보드를 가리켜 '콘솔 입력 장치'라 하고, 모니터를 가리켜 '콘솔 출력 장치'라 한다. 따라서 데이터를 모니터로 출력하는 printf 함수는 '콘솔 출력 함수'가 되고, 데이터를 키보드로부터 입력 받는 scanf 함수는 '콘솔 입력 함수'가 된다. C언어에는 printf 함수와 scanf 함수 이외에도 다양한 콘솔 입출력 함수가 정의되어 있다. 다만 이 두 함수가 대표적인 콘솔 입출력 함수일 뿐이다.

■ printf 함수와 상당히 유사한 scanf 함수

scanf 함수는 사용방법에 있어서 printf 함수와 상당히 유사하다. 따라서 scanf 함수가 그리 어렵게 느껴지지는 않을 것이다. 다음 예제를 통해서 대략적인 scanf 함수의 사용방법을 설명하겠다.

■ 예제 9-1.c

```
1.   #include <stdio.h>
2.
3.   int main(void)
4.   {
5.       int n1;
6.       double n2;
7.
8.       printf("정수 입력 : ");
9.       scanf("%d", &n1);
10.      printf("실수 입력 : ");
11.      scanf("%lf", &n2);
12.
13.      printf("입력된 두 개의 데이터 : %d, %f \n", n1, n2);
14.      return 0;
15.  }
```

해설
- 1행 : printf 함수뿐만 아니라 scanf 함수의 호출을 위해서도 이 문장이 포함되어 있어야 한다.
- 9행 : 키보드로부터 정수를 입력 받아서 변수 n1에 저장하는 문장이다. 이 문장의 해석방법은 아래에서 설명하겠다.
- 11행 : 키보드로부터 실수를 입력 받아서 변수 n2에 저장하는 문장이다.

■실행결과 : 예제 9-1

정수 입력 : 1020
실수 입력 : 0.123456
입력된 두 개의 데이터 : 1020, 0.123456

이 예제는 키보드로부터 정수와 실수를 입력 받아서, 각각 int형 변수와 double형 변수에 저장하는 방법을 보여준다. 그리고 다음 그림은 scanf 함수를 이용한 정수의 입력 방법에 대해 설명하고 있으니, 필자의 자세한 설명에 앞서 여러분 먼저 분석해 보기 바란다.

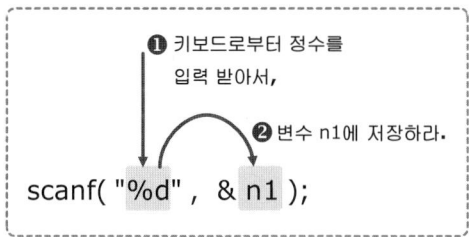

[그림 9-1 : scanf 함수의 int형 정수 입력]

위 그림에서 가장 주목해서 볼 부분은 다음 두 가지이다.
- scanf 함수의 %d는 키보드로부터 정수를 입력 받으라는 의미이다.
- printf 함수와 달리 입력 받은 값을 저장할 변수의 이름 앞에 기호 &를 붙여준다.

먼저 printf 함수와 scanf 함수를 비교할 수 있도록 다음 그림을 여러분에게 제시하고자 한다.

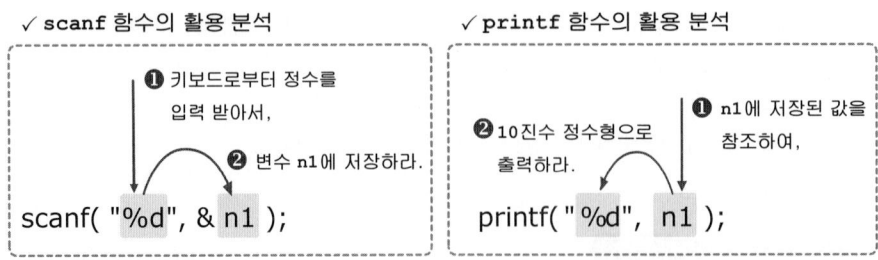

[그림 9-2 : scanf 함수와 printf 함수의 비교]

printf 함수와 scanf 함수 모두 첫 번째 전달 인자는 문자열이다. 이 첫 번째 전달 값에, printf 함수는 출력에 대한 정보를 담고, scanf 함수는 입력에 대한 정보를 담는다. 즉 printf 함수의 %d는 다음의 의미를 지닌다.

"10진수 정수의 형태로 데이터를 출력해라."

반면 scanf 함수의 %d는 다음의 의미를 지닌다.

"10진수 정수의 형태로 데이터를 입력 받아라."

■ 그런데 &는 뭐에요?

계속해서 그림 9-2를 보자. printf 함수는 출력의 대상 앞에 별다른 표시를 하지 않았지만, scanf 함수는 입력의 대상(데이터를 저장할 변수) 앞에 & 기호를 붙여두고 있다. 이것이 printf 함수와 scanf 함수에서 두드러지게 차이가 나는 부분이다. 기호 &은 연산자이다. 그런데 이 연산자는 나중에 공부할 포인터와 관련이 있기 때문에 완벽한 이해는 지금 힘들다. 따라서 다음과 같이 간단히 설명하고자 한다.

"변수의 이름 앞에 & 연산자를 붙이면 해당 변수의 주소 값을 얻게 됩니다."

그렇다면 그림 9-1에서 scanf 함수에 실제로 전달하는 두 번째 인자는 n1의 주소 값이라는 결론이 나온다. 그리고 이는 아주 정확한 결론이다. 이렇게 변수의 주소 값을 전달하는 이유는 scanf 함수의 다음과 같은 특성 때문이다.

"scanf 함수는 printf 함수와 달리 값을 저장할 변수의 이름을 묻지 않습니다. 대신 값을 저장할 변수의 주소를 묻지요. 그래서 scanf 함수를 호출할 때에는 주소 값을 전달해줘야 합니다."

지금은 이 정도만 이해하자. 만약에 이 정도를 이해하는 것도 부담스럽다면 다음과 같이 단순하게 암기하고 있어도 좋다.

"scanf 함수 호출 문을 구성할 때에는 값을 저장할 변수의 이름 앞에 & 연산자를 반드시 붙여줘야 한다."

■ %d는 int를 의미합니다.

앞에서는 printf 함수를 설명하면서, %d가 10진수 정수 형태로의 출력을 의미한다고 하였다. 그런데 이는 2% 부족한 설명이다. 나머지 2%를 채워서 %d를 다시 설명해 보겠다.

"int형 데이터를 10진수 정수의 형태로 출력하라!"

여기서 놓치지 말아야 할 것은 출력의 대상이 int형 데이터라는 사실이다. %d는 모든 자료형의 데이터를 10진수 정수의 형태로 출력하는데 사용될 수 없다. 오로지 int형 데이터를 10진수 정수의 형태로 출력하는데 사용될 뿐이다. 유사하게 scanf 함수 입장에서 %d는 다음과 같이 설명해야 100% 완벽한 설명이 된다.

"10진수 정수의 형태로 데이터를 입력 받아서 int형 변수에 저장하라!"

결론적으로 %d는 printf 함수에서나 scanf 함수에서나 자료형 int를 의미하고 있음을 기억해야 한다.

■ %d를 이용해도 short, char형 변수에 저장된 값의 출력이 허용되잖아요!

필자가 %d를 int형 데이터의 출력에 사용된다고 했는데, 눈치가 빠른 독자 분이라면 이전에 소개한 예제 5-2를 기억하면서 의문점을 제기할 것이다. 예제 5-2에서는 분명 short형, char형 변수에 저장된 값을 %d를 이용해서 문제없이 출력했기 때문이다. 그런데 char와 short는 int보다 작은 바이트의 크기로 표현이 되는 자료형이다. 그렇다면 %d를 이용해서 int보다 큰 바이트로 표현이 되는 long long형 데이터도 문제없이 출력할 수 있을까? 다음 예제를 보고 나서 이야기를 이어나가자.

■ 예제 9-2.c

```
1.   #include <stdio.h>
2.
3.   int main(void)
4.   {
5.       char n1 = 127;
6.       short n2 = 32767;
7.       long long n3 = 9223372036854775807;
8.
9.       printf("char형 변수 최대 값 : %d \n", n1);
10.      printf("short형 변수 최대 값 : %d \n", n2);
11.      printf("long long형 변수 최대 값 : %d \n", n3);
12.      return 0;
13.  }
```

- 5, 6, 7행 : 각각 char, short, long long형 변수를 선언하고, 각각의 변수가 저장할 수 있는 최대 값을 저장하고 있다.
- 9, 10, 11행 : 변수 n1, n2, n3 모두를 서식문자 %d로 출력하고 있다.

■실행결과 : 예제 9-2

```
char형 변수 최대 값 : 127
short형 변수 최대 값 : 32767
long long형 변수 최대 값 : -1
```

실행결과를 보면 long long형 변수에 저장된 값을 제외하고는 모두 정상적인 출력을 보이고 있다. 그렇다면 int보다 작은 크기로 표현이 되는 데이터만 제대로 출력되는 이유는 무엇일까? 다음 예제를 통해서 그 이유를 설명하겠다(위 예제에서 변수 n3의 정상적 출력을 확인하려면 %d를 대신해서 %lld를 사용하면 된다).

■ 예제 9-3.c

```
1.  #include <stdio.h>
2.
3.  void PrintInt(int n);
4.
5.  int main(void)
6.  {
7.      char n1 = 127;
8.      short n2 = 32767;
9.      long long n3 = 9223372036854775807;
10.
11.     printf("char형 변수 최대 값 : ");
12.     PrintInt(n1);
13.
14.     printf("short형 변수 최대 값 : ");
15.     PrintInt(n2);
16.
17.     printf("long long형 변수 최대 값 : ");
18.     PrintInt(n3);
19.     return 0;
20.  }
21.
22.  void PrintInt(int n)
23.  {
24.      printf("%d \n", n);
25.  }
```

■실행결과 : 예제 9-3

```
char형 변수 최대 값 : 127
short형 변수 최대 값 : 32767
long long형 변수 최대 값 : -1
```

위 예제에서 정의하고 있는 PrintInt 함수는 전달되는 인자의 값을 출력하도록 정의되어 있다. 여기서 중요한 사실은 다음과 같다.

"매개변수는 int형이니, 함수 호출 시에는 int형 데이터를 전달해야 한다."

그런데 12, 15, 18행을 보면 각각 char, short, long long형 데이터를 전달하고 있다. 이러한 경우 어떠한 일이 벌어지는가? 7장에서 언급했듯이 일치하지 않는 자료형의 데이터를 전달할 경우, 매개변수의 자료형에 맞게 형 변환이 자동으로 이뤄진다. 즉 n1, n2, n3에 저장된 값이 모두 int형으로 형 변환되어 PrintInt 함수의 매개변수에 전달이 된다. 그런데 이 때 n1과 n2에 저장된 값의 형 변환은 문제가 되지 않는다. 보다 넓은 값의 범위를 지니는 자료형으로 변환이 되기 때문에 데이터 손실이 발생하지 않는다. 그러나 n3에 저장된 값은 문제가 된다. 보다 좁은 값의 범위를 지니는 자료형으로 변환이 되기 때문에 데이터 중 일부가 손실될 수 있기 때문이다.

이제 서식문자 %d로 char형, short형 변수의 출력이 가능한 이유를 나름대로 정리할 수 있겠는가? 서식문자를 %d로 지정하면 char형, short형 변수에 저장된 데이터는 int형으로 형 변환되어 출력이 되기 때문에 별 문제가 발생하지 않는다. 그러나 long long형 변수에 저장된 데이터는 형 변환 과정에서 문제가 발생할 수 있다.

토막 퀴즈

문제 : 위 예제 9-3에서는 long long형 변수의 출력에 문제가 생겼다. 모든 출력에서 문제가 생기지 않도록 하려면 PrintInt 함수를 어떻게 변경해야 하는가?

정답 : 다음과 같이 인자의 전달 및 출력을 long long형을 기준으로 정의하면 된다.
```
void PrintInt(long long n)
{
    printf("%lld \n", n);
}
```

■ %lf는 double형을 의미합니다.

다른 내용을 설명하느라고 한참을 돌아왔는데, 아직 설명이 끝나지 않았으니 계속해서 예제 9-1을 보자. 이 예제를 보면 다음 사실도 알 수 있다.

"실수형 데이터를 입력 받아서 double형 변수에 저장하려면 %lf를 사용합니다."

따라서 실수형 데이터의 입출력과 관련해서 그림 9-2의 형태로 정리하면 다음과 같다.

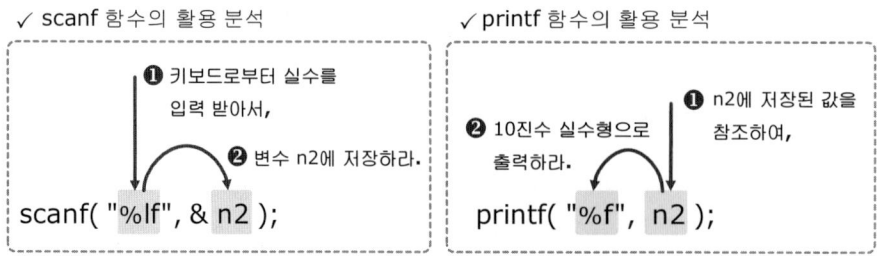

[그림 9-3 : scanf 함수와 printf 함수의 실수 입출력 비교]

그런데 그냥 받아들이자니 궁금한 사실이 한가지 있다. int형 정수를 입력 및 출력할 때에는 동일하게 %d를 사용했는데 이번에는 다르다. double형 변수에 저장된 값을 출력할 때에는 %f를 쓰지만, double형 변수에 값을 입력 받을 때에는 %lf를 쓰니 말이다.

이는 서식문자가 printf 함수와 scanf 함수에서 약간씩 다른 의미로 해석되기 때문에 발생하는 차이이다. 일반적으로 서식문자는 printf 함수와 scanf 함수에서 완전히 동일한 의미를 갖는다고 생각을 한다. 그러나 이는 잘못된 생각이다. 유사하긴 하지만(일부는 동일하지만) 분명 차이가 있다. 일단은 이 정도만 기억을 하자. 서식문자에 대해서는 14장에서 자세히 정리하니 말이다.

9-2 scanf 함수의 첫 번째 문자열이 의미하는 것!

이제 구체적으로 scanf 함수의 활용방법에 대해서 살펴보겠다. 단순히 값을 입력 받는 것 이외에 여러분이 알고 있어야 할 사실들이 몇 가지 있다.

■ 한번의 scanf 함수로 둘 이상의 데이터 입력 받기

scanf 함수 호출 시 전달하는 문자열 안에는 서식문자를 둘 이상 지정할 수 있다. 다시 말해서 한번의 scanf 함수 호출로 둘 이상의 데이터 입력이 가능하다는 뜻이다. 이의 확인을 위해서 다음 예제를 보도록 하자.

■ 예제 9-4.c

```
1.   #include <stdio.h>
2.
3.   int main(void)
4.   {
5.       int n1, n2, n3;
6.       double d1, d2, d3;
7.
8.       printf("세 개의 정수 입력 : ");
9.       scanf("%d %d %d", &n1, &n2, &n3);
10.      printf("입력된 정수 출력 : %d, %d, %d \n\n", n1, n2, n3);
11.
12.      printf("세 개의 실수 입력 : ");
13.      scanf("%lf %lf %lf", &d1, &d2, &d3);
14.      printf("입력된 실수 출력 : %f, %f, %f \n\n", d1, d2, d3);
15.      return 0;
16.  }
```

- 9행 : scanf 함수의 첫 번째 전달인자인 문자열에 %d가 총 세 개 있다. 이는 총 세 개의 정수를 입력 받겠다는 뜻이다.
- 13행 : scanf 함수의 첫 번째 전달인자인 문자열에 %lf가 총 세 개 있다. 이는 총 세 개의 실수를 입력 받겠다는 의미이다.

이 예제의 9행과 13행에서 scanf 함수에 전달되는 문자열은 각각 다음과 같다.

```
"%d %d %d"
"%lf %lf %lf"
```

이 문자열들을 자세히 관찰해 보면 서식문자 사이에 스페이스 바로 입력된 공백이 존재함을 알 수 있다. 그런데 이 공백은 아무런 의미가 없다. 즉 공백을 하나도 주지 않고 다음과 같이 문자열을 구성해도 된다. 물론 의미는 동일하다.

```
"%d%d%d"
"%lf%lf%lf"
```

그리고 다음과 같이 공백을 많이 줘도 된다. 한 칸의 공백이 보기에 불편하다면 여러 칸의 공백을 줘도 된다.

```
"%d   %d   %d"
"%lf   %lf   %lf"
```

자! 그럼 실행결과를 가지고 이야기를 해 보자. 한번의 scanf 함수 호출 때마다 세 개씩 데이터를 입력해야 하는데, 데이터를 구분하는 기준은 공백이다. 그런데 여기서 말하는 공백에는 스페이스 바, 탭(tab), 그리고 엔터(Enter) 키의 입력이 포함된다. 그리고 이미 간파했겠지만, 입력의 끝에서는 반드시 엔터 키를 입력해서 마무리해야 한다.

다음 실행의 예는 데이터 입력을 나누는 기준으로 스페이스 바를 사용한 예이다. 물론 입력의 끝에서는 엔터 키가 입력되었다.

■실행결과1 : 예제 9-4

```
세 개의 정수 입력 : 1 2 3
입력된 정수 출력 : 1, 2, 3

세 개의 실수 입력 : 1.1 2.2 3.3
입력된 실수 출력 : 1.100000, 2.200000, 3.300000
```

다음은 데이터 입력을 나누는 기준으로 탭 키를 사용해서 실행한 예이다.

■실행결과2 : 예제 9-4

```
세 개의 정수 입력 : 1      2      3
입력된 정수 출력 : 1, 2, 3

세 개의 실수 입력 : 1.1    2.2    3.3
입력된 실수 출력 : 1.100000, 2.200000, 3.300000
```

마지막으로 다음은 데이터 입력을 나누는 기준으로 엔터 키를 사용한 예이다.

■실행결과3 : 예제 9-4

```
세 개의 정수 입력 : 1
2
3
입력된 정수 출력 : 1, 2, 3

세 개의 실수 입력 : 1.1
2.2
3.3
입력된 실수 출력 : 1.100000, 2.200000, 3.300000
```

참고로 데이터와 데이터 사이의 공백은 둘 이상 삽입될 수 있는데, 이 부분과 관련해서는 여러분이 개인적으로 테스트하기 바란다.

■ **데이터의 입력을 구분하기 위해서 공백 이외의 문자는 사용할 수 없나요?**

예제 9-4에서는 세 개의 데이터를 입력하는데 있어서, 데이터의 구분을 공백에 의존하고 있었다. 그렇다면 공백 이외의 문자를 이용해서 데이터의 입력을 구분하고자 할 때에는 어떻게 해야 할까? 예를 들어서 흔히 사용하는 콤마(,)나 슬래쉬(/) 또는 대쉬(-)와 같은 문자를 이용해서 데이터를 구분하고 싶을 때는 어떻게 해야 할까?

■ 예제 9-5.c

```c
1.  #include <stdio.h>
2.
3.  int main(void)
4.  {
5.      int n1, n2;
6.      double d1, d2;
7.
8.      printf("정수 | 정수 : ");
9.      scanf("%d | %d", &n1, &n2);
10.     printf("입력 데이터 출력 : %d, %d \n\n", n1, n2);
11.
12.     printf("실수 / 실수 : ");
13.     scanf("%lf / %lf", &d1, &d2);
14.     printf("입력 데이터 출력 : %f, %f \n\n", d1, d2);
15.
16.     printf("정수 +-*/ 실수 : ");
17.     scanf("%d +-*/ %lf", &n1, &d1);
18.     printf("입력 데이터 출력 : %d, %f \n\n", n1, d1);
19.     return 0;
20. }
```

■ 실행결과 : 예제 9-5

정수 | 정수 : 1 | 3
입력 데이터 출력 : 1, 3

실수 / 실수 : 2.5 / 3.4
입력 데이터 출력 : 2.500000, 3.400000

정수 +-*/ 실수 : 7 +-*/ 3.5
입력 데이터 출력 : 7, 3.500000

위 예제 9행의 scanf 함수에 전달되는 문자열의 구성은 다음과 같다. 이전과 다르게 %d와 %d 사이에 문자 | 가 삽입되었다.

  "%d | %d"

이처럼 서식문자 사이에 다른 문자가 등장을 하면, 이는 데이터의 입력형태를 지정하는 것으로 해석이 된다. 따라서 이 경우에는 두 개의 정수를 입력할 때, 두 정수 사이에 반드시 | 문자가 삽입되어야 한다 (| 문자가 데이터를 구분하는 경계가 된 것이다). 만약에 | 문자를 삽입하지 않으면 그 결과는 예측할 수 없다. 13행도 마찬가지이다. %lf와 %lf 사이에 문자 / 가 등장했으니, 두 실수 사이에는 반드시 / 문자가 삽입되어야 한다.

이번에는 17행을 보자. scanf 함수에 전달되는 문자열이 다음과 같다.

  "%d +-*/ %lf"

속된말로 지저분하게 구성되어 있다. 그러나 어렵게 생각할 것 없다. %d와 %lf 사이에 +-*/ 이 왔으니, 데이터를 입력할 때에도 정수와 실수 사이에 이들을 반드시 입력하면 된다.

이제 scanf 함수의 데이터 입력방식이 파악되었으리라 생각한다. 그렇다! scanf 함수의 첫 번째 전달인자인 문자열은 데이터의 입력 포맷을 지정하는 역할을 담당한다. 반드시 문자열이 지시하는 순서와 방식에 맞춰서 데이터를 입력해야 하고, 만약에라도 순서나 방식에 있어서 조금이라도 차이를 보인다면 그 결과는 예측할 수 없게 된다.

■ 이런 경고메시지 뜨고 있지요?

만약에 VC++을 사용하고 있다면 scanf 함수 호출 문이 들어있는 소스코드의 컴파일 과정에서 다음과 같은 경고 메시지를 접할 것이다(구 버전 VC++에서는 발생 안 함).

  "warning C4996 : scanf이(가) deprecated로 선언 되었습니다."

이 메시지는 지금까지 잘 사용해오던 scanf 함수에 약간의 문제(안전성 관련 문제)가 있음을 알리는 경고 메시지이다. 따라서 이 함수를 대신해서 다른 함수의 사용을 고려해 보라는 의미의 다음 메시지도 더불어 보게 된다.

  "This function or variable may be unsafe. Consider using scanf_s instead"

간단히 해석하면 이렇다.

  "scanf 함수 이거 안전하지가 못해요. 이 함수를 대신해서 scanf_s 함수의 사용을 고려해 보시죠"

scanf 함수뿐만 아니라 C의 표준 함수 중 일부에도 문제가 있음을 인식하고, MS사에서는 동일한 기능의 보다 안전한 함수들을 제공하고 있다. scanf 함수의 경우에도 취약점이 보완된 scanf_s 함수를 정의해서 제공하고 있다. 하지만 이러한 함수들은 C의 표준함수들이 아닌 관계로 이 책에서는 이러한 함수들을 사용하지 않고 있다. 그럼 이 경고메시지를 어찌해야 좋을까? 필자와 성격이 비슷한 분들이시라면 그냥 무시하고 프로그래밍을 해도 된다. 그러나 이러한 경고메시지가 거슬린다면 소스코드의 맨 앞부분에 다음 문장을 삽입하자.

```
#pragma warning(disable:4996)
```

이 문장과 관련해서는 PART 05에서 설명한다. 그러니 지금은 의미만 간단히 말씀 드리겠다. 이 문장은 다음과 같은 메시지를 컴파일러에게 전달한다.

"4996번 경고 메시지는 그냥 뿌리지 마세요."

때문에 scanf 함수의 사용에서 비롯된 4996번 경고 메시지는 사라지게 된다.

> **deprecated 되었다는데, 이게 무슨 뜻이죠?**
>
> scanf 함수의 사용으로 인해서 VC++ 컴파일러가 뿌려주는 경고 메시지 중에 다음과 같은 내용이 있다.
>
> "scanf 함수는 deprecated 되었습니다."
>
> 사전에서 단어의 뜻을 찾아보면 '비난하다', '업신여기다'등 다소 과격한 표현의 내용이 담겨있어서 scanf 함수를 쓰면 큰일날 것 같은 생각이 들기도 한다. 그러나 여기서 말하는 deprecated의 의미는 최대한 완곡한 표현으로 해석을 해야 할 것 같다. 컴퓨터 분야에서 말하는 deprecated의 의미를 토대로 해서 위 문장은 다음과 같이 해석해야 하기 때문이다.
>
> "scanf 함수의 사용을 권하지 않습니다."
>
> 즉 권하지 않을 뿐이지 사용하지 말라는 뜻은 아니다. 그리고 deprecated 되었다고 해서 표준에서 사라지는 것도 아니다.

이번 장을 처음 시작할 때 scanf 함수를 완벽히 이해하는 것이 목적이 아니라, 사용할 줄 아는 것이 목적이라고 하였다. 그래서 지금까지 설명 드린 내용을 토대로 scanf 함수를 잘 사용할 수 있도록 몇몇 문제를 드리면서 이번 장을 마무리하고자 한다.

문 제 9-1 [scanf 함수의 활용]

이번에 제시하는 문제들은 scanf 함수의 활용에 초점이 맞춰져 있는 비교적 쉬운 문제들이다. 따라서 반드시 여러분 스스로의 힘으로 해결할 수 있기를 기대하겠다.

◉ 문제 1
사용자로부터 하나의 실수를 입력 받아서 제곱 연산의 결과를 출력하는 프로그램을 작성해 보자. 예를 들어 -2.1을 입력하면 4.41이 출력되어야 한다.

◉ 문제 2
사용자로부터 두 개의 정수를 입력 받아서 사칙연산의 결과를 출력하는 프로그램을 작성하자. 단 나눗셈은 몫과 나머지를 계산하여 출력하는 방식으로 프로그래밍해야 하며, 두 개의 정수를 입력하는 방식은 다음과 같아야 한다. 즉 입력되는 정수 사이에 공백이 삽입되어 두 수를 구분 지어야 한다.

"두 개의 정수를 입력하세요 : 3 4"

◉ 문제 3
사용자로부터 두 점의 x, y 좌표를 입력 받아서 두 점 사이의 거리를 계산하여 출력하는 프로그램을 작성해 보자. 단! 한번에 한 점의 x, y 좌표를 입력 받되 x 좌표와 y 좌표 사이에 콤마(,)를 삽입하여 입력 받는 것을 원칙으로 하자. 즉 다음과 같은 형태로 입력이 이뤄져야 한다.

"첫 번째 점의 좌표 입력 : 1, 4"
"두 번째 점의 좌표 입력 : 3, 7"

참고로 두 점 [x1, y1], [x2, y2] 사이의 거리를 계산하는 공식은 다음과 같다.

$$\sqrt{(x1-x2)^2 + (y1-y2)^2}$$

그리고 루트(제곱근) 계산을 돕는 함수가 sqrt라는 이름의 표준함수로 제공되는데, 사용방법은 다음과 같다.

```
#include <math.h>
int main(void)
{
    double rootVal;
    rootVal=sqrt(1.44);
    printf("루트 %f는 %f입니다. \n", 1.44, rootVal);
    . . . . .
}
```

수학관련 함수들에 대해서는 뒤에서 종류별로 자세히 설명한다. 그러나 미리 사용해보는 것도 나쁘지 않다. 특히 위의 코드를 분석해서 여러분이 필요로 하는 정보를 추출해 내는 것도 좋은 공부가 된다.

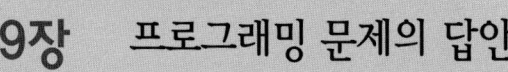

9장 프로그래밍 문제의 답안

■ 문제 9-1의 답안

• 문제 1

■ 소스코드 답안

```c
1.   #include <stdio.h>
2.
3.   int main(void)
4.   {
5.       double num;
6.       printf("실수 입력 : ");
7.       scanf("%lf", &num);
8.       printf("제곱 연산의 결과 : %f \n", num*num);
9.       return 0;
10.  }
```

• 문제 2

■ 소스코드 답안

```c
1.   #include <stdio.h>
2.
3.   int main(void)
4.   {
5.       int num1, num2;
6.       printf("두 개의 정수를 입력하세요 : ");
7.       scanf("%d %d", &num1, &num2);
8.
9.       printf("%d + %d = %d \n", num1, num2, num1+num2);
10.      printf("%d - %d = %d \n", num1, num2, num1-num2);
11.      printf("%d * %d = %d \n", num1, num2, num1*num2);
12.      printf("%d / %d = %d...%d \n", num1, num2, num1/num2, num1%num2);
13.      return 0;
14.  }
```

• 문제 3

■ 소스코드 답안

```c
1.   #include <stdio.h>
2.   #include <math.h>
3.
4.   int main(void)
5.   {
6.       int x1, y1;
7.       int x2, y2;
8.
```

```
9.          int diff_x, diff_y;
10.         double ans;
11.
12.         printf("첫 번째 점의 좌표 입력 : ");
13.         scanf("%d, %d", &x1, &y1);
14.
15.         printf("두 번째 점의 좌표 입력 : ");
16.         scanf("%d, %d", &x2, &y2);
17.
18.         diff_x=x1-x2;
19.         diff_y=y1-y2;
20.
21.         ans=sqrt(diff_x*diff_x + diff_y*diff_y);
22.         printf("두 점 사이의 거리 : %f \n", ans);
23.         return 0;
24.     }
```

위 예제에서는 sqrt 함수의 사용을 위해서 #include ⟨math.h⟩가 삽입되어야 함에 주목하자.

제10장

실행흐름의 컨트롤 1편!
분기(Branch)

여러분이 여기까지 오기를 참으로 많이 고대했습니다.

지금까지 많은 것을 공부했지만 실제로 여러분이 구현할 수 있는 프로그램의 형태는 상당히 제한되어 있다. 그리고 이 점이 여러분을 답답하게 만든 부분이 아니었을까 생각한다. 그러나 이러한 답답함도 이제 서서히 사라질 것이다. 이번 장과 다음 장을 통해서 프로그램의 실행흐름에 대한 컨트롤 방법을 여러분께 소개하는데, 이 내용만 숙지를 해도 여러분이 구현할 수 있는 프로그램의 범위는 지금까지와는 비교할 수 없을 정도로 넓어지기 때문이다. 이제 서서히 프로그래밍에 재미를 붙일 때가 되었다.

이 장의 목차페이지 ➡➡➡

10-1. if 그리고 else	230
10-2. if~else의 중첩을 대신할 수 있는 switch	244
10-3. 원하는 곳으로 보내주마 goto!	254
프로그래밍 문제의 답안	258

10-1 if 그리고 else

본격적인 시작에 앞서 여러분에게 단어 if와 else의 의미를 알려드리겠다. if는 다음의 뜻을 지닌다.

만약 ~이라면

그리고 else는 다음의 뜻을 지닌다.

그렇지 않으면

이게 사실 개그를 하려던 것인데 별로 웃기지 못한 것 같다(이러한 필자의 성향 때문인지 친구도 별로 없다). 어쨌든 여러분은 if라는 단어와 else라는 단어를 알고 있다. 따라서 이번 장의 내용은 그리 어렵지 않다.

■ 흐름의 분기가 필요한 이유

사칙연산이 가능한 프로그램을 작성한다고 가정해보자. 그런데 가정이라고 할 것도 없다. 필자가 앞서 문제의 형태로 구현을 유도했기 때문이다. 그러나 이전에 구현한 사칙연산 프로그램의 성격은 다음과 같았다.

"두 개의 숫자를 입력 받습니다. 그리고 두 숫자의 사칙연산 결과를 차례대로 출력하는 형태의 프로그램을 구현했지요."

그러나 이번에 필자가 말하는 프로그램은 이러한 성격의 프로그램이 아니다. 다음과 같은 성격의 프로그램이다.

"원하는 연산만 하도록 프로그램을 작성해주면 안될까요? 원래 계산기라는 것이 그렇잖아요. 덧셈을 하고프면 덧셈을, 뺄셈을 하고프면 뺄셈을 할 수 있어야죠."

하지만 아쉽게도 지금까지 우리가 학습해온 내용만 가지고는 이러한 형식의 프로그램을 구현할 수가 없다. 왜냐하면 프로그램의 흐름을 조건에 따라서 달리하는 방법을 모르기 때문이다. 잠시 다음 그림을 보자.

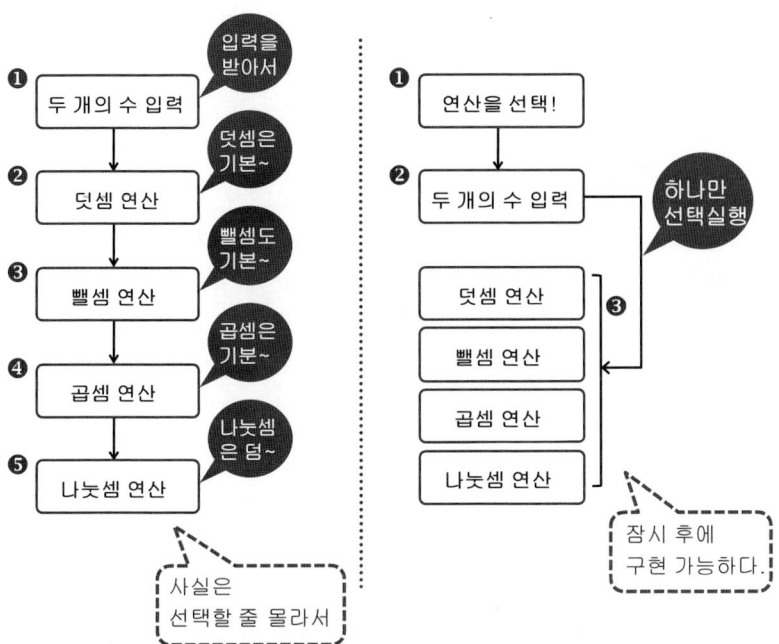

[그림 10-1 : 흐름의 분기가 필요한 이유]

위 그림의 왼편은 지금이라도 당장 구현 가능한 계산기 프로그램의 모델을, 오른편은 if와 else를 공부한 이후부터 구현 가능한 프로그램의 모델을 보여준다.

■ if문에 의한 조건적 실행

if라는 단어의 의미처럼 if문은 다음과 같은 뜻을 지닌다.

"조건이 만족될 때에만 실행을 해라."

이러한 의미를 갖는 if문의 코드구성은 다음과 같다.

```
int main (void)
{
    int n=10;

    if(n>5)
        printf("5보다 크다.");

    .....
}
```

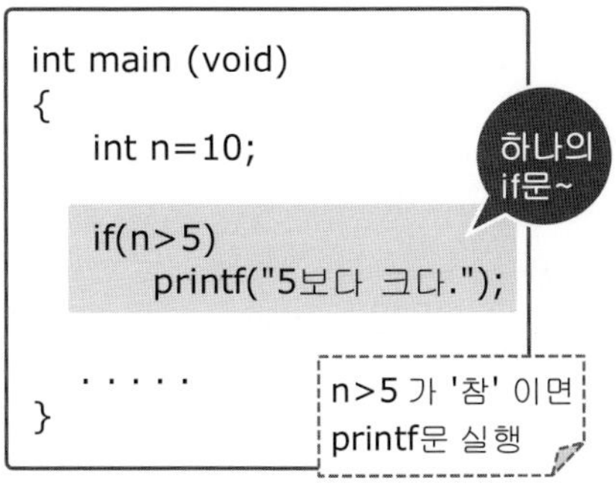

n>5 가 '참' 이면
printf문 실행

하나의
if문~

[그림 10-2 : if문의 구조1]

위 그림을 자세히 보면, if문의 끝에 문장의 끝을 의미하는 세미콜론(;)이 등장하지 않았음을 알 수 있다. 이것은 이어서 등장하는 printf 함수의 호출 문까지 if문에 포함됨을 의미한다. 즉 if문은 다음과 같이 한 줄에 표현할 수 있다.

```
if(n>5) printf("5보다 크다.");
```

그러나 if문을 한 줄에 표현하는 것보다 위 그림과 같은 형태로 표현하는 것이 보기에 좋으므로 두 줄 이상에 걸쳐서 if문을 표현하는 것이 보통이다.

이러한 if문은 실행의 조건을 검사하여 선택적 실행을 한다. 즉 조건이 '참'이면 if문의 뒤를 잇는(정확히 표현하면, if문의 일부로 존재하는) 내용을 실행시키고, '거짓'이면 실행하지 않는다. 위 그림의 경우도 n이 5보다 크다면 이어서 등장하는 printf 함수의 호출 문이 실행되고, n이 5보다 크지 않다면 printf 함수는 호출되지 않는다.

자! 그럼 예제를 보자. 다음 예제는 앞서 이야기했던, 선별적 실행이 가능한 계산기 프로그램이다.

■ 예제 10-1.c

```c
1.    #include <stdio.h>
2.
3.    int main(void)
4.    {
5.        int option;
6.        double n1, n2;
7.
8.        printf("선택(덧셈1, 뺄셈2, 곱셈3, 나눗셈4) : ");
9.        scanf("%d", &option);
10.
11.       printf("두 숫자 입력(숫자1, 숫자2) : ");
12.       scanf("%lf %lf", &n1, &n2);
13.
14.       if(option==1)
15.           printf("덧셈 결과 : %f \n", n1+n2);
16.
17.       if(option==2)
18.           printf("뺄셈 결과 : %f \n", n1-n2);
19.
20.       if(option==3)
21.           printf("곱셈 결과 : %f \n", n1*n2);
22.
23.       if(option==4)
24.           printf("나눗셈 결과 : %f \n", n1/n2);
25.
26.       printf("프로그램을 종료합니다. \n");
27.       return 0;
28.   }
```

해설

- 9행 : 사용자의 선택을 숫자의 형태로 입력 받고 있다.
- 12행 : 피연산자가 될 두 개의 숫자를 입력 받고 있다. 두 숫자 사이에 콤마가 입력되어야 한다는 사실에 주의하자.
- 14, 15행 : 입력된 숫자가 10이면 15행이 실행된다.
- 17, 18행 : 입력된 숫자가 20이면 18행이 실행된다.
- 20, 21행 : 입력된 숫자가 30이면 21행이 실행된다.
- 23, 24행 : 입력된 숫자가 40이면 24행이 실행된다.

■ 실행결과 : 예제 10-1

```
선택(덧셈1, 뺄셈2, 곱셈3, 나눗셈4) : 4
두 숫자 입력(숫자1, 숫자2) : 3.2215, 1.105
나눗셈 결과 : 2.915385
프로그램을 종료합니다.
```

여러분이 if문을 이해하고 있으니 코드 자체는 어렵지 않다. 그러나 이 프로그램은 한가지 지적할만한 사항을 지니고 있다. 그것은 어떠한 상황에서건 14, 17, 20, 23행의 조건검사를 반드시 거친다는 것이다. 예를 들어 사용자가 덧셈을 선택하면, 14행에서 조건이 만족되므로 15행을 통해서 덧셈의 결과를 출력할 것이다. 그런데 이것이 끝이 아니다. 사용자가 선택한 덧셈연산을 진행했음에도 불구하고 17, 20, 23행에 있는 if문의 조건검사를 거치게 되는데, 이것은 사실 불필요한 연산이다. 오히려 프로그램을 비효율적으로 만들뿐이다.

우리는 네 개의 if문 중에서 하나만 만족이 된다는 사실을 알고 있지 않은가? 따라서 하나의 if문이 만족되면, 그 이후에 등장하는 나머지 if문은 그냥 확~ 건너 뛰어버렸으면 좋겠다는 생각을 할 수 있다. 그러면 불필요한 연산을 하지 않아도 되기 때문이다. 우선 이러한 문제점이 있다는 사실을 기억해 두자.

■ **if문에 의한 둘 이상의 문장 실행**

앞의 예제에서는 if문에 딸린 문장이 printf 함수 호출문 하나였다. 그러나 여러분이 원하면 얼마든지 둘 이상의 문장을 if문에 묶어둘 수 있다. 중괄호를 이용한 다음과 같은 코드의 구성이 가능하기 때문이다.

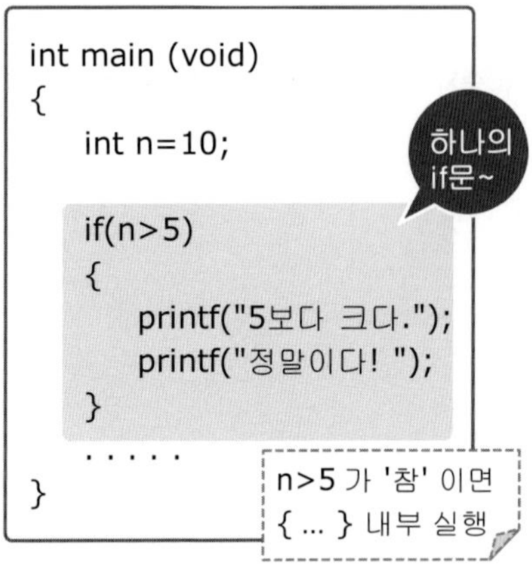

```
int main (void)
{
    int n=10;

    if(n>5)
    {
        printf("5보다 크다.");
        printf("정말이다! ");
    }
    .....
}
```

하나의 if문~

n>5 가 '참' 이면
{ ... } 내부 실행

[그림 10-3 : if문의 구조2]

위 그림에서 if문의 조건이 '참'이면, 중괄호로 쌓여있는 부분이 전부 실행되고, 반대로 '거짓'이면 중괄호로 쌓여있는 부분이 전부 실행되지 않는다. 다음 예제를 통해서 이 사실을 확인해 보자.

■ 예제 10-2.c

```
1.  #include <stdio.h>
2.
3.  int main(void)
4.  {
5.      int num;
6.
7.      printf("정수 입력 : ");
8.      scanf("%d", &num);
9.
10.     if(num<0)
11.     {
12.         printf("입력된 숫자는 0 미만. \n");
13.         return 0;
14.     }
15.
16.     if(num>=0 && num<10)
17.     {
18.         printf("입력된 숫자는 0이상 10미만. \n");
19.         return 0;
20.     }
21.
22.     if(num>=10 && num<20)
23.     {
24.         printf("입력된 숫자는 10이상 20미만. \n");
25.         return 0;
26.     }
```

```
27.
28.        if(num>=20)
29.        {
30.            printf("입력된 숫자는 20이상. \n");
31.            return 0;
32.        }
33.    return 0; // 사실상 실행되지 않는 return문
34. }
```

- 10~14행 : num에 저장된 값이 0보다 작다면, 12행과 13행이 이어서 실행된다. 그런데 13행은 return 문이다. 따라서 이 문장이 실행이 되면 프로그램은 종료가 된다.
- 16~20행 : && 연산자보다 >= 연산자와 < 연산자의 우선순위가 더 높다. 따라서 16행에서 말하는 조건은 변수 num이 0이상 10미만인 경우에 참이 된다.

■ 실행결과 : 예제 10-2

정수 입력 : 7
입력된 숫자는 0이상 10미만.

이 예제가 예제 10-1에서 제시했던 문제를 해결해주는 것처럼 보인다. 조건이 '참'인 if문이 등장하면 해당 블록을 실행하고 프로그램이 종료되어 나머지 if문의 조건 검사는 생략되기 때문이다. 하지만 적절한 해결책은 아니다. 예제 10-1에서는 if문의 조건 검사 이후에도 실행되어야 할 추가적인 코드가 존재하고 (26행의 printf 함수 호출 문장) 또 실행도 되는데, 이 예제의 경우에는 이러한 코드의 삽입이 불가능하기 때문이다(삽입해도 실행되지 않는다는 뜻).

● 문 제 10-1 [함수의 활용]

예제 10-2를 참조하여, 예제 10-1에서 지적한 문제점(모든 if문의 조건검사를 실행한다는 문제점)을 해결하는 것이 이번 문제이다. 반드시 지금까지 공부한 내용만을 가지고 해결해야 하며(혹 if~else문을 이미 알고 있다 하더라도 이 문장을 사용하면 안 된다), 예제 10-1과 동일한 출력결과를 보여야 한다. 특히 맨 마지막 부분에서는 다음 문자열이 반드시 출력되어야 한다.
    "프로그램을 종료합니다."

이는 생각보다 단순하지 않다. 그래서 문제 해결을 위한 힌트를 하나 드리겠다.
    " 여러분은 함수라는 것을 정의할 수 있습니다. 함수를 정의해서 문제를
      해결하려고 노력해 보세요."

■ if문 뒤에 else를 붙여서 '이것' 아니면 '저것' 둘 중 하나 실행하기

앞서 설명한 if문에 else를 이어서 하나의 문장을 구성할 수도 있다. 그리고 이렇게 하나의 문장을 구성하면 if가 구성하는 영역과 else가 구성하는 영역, 둘 중 하나가 실행되는 조건문이 형성된다. if~else 문의 코드구성은 다음과 같다.

```
int main (void)
{
    int n=10;

    if(n>5)
        printf("5보다 크다.");
    else
        printf("5보다 크지 않다.");
    .....
}
```

하나의 if~else문

[그림 10-4 : if~else문의 구조]

위 그림에서 n>5가 '참'이면 다음 문장이 실행된다.

    printf("5보다 크다.");

그러나 n이 5보다 크지 않아서 n>5가 '거짓'이면 다음 문장이 대신 실행된다.

    printf("5보다 크지 않다.");

이것이 if~else문의 기본적인 동작방식이다. 더불어 한가지 기억할 것은 else는 반드시 if와 함께 등장해야 한다는 사실이다. 이는 if~else가 두 개의 문장이 아니라 하나의 문장으로 취급되기 때문이다. 다음 예제를 통해서 if~else문의 사용 예를 보이도록 하겠다.

■ 예제 10-3.c

```
1.   #include <stdio.h>
2.
3.   int main(void)
4.   {
5.       int num;
6.
7.       printf("정수 입력 : ");
8.       scanf("%d", &num);
9.
10.      if(!(num%2))
11.          printf("입력된 수는 짝수입니다. \n");
```

```
12.     else
13.         printf("입력된 수는 홀수입니다. \n");
14. 
15.     if(num<0)
16.     {
17.         printf("그리고 음수입니다. \n");
18.     }
19.     else
20.     {
21.         if(num==0)
22.             printf("다름아닌 0입니다. \n");
23.         else
24.             printf("그리고 양수입니다. \n");
25.     }
26.     return 0;
27. }
```

- 10행 : num%2의 결과는 0 아니면 1이다. num이 짝수이면 0, 홀수이면 1을 반환한다. 그런데 이 결과에 논리 부정(NOT) 연산을 하고 있다(! 연산자를 말하는 것이다). 따라서 참을 의미하는 1은 거짓을 의미하는 0이 되고, 거짓을 의미하는 0은 참을 의미하는 1이 된다. 결과적으로 num이 짝수일 때, 이 조건은 참이 되어 11행이 실행된다.
- 15행 : num이 0보다 작으면 17행이 실행되는데, 이 문장은 중괄호로 묶여있다. 그러나 15행의 조건이 '참'일 경우, 실행해야 할 문장이 17행 하나이므로, 이 중괄호는 생략 가능하다.
- 19행 : num이 0보다 작지 않다면, 20~25행의 블록이 실행된다. 그런데 이 블록 안에도 if~else문이 존재한다. If~else문이 중첩된 상황을 보여주는 것이다. 따라서 num이 0보다 작지 않다면 21~24행에 존재하는 if~else문을 실행해야 한다.

■ 실행결과 : 예제 10-3

```
정수 입력 : 7
입력된 수는 홀수입니다.
그리고 양수입니다.
```

 문 제 10-2 [if~else문의 활용]

두 개의 정수를 입력 받아서, 두 수의 차를 계산하여 출력하는 프로그램을 작성하자. 단 무조건 큰 수에서 작은 수를 뺀 결과를 출력해야 한다. 예를 들어서 5와 3이 입력되면 입력된 순서와 상관없이 5-3을 계산해야 하고, -4와 7이 입력되면 입력된 순서와 상관없이 7-(-4)를 계산해야 한다.

■ 중첩된 if~else문에서 중괄호를 빼보자.

우리는 예제 10-3을 통해서 if~else문이 중첩된 사례(if~else문 안에 if~else문이 존재하는 경우)를 보았다. 다음과 같은 형태였다.

```
if(num<0)
{
    printf("그리고 음수입니다. \n");
}
else
{
    if(num==0)
        printf("다름아닌 0입니다. \n");
    else
        printf("그리고 양수입니다. \n");
}
```

그런데 if문, 또는 if~else문의 중괄호는 조건 성립 시 실행해야 할 문장이 둘 이상일 경우에 필요한 것이다. 그리고 if~else는 하나의 문장이라고 하였다. 따라서 위의 코드는 다음과 같이 쓸 수 있다.

```
if(num<0)
    printf("그리고 음수입니다. \n");
else
    if(num==0)
        printf("다름아닌 0입니다. \n");
    else
        printf("그리고 양수입니다. \n");
```

if~else가 하나의 문장이기 때문에 그냥 중괄호만 없앴다. 그런데 구성이 조금 혼란스러워 보이니 다음과 같이 정리하기로 하자. 공백의 간격과 위치만 조절한 것일 뿐, 코드는 변경되지 않았다.

```
if(num<0)
    printf("그리고 음수입니다. \n");
else if(num==0)
    printf("다름아닌 0입니다. \n");
else
    printf("그리고 양수입니다. \n");
```

위 코드에는 총 3개의 printf문이 존재하는데, 조건에 따라서 이 중 하나만 실행이 된다. 따라서 이와 같은 구성이 한결 소스코드를 이해하기가 쉽다.

> **참고** 저렇게 막 공백과 줄을 변경해도 되요?
>
> 소스코드에서 줄을 바꾸거나 줄을 삽입하는 이유는 보기 쉽도록 하기 위함일 뿐, 코드 자체에는 아무런 의미를 주지 않는다. 예를 들어서 다음과 같은 함수의 정의도 한 줄에 표현할 수 있다.
>
> ```
> int fct(int n)
> {
>     n++;
>     return n;
> }
> ```
>
> 이 함수의 정의를 한 줄로 표현하면 다음과 같다. 그리고 이 둘은 기능상으로 아무런 차이가 없다.
>
> ```
> int fct(int n) { n++; return n;}
> ```

■ if...else if...else

정리하면, 중첩된 if~else문은 다음과 같이 일반화해서 사용하는 것이 보통이며, 필요하다면 중간에 'else if'를 얼마든지 추가할 수 있다.

```
int main (void)
{
    .....
    if(n<0)
        printf("음수");
    else if(n>=0 && n<10)
        printf("0이상 10미만");
    else if(n>=10 && n<20)
        printf("10이상 20미만");
    else
        printf("20이상");
    .....
}
```

조건의 만족여부에 따라서 하나만 실행

[그림 10-5 : if...else if...else문의 구조]

위 그림의 코드에서 주목할 점은 네 개의 printf 문장 중에서 하나만 실행된다는 사실이다. 만약에 아직도 그 이유가 이해되지 않는다면 다음 코드를 참조하자. 위 그림에서 보여주는 것과 동일한 코드이다.

```c
int main(void)
{
    ......
    if(n<0)
        printf("음수");
    else
    {
        if(n>=0 && n<10)
            printf("0이상 10미만");
        else
        {
            if(n>=10 && n<20)
                printf("10이상 20미만");
            else
                printf("20이상");
        }
    }
    ......
}
```

위 코드를 분석해 보면, 네 개의 printf 함수 호출문장 중에서 하나만 실행됨을 알 수 있다. 그리고 이것이 확인되었다면 중괄호를 없애고 공백과 줄 조절을 조금 더 해서, 그림 10-5와 동일해짐을 확인하기 바란다. 그리고 여러분도 그림 10-5의 코드가 보기에도, 이해하기에도 훨씬 좋다는 것을 느꼈을 것이다. 이것이 바로 if...else if...else문을 일반화해서 이야기하는 이유이다.

문 제 10-3 [if...else if...else문의 활용]

예제 10-1이 지니고 있는 문제점을 기억할 것이다. 그런데 if문에 의한 조건검사가 무조건 네 번 발생한다는 것 이외에도 단점이 한가지 더 있다. 그것은 코드 분석이 난해하다는 것이다. if...else if...else문을 이용해서 구현했다면, 코드를 보자마자 다음과 같은 사실이 파악 가능하다.

"오호~ 조건에 따라서 하나만 실행이 되겠구먼."

그러나 if문으로만 구성되어 있는 예제 10-1의 경우, 코드를 면밀히 분석해야만 이 사실을 알 수 있다. 따라서 이번에는 예제 10-1을 if...else if...else문을 이용하는 형태로 변경해 보기 바란다.

■ 조건 연산자라 불리는 재미있는 연산자

경우에 따라서 if~else문을 대신하여 사용할 수 있는 연산자가 있다. 이 연산자를 가리켜 '조건 연산자'라 하는데, 피연산자의 수가 세 개이기 때문에 '삼 항 연산자'로도 불린다. 다음 그림은 조건 연산자의 기능적인 부분을 설명한다.

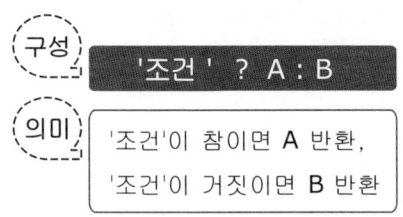

[그림 10-6 : 조건 연산자의 구성과 의미]

위 그림에서 보여주듯이 조건 연산자는 기호 ?와 기호 :으로 구성되어 있다(조금 특별한 구성이다). 이 두 개의 기호가 하나의 연산자를 구성하는 것이다. 그리고 피연산자는 '조건', A 그리고 B 이렇게 세 개이다. 다음 그림은 예를 통해서 조건 연산자의 기능을 구체적으로 설명하고 있다.

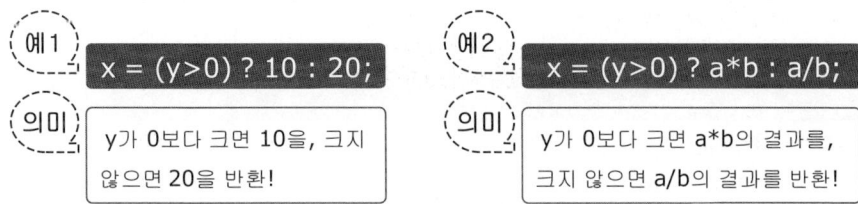

[그림 10-7 : 조건 연산자의 사용 예 1, 2]

그림 10-7은 그림 10-6의 A와 B의 위치에 숫자 또는 연산문이 올 수 있음을 보여준다. 그리고 이렇게 반환된 값은 대입연산에 의해 변수 x에 저장이 된다. 이 뿐만이 아니다. 다음 그림에서 보여주듯이 A와 B의 위치에서 함수도 호출할 수 있다.

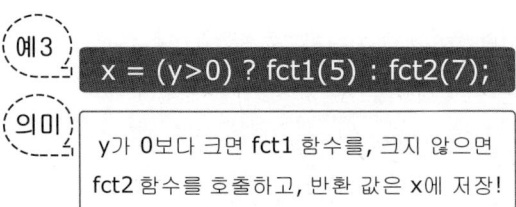

[그림 10-8 : 조건 연산자의 사용 예 3]

여러분도 파악했겠지만, 모든 경우에서 조건 연산자는 if~else문으로 대체할 수 있다. 따라서 여러분이 마음만 먹으면 조건 연산자는 한번도 사용하지 않을 수 있다. 그러나 조건 연산자는 if~else문보다 간결한 표현이 가능하다는 장점이 있다. 항상 그런 것은 아니지만 문장에 따라서는 조건 연산자를 사용해서 if~else문보다 간결하게 표현하는 것이 가능하다.

조건 연산자가 간결한 표현이 가능하다고요?

조건 연산자를 사용하면 간결한 표현이 가능하다고 했는데, 이는 개개인의 성향과 경험에 따라서 달리 생각할 수 있는 문제이다. 필자와 함께 일했던 프로그래머 중에서는 조건 연산자를 무척 싫어하던 친구도 있었다. 그 친구는 조건 연산자가 조금도 간결해 보이지 않는다고 했다. 그러나 조건 연산자를 즐겨 쓰는 프로그래머들도 많다.
결국 여러분은 조건 연산자를 좋아하건 좋아하지 않건, 팀을 이뤄서 프로젝트를 진행하기 위해서라도 조건 연산자를 이해하고 있어야 한다. 다른 사람의 소스코드를 보기 위해서라도 이해하고 있어야 한다.

조건 연산자에 대해서도 충분한 설명이 이뤄졌으니, 예제를 통해서 지금까지 설명한 내용을 정리하고자 한다.

■ 예제 10-4.c

```
1.   #include <stdio.h>
2.
3.   int main(void)
4.   {
5.       int num;
6.       int abs;
7.
8.       printf("정수 입력 : ");
9.       scanf("%d", &num);
10.
11.      if(num==0)
12.          printf("제로입니다. \n");
13.      else
14.          (num>0) ? printf("양수입니다.\n") : printf("음수입니다.\n");
15.
16.      abs = (num>0) ? num : num*(-1);
17.      printf("입력된 수의 절대값 : %d \n", abs);
18.      return 0;
19.  }
```

- 14행 : else문의 뒤를 이어서 조건 연산자가 존재한다. num이 0보다 크다면(즉 조건이 참이라면) "양수입니다."를 출력하는 첫 번째 printf문이 실행되고, 그렇지 않다면 "음수입니다."를 출력하는 printf문이 실행된다.
- 16행 : num이 0보다 크다면 num에 저장된 값이 변수 abs에 그냥 저장되겠지만, 그렇지 않다면 num에 저장된 값에 -1을 곱한 값이 abs에 저장된다.

■실행결과 : 예제 10-4

```
정수 입력 : -7
음수입니다.
입력된 수의 절대값 : 7
```

문 제 10-4 [조건 연산자의 활용]

문제 10-2를 조건 연산자를 활용하는 형태로 다시 해결해 보자. 혹시 이보다 더 어려운 문제를 기대했는가? 굳이 이 이상 어려운 문제를 풀지 않아도 된다. 조건 연산자는 이처럼 단순한 경우에 사용되니 말이다.

10-2 if~else의 중첩을 대신할 수 있는 switch

이번에 소개하는 switch문도 if~else문과 마찬가지로 조건에 따라서 프로그램의 흐름을 분기시키는 목적으로 사용된다. 복잡한(또는 그 길이가 길어지는) if...else if...else문을 대신하여 사용할 때, 코드를 간결하게 한다는 장점이 있어 자주 사용되는 문장이다.

■ switch문의 기본 구성

다음 그림은 switch문의 기본 구성을 보여준다. 아래의 그림처럼 switch문과 case문으로 구성이 된다.

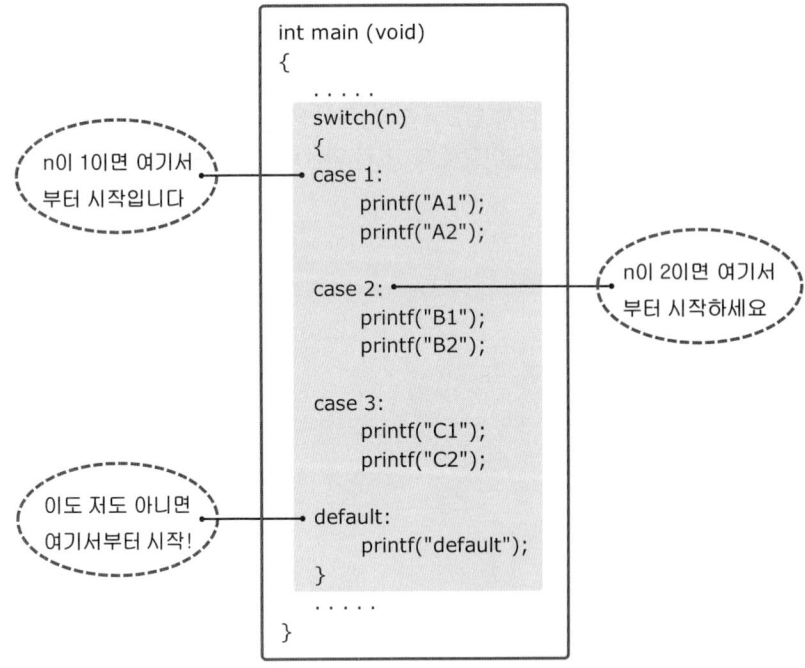

[그림 10-9 : switch문의 구성과 의미]

switch문을 이해하려면 case문과 default문이 지니는 의미를 먼저 이해해야 한다. 따라서 이를 설명하는 데서부터 switch문의 설명을 시작하겠다.
위 그림에 존재하는 case문과 default문을 가리켜 레이블(label)이라 한다. 레이블이라고 발음하니까 생소하게 느낄 수도 있겠다. 그럼 아주 세련되게 발음해 주겠다.

"라벨!!!"

"아줌마 공책에 붙일 라벨(견출지) 주세요!!"

이제 좀 친근하게 느껴지는가? 다음 그림은 대표적인 대한민국 라벨(레이블)이다.

[그림 10-10 : 대한민국 대표 라벨]

필자가 이 소중한 지면을 이용해서 별로 웃기지도 않는 소리를 계속하는 이유는 다음 사실을 강조하기 위해서다.

"레이블은 위치를 표시해 두기 위해 사용된다."

즉 case와 default는 위치 정보를 표시하기 위해 사용된다. 그림 10-9에서 보여주는 switch문은 처음 보면 다소 복잡하게 보인다. 그러나 case문과 default문이 위치 정보를 표시하는데 사용된 레이블이라는 사실을 알면 상당히 간단한 구성임을 알 수 있다. 예를 들어 case 2라는 레이블이 있다. 이는 다음의 의미를 지닌다.

"n이 2이면, 이 위치서부터 실행하겠습니다."

마찬가지로 case 3이라는 레이블은 다음의 의미를 지닌다.

"n이 3이면, 이 위치서부터 실행하겠습니다."

그리고 case문과는 달리 default 레이블은 다음의 의미를 지닌다.

"n에 해당하는 레이블이 없으면, 여기서부터 실행하겠습니다."

즉 레이블은 실행 위치를 지정하는 역할을 담당한다. 그럼 이제 예제를 통해서 구체적인 이해를 갖추도록 하겠다. 다음은 위 그림 10-9를 기반으로 작성된 것이다.

■ 예제 10-5.c

```
1.   #include <stdio.h>
2.
3.   int main(void)
4.   {
5.       int num;
```

```
6.      printf("1에서 3 사이의 정수 입력 : ");
7.      scanf("%d", &num);
8.
9.      switch(num)
10.     {
11.     case 1:
12.         printf("A1 ");
13.         printf("A2 ");
14.     case 2:
15.         printf("B1 ");
16.         printf("B2 ");
17.     case 3:
18.         printf("C1 ");
19.         printf("C2 ");
20.     default:
21.         printf("Default! \n");
22.     }
23.     return 0;
24. }
```

- 9행 : 변수 num이 switch문에 전달되고 있다. 이 값에 따라서 실행의 위치가 달라진다.

이 예제는 소스코드의 해설보다 실행의 결과가 이해에 더 많은 도움을 준다. 따라서 다양한 실행의 결과를 아래에 실어놓았다.

■ 실행결과 1 : 예제 10-5

1에서 3 사이의 정수 입력 : 1
A1 A2 B1 B2 C1 C2 Default!

■ 실행결과 2 : 예제 10-5

1에서 3 사이의 정수 입력 : 3
C1 C2 Default!

■ 실행결과 3 : 예제 10-5

1에서 3 사이의 정수 입력 : 5
Default!

실행결과의 결론은 레이블이 지정하는 위치서부터 switch문의 마지막까지 실행이 된다는 것이다. 끝으로 switch문을 사용하는데 있어서 주의해야 할 사실이 한가지 있다. 그것은 레이블에 사용되는 숫자나 switch문에 전달되는 값(위 예제 10-5의 경우 변수 num) 모두 정수이어야 한다는 사실이다. 실수를 이용해서는 switch문을 구성할 수 없다.

■ switch문 + break문 : switch문의 일반적인 사용 모델

실행의 흐름을 컨트롤하는데 사용되는 키워드 중에서 break라는 것이 있다. 이는 switch문 안에서 사용할 수 있으며 다음과 같은 의미를 지닌다.

"switch문을 그냥 빠져 나가겠습니다!"

따라서 switch문 안에서 break문을 적절히 활용하면, 다음 그림과 같은 구조의 실행을 기대할 수 있다. 그림 10-9에서 보여준 switch문은 특정 레이블의 위치에서부터 switch문의 마지막까지 쫙~ 실행하는 구조였다면, 지금 보여드리는 형식은 각 레이블마다 영역을 형성하여, 해당 영역만 실행하는 구조이다.

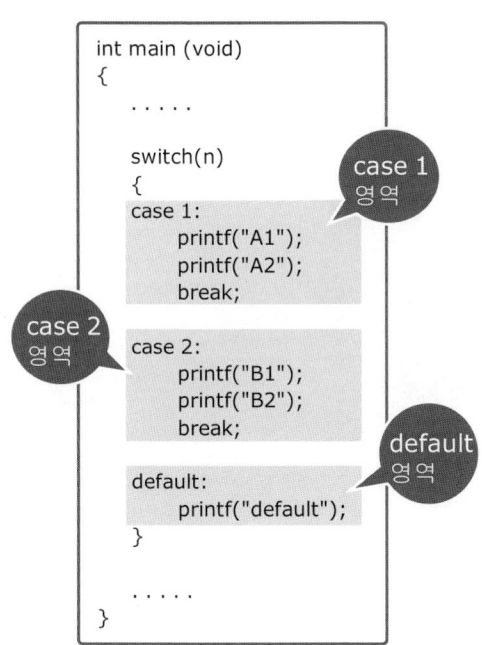

[그림 10-11 : switch, break문의 구성과 의미]

그림 10-9와 비교했을 때, 실질적인 차이는 break문의 존재여부이다. 하지만 이 break문 덕분에 레이블 별로(case 1, case 2 그리고 default) 영역을 형성하여, 해당 부분만 실행할 수 있게 되었다. 예를 들어 switch문에 2가 전달되었다고 가정해 보자. 그렇다면 일단 case 2의 위치로 이동을 해서 실행을 하게 된다. 즉 다음 두 문장이 실행된다.

```
        printf("B1");
        printf("B2");
```

그리고 나서 break문을 만나기 때문에 switch문의 마지막까지 실행되지 못하고 switch문을 벗어나게 된다. 결과적으로는 case 2가 구성한 영역만 실행이 되었다. 일반적으로 프로그램을 구현할 때 그림 10-9의 형태보다는 그림 10-11의 형태가 훨씬 더 유용하게 사용된다. 다음 예제는 break문의 이해를 돕기 위해, 그림 10-11을 기반으로 작성하였다.

■ 예제 10-6.c

```c
1.  #include <stdio.h>
2.
3.  int main(void)
4.  {
5.      int num;
6.
7.      printf("정수 입력 : ");
8.      scanf("%d", &num);
9.
10.     switch(num)
11.     {
12.     case 1:
13.         printf("A1 ");
14.         printf("A2 \n");
15.         break;
16.     case 2:
17.         printf("B1 ");
18.         printf("B2 \n");
19.         break;
20.     default:
21.         printf("Default! \n");
22.     }
23.     return 0;
24. }
```

소스코드에 대해서는 이미 설명하였으니 다양한 실행결과를 통해서 여러분의 이해를 돕겠다.

■ 실행결과 1 : 예제 10-6

```
정수 입력 : 1
A1 A2
```

■ 실행결과 2 : 예제 10-6

정수 입력 : 2
B1 B2

■ 실행결과 3 : 예제 10-6

정수 입력 : 123
Default!

이로써 switch문에 대한 기본적인 설명이 모두 끝났다. 그렇다면 이러한 switch문은 어떠한 경우에 활용하면 좋을까?

■ switch문을 잘 활용한 예 1 : 분기가 너무 많아요!

첫 번째로 if…else if…else문을 대신해서 사용할 수 있다. 특히 분기의 경우 수가 많아지면(중간에 else if의 삽입이 많아지면) 코드가 혼란스러워 보이는데, 이러한 경우에 switch문을 사용하면 코드가 간결해 보인다.

```
int main (void)
{
    .....
    if (n==1)
    {
        n = a + b;
        printf("...+...");
    }
    else if (n==2)
    {
        n = a - b;
        printf("...-...");
    }
    else if (n==3)
    {
        n = a * b;
        printf("...x...");
    }
    else if (n==4)
    {
        n = a / b;
        printf(".../...");
    }
    else
    {
        n = a % b;
        printf("...%...");
    }
    .....
```

```
int main (void)
{
    .....
    switch(n)
    {
    case 1:
        n = a + b;
        printf("...+...");
        break;

    case 2:
        n = a - b;
        printf("...-...");
        break;

    case 3:
        n = a * b;
        printf("...x...");
        break;

    case 4:
        n = a / b;
        printf(".../...");
        break;

    default:
        n = a % b;
        printf("...%...");
    }
    .....
```

[그림 10-12 : if…else if…else vs. switch]

위 그림에서는 if…else if…else문과 switch문을 비교하고 있다. 결과적으로 하는 일은 같다. 그러나 switch문으로 구현된 오른쪽에 있는 코드가 훨씬 간결해 보이지 않는가? 잘 모르겠는가? 그렇다면 오른쪽이 훨씬 간결해 보인다고 최면을 걸자!

> **난 if…else if…else가 더 간결해 보이는데요. 개인적 취향은 존중해 줘야죠!**
>
> 그림 10-12를 보면서 switch문이 더 간결하게 느껴지지 않는 분들도 분명히 계신다. 그러나 훨씬 많은 수의 프로그래머가 switch문을 간결하게 느끼는 것이 사실이다. 그렇다면 다수가 생각하는 방향으로 따라갈 필요도 있다. 비록 여러분의 취향은 아닐지라도, 주변 프로그래머들의 취향에 맞출 필요가 있다. 소프트웨어 개발이란 절대로 혼자서 하는 일이 아니다. 때문에 개인적 취향보다는 팀 또는 다수의 취향이 우선적으로 존중되어야 한다. 내가 조금 불편해도 말이다.

■ **그러나 switch문에는 비교 연산이 올 수 없지요.**

switch문이 if…else if…else문에 비해서 간결해 보인다고 해서 무조건 대신할 수 있는 것은 아니다. switch문이 지니고 있는 한계가 있기 때문이다.

```
int main (void)
{
    .....
    if (0<=n && n<10)
    {
        n %= 10;
        printf("...A...");
    }
    else if (10<=n && n<20)
    {
        n %= 20;
        printf("...B...");
    }
    else if (21<=n && n<30)
    {
        n %= 30;
        printf("...C...");
    }
    else
    {
        n %= 40;
        printf("...D...");
    }
    .....
}
```

```
int main (void)
{
    .....
    switch(n)
    {
    case ???:
        n %= 10;
        printf("...A...");
        break;
    case ???:
        n %= 20;
        printf("...B...");
        break;
    case ???:
        n %= 30;
        printf("...C...");
        break;
    default:
        n %= 40;
        printf("...D...");
    }
    .....
}
```

[그림 10-13 : switch문이 갖는 한계점]

위 그림은 switch문이 갖는 한계를 보여준다. 위 그림의 왼편에 있는 if…else if…else문을 보면 비교연산과 논리연산이 진행되고 있음을 볼 수 있다. 이처럼 연산 및 함수호출의 결과를 통해서 조건의 성립여부를 결정하는 경우에는 switch문으로 대체가 불가능하다. 왜냐하면 case 레이블에는 정수만 올 수 있기 때문이다.

■ switch문을 잘 활용한 예 2 : 실행을 위한 조건이 너무 많아요!

그럼 이번에는 switch문을 활용할만한 또 다른 상황을 하나 소개하겠다. 이번에는 break문이 존재하지 않으면 레이블이 지정한 위치에서부터 switch문의 마지막까지 실행된다는 특성을 활용한 것이다. 예제를 먼저 보자.

■ 예제 10-7.c

```
1.   #include <stdio.h>
2.
3.   int main(void)
4.   {
5.       int num;
6.       printf("정수 입력(1이상 30미만) : ");
7.       scanf("%d", &num);
8.
9.       if(num==2 || num==3 || num==5 || num==7)
10.          printf("1이상, 10미만의 소수입니다. \n");
11.      else if(num==11 || num==13 || num==17 || num==19)
12.          printf("10이상, 20미만의 소수입니다. \n");
13.      else if(num==23 || num==29)
14.          printf("20이상, 30미만의 소수입니다. \n");
15.      else
16.      {
17.          printf("소수가 아닙니다. \n");
18.          printf("또는 0이하이거나 30이상의 수입니다. \n");
19.      }
20.      return 0;
21.  }
```

- 9, 10행 : num이 2, 3, 5 또는 7인 경우, 10행의 printf문이 실행된다.
- 11, 12행 : num이 11, 13, 17 또는 19인 경우, 12행이 실행된다.
- 13, 14행 : num이 23 또는 29인 경우, 14행이 실행된다.

■ 실행결과 : 예제 10-7

```
정수 입력(1이상 30미만) : 7
1이상, 10미만의 소수입니다.
```

위 예제는 사용자로부터 입력 받은 수가 어떠한 범위의 소수인지를 확인해주는 프로그램이다. 이 프로그램의 특징은 다음과 같다.

"10행이 실행되기 위한 조건은 4가지, 12행이 실행되기 위한 조건도 4가지이다."

즉 특정 문장이 실행되기 위한 조건이 둘 이상인 경우를 연출하기 위해서 제시한 예제이다. 그런데 이렇게 조건이 둘 이상인 경우의 실행문장을 if문을 통해서 구현하면 코드의 구성이 복잡해진다(위 코드가 깔끔하지 못하다는 느낌을 받았으면 좋겠다). 특히 9행과 11행의 if문은 좋지 못한 문장의 사례로 꼽히기도 한다. 그렇다면 위 예제를 어떻게 변경하면 좋을까? 이 상황에서 switch문은 또 한번 빛을 발한다. 다음 예제는 위의 예제를 단순히 switch문으로 재 구현한 것이다.

■ 예제 10-8.c

```
1.   #include <stdio.h>
2.
3.   int main(void)
4.   {
5.       int num;
6.       printf("정수 입력(1이상 30미만) : ");
7.       scanf("%d", &num);
8.
9.       switch(num)
10.      {
11.      case 2 : case 3 : case 5 : case 7:
12.          printf("1이상, 10미만의 소수입니다. \n");
13.          break;
14.
15.      case 11 : case 13 : case 17 : case 19:
16.          printf("10이상, 20미만의 소수입니다. \n");
17.          break;
18.
19.      case 23 : case 29:
20.          printf("20이상, 30미만의 소수입니다. \n");
21.          break;
22.
23.      default:
24.          printf("소수가 아닙니다. \n");
25.          printf("또는 0이하이거나 30이상의 수입니다. \n");
26.      }
27.      return 0;
28.  }
```

- 11행 : 한 줄에 2, 3, 5, 7에 대한 case 레이블이 붙어있다. 따라서 num이 2, 3, 5 또는 7인 경우, 여기서부터 실행하게 된다. 그런데 13행에서 break문을 만나니, 실제로 실행되는 것은 12행 한 줄이다.

- 15행 : 마찬가지로 한 줄에 11, 13, 17, 19에 대한 case 레이블이 붙어있다. 따라서 num이 11, 13, 17, 19인 경우에 16행 한 줄만 실행되고 switch문을 빠져 나온다.

■ **실행결과 : 예제 10-8**

```
정수 입력(1이상 30미만) : 7
1이상, 10미만의 소수입니다.
```

위 예제 11행을 보면서 다음과 같이 느껴도 된다!

"한 줄에 둘 이상의 레이블을 둘 수도 있구나!"

하지만 다음과 같이 여러 줄에 존재하는 case 레이블을 한 줄에 표현한 것으로 생각하는 것도 괜찮다.

```
case 2:
case 3:
case 5:
case 7:
    printf("1이상, 10미만의 소수입니다. \n);
    break;
```

어떤가? 분명히 예제 10-8이 예제 10-7에 비해 간결해 보이지 않는가? 위 두 예제를 기억하고 있기 바란다. switch문을 적용해야 할 사례로 기억하고 있으면 많은 도움이 될 것이다.

● 문 제 10-5 [switch문의 활용]

이번 문제에서는 단순히 switch문의 활용능력을 테스트하는 것이 아니라, 여러분의 응용력을 테스트 해 보고자 한다. 예제 10-2는 입력된 숫자가 속해있는 값의 범위를 출력하는 예제이다. 이 예제를 switch문을 이용해서 재 구현해보자. 이것이 이번에 여러분께 드리는 문제이다.

"아니! 그림 10-13의 경우처럼 연산의 결과를 이용해서 조건의 성립여부를 판단하는 경우에는 switch문을 쓸 수 없다며?"

물론 쓸 수 없다. 그래서 여러분의 응용력을 테스트하겠다는 것 아닌가? 그냥 단순히 옮기는 방법으로는 불가능하다. 하지만 여러분이 지금까지 공부한 내용 중 일부를 잘 활용하면 옮길 수 있다. 필자 개인적으로는 이 문제에 대해서 힌트를 드리고 싶지만, 힌트가 곧 답이 될 확률이 높기 때문에 드릴 수가 없다. 재미있는 문제라고 생각하고 도전하자!

10-3 원하는 곳으로 보내주마 goto!

goto는 C언어를 포함하여, 많은 프로그래밍 언어에서 볼 수 있는 키워드이다. 그럼에도 불구하고 개발자들이 사용하기를 꺼려하고, 또 많은 전문가들이 사용하지 않을 것을 권고하는 키워드이기도 하다. 반대로 제한된 형태의 goto문 사용을 긍정적으로 바라보는 시각도 있다.

■ goto에 대한 전문가들의 의견! 그리고 필자의 의견!

필자의 의견보다는 전문가들의 의견이 여러분에게 보다 설득력이 있을 것이다. 많은 전문가들은 다음과 같이 이야기한다.

> "goto는 장점보다 단점이 많습니다. 그리고 반드시 goto문을 이용해야만 해결 가능한 상황이라는 것도 존재하지 않습니다. 그러니 굳이 사용할 필요가 없지요."

여기서 말하는 단점이란 코드가 복잡해지는 것을 의미한다. 그런데 단순히 코드가 복잡해지는 수준이 아니라 C언어의 절차지향적 특성이 무너지는 것이기 때문에, 이는 커다란 단점이 될 수 있다. 반면 다음과 같이 긍정적인 측면을 이야기하는 전문가들도 있다.

> "제한된 형태로 잘만 사용하면 오히려 코드를 간결하게 할 수 있습니다. 실제로 Linux 커널의 소스코드에서도 goto를 사용한 사례를 볼 수 있지 않습니까? goto가 백해무익하다면 이러한 곳에 사용될 리가 없겠지요."

해외의 소프트웨어 관련 사이트를 돌아다녀보면, 간혹 goto문과 관련해서 공방이 이뤄지는 것을 볼 수 있다. 이것만 보더라도 절대적인 정답이란 없는 듯 하다. 그러나 상당수의 개발자들이 goto문에 대해 좋지 않은 시각을 가지고 있고, 좋은 시각을 갖고 있는 개발자들 조차도 실제 프로그램 개발에서 goto문을 사용하는 경우는 거의 없다. 따라서 여러분이 goto문을 좋아하건 좋아하지 않건, 일단은 사용하지 않는 습관을 들여야 한다. 이것이 바로 필자의 의견이다.

> "goto문을 알고는 있어야 한다. 그러나 사용하지 않는 습관을 들이는 것이 먼저이다."

■ goto문의 이해와 활용

goto는 영단어 go와 to로 이뤄져 있다. 즉 프로그램의 실행을 특정 위치로 이동시키는 기능을 제공하는 것이 goto이다. 다음 그림은 goto의 구성과 기능을 보여준다.

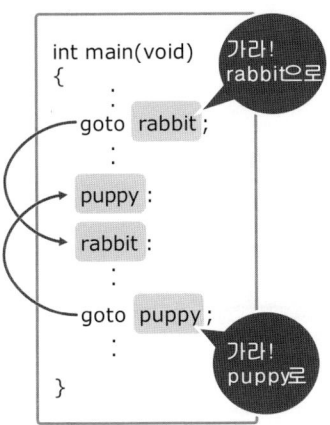

[그림 10-14 : goto문의 구성]

위 그림에서 rabbit과 puppy는 레이블(라벨)이다. switch문에서 봤던 case, default와 동일한 부류의 레이블이다. 때문에 레이블을 의미하는 콜론(:)으로 문장이 마무리 되고 있다. 위 그림에 있는 다음 문장을 보자.

```
goto rabbit;
```

이 문장은 다음의 의미를 지닌다.

"레이블 rabbit으로 가서, 실행을 이어가라."

이로써 goto에 대한 설명이 모두 끝났으니(간단하지 않은가?), 다음 예제를 통해서 이해한 내용을 확인해보겠다.

■ 예제 10-9.c

```
1.   #include <stdio.h>
2.
3.   int main(void)
4.   {
5.       int num;
6.       printf("숫자 입력 : ");
7.       scanf("%d", &num);
8.
9.       if(num<0)
10.          goto AAA;
11.      else if(num==0)
12.          goto BBB;
13.      else
14.          goto CCC;
15.
```

```
16.     AAA:
17.         printf("음수를 입력하셨습니다. \n");
18.         goto END;
19.     BBB:
20.         printf("0을 입력하셨습니다. \n");
21.         goto END;
22.     CCC:
23.         printf("양수를 입력하셨습니다. \n");
24.     END:
25.         printf("프로그램을 종료합니다. \n");
26.
27.         return 0;
28. }
```

- 9, 10행 : num에 저장된 값이 0보다 작으면 10행에 의해, 16행으로 이동하여 실행을 이어간다.
- 16, 18행 : 그리고 16행으로 이동을 해서 바로 이어 17행을 실행하고, 18행에 의해서 다시 24행으로 이동을 한다.

■ 실행결과 : 예제 10-9

```
숫자 입력 : 7
양수를 입력하셨습니다.
프로그램을 종료합니다.
```

소스코드 관련해서 일부만 설명을 했지만 실행의 결과와 비교해서 쉽게 이해가 가능하다.

■ 그렇다고 아무데나 가는 건 아니에요!

goto는 아무 곳으로나 이동시킬 수 있는 것으로 오해하는 경향이 있다. 그러나 정말로 아무데로나 이동시킬 수 있다면, 이는 기능을 제공하는 키워드가 아니라 프로그램을 망치는 아주 위험한 무기라고 해야 옳을 것이다. 일단 다음 예제를 보자. 이 예제는 컴파일 오류가 발생하는 예제이니 어떠한 문제점이 있는지 찾아보기 바란다.

■ 예제 10-10.c

```
1.  #include <stdio.h>
2.  int GOTOFCT(void);
3.
4.  int main(void)
5.  {
```

```
6.        printf("무조건 가 본다! ");
7.        goto SPECIAL;
8.        printf("과연 돌아왔을까? ");
9.        return 0;
10.   }
11.
12.   int GOTOFCT(void)
13.   {
14.   SPECIAL:
15.        return 123;
16.   }
```

위 예제의 7행을 보면 goto문을 이용해서 14행으로의 이동을 명령하고 있다. 이것이 잘 동작할까? 동작하지 않는다. 실제로 컴파일을 해 보면 다음과 같은 메시지를 보게 된다.

"7행의 SPECIAL이라는 레이블이 정의되지 않았습니다."

이 에러 메시지가 담고 있는 내용은 다음과 같다.

"SPECIAL로 가라고 하는데, SPECIAL이 도대체 어디에 있는 거야?"

이 메시지가 뜨는 이유는 SPECIAL이라는 이름의 레이블을 main 함수 내에서만 찾고 있기 때문이다. goto문은 자신이 속해있는 함수 내에서만 레이블을 찾는다. 만약에 이러한 제약사항이 없어서, 위 예제의 컴파일을 허용한다면, 실행과정에서 아주 큰 문제가 발생한다.

7행의 goto문에 의해서 14행으로 이동하였다고 가정해 보자. 이어서 15행이 실행되는데, 123을 반환하면서 어디로 돌아갈 것인가? 함수가 호출된 것이 아니기 때문에 돌아갈 위치를 지정할 수 없다. 즉 이러한 논리적인 오류 때문에 함수 외부로의 goto는 허용되지 않는다.

10장 프로그래밍 문제의 답안

■ 문제 10-1의 답안

이 문제는 여러분의 함수 활용능력을 테스트한다. 지금까지 보여준 예제와 달리 main 함수가 간단히 정의되어 있음에 주목하자. 이렇듯 main 함수는 프로그램의 큰 흐름만 담당하도록 간단히 정의하는 것이 좋다.

■ 소스코드 답안

```c
1.   #include <stdio.h>
2.   int Calculate(void);
3.
4.   int main(void)
5.   {
6.       if(Calculate()==-1)
7.       {
8.           printf("선택을 잘못하여 프로그램을 종료합니다. \n");
9.           return -1; /* 프로그램의 비정상적 종료의 의미로 -1 반환 */
10.      }
11.
12.      printf("프로그램을 종료합니다. \n");
13.      return 0;
14.  }
15.
16.  int Calculate(void)
17.  {
18.      int option;
19.      double n1, n2;
20.
21.      printf("선택(덧셈1, 뺄셈2, 곱셈3, 나눗셈4) : ");
22.      scanf("%d", &option);
23.
24.      if(option<1 || option>4)
25.          return -1;
26.
27.      printf("두 숫자 입력(숫자1, 숫자2) : ");
28.      scanf("%lf %lf", &n1, &n2);
29.
30.      if(option==1)
31.      {
32.          printf("덧셈 결과 : %f \n", n1+n2);
33.          return 1;
34.      }
35.      if(option==2)
36.      {
37.          printf("뺄셈 결과 : %f \n", n1-n2);
38.          return 1;
39.      }
40.      if(option==3)
41.      {
```

```
42.            printf("곱셈 결과 : %f \n", n1*n2);
43.            return 1;
44.        }
45.        if(option==4)
46.        {
47.            printf("나눗셈 결과 : %f \n", n1/n2);
48.            return 1;
49.        }
50.        return 1; // 실행되지 않는 return문!
51.    }
```

위 예제 30, 35, 40, 45행의 if문중 하나만이 '참'이 될 수 있기 때문에 if문의 마지막에 return문을 삽입하였다. 따라서 하나의 if문이 '참'이 되면, 나머지 if문은 생략을 하고 함수를 빠져나가게 된다.

■ 문제 10-2의 답안

■소스코드 답안

```
1.  #include <stdio.h>
2.
3.  int main(void)
4.  {
5.      int num1, num2;
6.
7.      printf("두 개의 정수 입력 : ");
8.      scanf("%d %d", &num1, &num2);
9.
10.     if(num1>num2)
11.         printf("두 수의 차에 대한 절대값은 %d \n", num1-num2);
12.     else
13.         printf("두 수의 차에 대한 절대값은 %d \n", num2-num1);
14.
15.     return 0;
16. }
```

■ 문제 10-3의 답안

■소스코드 답안

```
1.  #include <stdio.h>
2.
3.  int main(void)
4.  {
5.      int option;
6.      double n1, n2;
7.
8.      printf("선택(덧셈1, 뺄셈2, 곱셈3, 나눗셈4) : ");
9.      scanf("%d", &option);
10.
11.     printf("두 숫자 입력(숫자1, 숫자2) : ");
12.     scanf("%lf %lf", &n1, &n2);
13.
```

```
14.         if(option==1)
15.             printf("덧셈 결과 : %f \n", n1+n2);
16.         else if(option==2)
17.             printf("뺄셈 결과 : %f \n", n1-n2);
18.         else if(option==3)
19.             printf("곱셈 결과 : %f \n", n1*n2);
20.         else if(option==4)
21.             printf("나눗셈 결과 : %f \n", n1/n2);
22.         else
23.             printf("선택이 범위를 벗어납니다. \n");
24.
25.         printf("프로그램을 종료합니다. \n");
26.         return 0;
27.     }
```

■ 문제 10-4의 답안

■ 소스코드 답안

```
1.  #include <stdio.h>
2.
3.  int main(void)
4.  {
5.      int num1, num2;
6.      int abs;
7.
8.      printf("두 개의 정수 입력 : ");
9.      scanf("%d %d", &num1, &num2);
10.
11.     abs= (num1>num2) ? num1-num2 : num2-num1;
12.     printf("두 수의 차에 대한 절대값은 %d \n", abs);
13.
14.     return 0;
15. }
```

■ 문제 10-5의 답안

이 문제를 여러분의 힘으로 해결했다면 여러분은 프로그래머로서 매우 뛰어난 소질이 있는 것이고, 필자가 답안으로 제시하는 코드를 통해 이해했다면 프로그래머로서 충분한 자질을 지니고 있는 것이다.
필자도 다른 선배 프로그래머가 구현한 코드를 통해서 이러한 형태의 코드 구현을 알게 되었으니, 필자는 프로그래머로서 충분한 자질을 지니고 있다고 볼 수 있다(글의 앞뒤 문맥을 잘 파악하자. 자신의 힘으로 이 문제를 해결한 여러분이 필자보다 소질 있는 개발자라는 말을 하고 싶은 것이다).
이 문제의 핵심은 함수와 연산자의 활용능력을 확인하는데 있다. 그리고 답을 보면 알겠지만 switch문을 사용하기 위해서 코드를 무리한 형태로 구현한 것이 절대 아니다. 그리고 이러한 형태의 구현방식을 통해서 앞서 말한 switch문이 지니는 한계(그림 10-13 참조)는 사실상 한계라고 말할 수 없다.

■ 소스코드 답안

```
1.  #include <stdio.h>
2.  int NumberRange(int val);
```

```
3.
4.  int main(void)
5.  {
6.      int num;
7.      printf("정수 입력 : ");
8.      scanf("%d", &num);
9.
10.     switch(NumberRange(num))
11.     {
12.     case -1:
13.         printf("입력된 숫자는 0 미만. \n");
14.         break;
15.     case 0:
16.         printf("입력된 숫자는 0이상 10미만. \n");
17.         break;
18.     case 1:
19.         printf("입력된 숫자는 10이상 20미만. \n");
20.         break;
21.     default:
22.         printf("입력된 숫자는 20이상. \n");
23.     }
24.     return 0;
25. }
26.
27. int NumberRange(int val)
28. {
29.     if(val<0)
30.         return -1;
31.     else
32.         return val/10;
33. }
```

제11장 실행흐름의 컨트롤 2편! 반복(Loop)

익숙해져야 합니다.

이번 장에서는 반복문에 대해서 공부한다. 반복문은 어렵지 않다. 실제로 많은 사람들이 C언어를 공부하고 난 다음에, 가장 잘 활용하는 문법 중 하나로 꼽으니 말이다. 그렇다고 해서 편히 공부할 수 있다는 뜻은 아니다. 지금까지의 내용이 이해중심이었다면, 이번에는 숙련을 중심으로 공부해야 하기 때문에 그만큼 더 많은 노력이 필요할 수도 있다.

반복문은 익숙해지지 않으면 활용하는 과정에서 많은 버그(bug : 프로그램의 사소한 실수들을 의미함)를 발생시킨다. 따라서 이해하기 위한 노력과 더불어 익숙해지기 위한 노력을 해야만 한다.

이 장의 목차페이지 ▶▶▶

11-1. 스코프(Scope)에 대한 첫 소개	264
11-2. while문에 의한 문장의 반복	268
11-3. do~while문에 의한 문장의 반복	278
11-4. for문에 의한 문장의 반복	282
11-5. 반복문의 중첩(Nested Loop)	290
프로그래밍 문제의 답안	298

11-1 스코프(Scope)에 대한 첫 소개

반복문을 공부하기에 앞서 스코프에 대해서 설명하고자 한다. 스코프는 한글로 '범위' 또는 '영역'이라는 의미를 갖는다. 그런데 여기서 말하는 영역은 변수에 접근이 가능한 영역을 의미한다.

■ **가시성(Visibility) : 여기서는 저 변수가 보여요.**

중괄호 {...} 가 사용되었던 때를 기억해 보자. 이들 기호는 언제 사용이 되었는가?
- 함수의 몸체 부분을 정의하는 용도로 사용되었다.
- if문, 또는 if~else문을 정의하면서 사용되었다.
- switch문에서도 사용되었다.

이처럼 중괄호는 다양한 경우에 사용이 된다. 그런데 이렇게 중괄호가 사용이 되면서 감싸이는 영역은 별도의 가시성을 갖게 된다. 잠시 다음 예제를 보자. 기본적으로 동일한 이름의 변수는 선언할 수 없게 되어 있는데, 다음 예제에서는 동일한 이름의 변수가 여러 개 선언되고 있다.

■ 예제 11-1.c
```
1.   #include <stdio.h>
2.
3.   int main(void)
4.   {
5.       int num = 1;      /** 첫 번째 num **/
6.
7.       if(num == 1)
8.       {
9.           int num = 2;      /** 두 번째 num **/
10.          num++;
11.          printf("if문 안에서의 num : %d \n", num);
12.      }
13.      else
14.      {
15.          num++;
16.          printf("else문 안에서의 num : %d \n", num);
17.      }
18.
19.      printf("if문 밖에서의 num : %d \n", num);
20.
21.      {
```

```
22.            int num = 100;     /** 세 번째 num **/
23.            num++;
24.            printf("이름없는 영역에서의 num : %d \n", num);
25.       }
26.       return 0;
27. }
```

■ 실행결과 : 예제 11-1

if문 안에서의 num : 3
if문 밖에서의 num : 1
이름없는 영역에서의 num : 101

위 예제에 대한 내용을 그림을 통해서 조금씩 나눠서 설명하겠다. 다음 첫 번째 그림을 보자. 이 그림은 위 예제의 19행까지를 설명한다.

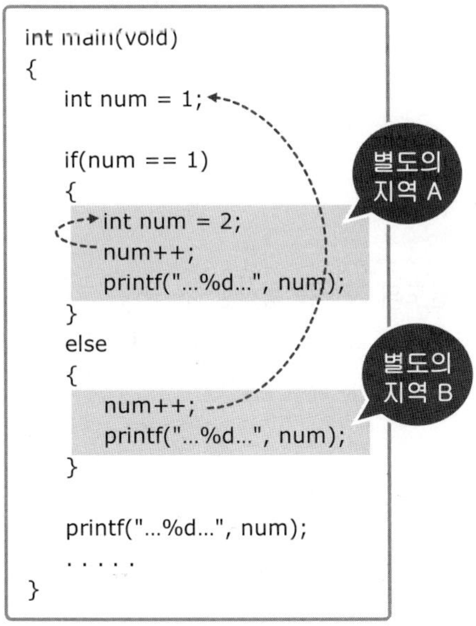

```
int main(void)
{
    int num = 1;
    
    if(num == 1)
    {
        int num = 2;            별도의
        num++;                  지역 A
        printf("...%d...", num);
    }
    else
    {
        num++;                  별도의
        printf("...%d...", num);  지역 B
    }
    
    printf("...%d...", num);
    .....
}
```

[그림 11-1 : 스코프 형성에 대한 이해]

위 그림을 참조하여 main 함수의 앞부분에서, 그리고 if문의 앞부분에서 변수 num이 각각 선언되었음을 확인하자. 원래 동일한 이름의 변수는 선언이 불가능하지만, 이처럼 중괄호에 의해서 구분이 되는 지역(영역)을 달리하면 얼마든지 동일한 이름의 변수를 선언할 수 있다.

그리고 이렇게 main 함수에서 선언된 변수 num의 가시성(접근 가능영역)은 변수가 선언된 위치서부터 main 함수의 마지막까지 이어진다. 그런데 main 함수 내에 존재하는 if문 안에서도 num이라는 변수가 새로 선언되었다. 이러한 경우 if문 안에서는 더 이상 main 함수에서 선언된 변수 num이 보이지 않고(접근이 불가능하고), 대신 새로 선언된 변수 num이 보이게 된다.

반면 else문 안에서는 변수 num이 선언되지 않았다. 따라서 else문 안에서 접근하는 변수 num은 main 함수에서 선언된 변수 num이 된다. else문이 main 함수의 영역 안에 존재하기 때문이다. 물론 else문 안에서도 새로운 변수 num을 선언했다면 이야기는 달라진다. 이러한 스코프의 개념이 이해되는가?

이제 위 예제의 21~25행을 보자. 이것은 지금까지 봐온 코드와는 조금 차이가 있다. if문도 아니고, 함수도 아닌데 중괄호를 사용해서 지역을 형성하고 있다.

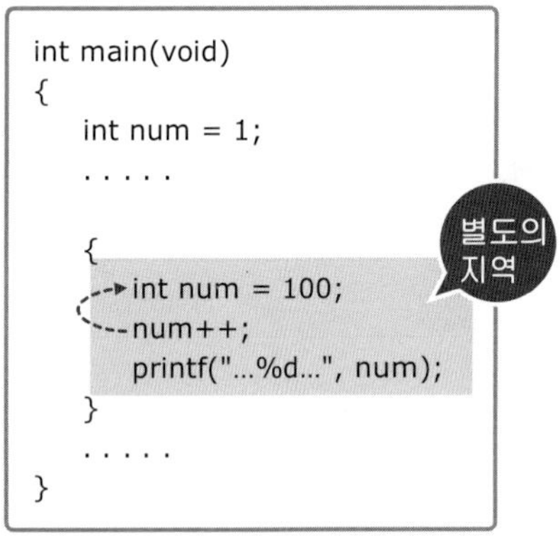

```
int main(void)
{
    int num = 1;
    .....
    {
        int num = 100;      별도의
        num++;              지역
        printf("...%d...", num);
    }
    .....
}
```

[그림 11-2 : 이름없는 스코프 형성]

위 그림처럼 여러분이 원하면 언제든지 중괄호를 사용해서 별도의 지역을 형성할 수 있다. 그리고 이렇게 중괄호만 이용해서 스코프를 구성해도 스코프가 갖는 일반적인 특성을 그대로 갖는다. 그럼 이제 실행결과를 참조하여 필자가 설명한 부분과 여러분이 이해한 내용을 확인하기 바란다.

■ **해당 영역을 벗어나면 사라져버립니다.**

앞의 예제에서 보여준, 지역 내에 선언된 변수들을 가리켜 '지역변수(local variable)'라 한다(사실 지금까지 여러분이 봐 왔던 변수는 모두 지역변수였다). 그리고 이러한 지역변수가 갖는 중요한 특징이 있다.

"지역변수는 선언된 지역을 벗어나 버리면 메모리 공간에서 소멸된다."

여기서 중요한 사실은 자동으로 소멸이 된다는 것이다. 그래서 지역변수를 가리켜 '자동변수(automatic variable)'라고도 부른다. 그리고 이러한 지역변수의 선언을 위해서 auto라는 키워드가 존재하는데, 이 키워드를 붙여주지 않아도 중괄호 안에서 선언이 되면 지역변수로 선언이 되므로, 굳이 auto라는 키워드를 붙여줄 필요는 없다. 다음은 지역변수의 할당과 소멸의 시점을 설명하기 위한 그림이다.

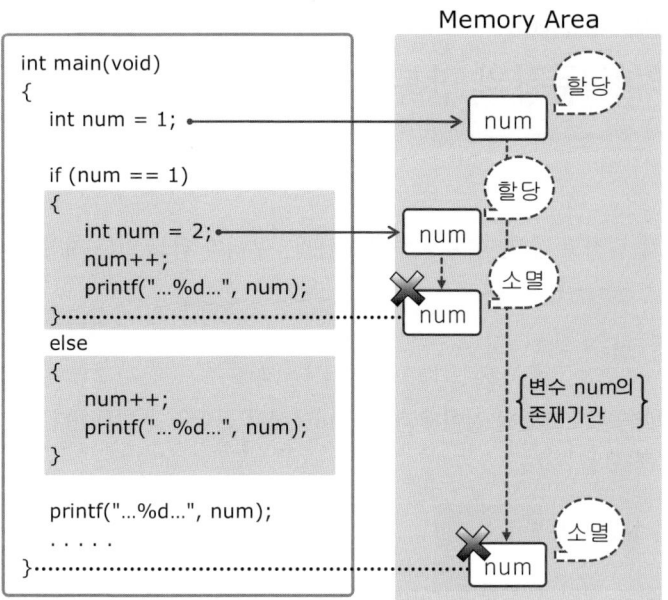

[그림 11-3 : 지역변수의 생성과 소멸 시기]

위 그림은 예제 11-1의 일부를 참조하여 지역변수의 생성 시기와 소멸 시기를 설명하고 있다. 여러분이 이미 이해하고 있는 내용을 그림으로 한번 더 정리한 것이다.

토막 퀴즈

문제 : 다음 코드의 문제점을 지적하고, 무엇이 문제인지 설명하여라.

```
int main(void)
{
    int num1=1;
    if(num1==1)
    {
        int num2 = 2;
        printf("...%d...", num2);
    }
    num2++;
    .....
}
```

정답 : if문 내에 선언된 변수 num2는 선언된 블록 내에서만 접근이 가능하다. 따라서 num2의 값을 하나 증가시키는 증가연산은 컴파일 에러를 발생시킨다.

11-2 while문에 의한 문장의 반복

"Hello world!"라는 메시지를 열 번 출력하고 싶다. 어떻게 하면 되는가? 우리가 알고 있는 지식의 범위 내에서는 다음이 유일한 해답이다.

"printf 함수를 열 번 호출해야지요. 뭐~"

그런데 이 방법은 상당히 비효율적이다. 프로그램의 길이가 내용에 비례해서 늘어나기 때문이다. 차라리 다음과 같이 명령을 내릴 수 있다면 좋겠다.

"이 printf 함수 호출 문장을 열 번 실행시켜라!"

이러한 형태의 명령을 내릴 때 사용하는 것이 '반복문(iterative statement)'인데, 반복문에는 다음과 같이 세 가지가 존재한다.

- while문
- do~while문
- for문

■ while문의 이해와 활용

while문의 기본원리는 if문 만큼이나 간단하다. 프로그램상에서 while문을 구성할 때 명시해야 할 사항은 다음 두 가지이다.

- 반복의 조건
- 반복의 대상

while문은 주어진 '반복의 조건'이 '참'인 동안(만족하는 동안) '반복의 영역'을 반복 실행하게 된다. 이러한 while문의 구성 방식과 실행 흐름을 다음 그림을 참조하여 관찰하자.

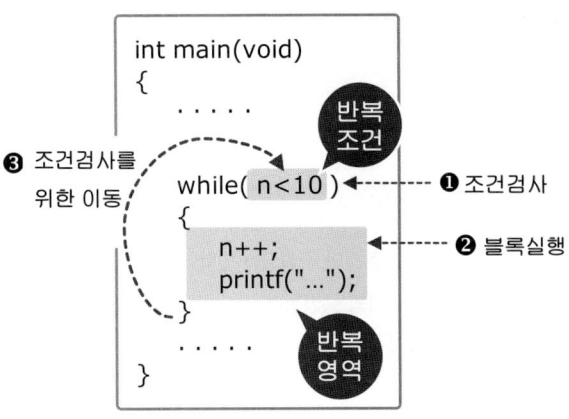

[그림 11-4 : while문의 구성]

위 그림에서 보여주듯이 while문에 진입하게 되면 일단 반복조건을 검사한다. 그리고 검사 결과가 '참'이면, 이어서 반복영역을 실행한다. 실행 이후에는 다시 반복조건을 검사한다. 그리고 이번에도 결과가 '참'이면, 다시 반복영역을 실행한다. 이러한 식으로 반복조건의 검사 결과가 '거짓'이 될 때까지 반복영역을 계속해서 실행하는 것이 while문의 기능 전부이다.

중괄호는 필요에 따라서 삽입하면 됩니다.

while문의 중괄호는 반복 실행해야 할 문장이 둘 이상인 경우에 필요한 것이다(if문에서의 중괄호와 역할이 같다). 따라서 반복 실행할 문장이 하나라면, 굳이 중괄호를 할 필요는 없다. 그리고 이는 잠시 후에 소개하는 do~while문과 for문에서도 마찬가지이다.

지금까지 설명한 while문의 확실한 이해를 위해서 예제를 하나 제시하겠다. 이 예제에서는 문자열 "Hello world!"를 총 7회 출력한다.

■ 예제 11-2.c

```
1.   #include <stdio.h>
2.
3.   int main(void)
4.   {
5.       int i=0;
6.
7.       while(i<7)     /* 총 7회의 출력을 반복 */
8.       {
```

```
9.         printf("%d 번째 Hello world! \n", i+1);
10.        i++;
11.    }
12.    return 0;
13. }
```

- 7행 : i가 7보다 작다면 계속해서 반복 실행하도록 반복조건이 구성되어 있다.
- 10행 : 5행에 의해 0으로 초기화 된 i는 10행에 의해서 1씩 증가한다. 따라서 while문을 반복 실행할 때마다 i값이 증가되므로, 7행의 조건은 결국 거짓이 되어 while문을 벗어나게 된다.

■ 실행결과 : 예제 11-2

```
1 번째 Hello world!
2 번째 Hello world!
3 번째 Hello world!
4 번째 Hello world!
5 번째 Hello world!
6 번째 Hello world!
7 번째 Hello world!
```

위 예제에서 주목할 부분은 i값이 0으로 초기화되었으며, 이 값이 while문을 반복 실행하면서 1씩 증가한다는 사실이다. 즉 while문을 돌다 보면 언젠가는 i가 7이 될 것이고, 이 순간에 조건은 거짓이 되므로 while문을 빠져 나오게 된다.

그렇다면 위 예제의 while문 안에 i++가 없다면 어떻게 되겠는가? while문을 백날 돌아봐야, i 값은 항상 0이므로 계속해서 문자열을 출력할 것이다. 이를 한번 확인해 보기 바란다(멈추지 않는 상황을 빠져 나오려면 Ctrl+C 키를 누르면 된다).

이렇게 빠져 나오지 못하도록 구성된 반복문을 가리켜 '무한루프'라 하고, 반복문을 빠져 나오지 못하는 상황을 가리켜 "무한루프에 빠졌다."라고 한다.

토막 퀴즈

문제 : 예제 11-2에 존재하는 while문의 중괄호를 없애보고자 한다. 실행결과의 변화 없이 중괄호를 없앨 수 있는 방법을 찾아보자.

정답 : 중괄호를 없애기 위해서는 반복 실행할 문장이 하나이어야 한다. 따라서 다음과 같이 while문을 구성하면 된다.

```
while(i++ < 7)
    printf("%d 번째 Hello world! \n", i);
```

또는 다음과 같은 구성도 생각할 수 있다.

```
while(i < 7)
    printf("%d 번째 Hello world! \n", (i++)+1);
```

while문을 충분히 관찰할 수 있도록 예제를 하나 더 제시하겠다. 다음 예제에서는 구구단을 출력한다. 그리고 출력할 단에 대한 정보는 프로그램 사용자로부터 입력 받는 형식을 취하고 있다.

■ 예제 11-3.c

```
1.  #include <stdio.h>
2.
3.  int main(void)
4.  {
5.      int i=1;
6.      int dan;
7.
8.      printf("몇 단의 출력을 원하는가? ");
9.      scanf("%d", &dan);
10.
11.     while(i<10)
12.     {
13.         printf("%d x %d = %d \n", dan, i, dan*i);
14.         i++;
15.     }
16.     return 0;
17. }
```

■ 실행결과 : 예제 11-3

```
몇 단의 출력을 원하는가? 2
2 x 1 = 2
2 x 2 = 4
2 x 3 = 6
2 x 4 = 8
2 x 5 = 10
2 x 6 = 12
2 x 7 = 14
2 x 8 = 16
2 x 9 = 18
```

■ **while문을 이용한 무한루프의 구성**

무한루프도 소프트웨어 개발에서 흔히 사용되는 기술 중 하나이다. 다시 말해서 무한루프는 프로그래머의 실수로 만들어지기도 하지만, 필요에 의해서 만들어지기도 한다. 앞서 예제 11-2를 이용해서 무한루프를 경험해 볼 수 있었다. 그러나 잠시 후 설명할 break문을 위해서 무한루프를 구성하는 간단한 예제를 한번 더 제시하겠다.

■ 예제 11-4.c

```
1.   #include <stdio.h>
2.
3.   int main(void)
4.   {
5.       int i=0;
6.
7.       while(1)
8.       {
9.           printf("%d 번째 Hello world! \n", i+1);
10.          i++;
11.      }
12.      return 0;
13.  }
```

이 예제의 7행에서 while문의 반복조건으로 1이 왔는데, 1은 논리적으로 참이다. 따라서 반복조건은 항상 참이 되어 무한루프를 형성하게 된다. 하지만 이러한 형태의 무한루프도 특정 조건이 만족되면 빠져 나올 수 있도록 구현이 되어, 소프트웨어 개발에 자주 사용이 된다. 이와 관련해서는 몇몇 문제를 풀어본 다음에 설명을 이어가겠다.

문제 11-1 [while문의 활용]

간단히 while문에 대해서 소개했으니 익숙해지는 시간을 가질 필요가 있다. 그리고 익숙해지기 위한 최고의 방법은 역시 문제를 많이 풀어보는 것이다.

● 문제 1
프로그램 사용자로부터 숫자를 하나 입력 받아서, 그 수만큼 "Hello world!"를 출력하는 프로그램을 작성하자. 단 while문에 의해서 구성되는 반복영역은 한 문장으로 구성해야 한다. 쉽게 말해서 반복영역의 지정을 위해서 중괄호를 사용하면 안 된다.

● 문제 2
프로그램 사용자로부터 숫자를 입력 받은 다음, 그 수만큼 3의 배수를 출력하는 프로그램을 작성하자. 예를 들어서 5가 입력되면, 다음과 같은 출력을 보여야 한다.
 "3 6 9 12 15"

● 문제 3
아래에서 설명하는 특성을 100% 만족하는 프로그램을 작성하자.
 "프로그램 사용자로부터 계속해서 정수를 입력 받는다."
 "0이 입력될 때까지 계속해서 입력 받는다."
 "0이 입력되면, 지금까지 입력된 정수들의 합을 출력하고 프로그램을 종료한다."

● 문제 4
사용자로부터 입력 받은 숫자에 해당하는 구구단을 출력하되, 역순으로 출력하는 프로그램을 작성하자. 예를 들어 2가 입력되면, 다음과 같은 출력을 보여야 한다.
 2 × 9 = 18
 2 × 8 = 16
 2 × 7 = 14
 . . . .
 2 × 2 = 4
 2 × 1 = 2

● 문제 5
입력된 정수의 전체 평균을 구하는 프로그램을 작성하자. 먼저 입력할 정수의 개수를 프로그램 사용자로부터 입력 받는다. 그리고 그 수만큼 정수를 입력 받아서, 입력 받은 수의 전체 평균을 계산 및 출력한다. 입력 받은 값은 정수이지만, 출력되는 평균값은 실수가 되어야 한다. 다음 실행의 예를 참고하기 바란다.
 입력할 정수의 개수 : 4
 정수입력 : 2
 정수입력 : 7
 정수입력 : 2
 정수입력 : 4
 입력된 정수의 전체평균 : 3.750000

■ 그럼 평생 돌려요? : switch문에서 썼던 바로 그 break!

switch문을 설명하면서 더불어 소개한 break문을 기억할 것이다. break문은 switch문을 빠져나가는데 사용되었다. 이번에도 마찬가지다. while문과 이후에 소개하는 do~while문, 그리고 for문과 같은 반복문을 빠져나가는 데에도 break문이 사용된다. 따라서 break문은 다음과 같이 정리가 가능하다.

"switch문과 각종 반복문을 빠져나가는데 사용되는 것이 break문입니다."

이 break문을 if문과 결합하면 무한루프를 멋지게, 그리고 다양한 형태로 사용할 수 있다. 다음 예제를 통해서 이를 보이겠다.

■ 예제 11-5.c

```
1.   #include <stdio.h>
2.
3.   /* 한남대교의 길이는 약 915미터랍니다. */
4.
5.   int main(void)
6.   {
7.       int cnt=0;
8.       int len=0;
9.
10.      printf("맞출 때까지 계속되는 퀴즈! 퀴즈! 퀴즈! \n");
11.      printf("한남대교의 길이는 몇 미터일까요? \n");
12.
13.      while(1)
14.      {
15.          cnt++;
16.          printf("정답? ");
17.          scanf("%d", &len);
18.
19.          if(len==915)
20.              break;
21.          else if(len<915)
22.              printf("그보다는 길어요. \n");
23.          else
24.              printf("그보다 짧지요. \n");
25.      }
26.
27.      printf("정답입니다. 총 %d회의 시도 끝에 맞추셨습니다. \n", cnt);
28.      return 0;
29.  }
```

- 17, 19행 : 프로그램 사용자로부터 입력 받은 값이 915이면, 19행의 비교연산 결과가 '참'이 되어 20행의 break문이 실행된다.
- 20, 27행 : break문이 실행되면, break문을 감싸고 있는 반복문을 빠져나가게 된다. 따라서 20행의 break문이 실행되면 27행이 이어서 실행된다.

■ 실행결과 : 예제 11-5

맞출 때까지 계속되는 퀴즈! 퀴즈! 퀴즈!
한남대교의 길이는 몇 미터일까요?
정답? 700
그보다는 길어요.
정답? 900
그보다는 길어요.
정답? 1200
그보다 짧지요.
정답? 916
그보다 짧지요.
정답? 915
정답입니다. 총 5회의 시도 끝에 맞추셨습니다.

■ 다음으로 넘어가자. continue!

break문과 유사한 형태로(의미는 다르고 사용방법은 유사해서 헷갈릴 수 있다) 반복문 안에서 사용할 수 있는 continue문이 있다. continue문은 실행하던 반복문의 나머지 부분을 생략하고 프로그램의 흐름을 조건검사 부분으로 이동시킨다. continue문의 이해를 돕기 위해서 break문과 비교해 보겠다.

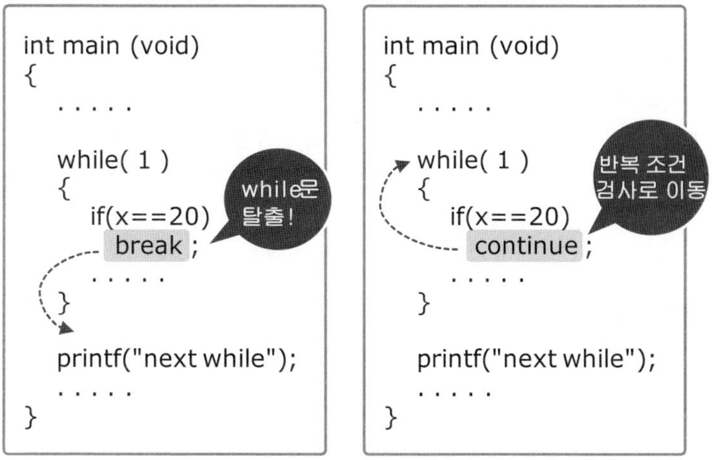

```
int main (void)
{
   .....
   while( 1 )
   {
      if(x==20)
         break ;       while문 탈출!
      .....
   }
   printf("next while");
   .....
}
```

```
int main (void)
{
   .....
   while( 1 )
   {
      if(x==20)
         continue ;    반복 조건 검사로 이동
      .....
   }
   printf("next while");
   .....
}
```

[그림 11-5 : break문과 continue문 비교]

위 그림에서 보여주듯이 continue문을 만나게 되면, while문의 나머지 부분을 실행하지 않고, while문의 맨 위로 이동하여 조건검사부터 실행을 이어나간다. 예제를 하나 제시할 테니, 위 그림과 더불어 참조하여 continue문을 완벽히 이해하자. 이 예제는 100 이하의 자연수 중에서 2의 배수도, 3의 배수도 아닌 자연수를 출력하고 그 수를 세어보는 프로그램이다.

■ 예제 11-6.c

```c
1.    #include <stdio.h>
2.
3.    int main(void)
4.    {
5.        int cnt=0;
6.        int n=0;
7.
8.        printf("# 2와 3의 배수가 아닌 100 이하의 자연수들 \n");
9.        while((n++) < 100)
10.       {
11.           if(!(n%2) || !(n%3))  /* if((n%2)==0 || (n%3)==0) 와 동일 */
12.               continue;
13.
14.           printf("%d, ", n);
15.           cnt++;
16.       }
17.
18.       printf("\n\n");
19.       printf("# 2와 3의 배수가 아닌 100 이하의 자연수의 개수 : %d \n", cnt);
20.       return 0;
21.   }
```

- 9행 : 조건검사 직후에 n의 값이 1씩 증가하게 됨을 주목하자.
- 11행 : 이 if문이 의미하는 바는 "2의 배수거나, 3의 배수라면" 이다.
- 14, 15행 : 14행과 15행은 2의 배수도, 3의 배수도 아닌 자연수를 위해 존재한다. 따라서 11행의 if 조건이 참이 되면, 이 두 문장을 건너뛰어야 한다. 12행의 continue문이 필요한 이유가 바로 여기에 있다.

■ 실행결과 : 예제 11-6

```
# 2와 3의 배수가 아닌 100 이하의 자연수들
1, 5, 7, 11, 13, 17, 19, 23, 25, 29, 31, 35, 37, 41, 43, 47, 49, 53, 55, 59, 61,
65, 67, 71, 73, 77, 79, 83, 85, 89, 91, 95, 97,

# 2와 3의 배수가 아닌 100 이하의 자연수의 개수 : 33
```

위 예제는 continue문이 사용되는 전형적인 모델을 보여주니, continue문을 이해하고 활용하는데 도움이 되었을 것이다.

 문 제 11-2 [continue문과 break문의 활용]

프로그램 사용자로부터 두 개의 정수를 입력 받아서 나눗셈을 하는 프로그램을 작성하자. 단 아래의 사항을 모두 만족해야 한다.
- 두 개의 정수를 입력 받고, 나눗셈의 결과를 출력하는 일이 반복되어야 한다.
- 두 개의 정수로 모두 0이 입력되면 프로그램은 종료된다.
- 정수형 나눗셈을 진행한다. 따라서 나눗셈의 결과는 몫과 나머지로 출력이 되어야 한다.
- 제수(나누는 수)가 0이면 나눗셈을 진행하지 못하니, 나눗셈 과정을 생략하고 다시 두 개의 정수를 입력 받도록 구현한다.

문제의 수준이 상대적으로 조금 높은 편이나, 지금까지 설명한 내용을 활용해서 위의 요구사항을 그대로 코드로 옮기면 된다.

이로써 반복문에 관한 기본적인 지식은 모두 갖추었다. 지금부터는 while문과 유사한 두 개의 반복문을 더 공부할 텐데, while문의 이해를 바탕으로 나머지 두 반복문의 특성을 관찰하면 된다.

11-3 do~while문에 의한 문장의 반복

while문과 do~while문은 사촌 지간으로 볼 수 있다. 왜냐하면 이 둘은 상당히 유사하기 때문이다. 이 둘의 차이점은 딱! 한가지이다.

■ do~while문의 이해와 활용

while문은 조건검사를 앞부분에서 한다. 그러나 반복문을 구성하다 보면 이러한 조건검사 방식이 적합하지 못한 경우가 있다. 다시 말해서 조건검사를 앞부분이 아닌, 뒷부분에서 하는 것이 더 적절한 상황도 있다. 이를 위해 디자인된 반복문이 바로 do~while문이다. 즉 while문과 do~while문의 유일한 차이점은 조건검사의 위치에 있다. while문은 조건검사를 앞부분에서 하지만, do~while문은 조건검사를 뒷부분에서 한다.

다음 그림은 do~while문의 구조를 보여준다. while문의 구조를 설명하고 있는 그림 11-4와 비교해보는 것도 이해에 도움이 된다.

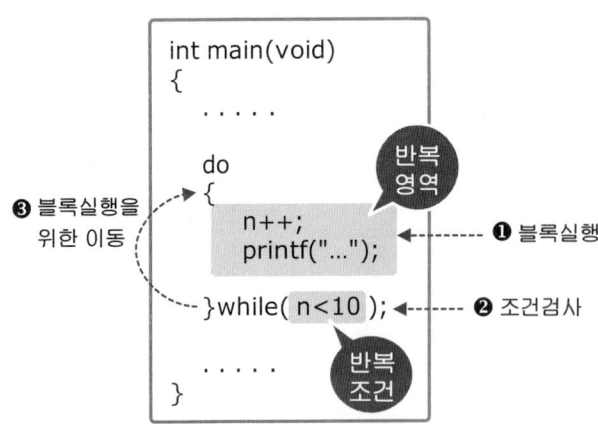

[그림 11-6 : do~while문의 구성]

위 그림에서 보여주듯이 do~while문은 조건검사를 마지막 부분에서 진행하기 때문에, 반드시 한번은 실행이 된다는 특징이 있다. 반면 while문은 조건검사를 앞부분에서 하기 때문에, 조건이 만족되지 않으면 한번도 실행되지 않을 수 있다. 그럼 다음 예제를 통해서 do~while문의 활용 방법을 확인해 보자. 이 예제는 예제 11-3을 do~while문으로 단순 변경한 것이다.

■ 예제 11-7.c

```
1.   #include <stdio.h>
2.
3.   int main(void)
4.   {
5.       int i=1;
6.       int dan;
7.
8.       printf("몇 단의 출력을 원하는가? ");
9.       scanf("%d", &dan);
10.
11.      do
12.      {
13.          printf("%d x %d = %d \n", dan, i, dan*i);
14.          i++;
15.      }while(i<10);
16.
17.      return 0;
18.  }
```

- 11~15행 : 예제 11-3과의 유일하게 차이 나는 부분이 바로 이 부분이다. 어떻게 변경이 되었는지 확인해 보자. 그리고 15행의 끝에 세미콜론이 있음에 주의를 하자. 반드시 붙여줘야 한다.

■ 실행결과 : 예제 11-7

```
몇 단의 출력을 원하는가? 2
2 x 1 = 2
2 x 2 = 4
2 x 3 = 6
2 x 4 = 8
2 x 5 = 10
2 x 6 = 12
2 x 7 = 14
2 x 8 = 16
2 x 9 = 18
```

위 예제의 경우에는 while문을 쓰건, do~while문을 쓰건 상관이 없다. 즉 조건검사를 앞에서 하건, 뒤에서 하건 상관이 없는 내용의 예제라는 뜻이다. 그렇다면 조건검사를 뒤에서 하는 것이 합리적인 경우는 어떠한 경우일까?

참고 do~while문에서는 웬만하면 중괄호를 생략하지 맙시다!

do~while문도 반복의 대상이 되는 문장이 한 줄이면, 중괄호를 생략할 수 있다. 그러나 보편적으로 do~while문에서는 중괄호를 생략하지 않는다. do~while문은 문장 구성의 특성상 중괄호를 생략해 버리면 보기가 불편하기 때문이다. 잘못하면 while문과 혼동할 수도 있다.

■ 어떠한 경우에 while문을 쓰고, 어떠한 경우에 do~while문을 쓰면 좋을까?

while문은 '반복'이라는 범용적인 상징성을 띄지만, do~while문은 '실행 후 조건검사'라는 상징성을 지닌다. 따라서 while문으로도, 그리고 do~while문으로도 해결이 가능한 경우에는 while문을 쓰는 것이 낫다. 왜냐하면 프로그래머들은 do~while문을 접하면 다음과 같은 생각을 하기 때문이다.

"조건검사를 뒤에서 하는 것이 합리적인 상황이었나 보군!"

다음 예제는 do~while문의 대표적인 활용사례를 담고 있다. 조건검사를 뒷부분에서 하는 것이 합리적인 상황을 연출하고 있다.

■ 예제 11-8.c
```c
1.   #include <stdio.h>
2.
3.   int main(void)
4.   {
5.       int age;
6.
7.       do {
8.           printf("당신의 나이는? ");
9.           scanf("%d", &age);
10.      } while(age<1);
11.
12.      switch(age/10)
13.      {
14.      case 0:
15.          printf("유소년이로구나! \n");
16.          break;
17.      case 1:
18.          printf("10대군요. 겨울에 춥지도 않겠어요. \n");
19.          break;
20.      case 2:
21.          printf("20대군요. 여전히 좋을 때입니다. \n");
22.          break;
23.      case 3:
24.          printf("30대군요. 몸이 예전 같지않지요? \n");
```

```
25.         break;
26.     case 4:
27.         printf("40대군요. 건강 생각하셔야 합니다. \n");
28.         break;
29.     case 5:
30.         printf("50대군요. 인생은 50부터 아닙니까? \n");
31.         break;
32.     default:
33.         printf("어르신~ C언어 공부하시려고요? \n");
34.     }
35.     return 0;
36. }
```

- 7~10행 : 나이를 입력 받고 있는 부분인데, 1 이상의 정상적인 입력이 아니면 정상적으로 입력될 때까지 계속해서 입력을 요구하고 있다.

■ 실행결과 : 예제 11-8

```
당신의 나이는? -15
당신의 나이는? 0
당신의 나이는? 20
20대군요. 여전히 좋을 때입니다.
```

위 예제는 프로그램 사용자로부터 나이에 대한 정보를 먼저 입력 받아야 한다. 그래야 do~while문을 빠져나갈 것인지, 아니면 빠져나가지 않고 반복할 것인지를 결정할 수 있다. 이 상황을 기억하고 있기 바란다. do~while문이 while문보다 적절한 상황이니 말이다.

문 제 11-3 [do~while문의 활용]

문제 11-1의 1, 3번을 do~while문을 이용하는 형태로 한번 더 풀어보자. 이전에 while문으로 풀어 본 결과물을 가지고 있다면, 이 결과물을 단순히 do~while문을 이용하는 형태로 변경해도 좋다.

> **토막 퀴즈**
>
> 문제 : while문 안에서 continue문이 실행되면, 실행의 흐름은 조건검사를 위하여 while문의 맨 위로 이동이 된다. 그렇다면 do~while문 안에서 continue문이 실행되면 실행의 흐름은 어디로 이동이 되겠는가?
>
> 정답 : 쉬워 보이지만 오해하는 경우가 많다. continue문은 실행의 흐름을 반복문의 가장 윗부분으로 이동시키는 문장이 아니다. 이 문장은 실행의 흐름을 조건검사 부분으로 이동시키는 문장이다. 따라서 do~while문 안에서 continue문이 실행되면 조건검사를 위해서 맨 아래로 이동을 한다.

11-4 for문에 의한 문장의 반복

for문으로 할 수 있는 모든 일은 while문으로도 할 수 있다. 그러나 while문으로 할 수 있는 일 중에서 일부는 for문이 훨씬 더 잘 어울린다. 따라서 for문이 더 어울릴 때는 for문을 쓰는 것이 바람직하다. for문을 쓰면 문장은 훨씬 간결해지고, 다른 프로그래머들이 분석하기에도 좋은 코드가 되기 때문이다.

■ for문의 탄생배경 : while문은 보기가 좀 그러네!

필자가 처음 반복문의 필요성을 이야기할 때 다음과 유사한 상황을 예로 들었다.

"이 문장을 일곱 번 실행하기 원합니다."

여기서 중요한 것은 반복을 해야 한다는 사실이다. 그러나 이보다 더 중요한 것은 반복의 횟수가 7회로 정해져 있다는 사실이다. 실제로 반복문을 사용하는 대부분의 목적이 여기에 있다. 그저 정해진 횟수만큼 반복 실행을 하고 싶은 것이다. 다음 예제처럼 말이다.

■ 예제 11-9.c
```
1.   #include <stdio.h>
2.
3.   int main(void)
4.   {
5.       int i=0;
6.       while(i<7)
7.       {
8.           printf("이 문장을 일곱 번 실행해 주세요. \n");
9.           i++;
10.      }
11.      return 0;
12.  }
```

위 예제는 8행의 printf 함수를 7회 반복 호출한다. 그렇다면 위 예제에서 반복을 위해 삽입된 코드가 무엇 무엇인지 찾아보겠는가? 아래 그림을 보기 전에 여러분이 직접 찾아보고, 판단하기 바란다.

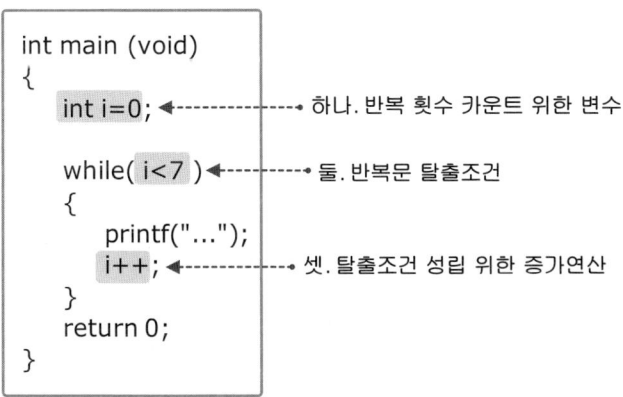

[그림 11-7 : 반복문의 기본 구성 3요소]

여러분도 위 그림에서 지적하는 세가지를 모두 지적하였는가? 이 세가지를 가리켜 반복문을 구성하는 3대 요소라 한다.

일단 반복의 횟수를 세기 위해서 변수가 하나 필요하다. 그리고 때가 되면 탈출할 수 있도록 탈출조건도 명시되어야 한다. 마지막으로 탈출조건에 점진적으로 도달하기 위한 연산이 필요하다. 따라서 반복문에서 기본적으로 필요로 하는 세가지는 다음과 같이 정리할 수 있다.

- 반복 횟수를 세기 위한 변수
- 반복문의 탈출조건
- 탈출조건 성립을 위한 연산

그런데 여기서 한가지 생각해 볼 문제가 있다. 예를 들어서 임의의 while문을 보고 총 몇 회 반복하는지 분석해야 한다고 가정하자. 이 때 여러분이 관찰해야 할 대상은 총 몇 가지인가? 당연히 위에서 언급한 세가지 요소를 모두 관찰해야 한다. 그런데 이 세가지는 뿔뿔이 흩어져있다. 그래서 한눈에 확! 들어오지가 않는다. 결국 이러한 불편함을 감수하던 어느 프로그래머가 다음과 같은 독백을 내뱉는다.

"아! 이 세가지를 한 줄에 표시할 수 없나? 그러면 분석하기 편할 텐데."

이리하여 만들어진 것이 for문이다. for문은 반복을 구성하는 3대 요소를 한 줄에 나열할 수 있도록 디자인되었다.

```
int main (void)
{
    ❶ int i=0;
    ❷ while( i<7 )
    {
        printf("...");
        ❸ i++;
    }
    return 0;
}
```

```
int main (void)
{
    for( ❶ int i=0 ; ❷ i<7 ; ❸ i++ )
    {
        printf("...");
    }
    return 0;
}
```

❶ 반복 횟수를 세기 위한 변수
❷ 반복문의 탈출조건
❸ 탈출조건 성립을 위한 연산

[그림 11-8 : while문에 근거한 for문의 이해]

위 그림을 보면, for문은 while문과 달리 반복에 필요한 모든 것을 한 줄에 나열하고 있음을 알 수 있다. 이것이 바로 for문의 강점이다(관련 있는 코드가 모여있다는 것은 큰 의미가 있다). 즉 for문은 while문을 보다 세련된 형태로 구성하기 위해 디자인 된 반복문이다. 따라서 그림 11-8이 보여주듯이 for문은 while문으로, while문은 for문으로 상호 변경이 가능하다.

아직, for문을 테스트하지 마세요.

그림 11-8을 참조하여 for문을 테스트하고 싶을 것이다. 그러나 테스트는 잠시 후에 진행하기로 하자. 컴파일이 잘되어야 정상이지만 안될 수도 있기 때문이다. 이는 표준과 관련된 내용으로서 필자가 잠시 후에 설명할 것이다. 따라서 필자의 설명을 듣고 난 후에 테스트를 하기 바란다.

■ for문의 이해와 활용

그림 11-8의 내용만 가지고도 for문을 충분히 활용할 수 있다면, 여러분은 상당한 센스가 있는 것이다. 그러나 확실한 이해를 위해서 for문의 실행흐름에 대해 별도로 설명을 진행하고자 한다. 다음 그림은 for문의 실행흐름을 설명한다. 이 그림을 참조하여 for문의 동작방식을 이해하자.

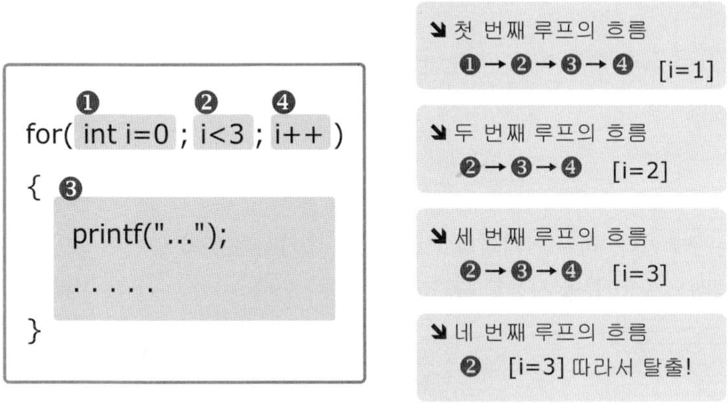

```
       ❶         ❷      ❹
for( int i=0 ; i<3 ; i++ )
{   ❸
    printf("...");
    . . . . .
}
```

↘ 첫 번째 루프의 흐름
   ❶ → ❷ → ❸ → ❹   [i=1]

↘ 두 번째 루프의 흐름
   ❷ → ❸ → ❹   [i=2]

↘ 세 번째 루프의 흐름
   ❷ → ❸ → ❹   [i=3]

↘ 네 번째 루프의 흐름
   ❷   [i=3] 따라서 탈출!

[그림 11-9 : for문의 흐름에 대한 이해]

위 그림의 for문은 반복의 대상을 세 번 반복하도록 구성되어 있다. 그림의 오른편에다 실행의 순서를 정리해 두었으니, for문의 실행 흐름을 파악하기에는 충분하리라 믿는다. 그리고 이미 발견했겠지만, for문의 실행 흐름에 있어서 주의할 사실 두 가지는 다음과 같다.

• 위 그림의 ❶은 for문을 처음 실행할 때, 딱! 한번만 실행된다.
• 위 그림의 ❹는 for문의 반복영역을 실행하고 나서 실행된다.

특히 ❹가 실행되는 시점에 주의하기 바란다. 그리고 그림 11-9의 ❶에는 변수의 초기화가 등장하기 때문에, 이 부분을 가리켜 '초기식(초기화 식)'이라 하고, ❷에는 반복의 조건검사가 오기 때문에, 이 부분을 가리켜 '조건식'이라 한다. 마지막으로 ❹에는 반복문의 탈출을 위한 연산식이 오는데, 일반적으로 증가 및 감소연산자가 오기 때문에 '증감식'이라 한다. 이를 정리하면 다음과 같다.

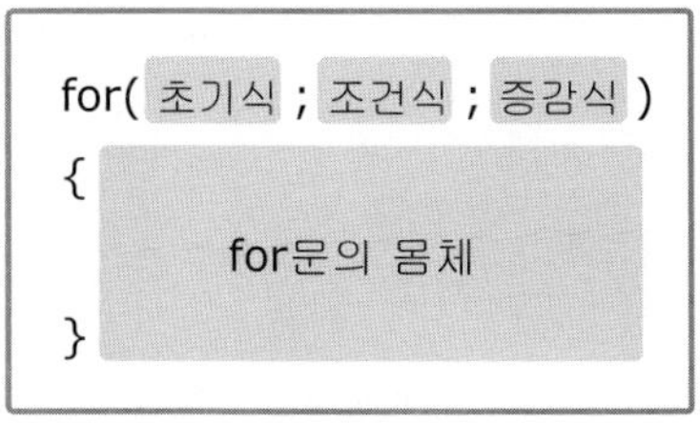

```
for( 초기식 ; 조건식 ; 증감식 )
{
        for문의 몸체
}
```

[그림 11-10 : for문의 구성]

■ 정말로 초기식으로 변수 선언이 올 수 있나요?

그럼 이제 슬슬 테스트를 해 보자. 그런데 여러분이 알고 있어야 할 사실이 있다. 그림 11-9의 초기식에는 변수의 선언이 존재한다. 따라서 여러분은 다음과 같은 방식의 구현을 생각할 것이다.

```
int main(void)
{
    . . . .
    for(int i=0;  i<3;i++)
        printf("...");
    . . . .
}
```

실제로 이 코드는 표준에 맞는 구현이다. 하지만 과거의 표준에서는 초기식의 위치에 변수 선언이 올 수 없었다. 그래서 다음과 같은 형식으로 for문을 사용해 왔다.

```
int main(void)
{
    int i;
    . . . .
    for(i=0;  i<3;  i++)
        printf("...");
    . . . .
}
```

그렇다면 어떠한 방식을 사용해야 할까? 전자의 방식일까? 후자의 방식일까? 아쉽게도 여러분은 후자의 방식, 즉 과거의 표준을 기준으로 for문을 활용해야 한다. 왜냐하면 아직까지도 대부분의 C 컴파일러가 for문의 새로운 표준을 반영하고 있지 않기 때문이다.

다음 예제는 11-3을 재 구현한 것이다. 이 예제를 그림 11-9와 더불어 참조하여, for문의 흐름을 확실히 이해하기 바란다.

■ 예제 11-10.c

```
1.   #include <stdio.h>
2.
3.   int main(void)
4.   {
5.       int i;
6.       int dan;
7.
8.       printf("몇 단의 출력을 원하는가? ");
9.       scanf("%d", &dan);
10.
11.      for(i=1; i<10; i++)
```

```
12.            printf("%d x %d = %d \n", dan, i, dan*i);
13.
14.     return 0;
15. }
```

while문을 사용한 예제 11-3과 비교하여 간결해졌다는 느낌이 들것이다(아주 조금이라도). 그리고 위 예제 11행은 다음과 같이 변경해도 그 결과가 같다.

    for(i=1; i<=9; i++)

아마도 이 표현 방식이 11행의 표현방식보다 편하게 느껴지는 분도 계실 것이다. 무엇이 더 좋고 나쁨은 없다. 다만 상황에 따라서 이해하기 좋은 문장을 구성하면 된다.

■ 필요한 것만 채워도 되요. 하지만 중간이 빠지면 무한루프입니다.

for문의 초기식, 조건식, 증감식을 반드시 다 채워야 하는가? 결론부터 말씀 드리면, 아니다! 필요한 것만 채워도 된다. 하지만 for문의 장점은 이 세가지를 묶어서 표현할 수 있다는데 있다. 만약에 이 중 하나라도 빠지게 되면, while문의 활용을 고려하는 것이 나을 수 있다. 어찌되었건, 문법적으로는 필요한 것만 채워도 된다. 초기식도 생략 가능하고, 증감식도 생략 가능하다. 단! 조건식이 빠지게 될 경우 이는 다음과 같이 해석이 된다.

        "오호라~ 무한루프를 형성하라는 뜻이군!"

다시 말해서 조건식이 빠지면 항상 '참'이다. 다음 예제는 이에 대한 내용과 더불어 for문의 몇몇 특성을 확인해 준다.

■ 예제 11-11.c
```
1.  #include <stdio.h>
2.
3.  int main(void)
4.  {
5.
6.      int i, j;
7.
8.      i=0;
9.      for( ; (i++)<3; )
10.         printf("조건식만 존재 \n");
11.
12.     for(i=0, j=5; i<j; i++, j--)
13.         printf("콤마 연산자의 활용 \n");
14.
```

```
15.     for( ; ; )
16.     {
17.         printf("두 개의 정수 입력 : ");
18.         scanf("%d %d", &i, &j);
19.         if(j==0)
20.             break;
21.
22.         printf("몫 : %d, 나머지 : %d \n", i/j, i%j);
23.     }
24.
25.     printf("for문에 대한 연구 끝! \n");
26.     return 0;
27. }
```

- 9, 10행 : 초기식과 증감식이 없는 경우를 보여준다. 대신 조건식에서 i의 값을 증가시키고 있다. 그런데 솔직히 말해서 이것이 보기 좋은가? 이러한 코드는 만들지 않는 것이 좋다. 다만 초기식과 증감식이 생략될 수 있음을 보여주기 위해서 작성했을 뿐이다.
- 12, 13행 : 콤마 연산자가 for문에서 어떻게 활용될 수 있는지를 보여준다. 구현해야 할 기능에 따라서 초기화 할 대상이 둘 이상이 될 수도 있고, 증가 및 감소해야 할 대상이 둘 이상이 될 수도 있다. 이럴 때는 콤마 연산자를 활용하면 된다. 12행에서 보여주듯이 말이다.
- 15행 : 이 for문은 세 가지 식이 싹 비어있다. 그런데 여기서 주목할 점은 조건식이 빠져있다는 것이다. 이처럼 조건식이 빠지면 무한루프가 형성된다. 따라서 19행의 if문이 '참'이 되어 20행의 break문이 실행되기 전까지 계속해서 돌게 된다.

■ 실행결과 : 예제 11-11

```
조건식만 존재
조건식만 존재
조건식만 존재
콤마 연산자의 활용
콤마 연산자의 활용
콤마 연산자의 활용
두 개의 정수 입력 : 7 3
몫 : 2, 나머지 : 1
두 개의 정수 입력 : 2 4
몫 : 0, 나머지 : 2
두 개의 정수 입력 : 3 0
for문에 대한 연구 끝!
```

이로써 반복문에 대한 설명이 모두 끝났다. 조금 남아있기는 하지만 이는 활용적 측면이니, 일단 끝이 났다고 봐도 문제없다. 그러나 이해만큼이나 중요한 것이 활용 능력을 키우는 것이다. 따라서 다음 문제를 통해서 활용능력을 키우는 시간을 충분히 갖기 바란다.

문 제 11-4 [for문의 활용]

for문의 활용 능력을 향상시키는 것이 목적이니, 아래의 문제들은 for문을 활용해서 해결해야 한다.

◉ 문제 1
계승(factorial)을 계산하는 프로그램을 작성하자. 프로그램 사용자로부터 숫자 하나를 입력 받는다. 그러면 그 숫자의 계승이 출력되어야 한다. 예를 들어서 사용자가 5를 입력하면, 1×2×3×4×5의 계산결과가 출력되어야 한다.

◉ 문제 2
두 개의 정수를 입력 받아서, 입력 받은 두 정수와 그 사이에 존재하는 모든 정수들의 합을 계산하는 프로그램을 작성하자. 예를 들어서 3과 5가 입력되면, 3+4+5의 계산결과가 출력되어야 한다. 단 입력되는 숫자의 순서에 상관없이 동일한 결과가 출력되어야 한다. 즉 3과 5가 입력이 되건, 5와 3이 입력이 되건, 이에 상관없이 3+4+5의 계산결과가 출력되어야 한다.

◉ 문제 3
1과 100 사이에 존재하는 모든 3의 배수와 5의 배수의 합을 계산하여 출력하는 프로그램을 작성하자.

11-5 반복문의 중첩(Nested Loop)

이번에는 반복문과 관련해서 새로운 내용을 배우려는 것이 아니고 응용을 해보려는 것이다. 여러분은 이미 for문 안에 if문이 삽입될 수 있음을 알고 있다. 그런데 for문 안에는 while문도, do~while문도, 그리고 for문도 삽입될 수 있다. 마찬가지로 while문 안에도 if문을 비롯해서 다양한 반복문이 삽입될 수 있다. 이처럼 하나의 반복문 안에, 또 다른 반복문이 삽입될 경우 "반복문이 중첩되었다"라고 이야기한다. 그리고 이러한 반복문의 중첩은 프로그램 개발에 있어서 아주 중요한 위치를 차지한다.

■ 생각해 볼 수 있는 중첩의 종류는?

일단 반복문의 종류가 세 가지이니, 총 아홉 가지의 형태로 중첩이 가능하다(3×3=9).

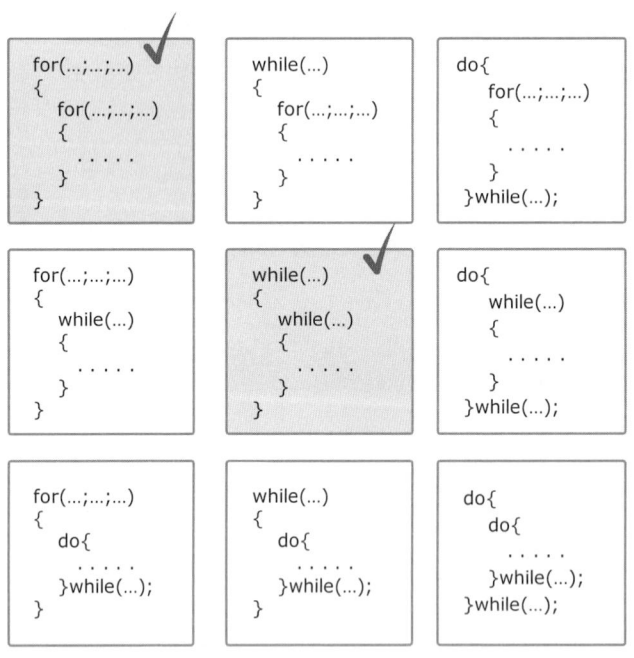

[그림 11-11 : 아홉 가지 형태의 반복문 중첩]

그런데 이거 뭐 일일이 설명해야 할 내용은 아니다. 이 아홉 가지 중에서 한가지 구조로만 중첩을 할 줄 알아도, 나머지 구조로 얼마든지 중첩시킬 수 있기 때문이다. 따라서 우리는 이중에서 가장 일반적으로 많이 사용되는 중첩 구조를 기준으로 공부해 보겠다. 위 그림에서 두 가지 중첩 케이스에 체크 표시를 해 두었다. 이 두 가지를 기준으로 반복문의 중첩을 공부하겠다.

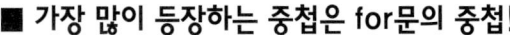

■ 가장 많이 등장하는 중첩은 for문의 중첩!

가장 활용도가 높고, 또 이해하기도 좋은 것이 for문의 중첩이다. 따라서 for문을 이용해서 반복문의 중첩을 설명해 보겠다. 일단 여러분이 알고 있는 for문의 지식을 가지고 다음 예제를 분석해보자. 이 예제는 중첩된 for문의 실행 흐름을 파악할 수 있도록 디자인되었다.

■ 예제 11-12.c
```c
1.   #include <stdio.h>
2.
3.   int main(void)
4.   {
5.       int i, j;
6.       for(i=0; i<3; i++)
7.       {
8.           printf("*** 바깥쪽 for문 %d차 회전 *** \n", i+1);
9.
10.          for(j=0; j<3; j++)
11.              printf("안쪽의 for문 %d차 회전 \n", j+1);
12.
13.          printf("\n"); // 보기 좋은 출력을 위해
14.      }
15.      return 0;
16.  }
```

- 6행 : 바깥쪽 for문의 구성을 보니 i가 0, 1, 2일 때 반복이 되고, 3일 때 빠져 나오게 되어있다. 즉 8행부터 13행까지를 총 3회 반복한다.
- 10행 : 안쪽 for문이다. 단순하게 보면 된다. 11행을 총 3회 반복한다.

■ 실행결과 : 예제 11-12

```
*** 바깥쪽 for문 1차 회전 ***
안쪽의 for문 1차 회전
안쪽의 for문 2차 회전
안쪽의 for문 3차 회전

*** 바깥쪽 for문 2차 회전 ***
안쪽의 for문 1차 회전
안쪽의 for문 2차 회전
안쪽의 for문 3차 회전
```

```
*** 바깥쪽 for문 3차 회전 ***
안쪽의 for문 1차 회전
안쪽의 for문 2차 회전
안쪽의 for문 3차 회전
```

필자가 말했던 대로 새로운 무엇인가를 배우는 것이 아니라, for문의 중첩 사례를 한번 살펴볼 뿐이다. 그렇다면 이러한 for문의 중첩은 어떠한 경우에 사용이 될까? 가장 쉬운 예로 구구단의 출력을 들 수 있다. 2단부터 9단까지 출력을 하려면 for문을 중첩시켜야 한다. 일단 다음 그림을 통해서 안쪽 for문과 바깥쪽 for문이 담당하는 영역이 어떻게 되는지 이해해보자.

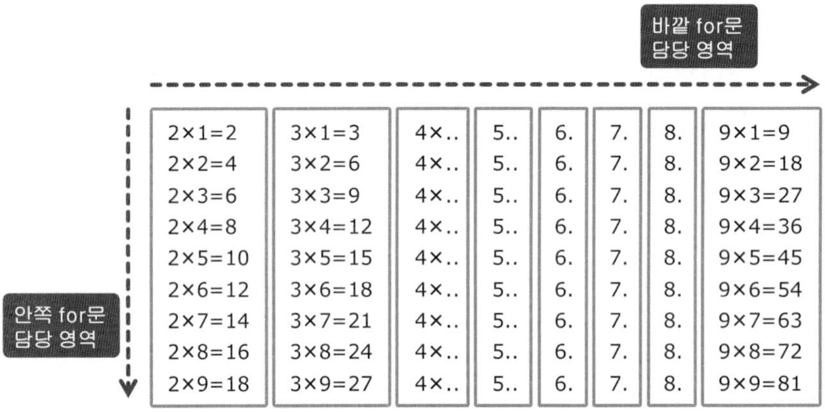

2×1=2	3×1=3	4×..	5..	6.	7.	8.	9×1=9
2×2=4	3×2=6	4×..	5..	6.	7.	8.	9×2=18
2×3=6	3×3=9	4×..	5..	6.	7.	8.	9×3=27
2×4=8	3×4=12	4×..	5..	6.	7.	8.	9×4=36
2×5=10	3×5=15	4×..	5..	6.	7.	8.	9×5=45
2×6=12	3×6=18	4×..	5..	6.	7.	8.	9×6=54
2×7=14	3×7=21	4×..	5..	6.	7.	8.	9×7=63
2×8=16	3×8=24	4×..	5..	6.	7.	8.	9×8=72
2×9=18	3×9=27	4×..	5..	6.	7.	8.	9×9=81

[그림 11-12 : 중첩 for문을 이용하여 출력할 구구단의 모델]

위 그림은 구구단 전체를 출력하는데 있어서 반복문의 중첩이 필요한 이유를 설명한다. 일단 각 단마다 1부터 9까지 곱을 진행해야 하니, 이를 위해서 반복문이 하나 필요하다. 그리고 구구단은 2단부터 9단까지 있다. 따라서 이를 위해서도 반복문이 하나 필요하다. 결과적으로 반복문은 중첩되어야 한다. 다음 예제는 위 그림이 보여주는 내용을 코드로 옮겨 놓은 것이다.

■ 예제 11-13.c

```c
1.    #include <stdio.h>
2.
3.    int main(void)
4.    {
5.        int i, j;
6.        for(i=2; i<10; i++)
```

```
7.      {
8.          for(j=1; j<10; j++)
9.              printf("%d x %d = %d \n", i, j, i*j);
10.
11.         printf("\n");  // 보기 좋은 출력을 위해
12.     }
13.     return 0;
14. }
```

- 6행 : i가 2부터 시작해서 9가 될 때까지 몸체 부분을 반복한다. i가 2일 때는 2단을, i가 9일 때는 9단을 출력한다.
- 8, 9행 : 안쪽 for문으로서, 각 단별로 1부터 9까지 곱한 결과를 출력한다.

■ 실행결과 : 예제 11-13

```
2 × 1 = 2
2 × 2 = 4
2 × 3 = 6
/* ~중간생략~ */
9 × 7 = 63
9 × 8 = 72
9 × 9 = 81
```

위 코드는 몇 줄이 되지 않는다. 그럼에도 불구하고, 구구단의 전체 출력이라는 큰 일을 해내고 있다. 이것이 바로 프로그래밍의 매력이다. 작은 코드로 많은 일을 할 수 있는 것이 컴퓨터 프로그래밍이다!

■ while문도 중첩해 봅시다.

반복문의 중첩을 for문을 통해서 이해하였다. 이 이해를 바탕으로 while문의 중첩도 시도해 보자. 기본 구성은 동일하다. for문의 예제를 통해서 얻은 이해를 그대로 반영하면 된다.

다음은 예제 11-13을 while문의 중첩을 통해 재 구현한 것이다. 소스코드를 바로 보기에 앞서 여러분이 직접 while문의 중첩 형태로 예제 11-13을 재 구현해보면 좋겠다. 만약에 성공한다면, 반복문의 중첩에 대한 자신감이 상당히 높아질 테니 말이다.

■ 예제 11-14.c

```
1.  #include <stdio.h>
2.
3.  int main(void)
```

```
4.    {
5.        int i, j;
6.
7.        i=2;
8.        while(i<10)
9.        {
10.           j=1;
11.           while(j<10)
12.           {
13.              printf("%d x %d = %d \n", i, j, i*j);
14.              j++;
15.           }
16.
17.           printf("\n");     // 보기 좋은 출력을 위해
18.           i++;
19.        }
20.        return 0;
21.    }
```

- 7, 8, 18행 : 바깥쪽 while문을 구성하는 요소들이다. for문에서는 이들이 한 줄에 표시되었는데, while 문에서는 이렇게 떨어져서 구성이 될 수밖에 없다.
- 10, 11, 14행 : 안쪽 while문을 구성하는 요소들이다.

실행결과는 차이가 없으니 생략하겠다. 이 예제를 통해서 알 수 있는 또 하나의 사실은 for문의 간결성이다. 예제 11-13은 확실히 예제 11-14보다 간결해 보인다. 이는 초기식, 조건식, 증감식이 모두 필요로 할 때에는 for문을 사용하는 것이 낫다는 사실을 증명한다.

■ break문은 반복문을 하나밖에 못 벗어 나네요?

반복문의 탈출 기능을 제공하는 break문에 대해서 잠시 이야기 하자. break문은 자신이 속한 반복문의 탈출 기능을 제공한다. 그런데 break문이 탈출하는 반복문은 오로지 하나이다. 따라서 중첩된 반복문 전부를 빠져나갈 수는 없다. 이와 관련해서 다음 예제를 보자.

■ 예제 11-15.c

```
1.    #include <stdio.h>
2.
3.    int main(void)
4.    {
5.        int i, j;
6.
7.        i=0;
8.        while(i++ < 10)
```

```
9.      {
10.         j=0;
11.         while(j++ < 10)
12.         {
13.             printf("[i, j] = [%d, %d] \n", i, j);
14.             if(i%2==0 && j%2==0)    //i, j가 각각 2일 때 처음 참!
15.                 break;
16.         }
17.     }
18.
19.     printf("중첩된 반복문 완전 탈출! \n");
20.     return 0;
21. }
```

위 예제의 실행결과를 보면 안쪽 반복문에 포함되어 있는 break문이 어디로 벗어나는지를 알 수 있다(실행결과가 다소 긴 관계로 여러분이 직접 실행해서 확인할 것을 부탁하겠다).

14행의 조건이 처음 참이 되는 순간은 i와 j가 모두 2가 되는 순간이다. 만약에 15행의 break문을 통해서 중첩된 반복문 전부를 벗어난다면, 마지막으로 출력이 되는 i와 j의 값은 각각 2가 된다. 그러나 실행결과를 보면 15행의 break문을 통해서 11행에 있는 안쪽 while문만 벗어 나게 됨을 알 수 있다. 이 사실을 정리하면 다음과 같다.

"break문은 자신을 감싸고 있는 하나의 반복문만 탈출한다."

그런데 프로그램을 구현하다 보면 중첩된 반복문 전부를 벗어나야 할 때도 있다. 그럼 이러한 경우에는 어떻게 구현해야 할까? 이전에 goto문에 대해서 설명을 한적이 있다. goto문을 사용하는 것은 장점보다 단점이 더 많다고 했는데, 중첩된 반복문 전부를 빠져 나오는 용도로 유용하게 사용할 수 있다. 다음 예제처럼 말이다.

■ 예제 11-16.c

```
1.  #include <stdio.h>
2.
3.  int main(void)
4.  {
5.      int i, j;
6.
7.      i=0;
8.      while(i++ < 10)
9.      {
10.         j=0;
11.         while(j++ < 10)
12.         {
13.             printf("[i, j] = [%d, %d] \n", i, j);
14.             if(i%2==0 && j%2==0)
```

```
15.                    goto LOOP_EXIT;
16.            }
17.        }
18.
19. LOOP_EXIT:
20.     printf("중첩된 반복문 완전 탈출! Wn");
21.     return 0;
22. }
```

위 예제의 경우 14행이 참이면, 15행에 의해서 19행으로 이동을 한다. 결과적으로 중첩된 while문을 빠져 나오게 되는 것이다. 이로써 goto문이 적절히 사용될 수 있는 사례를 처음으로 제시하였다.

객관적인 설명일뿐 제 의견은 아닙니다!

goto문이 활용될 수 있는 상황에 대해서 언급하였는데, 이 경우에도 goto문이 유일한 해결책은 아니다. 여기서 언급한 상황도 goto문 이외의 방법으로 얼마든지 해결할 수 있기 때문이다(함수를 활용하는 것도 한가지 해결책이 될 수 있다). 그러니 위의 내용으로 인해서 필자가 goto문의 사용을 권유하는 것으로 오해하지 않았으면 좋겠다.

필자는 이 책을 통해서 goto문을 절대 사용하지 말라고 주장하지 않는다. 이 부분은 여전히 논쟁거리로 남아있기 때문이다. 하지만 개인적으로는 goto문을 사용하지 않는다.

반복문을 잘 중첩시킨다는 것은 그만큼 반복문에 익숙하다는 뜻이 된다. 거꾸로 반복문에 익숙지 않다면 반복문을 중첩시켜 봄으로서 많은 실력향상을 기대할 수 있다.

문제 11-5 [반복문의 중첩]

아래의 문제를 해결하는 과정에서 반복문의 중첩이 필요하다면 for문을 중첩시키기로 하자. 필자는 for문을 중첩시킨 결과를 답안으로 제시하겠다.

◉ 문제 1
구구단 출력 프로그램을 구현하자. 단! 짝수 단(2, 4, 6, 8단)만 출력하는 프로그램을 작성하되, 2단은 2×2까지, 4단은 4×4까지, 6단은 6×6까지, 8단은 8×8까지만 출력하도록 구현하자.

◉ 문제 2
다음 식을 만족하는 모든 A와 B의 조합을 구하는 프로그램을 작성해 보자.

$$\begin{array}{r} A\,B \\ +\,B\,A \\ \hline 9\,9 \end{array}$$

◉ 문제 3
입력에 따른 출력을 다음과 같이 보이도록 프로그램을 작성하자. 참고로 이 문제의 해결을 위해서는 출력 결과를 통해서 규칙성을 먼저 발견해야 한다.

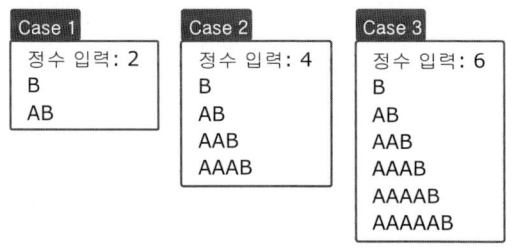

[그림 11-13 : 입력에 따른 출력의 예]

11장 프로그래밍 문제의 답안

■ 문제 11-1의 답안

• 문제 1

■ 소스코드 답안

```
1.   #include <stdio.h>
2.
3.   int main(void)
4.   {
5.       int num;
6.
7.       printf("출력 횟수 입력 : ");
8.       scanf("%d", &num);
9.
10.      while(num--)
11.          printf("Hello world \n");
12.
13.      return 0;
14.  }
```

위의 답안은 반복영역을 하나의 문장으로 구성해야 한다는 조건을 만족시키고 있다. 변수 num에 저장된 값이 0보다 클 경우에는 조건이 '참'이 되어 반복이 되고, 값이 1씩 감소하여 0이 되면 조건은 '거짓'이 되어 while문을 빠져 나오게 된다.

• 문제 2

■ 소스코드 답안

```
1.   #include <stdio.h>
2.
3.   int main(void)
4.   {
5.       int num;
6.       int i=1;
7.
8.       printf("출력할 3의 배수의 개수 : ");
9.       scanf("%d", &num);
10.
11.      while(num--)
12.      {
13.          printf("%d ", i*3);
14.          i++;
15.      }
16.      printf("\n");
17.      return 0;
18.  }
```

• 문제 3

■ 소스코드 답안

```c
1.   #include <stdio.h>
2.
3.   int main(void)
4.   {
5.       int num=-1;    /* while문의 첫 조건검사가 '참'이 되어야 하므로 */
6.       int sum=0;
7.
8.       while(num)
9.       {
10.          printf("숫자 입력 : ");
11.          scanf("%d", &num);
12.          sum+=num;
13.      }
14.
15.      printf("입력된 숫자의 합 : %d \n", sum);
16.      return 0;
17.  }
```

위 답안의 8행을 다음과 같이 구성해도 된다. 그리고 여러분은 이러한 구성이 더 편하게 느껴질 것이다. 그러나 두 가지 방법 모두에 익숙해지는 것이 좋다.

```c
while(num!=0)  { ....}
```

• 문제 4

■ 소스코드 답안

```c
1.   #include <stdio.h>
2.
3.   int main(void)
4.   {
5.       int num;
6.       int i=9;
7.
8.       printf("출력할 구구단 수 입력 : ");
9.       scanf("%d", &num);
10.
11.      while(i>0)
12.      {
13.          printf("%d x %d = %d \n", num, i, num*i);
14.          i--;
15.      }
16.      return 0;
17.  }
```

• 문제 5

■ 소스코드 답안

```c
1.   #include <stdio.h>
2.
3.   int main(void)
4.   {
5.       int cnt, num;
```

```
6.         int total=0;
7.         int itrCnt;
8.
9.         printf("입력할 정수의 개수 : ");
10.        scanf("%d", &cnt);
11.
12.        itrCnt=cnt;    /* 평균을 계산하기 위해서 cnt에 저장된 값 유지! */
13.
14.        while(itrCnt>0)
15.        {
16.            printf("정수입력 : ");
17.            scanf("%d", &num);
18.            total+=num;
19.            itrCnt--;
20.        }
21.
22.        printf("입력된 정수의 전체평균 : %f \n", (double)total/cnt);
23.        return 0;
24.    }
```

■ 문제 11-2의 답안

■ 소스코드 답안

```
1.     #include <stdio.h>
2.
3.     int main(void)
4.     {
5.         int num1, num2;
6.
7.         while(1)
8.         {
9.             printf("두 개의 정수 입력(피제수 제수 순으로 입력) : ");
10.            scanf("%d %d", &num1, &num2);
11.
12.            if(num1==0 && num2==0)
13.                break;
14.
15.            if(num2==0)
16.            {
17.                printf("제수가 0이므로 연산을 생략합니다. \n");
18.                continue;
19.            }
20.
21.            printf("%d 나누기 %d의 결과 : 몫 %d, 나머지 %d \n",
22.                    num1, num2, num1/num2, num1%num2);
23.        }
24.        return 0;
25.    }
```

■ 문제 11-3의 답안

• 문제 1

문제 11-1의 1번 문제를 do~while문의 형태로 변경한 것이다.

```c
1.   #include <stdio.h>
2.
3.   int main(void)
4.   {
5.       int num;
6.
7.       printf("출력 횟수 입력 : ");
8.       scanf("%d", &num);
9.
10.      //while(num--)
11.      //   printf("Hello world \n");
12.
13.      if(num==0)
14.          return 0;
15.
16.      do{
17.          printf("Hello world \n");
18.      }while(--num);
19.
20.      return 0;
21.  }
```

위 예제의 13, 14행을 살펴보자. do~while문은 최소한 한 번 이상 실행된다는 특징 때문에 삽입이 되었다. 이는 이 예제의 구현에 do~while문이 그리 어울리지 않음을 의미한다.

• 문제 2

문제 11-1의 3번 문제를 do~while문의 형태로 변경한 것이다.

```c
1.   #include <stdio.h>
2.
3.   int main(void)
4.   {
5.       int num;
6.       int sum=0;
7.
8.       //while(num)
9.       //{
10.      //   printf("숫자 입력 : ");
11.      //   scanf("%d", &num);
12.      //   sum+=num;
13.      //}
14.
```

```
15.         do{
16.             printf("숫자 입력 : ");
17.             scanf("%d", &num);
18.             sum+=num;
19.         }while(num);
20.
21.         printf("입력된 숫자의 합 : %d \n", sum);
22.         return 0;
23.     }
```

이 예제의 5행을 보자! while문을 기반으로 구현했을 때에는 변수 num을 -1로 초기화하였다. 일단 한번은 실행을 시켜야 하기 때문이다. 그러나 do~while문은 한번의 실행을 보장하기 때문에 -1과 같은 의미 없는 값으로 변수 num을 초기화 할 필요가 없어졌다. 이러한 사실은 이 예제가 do~while문과 잘 어울림을 의미한다.

■ 문제 11-4의 답안

• 문제 1

■ 소스코드 답안

```
1.  #include <stdio.h>
2.
3.  int main(void)
4.  {
5.      int num, i;
6.      int fact=1;
7.
8.      printf("정수 입력 : ");
9.      scanf("%d", &num);
10.
11.     for(i=1; i<=num; i++)
12.         fact*=i;
13.
14.     printf("%d factorial is %d \n", num, fact);
15.     return 0;
16. }
```

• 문제 2

■ 소스코드 답안

```
1.  #include <stdio.h>
2.
3.  int main(void)
4.  {
5.      int num1, num2;
6.      int start, end, i;
7.      int sum=0;
8.
9.      printf("두 개의 정수 입력 : ");
```

```
10.         scanf("%d %d", &num1, &num2);
11.
12.         if(num1>num2)
13.         {
14.             start=num2;
15.             end=num1;
16.         }
17.         else
18.         {
19.             start=num1;
20.             end=num2;
21.         }
22.
23.         for(i=start; i<=end; i++)
24.             sum+=i;
25.
26.         printf("%d ~ %d 사이 정수의 합 : %d \n", start, end, sum);
27.         return 0;
28.     }
```

• 문제 3

■ 소스코드 답안

```
1.  #include <stdio.h>
2.
3.  int main(void)
4.  {
5.      int sum=0;
6.      int i;
7.
8.      for(i=1; i<=100; i++)
9.      {
10.         if(!(i%3) || !(i%5))
11.             sum+=i;
12.     }
13.
14.     printf("3의 배수와 5의 배수의 합 : %d \n", sum);
15.     return 0;
16. }
```

■ 문제 11-5의 답안

• 문제 1

■ 소스코드 답안

```
1.  #include <stdio.h>
2.
3.  int main(void)
4.  {
5.      int i, j;
6.
7.      for(i=2; i<10; i+=2)
8.      {
```

```
9.          for(j=1; j<10; j++)
10.         {
11.             printf("%d x %d=%d \n", i, j, i*j);
12.             if(j>=i)
13.                 break;
14.         }
15.         printf("\n");
16.     }
17.     return 0;
18. }
```

• 문제 2

■ 소스코드 답안

```
1.  #include <stdio.h>
2.
3.  int IsSum99(int n1, int n2);
4.
5.  int main(void)
6.  {
7.      int i, j;
8.
9.      for(i=0; i<10; i++)
10.     {
11.         for(j=0; j<10; j++)
12.         {
13.             if(IsSum99(i, j))
14.                 printf("[A, B] = [%d, %d] \n", i, j);
15.         }
16.     }
17.     return 0;
18. }
19.
20.
21. int IsSum99(int n1, int n2)
22. {
23.     if((n1*10+n2)+(n2*10+n1)==99)
24.         return 1;
25.     else
26.         return 0;
27. }
```

• 문제 3

■ 소스코드 답안

```
1.  #include <stdio.h>
2.
3.  int main(void)
4.  {
5.      int i, j;
6.      int num;
7.
8.      printf("정수 입력 : ");
9.      scanf("%d", &num);
10.
```

```
11.     for(i=0; i<num; i++)
12.     {
13.         for(j=0; j<i; j++)
14.             printf("A");
15.
16.         printf("B \n");
17.     }
18.     return 0;
19. }
```

제12장 문자의 표현 방법과 문자 관련 표준함수들

표준에 관련해서만 이야기하면 참으로 재미없는 이야기

여러분도 알고 있듯이 우리 인간들이 사용하는 문자는 일종의 약속이다. 때문에 컴퓨터가 문자를 표현하는 방법도 약속으로 이뤄지는 것은 당연하다. 그래서 영문을 표현하는 방법, 한글을 표현하는 방법 그리고 특수문자를 표현하는 방법이 모두다 표준으로 정의되어 있고, 표준으로 정의되기까지는 다양한 사연들도 존재한다. 여러분에게 문자에 대한 깊이 있는 설명을 하려면 이러한 고리타분한 이야기에서부터 시작을 해야겠지만, 이는 처음으로 문자 표현을 공부하는 여러분에게 오히려 방해가 될 수도 있기 때문에 이러한 부분에 대해서는 설명을 최소화하여 실제 프로그래밍과 관련이 있는 쪽에 집중을 하고자 한다.

이 장의 목차페이지 ▶▶▶

12-1. 컴퓨터는 문자를 표현할 줄 안다. 그러나 CPU는 모른다.	308
12-2. 문자의 표현방법	309
12-3. 문자 관련 함수들	315
프로그래밍 문제의 답안	319

12-1 컴퓨터는 문자를 표현할 줄 안다. 그러나 CPU는 모른다.

보통 '컴퓨터'라는 단어와 'CPU'라는 단어를 같은 의미로 해석하는 경향이 강한데, 이 둘은 엄밀히 따져서 다른 것이다. CPU는 말 그대로 CPU이다. 따라서 CPU를 가리켜 컴퓨터라 하지 않는다. 보통은 CPU를 내부에 장착한 본체, 모니터 그리고 키보드를 묶어서 컴퓨터라 한다.

■ CPU는 문자의 '문'자도 모른다.

CPU는 수를 이해하는 장치이지 글을 이해하는 장치가 아니다. 때문에 CPU는 글을 표현할 수도 없고, 이해하지도 못한다. 이는 영어이건 한글이건 마찬가지다. 따라서 CPU를 브레인으로 두고 있는 컴퓨터도 당연히 글을 이해할 수 없다. 하지만 컴퓨터의 중요한 역할 중에 하나가 인간과의 상호작용이다. 때문에 어떠한 방법을 동원해서라도 컴퓨터가 글을 이해할 수 있도록 해야만 했다. 컴퓨터에게 글을 이해시켜야지, 인간이 컴퓨터의 표현방식을 익혀서 대화할 수는 없는 일 아닌가?

■ 아스키(ASCII) 코드의 등장

컴퓨터의 브레인인 CPU는 수를 이용해서 대화를 한다. 반면에 인간은 글을 이용해서 대화를 한다. 그렇다면 답은 하나다. 수와 글을 연결시키는 것이다. 그리하여 등장한 것이 아스키코드이다.

"문자 A를 표현할 때는 숫자 65를 사용합시다. 그리고 문자 K를 표현할 때는 숫자 75를 사용합시다."

이때 문자 A와 문자 K를 가리켜 '아스키코드 문자'라 하고, 숫자 65와 75를 가리켜 '아스키코드 값'이라 한다. 이처럼 아스키코드는 값이 할당된 문자들의 집합으로, 영어 대소문자, 특수문자 그리고 숫자로 구성되어 있다. 잠시 부록을 참고하여 아스키코드의 구성을 확인해 보고 다음 물음에 답을 해 보자.

- 질문 1. 대문자 A부터 Z까지 어떠한 순서로 값이 할당되어 있는가? 그리고 소문자 a부터 z까지는 어떠한 순서로 값이 할당되어 있는가?
- 질문 2. 대문자와 소문자의 값의 차는 어떻게 되는가?
- 질문 3. 총 몇 개의 아스키코드 문자가 정의되어 있는가? 그리고 이 모든 아스키코드 문자를 표현하는데 몇 비트가 필요하겠는가?

■ 위 질문에 대한 답변

문자 A부터 Z까지는 일련 된 순서로(값이 1씩 순차적으로 증가하는 형태로) 값이 할당되어 있다. 뿐만 아니라 문자 a부터 z까지도 일련 된 순서로 값이 할당되어 있다. 때문에 대문자와 소문자 사이의 값의 차이는 일정할 수밖에 없으며 그 크기는 32이다. 즉 대문자 A와 소문자 a의 차이도, 대문자 B와 소문자 b의 차이도 32이다.

그리고 아스키코드 문자는 총 128개가 정의되어 있다. 그런데 2의 7승이 128이므로 총 7개의 비트만 있으면 모든 아스키코드 문자를 표현할 수 있다. 실제로도 아스키코드는 7비트 체계의 부호이다.

이러한 특성을 지니는 아스키코드를 외우고 있을 필요는 없지만, 지금 언급한 아스키코드의 특징은 기억해 두는 것이 좋다.

12-2 문자의 표현방법

아스키코드라는 것을 표준화만 해 놓는다고 해서 문자가 표현되는 것은 아니다. 이제 이것을 컴퓨터에게 어떻게 인식시키느냐 하는 별도의 문제를 해결해야 한다.

■ 문자의 저장과 출력

프로그램에서 문자를 저장하고 출력하는 방법을 먼저 보이도록 하겠다. 이미 알고 있듯이 문자열은 큰따옴표를 이용해서 표현한다. 유사하게 문자는 작은 따옴표를 이용해서 표현하기로 약속되어 있다.

■ 예제 12-1.c

```c
1.  #include <stdio.h>
2.
3.  int main(void)
4.  {
5.      char ch1 = 'A';
6.      char ch2 = 'B';
7.      char ch3 = 'C';
8.
9.      printf("%c%c%c \n", ch1, ch2, ch3);
10.     return 0;
11. }
```

- 5행 : 문자 A를 변수 ch1에 저장하고 있다. 아스키코드 문자는 7비트 부호이기 때문에 1바이트로 표현되는 char형 변수에 저장하는 것이 가장 적절하다.
- 9행 : 서식문자 %c는 문자를 출력하는 용도로 사용된다. 그래서 변수 ch1, ch2, ch3에 저장된 문자의 출력을 위해서 서식문자 %c가 총 3회 사용되었다.

■ 실행결과 : 예제 12-1

```
ABC
```

위 예제에서 보여주듯이 단순히 문자를 저장하고 출력하는 일은 아주 간단하다. 그런데 아직도 의문점은 남아있다. char형 변수에는 정수를 저장하는 것이 원칙인데, 어떻게 문자를 저장할 수 있었을까? 이 부분을 이해하면 문자의 표현 원리에 대해서 정확히 알게 된다.

■ ASCII에 대해 알고 있는 녀석! 컴파일러!

CPU는 여전히 아스키코드에 대해서 모르고 있다. 오히려 아스키코드를 알고 있는 녀석은 컴파일러다! 컴파일러는 문자 A의 아스키코드 값이 얼마인지, 문자 B의 아스키코드 값이 얼마인지 전부 기억하고 있다. 따라서 컴파일러는 다음과 같은 문장을 보면,

```
char ch = 'A';
```

이 문장을 다음과 같이 해석해서(변경해서) 컴파일을 진행한다.

```
char ch = 65;
```

여기서 65는 문자 A의 아스키코드 값이다. 즉 컴파일러는 소스코드에 있는 문자 데이터를 해당 아스키코드 값으로 변경시켜버린다. 따라서 char형 변수에 저장이 가능한 것이다.

■ 그럼 문자의 출력은 어떻게 이뤄지나요?

예제 12-1의 9행에는 다음과 같은 문장이 있다.

```
printf("%c%c%c \n", ch1, ch2, ch3);
```

그런데 ch1, ch2, ch3에 저장되어 있는 값은 해당문자의 아스키코드 값이니, 이 문장은 다음 문장과 완전히 동일하다.

```
printf("%c%c%c \n", 65, 66, 67);
```

실제로 이 문장을 실행해 보면 ABC가 출력되는 것을 확인할 수 있다. 그렇다면 문자는 어떻게 출력되는 것일까? 이것은 printf 함수가 지니는 기능이다. printf 함수에 서식문자 %c와 숫자가 전달되면 숫자를 아스키코드 값으로 간주하여, 전달된 아스키코드 값의 문자를 모니터로 출력하는 것이다.

간단히 결론을 내려보면, 문자를 표현하는 방식은 '변환'에 근거를 두고 있다. 문자를 저장하고 싶은가? 해당 문자의 아스키코드 값을 저장하면 된다. 문자를 출력하고 싶은가? printf 함수에 아스키코드 값을 넘겨라, 알아서 아스키코드 문자로 변환해서 출력을 해줄 테니 말이다.

■ 그래서 문자끼리 덧셈도 가능하고 뺄셈도 가능합니다.

그럼 컴퓨터 내부적으로는 문자가 숫자로 표현이 되니, 다음과 같은 문장도 컴파일 및 실행이 가능하지 않을까?

```c
char ch = 'A' - 'B' + 'C';
```

물론 가능하다. 우리가 보기에는 이상하지만 컴파일러가 문자를 아스키코드 값으로 치환하기 때문에, 실제로는 다음과 같은 형태로 변경되어 실행이 된다. 따라서 전혀 문제가 없다.

```c
char ch = 65 - 66 + 67;
```

그럼 굳이 char형 변수에 저장하지 않아도 되는 것 아닌가? 그렇다! 굳이 char형 변수에 저장하지 않아도 된다. 아스키코드 값이 7비트로 표현되기 때문에 메모리의 효율성을 생각해서 char형 변수에 저장하는 것일 뿐 short, int, long형 변수에 저장해도 된다. 이에 대한 확인을 위해서 다음 예제를 제시한다.

■ 예제 12-2.c

```c
1.  #include <stdio.h>
2.
3.  int main(void)
4.  {
5.      char ch1 = 'A';
6.      short ch2 = 'A' - 'B' + 'C';
7.      int ch3 = 'C' % 12 ;
8.
9.      printf("%c %c %c \n", ch1, ch2, ch3);
10.     printf("%d %d %d \n", ch1, ch2, ch3);
11.
12.     printf("이스케이프 시퀀스 경고음 : %d \n", '\a');
13.     return 0;
14. }
```

- 7행 : 문자를 가지고 덧셈만 가능한 것이 아니라, 나머지 연산도 가능하다. 컴파일러가 문자를 아스키코드 값으로 치환하기 때문이다. 대문자 C는 67이므로 ch3에는 7이 저장된다.
- 9행 : 정수형 변수 ch1, ch2, ch3에 저장된 값을 출력하는데, 문자의 형태로 출력하고 있다. 따라서

변수에 저장된 값에 해당하는 아스키코드 문자가 출력이 된다.
- 10행 : 정수형 변수 ch1, ch2, ch3에 저장된 값을 지극히 일반적인 형태로 출력하고 있다. 변수에 저장된 값을 정수의 형태로 출력하는 것이다.
- 12행 : ₩n을 비롯한 이스케이프 시퀀스도 아스키코드에 등록되어 있는 하나의 문자이다. 여기서는 ₩a의 아스키코드 값을 출력하고 있다. 이전에 확인했듯이 ₩a는 삑~ 소리를 내도록 정의되어 있는 문자이다.

■ 실행결과 : 예제 12-2

```
A B
65 66 7
이스케이프 시퀀스 경고음 : 7
```

실행과정에서 삑~ 소리를 들었을 것이다. 이유가 무엇일까? 위 실행결과를 통해서도 알 수 있듯이, 삑~ 소리를 내도록 정의되어 있는 이스케이프 시퀀스의 아스키코드 값은 7이다. 그런데 7행의 변수 ch3에 저장된 값도 7이다. 다시 말해서 이스케이프 시퀀스 ₩a의 아스키코드 값이 변수 ch3에 저장된 것이다. 그래서 9행에서 ch3에 저장된 값을 문자의 형태로 출력하려는 순간 삑~ 소리가 난 것이다.

> **참고** 문자료 덧셈이라니 이게 왠 말이냐?
>
> 필자는 여러분에게 문자 표현의 본질을 설명하기 위해서, 문자를 가지고 환영 받지 못할 일들을 하고 있다. 그러나 이러한 일들이 유용하게 사용되는 경우도 있으므로 지금 여기서 설명하는 내용들을 편견 없이 모두 이해하면 좋겠다. 그리고 아주 특별한 경우가 아니면 문자는 char형 변수를 통해서 표현하는 것이 옳다. 변수의 이름이 의미하듯이 char형은 처음부터 문자를 표현하기 위해서 디자인 된 자료형이기 때문이다.

■ **이렇게 표현되는 문자를 가리켜 문자 상수라 하지요.**

앞서 5장에서는 리터럴 상수의 종류를 다음과 같이 정리하였다. 이때만 해도 문자 리터럴에 대해서 이해가 되지 않았을 것이다. 그러나 지금 보면 충분히 이해가 된다.

- 정수 리터럴(상수)
  예) 10, 20, 30, 40, 50
- 실수 리터럴(상수)

예) 0.1, 0.2, 0.3, 0.4, 0.5
- 문자 리터럴(상수)
  예) 'A', 'B', 'C', 'D', 'E'
- 문자열 리터럴(상수)
  예) "ABCDE"

그렇다! 작은따옴표로 묶여서 표현되는 문자도 역시 상수이다. 그렇다면 질문을 하나 드리겠다. 정수형 상수는 int형으로, 실수형 상수는 double형으로 메모리상에 표현된다고 앞서 설명하였는데, 그렇다면 문자형 상수는 어떠한 자료형의 형태로 메모리상에 표현이 될까?

"너무 쉬운 질문이군요! 당연히 char형 아니겠습니까?"

대부분 그렇게 생각을 한다. 그렇다면 질문을 조금 더 구체적으로 제시해 보겠다. 다음 코드를 보면 여러분이 이야기한 것과 같이(그냥 여러분이 이야기했다고 칩시다) char형으로 문자형 상수가 표현될 것 같은 느낌을 아주 강하게 받는다.

```
char ch = 'A';
```

따라서 "상식적으로 생각하면 char형으로 표현된다."고 말할 수 있다. 그런데 문자는 컴파일러에 의해서 아스키코드 값으로 치환이 된다고 하였다. 즉 위 문장은 다음과 같이 변경될 것이 분명하다.

```
char ch = 65;
```

어떤가? 이렇게 놓고 보니까 왠지 정수형 상수처럼 int형으로 표현될 것 같다는 생각도 들지 않는가? 정수는 int형으로 표현된다고 하지 않았는가? 따라서 "아스키코드 값의 관점에서 보면 int형으로 표현된다."고 말할 수 있다.

■ 무엇이 답이냐고요? sizeof 연산자를 이용해서 확인해 보죠!

과연 무엇이 정답일까? 문자형 상수는 메모리상에 char형으로 표현이 될까? int형으로 표현이 될까? 필자가 답을 말씀 드리지 않아도 여러분 스스로 확인이 가능하다. 여러분이 다음과 같이 아주 간단한 예제를 직접 만들어서 확인해 볼 수 있기 때문이다.

■ 예제 12-3.c

```
1.  #include <stdio.h>
2.
3.  int main(void)
4.  {
5.      printf("%d 바이트 \n", sizeof('A'));
6.      return 0;
7.  }
```

■ 실행결과 : 예제 12-3

```
4 바이트
```

실행결과를 통해서 문자형 상수 A가 4바이트로 표현되고 있음을 알 수 있다. 실제로 C 표준에서는 문자형 상수를 int형 데이터로 정의하고 있다. 즉 아스키코드 값의 관점에서 문자형 상수의 표현방식을 결정한 것이다.

그러나 C++ 표준에서는(관심이 없을 수도 있지만) 문자형 상수를 1바이트 char형으로 정의하고 있어 차이를 보인다. 따라서 위의 코드를 C++ 컴파일러로 컴파일 및 실행해 보면 1이 출력되는 것을 확인할 수 있다. 참고로 기억해 두면 좋을 듯 하다.

 문 제 12-1 [아스키코드의 이해]

◉ 문제 1
문자 1, 2, 3, 4, 5의 아스키코드 값을 출력하는 프로그램을 작성하여라. 주의할 점은 숫자 1, 2, 3, 4, 5가 아닌 문자 '1', '2', '3', '4', '5'라는 사실이다.

◉ 문제 2
소문자를 대문자로 바꿔주는 함수를 정의하자. 함수 호출 시 알파벳 소문자를 전달하면, 해당 알파벳의 대문자를 반환해야 한다. 그리고 이 함수를 활용하는 main 함수도 정의하여 제대로 동작하는지 확인해 보자.
단 아스키코드 표를 참조할 수 없는 상황에 놓여있다고 가정하고 구현해야 한다. 즉 아스키코드 표를 참조해서도 안되고, 알파벳 대문자와 소문자 사이의 값의 차가 32라는 사실도 모르는 상황이라고 가정해야 한다. 대신 대문자도 소문자도 일련 된 순서로 아스키코드 값이 할당되어 있다는 사실을 활용하자.

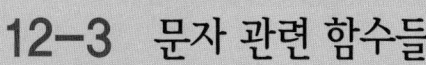

12-3 문자 관련 함수들

함수를 직접 정의하는 것도 중요하지만, 정의되어 있는 함수를 활용하는 것도 중요하다. 여기서는 ANSI 표준에서 정의하고 있는 문자 관련 함수들 중 일부를 여러분에게 소개하겠다. 소개하는 함수들은 모두 간단하고 활용하기도 쉽다.

■ 숫자인지를 묻습니다 : isdigit 함수

다음 함수는 인자로 전달되는 문자가 한자릿수 숫자라면(숫자에 해당하는 문자라면) 0이 아닌 값을, 숫자가 아니라면 0을 반환한다. 그리고 이 함수의 호출을 위해서는 #include문으로 헤더파일 ctype.h를 포함해야 한다.

```
int isdigit(int ch);
```

다음은 위 함수의 사용 예이다.

■ 예제 12-4.c

```
1.  #include <stdio.h>
2.  #include <ctype.h>
3.
4.  int main(void)
5.  {
6.      char ch = '0';
7.
8.      if(isdigit(ch))
9.          printf("숫자입니다. \n");
10.     else
11.         printf("숫자가 아닙니다. \n");
12.
13.     return 0;
14. }
```

- 6행 : 숫자 0이 아닌 문자 '0'임에 주의하자. isdigit 함수는 인자로 전달되는 데이터가 숫자에 해당하는 문자인지를 확인시켜주는 함수이다.
- 8행 : isdigit 함수는 숫자에 해당하는 문자인 경우 0이 아닌 값을 반환한다. 그런데 0 이외의 값은 '참'으로 인식되기 때문에, 이 if문이 성립하는 것이다.

■ 실행결과 : 예제 12-4

숫자입니다.

■ **알파벳인지를 묻습니다 : isalpha 함수**

다음 함수는 인자로 전달되는 문자가 알파벳이라면 0이 아닌 값을, 알파벳이 아니라면 0을 반환한다. 이 함수도 호출을 위해서는 헤더파일 ctype.h를 포함해야 한다.

```
int isalpha(int ch);
```

다음은 위 함수의 사용 예이다.

■ 예제 12-5.c

```
1.   #include <stdio.h>
2.   #include <ctype.h>
3.
4.   int main(void)
5.   {
6.       char ch = 'a';
7.
8.       if(isalpha(ch))
9.           printf("알파벳입니다. \n");
10.      else
11.          printf("알파벳이 아닙니다. \n");
12.
13.      return 0;
14.  }
```

■ 실행결과 : 예제 12-5

알파벳입니다.

■ **대문자냐? 소문자냐? : islower 함수, isupper 함수**

다음 함수는 인자로 전달된 문자가 소문자면 0이 아닌 값을, 소문자가 아니면 0을 반환한다.

```
int islower(int ch);
```

다음 함수는 인자로 전달된 문자가 대문자면 0이 아닌 값을, 대문자가 아니면 0을 반환한다.

```
int isupper(int ch);
```

다음은 위 두 함수의 사용 예이다.

■ 예제 12-6.c

```
1.   #include <stdio.h>
2.   #include <ctype.h> /* islower, isupper 함수의 호출을 위해 */
3.
4.   int main(void)
5.   {
6.       char ch = 'A';
7.
8.       if(islower(ch))
9.           printf("소문자입니다. \n");
10.
11.      if(isupper(ch))
12.          printf("대문자입니다. \n");
13.
14.      return 0;
15.  }
```

■ 실행결과 : 예제 12-6

대문자입니다.

문제 12-2 [문자 관련 함수들의 활용]

◉ 문제 1

인자로 전달된 문자가 알파벳이거나 숫자이면(한자릿수 숫자이면) 0이 아닌 값을 반환하는 isalnum이라는 이름의 표준함수가 있다. 필자가 소개하지 않은 이 함수를 직접구현 해 보자. 그런데 두 가지 방식으로 구현해 보기 바란다.

하나는 앞서 소개한 isdigit 함수와, isalpha 함수를 활용하는 방식이다. 그리고 다른 하나는 이 두 함수를 활용하지 않는 방식이다. 각각의 이름을 isalnumA, isalnumB라 하고, 각각의 함수를 테스트하는 main 함수까지 정의하자.

◉ 문제 2

문자 '0'이 전달되면 정수 0을, 문자 '7'이 전달되면 정수 7을 반환하는 함수를 정의하자. 즉 문자를 정수로 변환하는 함수를 정의하자는 뜻이다. 이 함수의 이름과 반환형, 그리고 전달인자의 형태는 다음과 같이 정의하기로 하자.

```
int ConvToInt(int ch);
```

물론 테스트를 위한 main 함수도 정의해야 하며, ConvToInt 함수에는 반드시 0 이상 9 이하의 정수만 입력된다고 가정하겠다.

12장 프로그래밍 문제의 답안

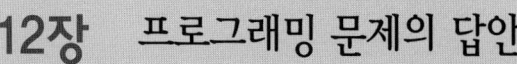

■ 문제 12-1의 답안

• 문제 1

■ 소스코드 답안

```
1.   #include <stdio.h>
2.
3.   int main(void)
4.   {
5.       printf("문자 1 : %d \n", '1');
6.       printf("문자 2 : %d \n", '2');
7.       printf("문자 3 : %d \n", '3');
8.       printf("문자 4 : %d \n", '4');
9.       printf("문자 5 : %d \n", '5');
10.      return 0;
11.  }
```

해당 문자를 정수의 형태로 출력했을 때 보이는 값이 해당 문자의 아스키코드 값이다. 따라서 위와 같은 형태로 간단히 확인이 가능하다.

• 문제 2

■ 소스코드 답안

```
1.   #include <stdio.h>
2.   char ConvToBig(char ch);
3.
4.   int main(void)
5.   {
6.       char ch1='a';
7.       char ch2='b';
8.
9.       ch1=ConvToBig(ch1);
10.      ch2=ConvToBig(ch2);
11.
12.      printf("%c %c \n", ch1, ch2);
13.      return 0;
14.  }
15.
16.  char ConvToBig(char ch)
17.  {
18.      int diff='A'-'a';
19.      return (char)(ch+diff);
20.  }
```

위 예제 18행을 주목해서 보자. 대문자와 소문자 사이의 값의 차이를 계산하고 있다. 이렇게 계산이 가능하기 때문에, 이 문제의 해결을 위해서 굳이 아스키코드 표를 참조할 필요는 없다.

■ 문제 12-2의 답안

• 문제 1

■ 소스코드 답안

```c
1.  #include <stdio.h>
2.  #include <ctype.h>
3.
4.  int isalnumA(int ch);
5.  int isalnumB(int ch);
6.
7.  int main(void)
8.  {
9.      if(isalnumA('A'))
10.         printf("알파벳 아니면 숫자! \n");
11.     else
12.         printf("알파벳도 숫자도 아니다! \n");
13.
14.     if(isalnumB('#'))
15.         printf("알파벳 아니면 숫자! \n");
16.     else
17.         printf("알파벳도 숫자도 아니다! \n");
18.
19.     return 0;
20. }
21.
22. int isalnumA(int ch)
23. {
24.     if(isdigit(ch) || isalpha(ch))
25.         return 1;
26.     else
27.         return 0;
28. }
29.
30. int isalnumB(int ch)
31. {
32.     if('a'<=ch && ch<='z')
33.         return 1;
34.     else if('A'<=ch && ch<='Z')
35.         return 2;
36.     else if('0'<=ch && ch<='9')
37.         return 3;
38.     else
39.         return 0;
40. }
```

• 문제 2

■ 소스코드 답안

```
1.    #include <stdio.h>
2.    int ConvToInt(int ch);
3.
4.    int main(void)
5.    {
6.        printf("%d \n", ConvToInt('1')+ConvToInt('8'));
7.        return 0;
8.    }
9.
10.   int ConvToInt(int ch)
11.   {
12.       int diff=1-'1';
13.       return ch+diff;
14.   }
```

제13장 메모리 구조와 변수

메모리 구조를 이해합시다!

메모리 구조에 대한 이해는 C언어를 공부하는데 있어서 아주 중요한 위치를 차지한다. 왜냐하면 C언어에는 메모리 구조를 알아야 이해할 수 있는 문법적인 요소도 있기 때문이다. 따라서 이번 장을 통해서 여러분에게 메모리 구조에 대해서 설명하고자 한다.

"그거 운영체제에서 공부할 내용 아닌가요?"
"그냥 쉽게 가시죠. C언어 설명하면서 뭘 메모리 구조까지 끄집어 냅니까?"

아마도 이렇게 말씀하시는 분도 있을 것이다. 그러나 운영체제의 수준에 못 미치는 기초적인 내용만 간단히 언급할 테니 걱정하지 않아도 된다. 그리고 필자도 쉽게 가고 싶다. 그런데 메모리 구조를 여러분에게 이해시키는 것만큼 쉽게 갈수 있는 방법도 드물다.

이 장의 목차페이지 ▶▶▶

13-1. 하드웨어 관점에서의 메모리 공간	324
13-2. 특성에 따라 나뉘어지는 메모리 공간!	329
13-3. 변수의 종류에 따른 특성과 할당 위치	332
프로그래밍 문제의 답안	347

13-1 하드웨어 관점에서의 메모리 공간

메모리에 대한 이해는 하드웨어적인 관점(물리적인 관점)과 소프트웨어적인 관점으로 나눠서 바라봐야 한다. 그래야 정확한 이해가 가능하다.

■ **메모리의 종류?**

컴퓨터 뚜껑을 열어서 내부를 들여다 봤을 때, 메모리라고 할 수 있는 것은 어떤 것이 있는가?

"램(RAM)이요!"

역시 여러분은 전문가다. 하지만 하드디스크도 메모리이다. 따라서 뚜껑을 열었을 때 메모리라 할 수 있는 것은 램(RAM)과 하드디스크, 이렇게 두 가지이다. 하지만 이것이 전부는 아니다. CPU의 내부에도 두 가지 종류의 메모리가 내장되어 있다. 그 중 하나는 이전에 필자가 설명했던 레지스터이고, 다른 하나는 캐쉬(cache)이다. 즉 우리가 흔히 말하는 메모리는 하드웨어 관점에서 다음과 같이 총 네 종류로 나뉜다.

- 하드디스크(hard disk)
- 램(RAM)
- 레지스터(register)
- 캐쉬(cache)

■ **뭐 이렇게 많이 필요해?**

하드웨어 관점에서(물리적인 관점에서) 메모리가 총 네 개나 되는 이유는 어디에 있을까? 혹시 다음과 같은 생각이 들지는 않는가?

"뭐가 이렇게 복잡해요? 그냥 통으로 하나만 있으면 안되나요?"

컴퓨터는 실제로 하나의 메모리만 있어도 동작하도록 디자인 가능하다(그렇게 디자인된 컴퓨터를 접하지 못했을 뿐이다). 다만 성능과 비용적 측면을 고려하여 오늘날의 범용적 컴퓨터의 메모리 구성이 탄생한 것뿐이다.

■ **CPU와 하드디스크만 있다고 칩시다.**

자! 천천히 생각해 보자. CPU와 하드디스크만 있다고 가정했을 때, 프로그램의 실행에 문제가 있을까? 물론 CPU 내부에 레지스터와 캐쉬가 존재하지 않고, 하드디스크가 유일한 메모리 공간일 때에 문제가 있겠냐고 묻고 있는 것이다. 다음 그림은 이 질문과 관련하여 하드디스크와 CPU만 존재하는 상황을 보여준다. 참고로 ALU는 CPU 안에 존재하는 연산장치이다. 그러나 CPU 안에 레지스터와 캐쉬가 존재하지 않음을 강조하기 위해서 ALU가 CPU의 전부인 것처럼 표시하였다.

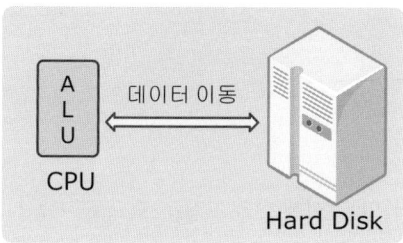

[그림 13-1 : ALU와 하드디스크]

하드디스크가 유일한 메모리 공간이라고 해서 문제될 것은 없다. CPU가 원하는 데이터를 참조만 할 수 있으면 되기 때문이다. 즉 실행할 프로그램이 저장되어 있는 하드디스크로부터 필요한 데이터를 읽어가면서 얼마든지 CPU는 프로그램을 실행시킬 수 있다.

아! 물론 프로그램의 실행과정에서 변수의 선언 등으로 메모리 공간의 할당이 필요하다. 그런데 이러한 일들은 하드디스크를 통해서 얼마든지 해결이 가능하다. 따라서 이론적으로는(이러한 시스템이 실제로는 존재하지 않으므로) 하드디스크만 존재한다고 해도 프로그램의 실행이 문제되지는 않는다.

단! 이처럼 프로그램의 실행이 목적의 전부가 아니고, 프로그램 사용자가 납득할 수 있는 속도로 프로그램이 실행되어야 한다는 조건이 붙어버리면 이야기는 달라진다. 여러분도 알고 있듯이 하드디스크는 컴퓨터의 전원이 나간 상태에서도, 저장된 데이터가 지워지지 않는 저장장치이다. 이러한 특성을 가지고 있는 하드디스크에 데이터를 읽고 쓰는데 걸리는 시간은 전원이 나가면 저장된 데이터가 소멸되는 저장장치에 비해서 상당히 길다. 따라서 하드디스크가 유일한 저장장치라면 프로그램의 실행 속도는 상당히 느려질 수밖에 없다.

■ 램(RAM)이라는 조금 더 빠른 메모리 공간을 붙여놨지요.

하드디스크의 이러한 문제점을 극복하기 위해서 CPU와 하드디스크 사이에 램이라는 메모리 공간을 붙여 놓기에 이른다. 램은 하드디스크와 달리 휘발성 메모리이다. 다시 말해서 전원이 나가면 저장된 데이터가 소멸되는 특성이 있다. 하지만 하드디스크와 비교해서 상당히 빠르게 동작한다는 장점도 있다.

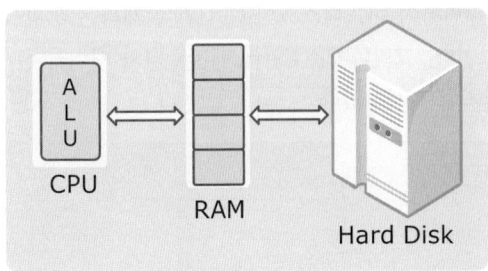

[그림 13-2 : RAM의 역할]

이렇게 램이라는 메모리를 추가하여, 하드디스크에 저장되어 있는 실행 프로그램을 램으로 이동시켜서 실행하도록 하드웨어가 디자인되었다. 따라서 CPU는 이제 느려터진 하드디스크가 아닌, 램에 빈번한 접근을 하게 되고, 이에 따라서 프로그램의 실행 속도는 놀라울 정도로 향상이 되었다. 그리고 이러한 램을 가리켜 프로그램 실행의 중심이 되는 메모리라는 의미를 담아서 '메인 메모리(main memory)'라 한다.

■ 캐쉬도, 레지스터도 CPU 안에 함께 설계해 넣었어요.

하나의 프로그램을 이루는 소스코드 중에서는 자주 실행이 되는 것도 있고, 아주 드문드문, 혹은 거의 실행되지 않는 것도 있다. 통계적으로는 프로그램 코드의 약 10~20% 정도가 전체 실행시간의 90% 이상을 차지한다고 나와있다. 믿어지는가? 필자는 믿어진다. 아니 필자가 개발해온 프로그램도 대부분 이러한 특성을 지니기 때문에 별다른 믿음이 필요하지는 않다. 그리고 이러한 소프트웨어의 특성 때문에 캐쉬(cache)라는 이름의 메모리를 삽입하여 성능향상을 꾀할 수 있게 되었다.

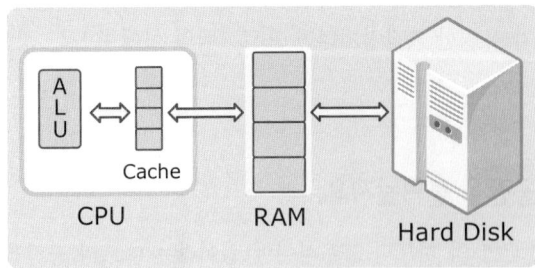

[그림 13-3 : 캐쉬의 역할]

위 그림에서 보이듯이 램과 ALU 사이에 캐쉬가 삽입이 되었다. 이 캐쉬는 CPU 내부에 존재하기 때문에 램보다 더 빠른 속도로 ALU의 접근이 가능하다. 따라서 램에서 자주 사용되는 데이터를 캐쉬로 이동시켜 ALU의 빈번한 접근을 돕게 된다.

"그럼 램을 없애고 캐쉬가 램의 역할을 대신하게 하면 어떨까요?"

좋은 지적이다. 그렇게만 된다면, 지금까지 경험해 본적 없는 실행속도를 보장받을 수 있을 것이다. 그러나 문제는 비용이다. CPU 안에다가 메모리를 삽입하는 것은 아주 비용이 많이 드는 일이다. 따라서 적절한 크기의 캐쉬가 CPU에 삽입되어야 한다. 흔히 하는 말로 가격대 성능비가 괜찮은 수준에서 그 크기가 결정되어야 한다.

오늘날의 컴퓨터 모델입니다.
개념적으로 캐쉬는 ALU와 램 사이에 존재하는 메모리가 아니라, CPU와 램 사이에 존재하는 메모리이다. 실제로 과거에는 캐쉬가 CPU 외부에 존재했었다. 그러나 오늘날의 컴퓨터 시스템 대부분은 캐쉬가 CPU 내부에 존재하는 모델로 진화하였다. 그림 13-3은 이러한 컴퓨터 모델을 반영한 것이다.

끝으로 레지스터를 설명해야 하는데, 이미 7장을 통해서 레지스터의 존재와 필요성에 대해 언급하였으니, 그림으로 레지스터의 위치를 표현하는 정도로 설명을 마무리 하겠다.

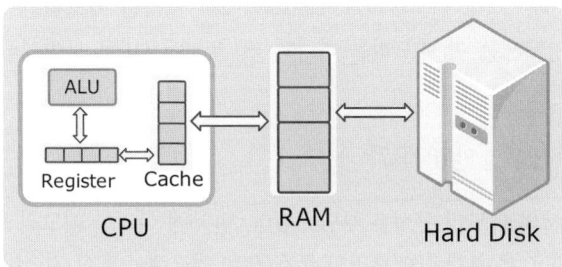

[그림 13-4 : 레지스터의 역할]

이로써 물리적인 관점에서의 메모리에 대한 설명은 모두 끝이 났다. 결과적으로 다음과 같은 피라미드 형태의 메모리 계층을 구성하는 것으로 정리할 수 있다.

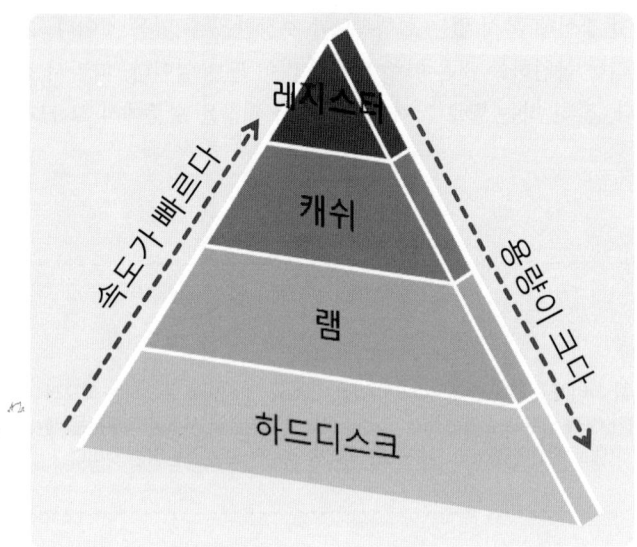

[그림 13-5 : 메모리의 계층도]

■ 그렇다면 우리가 말하는 메모리의 주소 값은 램의 주소 값인가?

지금까지 메모리의 물리적인 측면을 설명했는데, 그렇다면 우리가 프로그램에서 말하는 메모리는 물리적인 메모리를 의미하는 것일까? 아니다! 운영체제는 이 메모리를 하나의 커다란 메모리로 보이게끔 한다. 앞서 이러한 말을 한적이 있다.

"뭐가 이렇게 복잡해요? 그냥 통으로 하나만 있으면 안되나요?"

실제로 프로그래머 입장에서는 물리적 관점에서의 메모리 구성은 부담스럽다. 만약에 이러한 메모리 구조를 숙지하고 프로그래밍을 해야 한다면, 다음과 같은 형태로 메모리의 주소 값을 언급해야만 할 것이다.

"아! 이 변수는 캐쉬 36번지에 저장해야 할 텐데"

"오! 이 연산 결과는 램 1024번지에 저장해야 하겠군."

하지만 다행히도 우리가 사용하는 운영체제는 이러한 복잡한 구조의 메모리를 통으로 된 하나의 구조로 보이게끔 도와준다.

난 정말 C PROGRAMMING을 공부한 적이 없다구요!

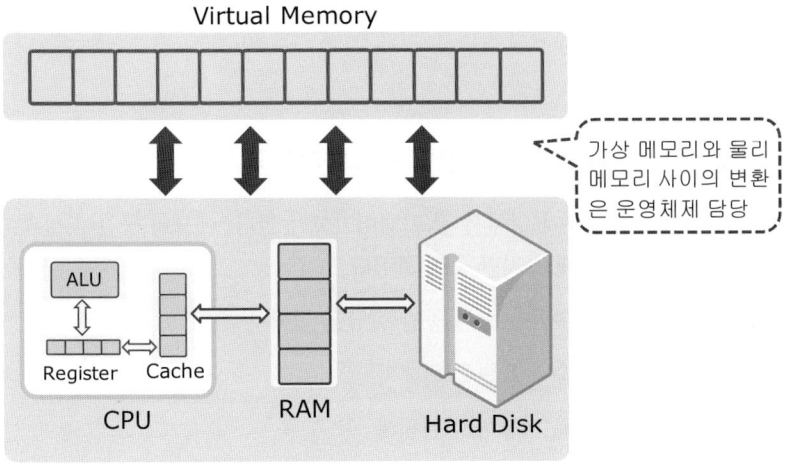

[그림 13-6 : 가상 메모리]

이렇게 운영체제가 통으로 구성해주는 메모리를 가리켜 '가상 메모리(virtual memory)'라 한다. 물리 메모리를 기반으로 가상으로 구성된 메모리이기 때문이다. 그리고 가상 메모리 기법을 이용해서 복잡한 물리 메모리를 하나의 커다란 메모리로 보이게끔 하는 일을 담당하는 것은 Windows나 Linux와 같은 운영체제이다. 기억하자! 여러분이 앞으로 보게 될 메모리의 주소는 운영체제가 만들어 주는 가상 메모리의 주소이다.

13-2 특성에 따라 나뉘어지는 메모리 공간!

말하지 않아도 알 것이다. 특별한 언급이 없는 한 앞으로 필자가 말하는 모든 메모리는 가상 메모리이다. 예를 들어서 다음과 같은 설명이 있다고 가정하자.

"이 연산결과는 0x1240번지에 저장이 됩니다."

제13장 메모리 구조와 변수 _329

여기서 16진수로 표현된 주소 값 0x1240은 당연히 가상 메모리의 주소이다. 이 부분을 혼동하면 절대 안 된다.

■ 프로그램을 실행하는데 있어서, 왜 메모리 공간이 필요한가요?

너무나 당연한 내용이지만, 간혹 모르는 경우가 있어서 짚고 넘어가고자 한다. 메모리 공간이 필요한 이유는 무엇일까? 다음과 같이 대표적인 이유 몇 가지만 들어 보겠다.

- 프로그램의 실행과정에서 선언하는 변수의 메모리 공간 할당을 위해서
- 프로그램의 실행과정에서 사용되는 상수의 표현을 위해서
- 연산 및 호출된 함수의 반환 값을 임시로 저장하기 위해서

이처럼 프로그램의 실행에 있어서 어느 한 순간도 메모리 공간을 사용하지 않을 때가 없다. 때문에 메모리는 아주 중요하다. 메모리의 활용방식이 CPU의 성능보다도 프로그램의 실행 속도에 많은 영향을 미치는 경우가 있을 정도로 말이다.

■ 프로그램은 가상 메모리 전부를 사용합니다.

하나의 프로그램은 가상 메모리 전부를 사용한다. 예를 들어서 가상 메모리의 크기가 4기가 바이트라면, 하나의 프로그램이 사용할 수 있는 메모리의 최대 크기는 4기가 바이트가 된다. 그런데 이 정도의 메모리 크기는 결코 작은 것이 아니다. 시대에 따라서 달리 판단될 수 있겠지만, 프로그램 입장에서 4기가 바이트는 상당히 큰 메모리 공간이다. 따라서 효율적으로 사용할 수 있는 방법을 찾아야 한다. 어떻게 하면 이렇게 큰 메모리 공간을 효율적으로 사용할 수 있겠는가? 잠시 서랍장을 떠올려보자. 서랍장은 수납할 수 있는 공간이 매우 넓은데, 이렇게 넓은 공간을 여러 칸으로 나눠놓았다. 나눠놓은 이유는 활용도를 높이기 위함이다.

유사한 이유로 메모리의 활용도를 높이기 위해 서랍장과 마찬가지로 그 공간을 나눠놓을 필요가 있다. 그렇다면 메모리 공간을 나누는 기준은 무엇이 될까? 이 질문에 답을 할 수 있도록 두 사람을 소개하겠다. 이 두 사람의 서랍장 사용방법을 관찰하자. 먼저 형준이의 설명을 들어보자.

"난 형준이라고 해! 나의 서랍장 이용방식은 아주 단순해, 제일먼저 맨 아래칸을 쓰지, 그리고 그 칸이 다 채워지면 바로 위의 칸을 써, 이렇게 한 칸씩 채워가는 방식이야"

다음은 준철이의 설명을 들어보자.

"난 준철이라고 해! 나의 서랍장 이용방식은 물건의 활용 방법에 근거하고 있어, 제일 아래칸은 자주 사용하지 않는 물건을 저장하고, 반대로 제일 위의 칸은 하루에도 몇 번씩 꺼내야 할 물건들을 보관하고 있어."

자 이제 질문하는 필자도, 답을 할 여러분도 낯간지러운 질문을 하고자 한다. 과연 누가 더 효율적으로

서랍장을 사용하고 있는 것인가? 달리 질문하면, 누가 더 원하는 물건을 빨리 찾을 수 있겠는가? 당연히 준철이다. 그 이유까지 설명을 하면 여러분이 화를 낼 까봐 생략하겠다(솔직히 위의 두 사람이 말하는 방식도 무지 낯간지럽다). 이제 다시 본론으로 돌아와서 다음 두 가지 결론을 정리하고자 한다.

- 가상 메모리는 나눠서 사용해야 효율적인 사용이 가능하다.
- 나누어진 영역별로 특성을 부여해야 활용도를 높일 수 있다.

메모리와 관련된 이 두 가지 사실을 이해하고 있다는 것은 여러분에게 아주 큰 의미가 있다.

■ **가상 메모리를 나누는 기준**

가상 메모리는 그 역할에 따라서 다음과 같이 크게 네 개의 영역으로 나뉜다.

- 실행할 프로그램의 코드를 올려 놓을(저장할) 공간 : 코드 영역
- 프로그램이 종료될 때까지 유지해야 할 데이터를 저장할 공간 : 데이터 영역
- 아주 잠깐 사용하고 삭제할 데이터의 저장공간 : 스택 영역
- 프로그래머가 원하는 방식으로 쓸 수 있는 공간 : 힙 영역

그리고 이들 각각을 가리켜 코드(code) 영역, 데이터(data) 영역, 스택(stack) 영역, 힙(heap) 영역이라 한다.

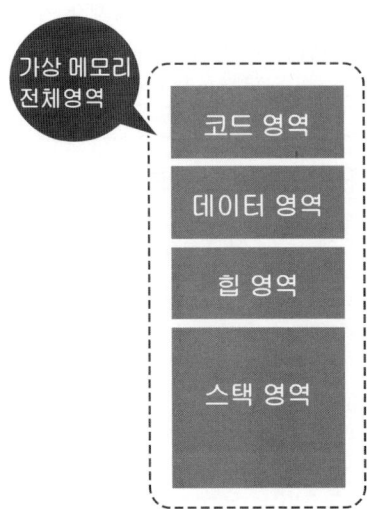

[그림 13-7 : 가상 메모리의 구조]

이중에서 코드 영역은 이름 그대로 실행할 프로그램의 코드가 저장되는 메모리 공간이다. 따라서 CPU는 코드 영역에 저장된 명령어들을 하나씩 가져가서 처리하는 방식으로 프로그램을 실행한다. 그 이외의 나머지 영역에 대해서는 잠시 후에 설명을 하도록 하겠다(단 힙 영역은 25장에서 설명한다).

13-3 변수의 종류에 따른 특성과 할당 위치

변수는 선언되는 위치와 선언 시 사용되는 키워드에 따라서 다음과 같이 네 가지의 종류로 나뉜다.
- 지역변수
- 전역변수
- static 변수
- register 변수

이들 각각의 특성과 각각이 할당되는 메모리 공간에 대해서 살펴보기로 하겠다.

■ 스택 영역에 할당되는 지역변수와 매개변수

이전에 설명한 지역변수와 그 성격이 비슷한 매개변수가 있다. 지역변수는 선언된 중괄호 안에서 메모리에 할당되고 접근도 그 안에서만 유효하듯이, 매개변수도 함수가 호출되는 순간에 메모리에 할당되고 그 안에서만 접근이 유효하다.

다만 이 둘 사이의 차이점은 초기화 방식에 있다. 지역변수는 대입 연산자를 통해서 초기화가 이뤄지지만, 매개변수는 함수호출 시 전달되는 인자 값을 통해서 초기화가 이뤄진다. 따라서 지금부터 설명하는 지역변수의 메모리 공간적 특성은 매개변수에도 동일하게 적용됨을 기억하기 바란다.

지역변수의 특성에 대해서는 앞서 설명했으니, 프로그램의 실행과정에서 보이는 메모리 공간의 변화를 통해서 지역변수의 특성을 추가로 언급하고자 한다.

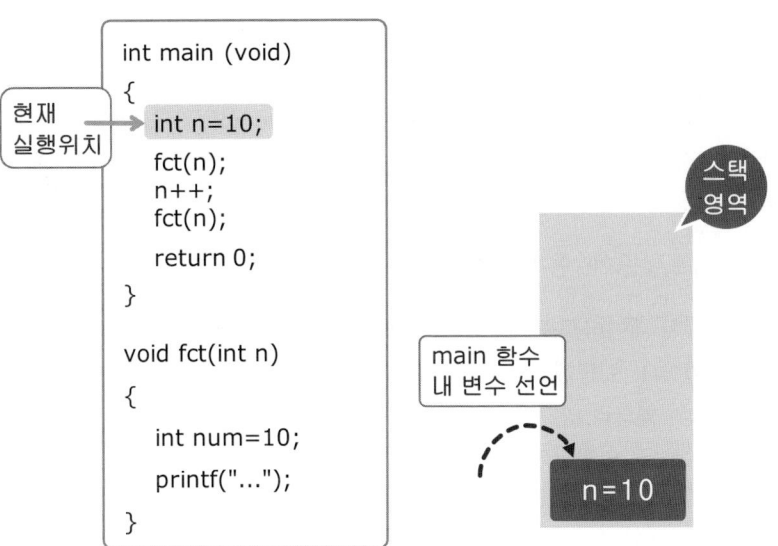

[그림 13-8 : 프로그램의 실행흐름과 스택의 변화 1]

위 그림의 왼편에는 소스코드를, 그리고 오른편에는 소스코드 실행시의 메모리 구조를 보여준다. main 함수가 호출되고 main 함수 내에서 지역변수 n이 선언되자, 스택 영역에 변수 n이 할당되었다. 이어서 다음 그림은 fct 함수가 호출된 이후의 상황을 보여준다. 그림에서 보여주듯이 스택이라는 메모리 공간은 개념적으로 쌓아 올리는 방식으로 메모리 공간이 할당된다.

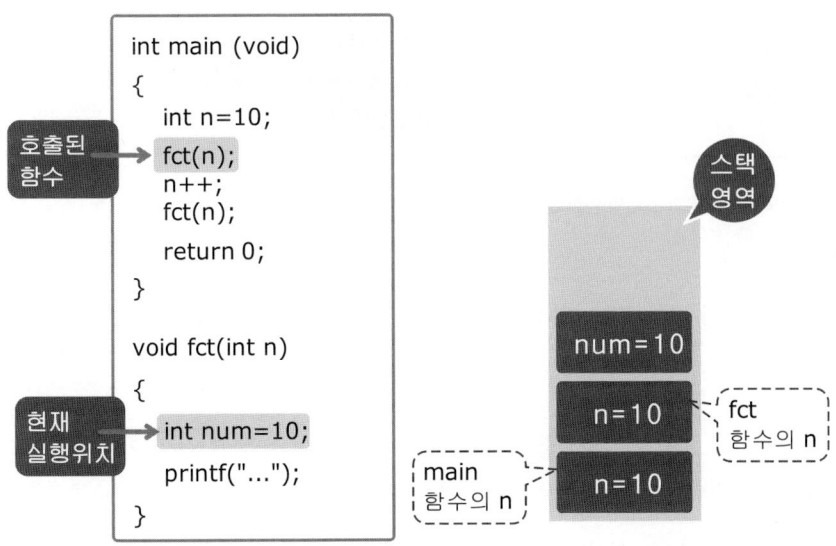

[그림 13-9 : 프로그램의 실행흐름과 스택의 변화 2]

이 그림에서 보여주듯이 매개변수도 지역변수와 마찬가지로 스택에 할당이 이뤄진다. 그리하여 fct 함수의 매개변수 n과 지역변수 num이 스택에 차곡차곡 쌓였다(할당되었다). 그런데 여기서 주목할 것이 있다. 그림의 오른편을 보면 n이라는 동일한 이름의 변수가 두 개 존재한다는 사실이다. 하지만 문제될 것 없다. 선언된 지역이 다르면 얼마든지 동일한 이름의 변수를 선언할 수 있기 때문이다. 자! 그럼 여기서 매우 중요한 질문 하나 들어간다.

"지역변수와 매개변수를 스택에 쌓는 이유는 무엇일까요?"

앞서 스택은 잠깐 사용하고 삭제할 데이터들을 저장하기 위해 마련해 둔 공간이라고 하였는데, 이는 지역변수와 매개변수를 두고 한 말이다. 이렇게 생성 및 소멸과 관련해서 동일한 특성을 지니는 지역변수와 매개변수를 스택이라는 하나의 메모리 공간에 쌓아두면 관리가 용이해지고(어떻게 용이해지는지 이어서 설명한다), 이는 성능의 향상으로 이어진다.

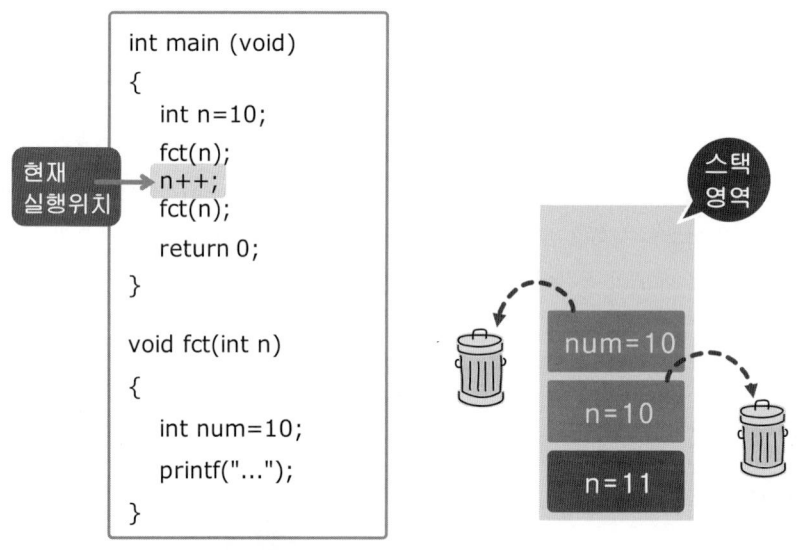

[그림 13-10 : 프로그램의 실행흐름과 스택의 변화 3]

위 그림은 첫 번째 호출된 fct 함수를 빠져 나와서 다음 문장이 실행중인 상태를 보여준다.

　n++;

여기서 중요한 사실은 fct 함수 호출과정에서 할당이 된 두 개의 변수가 소멸된다는 것이다. 이 두 개의 변수를 소멸시키는 과정에서 컴퓨터는 다음과 같은 빠른 판단이 가능하다.

"변수 n과 num을 지워야겠군! 둘 다 임시변수이니 스택에서 찾아서 지우면 될 거야!"

이제 메모리 공간을 나눠서 관리하는 이유가 더 확실해졌으리라 믿는다. 이어서 다시 fct 함수가 호출이 되므로 다음과 같은 메모리 구조를 구성하게 된다. 이번에도 당연히 변수 num과 n이 할당되었다.

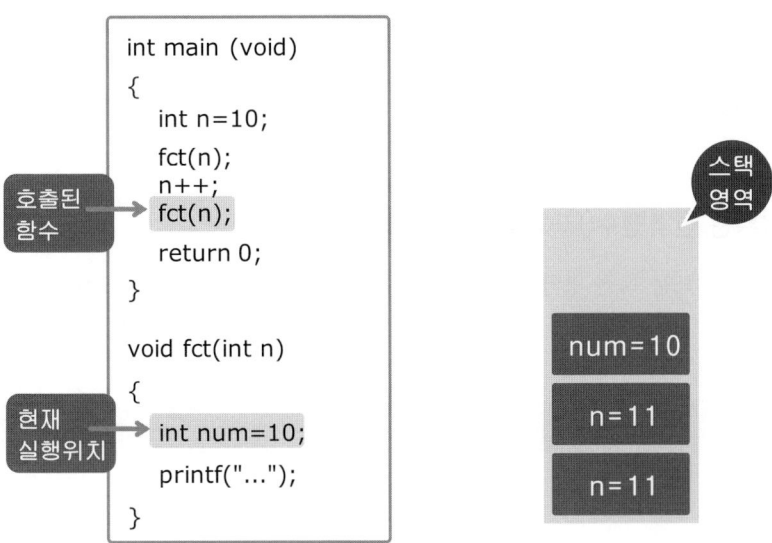

[그림 13-11 : 프로그램의 실행흐름과 스택의 변화 4]

끝으로 호출되었던 fct 함수를 빠져 나와서 main 함수의 마지막 부분에 있는 return문을 실행하고 나면 다음과 같은 메모리 구조를 구성하게 된다(그림 13-11에서 선언된 변수 num과 n이 소멸되는 과정은 앞서 설명했으므로 생략하였다).

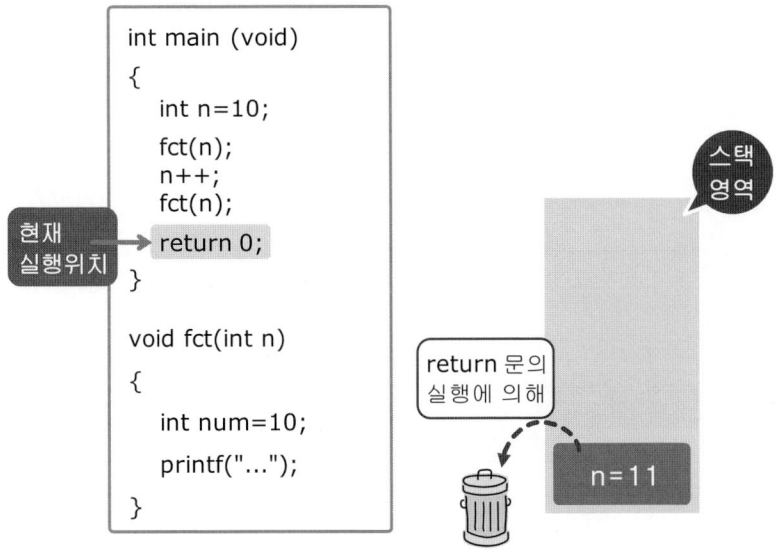

[그림 13-12 : 프로그램의 실행흐름과 스택의 변화 5]

위 그림이 보여주듯이 지역변수 중에서 가장 처음에 스택에 할당되고, 또 가장 마지막에 스택에서 소멸되는 것이 main 함수 내에 선언된 변수들이다. 스택이란 단어는 접시처럼 쌓아 올린 더미를 의미하는데, 스택의 동작방식이 실제로 쌓아 올려진 접시더미와 유사하다는 생각이 들지 않는가? 가장 먼저 쌓인 것이 가장 마지막에 꺼내게 되니 말이다.

■ 데이터 영역에 할당되는 전역변수(Global Variable)

지역변수와 달리, 중괄호로 표현되는 특정 영역에 속하지 않는 변수를 가리켜 전역변수라 한다. 우선 전역변수의 특성을 파악할 수 있는 예제를 제시하겠다.

■ 예제 13-1.c

```c
1.   #include <stdio.h>
2.   int fct1(void);
3.   int fct2(void);
4.   int fct3(void);
5.
6.   int val;    // 전역변수 val
7.
8.   int main(void)
9.   {
10.      printf("%d \n", val);
11.      fct1();
12.      fct2();
13.      fct3();
14.      return 0;
15.  }
16.
17.  int fct1(void)
18.  {
19.      val++;
20.      printf("%d \n", val);
21.  }
22.
23.  int fct2(void)
24.  {
25.      val++;
26.      printf("%d \n", val);
27.  }
28.
29.  int fct3(void)
30.  {
31.      int val=0;    // 전역변수를 가리는 지역변수
32.      val++;
33.      printf("%d \n", val);
34.  }
```

- 6행 : 전역변수 val이 선언되었다. 전역변수는 말 그대로 프로그램 전체영역에서 접근이 가능한 변수이다.
- 19, 25행 : 변수 val의 값을 1 증가시키고 있다. 여기서 의미하는 변수 val은 6행에 선언된 전역변수 val이다.
- 31행 : 전역변수 val이 존재함에도 불구하고 지역변수 val을 별도로 선언하고 있다. 이처럼 전역변수가 존재하지만 특정지역 내에서 사용할 목적으로 동일한 이름의 지역변수를 선언할 수 있다.
- 32, 33행 : 여기서 증가 및 출력하는 변수 val은 지역변수일까 전역변수일까? 지역변수는 해당 지역 안에서 전역변수보다 우선시 된다. 즉 여기서 접근하는 변수는 지역변수이다.

■ 실행결과 : 예제 13-1

```
0
1
2
1
```

이 출력결과를 통해서 접근하는 변수가 전역변수인지 지역변수인지를 확인할 수 있으니, 소스코드와 실행결과를 자세히 분석해 보기 바란다. 그런데 이 예제를 통해서 확인할 수 있는 사실은 전역변수의 접근 범위가 전부는 아니다. 다음과 같은 특징도 파악할 수 있다.

"전역변수는 초기화하지 않으면 0으로 초기화된다."

지역변수는 초기화하지 않으면 쓰레기 값으로 초기화되니, 이는 지역변수와는 대조적인 특징이다. 또한 위 예제를 조금 확장해서 해석하면 전역변수의 다음과 같은 특징도 파악할 수 있다.

"전역변수는 프로그램의 시작과 동시에 메모리 공간에 할당이 되어, 프로그램의 종료 시까지 메모리 공간에 남아있다."

그럼 질문이다. 전역변수는 어디에 할당하기 좋은 변수인가? 그렇다! 데이터 영역이다. 프로그램이 종료될 때까지 쭉~ 남겨둘 데이터를 위해 마련된 공간이 데이터 영역이니, 전역변수는 당연히 데이터 영역에 저장해야 한다. 따라서 위 예제를 실행하게 되면 프로그램의 시작과 동시에 데이터 영역이 다음과 같이 채워지게 된다.

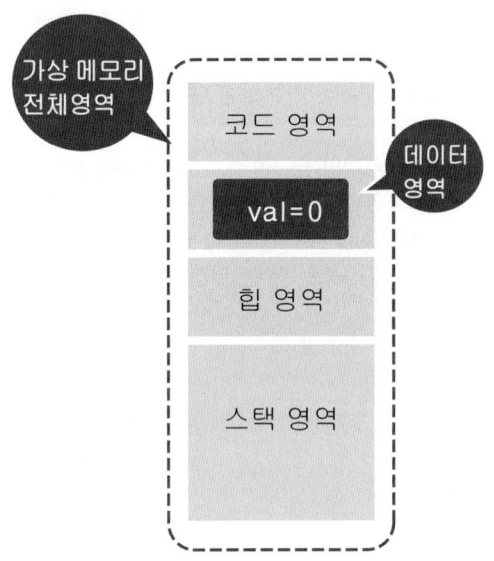

[그림 13-13 : 전역변수의 메모리 공간 할당]

■ 그럼 전역변수는 언제 초기화될까요?

전역변수는 프로그램이 시작되자 마자 초기화된다. 그런데 이는 참으로 무책임한 해설이다. 프로그램이 시작되자 마자? 이게 main 함수 호출 바로 직후인지, 이전인지도 불분명하다.

"전역변수가 초기화되는 시점은 main 함수 호출 직후일까? 이전일까?"

어려운 질문으로 여기지 말자. 재미있는 문제로 생각하자(솔직히 재미있지 않은가? 궁금해 할만한 내용이라 생각한다). 다음 예제는 여러분에게 이 질문에 대한 답을 줄 것이다.

■ 예제 13-2.c

```
1.  #include <stdio.h>
2.  int Multi(int val1, int val2);
3.
4.  int n1=Multi(10, 20);
5.
6.  int main(void)
7.  {
8.      int n2=Multi(10, 20);
9.      printf("%d %d \n", n1, n2);
10.     return 0;
11. }
12.
13. int Multi(int val1, int val2)
14. {
```

```
15.         return val1*val2;
16. }
```

아! 위 예제가 컴파일 오류를 일으킨다고 걱정하지 말자. 이 예제는 실행결과를 보기 위한 것이 아니라, 컴파일 오류를 확인하기 위한 것이니 말이다. 위 예제를 컴파일하면 4행에서 다음과 같은 에러 메시지를 보게 된다.

"초기값이 상수가 아니잖아요!"

전역변수는 반드시 상수로 초기화를 시켜야 한다(변수로도 초기화가 불가능하다). 위 예제 8행을 보면 지역변수는 함수의 반환 값으로 잘도 초기화되는데, 전역변수는 안 되는 이유가 무엇일까? 일단 함수 호출이 가능 하려면 코드 영역에 컴파일 된 바이너리 코드가 올라가야 한다. 즉 다음 그림과 같이 코드 영역에 대한 모든 정비가 끝이 나야 비로소 함수를 호출할 수 있다.

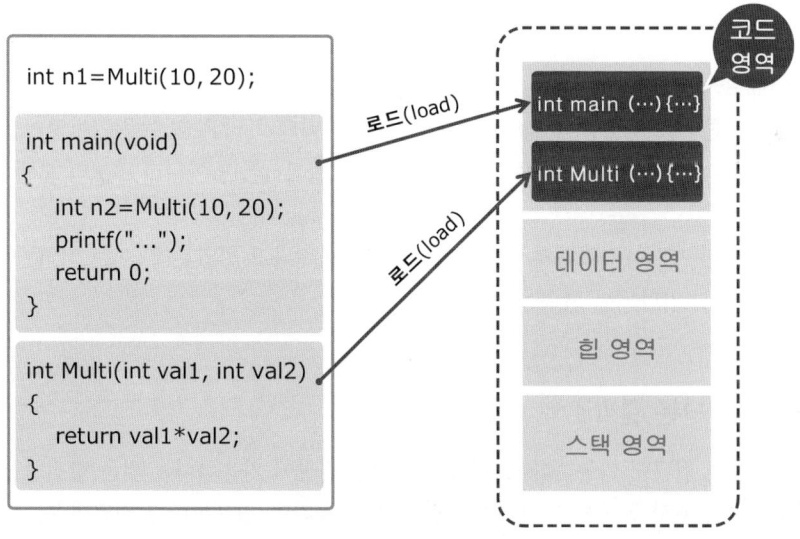

[그림 13-14 : 프로그램 실행 이전 코드의 로드(load) 과정 1]

위 그림에서 보여주듯이 일단 바이너리 코드가 메모리 공간(코드 영역)에 올라가야 함수의 호출이 가능 하다. 그런데 전역변수의 선언은 코드가 로드 된 이후에 처리되는 것이 아니라, 코드가 로드 될 때 더불 어 처리되는 녀석이다. 즉 다음과 같이 처리가 된다(전역변수의 초기화 방식이 그림 13-14와 다르다).

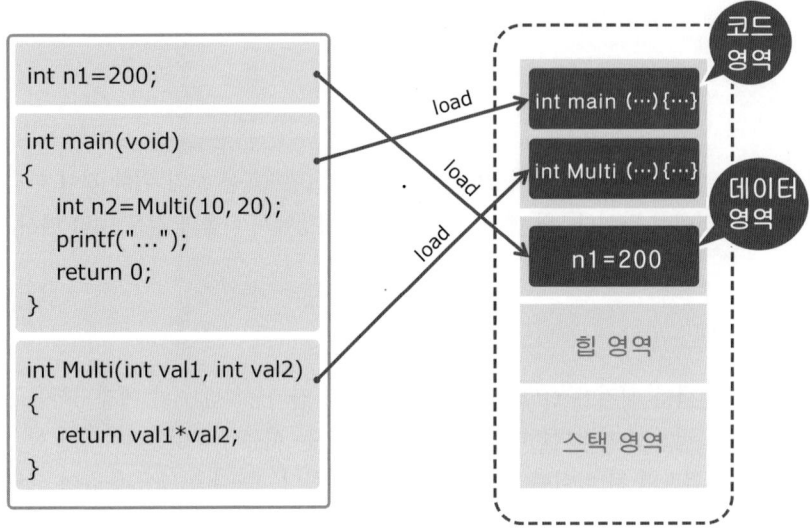

[그림 13-15 : 프로그램 실행 이전 코드의 로드(load) 과정 2]

이처럼 정의된 함수들이 코드 영역으로 올라가는 시점에 전역변수들도 데이터 영역으로 올라가니, 전역변수를 초기화하는 과정에서 함수를 호출할 수 없는 것이다. 아직 정비되지 않은 함수들을 어떻게 호출할 수 있겠는가? 이제 여러분은 전역변수에 대한 특성을 소스코드 레벨에서뿐만 아니라 메모리 모델상에서도 설명할 수 있어야 한다.

그리고 앞서 전역변수는 특정 값으로 초기화하지 않으면 0으로 초기화된다고 하였는데, 이는 전역변수의 특성이라기보다 데이터 영역에 초기화되는 변수들의 특성이다.

■ 전역변수는 좋은 걸까? 나쁜 걸까?

전역변수는 그 특성상 어디서든 접근이 가능하다. 그런데 어디서든 접근이 가능하다는 것은 장점인 동시에 단점이 된다. 둘 이상의 함수에서 공동으로 접근해야 할 메모리 공간이 필요하다면 전역변수는 유용하게 사용될 수 있다. 하지만 전역변수로 선언이 되는 순간부터 다른 함수로부터의 잘못된 접근 위험에 노출되는 것이다.

예를 들어 35개의 함수가 정의되어 있는 프로그램이 있다고 가정해 보자(하나의 프로그램 안에 정의되어 있는 함수의 수가 35개라면 이는 작은 크기의 프로그램에 속한다). 그리고 이 프로그램에는 전역변수 num이 존재하며, 이 변수에 접근을 요하는 함수가 총 7개라고 가정해 보자. 그렇다면 이 상황은 전역변수가 유용하게 사용되는 대표적인 상황이다. 더불어 나머지 28개의 함수로부터 잘못된 접근을 허용할 위험에 노출된 상황이기도 하다.

"에이! 그런 건 조심하면 되잖아요!"

물론 조심하면 된다. 하지만 사람은 실수를 하기 마련 아닌가? 이러한 잘못된 접근은 컴파일 시 에러도 발생시키지 않아서 더 큰 문제가 된다. 언제 어디서나 접근 가능한 전역변수에 접근을 하는데 컴파일러가 에러를 발생시키겠는가? 전역변수로의 잘못된 접근은 문법적 오류가 아닌 논리적 오류이다. 이러한 논리적 오류는 컴파일러가 지적을 해주지 않기 때문에 발견하기가 쉽지 않다.

결론을 내려보면, 전역변수가 좋다! 혹은 나쁘다! 라고 딱 잘라 말하는 것은 이치에 맞지 않는다. 왜냐하면 전역변수가 반드시 필요한 상황도 존재하고, 더불어 단점도 존재하기 때문이다. 하지만 정말로 필요한 상황이 아니라면 사용을 극도로 제한하는 것이 좋은 프로그램을 만드는 원칙 중 하나라고 전문가들은 이야기한다.

■ **지역변수의 선언에 static을 붙여버리면**

지역변수나 전역변수의 선언 앞에 static이라는 키워드를 붙일 수 있다. 그리고 이렇게 static 키워드가 붙은 변수를 가리켜 '정적변수(static variable)'라 하는데, 이를 세분화하여 '정적 지역변수'와 '정적 전역변수'로 나누기도 한다. 그러나 이 책에서는 static이라는 키워드를 먼저 떠올릴 수 있도록 'static 지역변수', 'static 전역변수' 또는 이 둘을 묶어서 그냥 'static 변수'라 표현하겠다.

일단 여기서는 다음 예제를 통해서 static 지역변수에 대해서만 살펴보겠다(static 전역변수는 책의 마지막 부분에서 설명한다). 이 예제의 실행결과를 통해서 지역변수의 선언 앞에 붙는 static의 의미를 파악해 보자.

■ 예제 13-3.c

```c
1.   #include <stdio.h>
2.   void CountFctCall(void);
3.
4.   int main(void)
5.   {
6.       CountFctCall();
7.       CountFctCall();
8.       CountFctCall();
9.
10.      return 0;
11.  }
12.
13.  void CountFctCall(void)
14.  {
15.      static int cnt=1;
16.      printf("이 함수는 %d번째 호출되었습니다. \n", cnt);
17.      cnt++;
18.  }
```

- 6, 7, 8행 : 총 3회에 걸쳐서 13행에 정의되어 있는 함수를 호출하고 있다.
- 15행 : 지역변수 cnt의 선언 앞에 키워드 static이 붙어있다. 이로써 변수 cnt는 지역변수가 아닌 static 지역변수가 되었다.

■ 실행결과 : 예제 13-3

이 함수는 1번째 호출되었습니다.
이 함수는 2번째 호출되었습니다.
이 함수는 3번째 호출되었습니다.

지금까지 설명해온 바를 기준으로 이야기하면, 함수 안에 선언된 변수는 함수를 벗어나면서 사라져야 한다. 그런데 출력결과를 보니 위 예제 15행에 선언된 변수는 그 성격이 지역변수라기보다는 전역변수에 가깝다는 생각이 든다. 도대체 무슨 일이 일어난 것일까?

■ static 지역변수는 언제 메모리 공간에 올라갈까요?

예제 13-3의 실행결과를 이해하기 위해서는 static 변수(static 지역변수)가 메모리 공간의 어느 영역에, 그리고 어느 시간에 올라가는지를 이해하면 된다(필자가 여러 말 하는 것보다 이것이 훨씬 이해가 빠르다). 다음 그림은 예제 13-3의 main 함수가 호출되기 이전의 메모리 배치과정을 보여준다.

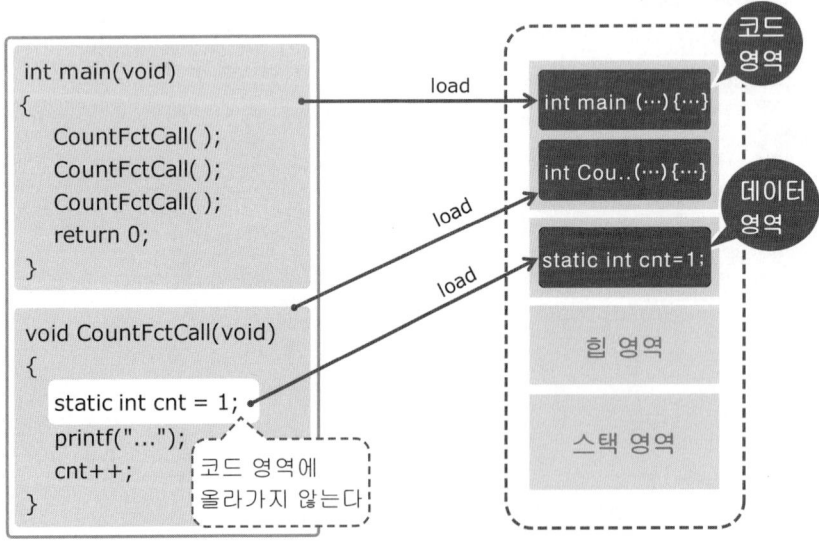

[그림 13-16 : static 변수의 로드(load) 과정]

"오호~ 전역변수와 동일하군요! 동일한 위치, 동일한 시점에 메모리로 올라가네요?"

그렇다! static 변수의 선언은 비록 함수 안에 있지만 함수가 호출되기 이전에 이미 데이터 영역에 올라가 버린다. 특히 스택이 아닌 데이터 영역에 저장된다는 사실에 주목하자(이 사실만 놓고 보면 전역변수와 다르지 않다). 그리고 CountFctCall 함수가 코드 영역으로 올라갈 때, static 변수의 선언문이 함께 올라가지 않는다는 사실도 주목하자. 이는 static 변수의 선언이 함수가 호출될 때마다 실행되는 것이 아님을 의미한다(이제 전역변수와의 차이가 불분명해졌다).

"그렇다면 전역변수의 특성과 차이를 보이지 않는 static 변수의 선언이 함수 안에 존재하는 것은 무슨 이유인가요?"

아주 좋은 질문이다. 이는 static 변수의 접근 범위를 CountFctCall 함수 내로 제한하기 위함이다. 위 예제 16, 17행에서 static 변수 cnt의 접근이 허용되고 있지 않은가? static 변수 cnt가 CountFctCall 함수 내에 선언되었기 때문에 가능한 것이다. 이제 위 예제 13-3의 실행결과가 이해되는가? 다음 표를 통해서 static 변수(static 지역 변수)의 특성을 정리해 보겠다.

	전역변수	static 지역변수
생존기간	프로그램 종료 시까지	프로그램 종료 시까지
접근영역	언제 어디서나	변수가 선언된 함수 안에서만

[표 13-1 : 전역변수와 static 지역변수의 비교]

토막 퀴즈

질문 : 예제 13-3에서 선언된 static 변수는 1로 초기화되어 있었다. 만약에 초기화가 되어있지 않았다면 어떠한 값으로 초기화될까? 그림 13-16을 관찰해서 여러분 나름대로 결론을 내려보기 바란다.

답변 : 0으로 초기화된다. 데이터 영역에 할당되는 것은 별도의 초기값을 지정하지 않으면 무엇이든지 0으로 초기화된다고 하지 않았는가!

참고

바로잡읍시다!

조금 마음이 무거운 이야기를 하려고 한다. static 변수는 함수가 처음 호출될 때, 메모리 공간에 초기화가 이뤄지고, 두 번째 호출이 될 때부터는 초기화가 이뤄지지 않는 변수로 설명하는 C 기본서가 여러 권 있다. 즉 필자가 위에서 설명한 것과는 다르게 static 변수를 설명하는 책이 여러 권 있다. 그리고 이중에는 필자가 이전에 집필한 C 기본서도 포함이 된다. 무엇이 옳은 것일까? 위에서 설명한 내용이 옳다. 이것은 믿어도 좋다. 그렇다면 왜 달리 설명하는 것일까? 필자 개인적으로는 위의 설명 방식이 부담스러워서 이해의 편의를 위해 그랬다고 생각한다. 필자 역시 그랬으니 말이다. 그런데 지금은 이 부분을 바로잡고 싶다.

토막 퀴즈

질문 : static 변수는 함수의 반환 값으로 초기화가 가능한가? 즉 fct라는 이름의 함수가 정의되어 있다면 다음과 같은 문장이 컴파일 되겠는가?

```
static int num=fct();
```

이 퀴즈 역시 컴파일을 해서 답을 하지 말고, 지금까지 설명한 내용을 분석하여 결론을 내려보기 바란다.

답변 : 불가능하다. 그 이유에 대해서는 전역변수를 설명하면서 언급하였다. 간단히 설명하면 static 변수가 메모리 공간에 초기화되는 시점이 함수 fct가 메모리 공간에 올라가는 시점과 동일하기 때문이다.

■ static 변수는 언제 쓰는 것이 좋을까요?

참으로 거창하게 static 변수에 대해서 설명하였다. 그렇다면 이러한 static 변수는 언제 쓰는 것이 좋겠는가? 아니 질문을 조금 바꿔보자. 이 static 변수라는 것은 유용하게 사용될 수 있겠는가?

사실 static 변수만으로 해결 가능한 문제는 존재하지 않는다. static 변수를 필요로 하는 모든 위치를 전역변수가 대신할 수 있기 때문이다. 그러나 전역변수는 언제 어디서나 접근 가능하다는 단점을 지니고 있다. 그렇다면 static 변수는 언제 선언하는 것이 좋겠는가?

"전역변수처럼 계속해서 유지해야 하는 변수가 있어, 그런데 이 변수는 하나의 함수에서만 접근을 하지!"

이 상황에서(예제 13-3과 동일한 상황) 전역변수가 아닌 static 변수를 사용하면, 소멸되지 않고 계속해서 유지되는 전역변수의 특징은 그대로 남겨두면서, 언제 어디서나 접근이 가능하다는 단점은 제거할 수 있다.

■ 매개변수와 지역변수의 선언에만 붙일 수 있는 키워드 register!

여러분은 이미 레지스터(register)에 대해서 알고 있다. register는 CPU 내에 존재하는 메모리 공간으로서 다음과 같은 특징을 지니고 있다.

"컴퓨터 내에서 제일 빠른 메모리!"

레지스터, 캐쉬, 램, 하드디스크를 통틀어서 가장 빠른 메모리가 레지스터이다. 그렇다면 다음과 같은 상황의 변수는 어디에 할당하는 것이 최선이겠는가(지금은 가상 메모리가 아닌 물리 메모리에 대해서 이야기하고 있다. 이점을 혼동하면 안 된다)?

"이 변수는 지역변수인데, 존재하는 기간이 아주 짧아! 이 변수가 선언되어 있는 함수의 크기가 작거든, 하지만 호출되는 빈도수는 엄청 많지."

지금 말한 이 상황이, 변수를 레지스터에 할당하면 좋을 대표적인 상황이다. 따라서 이러한 상황을 접하면, 여러분은 변수가 레지스터에 선언되기를 바랄 수 있다. 이 때 사용하는 키워드가 바로 register이다!

■ 예제 13-4.c

```c
1.   #include <stdio.h>
2.
3.   int Increment(register int n)
4.   {
5.       return n+1;
6.   }
7.
8.   int main(void)
9.   {
10.      register int num=10;
11.      num=Increment(num);
12.      printf("%d \n", num);
13.
14.      num=Increment(num);
15.      printf("%d \n", num);
16.
17.      num=Increment(num);
18.      printf("%d \n", num);
19.      return 0;
20.  }
```

- 3행 : 매개변수가 레지스터 변수로 선언되었다. 함수의 크기가 작아서, 메모리 공간에 존재하는 시간이 길지 않으므로 레지스터 변수로 선언할 만 하다.
- 10행 : 지역변수를 레지스터 변수로 선언하는 방법을 보여준다.

■ 실행결과 : 예제 13-4

```
11
12
13
```

이로써 키워드 register에 대해서 살펴보았는데, 사실 이는 컴파일러에게 힌트를(요구사항을) 제공하는 키워드이다. 즉 위 예제에서 선언한 지역변수 num과 매개변수 n에 대해서 여러분은 다음과 같은 힌트를 컴파일러에게 제공하였을 뿐이다.

제13장 메모리 구조와 변수 _345

"이 두 변수는 프로그램상에서 엄청 자주 접근하거든? 그러니까 레지스터에 할당을 하는 것이 성능향상에 도움이 될 거야."

따라서 컴파일러가 이 두 변수를 실제로 레지스터에 할당할지 안 할지는 알 수가 없다. 그저 힌트를 제공했을 뿐이니 말이다. 만약에 상황이 여의치 않다고 컴파일러가 판단할 때에는 여러분의 이러한 힌트를 반영하지 않을 것이다.

토막 퀴즈

질문 : register 키워드를 전역변수의 선언에 붙이는 것이 현명한 상황은?

답변 : 그런 상황은 없다! 전역변수가 레지스터에 할당이 되면, 프로그램이 종료될 때까지 레지스터 하나를 잡아먹기 때문에 이는 현명한 선택이 될 수 없다. 다행히도 컴파일러는 이러한 것을 허용하지 않는다. 대부분의 컴파일러가 이 부분에서 오류를 발생시키고 있으며, 혹 오류를 발생시키지 않더라도 이렇게 선언된 register 선언은 그냥 무시해 버린다.

문제 13-1 [키워드 static의 활용]

여기서 제시하는 두 개의 문제는 키워드 static을 활용해서 해결해야 한다. static 선언이 유용하다고 판단되는 상황이 등장하면 가차없이 static을 선언하기 바란다.

● 문제 1
저금통 함수를 정의하자. 무슨 뜻인가 하면, 이 함수는 호출 시 전달되는 인자 값을 저금통처럼 누적시킨다. 그리고 매번 누적된 금액을 출력한다. 더불어 이 함수를 테스트하기 위한 main 함수도 간단히 정의하자.

● 문제 2
절대값을 구하는 함수를 정의하자. 단! 이 함수는 다음 두 가지를 모두 만족해야 한다.
- 함수 호출 시 전달되는 값의 절대값을 반환한다.
- 함수 호출 시 0이 전달되면, 가장 최근에 반환한 절대값을 다시 반환한다.

13장 프로그래밍 문제의 답안

■ 문제 13-1의 답안

• 문제 1

■ 소스코드 답안

```
1.   #include <stdio.h>
2.   void SavingBox(int money);
3.
4.   int main(void)
5.   {
6.       SavingBox(100);
7.       SavingBox(150);
8.       SavingBox(200);
9.       return 0;
10.  }
11.
12.  void SavingBox(int money)
13.  {
14.      static int accMoney;
15.      accMoney+=money;
16.      printf("누적 금액 : %d \n", accMoney);
17.  }
```

• 문제 2

■ 소스코드 답안

```
1.   #include <stdio.h>
2.   int RetABS(int num);
3.
4.   int main(void)
5.   {
6.       printf("+7의 절대값 : %d \n", RetABS(+7));
7.       printf("-3의 절대값 : %d \n", RetABS(-3));
8.       printf("최근 반환 절대값 : %d \n", RetABS(0));
9.       return 0;
10.  }
11.
12.  int RetABS(int num)
13.  {
14.      static int abs;
15.      if(num>0)
16.          abs=num;
17.      if(num<0)
18.          abs=num*(-1);
19.      return abs;
20.  }
```

제14장

printf 함수와 scanf 함수의 서식문자 완벽 정리!

필요할 때마다 참고하세요.

"모든 프로그래머들이 printf 함수와 scanf 함수를 사용할 줄 안다. 그러나 모든 프로그래머들이 printf 함수와 scanf 함수를 완벽히 사용할 줄 아는 것은 아니다."

보통 이렇게 이야기를 하면, printf 함수와 scanf 함수를 완벽히 사용할 수 있도록 노력해야 하는 것으로 생각한다. 하지만 그럴 필요 없다. 이 두 함수는 여러분이 필요한 만큼만 기억하고, 필요한 만큼만 활용해도 되는 함수들이다. 완벽히 알기 위해서 너무 스트레스 받을 필요 없다는 뜻이다. 이미 여러분은 이 두 함수를 잘 사용하고 있지 않은가? 그러나 경우에 따라서는 보다 다양한 형태로 이 두 함수를 활용해야 할 때도 있다. 이러한 경우에 참조할 수 있도록, 이번 장에서는 printf 함수와 scanf 함수가 제공하는 기능을 가급적 완벽하게 정리하려 한다

이 장의 목차페이지 ▶▶▶

14-1. printf 함수의 기본 서식문자	350
14-2. printf 함수의 서식문자 조합	357
14-3. scanf 함수의 기본 서식문자와 서식문자의 조합	364
프로그래밍 문제의 답안	372

14-1 printf 함수의 기본 서식문자

이미 printf 함수와 scanf 함수의 활용방법에 대해서는 설명하였으며 %d, %f와 같은 서식문자에 대해서도 소개하였다. 그러나 현존하는, 그리고 조합 가능한 모든 형태의 서식문자를 설명하지는 않았다. 따라서 이번 장을 통하여 서식문자에 관한 내용을 보충 및 정리하고자 한다.

■ printf 함수와 scanf 함수의 서식문자는 비슷하지만 달라요.

정수의 입력과 출력의 경우, 동일하게 서식문자 %d를 사용하다 보니, printf 함수와 scanf 함수의 서식문자 체계가 완전히 같은 것으로 알고 있는 경우가 종종 있다. 하지만 이 둘은 서로 다른 서식문자 체계를 갖고 있다(물론 아주 많이 비슷하긴 하다). 따라서 printf 함수를 구성할 때에는 printf 함수의 서식문자 체계를, 그리고 scanf 함수를 구성할 때에는 scanf 함수의 서식문자 체계를 참조해야 한다. 그래서 이번 장에서는 printf 함수의 서식문자 체계를 설명한 다음에 별도로 scanf 함수의 서식문자 체계를 설명하겠다.

■ printf 함수의 기본 서식문자는 이겁니다

printf 함수에서 가장 기본이 되는 서식문자의 종류는 다음과 같다.

서식문자	출력 대상(자료형)	출력 형태
%d	int	부호 있는 10진수 정수
%u	unsigned int	부호 없는 10진수 정수
%o	unsigned int	부호 없는 8진수 정수
%x, %X	unsigned int	부호 없는 16진수 정수
%f	double	10진수 방식의 부동소수점 실수
%e, %E	double	e 또는 E 방식의 부동소수점 실수
%g, %G	double	값에 따라 %f와 %e 사이에서 선택
%c	int	값에 대응하는 문자
%s	char *	문자열
%p	void *	포인터의 주소 값
%n	int *	포인터의 주소 값

[표 14-1 : printf 서식문자]

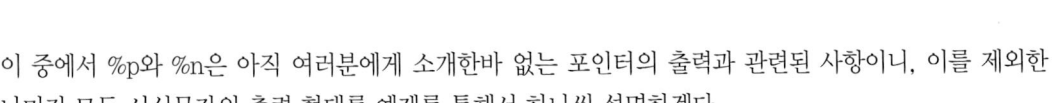

이 중에서 %p와 %n은 아직 여러분에게 소개한바 없는 포인터의 출력과 관련된 사항이니, 이를 제외한 나머지 모든 서식문자의 출력 형태를 예제를 통해서 하나씩 설명하겠다.

■ 정수의 출력을 위한 서식문자들 : %d, %u, %o, %x

위의 표에서 설명하는 정수의 출력형태를 보면, 8진수와 16진수의 출력은(각각 %o, %x) 부호가 없는 정수의 출력만 가능하다는 것을 알 수 있다(양의 정수 출력만 가능하다는 뜻). 이는 앞서 5-8장에서도 언급하였지만 8진수와 16진수 표현법이 일반적으로 음수의 표현에는 잘 사용되지 않기 때문이다. 반면 10진수는 부호 있는 정수의 출력을 허용하여 음수도, 양수도 출력이 가능하다.

■ 예제 14-1.c

```
1.   #include <stdio.h>
2.
3.   int main(void)
4.   {
5.       printf("%d, %d \n", 127, -127);
6.       printf("%u \n", 127U);
7.       printf("%o \n", 127U);
8.       printf("%x \n", 127U);
9.       printf("%X \n", 127U);
10.      return 0;
11.  }
```

- 5행 : 서식문자 %d를 이용해서 음수와 양수를 출력하고 있다.
- 6행 : %u는 unsigned int형 데이터를 출력하는 서식문자이다. 따라서 127이 아닌 127U가 삽입되었다(상수 127은 int형으로 인식되므로). 숫자 뒤에 붙는 U가 무엇인지 기억이 나지 않는다면 표 5-6을 참고하자.
- 9행 : %X는 16진수 표현에 사용되는 문자 a, b, c, d, e, f를 대문자로 출력한다. 이것이 %x와의 유일한 차이점이다.

■ 실행결과 : 예제 14-1

```
127, -127
127
177
7f
7F
```

> **참고**
> 8진수답게, 16진수답게 출력하고 싶어요.
>
> 예제 14-1의 실행결과에서 8진수는 숫자 앞에 0을, 16진수는 숫자 앞에 0x를 붙여서 출력하고 싶다면 %o를 대신해서 %#o를, %x를 대신해서 %#x를 사용해서 출력해 보자. 원하는 바를 얻을 수 있다.

■ **실수의 출력을 위한 서식문자들 : %f, %e**

정수의 출력을 위한 서식문자들을 살펴봤으니, 이제는 실수의 출력과 관련된 서식문자들을 살펴볼 차례이다. 일단 %f와 %e를 활용한 예제를 보이도록 하겠다.

■ 예제 14-2.c

```
1.  #include <stdio.h>
2.
3.  int main(void)
4.  {
5.      printf("%f \n", 0.1234);
6.      printf("%e \n", 0.1234);
7.      printf("%f \n", 0.12345678);
8.      printf("%e \n", 0.12345678);
9.      return 0;
10. }
```

- 5행 : 표 14-1을 보면 %f는 double형 데이터를 출력한다고 되어있다. 따라서 5행은 정상적인 출력을 보인다. 실수형 상수 0.1234는 double형으로 표현되기 때문이다.
- 6행 : %e는 double형 실수를 출력하되 e 표기법을 사용한다. 이는 실행결과를 통해서 확인하자.

■ 실행결과 : 예제 14-2

```
0.123400
1.234000e-001
0.123457
1.234568e-001
```

우선 e 표기법에 대해서 설명하겠다. 다음 숫자가 있다.

0.00000000000000000001

이 숫자는 다음과 같이 지수형태로 간단히 표현할 수 있다.

    1.0×10^{-20}

그런데 프로그램상에서는 지수(위 식에서 -20)를 표현할 수 없기 때문에, 이를 다음과 같이 표현하기로 약속하였다.

    1.0e-20

이 둘 사이의 관계가 파악되는가(예제 14-2의 실행결과에서는 -1 대신에 -001이 출력되었다)? 몇 가지 예를 통해서 이해를 다지기로 하자. 다음 숫자들을 제시하겠다. 이 수들을 e 표기법으로 여러분이 직접 바꿔보기 바란다.

    $1.2 \times 10^{+12}$, 1.15×10^{-12}, 1.7×10^{-15}

위의 수들을 e 표기법으로 나타내면 다음과 같다.

    1.2e+12, 1.15e-12, 1.7e-15

어려운 내용이 아니니, 이 정도면 e 표기법에 대해서는 완전히 파악이 되었을 것이다. 그리고 위 예제에서 보이지는 않았지만, %e와 %E의 차이점은 e 표기법에 사용되는 문자 e를 소문자로 표현하느냐, 대문자로 표현하느냐에 있다. %E를 사용하면 대문자 E가 출력된다.

이제 나시 실행결과를 관찰하자. 기본적으로 소수점 이하 6자리까지 표현됨을 알 수 있다. 만약에 표현하고자 하는 실수가 소수점 이하 6자리를 넘어선다면 반올림되어 출력결과에 오차를 보이게 되고, 소수점 이하 6자리가 채워지지 않는다면 6자리까지 0이 채워져 출력이 된다.

소수점 이하 6자리를 넘어서서 출력하고 싶은데요

실수를 소수점 이하 6자리까지만 출력하도록 제한이 걸려있는 것은 아니다. 별다른 설정을 하지 않았기 때문에 소수점 이하 6자리까지 출력이 되었을 뿐이다. 잠시 후에 소개하는 방법을 이용해서 서식 문자를 조합해 내면 여러분이 원하는 형태로의 출력이 얼마든지 가능하다.

■ %f로 출력하거나 %e로 출력하거나 : %g

3.14와 같이 간단한 실수라면 %f로 출력하는 것이 수의 크기를 파악하기가 좋을 것이고, 0.000025와 같은 실수라면 %e로 출력하는 것이 수의 크기를 파악하기에 좋을 것이다. 이처럼 값의 형태에 따라서 %f 방식으로도, 그리고 %e 방식으로도 출력을 해주는 서식문자가 바로 %g이다.

■ 예제 14-3.c

```
1.   #include <stdio.h>
2.
3.   int main(void)
4.   {
5.       double d1=1.23e-3;        // 0.00123
6.       double d2=1.23e-4;        // 0.000123
7.       double d3=1.23e-5;        // 0.0000123
8.       double d4=1.23e-6;        // 0.00000123
9.
10.      printf("%g \n", d1);      // 0.00123 출력
11.      printf("%g \n", d2);      // 0.000123 출력
12.      printf("%g \n", d3);      // 1.23e-005 출력
13.      printf("%g \n", d4);      // 1.23e-006 출력
14.      return 0;
15.  }
```

- 5~8행 : 프로그램상에서도 e 표기법을 사용할 수 있음을 보이고 있다. 1.23e-3으로 입력을 하나 0.00123으로 입력을 하나 차이는 없다.
- 10~13행 : %g로 변수에 저장된 값을 출력하고 있다. 출력결과를 통해서 %f가 아닌 %e로 출력이 이뤄지는 조건이 무엇인지 찾아보기 바란다.

■ 실행결과 : 예제 14-3

```
0.00123
0.000123
1.23e-005
1.23e-006
```

위 예제에서 선언한 변수 d1, d2, d3, d4에 저장된 실수의 지수 크기는 각각 -3, -4, -5, -6이다. 그런데 출력결과를 보면 지수가 -5일 때부터 출력의 형식이 %e로 바뀌고 있다. 바로 이것이 %e로 출력이 이뤄지는 조건이다.

"지수가 -4보다 작을 때에는 e 표기법으로 출력이 이뤄지는군요!"

그리고 한가지 더 파악 가능한 사실이 있다. 10행의 출력결과를 보면 소수점 이하 6자리까지 채워지지 않았음에도 불구하고 0이 출력되지 않았다. %f로 0.00123을 출력하면 다음과 같이 출력이 이뤄진다.

```
0.001230
```

그런데 %g로 출력을 하니 0이 채워지지 않고, 있는 그대로의 수가 출력되었다. 이 또한 %g를 이용해서

출력했을 때 얻게 되는 특징이다. 끝으로 %g를 대신해서 %G를 사용할 경우, e 표기법으로 출력이 이뤄질 때, 소문자 e가 아니라 대문자 E가 출력된다.

■ 아니 그럼 float형 변수에 저장된 데이터는 어떻게 출력하나요?

표 14-1을 자세히 관찰해 보면 float형 데이터를 출력하기 위한 서식문자가 존재하지 않는다는 사실을 알 수 있다. 그렇다면 어떻게 float형 데이터를 출력할 수 있을까? 답은 아주 간단하다.

"그냥 double형 데이터를 출력하는 서식문자를 사용하면 됩니다."

7-6장에서는 매개변수의 자료형에 일치하지 않는 값이 함수에 전달되었을 때, 어떠한 일이 벌어지는지를 설명하였다. 결론은 간단했다. 매개변수의 자료형이 int형이면 char형 데이터가 전달되건, double형 데이터가 전달되건, 무조건 int형으로 형 변환되어 매개변수에 그 값이 저장된다는 것이었다. 그렇다면 이 사실을 지금 이 문제에 적용해 보자. 서식문자 %f는 다음과 같은 선언의 의미를 담고 있다.

"double형 데이터를 전달할 터이니 잘 좀 출력해 주십쇼"

따라서 서식문자 %f를 사용하면 printf 함수는 double형 데이터를 저장하기 위한 만반의 준비를 하고 대기하고 있을 것이다(사실과 조금 차이는 있지만 double형 매개변수를 만들어 놓고 기다리고 있다고 생각하면 된다. 이와 관련된 진실은 PART 05에서 밝혀진다).
그런데 이렇게 선언해 놓고 float형 데이터를 전달한다면, 무슨 일이 일어나겠는가? 7-6장에서 말한, 일치하지 않는 데이터의 전달에 해당하므로, 당연히 double형으로의 형 변환이 발생한다. 왜냐하면 이것도 printf라는 함수로의 인자 전달이기 때문이다. 그런데 이 상황에서는 별로 문제가 될 것이 없다. float형보다 double형이 값의 표현범위도, 정밀도도 높기 때문이다. 다시 말해서 데이터의 손실이 발생하지 않는다. 따라서 우리는 float형 실수의 출력에 %f, %e, %g를 사용할 수 있는 것이다

■ %c가 char형 변수 출력하는 거 아니었어요?

내친김에 표 14-1을 조금 더 관찰하자. 그러고 보니 한가지 더 이상한 사실을 확인할 수 있다. 지금까지 char형 변수에 저장된 문자를 출력하는 용도로 %c를 사용해 왔는데, %c가 int형 변수에 저장된 값에 해당하는 문자를 출력하기 위한 서식문자란다. 혹시 이거 저자가 오타를 친 것은 아닐까? 그렇다면 다음 문장을 보자.

```
printf("%c, %c, %c", 'A', 'B', 'C');
```

이 문장에도 오류가 있는가? 물론 없다. 그렇다면 %c가 int형 데이터를 문자로 출력하는 용도로 사용된다는 것을 인정해야 한다. 예제 12-3을 통해 확인하지 않았는가? 문자 상수는 int형 데이터로 표현된다는 것을 말이다. 그렇다면 아래와 같은 코드는 어떻게 설명이 가능한가?

```
int main(void)
{
```

```
        char ch='A';
        printf("%c", ch);
        . . . .
}
```

바로 위에서 설명한, %f를 이용해서 double형 데이터가 아닌 float형 데이터를 문제없이 출력할 수 있는 이유를 정확히 이해했다면 더 이상의 설명은 필요 없을 것이다. int형 데이터가 넘어오기만을 기다리는 printf 함수에게 char형 데이터를 넘기는 상황이니 당연히 형 변환이 발생한다. 하지만 전혀 문제되지 않는 이유는 int형 데이터의 표현범위가 char형 데이터보다 넓기 때문이다. 즉 데이터 손실은 발생하지 않는다.

■ %s를 이용한 문자열의 출력

s는 string의 약자로서 문자열의 출력을 지시하기 위한 서식문자에 사용된다. 그런데 우리는 아직 문자열에 대해서 일부만 알고 있다. 따라서 문자열 출력에 대한 깊이 있는 부분까지 언급하기에는 조금 무리가 있다. 그래서 다음 예제를 통해서 제한적인 설명만 진행하고자 한다. 보다 깊이 있는 이해를 위한 설명은 배열과 포인터를 공부하면서 더불어 진행하겠다.

■ 예제 14-4.c
```
1.  #include <stdio.h>
2.
3.  int main(void)
4.  {
5.      printf("%s, %s, %s \n", "AAA", "BBB", "CCC");
6.      return 0;
7.  }
```

• 5행 : 서식문자 %s가 총 세 개 등장했기 때문에, 이어서 문자열도 총 세 개 등장하였다.

■ 실행결과 : 예제 14-4

AAA, BBB, CCC

위 예제에서 보여주는 서식문자 %s의 활용방법을 기억하자. 지금은 이 정도만 이해하고 있어도 된다.

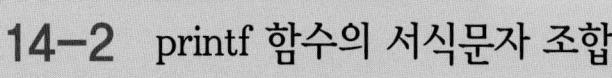

14-2 printf 함수의 서식문자 조합

서식문자는 출력과 관련된 다양한 정보와 조합이 가능하다. 처음에는 조금 혼란스러운 듯 보이나 조합의 형식을 이해하면 쉽게 참조할 수 있는 내용들이다. 암기하려 들지 말고 조합의 체계를 이해하려고 노력하기 바란다.

■ 조합의 기본 구성

서식문자들이 다양한 출력정보와 조합이 되어 다음과 같은 형태로도 구성이 된다.

```
%7d, %12.3f, %#16o, %-.4he
```

혹시 초반부터 겁주려고 복잡하게 조합된 서식문자들을 보여줬다고 생각하는가? 절대 아니다! 지금까지 소개한 서식문자들처럼 단순하게 이해하려 들면 오히려 복잡하게 느껴지기 때문에, 구성 원칙을 중심으로 이해하려고 노력하길 바라는 마음에서 위 문자들을 여러분에게 보인 것이다. 걱정하지 말자. 지금부터 설명하는 내용을 잘 들으면 위의 서식문자들도 쉽게 해석이 가능하니 말이다. 우선 다음 그림을 이해하는 데서부터 시작하자. 이 그림은 서식문자의 조합 모델을 보여준다.

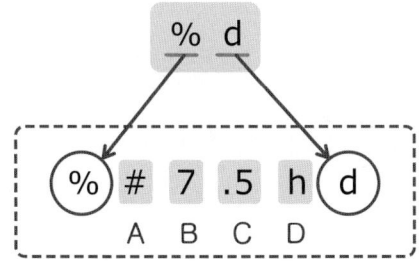

[그림 14-1 : 서식문자의 추가 정보들]

위 그림에서 보여주듯이, 서식문자의 %와 d 사이에 총 네 가지 부류의 추가 정보가 삽입될 수 있다. 이 각각의 부류가 의미하는 바와 삽입될 수 있는 정보의 종류를 이해하면 여러분은 그 범주 안에서 얼마든지 조합하여 다양한 출력 모델을 구성할 수 있다. 위 그림에서 보여주는 네 가지 부류를 간단히 정리하면 다음과 같다.

- A : 출력의 형태에 조절을 가하기 위한 특별한 표시문자(flag)
- B : 출력에 사용되는 최소한의 폭(width)

- C : 정밀도(precision)
- D : 출력 데이터의 크기정보 변경

이 네 가지 부류의 추가 정보는 필요에 따라서 삽입하면 된다. 예를 들어서 여러분이 원하는 출력의 형태가 B와 D의 정보를 통해서 완성될 수 있다면, B와 D에 대한 정보만 삽입하면 된다. 그럼 이제 하나씩 살펴보기로 하자.

■ B : 출력에 사용되는 최소한의 폭(width)

우선 제일 쉬운 것부터 언급을 하겠다. 그림 14-1의 B 영역에 들어가는 정수 정보는 출력의 최소 폭을 지정하는 용도로 사용된다. 예를 들어서 %와 d 사이에 10이 들어가면 총 열 칸의 공간을 할당해서 출력을 진행한다(오른쪽 정렬하여 출력이 진행된다). 다음 예를 통해서 이 부분에 대한 내용을 쉽게 이해할 수 있다.

■ 예제 14-5.c

```
1.   #include <stdio.h>
2.
3.   int main(void)
4.   {
5.       int num1 = 11;
6.       int num2 = 22;
7.       int num3 = 33;
8.       printf("START%4d%4d%4d END\n", num1, num2, num3);
9.       return 0;
10.  }
```

- 8행 : 모든 서식문자 사이에 숫자 4가 입력되어 있다. 따라서 4칸의 공간을 할당하여 오른쪽 정렬된 결과를 출력한다.

■ 실행결과 : 예제 14-5

```
START  11  22  33 END
```

8행에서 출력하는 변수에 저장된 숫자의 길이는 2이고, 8행의 서식문자에서 지정하고 있는 출력 폭의 최소길이는 4이다. 즉 출력에 지정된 최소길이가 더 길기 때문에 숫자를 출력하고 남은 공간은 그냥 빈 공간으로 남겨지게 된다. 반대로 최소길이보다 출력하고자 하는 데이터의 길이가 더 길면 지정된 최소 폭은 아무런 의미가 없다.

■ C : 정밀도(precision)

그냥 정밀도라고 표현하니까 조금 난감하였을 것이다. 이 정밀도는 출력하는 데이터가 정수냐 실수냐, 아니면 문자열이냐에 따라서 의미가 달라진다. 일단 예제를 통해서 각각의 경우에 정밀도가 의미하는 바가 무엇인지를 관찰해 보자.

■ 예제 14-6.c

```
1.   #include <stdio.h>
2.
3.   int main(void)
4.   {
5.       int num1 = 123;
6.       double num2 = 3.123;
7.
8.       printf("%.5d \n", num1);
9.       printf("%.5f \n", num2);
10.      printf("%.5s \n", "Hello world!");
11.      return 0;
12.  }
```

- 8행 : 정수의 정밀도는 출력되어야 하는 수의 최소 개수를 의미한다. 여기서는 정밀도가 5인데, 숫자의 길이는 3이나. 따라서 정밀도의 길이에 맞춰서 부족한 부분은 0이 대신 출력된다.
- 9행 : 실수에서의 정밀도는 출력되어야 하는 소수점 이하의 자리 수를 의미한다. 정밀도가 5이니 소수점 이하 5자리까지 출력이 이뤄지며, 만약에 이보다 소수점 이하의 수가 부족하다면 0이 채워져서 출력이 된다.
- 10행 : 문자열에서의 정밀도는 출력되어야 하는 문자의 개수를 의미한다. 만약에 문자열의 길이가 서식문자의 정밀도보다 길다면, 정밀도의 크기에 맞춰서 문자열의 일부만 출력이 된다.

■ 실행결과 : 예제 14-6

```
00123
3.12300
Hello
```

더불어 정밀도는 문자 '.'와 숫자가 합쳐져서 표현된다는 점에 주목하자. 때문에 정밀도는 출력의 최소 폭을 의미하는 숫자와 구분이 된다.

■ A : 출력의 형태에 조절을 가하기 위한 특별한 표시문자(flag)

출력의 형태에 특별한 조절(정밀도나 출력의 최소 폭이 아닌 조절)을 가하기 위해서 사용되는 문자들은 다음과 같이 총 5개가 있다(지금부터는 이들을 플래그라 표현하겠다).

-, 0, +, 공백, #

이들 각각의 기능에 대해서 정리하면 다음과 같다.

-      좌측정렬
- 0   빈 공간을 0으로 채우기
- +   출력할 수의 크기가 0보다 클 때 + 기호 붙여주기
- 공백 출력할 수의 크기가 0보다 클 때 수의 앞에 빈 칸 하나 출력
- #   8진수, 16진수 출력 시 각각 0과 0x를, 실수의 경우 소수점 이하 0 출력

이 부류에 속하는 플래그들이 제공하는 기능은 예제를 통해서 확인하는 것이 가장 빠르고 정확하다. 따라서 플래그들의 기능을 파악하기 위한 예제를 제시하고자 한다.

■ 예제 14-7.c

```c
1.  #include <stdio.h>
2.
3.  int main(void)
4.  {
5.      int num1 = 123;
6.      int num2 = -123;
7.      double num3 = 3.15;
8.
9.      printf("|%-10d| \n", num1);
10.     printf("|%010d| \n", num1);
11.     printf("|%+d|, |%+d| \n", num1, num2);
12.     printf("|% d|, |% d| \n", num1, num2);
13.     printf("%#7o, %#7x \n", num1, num1);
14.     printf("%7g, %#7g \n", num3, num3);
15.     return 0;
16. }
```

- 9행 : 최소 폭 정보 10과 플래그 -가 합쳐졌다. 최소 폭 정보만 주면 우측정렬이 되던 것이 - 플래그에 의해서 좌측정렬이 된다.
- 10행 : 최소 폭 정보 10과 플래그 0이 합쳐졌다. 따라서 최소 폭에 미치지 못해서 빈 공간으로 남게 되는 부분은 0이 대신 출력된다.
- 11행 : + 플래그가 사용되었다. + 플래그는 +와 - 부호를 출력하는 기능을 제공한다. 그런데 - 부호는 원래부터 출력이 되니 0보다 큰 수를 출력할 때에만 실질적인 차이를 보이게 된다.
- 12행 : 0보다 큰 수 출력 시, + 플래그는 + 기호를 출력하는 반면, 공백 플래그는 공백을 출력한다.
- 13행 : 8진수와 16진수 표현방식으로 값을 출력할 때, # 플래그가 사용되면 8진수를 의미하는 숫자 0과 16진수를 의미하는 0x가 출력된다.

- 14행 : 실수를 출력할 때, # 플래그가 사용되면 소수점 이하의 값이 없더라도 0을 출력하면서까지 소수점 이하를 출력한다. %g는 소수점 이하의 값이 0일 때, 소수점 이하를 출력하지 않는 서식 문자 아닌가? 그럼에도 불구하고 # 기호가 사용이 되면서 0이 출력됨을 보여주고 있다.

■ 실행결과 : 예제 14-7

```
|123       |
|0000000123|
|+123|, |-123|
| 123|, |-123|
   0173,    0x7b
   3.15, 3.15000
```

출력 방식의 조절을 위한 플래그의 기능은 예제를 통해서 확인이 되었을 것이다. 그럼 이제 잊어도 좋다. 이후에 여러분이 필요로 할 때, 참고해서 사용하면 되니까 말이다. 사실 필자도 그렇게 살고 있다.

■ D : 출력 데이터의 크기정보 변경

표 14-1에서 보여주는 출력 가능한 대표적인 정수와 실수의 데이터 종류는 다음과 같다.

- %d   int
- %f   double

그렇다면 int형보다 큰 long형 데이터나 long long형 데이터는 어떤 서식문자를 가지고 출력을 해야 할까? 그리고 double형보다 큰 long double형은 어떻게 출력을 해야 할까? 이들을 출력하기 위한 기본적인 서식문자는 지원되지 않는다. 대신 %d와 %f를 용도 변경하여 사용할 수 있다.
예를 들어서 %d의 d 앞에 l(길다는 의미의 long의 앞 글자)을 붙이면, long형 데이터를 출력하기 위한 서식문자가 된다. 그리고 여기다가 l을 하나 더 붙이면 long long형 데이터를 출력하기 위한 서식문자가 된다.

- %ld   long
- %lld   long long

유사하게 double형 데이터를 출력하는데 사용되는 %f, %e와 같은 서식문자에도 L을 붙이면(정수형 출력에는 소문자 l을 실수형 출력에는 대문자 L을) long double형 데이터를 출력하기 위한 서식문자가 된다.

- %Lf   long double

토막 퀴즈

질문 : unsigned int형 데이터의 출력을 위해서 사용되는 서식문자는 %u이다. 그렇다면 unsigned long int형 데이터의 출력을 위한 서식문자는 무엇이겠는가?

답변 : l을 붙여주면 된다. 따라서 %lu가 unsigned long int형 데이터를 출력하기 위한 서식문자가 된다.

> **참고**
>
> **l과 반대되는 개념 h**
> 출력하는 정수 자료형의 크기를 상승시키는 것이 l이라면, 반대로 h는 감소시키는 효과가 있다. 따라서 h를 하나 붙이면 short형 데이터를, h를 두 개 붙이면 char형 데이터를 출력할 수 있다. 하지만 서식문자 %d를 이용해서 char형 데이터와 short형 데이터를 출력시킬 수 있는 관계로 h는 잘 사용되지 않는다.

■ ABCD의 조합

이로써 printf 함수의 서식문자와 서식문자의 조합에 대한 모든 설명이 끝이 났다. 그런데 지금까지 설명한 ABCD는 조합이 가능하다고 하였다. 예를 들어서 실수형 데이터를 출력하는데 있어서 출력의 최소 폭을 9로 하고, 소수점 이하 4자리까지 출력을 하면서, 양수의 경우 +를 출력하고 싶은데, 이 실수형 데이터의 자료형이 long double이라면(헉! 요구사항이 무지 길다) 다음과 같이 서식문자를 조합해야 한다.

- 출력의 최소 폭   9
- 소수점 이하 4자리 출력   .4
- 양수의 경우 +를 출력   +
- 자료형이 long double   L

결론은!

%+9.4Lf

어떤가? 해 볼만한 조합 아닌가? 필자가 몇몇 문제를 제시할 테니, 지금까지 소개가 된 내용들을 전체적으로 참조해서 멋진 조합의 서식문자를 완성해 보기 바란다.

문제 14-1 [서식문자의 조합]

각 문제 별로 요구하는 조건을 모두 만족시키는 서식문자를 조합하는 것이 문제이다. 필자가 설명한 내용을 바탕으로 다양한 시도를 해보기 바란다. 그리고 서식문자를 조합해 냈다면, 이를 확인하기 위한 프로그램도 작성해야 한다.

● 문제 1
- 출력할 데이터는 long long
- 출력의 최소 폭은 20
- 양수의 경우 숫자 앞에 공백을 한 칸 출력
- 출력의 최소 폭에 못 미치는 숫자의 경우 왼쪽 정렬을 함

● 문제 2
- 출력할 데이터는 long double
- 출력의 최소 폭은 20
- 소수점 이하 다섯 자리까지 출력(e 표기법을 사용하지 아니함)
- 출력의 최소 폭에 못 미치는 경우 오른쪽 정렬을 하고 빈 공간은 0으로 채움

● 문제 3
- 출력할 데이터는 int
- 16진수로 출력(0x를 포함하여 출력)
- 출력의 최소 폭은 20
- 출력의 최소 폭에 못 미치는 경우 왼쪽 정렬을 해야 함

14-3 scanf 함수의 기본 서식문자와 서식문자의 조합

앞에서도 간단히 언급했지만, printf 함수와 scanf 함수의 서식문자는 아주 많이 유사하다(때문에 필자도 이 유사성을 근거로 scanf 함수의 서식문자를 설명한다). 하지만 차이가 나는 부분도 있다. 따라서 여러분은 printf 함수의 서식문자 체계와 scanf 함수의 서식문자 체계를 별도의 것으로 이해해야 한다. 아니면 두 서식문자 체계에서 일치하지 않는 부분을 별도로 정리해 둘 필요가 있다.

■ scanf 함수의 기본 서식문자는 이겁니다.

scanf 함수에서 가장 기본이 되는 서식문자의 종류는 다음과 같다.

서식문자	입력 대상(자료형)	입력 형태
%d	int	부호 있는 10진수 정수
%i	int	부호 있는 10진수 정수
%u	unsigned int	부호 없는 10진수 정수
%o	unsigned int	부호 없는 8진수 정수
%x	unsigned int	부호 없는 16진수 정수
%c	char	문자
%s	char *	문자열
%p	void *	주소 값
%f, %e, %g	float	부호 있는 실수

[표 14-2 : scanf 서식문자]

이 중에서 포인터 및 문자열 입력에 관련된 사항은 아직 소개할 수 있는 단계가 아니니, 이들을 제외한 나머지 부분에 대해서만 설명을 하겠다. 그리고 위 표에서 %f, %e, %g의 입력 대상에 주목하자. 이 서식문자들은 입력된 데이터를 float형 변수에 저장하기 위한 서식문자들이다. double형 변수에 저장하기 위한 서식문자들이 아니다.

■ 정수의 입력을 위한 서식문자들 : %d, %i, %u, %o, %x

이들에 대해서는 별다른 설명이 필요 없을 것 같다. 왜냐하면 printf 함수의 서식문자가 의미하는 바를 역으로 생각하면 뜻이 다 통하기 때문이다. 예를 들어 %o는 정수를 8진수의 형태로 입력 받는다. 그리고 %x는 정수를 16진수의 형태로 입력 받는다. 그리고 %i는 %d와 함께 정수를 10진수의 형태로 입력 받는다(%i는 %d와 동일한 기능을 제공하나 일반적으로 %d를 사용한다). 그럼 예제를 통해서 이를 확인해 보겠다.

■ 예제 14-8.c

```
1.   #include <stdio.h>
2.
3.   int main(void)
4.   {
5.       int num1;
6.       unsigned int num2;
7.       unsigned int num3;
8.       unsigned int num4;
9.
10.      printf("10진수 정수 입력 : ");
11.      scanf("%d", &num1);
12.      printf("10진수로 %d \n", num1);
13.
14.      printf("8진수 정수 입력 : ");
15.      scanf("%o", &num2);
16.      printf("10진수로 %u, 8진수로 %#o \n", num2, num2);
17.
18.      printf("16진수 정수 입력(소문자) : ");
19.      scanf("%x", &num3);
20.      printf("10진수로 %u, 16진수로 %#x \n", num3, num3);
21.
22.      printf("16진수 정수 입력(대문자) : ");
23.      scanf("%x", &num4);
24.      printf("10진수로 %u, 16진수로 %#X \n", num4, num4);
25.      return 0;
26.  }
```

- 15행 : 입력되는 숫자를 8진수로 해석하기 위해서 서식문자 %o가 사용되었다. 따라서 입력도 8진수의 형태로 이뤄져야 한다.
- 19, 23행 : 입력되는 숫자를 16진수로 해석하기 위해서 서식문자 %x가 사용되었는데, 입력 시에는 16진수의 알파벳 문자를 대문자로 입력해도 되고 소문자로 입력해도 된다. 대문자로 입력을 받기 위해서 굳이 %X를 사용할 필요는 없다.

■ 실행결과 : 예제 14-8

```
10진수 정수 입력 : 11
10진수로 11
8진수 정수 입력 : 11
10진수로 9, 8진수로 011
16진수 정수 입력(소문자) : ea
```

```
10진수로 234, 16진수로 0xea
16진수 정수 입력(대문자) : EA
10진수로 234, 16진수로 0XEA
```

■ **실수의 입력을 위한 서식문자들 : %f, %e, %g**

printf 함수에서는 %f, %e 그리고 %g의 의미가 각각 달랐다. 그러나 scanf 함수에서는 float형 데이터를 입력 받겠다는 동일한 의미를 담고 있다. 그리고 e 표기법을 사용해서 입력을 해도 되는데, 다음 예제를 통해서 이를 보이겠다.

■ 예제 14-9.c

```c
1.    #include <stdio.h>
2.
3.    int main(void)
4.    {
5.        float num1;
6.        float num2;
7.        float num3;
8.
9.        printf("실수 입력 1(E-표기법으로) : ");
10.       scanf("%f", &num1);
11.       printf("입력된 실수 %g \n", num1);
12.
13.       printf("실수 입력 2(E-표기법으로) : ");
14.       scanf("%g", &num2);
15.       printf("입력된 실수 %g \n", num2);
16.
17.       printf("실수 입력 3(E-표기법으로) : ");
18.       scanf("%e", &num3);
19.       printf("입력된 실수 %g \n", num3);
20.       return 0;
21.   }
```

- 10, 14, 18행 : 각각 %f, %g, %e로 입력을 받고 있지만 그 의미는 동일하다.
- 11, 15, 19행 : %g로 출력을 하니, 수에 따라서 e 표기법으로 출력될 수 있다.

■ 실행결과 : 예제 14-9

```
실수 입력 1(E-표기법으로) : 1.2e-4
입력된 실수 0.00012
```

```
실수 입력 2(E-표기법으로) : 1.345E+2
입력된 실수 134.5
실수 입력 3(E-표기법으로) : 1.42E-5
입력된 실수 1.42e-005
```

이로써 scanf 함수의 서식문자에 대한 소개를 마치고, scanf 함수의 서식문자 조합에 대해서 다루고자 한다.

■ **scanf 함수의 서식문자 조합**

scanf 함수의 서식문자는 printf 함수의 서식문자에 비해서 조합이 비교적 간단하다.

- h 입력될 정수의 자료형 감소
- l 입력될 정수 및 실수(float에서 double로)의 자료형 증가
- L 입력될 실수의 자료형을 double형에서 long double형으로 증가

물론 위에 나열된 정보만을 가지고 모든 내용을 파악하기는 어렵다. 따라서 예제를 곁들여서 하나씩 살펴보기로 하겠다.

■ **short형 변수에다 데이터를 저장하고 싶다고요? %d는 안됩니다.**

char형 변수에 저장된 숫자도, short형 변수에 저장된 숫자도 %d로 출력이 가능하다. 왜냐하면 int형 데이터를 출력하는 %d에 맞춰서 형 변환이 자동으로 일어나는데, 이 때 데이터의 손실이 발생하지 않기 때문이다. 필자가 앞서 자세히 설명한 내용이다(도대체 몇 번을 언급한 것인가? 그럼에도 불구하고 모른다고 하면 정말 배신이다!). 하지만 scanf 함수에서도 이 상황을 그대로 적용하면 안 된다. 즉 다음과 같이 생각하면 절대로 안 된다.

"short형 데이터를 %d로 출력 가능했으니, short형 데이터를 입력 받을 때도 %d를 사용하면 되겠지?"

즉 아래와 같은 코드가 전혀 문제없다고 생각하는 것은 매우 위험하다.

```
int main(void)
{
    short n;
    scanf("%d", &n);
    . . . .
}
```

위 코드에서는 서식문자로 %d를 사용했으니, 여러분이 1을 입력하건 100을 입력하건 scanf 함수는 입력된 숫자를 4바이트로 표현한다. 즉 여러분이 1을 입력하면 다음과 같은 형태로 데이터를 구성한다.

    00000000 00000000 00000000 00000001

입력된 값을 읽어서 서식문자대로 표현을 했으니, 이제 scanf 함수는 이 값을 변수 n에 저장만하면 된다. 그런데 n는 2바이트 메모리 공간이다. 4바이트 데이터를 2바이트 메모리 공간에 넣을 수 있겠는가?

"앞에 2바이트가 잘려나가고 저장이 되니, 별로 문제될 것이 없어 보이는데요?"

아주 멋진 답변이다. 그러나 이 경우에는 조금 다른 형태로 동작을 한다. 2바이트가 잘려나가는 것이 아니라, 할당 받지 않은 메모리 영역까지 침범을 해서 4바이트 전부를 저장하려 들기 때문이다.

이러한 동작은 실행과정에서 문제를 일으킬 수 있다. 할당 받지 않은 메모리 영역의 침범은 정상적인 데이터의 손상으로 이어질 수 있기 때문이다. 따라서 값의 크기에 상관없이 %d를 이용해서 short형 변수에 값을 입력 받는 것은 잘못된 일이다.

프로그램의 종료는 운영체제의 역할

Windows나 Linux와 같은 운영체제는 프로그래머가 할당하지 않은 영역의 메모리 침범을 관찰한다. 그리고 이러한 일이 발생했을 때, 치명적인 문제가 발생하는 것을 막기 위해서 프로그램을 강제로 종료시키기도 한다.

■ short형 변수에다 데이터를 저장하고 싶다고요? %d 대신 %hd를 쓰세요.

%d는 int형으로 데이터를 입력 받기 위한 서식문자이다. 그런데 이 서식문자 사이에 h를 삽입하면, 자료형의 크기가 한 단계 감소하여 short형으로 데이터를 입력 받기 위한 서식문자의 의미를 갖게 된다. 그리고 여기에 h를 하나 더 삽입하면, 한 단계 더 감소하여 char형으로 데이터를 입력 받기 위한 서식문자의 의미를 갖게 된다.

- %d   int
- %hd   short
- %hhd   char

여기서 잠깐 혼란이 올 수 있다. %c가 있는데 %hhd라니? %c는 문자의 형태로 데이터를 입력 받기 위한 서식문자고, 반면에 %hhd는 숫자의 형태로 데이터를 입력 받기 위한 서식문자이다. 따라서 숫자 1을 %c로 읽을 때와 %hhd로 읽을 때의 결과는 전혀 다르다. %c로 읽게 되면 문자 '1'을 읽는 것이고, %hhd로 읽게 되면 정수 1을 1바이트 크기로 읽는 것이다. 다음 예제를 통해서 이 둘의 차이점을 보이겠다.

■ 예제 14-10.c

```c
1.   #include <stdio.h>
2.
3.   int main(void)
4.   {
5.       char ch;
6.       char num1;
7.       short num2;
8.
9.       printf("문자 입력 : ");
10.      scanf("%c", &ch);
11.      printf("숫자로 해석하면 %d, 문자로 해석하면 %c \n", ch, ch);
12.
13.      printf("숫자 입력 : ");
14.      scanf("%hhd", &num1);
15.      printf("숫자로 해석하면 %d, 문자로 해석하면 %c \n", num1, num1);
16.
17.      printf("숫자 입력 : ");
18.      scanf("%hd", &num2);
19.      printf("입력된 숫자 : %d \n", num2);
20.      return 0;
21.  }
```

해 설

- 10행 : 데이터를 문자의 형태로 입력 받기 위해서 서식문자 %c가 쓰였다.
- 11행 : 10행에서 입력 받은 데이터를 %d로, 그리고 %c로 출력하고 있다.
- 14행 : 데이터를 1바이트 정수의 형태로 입력 받아서 char형 변수 num1에 저장하고 있다.
- 18행 : num2가 short형 변수이므로 서식문자 %hd를 이용해서 데이터를 읽어 들이고 있다.

■ 실행결과 : 예제 14-10

```
문자 입력 : 5
숫자로 해석하면 53, 문자로 해석하면 5
숫자 입력 : 5
숫자로 해석하면 5, 문자로 해석하면 |
숫자 입력 : 123
입력된 숫자 : 123
```

위 실행결과는 똑같이 숫자 5가 입력되었어도, 입력된 데이터의 해석방식을 결정짓는 서식문자에 따라서 그 의미가 달라짐을 보여준다. 숫자 5를 %c로 읽어 들여서 변수에 저장하면 문자 '5'에 해당하는 아스키코드 값 53이 저장되고, %hhd로 읽어 들여서 변수에 저장하면 정수 5가 1바이트 형태로 저장된다.

■ h와 반대로 l은 자료형을 한 단계 증가시킵니다.

앞서 서식문자 사이에 h가 삽입이 되면 입력되는 자료형의 크기가 한 단계씩 감소하는 것을 확인하였다. 유사하게 서식문자 사이에 l을 입력하면 자료형의 크기가 한 단계씩 증가한다.

- %d   int
- %ld   long
- %lld   long long

그리고 l은 float형 서식문자를 double형 서식문자로 한 단계 증가시키는 역할도 한다. 단 double형 서식문자에서 long double형 서식문자로 한 단계 증가시키기 위해서는 소문자 l 대신에 대문자 L을 붙여야 한다. 이것만 주의를 하자.

- %f   float
- %lf   double
- %Lf   long double

다음은 위 서식문자들을 사용한 예제이다. 서식문자가 적절히 선택되지 않으면 정상적인 입력과 출력이 이뤄지지 않는다. 따라서 다음 예제에서는 정상적인 입력과 출력을 보임으로서 적절한 서식문자의 선택이 무엇인지를 확인시켜 준다. 더불어 printf 함수의 서식문자와 scanf 함수의 서식문자의 차이점도 확인할 수 있도록 예제를 구성하였다.

■ 예제 14-11.c

```
1.   #include <stdio.h>
2.
3.   int main(void)
4.   {
5.       long num1;
6.       long long num2;
7.
8.       double num3;
9.       long double num4;
10.
11.      printf("정수 입력(long) : ");
12.      scanf("%ld", &num1);
13.      printf("입력된 숫자 : %ld \n", num1);
14.
15.      printf("정수 입력(long long) : ");
16.      scanf("%lld", &num2);
17.      printf("입력된 숫자 : %lld \n", num2);
18.
19.      printf("실수 입력(double) : ");
20.      scanf("%lf", &num3);
```

```
21.        printf("입력된 숫자 : %f \n", num3);
22.
23.        printf("실수 입력(long double) : ");
24.        scanf("%Lf", &num4);
25.        printf("입력된 숫자 : %Lf \n", num4);
26.        return 0;
27.    }
```

- 20, 21행 : 서식문자를 사용하는데 있어서 대표적으로 혼란을 가져오는 부분이다. double형 데이터를 출력할 때에는 %f를 사용하면 되지만, double형으로 데이터를 입력 받을 때에는 %lf를 사용해야 한다.

■ 실행결과 : 예제 14-11

정수 입력(long) : 123
입력된 숫자 : 123
정수 입력(long long) : 123123
입력된 숫자 : 123123
실수 입력(double) : 1.234
입력된 숫자 : 1.234000
실수 입력(long double) : 1.234567
입력된 숫자 : 1.234567

14장 프로그래밍 문제의 답안

■ 문제 14-1의 답안

총 3개의 문제로 이뤄져 있지만, 하나의 예제를 통해서 문제의 답을 전부 제시하겠다.

■ 소스코드 답안

```
1.   #include <stdio.h>
2.
3.   int main(void)
4.   {
5.       long long num1=123;
6.       long double num2=0.12345;
7.       int num3=7000;
8.
9.       printf("문제1 : |% -20lld| \n", num1);
10.      printf("문제2 : |%020.5Lf| \n", num2);
11.      printf("문제3 : |%-#20x| \n", num3);
12.      return 0;
13.  }
```

9행의 서식문자는 %와 d 사이에 다음 표시문자들이 추가로 삽입되었다.

- 공백   양수의 경우 숫자 앞에 공백을 한 칸 출력
- -   출력의 최소 폭에 미치지 못하는 경우 왼쪽 정렬
- 20   출력의 최소 폭
- ll   long long형 데이터 출력

10행의 서식문자는 %와 f 사이에 다음 표시문자들이 추가로 삽입되었다.

- 0   출력의 최소 폭에 미치지 못하는 경우 빈 공간을 0으로 채움
- 20   출력의 최소 폭
- .5   소수점 이하 다섯 자리까지 출력
- L   long double형 데이터 출력

11행의 서식문자는 %와 x 사이에 다음 표시문자들이 추가로 삽입되었다.

- -   출력의 최소 폭에 미치지 못하는 경우 왼쪽 정렬
- #   0x를 포함한 출력
- 20   출력의 최소 폭

제15장 비트 연산자와 그의 활용

하드웨어 컨트롤에 사용되는 연산자 아니에요?

비트 연산자들은 다른 연산자들에 비해서 덜 중요하게 취급 받는 경향이 있다. 아무래도 하드웨어를 직접 컨트롤하는 용도로 사용된다는 인식이 강해서 그런 것 같다. 하지만 비트 연산자는 하드웨어를 컨트롤하는 용도로만 디자인 된 연산자가 아니다. 물론 하드웨어의 컨트롤에 주로 사용되는 것은 사실이지만, 이에 못지 않게 일반적인 소프트웨어의 개발에도 유용하게 사용이 된다.

이 장의 목차페이지 ➡➡➡

15-1. 비트단위 연산자들의 종류와 기능	374
15-2. 비트 쉬프트(Shift) 연산자	380
15-3. 비트 연산자들의 활용	387
프로그래밍 문제의 답안	397

15-1 비트단위 연산자들의 종류와 기능

비트 연산자는 비트단위로 연산을 진행하는 연산자이며, 피연산자는 반드시 정수이어야 한다. 실수에 대해서는 비트 연산이 불가능하다. 실수를 가지고 진행하는 비트단위 연산은 의미를 지니지 않기 때문에 C언어의 문법적인 차원에서 지원을 하지 않는 것이다. 우선 비트 연산자들의 종류와 기능을 살펴보기로 하자.

■ 비트 연산자와 비트 쉬프트(이동) 연산자

비트 연산자의 대부분이 이항 연산자이다. 즉 두 개의 피연산자를 필요로 하는 연산자들이다. 그리고 다음 그림은 비트단위 연산이 무엇인지를 보여준다. 이 그림에서는 피연산자 n1과 n2를 이용해서 비트단위 AND 연산의 과정을 보여주고 있다. 이미 여러분은 '논리 AND 연산자(&&)'에서 의미하는 AND가 무엇인지 알고 있다. 이 배경지식을 바탕으로 아래 그림을 관찰하기 바란다.

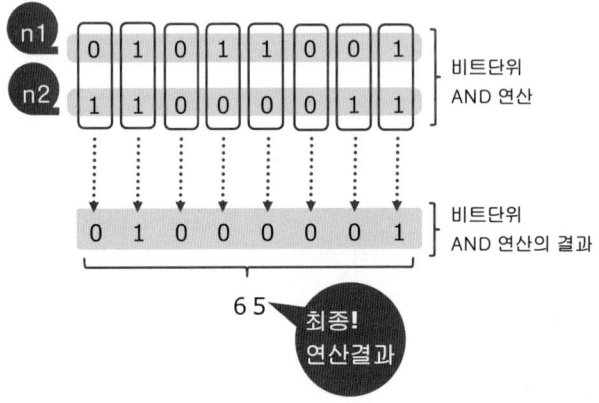

[그림 15-1 : 비트단위 연산의 의미]

위 그림은 비트단위 AND 연산의 과정을 보여준다. 그런데 여기서 당장 이 연산자를 설명하려는 것이 아니라, 다음 사실을 말씀 드리고자 하는 것이다.

- 비트 연산자는 비트단위로 연산을 진행한다.
- 비트 단위로 진행된 연산의 결과를 묶어서 최종적으로 하나의 연산결과를 반환한다.

다음은 C언어에서 제공하는 네 개의 비트 연산자를 정리해 놓은 표이다.

연산자	연산자의 기능	결합방향
&	비트단위로 AND 연산을 한다. 예) n1 & n2;	→
|	비트단위로 OR 연산을 한다. 예) n1 | n2;	→
^	비트단위로 XOR 연산을 한다. 예) n1 ^ n2;	→
~	단항 연산자로서 피연산자의 모든 비트를 반전시킨다. 예) ~n; /* n은 변화 없음, 반전 결과만 반환 */	←

[표 15-1 : 비트 연산자]

그리고 비트 연산자의 부류에 속하는 비트 쉬프트 연산자가 있다. 이 연산자들은 정수 데이터의 비트 열을 왼쪽, 또는 오른쪽으로 이동시키는 연산자들로서 활용도가 매우 높은 연산자들에 속한다.

연산자	연산자의 기능	결합방향
<<	피연산자의 비트 열을 왼쪽으로 이동시킨다. 예) n<<2; /* n은 변화 없음, 두 칸 왼쪽 이동 결과만 반환 */	→
>>	피연산자의 비트 열을 오른쪽으로 이동시킨다. 예) n>>2; /* n은 변화 없음, 두 칸 오른쪽 이동 결과만 반환 */	→

[표 15-2 : 비트 쉬프트(shift) 연산자]

표를 통해서 연산자들의 특성을 완벽히 이해하는 것은 무리가 있다. 표는 내용의 정리와 참조의 목적으로 제시했을 뿐이니, 예제를 통해서 각각의 연산자들이 제공하는 기능을 살펴보도록 하겠다.

■ & 연산자 : 비트단위 AND 연산자

& 연산자에 대한 진리 표(truth table)는 이미 표 6-6에서 소개하였다. 논리 연산자나 비트연산자나 동일한 진리 표를 기반으로 연산되기 때문이다. 다만 논리 연산자는 피연산자에 저장된 값을 참조하여 1(참)과 0(거짓)을 계산하는 반면, 비트 연산자는 비트단위로 값을 참조하여 각 비트 별로 1과 0을 계산할 뿐이다. 그러나 여러분의 편의를 위해서 비트단위 연산을 기준으로 진리 표를 다시 한번 정리하겠다.

비트 A	비트 B	비트 A & 비트 B
1	1	1
1	0	0

0	1	0
0	0	0

[표 15-3 : 비트단위 AND 연산 truth table]

위 표에서 보여주듯이 & 연산자는 두 개의 비트가 모두 1인 경우에만 1을 반환하여 연산결과를 구성한다. 다음 예제를 통해서 이 연산자에 대한 연산 방식을 확인해 보자.

■ 예제 15-1.c

```c
1.  #include <stdio.h>
2.
3.  int main(void)
4.  {
5.      int n1=15;          /* 00000000 00000000 00000000 00001111 */
6.      int n2=20;          /* 00000000 00000000 00000000 00010100 */
7.      int result=n1&n2;   /* 00000000 00000000 00000000 00000100 */
8.
9.      printf("n1=%d \n", n1);
10.     printf("n2=%d \n", n2);
11.     printf("result=%d \n", result);
12.     return 0;
13. }
```

■ 실행결과 : 예제 15-1

```
n1=15
n2=20
result=4
```

연산결과를 통해서 여러분은 다음 두 사실을 확인할 수 있다.

- 피연산자가 지니고 있는 값이 변경되는 것은 아니다.
- 연산결과는 참 또는 거짓이 아니다. 비트단위로 연산된 연산결과를 묶어서 최종적으로 하나의 연산결과를 반환한다.

■ | 연산자 : 비트단위 OR 연산자

| 연산자는 두 개의 비트 중에서 어느 하나라도 1이면 1을 반환하여 연산결과를 구성한다.

비트 A	비트 B	비트 A | 비트 B
1	1	1
1	0	1
0	1	1
0	0	0

[표 15-4 : 비트단위 OR 연산 truth table]

다음 예제를 통해서 이 연산자의 연산방식을 확인해 보자.

■ 예제 15-2.c

```
1.   #include <stdio.h>
2.
3.   int main(void)
4.   {
5.       int n1=15;         /* 00000000 00000000 00000000 00001111 */
6.       int n2=20;         /* 00000000 00000000 00000000 00010100 */
7.       int result=n1|n2;  /* 00000000 00000000 00000000 00011111 */
8.
9.       printf("n1=%d \n", n1);
10.      printf("n2=%d \n", n2);
11.      printf("result=%d \n", result);
12.      return 0;
13.  }
```

■ 실행결과 : 예제 15-2

```
n1=15
n2=20
result=31
```

& 연산자와 마찬가지로 피연산자의 값은 변경되지 않았다. 다만 연산의 결과가 반환이 되어 변수 result에 저장되었을 뿐이다. 그리고 11111은 10진수로 31이니 연산의 결과도 정확하다.

^ 연산자 : 비트단위 XOR 연산자

^ 연산자는 두 비트의 값이 서로 다를 때 1을 반환하여 연산결과를 구성하는 연산자이다.

비트 A	비트 B	비트 A ^ 비트 B
1	1	0
1	0	1
0	1	1
0	0	0

[표 15-5 : 비트단위 XOR 연산 truth table]

다음 예제를 통해서 이 연산자의 연산방식을 확인해 보자.

■ 예제 15-3.c

```
1.  #include <stdio.h>
2.
3.  int main(void)
4.  {
5.      int n1=15;          /* 00000000 00000000 00000000 00001111 */
6.      int n2=20;          /* 00000000 00000000 00000000 00010100 */
7.      int result=n1^n2;   /* 00000000 00000000 00000000 00011011 */
8.
9.      printf("n1=%d \n", n1);
10.     printf("n2=%d \n", n2);
11.     printf("result=%d \n", result);
12.     return 0;
13. }
```

■ 실행결과 : 예제 15-3

```
n1=15
n2=20
result=27
```

11011은 10진수로 27이다. 따라서 두 비트가 서로 다를 때 1이 반환되어 연산결과가 구성되었음을 확인할 수 있다.

■ ~ 연산자 : 비트단위 NOT 연산자

~ 연산자는 1을 0으로, 0은 1로 비트를 반전시켜서 얻은 결과를 반환한다.

비트 A	~ 비트 A
1	0
0	1

[표 15-6 : 비트단위 NOT 연산 truth table]

다음 예제를 통하여 이 연산자의 연산방식을 확인하자.

■ 예제 15-4.c
```
1.   #include <stdio.h>
2.
3.   int main(void)
4.   {
5.       int n1=-1;          /* 11111111 11111111 11111111 11111111 */
6.       int n2= 0;          /* 00000000 00000000 00000000 00000000 */
7.
8.       int result1=~n1;    /* 00000000 00000000 00000000 00000000 */
9.       int result2=~n2;    /* 11111111 11111111 11111111 11111111 */
10.
11.      printf("result1=%d \n", result1);
12.      printf("result2=%d \n", result2);
13.      return 0;
14.  }
```

■ 실행결과 : 예제 15-4

result1=0
result2=-1

4장에서 음의 정수 표현방식을 설명했으니, -1을 2진수로 표현하면 위 예제의 5행과 9행의 주석과 같이 비트가 배열된다는 사실을 알고 있을 것이다. 따라서 여러분은 위 예제를 통해서 다음 사실을 더불어 파악할 수 있다.

- ~ 연산자는 가장 왼쪽에 있는 부호비트도 반전시킨다.
- ~ 연산자는 피연산자가 양수일 때 음수를 반환한다.
- ~ 연산자는 피연산자가 음수일 때 양수 또는 0을 반환한다.

> **토막 퀴즈**
>
> 문제 : ~ 연산자는 언제 0을 반환하는가?
>
> 답안 : 피연산자가 –1일 때 0을 반환한다. –1은 피연산자의 모든 비트가 1인 경우이다. 따라서 ~ 연산에 의한 비트 반전으로 0이 반환된다.

15-2 비트 쉬프트(Shift) 연산자

비트의 열을 이동시키는 비트 쉬프트 연산자에 대해서는 표 15-2에서 정리를 하였으니, 예제를 통해서 이 내용을 점검하고 이해해보겠다.

■ << 연산자 : 비트를 왼쪽으로 이동시키세요.

<< 연산자도 두 개의 피연산자를 필요로 하는 이항 연산자이며, 다른 비트 연산자들과 마찬가지로 피연산자는 모두 정수이어야 한다. 이 연산자는 정수 A와 B가 존재할 때(그것이 변수이건 상수이건 상관없이), 다음과 같은 형식으로 문장이 구성된다.

```
int C = A<<B;
```

그리고 이는 다음과 같은 의미를 지닌다.

"A의 비트 열을 B의 크기만큼 왼쪽으로 이동시켜서 얻은 결과를 변수 C에 저장하라!"

일단 이 정도의 이해를 가지고 다음 예제를 관찰하자. 이 예제를 통해서 << 연산자의 동작방식과 << 연산자가 갖는 또 다른 의미를 함께 설명하겠다.

■ 예제 15-5.c

```
1.   #include <stdio.h>
2.
3.   int main(void)
4.   {
5.       int n=1;        /* 00000000 00000000 00000000 00000001 */
6.       int r1=n<<1;    /* 00000000 00000000 00000000 00000010 */
7.       int r2=n<<2;    /* 00000000 00000000 00000000 00000100 */
8.       int r3=n<<3;    /* 00000000 00000000 00000000 00001000 */
9.       int r4=n<<4;    /* 00000000 00000000 00000000 00010000 */
10.
11.      printf("result1=%d \n", r1);
12.      printf("result2=%d \n", r2);
13.      printf("result3=%d \n", r3);
14.      printf("result4=%d \n", r4);
15.      return 0;
16.  }
```

- 6행 : 변수 n에 저장된 비트의 열을 왼쪽으로 한 칸씩 이동시키고 있다. 이 때 n에 저장된 값이 32비트라면 반환되는 연산결과도 32비트이다. 따라서 왼쪽으로 이동을 하면서 밀려나는 비트는 그냥 버려지게 되고, 밀면서 생기는 빈 공간은 0으로 채워지게 된다. 다음 그림은 이 내용을 설명한다.

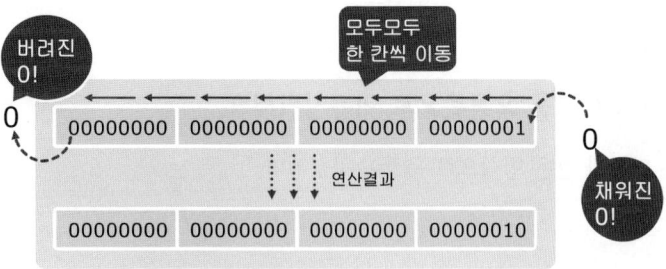

[그림 15-2 : 비트 쉬프트 연산의 과정]

■ 실행결과 : 예제 15-5

```
result1=2
result2=4
result3=8
result4=16
```

위 예제의 6, 7, 8, 9행에서는 변수 n에 저장된 값을 각각 왼쪽으로 1, 2, 3, 4칸씩 이동시키고 있으며, 이렇게 해서 얻게 되는 값을 새로 선언하는 변수에 저장하고 있다. 그리고 여느 비트 연산자들과 마찬가지로 변수 n에 저장된 값이 변경되는 것이 아니라, 변수 n에 저장된 값을 참고하여 연산만 할 뿐이다. 즉 변수 n에 저장된 값 자체를 변경시키지는 않는다.

■ 연산결과를 보니 곱하기 2가 되네요.

예제 15-5의 결과를 통해서 주목해야 할 사실이 하나 더 있다. 그것은 비트의 열을 한 칸씩 왼쪽으로 이동시킬 때마다 값의 크기가 두 배씩 증가한다는 사실이다. 출력결과를 통해서 이를 확인할 수 있고, 여러분이 알고 있는 정수의 표현방법을 통해서도 이 사실을 확인할 수 있다. 그렇다면 이것이 왜 주목해야 할 사실인가? 그것은 비트 단위 연산자가 곱셈과 나눗셈이라는 상대적으로 느린 연산을 대신할 수 있는(그것도 고속으로) 힌트가 되기 때문이다.

"에이 그래 봤자 얼마나 더 빨라진다고요. 컴퓨터 성능도 엄청 좋아졌는데"

맞는 말이다. 여러분이 사용하는 노트북 컴퓨터만 하더라도 군이 곱셈을 대신해서 비트단위 연산을 해야할 만큼 CPU의 성능은 궁색하지 않다. 하지만 오늘날 우리가 말하는 컴퓨터 환경은 책상에 앉아서 쓸 수 있는 성능 좋은 컴퓨터만을 의미하지 않는다. 오히려 과거에 비해 계산능력이 현저히 떨어지지만 이동성이 좋은 컴퓨터 환경이 이슈화되고 있다. 그리고 이러한 환경에서 사용되는 프로그램의 개발 과정에서는 곱셈과 나눗셈 연산을 비트 쉬프트 연산으로 대체하기도 한다.

■ >> 연산자 : 비트를 오른쪽으로 이동시키세요.

>> 연산자는 다음과 같은 형식으로 문장이 구성된다.

```
int C = A>>B;
```

그리고 이는 다음과 같은 의미를 지닌다.

"A의 비트 열을 B의 크기만큼 오른쪽으로 이동시켜서 얻은 결과를 변수 C에 저장하라!"

그리고 한가지 더 짚고 넘어갈 것은, 비트의 열을 왼쪽으로 한 칸 이동시키는 것이 값을 두 배로 증가시키는 일이니, 반대로 비트의 열을 오른쪽으로 한 칸 이동시킴으로 해서 값을 2로 나누는 효과를 얻을 수 있다는 사실이다. 따라서 >> 연산자는 2의 배수로 값을 나눠야 할 때 나눗셈 연산자를 대신해서 사용할 수 있다.

■ 예제 15-6.c

```
1.   #include <stdio.h>
2.
3.   int main(void)
4.   {
```

```
5.      int n=16;         /* 00000000 00000000 00000000 00010000 */
6.      int r1=n>>1;      /* 00000000 00000000 00000000 00001000 */
7.      int r2=n>>2;      /* 00000000 00000000 00000000 00000100 */
8.      int r3=n>>3;      /* 00000000 00000000 00000000 00000010 */
9.      int r4=n>>4;      /* 00000000 00000000 00000000 00000001 */
10.
11.     printf("result1=%d \n", r1);
12.     printf("result2=%d \n", r2);
13.     printf("result3=%d \n", r3);
14.     printf("result4=%d \n", r4);
15.     return 0;
16. }
```

■ 실행결과 : 예제 15-6

```
result1=8
result2=4
result3=2
result4=1
```

예제 15-5와 유사한 성격의 예제이므로 자세한 설명은 필요 없을 것 같다. 일단 비트의 열을 오른쪽으로 이동하는 과정에서 잘려 나가는 비트는 버려진다는 사실과, 오른쪽으로 이동시키는 과정에서 비게 되는 왼쪽 자리는 0으로 채워진다는 사실에 주목하기 바란다. 더불어 한 칸씩 오른쪽으로 이동시킬 때마다 2로 나눈 결과값이 얻어진다는 사실도 주목해야 한다.

■ 오른쪽으로 이동할 때 값이 홀수이면 0.5는 잘립니다!

오른쪽으로 비트의 열을 한 칸씩 이동시킬 때마다 2로 나눈 결과값이 얻어진다고 하였는데, 이는 어디까지나 짝수의 경우에 해당하는 이야기다. 만약에 그 값이 홀수라면, 다시 말해서 비트 열의 가장 오른쪽 비트가 1이라면, 이 비트는 오른쪽으로 값을 이동시키는 과정에서 사라지게 된다. 따라서 7의 비트 열을 오른쪽으로 한 칸 이동시키면 3이 되고, 11의 비트 열을 오른쪽으로 한 칸 이동시키면 5가 된다.

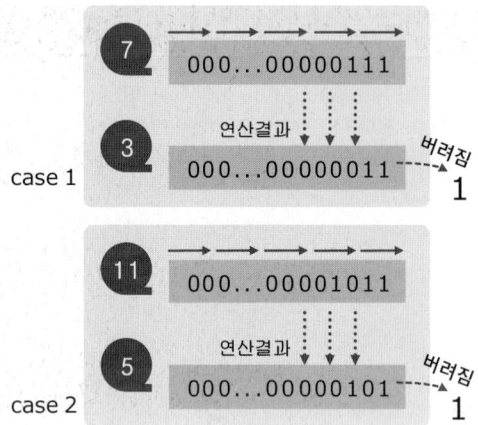

[그림 15-3 : 홀수의 비트 열을 오른쪽으로 한 칸씩 이동시킨 결과]

결과적으로 나머지가 버려지는 것이기 때문에 정수형 나눗셈을 한다고 정리할 수 있다.

■ 왼쪽에 뭘 채워 넣을지는 CPU에 따라 달라져요.

int형 변수에 저장된 값의 MSB(부호를 결정하는 가장 왼쪽의 비트)가 0이라면 이 숫자는 양수이다. 그리고 이러한 양수의 비트 열을 오른쪽으로 이동시키는 것은 별로 문제될 것이 없다. 부호가 바뀌지 않을 뿐만 아니라, 나눗셈의 결과라는 의미 있는 값을 구성하기 때문이다. 하지만 MSB가 1이라면 이야기는 달라진다. 예를 들어 4바이트 int형 변수 n에 저장된 값이 -1이라고 가정해 보자. 그렇다면 n의 비트 열은 다음과 같다.

    11111111 11111111 11111111 11111111

이 비트 열을 오른쪽으로 한 칸씩 이동시키고, 이로 인해 비게 되는 공간을 0으로 채우면, 이 때 얻어지는 비트 열은 다음과 같다.

    01111111 11111111 11111111 11111111

어떻게 되었는가? 우선 부호가 바뀌었다. 뿐만 아니라 한 칸씩 이동시키기 전과 전혀 상관없는 값이 되어버렸다. 이렇듯 음의 정수를 오른쪽으로 이동시키는 것에는 의미를 부여하기가 어렵다. 그래서 일부 CPU에서는 MSB가 1이면 오른쪽으로 비트를 이동시켰을 때 발생하는 빈 공간을 1로 채우기도 한다. 예를 들어서 다음과 같은 비트의 열을 갖는 음의 정수가 있다고 가정해 보자(값은 -2 이다).

    11111111 11111111 11111111 11111110

이 비트 열을 오른쪽으로 한 칸씩 이동시켰을 때, 부호의 유지를 위해 다음과 같이 비게 되는 공간을 1로 채우는 시스템도 존재한다(그 결과로 값이 -1이 되었다).

    11111111 11111111 11111111 11111111

이동시키기 전에는 -2이었으나 이동시키고 나서는 -1이 되었으니, 2로 나눈 결과값을 얻게 된 셈이다. 즉 정수형 나눗셈을 한 것이다. 그렇다면 여러분이 사용하는 컴퓨터에서는 >> 연산자의 연산방식이 어떻게 되는지 다음 예제를 통해서 확인해 보자.

■ 예제 15-7.c

```
1.  #include <stdio.h>
2.
3.  int main(void)
4.  {
5.      int n=-16;          /* 11111111 11111111 11111111 11110000 */
6.      int r1=n>>1;        /* ???? */
7.      int r2=n>>2;        /* ???? */
8.      int r3=n>>3;        /* ???? */
9.      int r4=n>>4;        /* ???? */
10.
11.     printf("result1= %d \n", r1);
12.     printf("result2= %d \n", r2);
13.     printf("result3= %d \n", r3);
14.     printf("result4= %d \n", r4);
15.     return 0;
16. }
```

■ 실행결과 : 예제 15-7

```
result1= -8
result2= -4
result3= -2
result4= -1
```

실행결과를 보면, 부호비트가 유지되고 있음을 알 수 있다. 그리고 부호비트가 유지되면서 2로 나눈 결과값이 반환됨을 알 수 있다. 이것은 필자가 사용하는 환경에서의 결과값이다. 이는 표준으로 정해진 사항이 아니기 때문에 다른 결과가 나올 확률도 있다(하지만 대부분의 CPU가 위와 같은 결과값을 출력한다). 때문에 >> 연산자를 사용해서 프로그램을 제작할 경우 시스템의 호환성을 잃게 된다. 쉽게 말씀 드리면 A라는 시스템에서 실행되도록 제작된 프로그램을 다른 시스템에서 아무런 변경 없이 가져다 쓸 수 없다는 뜻이다. 그래서 프로그래머들은 음의 정수에 대한 >> 연산자의 사용을 극도로 자제하기도 한다.

토막 퀴즈

문제 : unsigned형으로 표현되는 숫자의 경우에도(즉 부호가 존재하지 않는 경우에도) >> 연산 시 가장 왼쪽 비트가 1이면 1을 채우겠는가?

정답 : 아니다. unsigned형으로 표현되는 데이터는 >> 연산 시 왼쪽의 빈 공간을 무조건 0으로 채운다. 예를 들어서 unsigned int형 변수에 저장된 값의 경우, 부호를 결정짓는 MSB가 존재하지 않는다. 따라서 가장 왼쪽에 존재하는 비트가 1로 채워지는 경우는 어떠한 환경을 불문하고 발생하지 않는다.

● 문 제 15-1 [비트 연산자의 활용]

비트 연산자는 다른 연산자들에 비해서 익숙해지기 위한 별도의 노력이 필요하다. 따라서 아래 문제들을 통해서 비트 연산자에 익숙해지는 시간을 갖기 바란다. 참고로 문제의 수준이 조금 높은 편이니 시간적인 여유를 갖고 문제에 임해야 한다.

◉ 문제 1
프로그램 사용자로부터 음의 정수 값을 하나 입력 받는다. 그리고 이렇게 입력된 값을 양의 정수로 바꿔서 출력하는 프로그램을 작성해 보자. 만약에 -7이 입력되면 7이 출력되어야 하고, -12가 입력되면 12가 출력되어야 한다. 단! 양의 정수를 계산하는 과정에서는 비트 연산자만 사용해야 한다.

◉ 문제 2
프로그램 사용자로부터 정수 값을 하나 입력 받는다. 그리고 이렇게 입력된 값의 비트 열을 출력하는 프로그램을 작성해 보자. 단 입력되는 정수는 int형으로 읽어 들이는 것을 원칙으로 한다. 따라서 int를 4바이트로 표현하는 시스템에서는 1이 입력되면 출력결과가 다음과 같아야 한다(8비트씩 끊어서 출력해야 한다).

00000000 00000000 00000000 00000001

15-3 비트 연산자들의 활용

비트 연산자의 활용과 관련하여 이미 한가지는 언급을 하였다. 그것은 비트 쉬프트 연산자를 활용한 2의 곱과 2의 제(나눗셈)에 대한 내용이었다. 따라서 이번에는 여러분이 앞으로 충분히 접할 소지가 많고, 프로그래밍에서 아주 유용하게 사용되는 비트 마스크(mask)와 관련된 내용을 소개하고자 한다.

■ 비트 마스크에 대한 이해

비트 마스크? 언뜻 들어보면 어려운 뜻을 담고 있는 것 같다. 그런데 풀어서 표현을 하면 이해가 아주 쉽다. 비트 마스크란 다음과 같은 의미를 지닌다.

"비트의 열에다가 씌울 수 있는 마스크!"

그럼 예제를 통해서 여기서 말하는 마스크가 무엇인지 확인을 하고, 마스크를 씌우는 이유도 확인해 보자.

■ 예제 15-8.c

```
1.   #include <stdio.h>
2.
3.   int main(void)
4.   {
5.       unsigned short data=0x5678; /* 0101 0110 0111 1000 */
6.
7.       unsigned short msk1=0xf000; /* 1111 0000 0000 0000 */
8.       unsigned short msk2=0x0f00; /* 0000 1111 0000 0000 */
9.       unsigned short msk3=0x00f0; /* 0000 0000 1111 0000 */
10.      unsigned short msk4=0x000f; /* 0000 0000 0000 1111 */
11.
12.      printf("result1= %#.4x \n", data & msk1);
13.      printf("result2= %#.4x \n", data & msk2);
14.      printf("result3= %#.4x \n", data & msk3);
15.      printf("result4= %#.4x \n", data & msk4);
16.      return 0;
17.  }
```

- 5행 : 마스크를 씌울 대상이다. 그리고 이 변수에 저장된 값을 굳이 10진수로 생각할 필요 없다. 그보다는 2진수로 표현했을 때의 비트 열이 어떻게 되는지에 관심을 두기 바란다.
- 7행 : 첫 번째 비트 마스크이다. 이처럼 마스크라는 것도 비트의 열이다. 다만 특별한 용도로 사용되는 비트의 열일 뿐이다.
- 12행 : & 연산자를 이용해서 변수 data에 첫 번째 마스크(msk1)를 씌우고 있다. 이로써 data에 저장

된 비트 중 상위 4개의 비트를 뽑아내고 있다. 더불어 서식문자는 네 자리수의 출력을 위해서, 그리고 16진수를 의미하는 0x의 출력을 위해서 %#.4x로 선언하였다.

■ 실행결과 : 예제 15-8

```
result1= 0x5000
result2= 0x0600
result3= 0x0070
result4= 0x0008
```

실행결과를 통해서 변수 data에 저장된 비트의 열 들이 4비트씩 분리되었음을 알 수 있다. 이처럼 마스크를 씌우는 이유 중 하나는 다음과 같다.

"마스크를 잘 정의하고 사용하면 비트 열의 특정부분을 뽑아 낼 수 있다."

이번에는 다음 예제를 통해서 비트 마스크의 다른 용도를 설명하겠다.

■ 예제 15-9.c

```
1.   #include <stdio.h>
2.
3.   int main(void)
4.   {
5.       unsigned short data=0x0000; /* 0000 0000 0000 0000 */
6.
7.       unsigned short msk1=0xf000; /* 1111 0000 0000 0000 */
8.       unsigned short msk2=0x0f00; /* 0000 1111 0000 0000 */
9.       unsigned short msk3=0x00f0; /* 0000 0000 1111 0000 */
10.      unsigned short msk4=0x000f; /* 0000 0000 0000 1111 */
11.
12.      data |= msk1;
13.      printf("result1= %#.4x \n", data);
14.
15.      data |= msk2;
16.      printf("result2= %#.4x \n", data);
17.
18.      data |= msk3;
19.      printf("result3= %#.4x \n", data);
20.
21.      data |= msk4;
22.      printf("result4= %#.4x \n", data);
23.      return 0;
24.  }
```

해설

- 12행 : 6장에서는 이 연산자가 복합 대입 연산자라는 사실만 언급했을 뿐, 그 이상의 설명은 할 수 없었다. 이 문장은 다음과 동일하다.

    data = data | msk1;

■ 실행결과 : 예제 15-9

```
result1= 0xf000
result2= 0xff00
result3= 0xfff0
result4= 0xffff
```

이 예제에서는 전부 0으로 채워져 있던 비트의 열을 앞의 4비트부터 시작해서 순차적으로 채워 나가는 모습을 보여준다. 이처럼 비트 열의 일부를 변경시키는 용도로도 비트 마스크가 사용된다.

문 제 15-2 [비트 마스크의 활용]

앞서 비트 마스크를 이용해서 비트 열의 일부를 추출 또는 변경하는 예를 보였다. 이 두 가지 예제를 참조하여 아래에서 요구하는 형태의 비트 마스크를 구성하고, 제대로 구성이 되었는지 확인하는 프로그램도 작성해 보자. 참고로 이러한 문제들은 여러분이 16진수에 익숙하지 않으면 불편함을 느낄 수 있다.

● 문제 1
16비트 unsigned short형의 비트 마스크를 구성하자. 이 마스크는 홀 수번째 비트를 무조건 0으로 변경시키는 마스크이다. 예를 들어 비트 열이 11111111 11111111 인 데이터가 있다면, 여기서 구현하는 비트 마스크를 통해서 비트 열을 10101010 10101010로 변경시킬 수 있어야 한다.

● 문제 2
16비트 unsigned short형의 비트 마스크를 구성하자. 이 마스크는 16비트의 상위 4비트와 하위 4비트의 값을 반전(1이면 0, 0이면 1) 시키는 마스크이다.

■ 비트 마스크를 언제 사용하냐고요?

이제 여러분은 비트 마스크가 무엇인지도, 그리고 비트 마스크를 디자인 할 줄도 알게 되었다. 그렇다면 이것을 언제 쓴단 말인가? 이는 말로 설명할만한 내용이 아니니, 예제를 통해서 설명하도록 하겠다. 우선 비트 마스크가 적용되지 않은 예제를 보자.

■ 예제 15-10.c

```c
1.   #include <stdio.h>
2.   const int TRUE=1;
3.   const int FALSE=0;
4.
5.   int kindSte;
6.   int addSte;
7.   int minSte;
8.
9.   void SetKindSte(int ste);
10.  void SetAddOpSte(int ste);
11.  void SetMinOpSte(int ste);
12.  void ShowOperationResult(int n1, int n2);
13.
14.  int main(void)
15.  {
16.      SetKindSte(TRUE);           // 친절 모드 출력 설정
17.      SetAddOpSte(TRUE);          // 덧셈 출력 설정
18.      SetMinOpSte(TRUE);          // 뺄셈 출력 설정
19.
20.      printf("1차 출력........ \n");
21.      ShowOperationResult(5, 2);
22.      printf("\n");
23.
24.      SetKindSte(FALSE);          // 친절 모드 출력 해제
25.      SetAddOpSte(FALSE);         // 덧셈 출력 해제
26.
27.      printf("2차 출력........ \n");
28.      ShowOperationResult(4, 3);
29.      printf("\n");
30.      return 0;
31.  }
32.
33.  void SetKindSte(int ste)
34.  {
35.      kindSte=ste;
36.  }
37.
38.  void SetAddOpSte(int ste)
39.  {
40.      addSte=ste;
41.  }
```

```
42.
43. void SetMinOpSte(int ste)
44. {
45.     minSte=ste;
46. }
47.
48. void ShowOperationResult(int n1, int n2)
49. {
50.     if(kindSte)
51.     {
52.         if(addSte)
53.             printf("%d와 %d의 합은 %d입니다. \n", n1, n2, n1+n2);
54.         if(minSte)
55.             printf("%d와 %d의 차는 %d입니다. \n", n1, n2, n1-n2);
56.     }
57.     else
58.     {
59.         if(addSte)
60.             printf("%d + %d = %d \n", n1, n2, n1+n2);
61.         if(minSte)
62.             printf("%d - %d = %d \n", n1, n2, n1-n2);
63.     }
64. }
```

- 5행 : 48행에 정의된 함수의 동작방식을 결정짓는 변수이다. 이 값이 참이면 50~56행이 실행되고, 거짓이면 57~63행이 실행된다.
- 6, 7행 : 마찬가지로 48행에 정의된 함수의 동작방식을 결정짓는 변수들이다.
- 33행 : SetKindSte 함수는 ShowOperationResult 함수의 연산결과에 대한 출력방식을 결정짓는다. 이 함수에 TRUE(1)가 전달되면 53, 55행에 정의된 방식으로 연산결과가 출력되고, 반대로 이 함수에 FALSE(0)가 전달되면, 60, 62행에 정의된 방식으로 연산결과가 출력된다.
- 38행 : SetAddOpSte 함수는 ShowOperationResult 함수의 덧셈연산 실행여부를 결정짓는다.
- 43행 : SetMinOpSte 함수는 ShowOperationResult 함수의 뺄셈연산 실행여부를 결정짓는다.

■ 실행결과 : 예제 15-10

```
1차 출력........
5와 2의 합은 7입니다.
5와 2의 차는 3입니다.

2차 출력........
4 - 3 = 1
```

위 예제 대부분의 변수와 함수들은 48행에 정의되어 있는 ShowOperationResult 함수의 동작방식에 맞춰져 있다. 이 함수의 동작방식을 결정짓는 세 가지 요소는 다음과 같다.

- 연산결과를 수식적으로 출력할 것인가? 구어체로 출력할 것인가?
- 덧셈연산을 할 것인가? 말 것인가?
- 뺄셈연산을 할 것인가? 말 것인가?

이 예제에 특별히 문제라고 지적할만한 사항은 존재하지 않지만, 필자는 다음 사실을 지적하고 싶다.

"실행방식의 결정을 위해 너무 많은 변수와 함수가 존재!"

결정해야 할 동작방식이 한 두 가지라면, 위 예제처럼 구현해도 무리가 없다. 그러나 셋을 넘어간다면 프로그램이 복잡해진다는 단점이 생기게 된다. 만약에 결정해야 할 동작방식이 열 가지라면, 열 개의 변수를 선언하고 열 개의 함수를 정의해야만 한다. 뿐만 아니라 main 함수에서는 총 열 번의 함수 호출을 해야만 한다. 따라서 이는 분명 문제가 된다. 그런데 이러한 단점의 해결을 위해 비트 마스크의 활용을 고려해 볼 수 있다.

■ 변수만 있으면 되었지, 함수는 왜? 만들어가지고(잠시 다른 이야기 좀 합시다!)

위 예제에서는 세 개의 변수(kindSte, addSte, minSte)가 전역변수로 선언되었다. 따라서 얼마든지 main 함수에서 직접 접근이 가능하지만, 이 변수에 접근하기 위한 함수를 각각 정의해 놓고 이를 사용하고 있다. 굳이 이렇게까지 하는 이유가 무엇일까?
실무 프로그램 개발에서도 전역변수는 자주 사용된다. 단 구조적으로 안정된 프로그래밍을 즐기는 프로그래머들은 전역변수에 직접 접근하는 것을 최대한 자제하고, 전역변수에 저장된 값을 변경하는 별도의 함수를 만들어 사용하는데, 그 이유는 다음과 같다.

"원치 않는 값이 저장되는 문제를 막을 수 있고, 프로그램 변경에도 대응이 빠릅니다."

위 예제 33행에 정의된 함수는 다음과 같이 변경해서, kindSte에 TRUE와 FALSE가 아닌 다른 값이 저장되는 것을 막을 수 있다.

```
void SetKindSte(int ste)
{
    if(ste!=TRUE && ste!=FALSE)
        return;

    kindSte=ste;
}
```

뿐만 아니라, kindSte가 TRUE로 설정될 때마다 "친절 모드로 전환되었습니다."라는 문자열을 출력해 줘야 한다면(어디까지나 가정이다). 다음과 같이 함수의 일부만 수정을 해서 원하는 결과를 얻을 수 있다.

```
    void SetKindSte(int ste)
    {
        if(ste==TRUE)
            printf("친절 모드로 전환되었습니다.");

        kindSte=ste;
    }
```

이 두 가지 장점은 전역변수에 접근하기 위한 별도의 함수를 정의하는 수고를 들일 정도로 충분히 매력 적이다.

■ 비트 마스크를 이용해서 예제 15-10을 재 구현하기

예제 15-10의 단점은 이미 지적을 하였으니, 이러한 단점을 해결하기 위해서 비트 마스크를 활용한 사례를 보이겠다.

■ 예제 15-11.c

```
1.  #include <stdio.h>
2.
3.  const int KIND=1;  /* 00000001 */
4.  const int ADD=2;   /* 00000010 */
5.  const int MIN=4;   /* 00000100 */
6.
7.  int opStatus;
8.
9.  void SetShowStatus(int ste);
10. void ShowOperationResult(int n1, int n2);
11.
12. int main(void)
13. {
14.     SetShowStatus(KIND | ADD | MIN);
15.
16.     printf("1차 출력........ \n");
17.     ShowOperationResult(5, 2);
18.     printf("\n");
19.
20.     SetShowStatus(ADD | MIN);
21.
22.     printf("2차 출력........ \n");
23.     ShowOperationResult(4, 3);
24.     printf("\n");
25.     return 0;
26. }
27.
28. void SetShowStatus(int ste)
29. {
```

```
30.        opStatus=ste;
31.    }
32.
33.    void ShowOperationResult(int n1, int n2)
34.    {
35.        if(opStatus & KIND)
36.        {
37.            if(opStatus & ADD)
38.                printf("%d와 %d의 합은 %d입니다. \n", n1, n2, n1+n2);
39.            if(opStatus & MIN)
40.                printf("%d와 %d의 차는 %d입니다. \n", n1, n2, n1-n2);
41.        }
42.        else
43.        {
44.            if(opStatus & ADD)
45.                printf("%d + %d = %d \n", n1, n2, n1+n2);
46.            if(opStatus & MIN)
47.                printf("%d - %d = %d \n", n1, n2, n1-n2);
48.        }
49.    }
```

- 3~5행 : 총 세 개의 비트 마스크가 준비되어 있다. 이 비트 마스크들은 7행에 선언되어 있는 전역변수 opStatus에 씌우기 위해 디자인 된 마스크들인데, 동시에 여러 개를 씌워도 구분이 가능하도록 비트의 열을 구성해 놓았다(1로 설정되어 있는 비트의 위치가 중복되지 않음에 주목하자).
- 28행 : opStatus에 비트 마스크를 씌우기 위해 정의된 함수이다.
- 14, 20행 : 비트 마스크를 | 연산으로 조합하여 인자로 전달하고 있다. 1로 설정되어 있는 비트의 위치가 서로 다르기 때문에 가능한 일이다.
- 33행 : ShowOperationResult 함수는 opStatus에 설정된 비트들을 분석해서 실행방식을 결정한다.

■ 실행결과 : 예제 15-11

```
1차 출력........
5와 2의 합은 7입니다.
5와 2의 차는 3입니다.

2차 출력........
4 + 3 = 7
4 - 3 = 1
```

ShowOperationResult 함수가 opStatus에서 비트 정보를 추출하는 방법을 살펴보기로 하자. 위 예제의 14행이 실행되고 나면 opStatus에는 다음과 같은 비트 열이 구성된다(마지막 바이트만 가지고 설명을 진행하겠다).

```
00000111
```

따라서 KIND가 설정되어 있는지를 확인하기 위해서는 KIND의 비트 열과 & 연산을 해 보면 된다.

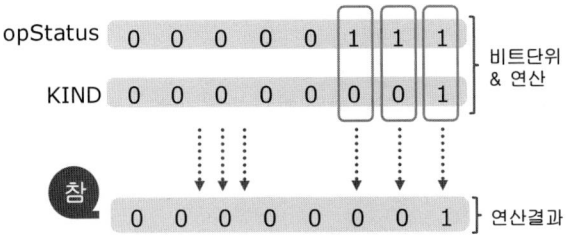

[그림 15-4 : KIND가 설정되어 있는 경우에 대한 비트연산]

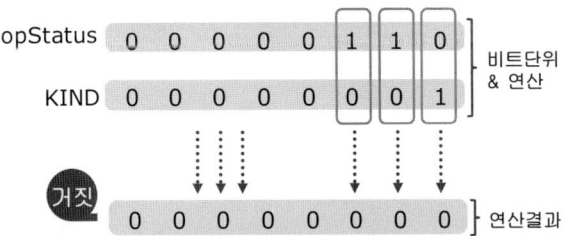

[그림 15-5 : KIND가 설정되어 있지 않은 경우에 대한 비트연산]

비트 연산자가 참과 거짓을 반환하는 연산자는 아니지만, KIND와 & 연산을 할 경우 결과값은 0 아니면 1이 된다. KIND가 설정되어 있으면 1을 반환하고, 설정되어 있지 않으면 0을 반환한다. 따라서 참과 거짓의 판단을 통해서 KIND의 설정 유무를 확인할 수 있다. 0이 아닌 모든 수는 참으로 인식되기 때문이다. 이 정도의 설명이면 위 예제를 이해하는데 부족함은 없을 것이다. 그렇다면 이제 평가를 내려야 한다. 과연 예제 15-11이 예제 15-10에 비해 개선된 점은 무엇인가?

■ **메모리 공간을 아끼기 위한 것이라고요? 뭐 그런 의미가 없는 건 아니지만**

예제 15-11에서 가장 눈에 띄는 특징은 다음과 같다.

"한 번의 함수 호출로 둘 이상의 특성을 설정할 수 있어서 ShowOperationResult 함수의 동작방식을 지정하기가 수월하다."

이는 ShowOperationResult 함수의 실행에 영향을 미치는 설정 정보가 열 개가 되건, 스무 개가 되건, 설정 정보를 저장할 변수 하나와 설정 정보를 변경하는 기능의 함수 하나만 있으면 된다는 사실을 의미한다(다만 비트 마스크의 개수가 늘어날 뿐이다). 이러한 장점은 예제 15-10에는 부여하기 힘든 특성이다. 그래서 결론은 간단하다.

"설정해야 할 정보가 많이 필요한 상황에서는 비트 마스크 방식을 선택하자."

이렇게 필자가 열심히(나름 열심히 입니다) 설명했는데도 불구하고, 비트 마스크를 사용하는 이유가 무엇이냐고 물으면 다음과 같이 답하는 친구들이 꼭 있다. 잘못된 대답이라는 뜻은 아니다.

"메모리 공간을 아껴 쓰려고요. ^^"

이것만 말했다는 사실에 필자가 억울할 뿐이다. 물론 메모리 공간이 절약된다는 장점도 있지만, 이는 필자가 지금까지 설명한 내용에 비하면 극히 미미한 장점에 지나지 않는다.

15장 프로그래밍 문제의 답안

■ 문제 15-1의 답안

• 문제 1

■ 소스코드 답안

```
1.   #include <stdio.h>
2.
3.   int main(void)
4.   {
5.       int num;
6.       printf("음의 정수 입력 : ");
7.       scanf("%d", &num);
8.       if(num>=0)
9.       {
10.          printf("입력에 대한 절대값 : %d ", num);
11.          return 0;
12.      }
13.
14.      num= ~num;
15.      num+=1;
16.      printf("입력에 대한 절대값 : %d \n", num);
17.      return 0;
18.  }
```

2의 보수를 취하면 음수가 양수가 되고, 양수는 음수가 된다는, 4장에서 설명한 내용을 문제로 제시한 것이다. 실제로 위 코드의 14, 15행은 2의 보수를 취하는 과정이다.

• 문제 2

■ 소스코드 답안

```
1.   #include <stdio.h>
2.
3.   int main(void)
4.   {
5.       int num;
6.       int intLen, i;
7.
8.       intLen=sizeof(int)*8;  // int의 비트 수 계산
9.
10.      printf("정수 입력 : ");
11.      scanf("%d", &num);
12.
13.      printf("입력된 수의 비트 열 : ");
14.      for(i=0; i<intLen; i++)
15.      {
```

```
16.          if(i!=0 && i%8==0)
17.              printf("");
18.
19.          printf("%d", num>>((intLen-1)-i) & 1);
20.      }
21.
22.      printf("\n");
23.      return 0;
24. }
```

19행의 다음 식이 이 문제의 핵심이다.

```
num>>((intLen-1)-i) & 1
```

이 중에서 먼저 연산이 되는 부분은 다음과 같다.

```
num>>((intLen-1)-i)
```

이 식은 i가 0일 때 변수 num이 가지고 있는 가장 왼쪽의 비트를 가장 오른쪽으로 이동시킨다. 그리고 i가 1일 때 왼쪽에서 두 번째 비트를 가장 오른쪽으로 이동시킨다. 즉 i가 증가함에 따라서 가장 왼쪽에 있는 비트부터 하나씩 가장 오른쪽으로 이동시킨 결과를 반환한다. 그리고 이렇게 반환된 값을 숫자 1과 & 연산하고 있는 것이다. 따라서 이동시킨 값이 1이면 1을, 0이면 0을 출력하게 된다. 결국 가장 왼쪽에 존재하는 비트서부터 마지막에 존재하는 비트까지 출력을 하게 된다.

■ 문제 15-2의 답안

• 문제 1

■ 소스코드 답안

```
1.  #include <stdio.h>
2.  void ShowBitList(unsigned short num);
3.
4.  int main(void)
5.  {
6.      unsigned short num1=0xffff;
7.      unsigned short num2=0xff00;
8.
9.      unsigned short bitMask=0xAAAA;
10.
11.     printf("num1 비트 열 : "); ShowBitList(num1);
12.     printf("num2 비트 열 : "); ShowBitList(num2);
13.     printf("mask 비트 열 : "); ShowBitList(bitMask);
14.
15.     num1&=bitMask;
16.     num2&=bitMask;
17.
18.     printf("num1 마스킹 결과 : "); ShowBitList(num1);
19.     printf("num2 마스킹 결과 : "); ShowBitList(num2);
20.     return 0;
21. }
22.
```

```
23.     void ShowBitList(unsigned short num)
24.     {
25.         int intLen, i;
26.         intLen=sizeof(unsigned short)*8;
27.
28.         for(i=0; i<intLen; i++)
29.         {
30.             if(i!=0 && i%8==0)
31.                 printf("");
32.
33.             printf("%d", num>>((intLen-1)-i) & 1);
34.         }
35.         printf("\n");
36.     }
```

16진수 하나로 4개의 비트를 표현할 수 있다. 그리고 홀수 번째 비트를 0으로 바꾸기 위해서는 홀수 번째 비트가 0인 마스크를 이용해서 & 연산을 하면 된다. 그런데 4개의 비트 1010은 16진수로 A이다. 따라서 마스크의 구성은 위 예제 9행과 같다.

• 문제 2

■ 소스코드 답안

```
1.  #include <stdio.h>
2.  void ShowBitList(unsigned short num);
3.
4.  int main(void)
5.  {
6.      unsigned short num1=0xffff;
7.      unsigned short num2=0xaaaa;
8.      unsigned short bitMask=0xF00F;
9.
10.     printf("num1 비트 열 : ");      ShowBitList(num1);
11.     printf("num2 비트 열 : ");      ShowBitList(num2);
12.     printf("mask 비트 열 : ");      ShowBitList(bitMask);
13.
14.     num1^=bitMask;
15.     num2^=bitMask;
16.
17.     printf("num1 마스킹 결과 : "); ShowBitList(num1);
18.     printf("num2 마스킹 결과 : "); ShowBitList(num2);
19.     return 0;
20. }
21.
22. void ShowBitList(unsigned short num)
23. {
24.     int intLen, i;
25.     intLen=sizeof(unsigned short)*8;
26.
27.     for(i=0; i<intLen; i++)
28.     {
29.         if(i!=0 && i%8==0)
30.             printf("");
31.
```

```
32.            printf("%d", num>>((intLen-1)-i) & 1);
33.        }
34.        printf("\n");
35. }
```

이 예제에서 주목할 부분은 비트단위 XOR 연산자의 활용이다. 마스크를 구성하는 것도 중요하지만 해당 마스크를 씌우는 방법도 중요하다. 특정 비트를 반전시키기 위해서는 1을 가지고 비트단위 XOR 연산을 하면 되기 때문에, 8행의 마스크를 구성하여 14행과 15행에서 XOR 연산을 진행하였다.

제16장 실력 다지기 연습문제 02

C언어를 잘 이해하고 활용하기 위해서는 탄탄한 이론적 지식과 다양한 프로그래밍 경험이 뒷받침되어야 한다. 따라서 이번 장에서는 지금까지 공부한 내용을 충분히 활용할 수 있는 수준의 문제를 제시하고자 한다. 참고로 일정 수준 이상의 문제들로 구성하였으니, 어렵게 느껴진다고 해서 실망할 필요는 없다.

연습문제 리스트 ➤➤➤ 문제 1 [두 수 사이의 배수]

문제 2 [수식 계산]

문제 3 [GCM, LCM]

문제 4 [소수의 출력]

문제 5 [언제 돈이 똑 떨어질까?]

문제 6 [가능한 수의 조합]

문제 7 [순열과 조합]

문제 8 [연비 계산]

문제 9 [369 게임의 결과 출력]

문제 10 [어떠한 선택을 해야 할까?]

문 제 1 [두 수 사이의 배수]

프로그램 사용자로부터 양의 정수 A, B를 입력 받는다(반드시 양의 정수가 입력된다고 가정한다). 그리고 1 이상 100 이하의 정수 중에서 A의 배수이지만, B의 배수가 아닌 모든 수를 출력하는 프로그램을 작성하자. 단 다음의 조건을 모두 만족해야 한다.

```
■ 실행의 예
두 개의 정수 입력 : 5 3
5의 배수이지만 3의 배수는 아닌 수
5 10 20 25 35 40 50 55 65 70 80 85 95 100
```

문 제 2 [수식 계산]

다음과 같은 형태로 a^x의 계산 결과를 반환하는 함수를 정의하자.

```
int Power(int a, int x) {...}    /* a의 x승 반환 */
```

그리고 main 함수를 통해서 위 함수의 a와 x에 다음 범위의 값을 입력하여(조합 가능한 모든 수를 입력해야 한다) 반환되는 값의 합을 계산해보자.

- $1 \leq a \leq 9$
- $0 \leq x \leq 9$

문 제 3 [GCM, LCM]

프로그램 사용자로부터 두 개의 정수를 입력 받아서 최대 공약수(GCM)와 최소 공배수(LCM)을 계산하여 출력하는 프로그램을 작성하자. 단 아래의 조건을 모두 만족시켜야 한다.

- 자연수(양의 정수) 범위 내에서만 고려를 한다(자연수만 입력된다 가정!).
- 최대 공약수를 계산하여 반환하는 함수를 다음과 같이 정의한다.
  ```
  int SimpleGCM(int num1, int num2) {...}    /* num1과 num2의 GCM 계산 */
  ```
- 최소 공배수를 계산하여 반환하는 함수를 다음과 같이 정의한다.
  ```
  int SimpleLCM(int num1, int num2) {...}    /* num1과 num2의 LCM 계산 */
  ```

∗힌 트 : 수학적인 계산 방식에 의존하지 말고 단순한 방식으로 접근을 하자(프로그래밍에 익숙해지는 데에는 이러한 접근 방식이 훨씬 도움이 된다). 최대 공약수의 경우 두 수의 공통 약수 중에서 가장 큰 수를 찾으면 되고, 최소 공배수는 두 수의 공통 배수 중에서 가장 작은 수를 찾으면 된다.

문제 4 [소수의 출력]

소수(prime number)란 1과 자기 자신만으로 나누어지는 1보다 큰 양의 정수를 의미한다. 이를테면 7은 소수이다. 1과 자기 자신의 숫자인 7로 나뉘지기 때문이다. 이번에는 사용자로부터 입력 받은 두 수 사이에 존재하는 소수를 출력하는 프로그램을 작성해 보자. 예를 들어서 4와 10이 입력되면 4와 10을 포함하여 두 수 사이에 존재하는 소수인 5와 7이 출력되어야 한다.

- 소수를 판별하는 함수를 별도로 정의하자.
- 프로그램 사용자가 입력하는 두 수는 양의 정수라고 가정한다.
- 프로그램 사용자는 큰 수를 먼저 입력할 수도, 나중에 입력할 수도 있다.

■ 실행의 예 1

두 개의 정수 입력 : 4 10
소수 : 5 7

■ 실행의 예 2

두 개의 정수 입력 : 10 4
소수 : 5 7

문제 5 [언제 돈이 똑 떨어질까?]

통나무 집을 만드는 톰(Tom) 아저씨의 통장에는 5000만원의 돈이 있으며, 그분이 매달 저축하는 금액은 100만원이다. 그러나 그분이 매달 생활비로 쓰시는 돈이 250만원으로 매달 저축하시는 금액을 초과한다. 그나마 다행인 것은 이자율이다. 아저씨가 돈을 맡긴 은행에서는 한 달에 원금의 2%에 해당하는 어마어마한 이자를 지급한다(연간 이자가 아닌 월 단위 이자가 2%이다). 그리고 다음은 오지랖 넓은 필자와 아저씨의 대화이다.

- 필자: 아저씨 그렇게 돈을 지출하시면 언젠가는 통장이 비게 되요.
- 톰: 버는 돈보단 쓰는 돈이 많아서 걱정된단 말이지?

- 필자: 버시는 금액과 이자를 포함해도 지출이 더 커요. 언젠간 텅 비게 되요.
- 톰: 내게 중요한 건 통장이 언제 비게 되냐는 거다! 그게 언제냐? 계산 좀 해 봐라.

정확히 몇 달 뒤에 아저씨는 통장의 잔고가 0이 되는 것을 확인하게 되겠는가? 이를 확인하기 위한 프로그램을 작성해 보자. 언제 비게 되고 마지막 출금 액이 얼마가 되는지 계산하여 출력해 보자(원 단위 출력 소수점 이하 버림).

참고로 첫 번째 달에는 5000만원에 대한 2%의 이자가 증가한 이후에 100만원이 저축되고 250만원의 지출이 생긴다. 즉 매달 이자가 증가한 이후에 100만원이 저축되고 250만원이 지출되는 방식으로 통장이 관리가 된다(이는 결국 매달 150만원이 지출되는 상황으로 단순화할 수 있지만 프로그램상에서는 100만원의 저축과 250만원의 지출이 표현되도록 하자).

문 제 6 [가능한 수의 조합]

필자가 좋아하는 것 중 하나가 퇴근길에 영화 한편을 빌리고 동네 슈퍼에서 군것질거리를 사가지고 집에 들어가는 것이다. 오늘은 금요일이다. 현재 나의 주머니에는 7천원이 있다. 영화 한편을 빌리면 5천원이 남는다. 남은 5천원으로 슈퍼에 들려서 새우깡(900원), 콜라(750원), 츄파츕스(200원)를 사려한다. 아 세가지 물건을 반드시 하나 이상 구입하되 잔돈을 하나도 남기지 않으려면 어떻게 구입을 해야 하는가? 물론 여기에는 경우의 수가 존재한다. 필자가 어떠한 선택을 할 수 있는지 여러분이 제시해주기 바란다.

* 힌 트 : 새우깡, 콜라, 그리고 츄파츕스의 개수를 조합해서 5000원에 딱 떨어지는 경우를 모두 찾아야 한다. 그런데 조합의 대상이 세 개이기 때문에 반복문을 세 번 중첩시켜야 해결이 쉽다.

문 제 7 [순열과 조합]

고교 수학시간에 개념을 잡기 위해 고생했을 법한 순열(permutation)과 조합(combination)의 공식은 다음과 같다.

- 순열의 계산 공식: $\dfrac{n!}{(n-r)!}$
- 조합의 계산 공식: $\dfrac{n!}{r!(n-r)!}$

이들은 서로 다른 n개의 사물 중에서 r개를 선택하는 경우의 수를 따지는 공식들로서 고교 수학시간에 한번 정도는 접해본 내용들이다. 하지만 이들이 기억나지 않는다고 수학책을 찾을 필요는 없다. 우리는 위의 식을 함수로 만드는 것이 목적이기 때문이다. 프로그램 사용자로부터 위의 공식에 들어갈 두 개의 자연수를 입력 받아서 순열과 조합의 결과를 출력하는 프로그램을 작성해 보자. 단 아래의 조건을 모두 만족시켜야 한다.

- 순열과 조합의 함수를 각각 정의하자.
- 두 공식 모두 다음 수식을 많이 필요로 한다. 따라서 이를 별도의 함수로 정의하자.
  $n! = n \times (n-1) \times (n-2) \times \cdots \times 1$
- 조합 함수는 순열 함수를 호출하는(활용하는) 형태로 정의하자.

문 제 8 [연비 계산]

치솟는 기름의 가격은 많은 운송업자들에게 부담이 되고 있다. 그리하여 다음 사항이 최대 관심사가 되었다.

"어느 속도로 달려야 최고의 연비가 나올까?"

참고로 연비는 기름 1리터당 평균 주행거리(기본단위는 km)를 의미한다. 그리고 다음은 동일한 차량을 이용하시는 운송업자들로부터 받은 정보의 예이다.

- 70.5km/h로 315.2km 이동 시 13.71리터 소모
- 80.1km/h로 650.5km 이동 시 60.24리터 소모
- 90.4km/h로 186.0km 이동 시 18.01리터 소모

이러한 정보를 입력 받아서 가장 좋은 연비를 보이는 속도가 어떻게 되는지 계산하는 프로그램을 작성해 보자. 입력할 수 있는 데이터의 수에는 제한이 없다. 다만 속도 정보를 대신해서 -1이 입력되면, 데이터의 입력이 완료된 것으로 간주하고 최고의 연비가 나오는 속도를 출력하고 프로그램을 종료해야 한다.

■ 실행의 예

```
속도(km/h), 이동거리(km), 오일 사용량(liter) 입력 : 70.5 315.2 13.71
속도(km/h), 이동거리(km), 오일 사용량(liter) 입력 : 80.1 650.5 60.24
속도(km/h), 이동거리(km), 오일 사용량(liter) 입력 : 90.4 186.0 18.01
속도(km/h), 이동거리(km), 오일 사용량(liter) 입력 : -1
최고의 연비는 70.5km/h에서 나옵니다.
```

*힌 트 : 프로그램 사용자가 입력하는 데이터를 전부 저장한 다음에야 비로소 최고의 연비를 계산할 수 있는 것은 아니다. 데이터가 입력될 때마다 이전 데이터와 비교하여 최고의 연비 정보만 저장하면 된다.

문 제 9 [369 게임의 결과 출력]

369 게임은 게임의 참여자가 1부터 시작에서 숫자를 증가시켜가는 게임이다. 단 다음의 경우에는 숫자를 말하지 말고, 대신 박수를 쳐야 한다.

- 숫자가 3의 배수인 경우 : 예) 3, 15, 24, 96
- 숫자에 3, 6, 9가 들어간 경우 : 예) 13, 31, 32

훨씬 복잡한 룰을 적용할 수도 있지만, 위의 룰만을 적용했을 때의 게임 결과를 출력해 보기로 하자. 단 아래의 조건을 만족시켜야 한다(실행의 예와 동일한 유형의 출력을 보이면 된다).

- 1부터 999까지의 진행 결과만 출력을 한다.
- 한 줄에 열한 개씩 출력을 한다.
- 박수를 쳐야 할 위치에서는 대문자 P를 출력한다.

■ 실행의 예

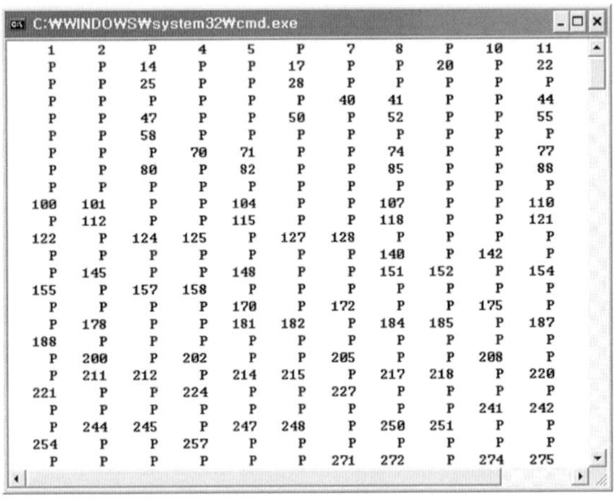

[그림 16-1 : 문제 9의 실행의 예]

* 힌 트 : 여러분이 지금까지 공부한 내용만으로 숫자에 3, 6, 9가 들어간 경우를 확인하는 코드의 구현은 쉽지 않다. 하지만 1부터 999까지의 진행 결과만 출력한다고 제한했기 때문에 충분히 구현 가능하다. 이 부분을 적극 활용하자. 이는 단순히 출력의 양을 줄이기 위한 것이 아니다.

문 제 10 [어떠한 선택을 해야 할까?]

다음은 필자가 적금에 가입하려고 은행에 들려서 은행 직원과 나눈 대화의 내용이다.

- 행원: 적금에는 복리(複利) 상품과 단리(單利) 상품이 있습니다.
- 필자: 이자율이 동일하다면 당연히 복리 상품에 가입해야지요.

- 직원: 바랄걸 바라셔야죠. 복리 상품은 단리 상품에 비해 이자율이 낮습니다.
- 필자: 당연히 그렇겠지요. 이자율이 어떻게 차이가 나요?

- 직원: 복리 상품은 연 4.7%가, 단리 상품은 연 7.2%가 적용됩니다.

- 필자: 그럼 1년만 가입하는 경우에는 단리 상품을 가입하는 것이 훨씬 이득이네요?

- 직원: 세상이 그리 만만치가 않습니다. 두 상품 모두 5년 이상 가입해야 합니다.
- 필자: 그럼 7년간 2000만원 예치 시 각 상품별 이자는 어떻게 되나요?

- 직원: 프로그래머라면서요. 그거 계산해 주는 프로그램을 만들어서 확인하세요.
- 필자: ^^; 은행직원 맞으세요?

단리와 복리에 대해서 간단히 설명하겠다. 다음은 1000원에 대한 3년간의 단리 계산법이다.

- 1년 차 이자: 1000 × 0.072 = 72원
- 2년 차 이자: 1000 × 0.072 = 72원
- 3년 차 이자: 1000 × 0.072 = 72원

다음은 1000원에 대한 3년간의 복리 계산법이다. 이율은 4.7%로 가정한다.

- 1년 차 이자: 1000 × 0.047 = 47원
- 2년 차 이자: (1000+47) × 0.047 = 49.209원
- 3년 차 이자: (1000+47+49.209) × 0.047 = 51.521823원

간단히 정리하면 단리는 원금에 대해서만 이자를 계산하는 방식이고, 복리는 이자로 불어난 금액에 대해서도 이자를 계산하는 방식이다. 그럼 다음 요구사항을 만족하는 프로그램을 작성해 보자.

- 프로그램 사용자로부터 적금에 예치할 금액과 기간(년 단위)을 입력 받는다.
- 단리의 이율은 7.2%, 복리의 이율은 4.7%이다.
- 프로그램 사용자가 5년 미만의 기간을 입력하면 입력을 재 요청한다.
- 단리와 복리의 최종 이자를 표시하고 어떠한 상품이 더 좋은지 추천해준다.

그리고 계산된 최종 이자에서 원 단위 미만은 삭제한다(대부분의 은행이 그러하듯이).

PART 03
배열의 이해와 활용

제17장 1차원 배열의 이해와 활용

제18장 문자열의 이해와 표현

제19장 다차원 배열의 이해와 활용

제20장 배열을 함수의 인자로 전달하기

제21장 실력 다지기 연습문제 03

제17장 1차원 배열의 이해와 활용

필요를 느끼면 이해가 쉬워집니다.

문법 하나하나에 부여된 의미(필요성)를 설명하는 것도 책을 집필하는 저자의 책임이라고 필자는 생각한다. 해당문법이 필요한 이유를 이해하면 문법 자체를 이해하고 활용하는 것은 문제가 되지 않기 때문이다. 우리가 지금 공부할 내용은 배열이다. 그리고 배열과 관련해서 다음과 같은 내용을 이해하는 것은 쉽다.

"배열은 이러이러한 특성을 지니고요. 이렇게 동작합니다."

하지만 다음과 같은 내용이 훨씬 더 중요하다.

"이러이러한 상황 때문에 배열이라는 것이 필요합니다."

그래서 필자는 처음부터 필요성을 강조하여 설명을 진행할 테니, 여러분도 배열의 필요성에 관심을 두기 바란다.

이 장의 목차페이지 ▶▶▶

17-1. 배열이라는 존재가 필요한 이유	412
17-2. 1차원 배열의 이해와 활용	415
17-3. 배열의 특성과 위험성 그리고 VLA(가변 길이 배열)	421
프로그래밍 문제의 답안	426

17-1 배열이라는 존재가 필요한 이유

우선 배열을 모른다는 가정하에서(굳이 가정하지 않아도 여러분은 정말 배열을 모른다) 하나의 문제를 생각해 보기로 하자. 배열의 필요성을 이해하는데 도움이 되는 이 문제는 여러분이 배열을 이해하고 난 이후에 배열을 활용하는 과정에서도 많은 도움을 줄 것이다.

■ 성적을 계산하는 프로그램을 작성하라!

여러분은 프로그래머다! 그것도 C 프로그래머다. 다만 아직 배열 이전까지의 내용만 알기 때문에 사용할 줄 아는 것은 배열 이전의 내용뿐인 프로그래머다. 이런 여러분에게 교수님께서는 다음과 같은 주제로 프로그램의 구현을 요구하셨다.

"열 명의 수강생 점수를 입력 받아서, A 학점의 기준이 되는 점수를 출력한다."

"단, A 학점은 최고 점수를 취득한 2명에게만 준다고 가정한다."

이 프로그램을 예제가 아닌 문제라고 생각하고 직접 구현해 보기 바란다. 일단 직접 경험해 봐야 이후에 필자가 설명하는 내용에 공감할 수 있다. 그럼 여러분도 구현해 보았으리라 믿고 필자의 답안을 제시하겠다. 단 이 예제는 열 명이 아닌 세 명을 기준으로 작성되었다(지면을 아끼기 위해 그리하였다).

■ 예제 17-1.c

```c
1.  #include <stdio.h>
2.
3.  int main(void)
4.  {
5.      int st1, st2, st3;
6.      int fstHighScore=0; // 1등 점수
7.      int sndHighScore=0; // 2등 점수
8.
9.      printf("점수 입력 : ");
10.     scanf("%d", &st1);
11.     if(st1>=fstHighScore)
12.     {
13.         sndHighScore=fstHighScore;
14.         fstHighScore=st1;
15.     }
16.     else if(st1<fstHighScore && st1>sndHighScore)
17.     {
18.         sndHighScore=st1;
19.     }
```

```
20.
21.        printf("점수 입력 : ");
22.        scanf("%d", &st2);
23.        if(st2>=fstHighScore)
24.        {
25.            sndHighScore=fstHighScore;
26.            fstHighScore=st2;
27.        }
28.        else if(st2<fstHighScore && st2>sndHighScore)
29.        {
30.            sndHighScore=st2;
31.        }
32.
33.        printf("점수 입력 : ");
34.        scanf("%d", &st3);
35.        if(st3>=fstHighScore)
36.        {
37.            sndHighScore=fstHighScore;
38.            fstHighScore=st3;
39.        }
40.        else if(st3<fstHighScore && st3>sndHighScore)
41.        {
42.            sndHighScore=st3;
43.        }
44.
45.        printf("A 학점은 %d점 이상이 되어야 합니다. \n", sndHighScore);
46.        return 0;
47.    }
```

- 33~43행 : 총 3회에 걸쳐서 유사한 코드가 반복되었다. 9~19행, 21~31행이 이와 유사하다.
- 35행 : 점수를 입력 받고 나서 최고 점수인지를 확인하고 있다.
- 37, 38행 : 입력된 점수가 최고 점수일 경우, 기존에 저장된 최고 점수를 두 번째 높은 점수로 변경하고(37행), 새로 입력된 점수를 최고 점수로 지정하고 있다(38행).
- 40행 : 입력된 점수가 최고 점수는 아니지만, 두 번째 점수보다는 높은 점수인지 확인하고 있다.
- 42행 : 입력된 점수가 두 번째로 높은 점수일 경우, 이를 두 번째 점수로 지정하고 있다.

■ 실행결과 : 예제 17-1

점수 입력 : 85
점수 입력 : 90
점수 입력 : 97
A 학점은 90점 이상이 되어야 합니다.

위 예제를 구현하면서 여러분이 느꼈을 답답함이 있었을 것이다. 그럼 이제 여러분이 느꼈을 답답함을 바탕으로 배열이라는 것이 필요한 이유를 설명하겠다.

■ 변수를 선언하다 질려버렸다!

예제 17-1이 총 열명의 점수를 기반으로 구현되었다면, 5행은 다음과 같이 선언되어야 한다.

```
int st1, st2, st3, st4, st5;
int st6, st7, st8, st9, st10;
```

그리고 현실적으로 이치에 맞도록 구현한다면(대학이 학부과정으로 바뀌면서 500명이 넘는 학부도 있다고 들었다), 변수의 선언은 감당하기가 매우 부담스럽다. 그런데 다행히도 배열이라는 것이 이러한 상황의 해결을 돕는다.

"배열은 많은 수의 변수 선언에 편의를 제공한다."

배열에 대해서 모르는 상태이지만, 어떠한 상황에서 배열이 유용하게 사용이 되는지에 대한 첫 번째 힌트를 제공하였다.

■ 코드를 반복적으로 사용하면서도 반복문을 사용할 수 없다니!

위 예제의 더 큰 문제는 실행되는 코드의 패턴이 100% 일치함에도 불구하고 반복해서 등장한다는 것이다. 9~19행, 21~31행, 33~43행의 코드 구성은 100% 동일하다. 따라서 for문과 같은 반복문의 구성을 고려해 볼 수 있는데, 문제는 변수의 이름에 있다. 이름이 다르기 때문에 반복문으로 구성할 수가 없다. 만약에 500명 정도 되는 학생들의 점수를 기준으로 프로그램을 구현한다면, 이와 같은 코드 블록이 총 500번 등장해야 하니, 이쯤 되면 프로그래밍이 아니라 진정한 문서 타이핑이 되어버린다. 그러나 다행히도 배열은 이러한 문제점의 해결도 돕는다. 즉 배열을 사용하면 둘 이상의 변수에 동일한 코드를 적용시킬 수 있다.

"배열로 선언된 변수들에는 동일한 코드 패턴을 적용할 수 있다."

아직 배열에 대해서 설명하지 않았지만, 그래도 이 두 가지 결론을 기억하기 바란다. 배열을 사용하는 가장 큰 이유가 되니 말이다.

17-2 1차원 배열의 이해와 활용

이제 본격적으로 배열에 대해서 설명하도록 하겠다. 배열은 그 형태에 따라서 1차원 배열과 2차원 이상의 다차원 배열로 나뉘는데, 먼저 1차원 배열에 대해서 살펴보기로 하자.

■ 배열 선언에 필요한 것 세 가지

변수를 선언하는데 있어서 필요한 것 두 가지는 다음과 같다.

- 변수의 이름
- 변수의 자료형

배열은 둘 이상의 변수를 한방! 에 선언하는 것이기 때문에 여기에다 한가지를 더 추가해야 한다. 그것은 선언하고자 하는 변수의 개수이다. 따라서 배열 선언에 필요한 것 세 가지는 다음과 같이 정리할 수 있다.

- 변수의 이름
- 변수의 자료형
- 변수의 개수

그런데 배열에서는 '변수의 개수'라는 표현 대신에 '배열의 길이'라는 표현을 쓴다. 선언하는 변수들이 나란히 선언되기 때문이다. 따라서 배열 선언의 3대 요소는 다음과 같이 정리해야 한다.

- 배열의 이름
- 배열 요소(배열을 구성하는 변수)의 자료형
- 배열의 길이

다음 그림은 이 세가지 정보를 담은 배열 선언의 예를 보여준다.

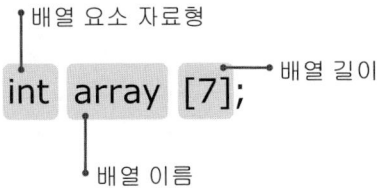

[그림 17-1 : 1차원 배열 선언의 예]

이렇게 배열이 선언되면 여러분은 총 7개의 int형 변수를 얻게 된다. 총 7개의 변수를 얻었으니, 이제 이 변수들에게 접근하는 방법을 살펴볼 차례이다.

■ 선언된 배열의 접근방식

array라는 이름의 배열이 선언되었을 때, 선언된 배열에 접근하는 방식은 다음과 같다.

"배열 array의 첫 번째 요소(변수)에 10을 저장해라."

"배열 array의 두 번째 요소(변수)에 20를 저장해라."

이 두 문장을 실제 코드로 옮기면 다음과 같다.

```
array[0]=10;       // 첫 번째 배열 요소에 10 저장
array[1]=20;       // 두 번째 배열 요소에 20 저장
```

즉 그림 17-1과 같이 배열이 선언되면, 다음 그림처럼 배열 요소에 접근할 수 있게 된다.

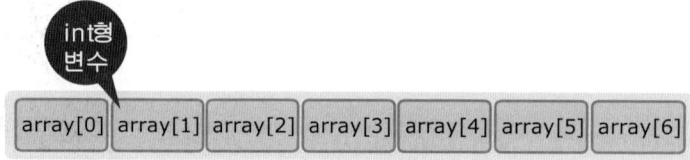

[그림 17-2 : 1차원 배열의 메모리 공간 할당과 접근]

위 그림에서 보여주듯이 접근하고자 하는 배열의 위치 정보는 [ ] 사이에 숫자를 넣어 지정하면 된다. 단 여기서 주의할 사실은 [ ] 사이에 들어가는 숫자(인덱스라 한다)는 0부터 시작된다는 점이다. 그럼 예제를 통해서 배열의 선언 및 접근방법을 보이겠다.

■ 예제 17-2.c

```
1.  #include <stdio.h>
2.
3.  int main(void)
4.  {
5.      int arr[5];
6.      int i;
7.
8.      arr[0]=10; arr[1]=20; arr[2]=30;
9.      arr[3]=40; arr[4]=50;
10.
11.     for(i=0; i<5; i++)
```

```
12.         printf("%d번째 요소에 저장된 값 : %d \n", i+1, arr[i]);
13.     return 0;
14. }
```

- 5행 : 배열의 길이가 5이고, 각각의 요소가 int형 변수인 arr이라는 이름의 배열을 선언하고 있다.
- 8, 9행 : 첫 번째 요소부터 시작해서 마지막 요소에까지 값을 저장하고 있다. 변수에 값을 저장하는 방법과 별 차이가 없다.
- 12행 : 배열 요소의 위치를 지정하는 [ ] 안에 변수가 올 수 있음을 보이고 있다. 11행의 반복문을 실행하는 과정에서 12행을 통해 배열의 모든 요소에 순차적인 접근을 하고 있는데, 이 모든 것이 [ ] 안에 변수가 올 수 있기 때문이다.

■ 실행결과 : 예제 17-2

```
1번째 요소에 저장된 값 : 10
2번째 요소에 저장된 값 : 20
3번째 요소에 저장된 값 : 30
4번째 요소에 저장된 값 : 40
5번째 요소에 저장된 값 : 50
```

■ 배열을 선언과 동시에 초기화하기, 그리고 sizeof 연산자

예제 17-2에서는 다섯 번에 걸쳐서 배열 요소 각각을 초기화하였는데, 이는 상당히 불편한 작업임에 틀림이 없다. 그런데 다행히도 배열은 선언과 동시에 모든 요소의 초기화 방법을 제공하고 있다. 다음 예제를 통해서 그 방법을 설명하겠다.

■ 예제 17-3.c

```
1.  #include <stdio.h>
2.
3.  int main(void)
4.  {
5.      int i;
6.      int arr1[5]={1, 2, 3, 4, 5};
7.      int arr2[ ]={1, 2, 3, 4};
8.      int arr3[5]={1, 2, 3};
9.
10.     int lenOfArr1=sizeof(arr1)/sizeof(int);
11.     int lenOfArr2=sizeof(arr2)/sizeof(int);
12.     int lenOfArr3=sizeof(arr3)/sizeof(int);
13.
14.     printf("arr1[5]={1, 2, 3, 4, 5}의 초기화 결과 \n");
```

제17장 1차원 배열의 이해와 활용 _417

```
15.        for(i=0; i<lenOfArr1; i++)
16.        {
17.            printf("%d번째 요소에 저장된 값 : %d \n", i+1, arr1[i]);
18.        }
19.        printf("\n");
20.
21.        printf("arr2[ ]={1, 2, 3, 4}의 초기화 결과 \n");
22.        for(i=0; i<lenOfArr2; i++)
23.        {
24.            printf("%d번째 요소에 저장된 값 : %d \n", i+1, arr2[i]);
25.        }
26.        printf("\n");
27.
28.        printf("arr3[5]={1, 2, 3}의 초기화 결과 \n");
29.        for(i=0; i<lenOfArr3; i++)
30.        {
31.            printf("%d번째 요소에 저장된 값 : %d \n", i+1, arr3[i]);
32.        }
33.        printf("\n");
34.        return 0;
35.    }
```

■ 실행결과 : 예제 17-3

```
arr1[5]={1, 2, 3, 4, 5}의 초기화 결과
1번째 요소에 저장된 값 : 1
2번째 요소에 저장된 값 : 2
3번째 요소에 저장된 값 : 3
4번째 요소에 저장된 값 : 4
5번째 요소에 저장된 값 : 5

arr2[ ]={1, 2, 3, 4}의 초기화 결과
1번째 요소에 저장된 값 : 1
2번째 요소에 저장된 값 : 2
3번째 요소에 저장된 값 : 3
4번째 요소에 저장된 값 : 4

arr3[5]={1, 2, 3}의 초기화 결과
1번째 요소에 저장된 값 : 1
2번째 요소에 저장된 값 : 2
3번째 요소에 저장된 값 : 3
4번째 요소에 저장된 값 : 0
5번째 요소에 저장된 값 : 0
```

지금부터 위 예제를 설명할 테니, 실행결과와 더불어 이해하기 바란다. 일단 10~12행에서 사용된 sizeof 연산자를 보자. 피연산자의 크기를 반환하는 sizeof 연산자는 이미 사용해 본 경험이 있다. 그렇다면 sizeof 연산자의 피연산자로 배열의 이름이 오면 무엇이 반환될까? 배열 전체의 크기가 바이트 단위로 반환된다. 따라서 아래의 문장은 배열의 길이를 계산하는 문장이 된다. 배열의 전체 크기를 배열 요소 하나의 크기로 나누니 당연히 배열의 길이가 계산이 된다.

```
int lenOfArr1=sizeof(arr1)/sizeof(int);
```

그럼 이제 15행의 for문과 이에 따른 출력결과를 살펴보자. 이 두 가지를 관찰하면 6행에 선언된 배열이 다음 그림과 같은 방식으로 초기화됨을 알 수 있다.

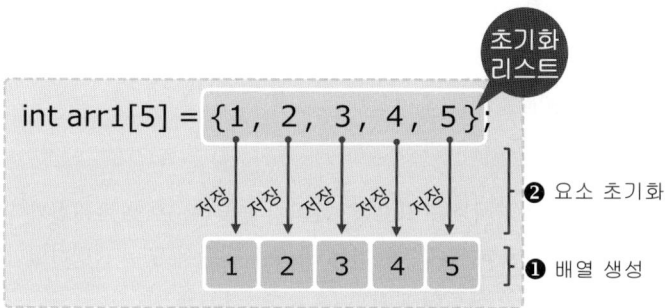

[그림 17-3 : 1차원 배열의 메모리 공간 할당과 접근1]

이것이 가장 일반적인 초기화 방식이다. 배열의 길이와 동일한 개수의 초기화 리스트가 존재하기 때문에 초기화 리스트에 나열된 값은 배열에 순서대로 저장된다.

이번에는 22행의 for문과 이에 따른 출력결과를 살펴보자. 그러면 7행에 선언된 배열이 다음과 같이 초기화되었음을 알 수 있다.

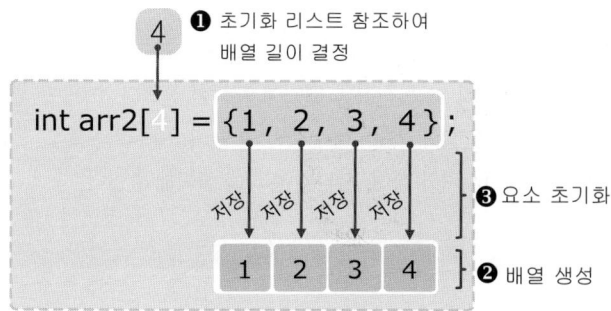

[그림 17-4 : 1차원 배열의 메모리 공간 할당과 접근2]

그림 17-3과 비교해서 배열의 길이를 나타내는 값이 빠졌음을 알 수 있다. 이러한 경우에는 컴파일러가 초기화 리스트의 길이를 참조하여 배열의 길이를 결정해 준다. 즉 초기화 리스트가 1, 2, 3, 4 이렇게 네 개이므로 배열의 길이는 4가 된다.

마지막으로 29행의 for문과 이에 따른 출력결과를 통해서 8행에 선언된 배열의 초기화 방법을 관찰하자.

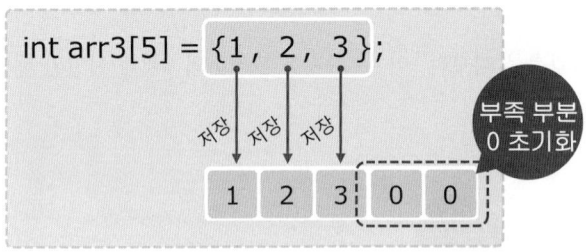

[그림 17-5 : 1차원 배열의 메모리 공간 할당과 접근3]

위 그림에서처럼 초기화 리스트의 길이가 배열의 길이보다 작으면, 나머지 부분은 0으로 초기화가 된다. 이로써 1차원 배열의 선언과 초기화, 그리고 선언된 배열에 접근하는 방법에 대해서 모두 설명하였다. 이제 이 내용을 바탕으로 아래에서 제시하는 문제들을 해결해 보자.

● 문 제 17-1 [1차원 배열의 활용]

◉ 문제 1
예제 17-1을 다시 구현하자. 총 열명의 수강생 점수를 입력 받아서 그 중에서 최고 점수를 얻은 두 명에게만 A 학점을 준다고 할 때, A 학점의 기준이 되는 점수를 계산하여 출력하는 프로그램을 작성하자.

◉ 문제 2
길이가 5인 double형 배열을 선언하여 0보다 큰 실수 5개를 입력 받아서 저장하자. 그리고 이렇게 저장된 값을 은행 고객의 잔고라고 가정하자. 즉 5명의 고객 잔고를 배열에 저장한 셈이다. 이제 프로그램 사용자로부터 이자율을 한번 입력 받는다. 만약에 3.3이 입력되면, 이율이 3.3%라는 뜻으로 해석되어 배열에 저장된 모든 값을 3.3%씩 증가시켜야 하며, 증가된 결과를 출력해야 한다.

17-3 배열의 특성과 위험성 그리고 VLA(가변 길이 배열)

기본적인 배열 사용법에는 익숙해졌지만, 배열이 가지고 있는 특성을 조금 더 살펴볼 필요가 있다. 그래야 배열 사용과정에서 발생할 수 있는 치명적인 오류를 막을 수 있기 때문이다.

■ **배열 접근 과정에서의 주소 계산(반드시 이해하고 넘어가야 합니다)**

배열 요소의 접근 과정을 이해하는 것은 배열을 보다 본질적으로 이해하는 계기가 된다. 따라서 배열 요소의 접근 과정을 메모리 관점에서 자세히 설명하고자 한다. 우선 다음 그림을 보자. 이 그림은 배열의 이름이 의미하는 바를 설명한다.

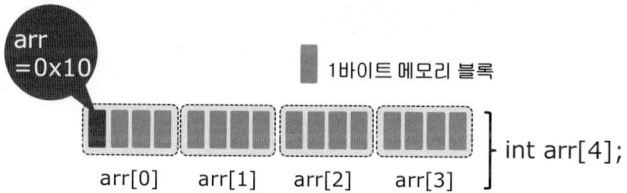

[그림 17-6 : 배열의 이름이 의미하는 바]

위 그림에서 배열 arr은 0x10번지를 시작으로 할당되었다. 그리고 이 때 배열의 이름은 배열이 할당된 위치의 시작 주소를 의미하게 된다. 쉽게 말해서 배열 이름 arr이 지니고 있는 값이 0x10이 되는 것이다. 따라서 이를 다음과 같이 정리할 수 있다.

"배열의 이름에는 할당된 배열의 시작 주소 정보가 담겨있다."

배열의 이름이 의미하는 바가 무엇인지 알았으니, 배열 요소의 접근 원리를 설명해 보겠다. 우리는 다음과 같은 형태로 배열 요소에 접근을 한다.

```
arr[0]=10;
arr[1]=20;
arr[2]=30;
arr[3]=40;
```

자세히 관찰할 기회가 없어서 몰랐겠지만, 실제로 배열 요소에 접근할 때 사용하게 되는 정보는 다음 두 가지가 전부이다.

• 배열의 이름 : arr

• 인덱스 정보 : [0], [1], [2], [3]

그렇다면 이 두 가지 정보를 이용해서 접근하고자 하는 배열 요소의 주소 값을 계산해 낼 수 있다는 뜻이 되는데, 실제로 그렇다! 다음 그림은 그림 17-6에서 선언한 배열 요소의 접근에 필요한 주소 값의 계산 과정을 보여준다.

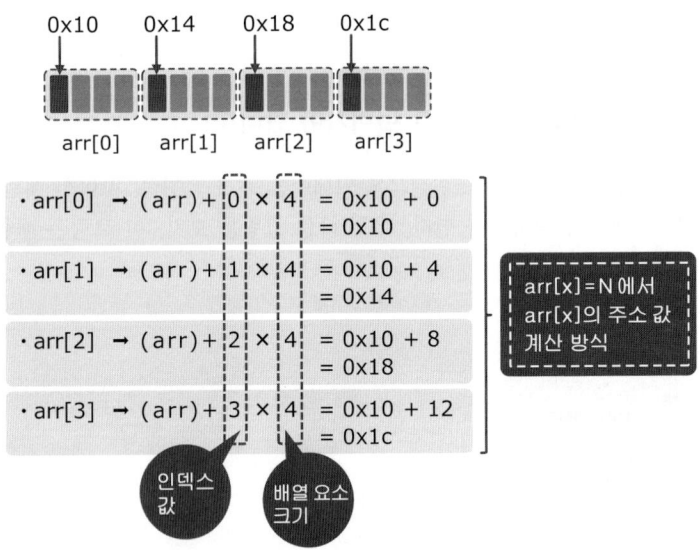

[그림 17-7 : 배열 요소의 주소 값 계산 과정]

위 그림의 핵심은 다음 두 가지이다.

- 배열의 이름이 시작 주소를 알려준다.
- 인덱스 정보는 시작 주소를 기준으로 몇 바이트를 이동해야 하는지 알려준다.

위 그림에서 보면 인덱스 값에 각각 4를 곱하고 있음을 알 수 있다. 이 숫자 4는 어떻게 나왔을까? 그것은 배열의 자료형에서 나온 것이다. 배열이 int형 배열이니, 배열 요소당 간격은 4바이트씩이다. 따라서 4를 곱한 것이다. 만약에 double형 배열이었다면 얼마를 곱해야 했을까(8바이트 double의 경우)? 당연히 8을 곱해야 한다.

문제 17-2 [배열 요소의 접근 주소 계산하기]

앞서 설명한 내용은 배열을 사용하는데 있어서 큰 도움을 주지 못하는 것처럼 보인다. 그러나 이는 배열을 정확히 이해하고 사용하는데 도움을 주고, 이후에 포인터를 이해하는 데에도 아주 중요한 역할을 차지한다. 그래서 필자는 별도의 문제를 제시하면서까지 그림 17-7에서 보여주는 주소 값의 계산 과정을 여러분께 완벽히 이해시켜 드리고자 한다.

● 문제 1
길이가 10인 int형 배열 arr1이 선언되었다. 이 배열이 0x08번지에 할당되었을 때, 다음 대입연산에서 이뤄지는 배열 요소의 주소 값 계산과정을 그림 17-7에서 보여준 계산방식으로 계산해 보아라.
- `arr1[0]=7;`
- `arr1[1]=14;`

● 문제 2
길이가 5인 double형 배열 arr2가 선언되었다. 이 배열이 0x12번지에 할당되었을 때, 다음 대입연산에서 이뤄지는 배열 요소의 주소 값 계산과정을 그림 17-7에서 보여준 계산방식으로 계산해 보아라.
- `arr2[2]=3.15;`
- `arr2[3]=5.17;`

■ arr[-1] = 20? 이게 뭐야?

다음과 같이 배열을 선언했다고 가정하자.

```
int arr[5]={1, 2, 3, 4, 5};
```

이후로 배열의 범위를 벗어나는 형태의 메모리 접근이 허용되겠는가? 예를 들어서 다음과 같은 형태의 배열 요소 접근이 허용되겠는가?

```
arr[7]=22;
arr[-1]=33;
```

배열 arr은 길이가 5인 관계로 인덱스가 0~4일 때에만 접근이 유효하다. 그런데 인덱스가 7이니 유효한 접근이라 할 수 없다. 뿐만 아니라 -1은 어떠한 상황에서도 유효한 접근이 될 수 없다. 그러나 컴파일러는 이를 묵인한다. 다시 말해서 위 코드는 컴파일 에러가 발생하지 않는다.

왜냐하면 배열이 선언되고 난 이후에 배열 요소에 접근할 때에는 배열 접근의 유효성 검사가 이뤄지지 않고, 단순히 접근할 메모리의 주소 값만 계산하여 접근하기 때문이다. 예를 들어 배열 arr이 0x16번지에 할당되어 있다면, 다음과 같이 여러분이 알고 있는 일반적인 형태로 접근할 주소 값을 계산한다.

```
arr[-1]  →  0x16 + (-1 × 4) = 0x12번지
```

즉 arr[-1]=33이 실행되면 0x12번지에 33이 저장된다. 그런데 이는 저장이 되었다고 좋아할 일이 아니다. 정상적인 프로그램에서는 인덱스 값으로 -1이 들어왔다는 사실이 프로그래머의 실수를 의미하기 때문이다. 프로그래머가 실수를 했다면 이에 따라서 컴파일 과정에서 에러를 발생시켜줘야 한다. 그런데 에러가 발생하지 않는다.

뿐만 아니라, 이렇게 컴파일 된 코드는 실행과정에서도 오류가 발생하지 않을 수 있어서 더더욱 위험한, 아주 깊이 잠재되어 있는 치명적인 버그가 될 수도 있다. 그래서 배열의 사용에는 항상 주의를 기울여야 한다.

■ 가변 길이 배열의 선언

다음 코드가 보여주는 배열선언에서 지금까지와는 다른 점을 찾을 수 있겠는가?

```c
int main(void)
{
    int sz=10;
    int arr[sz];
    . . . . . .
    return 0;
}
```

지금까지 보여드린 배열 선언과의 차이점은 배열의 길이를 상수가 아닌, 변수를 이용해서 선언하고 있다는 점이다. 만약에 이것이 허용된다면, 여러분은 프로그램이 실행중인 상황에서 프로그래머의 입력이나, 연산의 결과에 따라서 배열의 길이를 다양하게 선언할 수 있다. 그리고 이렇게 변수를 이용해서 선언하는 배열을 가리켜 '가변 길이 배열(variable length array)'이라 하는데, 이는 실제로 C언어의 표준으로 정의되어 있다. 하지만 아쉽게도 아직까지 모든 컴파일러가 가변 길이 배열을 지원하는 것은 아니기 때문에, 이 문법적 요소를 반영해서 프로그램을 작성하는 것은 권장하지 않는다.

■ 가변 길이 배열! 컴파일러가 지원하면 써도 될까요?

시간이 어느 정도 지나서 모든 컴파일러가 가변 길이 배열을 지원하게 된다면, 그 때부터는 마음껏 가변 길이 배열을 사용해도 될까? 물론 컴파일러의 완벽한 지원이 가변 길이 배열의 사용에 있어서 반드시 필요한 요소임은 분명하다. 하지만 프로그래머들의 프로그래밍 방식의 변화도 지켜볼 필요가 있다. 가장 좋은 프로그램 코드는 세련미가 철철 넘치는 코드도 아니고, 많은 내용을 최소한의 양으로 구현해 낸 코드도 아니다. 그리고 프로그래밍 언어가 제공하는 문법적인 요소를 많이 사용했다고 해서 좋은 코드가

될 수 있는 것도 아니다.

가장 좋은 프로그램 코드는 프로그래머들이 이해하기 쉽고, 프로그래머들의 프로그래밍 스타일에서 크게 벗어나지 않은 코드라고 전문가들은 이야기한다. 그만큼 소프트웨어 개발은 다른 프로그래머들과의 관계가 중요하다는 뜻이다.

이러한 관점에서 봤을 때, 컴파일러의 지원여부가 해당 문법의 사용여부에 크게 영향을 미친다고 볼 수 없다. 따라서 이 책에서도 예제 작성 시 가변 길이 배열을 사용하지 않았다. 물론 향후에는 이 부분이 얼마든지 바뀔 수 있다. 하지만 아직은 아니다.

■ 배열의 이름을 가지고 대입이 가능하다는 생각을 할 수 있습니다.

처음 프로그래밍에 입문한 사람이라면 누구나 한번쯤은 다음과 같은 코드를 작성해 본다. 물론 필자도 예외는 아니다.

```c
int main(void)
{
    int arr1[5]={1, 2, 3, 4, 5};
    int arr2[5];
    arr2=arr1;   /* 배열 arr1의 내용이 배열 arr2에 복사될 것을 기대 */
    . . . . .
}
```

하지만 위의 코드는 동작하지 않는다. 왜냐하면 arr1이 실제로 의미하는 것은 배열의 시작 주소이기 때문이다. 마찬가지로 arr2가 실제로 의미하는 것도 배열의 주소 값이다. 따라서 배열 arr1이 할당된 메모리 공간의 시작 주소가 0x10이고, 배열 arr2가 할당된 메모리 공간의 시작 주소가 0x40이라면, 위 코드의 arr2=arr1은 다음과 같은 의미로 해석이 된다.

    0x40 = 0x10;

결국 상수 값을 상수에 대입하는 이상한 문장이 되어 컴파일 시 에러가 발생하고 만다. 배열이 가지고 있는 데이터를 다른 배열에 복사하기 위해서는 배열 요소를 하나씩 복사해야 한다. 그 이외에 뾰족한 수는 없다.

뾰족한 수? 있습니다!

배열의 복사에는 뾰족한 수가 없다고 하였지만, 그러한 수가 전혀 없는 것도 아니다. 그러나 이는 지금 이해할 수 있는 내용이 아니니, 지금은 뾰족한 수가 없다고 생각하는 것이 옳다. 배열의 복사에 memcpy라는 이름의 함수를 이용하는 뾰족한 수가 있는데, 이 함수에 대해서는 PART 04의 26장에서 설명한다.

17장 프로그래밍 문제의 답안

■ 문제 17-1의 답안

• 문제 1

■ 소스코드 답안

```
1.   #include <stdio.h>
2.
3.   int main(void)
4.   {
5.       int fstHighScore=0;   // 1등 점수
6.       int sndHighScore=0;   // 2등 점수
7.
8.       int stArr[10];
9.       int i;
10.
11.      for(i=0; i<10; i++)
12.      {
13.          printf("점수 입력 %d:", i+1);
14.          scanf("%d", &stArr[i]);
15.
16.          if(stArr[i]>=fstHighScore)
17.          {
18.              sndHighScore=fstHighScore;
19.              fstHighScore=stArr[i];
20.          }
21.          else if(stArr[i]<fstHighScore && stArr[i]>sndHighScore)
22.          {
23.              sndHighScore=stArr[i];
24.          }
25.      }
26.
27.      printf("A 학점은 %d점 이상이 되어야 합니다. \n", sndHighScore);
28.      return 0;
29.  }
```

14행에서는 배열에 대한 scanf 함수의 사용방법을 보여준다. 이 문제가 제공되는 시점까지 이에 대한 별도의 설명은 없었지만, 여러분이 알고 있는 배열 요소의 접근방법과 scanf 함수의 사용방법을 참조하여 이 문장을 직접 정의할 수 있을 것으로 생각했다. 못했어도 상관없다. 이렇게 문제를 통해서 확인을 했으니 이로써 충분하다.

• 문제 2

■ 소스코드 답안

```c
1.  #include <stdio.h>
2.
3.  int main(void)
4.  {
5.      double accArr[5];
6.      double rateOfInterest;
7.      int i;
8.
9.      for(i=0; i<5; i++)
10.     {
11.         printf("잔고 입력 : ");
12.         scanf("%lf", &accArr[i]);
13.     }
14.
15.     printf("이자율 입력 : ");
16.     scanf("%lf", &rateOfInterest);
17.
18.     for(i=0; i<5; i++)
19.         accArr[i]*=(1+rateOfInterest/100.0);
20.
21.     printf("이자가 반영된 잔고 조회 \n");
22.     for(i=0; i<5; i++)
23.         printf("계좌 %d : %g \n", i+1, accArr[i]);
24.     return 0;
25. }
```

이자율을 계산하여 계산된 결과를 저장하는 과정이 19행 하나로 표현되어 있다. 이자율의 계산 공식은 다음과 같다.

원금 + 원금 * (이자율)

그런데 이자율이 3%인 경우 실제 곱해야 하는 값은 0.03이기 때문에 100으로 나누는 연산을 하고 있는 것이다.

■ 문제 17-2의 답안

• 문제 1

이 문제에서 주어진 배열 arr1이 0x08번지에 할당되었고, int형 배열이기 때문에 각각의 대입연산에서 이뤄지는 주소 값의 계산 방식은 다음과 같다.

- arr1[0]=7 → 0x08 + 0×4 = 0x08번지
- arr1[1]=14 → 0x08 + 1×4 = 0x0C번지

여기서 sizeof(int)의 반환 값이 4라는 가정하에서 4를 곱하여 식을 완성하였다.

제17장 1차원 배열의 이해와 활용 _427

• 문제 2

이 문제에서 주어진 배열 arr2가 0x12번지에 할당되었고, double형 배열이기 때문에 각각의 대입연산에서 이뤄지는 주소 값의 계산 방식은 다음과 같다.

- arr2[2]=3.15 → 0x12 + 2×8 = 0x22번지
- arr2[3]=5.17 → 0x12 + 3×8 = 0x2A번지

여기서 sizeof(double)의 반환 값이 8이라는 가정하에서 8을 곱하여 식을 완성하였다.

제18장 문자열의 이해와 표현

문자열에 대해서 정확한 정리가 필요한 때입니다.

여러분은 이미 문자열에 대해 알고 있다. printf 함수를 호출하면서 문자열을 출력해 본 경험도 가지고 있다. 그러나 아직은 완벽히 알고 있는 것이 아니기 때문에 이번 장을 통해서 문자열에 대한 이해를 정리하고자 한다. 여러분이 배열에 대한 지식을 갖췄기 때문에 이제야 비로소 문자열에 대해 정확한 이해가 가능해졌다.

이 장의 목차페이지 ➜➜➜

18-1. 이제 상수에 대해서 결론을 내립시다.	430
18-2. 1차원 char형 배열을 이용한 문자열의 표현	435
프로그래밍 문제의 답안	442

18-1 이제 상수에 대해서 결론을 내립시다.

문자열도 아닌, 그렇다고 배열은 더더욱 아닌 상수에 대해서 결론을 내린다니! 주제와 맞지 않다는 생각이 들 것이다. 그러나 문자열도 상수로 표현되기 때문에 상수에 대한 결론은 매우 중요하다.

■ 상수의 공통적 특징은? 메모리 공간에 자동으로 할당이 이뤄져요.

C언어에서의 상수는 다음과 같이 총 4가지로 구분된다고 앞서 두 차례에 걸쳐(5장과 12장에서) 언급하였다.

- 정수 리터럴(상수)   예) 10, 20, 30, 40, 50
- 실수 리터럴(상수)   예) 0.1, 0.2, 0.3, 0.4, 0.5
- 문자 리터럴(상수)   예) 'A', 'B', 'C', 'D', 'E'
- 문자열 리터럴(상수)   예) "ABCDE"

그런데 이들 상수의 공통적인 특징이 있다. 그것은 메모리 공간에 할당(저장)이 자동으로 이뤄진다는 점이다. 예를 들어 다음과 같은 문장이 있다고 가정하자.

```
int n = 10 + 20;
```

이 때 변수 n을 위해서도 메모리 공간의 할당이 이뤄지지만, 상수 10과 20을 위해서도 메모리 공간의 할당이 이뤄진다. 이는 정수뿐만이 아니다. 실수형 상수도, 문자형 상수도 마찬가지이다. 그렇다면 문자열 상수는 어떻게 될까? 마찬가지이다. 문자열 상수도 여러분이 프로그램 코드상에서 표현했다는 이유 하나만으로 메모리 공간에 할당이 된다.

■ 그럼 printf 함수 호출 문의 문자열 상수도 할당이 이뤄지나요?

우리는 지금까지 printf 함수를 자주 사용해 왔다. 그렇다면 printf 함수에 표현되는 문자열(문자열 상수)도 메모리 공간에 할당이 이뤄질까? 물론이다! 큰 따옴표로 표현되는 문자열은 무조건 메모리 공간에 할당이 이뤄진다. 이와 관련된 내용을 그림을 통해서 설명해 보겠다.

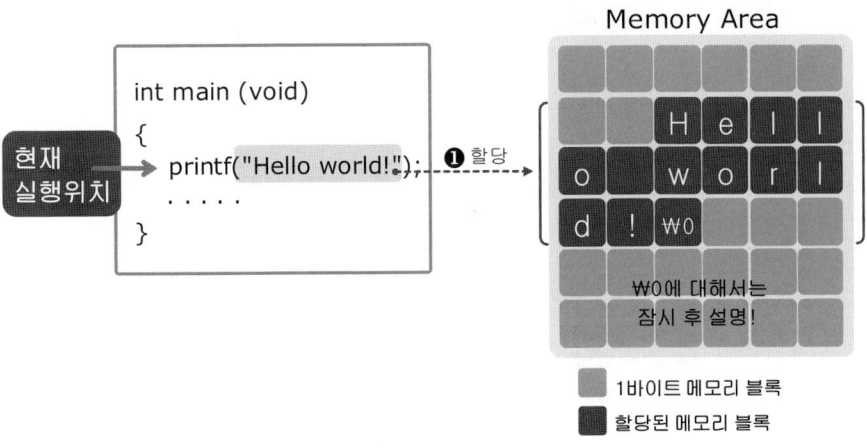

[그림 18-1 : printf 함수 호출의 첫 번째 단계]

위 그림은 문자열을 출력하는 printf 함수 실행의 첫 번째 단계를 보여준다. 첫 번째 단계는 printf 함수에 표현되어 있는 문자열 상수의 메모리 공간 할당이다. 이렇게 메모리 공간에 할당이 되어야 비로소 printf 함수가 출력할 수 있는 문자열이 된다.

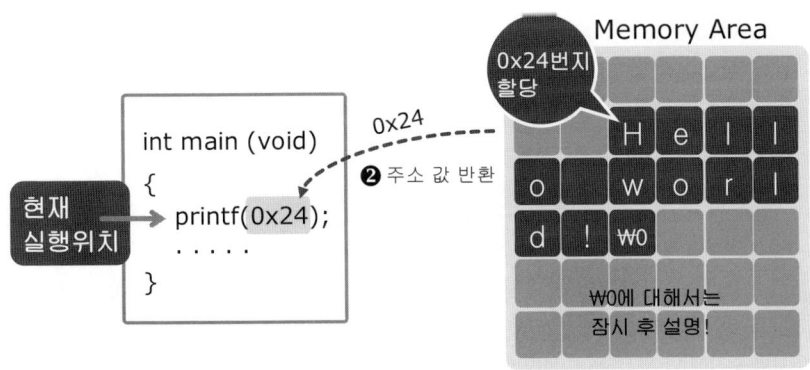

[그림 18-2 : printf 함수 호출의 두 번째 단계]

문자열이 메모리 공간에 저장만 된다면, 정작 출력을 담당하는 printf 함수는 문자열이 어디에 저장되어 있는지 확인할 길이 없어서 출력을 진행할 수가 없다. 따라서 문자열이 선언되어 있던 위치로, 문자열이 저장된 메모리의 주소 값이 반환되는데, 위 그림은 이 과정을 설명하고 있다. 결국 실제로 printf 함수의 인자로 전달되는 것은 문자열이 아니라 문자열의 주소 값이다.

■ 문자열의 끝에 붙는 널(NULL) 문자

그림 18-2를 보면 printf 함수의 인자로 주소 값 0x24가 전달됨을 볼 수 있다. 그런데 이 값은 사실 문

자열의 시작 주소 값이다(문자 H의 주소 값). 즉 printf 함수의 인자로는 문자열의 시작 주소가 전달되는 것이다. 그럼에도 불구하고 printf 함수는 문자열만 딱! 출력을 한다. 문자열의 마지막 위치를 모르는 상태에서 printf 함수는 어떻게 정확히 문자열을 출력할 수 있는 것일까? 만약에 문자열의 끝과 관련된 특별한 약속이 없다면 printf 함수는 문자열의 끝을 판단할 수 없다. 저장되어 있는 데이터 값만 가지고는 문자열 데이터인지 아닌지를 구분할 수 없기 때문이다. 그래서 이러한 문제점의 해결을 위해서 다음과 같은 하나의 약속을 하게 된다.

"문자열을 저장할 때에는 문자열의 마지막에 널(NULL) 문자를 저장해서 문자열의 끝을 표시하자!"

여기서 말하는 널 문자는 숫자 0을 의미한다. 그리고 문자열 내에서는 ₩0으로 표시된다. 다시 말해서 숫자 0의 아스키코드 문자가 ₩0인데, 이를 가리켜 널(NULL) 문자라 한다. 일단 이 정도만 이해를 하고, 다음 예제를 통해서 널 문자의 존재와 표현에 대해서 이해하기로 하자.

■ 예제 18-1.c

```
1.   #include <stdio.h>
2.
3.   int main(void)
4.   {
5.       printf("AA0BB0CC");
6.       printf("|");
7.       printf("AA₩0BB₩0CC");
8.       printf("|");
9.       printf("₩0AA");
10.      printf("|");
11.      return 0;
12.  }
```

- 5행 : 문자열 안에 0이 삽입되었음에 주목하자. 중요한 것은 이 0이 숫자가 아니라 문자라는 점이다. 문자열 안에 표현된 문자 0일뿐, 널 문자는 아니다.
- 7행 : 문자열 중간에 널 문자 ₩0이 삽입되어 있다. 즉 널 문자가 삽입되었다.
- 9행 : 문자열의 첫 문자가 널 문자이다.

■ 실행결과 : 예제 18-1

```
AA0BB0CC | AA | |
```

우선 위 예제 5행을 보자. 문자열이 선언되어 있다. 따라서 다음과 같은 형태로 메모리 공간에 할당이 이뤄지고 출력이 된다.

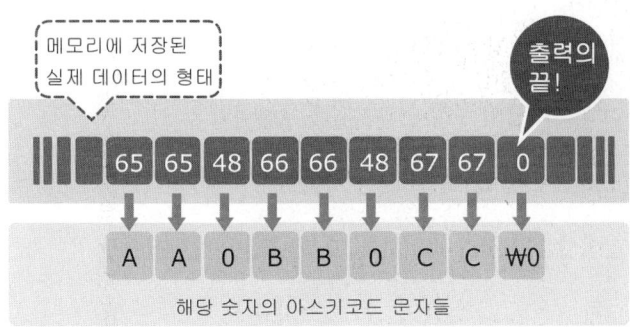

[그림 18-3 : 일반적인 문자열의 저장 및 출력의 형태]

이 그림에서 강조하는 것은 다음 두 가지이다.
- 문자열의 끝에는 ₩0(숫자로는 0)이 자동으로 삽입된다.
- 문자열에 저장된 숫자 0은 아스키 코드 값이 48인 문자이다. 이는 널 문자와 다르다.

그리고 7행의 실행과정에서는 다음과 같은 형태로 메모리 공간에 할당이 이뤄지고, 출력도 이뤄진다.

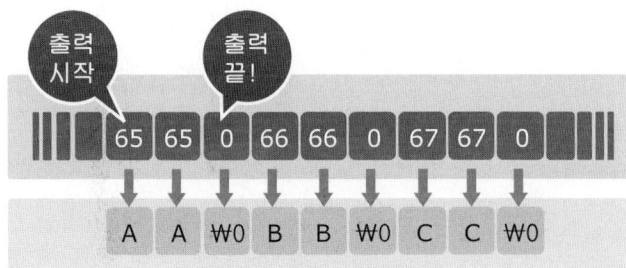

[그림 18-4 : 문자열 중간에 삽입된 널 문자]

위 그림에서 강조하는 것은 다음 두 가지이다.
- 문자열 중간에 널 문자를 삽입할 수 있다.
- 널 문자를 만날 때까지만 출력이 진행된다. 그래서 실제 출력된 문자열은 "AA"이다.

끝으로 9행에서 구성하고 있는 문자열은 널 문자가 맨 앞에 등장하고 있다. 따라서 메모리 공간에는 "₩0AA"가 저장된다 하더라도 printf 함수는 아무런 출력을 보이지 않는다. 출력의 시작 위치에서 바로 널 문자를 만나기 때문에 출력이 전혀 이뤄지지 않는 것이다.

■ 문자열의 출력에 사용되는 서식문자 %s

이전에도 언급했지만, printf 함수의 파워는 문자열의 조합에 있다. 예를 들어 정수 65와 문자 A를 하나의 문자열처럼 출력하고 싶다면, 서식문자를 이용해서 다음과 같이 문자열을 조합하여 출력하면 된다.

    printf("문자 %c의 아스키코드 값은 %d", 'A', 65);

마찬가지로 서식문자 %s를 이용하면 출력할 문자열의 조합에 문자열을 포함시킬 수 있다.

    printf("문자 %c의 %s은 %d", 'A', "아스키코드 값", 65);

위의 두 printf문이 조합해서 출력하는 문자열은 완전히 동일하다. 다만 조합하는 방식에서 차이가 있을 뿐이다.

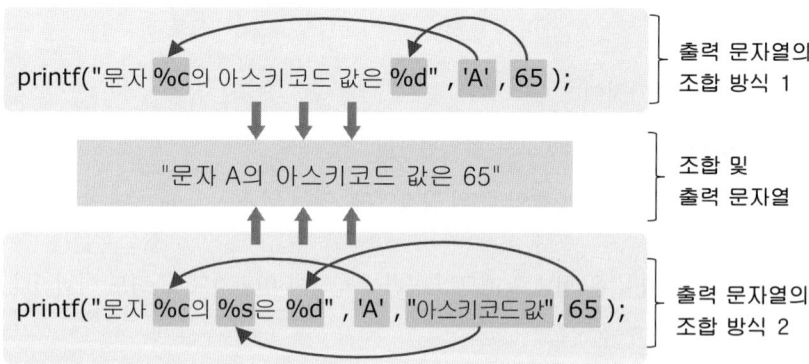

[그림 18-5 : 서식문자 %s의 활용]

문자열 상수에 대한 설명은 일단 이 정도로 정리를 하고, 이 문자열 상수를 상수가 아닌 변수로 선언하는 방법에 대해서 알아보기로 하자.

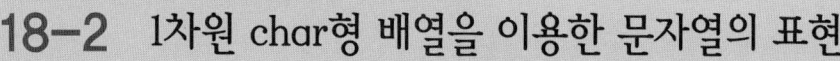

18-2 1차원 char형 배열을 이용한 문자열의 표현

1차원 char형 배열의 경우, 단순히 둘 이상의 변수를 나란히 할당 및 선언하는 것 이상의 의미를 지닌다. char형 배열은 문자열을 표현하는 수단이 되기 때문이다.

■ 문자열 상수와 문자열 변수

상수와 변수의 선언을 동시에 지니는 다음 문장을 보자.

    int num = 3 + 5;

여기서 num은 변수이고, 3과 5는 상수이다. 그렇다면 변수와 상수의 공통점은 무엇이고, 차이점은 무엇일까? 아래 표를 통해서 정리해 보았다. 참고로 여기서 말하는 상수는 키워드 const를 이용해서 만들어진 상수가 아닌, 이름이 없는 리터럴 상수를 의미하는 것이다.

	이름의 존재여부	메모리 공간 할당여부	데이터 변경 가능여부
변수	존재한다.	할당이 이뤄진다.	변경 가능하다.
상수	존재하지 않는다.	할당이 이뤄진다.	변경 불가능하다.

[표 18-1 : 변수와 상수의 비교]

정리하면, 변수나 상수 모두 메모리 공간에 할당이 이뤄지지만, 변수는 데이터 변경이 가능하고 상수는 데이터 변경이 불가능하다는 특징이 있다. 그리고 이는 이름의 존재여부와도 연결이 된다. 이름이 있기에 변수는 데이터 변경이 가능하지만, 상수는 데이터의 변경 조차 시도해 볼 수 없는 상황이다.

이러한 특성은 문자열에도 그대로 반영이 된다. 문자열 상수는 데이터 변경이 불가능하며, 이름도 존재하지 않는다. 그러나 문자열 변수는 데이터 변경이 가능하며 이름도 존재한다.

■ 어떻게 문자열 변수를 만들 것인가? char형 배열을 활용한다!

문자열의 저장을 위한 기본 자료형은 존재하지 않는다. 대신 char형 배열을 사용하면 문자열을 저장할 수 있다. 왜냐하면 문자열이라는 것이 결국엔 char형 데이터를 나란히 묶어 놓은 것이기 때문이다. 따라서 C언어에서는 문자열 변수의 선언 방식을 다음과 같은 형태로 정의해 놓았다.

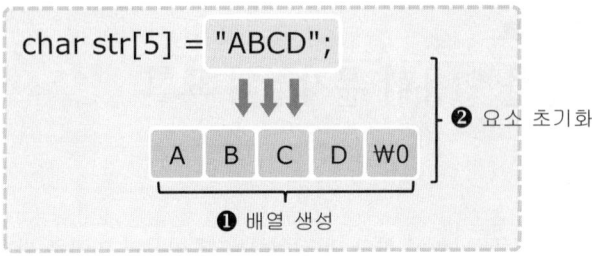

[그림 18-6 : 문자열 변수의 선언]

위 그림과 같이 선언이 되면, 배열 str에는 문자열이 저장되어 배열 str 자체가 문자열 변수로서의 역할을 담당하게 된다. 쉽게 말해서 배열 str이 바로 문자열 변수가 되는 것이다. 그리고 한가지 더 주목할 사실은 선언된 배열의 길이이다. 문자열의 길이는 4이지만, 배열의 길이는 5로 선언되어 있다. 이는 자동으로 삽입되는 널 문자를 고려했기 때문이다. 이점을 항상 주의하자. 문자열 변수를 선언할 시에는 널 문자가 삽입될 공간까지 고려해야 한다.

다음은 문자열 변수의 선언과 활용에 대한 예제이다. 이 예제에서는 문자열 변수에 저장된 데이터를 일부 변경하는 작업도 진행하고 있는데, 이는 문자열 변수가 말 그대로 변수라는 사실을 보여주기 위함이다.

■ 예제 18-2.c

```c
1.   #include <stdio.h>
2.
3.   int main(void)
4.   {
5.       char str1[5]="AAA";
6.       char str2[ ]="BBB";
7.       char str3[ ]={'A', 'B', 'C'};
8.       char str4[ ]={'A', 'B', 'C', '\0'};
9.
10.      printf("str1 : %s \n", str1);
11.      printf("str2 : %s \n", str2);
12.      printf("str3 : %s \n", str3);
13.      printf("str4 : %s \n", str4);
14.
15.      str1[0]='C';
16.      str1[1]='B';
17.      printf("str1 : %s \n", str1);
18.      return 0;
19.  }
```

- 5행 : 널 문자를 포함하여 문자열의 길이는 4인데, 배열의 길이는 5이다. 이처럼 초기화할 대상이 실제 배열의 길이보다 짧으면 나머지 영역은 모두 0으로 초기화된다.
- 6행 : 배열의 길이가 지정되어 있지 않다. 따라서 컴파일러가 계산을 하게 되는데, 널 문자를 고려하여 배열의 길이는 4로 정해진다.

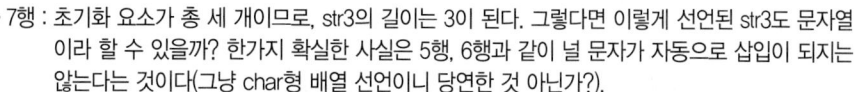

- 7행 : 초기화 요소가 총 세 개이므로, str3의 길이는 3이 된다. 그렇다면 이렇게 선언된 str3도 문자열이라 할 수 있을까? 한가지 확실한 사실은 5행, 6행과 같이 널 문자가 자동으로 삽입이 되지는 않는다는 것이다(그냥 char형 배열 선언이니 당연한 것 아닌가?).
- 8행 : 이 문장은 7행의 문장과 관련하여 잠시 후에 설명하겠다.
- 15, 16행 : 문자열의 일부를 변경하고 있다. str1이 문자열 변수임을 확인시켜주는 대목이다.

■ 실행결과 : 예제 18-2

```
str1 : AAA
str2 : BBB
str3 : ABCw$?C?|?
str4 : ABC
str1 : CBA
```

위 예제의 출력결과를 보기에 앞서 7행과 8행의 선언을 먼저 관찰할 필요가 있다. 우선 8행에 있는 다음 문장을 보자.

```
char str4[ ]={'A', 'B', 'C', '\0'};
```

이 문장은 사실상 아래 문장과 완전히 동일하기 때문에 문자열이라 할 수 있다. 문자 A, B, C가 나란히 메모리 공간에 저장되는 것도 동일하고, 마지막에 널 문자가 삽입되는 것까지 동일하기 때문이다.

```
char str4[ ]="ABC";
```

하지만 7행에 선언된 배열은 문자열이라 할 수 없다. 문자열이 되기 위한 기본적인 조건(널 문자의 삽입)을 충족시키지 못했기 때문이다. 이처럼 문자열이냐 아니냐를 판단하는 기준은 선언하는 방법에 달려있지 않고, 저장된 데이터에 널 문자가 존재하느냐 존재하지 않느냐에 달려있다. 그럼 이제 출력결과를 보자. 배열 str3에 저장된 데이터를 서식문자 %s로 출력하니, 다음과 같은 출력결과를 보이고 있다. 이러한 결과를 보이는 이유가 무엇일까?

```
ABCw$?C?|?
```

이러한 출력결과를 보이는 이유에 대해서는 어느 정도 유추가 가능하다. printf 함수는 str3에 저장된 값을 문자 A서부터 출력하기 시작하였다. 그러나 문자 C 뒤에 널 문자가 존재하지 않기 때문에, 출력은 널 문자를 만날 때까지 계속되었고, 이 과정에서 이상한 문자들이 출력되었으며, 어느 정도 출력이 진행된 다음에 운이 좋게도 널 문자를 만나서(물론 이 널 문자도 쓰레기 값의 일부일 확률이 높다) printf 함수를 빠져나올 수 있었던 것이다.

> **참고**
>
> **출력결과가 잘 나왔다고 해서 잘 나온 것이 아닙니다.**
> 위 예제에서 str3의 출력결과는 널 문자를 만날 때까지 쓰레기 값이 출력됨을 보이고 있다. 그러나 실제로 출력해 보면, 그냥 ABC만 출력이 되기도 한다. 그러나 이는 정상적인 출력결과도 아니고, 컴파일러가 개선이 되어서 프로그래머를 돕고 있는 것도 아니다. 그저 운이 좋았을 뿐이다(운이 좋았다고 해도 될지 모르겠다. 문제점이 가려진 상황이니 말이다). 따라서 정상적 출력도 비정상적 출력으로 인식하고 문제점을 해결해야 한다.

문 제 18-1 [char형 배열과 문자열]

다음과 같이 두 개의 문자열을 선언하자.
```
char str1[ ]="ORANGE";
char str2[ ]="BANANA";
```

그리고 각각의 배열이 저장하고 있는 문자열의 내용을 서로 바꿔서 저장하고, 바뀐 문자열을 출력하는 프로그램을 작성하자. 단 문자열의 길이가 둘 다 6이라는 사실을 적극 활용하기 바란다. 별도로 문자열의 길이를 계산하는 코드를 삽입할 필요가 없다는 뜻이다.

■ scanf 함수를 이용해서 문자열을 입력 받기 위해서는?

scanf 함수를 이용하면 문자열도 입력 받을 수 있다. 그리고 이를 위해 필요한 것 두 가지는 다음과 같다.

- 문자열을 저장할 char형 배열
- 문자열의 입력을 의미하는 서식문자 %s

이것이 전부일까? 이 두 가지 정보를 가지고 scanf 함수를 구성하기에 앞서 반드시 알아야 할 사실이 있다. 그것은 & 연산자의 역할이다. 지금까지 우리가 구성해 왔던 scanf 함수의 호출형태는 다음과 같았다.

```
scanf("%d", &num1);
scanf("%lf", &num2);
```

지금까지 이유도 모르는 상태에서 scanf 함수 호출 시, 데이터가 저장될 변수의 이름 앞에 & 연산자를 붙여왔다. 그러나 & 연산자의 기능을 확인하면 그 이유를 짐작할 수 있다. & 연산자는 피연산자의 시작 주소 값을 반환하는 연산자이다(포인터 부분에서 다시 자세히 설명한다). 따라서 int형 변수의 이름 앞에 & 연산자를 붙이면 int형 변수의 주소 값(첫 번째 바이트의 주소 값)이 반환된다. 즉 위의 scanf 함수 호출 문에서는 각각 num1과 num2의 주소 값을 두 번째 인자로 전달하고 있는 것이다. 따라서 scanf 함수의 전달인자에 대한 특성을 다음과 같이 정리할 수 있다.

"scanf 함수 호출 시, 입력 받은 데이터를 저장할 변수의 주소 값을 전달해야 한다!"

& 연산자의 전부를 이해하기에는 아직 이르다. 그리고 주소 값을 전달하는 이유를 설명하기에도 아직 이르다. 그러나 scanf 함수의 매개변수로 주소 값을 전달하면, 그 주소 값에 해당하는 메모리 번지를 시작으로, 입력된 데이터가 채워진다는 기본 동작 원리는 이해하고 있어야 한다.

■ **문자열을 입력 받기 위한 scanf 함수 호출문의 구성**

scanf 함수 호출 시 데이터를 저장할 변수의 주소 값이 전달되어야 함을 알았으니, 이제 정말로 문자열을 입력 받는 scanf 함수의 호출 문을 구성할 차례가 되었다. 다음 예제를 통해서 이를 확인해 보겠다.

■ 예제 18-3.c

```c
1.  #include <stdio.h>
2.
3.  int main(void)
4.  {
5.      char str[30];
6.      printf("문자열 입력:");
7.      scanf("%s", str);
8.      printf("입력 받은 문자열 : %s \n", str);
9.      return 0;
10. }
```

■ 실행결과 1 : 예제 18-3

문자열 입력:LeeSungHun
입력 받은 문자열 : LeeSungHun

■ 실행결과 2 : 예제 18-3

문자열 입력:Lee Sung Hun
입력 받은 문자열 : Lee

제18장 문자열의 이해와 표현 _439

여러분도 위 예제와 실행결과를 보면서 물어 보고픈 것이 참으로 많을 것이다. 우선 위 예제의 7행을 보면서 다음과 같은 질문을 할 수 있다.

"왜 str 앞에는 & 연산자를 붙이지 않았나요?"

scanf 함수 구성 시 & 연산자를 붙이는 이유가 무엇이라 하였는가? 입력 받은 값을 저장할 변수의 시작 주소를 알리기 위함이라고 하지 않았는가? 그렇다면 배열의 이름은 무엇을 의미한다고 하였는가? 필자가 17-3장에서 설명한 내용들을 상기해 보자. 그리고 다음과 같이 이야기 한 부분을 다시 한번 확인하자.

"배열의 이름에는 할당된 배열의 시작 주소 정보가 담겨있다."

즉 배열의 이름이 배열의 시작 주소이기 때문에, 굳이 & 연산자를 붙일 필요가 없다(아니 붙여서는 안 된다). 위 예제 7행의 scanf 호출 문과 같이 배열의 이름을 인자로 전달하면, 배열의 이름이 담고 있는 배열의 시작 주소 값이 scanf 함수로 전달되기 때문이다.

이번에는 위 예제의 실행결과를 보자. 특히 두 번째 실행결과에 주목을 하자. 분명히 입력은 "Lee Sung Hun"인데, 출력은 "Lee"이다. 무엇이 문제일까? 이는 문제가 아니라, scanf 함수의 문자열 입력 방식을 보여주는 대목이다. 이미 파악이 되었겠지만, scanf 함수는 데이터를 공백으로 구분 짓고 있다. 즉 scanf 함수의 입장에서는 "Lee Sung Hun"은 총 세 개의 문자열인 셈이다.

"그럼 문자열을 입력할 때에는 중간에 공백을 입력하면 안 되는 건가요?"

하나의 문자열을 scanf 함수를 이용해서 읽어 들이고 싶다면, 중간에 공백을 입력하면 안 된다. 그러나 scanf 함수를 사용하는 것이 문자열을 읽어 들이는 유일한 방법은 아니다. 다른 방법도 존재한다(나중에 설명할 내용이다). 중간에 삽입되는 공백을 문자열의 일부로 인식해서 읽어 들이는 방법도 물론 존재한다.

토막 퀴즈

질문 : 예제 18-3의 8행에서는 scanf 함수로 입력 받은 문자열을 정상적으로, 아무런 문제없이 출력하고 있다. 널 문자와 관련해서 이것이 의미하는 바가 무엇일까?

답변 : 문자열의 정상적 출력은 문자열의 끝에 널 문자가 삽입되어야 가능하다. 따라서 scanf 함수로 문자열을 읽어 들이면, 문자열의 끝에 널 문자가 자동으로 삽입된다는 결론을 내릴 수 있다.

● 문제 18-2 [char형 배열에 저장된 문자열의 활용]

아래의 문제에서 말하는 문자열에는 한글이 포함되지 않는다고 가정한다. 즉 문자열은 알파벳, 숫자, 그리고 특수문자로만 구성되는 것으로 제한을 하자

◉ 문제 1
프로그램 사용자로부터 길이가 100 이하인 문자열을 입력 받는다. 그러면 프로그램은 입력된 문자열의 길이를 계산해서 출력해야 한다. 단 널 문자는 문자열의 길이에 포함시키지 않기로 하자.

◉ 문제 2
프로그램 사용자로부터 길이가 100 이하인 문자열을 입력 받는다. 그리고 이중에서 알파벳 소문자가 존재한다면, 이를 대문자로 변경시킨 다음에 문자열 전체를 출력하는 프로그램을 작성하자.

◉ 문제 3
프로그램 사용자로부터 문자열을 입력 받는다. 그리고 이렇게 입력된 문자열을 역순으로 출력하는 프로그램을 구현하자. 굳이 배열에 저장된 문자열을 뒤집지 않아도 된다. 출력만 역순으로 이뤄지면 된다.

18장 프로그래밍 문제의 답안

■ **문제 18-1의 답안**

■ 소스코드 답안

```c
1.  #include <stdio.h>
2.
3.  int main(void)
4.  {
5.      char str1[ ]="ORANGE";
6.      char str2[ ]="BANANA";
7.
8.      int i;
9.      char ch;
10.
11.     printf("Before! \n");
12.     printf("str1 : %s \n", str1);
13.     printf("str2 : %s \n\n", str2);
14.
15.     for(i=0; i<6; i++)
16.     {
17.         ch=str1[i];
18.         str1[i]=str2[i];
19.         str2[i]=ch;
20.     }
21.
22.     printf("After! \n");
23.     printf("str1 : %s \n", str1);
24.     printf("str2 : %s \n\n", str2);
25.     return 0;
26. }
```

■ **문제 18-2의 답안**

• 문제 1

■ 소스코드 답안

```c
1.  #include <stdio.h>
2.
3.  int main(void)
4.  {
5.      char str[100];
6.      int len=0;
7.
8.      printf("문자열 입력 : ");
9.      scanf("%s", str);
10.
```

```
11.        while(str[len]!='\0')
12.            len++;
13.
14.        printf("문자열의 길이는 %d \n", len);
15.        return 0;
16.    }
```

• 문제 2

■ 소스코드 답안

```
1.    #include <stdio.h>
2.
3.    int main(void)
4.    {
5.        char str[100];
6.        int diff='A'-'a';
7.        int i=0;
8.
9.        printf("문자열 입력 : ");
10.       scanf("%s", str);
11.
12.       while(str[i]!='\0')
13.       {
14.           if('a'<=str[i] && str[i]<='z')
15.               str[i]+=diff;
16.           i++;
17.       }
18.
19.       printf("변경된 문자열 : %s \n", str);
20.       return 0;
21.   }
```

• 문제 3

■ 소스코드 답안

```
1.    #include <stdio.h>
2.
3.    int main(void)
4.    {
5.        char str[100];
6.        int len=0, i;
7.
8.        printf("문자열 입력 : ");
9.        scanf("%s", str);
10.
11.       while(str[len]!='\0')
12.           len++;
13.
14.       printf("역순 출력 : ");
15.       for(i=len; i>0; i--)
16.           printf("%c", str[i-1]);
17.
18.       return 0;
19.   }
```

제19장　다차원 배열의 이해와 활용

가로를 가리켜 행이라 하고, 세로를 가리켜 열이라 합니다.

일반적인 문서에서는 가로와 세로라는 표현을 대신해서 행과 열이라는 표현을 사용하는 것이 보통이다. 그러나 이 책에서는 행과 열이라는 표현을 대신해서(전혀 사용하지 않는다는 뜻은 아니다) 가로와 세로라는 표현을 주로 사용하고자 한다. 그 이유는 간단하다. 간혹 행이 가로인지 세로인지 헷갈려 하는 분들이 의외로 많기 때문이다. 물론 필자도 그 중 한 사람이다.

이 장의 목차페이지 ➤➤➤

19-1. 2차원 배열의 이해와 적용	446
19-2. 2차원 배열의 초기화	454
19-3. 2차원 배열과 1차원 배열의 관계	458
19-4. 2차원 배열에서의 arr[0], arr[1], arr[2]를 파헤치자!	466
19-5. 3차원 배열에 대한 소개	470
프로그래밍 문제의 답안	474

19-1 2차원 배열의 이해와 적용

2차원 이상의 배열을 가리켜 다차원 배열이라 하는데, 정확히 표현을 하면 2차원 배열과 3차원 배열, 이 둘을 가리켜 다차원 배열이라 한다. 간혹 4차원 배열에 대해서 궁금해 하는 분들도 계신데, 이는 우리가 상식적으로 생각할 수 있는 형태의 배열이 아닌 관계로 프로그램 개발에 활용되지 않는다(존재하지 않는 것으로 생각해도 된다).

다차원 배열이 사용되었다고 하면 거의 대부분 2차원 배열이 사용된 것이다. 간혹 3차원 배열이 사용되는 경우도 있긴 하지만, 이는 극히 드문 경우로서 2차원 배열로 해결해야 할 문제를 3차원 배열로 잘못 접근한 경우일 확률이 매우 높다.

■ 2차원 배열은 2차원적 사고가 필요한 경우에 사용됩니다.

배열은 데이터를 저장(및 표현)하는 도구이다. 1차원 배열은 데이터를 한 줄로 표현해야 하는 상황에서 아주 유용하게 사용된다. 대표적인 예로 문자열이 있다. 문자열은 한 줄로 표현이 된다. 따라서 1차원 char형 배열을 사용해서 문자열을 저장 및 표현하는 것이다.

반면 데이터를 2차원의 형태로 표현해야 하는 상황도 존재한다. 반드시 2차원의 형태로 표현해야 하는 상황이 아니라, 2차원의 형태로 표현을 했을 때 구현이 용이해지는 상황이 존재하는 것이다. 2차원 배열 자체를 이해하는 것도 중요하지만, 2차원 배열의 필요성을 인식하는 것은 더 중요하다. 따라서 이를 위한 문제를 하나 제시하고자 한다.

■ 2차원 배열이 어울릴 문제를 1차원 배열을 이용해서 해결하기

다음 그림은 동네 사설 도서관의 좌석 배치도이다. 도서관의 자리는 가로 5칸, 세로 5칸으로 총 25칸이 존재한다.

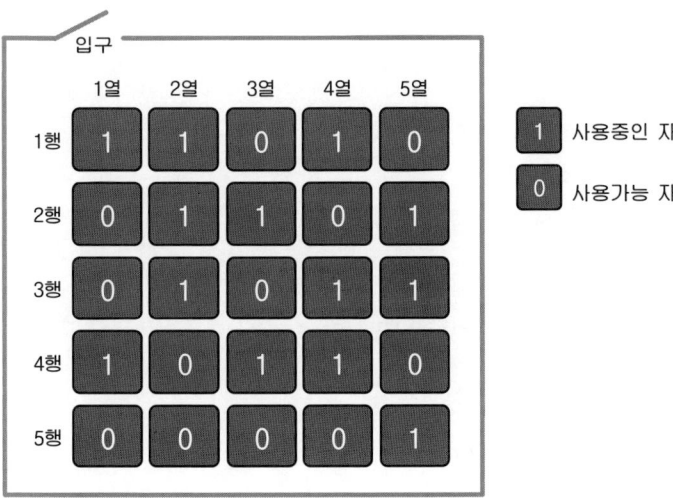

[그림 19-1 : 도서관 배치도와 데이터 표현 형태]

여러분이 구현할 프로그램은 이 도서관의 좌석 상황을 관리하는 프로그램이다. 그리고 이 프로그램이 갖춰야 할 기능은 다음과 같다.

- 학생에게 할당해 줄 좌석의 가로, 세로 정보를 입력 받아서 해당 위치를 할당된 위치로 표시해 둔다.
- 입력된 숫자 정보가 가리키는 좌석이 이미 할당된 좌석일 경우, 할당이 불가능함을 알리는 메시지를 출력한다.

이 두 가지 조건을 만족하는 프로그램을 작성하되, 반드시 1차원 배열 하나만을 사용해서 기능을 완성해야 하며, 프로그래머가 입력하는 가로나 세로 정보에 0 이하의 값이 입력될 때까지 프로그램은 계속해서 실행되어야 한다.

이 문제를 여러분 스스로 해결할 수 있겠는가? 사실 2차원 배열을 공부하는 것이 목적이지, 이 문제의 해결이 목적은 아니기 때문에 필자가 제시하는 답안을 바로 참조해도 된다. 대신 답안을 참조하기에 앞서서 한가지만 여러분이 생각해 보기 바란다. 이 문제에서 표현해야 할 데이터의 구조는 2차원의 형태인데, 1차원 배열 하나만을 이용해서 이를 표현할 수 있겠는가? 표현할 수 있다면 그 방법은 무엇인가?

■ 예제 19-1.c

```
1.  #include <stdio.h>
2.  int SeatAssign(int v, int h);
3.  int seats[25];
4.
5.  int main(void)
6.  {
7.      int vLine; // 세로 라인
8.      int hLine; // 가로 라인
```

```c
9.
10.     while(1)
11.     {
12.         printf("할당할 좌석의 세로, 가로 위치 입력 : ");
13.         scanf("%d %d", &vLine, &hLine);
14.         if(hLine<=0 || vLine<=0)
15.             break;
16.
17.         if(SeatAssign(vLine, hLine)==-1)
18.             printf("이미 할당된 자리입니다. \n");
19.         else
20.             printf("할당이 완료되었습니다. \n");
21.     }
22.     printf("사용해 주셔서 감사합니다. \n");
23.     return 0;
24. }
25.
26. int SeatAssign(int v, int h)
27. {
28.     if(seats[5*(v-1)+(h-1)])  // 이미 할당된 자리라면
29.         return -1;
30.
31.     seats[5*(v-1)+(h-1)]=1;   // 사용중인 자리임을 표시
32.     return 1;
33. }
```

- 3행 : 배열이 전역변수로 선언되었으므로 모든 요소가 0으로 초기화 된다.
- 13행 : 학생에게 할당할 좌석의 위치 정보를 입력 받고 있다.
- 14행 : 프로그램의 탈출 조건이 만족되는지 검사하고 있다.
- 17행 : SeatAssign 함수를 호출하면서 좌석 할당을 시도하고 있다. 함수의 첫 번째 전달인자로 세로의 위치정보가, 두 번째 전달인자로 가로의 위치정보가 전달되어야 한다.
- 17~20행 : 26행에 정의되어 있는 SeatAssign 함수는 좌석 할당에 실패할 경우 -1을 반환하기 때문에, 이러한 형태로 if~else문이 구성되었다.

■ 실행결과 : 예제 19-1

```
할당할 좌석의 세로, 가로 위치 입력 : 3 4
할당이 완료되었습니다.
할당할 좌석의 세로, 가로 위치 입력 : 3 4
이미 할당된 자리입니다.
할당할 좌석의 세로, 가로 위치 입력 : 0 0
사용해 주셔서 감사합니다.
```

위 예제의 28행과 31행을 보면 다음 식이 등장한다.

    5*(v-1)+(h-1)

이 식은 2차원 형태로 입력된 위치정보를 1차원 형태로 변환하기 위해 사용된 식이다. 이 식에 좌 상단 (그림 19-1 기준)의 위치 좌표인 1, 1을 입력하면 3행에 선언된 배열의 가장 첫 번째 요소의 인덱스인 0 이, 우 하단의 위치 좌표인 5, 5를 입력하면 배열의 가장 마지막 요소의 인덱스인 24가 반환되도록 식이 구성되었다. 여러분들 중에는 이 식을 직접 만드신 분들도 있을 것이다. 그러나 이렇게 매번 변환 공식을 구성한다는 것은 많은 번거로움이 따른다. 그리고 그만큼 프로그램의 오류가 발생할 확률도 높아지는 것이다.

■ **2차원 배열의 선언과 접근 방식**

그렇다면 이번에는 2차원 형태의 데이터를 2차원의 구조로 표현 및 접근하는 방법에 대해서 살펴보자. 우선 이를 위해 필요한 것은 2차원 배열을 선언하고 활용하는 방식이다. 다음 그림은 2차원 배열의 선언 방식을 보여준다.

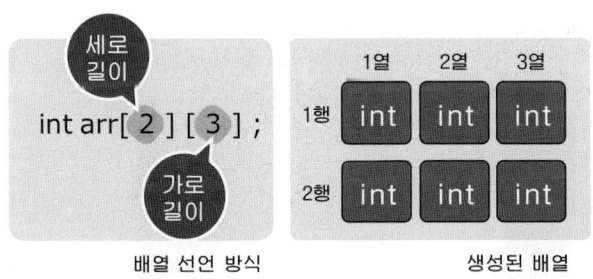

[그림 19-2 : 2차원 배열의 선언 방식]

위 그림을 보면 알 수 있듯이, 2차원 배열의 선언방식은 1차원 배열의 선언방식과 유사하다. 2차원 배열이므로 길이를 세로와 가로로 나눠서 선언할 뿐이다. 그리고 이렇게 선언된 2차원 배열의 접근 방식은 다음과 같다. 여기서 주의할 점은 1차원 배열과 마찬가지로 가로와 세로의 위치를 지정하는데 있어서 0부터 시작을 한다는 점이다.

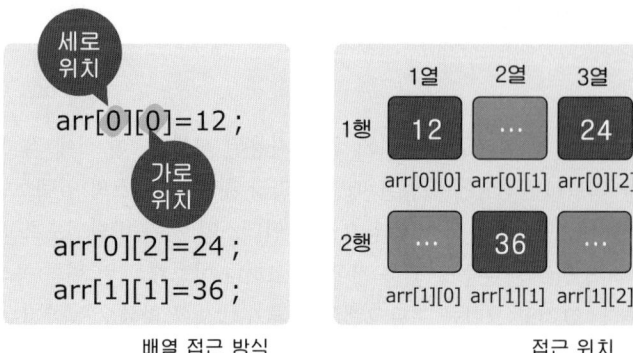

[그림 19-3 : 2차원 배열의 접근 방식]

2차원 배열의 기본적인 선언 및 접근방법을 설명하였으니, 가로, 세로의 길이가 3인 단위행렬을 만들고 출력하는 예제를 만들어 보겠다(단위행렬이 무엇인지는 몰라도 된다. 아래 그림을 통해서 단위행렬의 형태만 알면 된다). 이 예제를 통해서 2차원 배열의 실제 사용 방법을 여러분에게 보이고자 한다. 가로와 세로의 길이가 2와 3인 단위행렬의 형태는 다음과 같다.

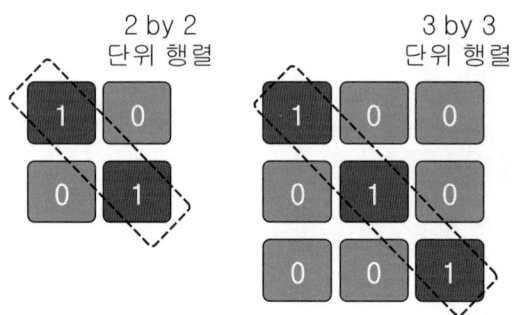

[그림 19-4 : 단위 행렬]

위 그림에서 보이듯이 단위행렬은 대각선의 위치에 놓인 요소들이 1이고, 나머지 요소들이 0으로 이뤄진 행렬이다.

■ 예제 19-2.c

```
1.   #include <stdio.h>
2.
3.   int main(void)
4.   {
5.       int arr[3][3];
6.       int i, j;
7.
```

```
8.          /* 3 BY 3 단위 행렬 구성 */
9.          for(i=0; i<3; i++)
10.         {
11.             for(j=0; j<3; j++)
12.             {
13.                 if(i==j)
14.                     arr[i][j]=1;
15.                 else
16.                     arr[i][j]=0;
17.             }
18.         }
19.
20.         /* 구성된 행렬의 출력 */
21.         for(i=0; i<3; i++)
22.         {
23.             for(j=0; j<3; j++)
24.             {
25.                 printf("%d ", arr[i][j]);
26.             }
27.             printf("\n");
28.         }
29.         return 0;
30. }
```

■ 실행결과 : 예제 19-2

```
1  0  0
0  1  0
0  0  1
```

실행결과와 소스코드를 참조하여 2차원 배열의 접근 방법을 관찰할 수 있기 때문에 별도의 설명은 생략하겠다. 이 정도의 예제를 이해하고 구현할 수 있다면, 여러분이 원하는 형태로 얼마든지 2차원 배열을 선언하고 활용할 수 있을 것이다.

■ 2차원 배열을 사용해서 다시 문제를 해결하자.

그럼 이제 예제 19-1을 2차원 배열을 이용하는 형태로 다시 구현해 보자. 예제 19-1은 표현해야 할 데이터의 구조가 2차원의 형태인데, 이를 1차원 배열로 표현하는 과정에서 어려움을 겪었던 예제이다.

■ 예제 19-3.c

```c
1.   #include <stdio.h>
2.   int SeatAssign(int v, int h);
3.   int seats[5][5];
4.
5.   int main(void)
6.   {
7.       int vLine; // 세로 라인
8.       int hLine; // 가로 라인
9.
10.      while(1)
11.      {
12.          printf("할당할 좌석의 세로, 가로 위치 입력 : ");
13.          scanf("%d %d", &vLine, &hLine);
14.          if(hLine<=0 || vLine<=0)
15.              break;
16.
17.          if(SeatAssign(vLine, hLine)==-1)
18.              printf("이미 할당된 자리입니다. \n\n");
19.          else
20.              printf("할당이 완료되었습니다. \n\n");
21.      }
22.      printf("사용해 주셔서 감사합니다. \n\n");
23.      return 0;
24.  }
25.
26.  int SeatAssign(int v, int h)
27.  {
28.      if(seats[v-1][h-1]) // 이미 할당된 자리라면
29.          return -1;
30.
31.      seats[v-1][h-1]=1;
32.      return 1;
33.  }
```

실행결과는 예제 19-1과 동일하니 생략하겠다. 위 예제가 19-1과 차이를 보이는 부분은 배열이 선언된 3행과 26행에 정의되어 있는 SeatAssign 함수이고, SeatAssign 함수 중에서도 28행과 31행이다. 예제 19-1에서는 배열에 데이터를 저장 및 참조하기 위해서 수학식이 필요했는데, 이제는 필요가 없어졌다. 표현하고자 하는 데이터의 형태와 배열의 형태가 일치하기 때문에 직관적인 접근이 가능해졌기 때문이다.

> **참고**
>
> **직관적인 접근이란?**
> 추리나 별도의 생각 없이 대상을 직접적으로 판단 및 파악할 수 있을 때 '직관적'이라는 표현을 쓴다. 여기서는 여러분이 생각하는 내용을 별도의 계산이나 연상의 과정 없이, 직접 프로그램 코드로 옮길 수 있기에 직관적인 접근이 가능하다고 표현하였다.

■ 2차원 배열도 메모리 공간에서는 1차원의 구조를 갖습니다.

메모리 구조를 조금 아는 분이라면 배열이 2차원의 구조를 구성한다는 것과 관련해서 궁금한 점이 많을 것이다. 왜냐하면 메모리 공간은 논리적으로(가상 메모리의 관점에서) 1차원의 구조를 갖기 때문이다. 13장에서 설명한 가상 메모리를 기억하는가? 이 가상 메모리의 구조가 바로 1차원의 형태를 갖는다. 따라서 여러분이 1차원 배열을 선언하건, 2차원 배열을 선언하건, 그 크기만 같다면 가상 메모리상에 할당되는 메모리 공간의 형태는 완전히 동일하다.

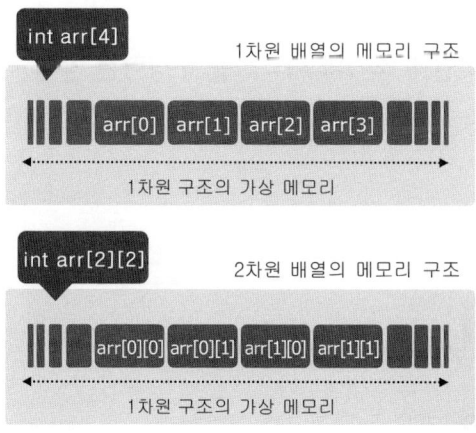

[그림 19-5 : 2차원 배열의 메모리 구조와 가상 메모리]

위 그림에서 보여주듯이 선언의 방식은 1차원 배열과 2차원 배열이 서로 다르지만, 메모리상에서 할당된 형태는 1차원의 형태로 완전히 동일하다. 다만 선언의 형태에 따라서 접근하는 방법에만 차이가 있을 뿐이다(바로 이 타이밍에서 다음과 같은 결론을 스스로 내린다면 여러분은 정말 멋쟁이이다!).

> "아하! 그럼 2차원 배열과 1차원 배열의 차이점은 선언 방식과 그에 따른 메모리 공간의 접근 방식에 있는 거군요."

위의 결론이 이해가 되는가? 비록 2차원 배열을 선언하고 활용하는데 있어서 반드시 이해해야 할 내용은 아니지만(취소다! 여러분은 반드시 이해해야 한다), 이러한 특성을 이해하게 되면 2차원 배열이 지니는 가치를 보다 정확히 판단할 수 있다.

19-2 2차원 배열의 초기화

1차원 배열에 비해서 2차원 배열의 초기화는 그 방식이 다양하다. 여기서는 다양한 초기화 방식을 순서대로 정리하되, 글보다는 그림을 중심으로 설명하고자 한다.

■ 2차원 배열의 초기화 방식 1 : 하나의 중괄호 안에 초기화 리스트를 구성하는 방법

2차원 배열을 선언과 동시에 초기화하는 방법을 살펴보겠다. 다음 그림은 하나의 중괄호 안에 초기화할 리스트의 전부를 표현하는 방식을 보여준다.

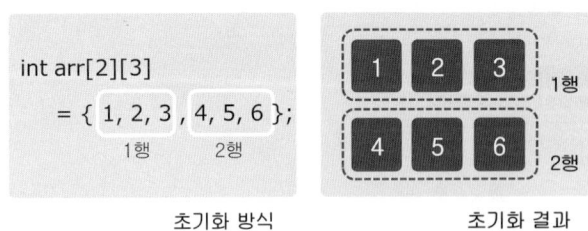

[그림 19-6 : 하나의 중괄호를 이용한 초기화]

위 그림이 보여주듯이, 중괄호를 하나만 사용하면 순서대로 값이 채워지게 된다. 1행이 먼저 채워지고, 그 다음에 이어서 2행이 채워진다. 그리고 만약에 배열 요소의 개수보다 초기화 리스트의 개수(초기화 리스트를 구성하는 요소의 개수)가 적다면, 나머지 부분은 다음 그림과 같이 0으로 채워진다.

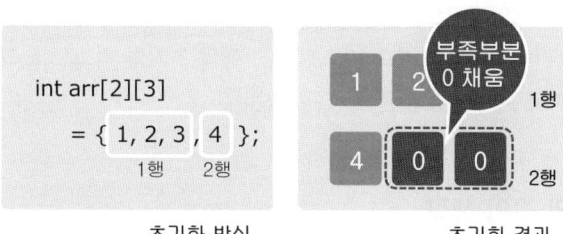

[그림 19-7 : 나머지 부분은 0으로 채워진다]

■ 2차원 배열의 초기화 방식 2 : 행 단위 초기화 방식

중괄호 안에 다시 중괄호를 사용해서 행 단위로 초기화 할 대상을 지정할 수도 있다. 다음 그림은 행 단위 초기화 방식과 그에 따른 초기화 결과를 보여준다.

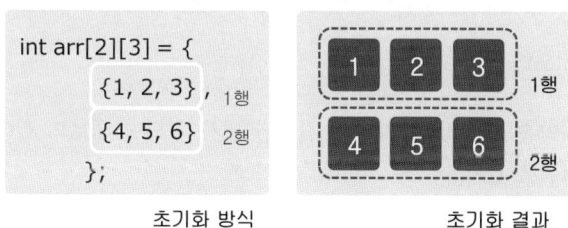

[그림 19-8 : 행 단위 초기화]

그림에서 보여주듯이, 초기화 할 대상과 초기화 리스트의 개수가 동일할 경우, 행 단위로 초기화를 하건, 하나의 중괄호를 이용해서 초기화를 하건 차이가 없다. 하지만 다음과 같은 경우에는 차이를 보인다.

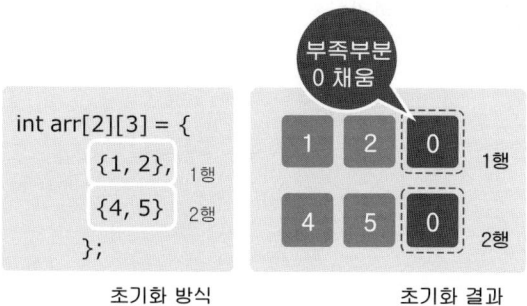

[그림 19-9 : 행 단위 부족부분의 0 초기화]

위 그림에서 선언한 배열은 가로의 길이가 3인 배열이므로, 배열 전체를 초기화하려면, 행 단위 초기화 리스트의 개수는 각각 세 개씩이어야 한다. 그런데 1행의 초기화 리스트도, 2행의 초기화 리스트도 그 수가 각각 하나씩 부족하다. 이러한 경우 행 단위로 부족한 부분은 0이 채워진다.

■ **2차원 배열의 초기화 방식 3 : 배열의 길이 생략**

1차원 배열에서는 다음과 같은 형태로 선언을 하면, 컴파일러가 배열의 길이를 알아서 계산해 주었다.

```
int arr1[ ]={1, 2, 3, 4};
```

그렇다면 2차원 배열에서도 배열의 가로와 세로의 길이를 생략하면, 컴파일러가 알아서 계산을 해 줄까?

```
int arr2[ ][ ]={1, 2, 3, 4, 5, 6};
```

이 상황에서는 컴파일러가 대신 계산을 해주고 싶어도 해줄 수가 없다. 왜냐하면 가로, 세로의 길이가 각각 2와 3인지, 아니면 3과 2인지 알 수 없기 때문이다. 어디 그뿐인가? 1과 6도 될 수 있고, 6과 1도 될 수 있다. 이처럼 생각해볼 수 있는 경우의 수가 많기 때문에 컴파일러는 다음과 같은 불평을 하게 된다.

"도대체 이 사람의 의도를 알 수가 없단 말이야!"

그래서 가로의 길이는 반드시 명시해 주기로 약속되어 있다. 가로의 길이만 명시가 되면 세로의 길이는 계산이 가능하기 때문이다. 예를 들어 다음 선언을 보자.

```
int arr3[ ][3]={1, 2, 3, 4, 5, 6};
```

이 경우에 초기화 할 대상의 크기에 맞는 배열의 선언을 위해서 세로의 길이는 2가 되어야 한다. 반면 다음과 같이 선언이 된다면 세로의 길이는 3이 되어야 한다.

```
int arr4[ ][2]={1, 2, 3, 4, 5, 6};
```

이로써 2차원 배열을 선언하고 활용하는데 필요한 가장 기본이 되는 모든 것을 설명하였으니, 이어서 제시하는 몇몇 문제를 통해서 여러분이 이해한 내용을 점검하기 바란다.

난 정말 C PROGRAMMING을 공부한 적이 없다구요!

문 제 19-1 [2차원 배열의 선언과 활용]

여기서 제시하는 문제들은 특별한 기능이 부여 된 프로그램의 제작이 아닌, 단순히 2차원 배열의 활용 능력을 향상시키기 위한 문제들이다. 따라서 문제에서 요구하는 내용을 단순히 코드로 옮길 수 있으면 된다.

● 문제 1
가로와 세로의 길이가 2인 int형 2차원 배열을 두 개 선언하면서 하나는 모든 요소를 2로, 다른 하나는 단위 행렬로 초기화하자(그림 19-4 참조). 그리고 이렇게 완성된 행렬을 가지고 다음과 같은 형태로 행렬의 곱을 진행하자(B를 단위행렬로 구성하자).

그리고 이 곱셈 결과를 통해서 단위 행렬의 특성이 무엇인지 관찰하자. 참고로 이 문제는 행렬을 알아야 풀 수 있는 문제가 아니다. 위 식을 관찰하고, 그대로 프로그램 코드로 옮기는 연습을 할 뿐이다.

● 문제 2
가로의 길이가 9이고, 세로의 길이가 3인 배열을 선언하자. 그리고 그 안에 구구단의 결과를 저장하되 2단, 3단, 4단을 각각 1행, 2행, 3행에 다음 그림과 같은 형태로 저장하자.

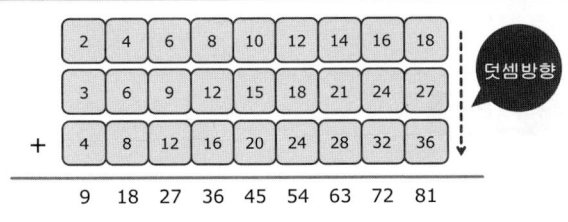

[그림 19-10 : 구구단의 결과를 저장한 배열]

저장이 완료되었으면, 제대로 저장되었는지 확인해야 한다. 그런데 확인 방법을 다음과 같이 진행하겠다.

```
  2  4  6  8 10 12 14 16 18
  3  6  9 12 15 18 21 24 27    덧셈방향
+ 4  8 12 16 20 24 28 32 36
  ─────────────────────────
  9 18 27 36 45 54 63 72 81
```

[그림 19-11 : 결과의 합은 9단]

위 그림에서 보여주듯이 2단, 3단, 4단의 결과를 열 단위(세로 단위)로 더하면, 그 결과는 구구단의 9단이 된다. 바로 이 열 단위 덧셈 결과를 출력하자. 만약에 저장이 제대로 이뤄졌다면 9단이 정상적으로 출력될 것이다.

제19장 다차원 배열의 이해와 활용 _457

19-3 2차원 배열과 1차원 배열의 관계

자료형이 같고 길이가 동일한 1차원 배열을 여러 개 묶어 놓은 것을 2차원 배열로 볼 수 있지 않을까? 보통은 1차원 배열과 2차원 배열을 별개의 것으로 생각한다. 그러나 이 둘은 분명 관계가 있다.

■ 관계를 왜 따져야 하는 건데?

여러분은 1차원 배열도, 2차원 배열도 선언하고 활용할 수 있다. 그럼에도 불구하고 1차원 배열과 2차원 배열의 관계를 따져야만 하는 이유는 어디에 있을까? 여기에는 다음 두 가지 이유가 있다.

- 2차원 배열에 저장할 수 있는 문자열의 형태를 이해하기 위해서
- 포인터를 공부할 때 보다 깊이 있는 이해를 위해서

이 두 가지 이유 하나하나가 1차원 배열과 2차원 배열의 관계를 따지기에 충분한 이유가 된다.

■ 1차원 배열에 대한 약간의 복습

길이가 동일한 int형 1차원 배열 세 개를 다음과 같이 선언한다고 가정해 보자.

```
int arr1[4];
int arr2[4];
int arr3[4];
```

이 때에 메모리 공간에 형성되는 배열의 구조는 다음과 같다.

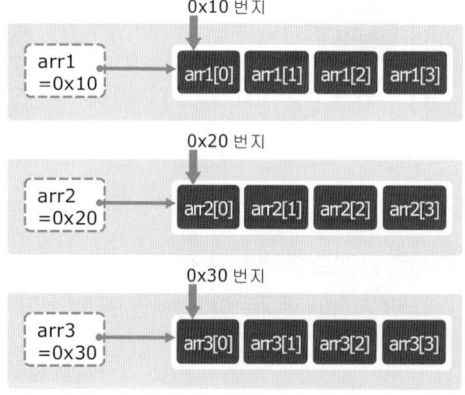

[그림 19-12 : 1차원 배열의 이름]

위 그림에서 배열의 이름 arr1, arr2, arr3는 각 배열의 주소 정보를 담고 있다. 그렇다면 arr1, arr2, arr3는 변수인가? 변수와 마찬가지로 이름도 있고, 값(물론 주소 값)도 지니니 변수로 볼 수 있지 않겠는가? 그런데 배열의 이름은 변수가 아니다! 배열의 이름이 의미하는 값은 변경이 불가능한 상수이기 때문이다. 반면 arr1[0], arr2[1]와 같이 배열 요소 하나하나는 변수이다. 저장되어 있는 값의 변경이 가능하기 때문이다. 이처럼 배열이 선언되면 무엇이 변수이고, 무엇이 상수인지 파악할 수 있어야 한다.

■ 그렇다면 2차원 배열에서 배열의 위치 정보를 담고 있는 것은?

2차원 배열이 다음과 같이 선언되었다고 가정해 보자.

```
int arr[3][4];
```

이 때에 메모리 공간에 형성되는 배열의 구조는 다음과 같다.

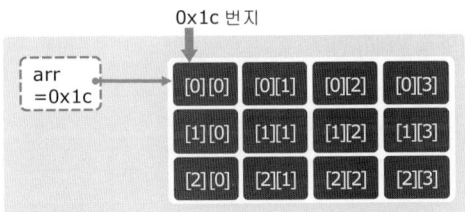

[그림 19-13 : 2차원 배열의 이름]

위 그림에서 보여주듯이 배열 이름 arr에는 2차원 배열의 시작 주소 정보가 담겨있다. 그런데 2차원 배열에서는 이것이 전부가 아니다. 2차원 배열이 선언되면 2차원 배열을 구성하는 각 행의 시작 주소 정보를 담고 있는 녀석들도 등장한다.

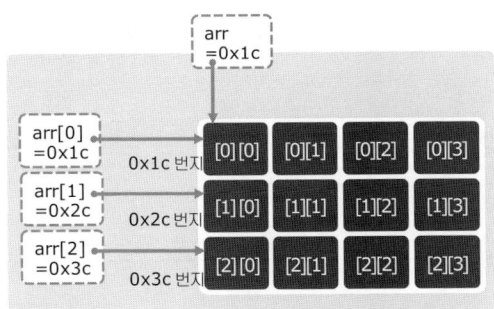

[그림 19-14 : 2차원 배열의 각 행의 위치 정보]

위 그림은 arr[0], arr[1], arr[2]가 각각 1행, 2행, 3행의 시작 주소를 의미하는 것으로 설명하고 있는데, 다음 예제를 통해서 이 사실을 확인해 보겠다.

■ 예제 19-4.c

```
1.  #include <stdio.h>
2.
3.  int main(void)
4.  {
5.      int arr[3][4];
6.      printf("배열의 시작주소 : %d \n", arr);
7.      printf("1행의 시작주소 : %d \n", arr[0]);
8.      printf("2행의 시작주소 : %d \n", arr[1]);
9.      printf("3행의 시작주소 : %d \n", arr[2]);
10.     return 0;
11. }
```

 해설

- 6행 : 배열의 이름은 배열의 시작주소를 담고 있다고 하였다. 따라서 배열의 이름을 10진수 정수의 형태로 출력해서 배열이 할당된 위치를 출력하고 있다.
- 7~9행 : 그림 19-14의 내용을 확인하기 위한 출력을 진행하고 있다. 그림 19-14의 내용이 사실이라면, 7행의 출력결과는 6행의 출력결과와 동일해야 한다.

■ 실행결과 : 예제 19-4

```
배열의 시작주소 : 1244980
1행의 시작주소 : 1244980
2행의 시작주소 : 1244996
3행의 시작주소 : 1245012
```

위 예제의 출력결과를 통해서 그림 19-14의 내용을 어느 정도는 확인할 수 있다. 특히 7~9행의 출력결과가 16씩 차이가 나고 있는 부분에 주목할 필요가 있다. 이는 앞서 말한 다음 사실을 증명한다고 볼 수 있기 때문이다.

"2차원 배열도 메모리 공간에서는 1차원의 구조를 갖습니다."

 참고

주소 값의 차이가 16씩 나는 이유와 그 의미는?

위 예제에서 선언한 int형 배열의 가로 길이가 4이므로 한 행이 차지하는 메모리 공간의 크기는 4×4=16이 된다. 따라서 행 단위로 주소 값이 16씩 차이가 난다는 것은 1행의 뒤에 2행이, 2행의 뒤에 3행이 이어져 있다는 뜻이 된다.

결국 2차원 배열이 메모리 공간상에서 1차원의 형태를 갖는다는 가정하에서(가정이 아니라 사실이다) 다음과 같은 결론을 내릴 수 있다.

"arr[0], arr[1], arr[2]는 배열 각 행의 주소 정보이기 때문에 값이 16씩 차이가 나는군!"

■ arr과 arr[0]이 가리키는 위치가 같네, 그럼 차이가 뭐야?

예제 19-4의 출력결과만 보더라도 arr과 arr[0]이 동일한 위치를 가리키는 것은 틀림이 없다. 그렇다면 이 둘은 완전히 동일한 것으로 해석해도 되겠는가? 즉 다음 문장이 옳다고 말할 수 있겠는가?

"arr이라는 이름의 2차원 배열이 선언되었을 때, arr과 arr[0]은 완전히 같다."

결과부터 말씀 드리면, 완전히 같다고 할 수 없다. 각각이 담고 있는 주소의 값은 동일하지만 의미하는 바에서 큰 차이를 보이기 때문이다. 일단 arr은 배열 전체를 의미하고, arr[0]은 2차원 배열의 첫 번째 행을 의미한다. 이는 sizeof 연산의 결과를 통해서도 확인이 가능하다.

■ 예제 19-5.c
```
1.   #include <stdio.h>
2.
3.   int main(void)
4.   {
5.       int arr[3][4];
6.       printf("sizeof(arr) : %d \n", sizeof(arr));
7.       printf("sizeof(arr[0]) : %d \n", sizeof(arr[0]));
8.       printf("sizeof(arr[1]) : %d \n", sizeof(arr[1]));
9.       printf("sizeof(arr[2]) : %d \n", sizeof(arr[2]));
10.      return 0;
11.  }
```

- 6행 : 5행에 선언된 2차원 배열의 이름을 가지고 sizeof 연산을 하고 있다. 그 결과에 주목을 하자.
- 7~9행 : 선언된 2차원 배열의 1행, 2행, 3행을 가리키는 arr[0], arr[1], arr[2]를 가지고 sizeof 연산을 하고 있다. 역시 그 결과에 주목을 하자.

■ 실행결과 : 예제 19-5
```
sizeof(arr) : 48
sizeof(arr[0]) : 16
sizeof(arr[1]) : 16
sizeof(arr[2]) : 16
```

출력결과는 sizeof 연산자의 연산 특성에 따른 것이지만, 이 결과는 피연산자의 특성을 파악하기에 충분하다. 일단 6행과 7행의 출력결과를 보자. 분명 arr과 arr[0]가 담고 있는 주소 정보는 동일하다. 그러나 sizeof 연산의 결과는 다르다. sizeof 연산자는 배열의 크기 정보를 반환하므로(물론 배열 이름이 피연산자인 경우), 이는 각각이 의미하는 배열의 규모가 다르다는 뜻으로 해석할 수 있다.

위 예제 6행의 실행결과로 48이 출력되고 있다. 따라서 배열이름 arr이 2차원 배열 전체를 의미한다고 이해할 수 있다. 반면 7, 8, 9행의 실행결과로는 16이 출력되고 있다. 따라서 arr[0], arr[1], arr[2]는 각각 길이가 4인 1행, 2행, 3행의 1차원 배열을 의미한다고 볼 수 있다. 이 내용을 그림으로 정리하면 다음과 같다.

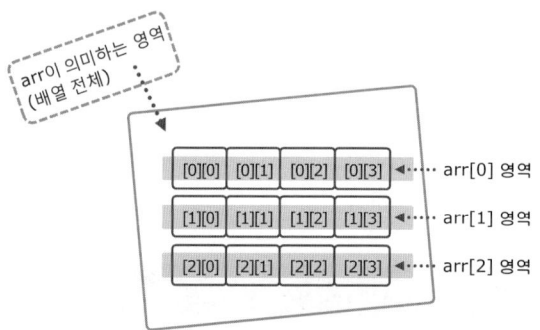

[그림 19-15 : 2차원 배열의 이름이 의미하는 영역]

그리고 위 그림을 보면서 다음과 같은 결론을 내릴 수 있다(물론 예제19-5의 5행에 선언된 배열에 해당하는 결론이다).

"arr[0]는 2차원 배열의 첫째 행을 구성하는 1차원 배열의 이름이다."

"arr[1]는 2차원 배열의 둘째 행을 구성하는 1차원 배열의 이름이다."

"arr[2]는 2차원 배열의 셋째 행을 구성하는 1차원 배열의 이름이다."

arr[0], arr[1], arr[2]가 정말로 각행을 나타내는 배열의 이름은 아니다. 하지만 실제로 1차원 배열의 이름 역할을 한다(그것도 아주 완벽하게). 따라서 1차원 배열의 이름과 같은 맥락에서 해석을 할 수 있다는 뜻으로 위와 같은 결론을 내릴 수 있다.

■ 그럼 1차원 배열 여러 개를 묶어 놓았다는 것이 말이 되는 거에요?

간혹 다음과 같이 생각하거나 표현하는 분들을 종종 뵙는다.

"2차원 배열은 길이가 동일한 1차원 배열을 둘 이상 묶어놓은 겁니다."

그런데 이는 2차원 배열을 이해하는 또 하나의 시각으로서, 여러분도 이러한 시각을 더불어 지녔으면 좋겠다. 그리고 이를 위해서 다음 예제를 제시한다. 이 예제는 2차원 배열의 선언과 활용을 단순히 보여줄 뿐이다.

■ 예제 19-6.c

```
1.   #include <stdio.h>
2.
3.   int main(void)
4.   {
5.       int arr[2][2];
6.       arr[0][0]=10, arr[0][1]=20;
7.       arr[1][0]=12, arr[1][1]=24;
8.
9.       printf("%d %d \n", arr[0][0], arr[0][1]);
10.      printf("%d %d \n", arr[1][0], arr[1][1]);
11.      return 0;
12.  }
```

■ 실행결과 : 예제 19-6

```
10   20
12   24
```

이 예제에서 arr[0]과 arr[1]을 1차원 배열의 이름으로 인식하자. 그리고 다음과 같이 치환해 보자.

arr[0] → ARR_ONE

arr[1] → ARR_TWO

그러면 위 예제의 6행은 다음과 같이 작성할 수 있다.

ARR_ONE[0]=10, ARR_ONE[1]=20;

그리고 위 예제의 9행은 다음과 같이 작성할 수 있다.

printf("%d %d \n", ARR_ONE[0], ARR_ONE[1]);

어떤가? 1차원 배열에 접근하는 방식과 동일하지 않은가? 실감이 나지 않으시는 분들을 위해서 예제를 하나 더 제시하겠다.

■ 예제 19-7.c

```
1.   #include <stdio.h>
2.   #define ARR_ONE arr[0]
3.   #define ARR_TWO arr[1]
```

```
4.
5.    int main(void)
6.    {
7.        int arr[2][2];
8.        ARR_ONE[0]=10, ARR_ONE[1]=20;
9.        ARR_TWO[0]=12, ARR_TWO[1]=24;
10.
11.       printf("%d %d \n", ARR_ONE[0], ARR_ONE[1]);
12.       printf("%d %d \n", ARR_TWO[0], ARR_TWO[1]);
13.       return 0;
14.   }
```

- 2행 : 한참 뒤에서 설명하는 내용이지만 치환을 위해 사용되었다. 어려운 문장이 아니다. 이후부터 등장하는 ARR_ONE을 arr[0]로 치환한다는 선언이다. 다시 말해서 arr[0]을 대신해서 ARR_ONE을 사용하겠다는 선언으로 볼 수 있다.

- 3행 : 이후부터 등장하는 ARR_TWO를 arr[1]로 치환한다는 선언이다. 마찬가지로 arr[1]을 대신해서 ARR_TWO를 사용하겠다는 선언으로 볼 수 있다. 참고로 #define문은 이후에 자세히 설명을 진행하니 여기서는 위 예제를 파악할 수 있을 정도로만 이해를 하자.

■ 실행결과 : 예제 19-7

```
10    20
12    24
```

위 예제 8, 9행 그리고 11, 12행을 통해서 arr[0]이 ARR_ONE으로, arr[1]이 ARR_TWO로 완벽히 치환되었음을 알 수 있다. 그리고 이렇게 치환해 놓고 보니, arr[0]과 arr[1]은 1차원 배열의 이름으로 인식할 수 있음도 알 수 있다. 실제로 이들은 1차원 배열의 접근 및 활용 방식과 차이를 보이지 않는다.

포인터를 정복하기 위한 무기 하나 장착 완료!

2차원 배열의 선언은 길이가 동일한 1차원 배열을 둘 이상 묶어서 선언한 것이라는 설명이 이해가 되었다면, 이후에 2차원 배열과 포인터의 관계를 이해하는데 많은 도움이 된다.

아래의 문제는 일반적으로 문제의 형태가 아닌, 별도로 소개가 되는 내용이다. 그럼에도 불구하고 필자는 이를 문제로 제시하고 있다(때문에 이 문제는 반드시 풀고 넘어가야 한다). 비록 필자가 직접적으로 설명하지는 않았지만 여러분은 이미 해결을 위한 충분한 능력을 갖췄기 때문이다. 필자가 이해시켜 드린 내용은 쉽게 잊혀지지만, 여러분 스스로 이해한 내용은 결코 잊혀지지 않는다. 뿐만 아니라 그와 관련된 응용력도 동반 향상된다는 점을 기억하자.

문 제 19-2 [2차원 char형 배열과 문자열의 관계]

아래의 두 문제를 순서대로 해결하자. 첫 번째 문제는 두 번째 문제의 해결을 위한 중간과정에 지나지 않는다.

◉ 문제 1
프로그램 사용자로부터 길이가 30 이하인 문자열을 총 네 개 입력 받은 후, 입력 받은 문자열을 역순으로 출력하는 프로그램을 작성하자(문자열이 저장된 순서를 뒤집으라는 뜻이 아니다. 가장 마지막에 입력된 문자열을 가장 먼저 출력하고, 가장 먼저 입력된 문자열을 가장 마지막에 출력하라는 뜻이다). 단 입력이 완료된 이후에 출력을 해야 하는 관계로 다음과 같이 총 네 개의 char형 1차원 배열을 선언하여 문제를 해결하기로 하자.

```
char str1[30];
char str2[30];
char str3[30];
char str4[30];
```

◉ 문제 2
문제 1에서는 네 개의 문자열을 입력 받기 위해서 총 네 개의 1차원 char형 배열을 사용하였다. 이번에는 2차원 char형 배열 하나만을 선언해서 위 문제를 다시 해결해 보자. 2차원 배열은 길이가 같은 1차원 배열을 둘 이상 선언한 것에 지나지 않는다는 필자의 설명을 문제 해결의 키(Key)로 삼기 바란다.

◉ 문제 3
끝으로 이 문제의 해결은 여러 개의 1차원 배열보다 하나의 2차원 배열이 어울리는 상황이다. 그 이유를 문제 2의 해결과정을 통해서 결론 내려보기 바란다.

19-4 2차원 배열에서의 arr[0], arr[1], arr[2]를 파헤치자!

필자가 무엇인가를 파헤치자고 하면 부담스러울 것이다. 게다가 2차원 배열에 대해서는 충분히 공부했다는 생각도 들 테니 말이다.

> "2차원으로 선언된 배열 arr에서 arr[0], arr[1], arr[2]는 1차원 배열의 이름과 같은 의미로 이해하면 된다며, 그거면 된 것 아닌가! 아직도 파헤칠게 남아있는가?"

아주 조금 남아있다. 그리고 여기서 설명하는 내용은 이후에 포인터를 공부하는데 있어서 여러분에게 많은 도움을 줄 것이다.

■ 2차원 배열에서의 arr[0], arr[1], arr[2]는 배열이름 arr을 근거로 만들어진다.

2차원 배열이 다음과 같이 선언되어 있다고 가정하자.

```
int arr[3][4];
```

이제 여러분은 위 선언 이후에 arr이 무엇을 의미하는지, 그리고 arr[0], arr[1], arr[2]가 무엇을 의미하는지 알고 있는 상태이다. 그리고 앞서 arr과 arr[0]를 비교한 적이 있는데(주소 값은 같지만, 의미하는 배열의 영역이 다르다는 점을 설명하기 위해), 사실 비교한다는 자체가 조금 부적절했다. 비교는 대등한 위치에 있는 두 사물의 특성적 차이를 확인하기 위함 아닌가? 그런데 arr과 arr[0]은 대등하지 못하다. arr[0]은 arr을 중심으로 파생되어 등장한 녀석이기 때문이다. 이는 arr[1]과 arr[2]도 마찬가지이다. 따라서 arr과 arr[0]은 비교의 대상이 아니라, 함께 이해해야 할 대상이다.

■ arr과 arr[0], arr[1], arr[2]의 관계는?

이미 1차원 배열을 설명하면서 다음 그림에서 보여주는 사항을 언급한적이 있다(17-3장의 배열 접근 과정에서의 주소 계산).

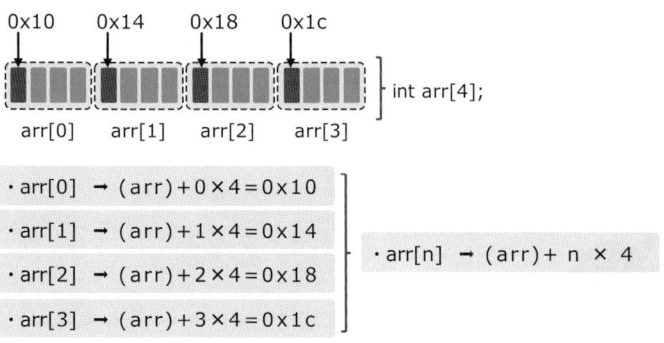

[그림 19-16 : 그림 17-7의 내용 일반화]

위 그림은 그림 17-7에서 설명한 내용에 변수 n을 도입하여 일반화 한 그림이다. 따라서 추가적인 설명은 않겠다. 그렇다면 2차원 배열의 경우는 어떠할까? 2차원 배열의 경우도 위 그림과 상당 부분 유사하다. 일단 다음과 같은 형태로 2차원 배열이 선언되었다고 가정하자.

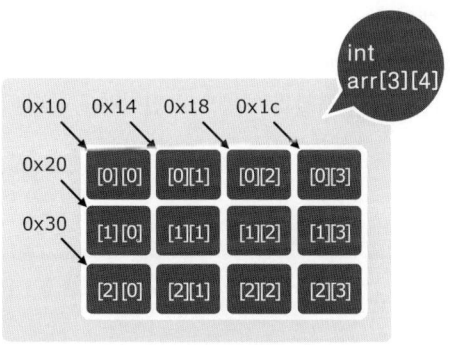

[그림 19-17 : 3×4 int형 2차원 배열]

이 때 arr의 값은 0x10이고, arr[0], arr[1], arr[2]의 값은 각각 0x10, 0x20, 0x30으로 계산된다.

"계산이 된다고? 그럼 arr[0], arr[1], arr[2]가 가리키는 주소의 값은 계산의 결과란 뜻인가?"

그렇다! 배열 이름 arr은 그 자체가 상수로서 값을 지니지만, arr[0], arr[1], arr[2]는 arr을 바탕으로 계산하여 만들어진 상수 값이다. 계산 방식은 다음과 같다.

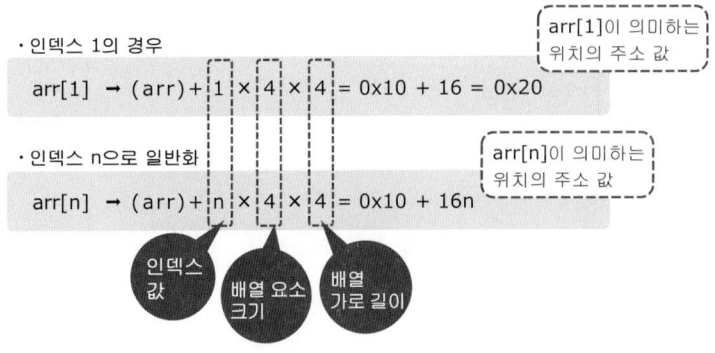

[그림 19-18 : 2차원 배열의 주소 값 계산 과정]

이미 계산 식을 보면서 고개를 끄덕였으리라 믿는다. 기본적으로 배열 요소를 이루는 변수의 자료형과 배열의 가로 길이가 계산에서 가장 중요한 핵심이다. 배열의 이름은 시작위치를 의미하고, 인덱스 값을 이용해서 시작위치로부터 떨어져 있는 거리를 계산하게 된다.

정리하면, 그림 19-17에서 선언된 2차원 배열의 경우, 각 행의 주소 값을 의미하는 arr[0], arr[1], arr[2]은 그림 19-18의 방식으로 계산된 것이다. 하지만 계산을 통해서 얻은 주소 값이라 할지라도, 일반적인 배열의 이름과 동일한 역할을 수행한다. 즉 각 행을 담당하는 1차원 배열의 이름으로 인식해도 좋다.

토막 퀴즈

질문 : 다음과 같이 2차원 int형 배열이 선언되었다.

    int arr[3][4];

이 때 이 배열이 선언된 위치가 0x20번지라면, arr[-1]이 가리키는 위치는 어디겠는가?

답변 : 숫자에 오타가 난 것이 아닌지 의심했을 것이다. 그러나 -1은 오타가 아니다. 앞서 17장에서 배열은 선언되고 난 이후에 배열 요소의 접근에 대한 유효범위 검사가 이뤄지지 않고, 단순히 접근해야 할 메모리의 주소 값만 계산된다고 하지 않았는가? 물론 문제가 있는 코드이긴 하지만, 컴파일도 되고 실행과정에서 특정 위치를 가리키기도 한다. 그 가리키는 위치를 계산해 보면 다음과 같다.

    arr → 0x20
      [-1] → -1(인덱스 값) × 4(int형) × 4(가로길이) = -16

따라서 두 값을 더하면 0x10 이므로, 0x10번지를 가리키게 된다.

문제 19-3 [2차원 배열 요소의 접근 방식 이해하기]

다음과 같이 1차원 배열이 선언되었다고 가정하자.

```
int arr[3];
```

이 때 배열 요소의 접근을 위해 사용되는 arr[0], arr[1], arr[2]의 주소 값 계산 방식을 여러분은 알고 있다. 이번엔 다음과 같이 2차원 배열이 선언되었다고 가정하자.

```
int arr[3][4];
```

이 때 arr[0], arr[1], arr[2]가 어떻게 해서 1행, 2행, 3행을 각각 가리키게 되었는지도 여러분은 알고 있다. 그렇다면 이 두 가지 내용을 참고하여 아래의 질문에 답해보기 바란다.

참고로 이는 배열을 선언하고 활용하는데 필요한 내용은 아니다. 그러나 배열을 깊이 이해하고 이후에 포인터에서 언급하는 내용도 완벽히 이해하는데 많은 도움을 준다. 따라서 여러분께 먼저 해결할 기회를 드리고자 한다. 모든 내용을 필자가 먼저 말해버리면 재미없지 않은가? 한가지 확실한 것은 지금까지 설명 드린 내용을 잘 이해했다면 여러분이 응용해서 풀 수 있는 문제라는 것이다.

● 문제 1

다음 선언으로 인하여 배열이 메모리 공간에 할당되었다고 가정하자. 그리고 이 배열이 할당된 메모리의 시작 주소는 0x10번지라고 가정하자.

```
int arr1[4][3];
```

이 때 다음과 같은 형태의 배열 요소 접근 시, 어떠한 방법으로 배열 요소의 주소 값을 계산하게 되는지, 그 식을 세워 보자.

- arr1[2][1]=10;
- arr1[1][2]=20;

● 문제 2

다음 선언으로 인하여 배열이 메모리 공간에 할당되었다고 가정하자. 그리고 이 배열이 할당된 메모리의 시작 주소는 0x20번지라고 가정하자.

```
double arr2[2][5];
```

이 때 다음과 같은 형태의 배열 요소 접근 시, 어떠한 방법으로 배열 요소의 주소 값을 계산하게 되는지, 그 식을 세워 보자.

- arr2[0][2]=1.5;
- arr2[1][3]=3.79;

위 문제를 풀어보았는가? 이 문제를 풀면서 추가로 이해하게 된 사실이 있다면, 별도로 메모해 두자. 이후에 설명하는 내용을 이해하는데 많은 도움이 되니 말이다.

19-5 3차원 배열에 대한 소개

지금까지 한참을 몰아쳐온 느낌이다. 그런데 아직도 끝이 나지 않아서 심히 마음이 힘들지 않을까 염려스럽다. 그러나 상대적으로 중요도가 떨어지기 때문에 필자 역시 3차원 배열에 대해서는 사용방법 위주로 간단히 소개할 생각이다.

■ 3차원 배열의 선언과 그 의미

바로 본론으로 들어가서 3차원 배열은 다음과 같이 선언한다.

    int arr[3][4][5];

그리고 이 선언에서 3, 4, 5는 다음 그림에서 보여주듯이 각각 깊이, 세로, 가로의 길이를 의미한다.

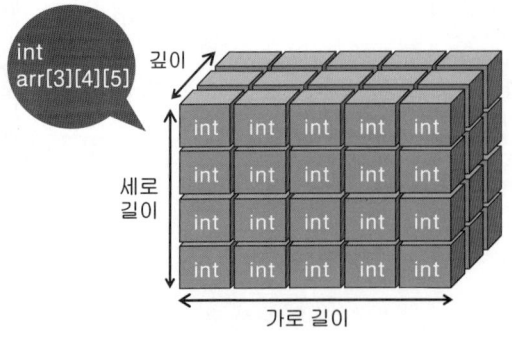

[그림 19-19 : 3차원 배열의 선언과 할당]

길이가 동일한 1차원 배열을 둘 이상 묶어놓은 것이 2차원 배열이라면, 3차원 배열은 가로, 세로 길이가 동일한 2차원 배열을 둘 이상 겹겹이 쌓아 놓은 것으로 볼 수 있다.

■ 3차원 배열의 접근 방식

간단히 3차원 배열을 선언하고, 선언된 배열에 접근하는 방법을 보이겠다. 다음은 3차원 배열에 1부터 시작해서 1씩 증가된 값을 저장한 후에, 저장된 값을 출력하는 예제이다.

■ 예제 19-8.c

```c
1.  #include <stdio.h>
2.
3.  int main(void)
4.  {
5.      int arr[3][4][5];
6.      int i, j, k;
7.      int num=1;
8.
9.      for(i=0; i<3; i++)
10.     {
11.         for(j=0; j<4; j++)
12.         {
13.             for(k=0; k<5; k++)
14.             {
15.                 arr[i][j][k]=num;
16.                 num++;
17.             }
18.         }
19.     }
20.
21.     for(i=0; i<3; i++)
22.     {
23.         printf("*** arr[%d][x][x] 출력 *** \n", i);
24.         for(j=0; j<4; j++)
25.         {
26.             for(k=0; k<5; k++)
27.             {
28.                 printf("%4d", arr[i][j][k]);
29.             }
30.             printf("\n");
31.         }
32.         printf("\n");
33.     }
34.     return 0;
35. }
```

- 9~19행 : 5행에 선언된 배열을 초기화하고 있다. 초기화에 사용된 변수는 7행에서 선언되었으며, 이 값을 1씩 증가시켜가며 초기화를 진행하고 있다.
- 21~33행 : 앞서 초기화 한 배열의 내용을 출력하고 있다. 저장된 내용을 보기 좋은 형태로 출력하려다 보니 printf문이 많이 사용되었다.

■ 실행결과 : 예제 19-8

```
*** arr[0][x][x] 출력 ***
  1   2   3   4   5
  6   7   8   9  10
 11  12  13  14  15
 16  17  18  19  20

*** arr[1][x][x] 출력 ***
 21  22  23  24  25
 26  27  28  29  30
 31  32  33  34  35
 36  37  38  39  40

*** arr[2][x][x] 출력 ***
 41  42  43  44  45
 46  47  48  49  50
 51  52  53  54  55
 56  57  58  59  60
```

3차원 배열에 대해서는 많은 설명을 하지 않았음에도 불구하고, 위의 코드를 분석하는데 큰 불편함은 없었을 것이다. 그것은 여러분이 2차원 배열을 통해서 다차원 배열의 개념을 파악했기 때문이다. 3차원 배열에 대해서는 위 예제 정도의 수준으로만 활용할 줄 알면 된다. 그런데 이나마도 사용되는 경우가 매우 드물다.

■ 모든 프로그래머가 3차원 배열을 2차원 배열만큼 잘 압니다.

대부분의 프로그래머들이 3차원 배열에 능숙하다. 그런데 이들이 3차원 배열에 능숙한 이유는 3차원 배열을 별도로 열심히 공부해서가 아니다. 그렇다고 소프트웨어 개발과정에서 3차원 배열을 사용해 본 경험이 있어서는 더더욱 아니다. 2차원 배열을 자주 활용하는 과정에서 다차원 배열의 본질을 꽤 뚫었기 때문이다. 따라서 여러분도 이 이상 3차원 배열에 관심을 두기보다는, 2차원 배열을 완벽히 이해할 수 있도록 노력해야 한다. 그래도! 아래에서 제시하는 문제는 풀고 넘어가자(저자의 성의를 생각해서라도).

문제 19-4 [3차원 배열의 활용]

예제 19-8에서는 3차원 배열을 1부터 시작해서 1씩 증가시켜가며 초기화하였다. 이렇게 초기화 된 배열을 가지고 다음 문제를 해결하기 바란다.

● 문제 1
3차원 배열에서는 가로, 세로뿐만 아니라 깊이의 개념도 등장한다. 초기화 된 배열에 저장된 값을 깊이 단위로 각각 덧셈하여 그 결과를 출력해 보자. 다음과 같은 형태의 덧셈을 진행하라는 뜻이다.

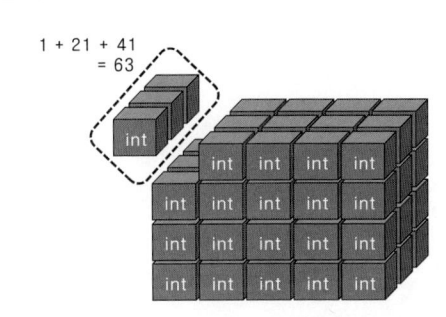

[그림 19-20 : 3차원 배열의 깊이 단위 덧셈의 이해]

● 문제 2
배열에 저장된 값 중에서 2의 배수이면서 3의 배수인 정수를 출력하자.

19장 프로그래밍 문제의 답안

■ 문제 19-1의 답안

• 문제 1

■ 소스코드 답안

```
1.  #include <stdio.h>
2.
3.  int main(void)
4.  {
5.      int A[2][2]={{2, 2},{2, 2}};
6.      int B[2][2]={{1, 0},{0, 1}};
7.
8.      printf("%4d %4d \n",
9.          A[0][0]*B[0][0]+A[0][1]*B[1][0],
10.         A[0][0]*B[0][1]+A[0][1]*B[1][1]
11.         );
12.
13.     printf("%4d %4d \n",
14.         A[1][0]*B[0][0]+A[1][1]*B[1][0],
15.         A[1][0]*B[0][1]+A[1][1]*B[1][1]
16.         );
17.     return 0;
18. }
```

행렬은 영상처리 및 3D 관련 프로그래밍에서 자주 사용이 된다. 그래서 이 문제를 통해서 행렬을 프로그램 코드로 옮기는 연습을 해 본 것이다. 그리고 실행결과는 행렬 A, B가 존재할 때, B가 단위행렬이면 A×B=A가 됨을 보여준다.

• 문제 2

■ 소스코드 답안

```
1.  #include <stdio.h>
2.
3.  int main(void)
4.  {
5.      int arr[3][9];
6.      int i, j;
7.
8.      for(i=2; i<=4; i++)
9.      {
10.         for(j=1; j<=9; j++)
11.             arr[i-2][j-1]=i*j;
12.     }
13.
```

```
14.        for(i=0; i<9; i++)
15.            printf("%4d", arr[0][i]+arr[1][i]+arr[2][i]);
16.
17.        printf("\n");
18.        return 0;
19.    }
```

■ 문제 19-2의 답안

• 문제 1

■ 소스코드 답안

```
1.     #include <stdio.h>
2.
3.     int main(void)
4.     {
5.         char str1[30];
6.         char str2[30];
7.         char str3[30];
8.         char str4[30];
9.
10.        printf("문자열 입력 : "); scanf("%s", str1);
11.        printf("문자열 입력 : "); scanf("%s", str2);
12.        printf("문자열 입력 : "); scanf("%s", str3);
13.        printf("문자열 입력 : "); scanf("%s", str4);
14.
15.        printf("입력의 역순 출력\n");
16.        printf("%s\n", str4);
17.        printf("%s\n", str3);
18.        printf("%s\n", str2);
19.        printf("%s\n", str1);
20.        return 0;
21.    }
```

• 문제 2

■ 소스코드 답안

```
1.     #include <stdio.h>
2.
3.     int main(void)
4.     {
5.         char strArr[4][30];
6.         int i;
7.
8.         for(i=0; i<4; i++)
9.         {
10.            printf("문자열 입력 : ");
11.            scanf("%s", strArr[i]);
12.        }
13.
14.        printf("입력의 역순 출력\n");
```

```
15.         for(i=0; i<4; i++)
16.             printf("%s\n", strArr[3-i]);
17.     return 0;
18. }
```

이 문제는 지금까지 필자가 설명한 내용을 정확히 이해하고 있어야 해결이 가능하다. 우선 5행을 보자. 총 네 개의 문자열을 입력 받아야 하기 때문에 세로의 길이가 4인 2차원 배열이 선언되었다.

그리고 여러분이 실수할 수 있는 부분은 11행이다. scanf 함수를 호출하면서 문자열이 저장될 메모리의 시작 주소를 인자로 전달해야 한다. 그런데 strArr[0], strArr[1] 등이 각 행의 시작 주소 값을 의미하기 때문에 11행의 형태로 문장이 구성되어야 한다. 혹 11행을 다음과 같이 구성하였는가? 그렇다면 2차원 배열에 대해서 설명한 부분을 다시 한번 복습하기 바란다.

```
scanf("%s", &strArr[i]);
```

· 문제 3

문제 1과 문제 2를 해결하는 과정에서 나오는 결론을 문제로 제시하였다. 문제1과 문제 2의 답안이 보여주는 차이점은 무엇인가? 문제 2는 문자열의 입력이나 출력과 같은 일들을 반복문으로 구성할 수 있다는 장점이 있다. 하지만 문제 1에서는 이것이 가능하지 않았다. 그래서 둘 이상의 문자열을 입력 받아야 할 때에는 필요에 따라서 2차원 배열을 선택한다.

■ 문제 19-3의 답안

· 문제 1

int arr1[4][3]에서 배열 요소는 int형이고, 가로의 길이는 3이므로

- arr1[2][1]=10;
    → arr1(0x10번지)+2(인덱스)×4(int 크기)×3(가로 길이)+1(인덱스)×4(int 크기)
- arr1[1][2]=20;
    → arr1(0x10번지)+1(인덱스)×4(int 크기)×3(가로 길이)+2(인덱스)×4(int 크기)

· 문제 2

double arr2[2][5]에서 배열 요소는 double형이고, 가로 길이는 5이므로

- arr2[0][2]=1.5;
    → arr2(0x20번지)+0×8(double 크기)×5(가로 길이)+2×8(double 크기)
- arr2[1][3]=3.79;
    → arr2(0x20번지)+1×8(double 크기)×5(가로 길이)+3×8(double 크기)

■ 문제 19-4의 답안

• 문제 1

■ 소스코드 답안

```c
1.  #include <stdio.h>
2.
3.  int main(void)
4.  {
5.      int arr[3][4][5];
6.      int i, j, k;
7.      int num=1;
8.
9.      for(i=0; i<3; i++)
10.     {
11.         for(j=0; j<4; j++)
12.         {
13.             for(k=0; k<5; k++)
14.             {
15.                 arr[i][j][k]=num;
16.                 num++;
17.             }
18.         }
19.     }
20.
21.     for(i=0; i<4; i++)
22.     {
23.         for(j=0; j<5; j++)
24.             printf("%4d", arr[0][i][j]+arr[1][i][j]+arr[2][i][j]);
25.
26.         printf("\n");
27.     }
28.     return 0;
29. }
```

• 문제 2

■ 소스코드 답안

```c
1.  #include <stdio.h>
2.
3.  int main(void)
4.  {
5.      int arr[3][4][5];
6.      int i, j, k;
7.      int num=1;
8.
9.      for(i=0; i<3; i++)
10.     {
11.         for(j=0; j<4; j++)
12.         {
13.             for(k=0; k<5; k++)
14.             {
15.                 arr[i][j][k]=num;
16.                 num++;
```

```
17.             }
18.         }
19.     }
20.
21.     for(i=0; i<3; i++)
22.     {
23.         for(j=0; j<4; j++)
24.         {
25.             for(k=0; k<5; k++)
26.             {
27.                 if(!(arr[i][j][k]%2) && !(arr[i][j][k]%3))
28.                     printf("%4d", arr[i][j][k]);
29.             }
30.         }
31.     }
32.     return 0;
33. }
```

제20장 배열을 함수의 인자로 전달하기

어려운 내용을 일부 배열 영역에 분산시켜 뒀습니다.

보통 배열은 쉽고, 포인터는 어렵다고 이야기를 한다. 그러나 지금까지 필자가 설명한 배열 관련 내용을 이해하는 과정에서 배열이 그리 만만한 녀석이 아니라는 생각을 했을 것이다. 하지만 이번 장을 마지막으로 배열에 대한 내용은 끝이 난다. 그리고 필자가 설명한 내용을 모두 이해했다면, 포인터를 아주 쉽게 공부하기 위한 기본을 갖춘 셈이다. 포인터 부분에 들어가면서 느낄 부담을 덜어드리기 위해 어려운 내용의 일부를 배열에 적절히 배치시켜 뒀기 때문이다. 그러니 즐거운 생각을 가지고 필자를 계속해서 따라오기 바란다.

이 장의 목차페이지 ▶▶▶

20-1. 함수의 인자로 1차원 배열 전달하기	480
20-2. 함수의 인자로 다차원 배열 전달하기	489
프로그래밍 문제의 답안	496

20-1 함수의 인자로 1차원 배열 전달하기

제목에서는 함수의 인자로 1차원 배열을 전달할 수 있는 것처럼 말하고 있지만, 실제로 배열을 통째로 전달하는 방법은 없다. 다만 배열의 주소 값을 전달할 뿐이다.

■ 함수에 배열을 인자로 전달하지 못하는 이유

함수를 호출하면서 값을 전달하면, 이는 매개변수에 저장이 된다. 아주 간단하지만 이것이 함수로 값이 전달되는 원리의 전부이다. 그렇다면 함수를 호출하면서 배열을 통째로 전달했다고 가정해보자(C언어에서는 배열을 통째로 전달하는 방법을 제공하지 않으니, 이는 어디까지나 가정이다). 호출된 함수에서는 배열을 매개변수로 선언해서, 전달되는 배열의 내용 전부를 저장해야 할 것이다. 그러나 매개변수로 배열이 선언되는 것은 허용되지 않는다. 다시 말해서 배열을 매개변수로 선언하는 방법은 존재하지 않는다.

■ 후배의 질문과 그에 대한 여러분의 답변

후배가 여러분에게 질문을 한다. 이 질문에 대한 여러분의 답변은 무엇인가?

- 질문 1 : "함수를 호출하면서 문자열을 통째로 전달하고 싶은데, 문자열을 통째로 전달받는 함수의 매개변수는 어떻게 선언을 하죠?"

- 답변 1 : "문자열도 결국 배열의 형태로 표현되잖아? 그런데 C언어에서는 매개변수로 배열이 선언 되는 것을 허용 안 해. 때문에 문자열을 통째로 전달하는 방법은 없어"

아주 멋진 답변이다. 그러나 우리의 똑똑한 후배는 질문을 이어간다. 여러분이 이 질문에 적절한 답변을 한다면 필자는 아주 기쁠 것이다. 앞서 18장에서 설명한 내용을 기억하고 있다는 뜻이 되기 때문이다.

- 질문 2 : "printf 함수를 호출하면서 문자열을 전달하잖아요! 그건 문자열이 아니고 뭔가요?"

- 답변 2 : "그건 문자열이 함수에 통째로 전달되는 것이 아니야, 문자열은 상수의 형태로 메모리 공간에 할당이 되고, 할당된 메모리 공간의 주소 값이 전달 될 뿐이지"

이 이상 깊이 있는 질문을 후배가 한다면, 이는 포인터와 관련된 질문이 된다. 따라서 지금은 답을 해줄 수 없으니, 약속이 있어서 이제 그만 가봐야 한다고 말하고선 그 자리를 떠나야 한다.

■ 대신 배열의 주소 값을 전달합니다.

그렇다면 함수를 호출하면서 배열과 관련된 정보를 전달할 수 없는 것일까? 아니다! C언어는 배열을 통째로 전달하는 방법을 제공하지 않는 대신에 배열의 주소 값을 전달하는 방법을 제공하고 있다. 일단 간단한 예제를 통해서 관찰을 하자. 다음 예제는 배열의 주소 값 전달 원리를 파악할 수 있도록 초특급으로 간단히 작성되었다.

■ 예제 20-1.c

```
1.   #include <stdio.h>
2.   void ArrPrintf(int arg[]);
3.
4.   int main(void)
5.   {
6.       int arr[3]={1, 2, 3};
7.       ArrPrintf(arr);
8.       return 0;
9.   }
10.
11.  void ArrPrintf(int arg[])
12.  {
13.      int i;
14.      for(i=0; i<3; i++)
15.          printf("%4d", arg[i]);
16.      printf("\n");
17.  }
```

- 7행 : 배열의 이름을 전달하고 있다. 이는 배열의 이름이 지니고 있는 주소 값을 전달하는 것이다.
- 11행 : 7행의 함수호출에 의해 전달되는 배열의 주소 값은 매개변수에 저장되는데, 여기서는 arg라는 이름의 매개변수가 선언되었다. 이 매개변수에 대해서는 잠시 후에 별도로 설명하겠다.
- 15행 : arg라는 이름을 마치 6행에 선언된 배열의 이름처럼 사용하고 있다.

■ 실행결과 : 예제 20-1

```
   1   2   3
```

위 예제를 통해서 여러분이 관찰할 수 있는 두 가지 사실이 있다. 그 중 하나는 배열의 주소 값을 전달받는 매개변수의 선언방식이다.

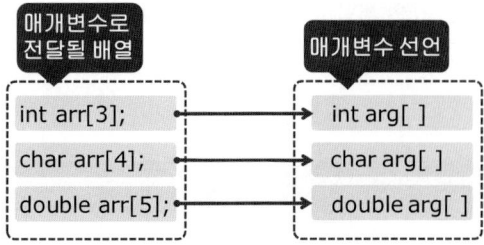

[그림 20-1 : 배열 이름의 전달에 따른 매개변수 선언방식]

예제 20-1과 위 그림을 참조하여 배열에 따른 매개변수 선언의 규칙을 찾을 수 있다. 이 규칙은 다음과 같다.

"매개변수 선언에서는 배열의 길이를 나타내는 숫자만 생략하면 된다."

위 그림의 오른편에 있는 선언들은 배열의 선언(길이가 생략된 배열의 선언)과 동일하다. 하지만 이는 배열의 주소 값을 전달받을 수 있는 매개변수의 선언을 정리해 놓은 것이다. 즉 이들은 배열의 주소 값 저장을 위한 4바이트 크기의 매개변수 선언이다(이 변수의 크기가 4바이트인 이유는 이후에 포인터 파트에서 설명된다).

이제 위 예제를 통해서 관찰할 수 있는 두 번째 사실에 대해서 이야기 해 보자.

"매개변수의 이름을 배열의 이름처럼 사용할 수 있다."

위 그림의 오른편에 있는 선언들은 배열의 이름이 아님에도 불구하고, 마치 배열의 이름처럼 배열 요소에 접근하는 것이 허용된다(위 예제 20-1의 15행). 만약에 배열 요소에 접근하는 것이 허용되지 않는다면 이 매개변수의 선언은 별 의미가 없지 않겠는가?

■ 배열의 내용이 바뀔 수도 있으니 조심하세요.

함수 호출 시 배열의 주소 값을 전달 함으로서 배열의 요소에 접근할 수 있음을 확인하였다. 그런데 여기서의 접근은 단순히 값의 참조만을 의미하는 것이 아니라, 값의 변경도 의미하는 것이다. 이러한 사실을 다음 예제를 통해서 확인해 보겠다.

■ 예제 20-2.c

```
1.  #include <stdio.h>
2.  void IncreArrElm(int arg[]);
3.  void ArrPrintf(int arg[]);
4.
5.  int main(void)
6.  {
7.      int arr[3]={1, 2, 3};
```

```
8.          printf("*** 증가 이전 배열정보 출력 *** \n");
9.          ArrPrintf(arr);
10.
11.         IncreArrElm(arr);
12.         printf("*** 증가 이후 배열정보 출력 *** \n");
13.         ArrPrintf(arr);
14.         return 0;
15.     }
16.
17.     void IncreArrElm(int arg[])
18.     {
19.         int i;
20.         for(i=0; i<3; i++)
21.             arg[i]=arg[i]+1;
22.     }
23.
24.     void ArrPrintf(int arg[])
25.     {
26.         int i;
27.         for(i=0; i<3; i++)
28.             printf("%4d", arg[i]);
29.         printf("\n");
30.     }
```

• 21행 : 인자로 전달받은 배열 정보를 이용해서 배열 요소의 값을 1씩 증가시키고 있다.

■ 실행결과 : 예제 20-2

```
*** 증가 이전 배열정보 출력 ***
   1   2   3
*** 증가 이후 배열정보 출력 ***
   2   3   4
```

이로써 함수로 전달된 배열 정보를 이용해서 해당 배열에 직접 접근하여 값을 변경하는 것이 가능하다는 사실이 확인되었다.

■ **배열의 매개변수 선언에 const를 붙이면 값의 변경이 불가능해집니다.**

키워드 const를 기억할 것이다. 변수의 이름 앞에 붙어서 선언이 되면, 해당 변수를 상수화 시키는 키워드이다. 그런데 이 키워드는 전역변수, 지역변수뿐만 아니라 매개변수에도 붙일 수 있다. 물론 그렇게 되면 매개변수에 저장된 값의 변경은 불가능하다. 다음 예제를 통해서 이 부분을 확인하자.

■ 예제 20-3.c

```
1.   #include <stdio.h>
2.   int AddFunction(const int n1, const int n2);
3.
4.   int main(void)
5.   {
6.       printf("1과 2의 합 : %d \n", AddFunction(1, 2));
7.       printf("2과 4의 합 : %d \n", AddFunction(2, 4));
8.       printf("3과 6의 합 : %d \n", AddFunction(3, 6));
9.       return 0;
10.  }
11.
12.  int AddFunction(const int n1, const int n2)
13.  {
14.      // n1++;  // 컴파일 오류 발생 위치
15.      // n2++;  // 컴파일 오류 발생 위치
16.      return n1+n2;
17.  }
```

- 12행 : 매개변수의 선언 n1과 n2 앞에 const가 붙었는데, 이는 다음의 의미를 지닌다.
  "전달되는 값으로 초기화되고 나면, 값의 변경을 허용하지 않겠다!"
- 14, 15행 : 상수화 된 n1과 n2의 값을 변경시키는 연산은 컴파일 시 에러를 발생시킨다.

■ 실행결과 : 예제 20-3

```
1과 2의 합 : 3
2과 4의 합 : 6
3과 6의 합 : 9
```

const는 변경하면 안 되는 변수의 값을 보호할 때 사용된다. const로 선언된 변수에 저장된 값을 변경하는 코드는 컴파일 과정에서 에러로 확인되기 때문에, 잘못된 부분을 수정할 수 있는 기회를 얻을 수 있다. 위 예제 12행의 경우도 마찬가지이다. 이렇게 매개변수를 const로 선언 함으로서 값이 변경되는 상황을 막을 수 있다.

이러한 const 키워드는 예제 20-2에서도 유용하게 사용될 수 있다. 다음은 예제 20-2의 안전성(코드 안전성)을 보다 높여서 재 구현한 예제이다. 어느 부분이 변경되었는지 확인하기 바란다.

■ 예제 20-4.c

```c
1.  #include <stdio.h>
2.  void IncreArrElm(int arg[]);
3.  void ArrPrintf(const int arg[]);
4.
5.  int main(void)
6.  {
7.      int arr[3]={1, 2, 3};
8.      printf("*** 증가 이전 배열정보 출력 *** \n");
9.      ArrPrintf(arr);
10.
11.     IncreArrElm(arr);
12.     printf("*** 증가 이후 배열정보 출력 *** \n");
13.     ArrPrintf(arr);
14.     return 0;
15. }
16.
17. void IncreArrElm(int arg[])
18. {
19.     int i;
20.     for(i=0; i<3; i++)
21.         arg[i]=arg[i]+1;
22. }
23.
24. void ArrPrintf(const int arg[])
25. {
26.     int i;
27.     for(i=0; i<3; i++)
28.         printf("%4d", arg[i]);
29.
30.     // arg[i]=arg[i]+1; // 실수로 삽입된 코드라고 가정합시다!
31.     printf("\n");
32. }
```

24행을 보면 매개변수 arg가 const로 선언되어있다. 이것이 예제 20-2와의 유일한 차이점이다. 그리고 이렇게 배열의 주소 값을 인자로 받는 매개변수의 선언 앞에 const 선언을 붙여서 다음과 같은 의미를 부여할 수 있다.

"arg를 이용한 배열 값의 변경을 허용하지 않겠다."

따라서 30행과 같은 실수를 범할 경우 컴파일러는 에러를 발생시키고, 여러분은 코드를 수정할 기회를 얻게 된다. 이처럼 const 키워드는 프로그램의 안전성을 높이는 효과가 있다.

모범이 되는 좋은 코드?

어느 정도 프로그래밍에 익숙해지다 보면 좋은 코드, 스타일 죽이는 코드를 찾게 된다. 좋은 코드의 조건에는 여러 가지가 있지만, 안전성이 높은 코드도 좋은 코드의 조건 중 하나이다. 위 예제 20-2에 비하면 예제 20-4가 훨씬 좋은 코드라 할 수 있다. 이렇듯 좋은 코드를 만드는 것은 아주 작은 것에서부터 시작된다. 하지만 이렇게 작은 일들을 많은 프로그래머들이 무시한다. 그리고 이는 필자도 반성할 부분이다.

■ 다양한 길이의 배열을 인자로 받고 싶다면 이렇게 하세요.

앞에서 문자열의 전달 방식을 질문했던 후배가 여러분을 찾아와 예제 20-4를 보면서 질문을 한다고 가정하자.

"IncreArrElm 함수하고 ArrPrintf 함수를 보면, 길이가 3인 int형 배열에 대해서만 동작하도록 정의되어 있잖아요? 이걸 길이에 구애 받지 않도록 바꾸려면 어떻게 해야 해요?"

함수 내에 존재하는 for문의 구성을 보면 길이가 3인 int형 배열에 대해서만 동작하도록 구현되어 있다. 따라서 이러한 질문이 등장한 것이다. 그런데 이 때 여러분의 머리를 번뜩 스쳐 지나가는 연산자가 하나 있으니, 바로 sizeof 연산자이다. 그래서 여러분은 다음과 같이 답변을 한다.

"sizeof 연산자는 배열의 크기를 바이트 단위로 반환해 주니까 다음과 같이 구현을 하면 돼, 일단 IncreArrElm함수는 내가 구현해 줄 테니, 이걸 참조해서 ArrPrintf 함수는 네가 직접 구현해 봐라."

후배의 실력향상을 위해 일부만 구현해 주는 센스를 발휘하면서 아래의 코드를 후배에게 제시하였다.

```
void IncreArrElm(int arg[])
{
    int i;
    int len=sizeof(arg)/sizeof(int);  /* 잘못된 배열 길이 계산 방법 */

    for(i=0; i<len; i++)
        arg[i]=arg[i]+1;
}
```

그렇다면 이 코드는 후배가 원하는 것을 해줄 수 있을까? 안타깝지만 이 코드는 후배가 원하는 기능을 제공하지 못한다. 만약에 위의 코드가 제대로 동작할 것으로 생각했다면 이는 매개변수를 매개변수가 아닌 배열의 이름으로 생각하고 있기 때문이다. 이러한 매개변수는 4바이트 크기의 변수라고 앞서 이야기 하지 않았는가? 따라서 sizeof(arg)의 반환 값은 배열의 크기가 아닌 변수의 크기인 4가 된다. 때문에 위의 코드에서 배열의 길이를 계산하고자 구성한 식은 전혀 엉뚱한 값을 반환해버린다.

"그렇다면 함수 안에서 배열의 길이를 계산하는 방법은 어떻게 되나요?"

안타깝지만 함수 안에서는 인자로 전달된 배열의 주소 값만 가지고, 배열의 길이를 계산할 수 없다. 따라서 함수의 인자로 배열의 주소 값을 전달할 때에는 배열의 길이도 미리 계산해서 더불어 전달해야 한다. 즉 위의 코드는 다음과 같이 변경되어야 한다. 후배에게 전달해 준 코드는 아래의 코드가 되었어야 했다.

```c
void IncreArrElm(int arg[], int len)
{
    int i;
    for(i=0; i<len; i++)
        arg[i]=arg[i]+1;
}
```

위 함수의 두 번째 전달인자는 첫 번째 인자로 전달되는 배열의 길이정보이다. 즉 배열의 길이를 미리 계산해서 전달해줘야 한다는 뜻이다. 이 내용을 근거로 예제 20-4를 변경해 보겠다.

■ 예제 20-5.c

```c
1.  #include <stdio.h>
2.  void IncreArrElm(int arg[], const int len);
3.  void ArrPrintf(const int arg[], const int len);
4.
5.  int main(void)
6.  {
7.      int arr1[3]={1, 2, 3};
8.      int arr2[5]={1, 2, 3, 4, 5};
9.
10.     printf("*** 증가 이전 배열정보 출력 *** \n");
11.     ArrPrintf(arr1, sizeof(arr1)/sizeof(int));
12.     ArrPrintf(arr2, sizeof(arr2)/sizeof(int));
13.
14.     IncreArrElm(arr1, sizeof(arr1)/sizeof(int));
15.     IncreArrElm(arr2, sizeof(arr2)/sizeof(int));
16.
17.     printf("*** 증가 이후 배열정보 출력 *** \n");
18.     ArrPrintf(arr1, sizeof(arr1)/sizeof(int));
19.     ArrPrintf(arr2, sizeof(arr2)/sizeof(int));
20.     return 0;
21. }
22.
23. void IncreArrElm(int arg[], const int len)
24. {
25.     int i;
26.     for(i=0; i<len; i++)
27.         arg[i]=arg[i]+1;
28. }
29.
```

```
30.    void ArrPrintf(const int arg[], const int len)
31.    {
32.        int i;
33.        for(i=0; i<len; i++)
34.            printf("%4d", arg[i]);
35.
36.        printf("\n");
37.    }
```

- 11, 12행 : 배열 정보의 출력을 위해 ArrPrintf 함수가 호출되었다. 두 번째 인자로 배열의 길이가 계산되어 전달되고 있음에 주목해야 한다.
- 30행 : 11, 12행에서 호출하고 있는 ArrPrintf 함수의 정의부분이다. 첫 번째 전달인자뿐만 아니라, 두 번째 전달인자도 const로 선언되었음에 주목하자. 배열의 길이는 함수 내부에서 참조할 값에 지나지 않기 때문에(배열의 길이가 함수 내에서 변경된다면 이는 프로그래머의 실수이다) const로 선언한 것은 좋은 선택이다.

■ 실행결과 : 예제 20-5

```
*** 증가 이전 배열정보 출력 ***
   1   2   3
   1   2   3   4   5
*** 증가 이후 배열정보 출력 ***
   2   3   4
   2   3   4   5   6
```

 문 제 20-1 [배열을 인자로 전달받는 함수의 정의]

아래 문제들은 1차원 배열을 기준으로 해결해야 한다. 그리고 문제를 푸는 과정에서 const 키워드를 붙여서 좋을 위치에는 const 키워드를 붙이기로 하자.

● 문제 1
double형 배열에 저장되어 있는 값을 모두 더해서 그 결과를 반환하는 함수를 정의하고, 이 함수를 활용하는 main 함수도 정의하자. 단 이 함수는 배열의 길이에 상관없이 사용할 수 있도록 정의해야 한다.

● 문제 2
int형 배열에 저장된 배열 요소의 값이 홀수이면 저장된 값을 1로, 짝수이면 저장된 값을 0으로 변경시키는 함수를 정의하고, 이 함수를 활용하는 main 함수도 정의하자. 이 함수 역시 배열의 길이에 상관없이 사용할 수 있도록 정의해야 한다.

20-2 함수의 인자로 다차원 배열 전달하기

앞서 배운 내용을 다차원 배열로 확장시켜보고자 한다. 특별히 새로운 내용을 배우는 것이 아니다. 다만 1차원 배열에서 알게 된 내용을 2차원 배열과 3차원 배열에서는 어떻게 반영해야 하는지를 확인할 뿐이다.

■ 2차원 배열을 함수에 전달하기

다차원 배열의 주소 값도 1차원 배열의 주소 값과 마찬가지로 함수의 인자로 전달될 수 있다. 따라서 우리가 추가로 알아야 할 것은 다차원 배열을 위한 매개변수의 선언방식이다.

우선 다음 예제를 통해서 2차원 배열의 매개변수 선언방식을 여러분에게 보이겠으니, 필자의 추가적인 설명 이전에 여러분이 먼저 해당 내용을 관찰하기 바란다.

■ 예제 20-6.c

```
1.   #include <stdio.h>
2.   void H3ArrPrintf(const int arg[][3], const int height, const int width);
3.
4.   int main(void)
5.   {
6.       int arr1[2][3]={1, 2, 3};
7.       int arr2[3][3]={1, 3, 5, 7};
8.       int arr3[4][3]={{1}, {2}, {3}, {4, 5}};
9.
10.      H3ArrPrintf(arr1, 2, 3);
11.      H3ArrPrintf(arr2, 3, 3);
12.      H3ArrPrintf(arr3, 4, 3);
13.      return 0;
14.  }
15.
16.  /* 가로의 길이가 3인 2차원 배열에 저장된 데이터 출력 */
17.  void H3ArrPrintf(const int arg[][3], const int height, const int width)
18.  {
19.      int i, j;
20.      for(i=0; i<height; i++)
21.      {
22.          for(j=0; j<width; j++)
23.              printf("%4d", arg[i][j]);
24.
25.          printf("\n");
26.      }
27.      printf("\n");
28.  }
```

■ 실행결과 : 예제 20-6

```
1    2    3
0    0    0

1    3    5
7    0    0
0    0    0

1    0    0
2    0    0
3    0    0
4    5    0
```

위 예제를 통해서 유추할 수 있는 2차원 배열의 매개변수 선언방식을 정리하면 다음과 같다.

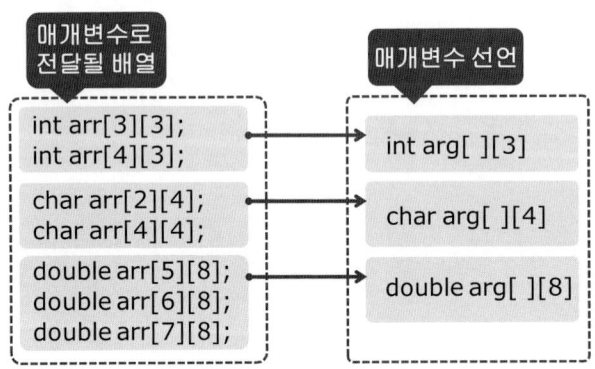

[그림 20-2 : 2차원 배열 이름의 전달에 따른 매개변수 선언방식]

즉 2차원 배열의 매개변수 선언에 있어서 세로의 길이는 중요한 요소가 아니다. 중요한 것은 가로의 길이이다. 배열 요소를 이루는 변수의 자료형과 가로의 길이에 따라서 매개변수의 선언방식이 결정되기 때문이다.

그리고 위 예제의 17행에 정의되어 있는 함수를 보면 배열의 가로, 세로 길이를 미리 계산해서 전달해야 함을 알 수 있다. 함수 내에서는 인자로 전달된 배열의 크기 계산이 불가능하므로 배열의 가로, 세로 길이도 당연히 계산할 수 없기 때문이다. 그런데 이 함수에는 약간의 모순이 존재한다. 위 예제의 10~12행에서 보여주듯이, 어차피 가로 길이가 3인 배열만 함수의 인자로 전달할 수 있기 때문에 세 번째 전달인자는 항상 3이 될 수밖에 없다. 따라서 이 함수는 다음과 같이 정의하는 것이 보다 타당하며, 여러분은 이러한 구현방식을 모델로 참조해야 한다.

```
void H3ArrPrintf(const int arg[][3], const int height)
{
    int i, j;
    for(i=0; i<height; i++)
    {
        for(j=0; j<3; j++)
            printf("%4d", arg[i][j]);

        printf("\n");
    }
    printf("\n");
}
```

■ **2차원 배열의 함수 전달 시 가로의 길이에서 자유롭지 못한 이유는요?**

2차원 배열의 매개변수 선언 시 반드시 가로의 길이를 명시해서 선언해야 한다. 이처럼 세로의 길이에는 자유로우면서 가로의 길이에는 자유롭지 못한 이유가 어디에 있을까? 그것은 배열 요소의 접근방식을 관찰하면 쉽게 알 수 있다. 이를 위해 다음 두 그림을 관찰하자. 이 두 그림은 행 간의 이동 시 참조되는 매개변수 정보와 열 간의 이동 시 참조되는 매개변수 정보가 무엇인지를 각각 보여주고 있다.

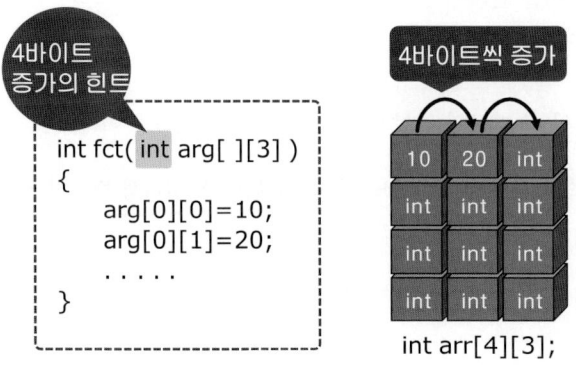

[그림 20-3 : 2차원 배열의 매개변수가 갖고 있는 정보 1]

위 그림에서 보이듯이 매개변수는 배열 요소의 접근에 필요한 정보들을 담고 있다. 특히 매개변수 선언에 존재하는 int는 각 요소를 이루는 변수가 int형이므로 행간 이동 시 4바이트씩 증가되어야 함을 알리는 역할을 한다.

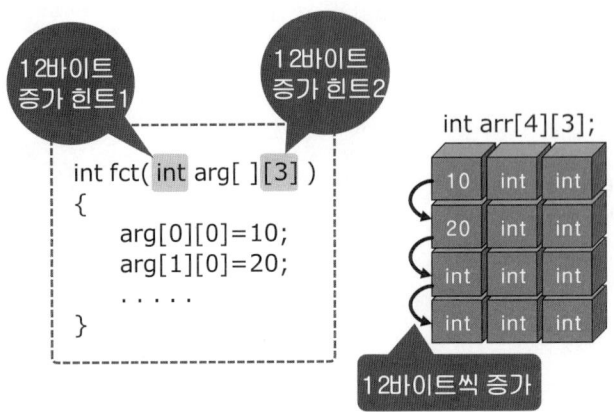

[그림 20-4 : 2차원 배열의 매개변수가 갖고 있는 정보 2]

위 그림은 열 간 이동 시 어떻게 12바이트가 증가되는지를 보여준다. 매개변수에는 다음 두 가지 정보가 담겨 있다.

"배열 요소는 int형 변수입니다."

"배열의 가로 길이는 3입니다."

따라서 int형 변수의 크기와 배열의 가로 길이를 곱하여 열 간 이동 시 증가해야 할 값의 크기가 12바이트라는 사실을 얻어내게 된다.

이제 결론을 내릴 수 있다. 왜? 매개변수 선언 시 가로의 길이에서 자유롭지 못한지를 말이다.

"매개변수에서 가로길이 정보는 배열 요소에 접근하는데 필요한 정보가 됩니다. 따라서 반드시 표시해 줘야만 합니다."

반면 세로의 길이는 배열 요소의 접근에 필요한 정보가 아니다. 따라서 세로의 길이는 매개변수 선언에 있어서 중요한 요소가 아니다.

■ 덧붙임 이야기

1차원 배열의 길이를 함수의 인자로 전달할 때, 다음과 같은 형태를 취하는 것이 보통이다.

```
int main(void)
{
    int arr[ ]={1, 2, 3, 4};
    fct(arr, sizeof(arr)/sizeof(int));
    . . . . .
}
```

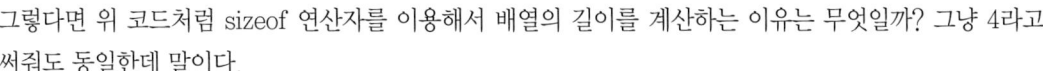

그렇다면 위 코드처럼 sizeof 연산자를 이용해서 배열의 길이를 계산하는 이유는 무엇일까? 그냥 4라고 써줘도 동일한데 말이다.

```
fct(arr, 4);   // 숫자 4는 배열의 길이.
```

물론 배열의 길이를 숫자로 직접 표현해도 되지만, sizeof 연산자를 이용해서 배열의 길이를 계산할 경우 다음과 같은 이점을 얻을 수 있다.

"배열의 길이에 상관없이 함수의 호출문장을 구성할 수 있다."

예를 들어 위 코드에서 초기화 리스트를 구성하는 요소의 개수가 하나 더 늘어나거나 줄어든다고 해도 함수의 호출문장은 변경할 필요가 없다. 함수가 호출되는 순간에 배열의 길이가 계산되기 때문이다. 그렇다면 이러한 기본적인 지식을 바탕으로 다음 문제를 풀어보기 바란다.

 문 제 20-2 [2차원 배열 이름의 함수 인자 전달]

아래에 선언된 배열에 저장된 값 중에서 최대값을 구하여 반환하는 함수를 정의하자.
```
int arr[2][3]={{2, 1, 4}, {8, 4, 7}};
```

단(사실 본 문제는 지금부터다) 배열의 세로 길이에 따라서 함수의 호출문장이 변경되지 않도록 함수를 정의하고, 이를 테스트하기 위한 main 함수도 정의하자. 특히 함수의 호출 문장도 잘 구성해야 한다.

■ 3차원 배열을 함수에 전달하기

지금까지 설명한 내용을 잘 이해했다면, 그리고 조금만 응용할 수 있다면 3차원 이상의 배열에 대해서는 필자가 별도로 언급하지 않아도 된다고 생각한다. 따라서 간단하게 다음 예제를 통해서 3차원 배열의 함수 전달방식을 보이도록 하겠다.

■ 예제 20-7.c
```
1.  #include <stdio.h>
2.  int MaxValArr(const int arg[][3][3], const int depth);
3.
4.  int main(void)
5.  {
6.      int arr1[2][3][3]={2, 5, 7, 9, 10};
7.      int arr2[4][3][3]={9, 4, 7, 5, 12};
8.
```

```
9.        printf("arr1에 저장된 최대 크기의 정수 : %d \n", MaxValArr(arr1, 2));
10.       printf("arr2에 저장된 최대 크기의 정수 : %d \n", MaxValArr(arr2, 4));
11.       return 0;
12.   }
13.
14.   int MaxValArr(const int arg[][3][3], const int depth)
15.   {
16.       int i, j, k;
17.       int max=arg[0][0][0];
18.
19.       for(i=0; i<depth; i++)
20.       {
21.           for(j=0; j<3; j++)
22.           {
23.               for(k=0; k<3; k++)
24.               {
25.                   if(arg[i][j][k]>max)
26.                       max=arg[i][j][k];
27.               }
28.           }
29.       }
30.       return max;
31.   }
```

■ 실행결과 : 예제 20-7

arr1에 저장된 최대 크기의 정수 : 10
arr2에 저장된 최대 크기의 정수 : 12

위 예제를 통해서 알 수 있듯이 2차원 이상이 되는 배열의 매개변수 선언방식은 다음과 같이 가장 첫 번째 인덱스 값만 생략을 하면 되는 것으로 정리할 수 있다.

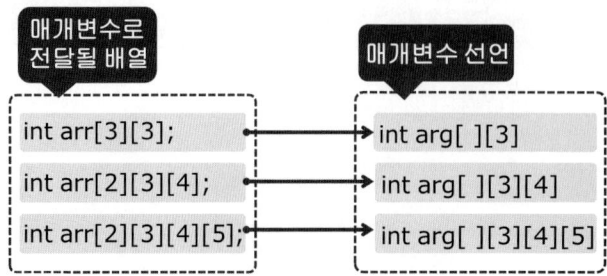

[그림 20-5 : 다차원 배열 이름의 전달에 따른 매개변수 선언방식]

그림 20-5와 같이 배열의 매개변수 선언에서 가장 첫 번째 인덱스 값이 생략되는 이유는 간단하다. 가장 첫 번째 인덱스 값은 함수 내에서 배열의 접근에 필요한 아무런 정보도 제공하지 않기 때문이다. 그리고 이와 관련해서, 앞서 "2차원 배열의 함수 전달 시 가로의 길이에서 자유롭지 못한 이유는요?"라는 제목으로 설명을 진행하였다. 비록 2차원 배열에 대해서만 언급을 했지만 3차원 이상의 배열로도 확장해서 이해할 수 있다.

20장 프로그래밍 문제의 답안

■ 문제 20-1의 답안

• 문제 1

■ 소스코드 답안

```
1.   #include <stdio.h>
2.   double DBArrAdder(const double arr[], const int len);
3.
4.   int main(void)
5.   {
6.       double arr1[ ]={1.1, 2.2, 3.3};
7.       double arr2[ ]={1.2, 2.4, 3.6, 4.8};
8.
9.       printf("arr1의 합 : %g \n",
10.          DBArrAdder(arr1, sizeof(arr1)/sizeof(double)));
11.      printf("arr2의 합 : %g \n",
12.          DBArrAdder(arr2, sizeof(arr2)/sizeof(double)));
13.      return 0;
14.  }
15.
16.  double DBArrAdder(const double arr[], const int len)
17.  {
18.      double sum=0;
19.      int i;
20.      for(i=0; i<len; i++)
21.          sum+=arr[i];
22.      return sum;
23.  }
```

위 예제에서 정의한 함수는 함수 내에서 매개변수로 전달된 데이터를 참조만할 뿐, 변경은 하지 않기 때문에 두 개의 매개변수를 모두 const로 선언하여 코드의 안전성을 높여주었다.

• 문제 2

■ 소스코드 답안

```
1.   #include <stdio.h>
2.   void IsOdd(int arr[], const int len);
3.   void ShowArray(const int arr[], const int len);
4.
5.   int main(void)
6.   {
7.       int arr1[]={1, 2, 3, 4, 5};
8.       int arr2[]={1, 3, 5, 2, 4, 6};
9.
10.      IsOdd(arr1, sizeof(arr1)/sizeof(int));
11.      IsOdd(arr2, sizeof(arr2)/sizeof(int));
```

```c
12.
13.        ShowArray(arr1, sizeof(arr1)/sizeof(int));
14.        ShowArray(arr2, sizeof(arr2)/sizeof(int));
15.        return 0;
16.    }
17.
18.    void IsOdd(int arr[], const int len)
19.    {
20.        int i;
21.        for(i=0; i<len; i++)
22.        {
23.            if(arr[i]%2==1)
24.                arr[i]=1;
25.            else
26.                arr[i]=0;
27.        }
28.    }
29.
30.    void ShowArray(const int arr[], const int len)
31.    {
32.        int i;
33.        for(i=0; i<len; i++)
34.            printf("%3d", arr[i]);
35.        printf("\n");
36.    }
```

■ 문제 20-2의 답안

■ 소스코드 답안

```c
1.    #include <stdio.h>
2.    int MaxValue(const int arr[][3], const int vLen);
3.
4.    int main(void)
5.    {
6.        int arr[2][3]={{2, 1, 4}, {8, 4, 7}};
7.        // int arr[3][3]={{1, 2, 3}, {4, 5, 6}, {7, 8, 9}};
8.
9.        printf("최대 값 : %d \n",
10.           MaxValue(arr, sizeof(arr)/(sizeof(int)*3)));
11.       return 0;
12.   }
13.
14.   int MaxValue(const int arr[][3], const int vLen)
15.   {
16.       int max=arr[0][0];
17.       int i, j;
18.
19.       for(i=0; i<vLen; i++)
20.       {
21.           for(j=0; j<3; j++)
22.           {
23.               if(max<arr[i][j])
24.                   max=arr[i][j];
25.           }
26.       }
27.       return max;
28.   }
```

6행과 7행에 세로의 길이가 다른 두 배열이 선언되어 있다. 물론 동일한 이름의 배열이므로 실행을 위해서는 이중 하나를 주석처리 해야 한다. 여기서 중요한 사실은 이중 어느 것으로 실행을 하건 10행의 함수 호출 문장에는 변함이 없다는 것이다(문제의 요구조건이 충족 되었다). 이는 10행의 함수 호출 방식 덕분이다. 배열의 세로 길이를 다음과 같이 계산하도록 식을 구성하였기 때문이다.

```
sizeof(arr)/(sizeof(int)*3)
```

이처럼 배열의 길이 정보를 인자로 전달하는 경우, sizeof 연산자를 활용해서 계산식을 구성하는 것이 좋다.

제21장 실력 다지기 연습문제 03

PART 03의 주제는 배열과 문자열이다. 때문에 배열과 문자열을 주제로 문제를 구성하였다. 단 "실력 다지기 연습문제 02"의 대부분을 해결했다는 가정 하에서 높은 수준의 문제도 일부 포함시켰다.

연습문제 리스트 ➤➤➤
- 문 제 1 [문자열의 길이 계산]
- 문 제 2 [2차원 배열에 저장된 값의 평균]
- 문 제 3 [문자열의 복사]
- 문 제 4 [회문 판단]
- 문 제 5 [문자열로 입력된 연산문의 분석]
- 문 제 6 [주민등록 번호의 유효성 판단]
- 문 제 7 [공백을 포함하는 문자열의 입력]

문 제 1 [문자열의 길이 계산]

배열에 저장되어 있는 영단어의 길이를 계산하여 반환하는 함수를 정의해보자. 이 함수는 다음과 같은 형태로 정의해야 한다.

- int WordLen(char str[]);   /* 단어의 길이 반환 */

그리고 이 함수의 테스트를 위한 main 함수와 실행의 결과는 각각 다음과 같아야 한다.

```
int main(void)
{
    char wordBuf[100];
    printf("단어 입력 : ");
    scanf("%s", wordBuf);
    printf("입력된 단어의 길이 : %d \n", WordLen(wordBuf));
    return 0;
}
```

참고로 이 문제에서 구현하는 함수 WordLen은 이후에 제시하는 여러 문제의 해결을 위해서 유용하게 활용될 수 있다.

■ 실행의 예

```
단어 입력 : supremely
입력된 단어의 길이 : 9
```

문 제 2 [2차원 배열에 저장된 값의 평균]

교수님으로부터 수강생의 중간고사와 기말고사 성적을 입력 받는 프로그램을 작성하자. 단 총 일곱 명의 성적을 입력 받아야 하며, 입력된 정보는 다음과 동일한 구조로 2차원 배열에 저장해야 한다.

성적의 입력이 완료되고 나면 이어서 프로그램은 다음의 정보를 교수님께 출력해 드려야 한다.

- 전체 학생의 중간고사 평균 점수
- 전체 학생의 기말고사 평균 점수

■ 실행의 예

```
학생 1의 중간 기말 점수 입력 : 55 72
학생 2의 중간 기말 점수 입력 : 89 59
학생 3의 중간 기말 점수 입력 : 65 99
학생 4의 중간 기말 점수 입력 : 89 67
학생 5의 중간 기말 점수 입력 : 54 67
학생 6의 중간 기말 점수 입력 : 92 85
학생 7의 중간 기말 점수 입력 : 99 99
중간고사 평균 : 77.5714
기말고사 평균 : 78.2857
```

문 제 3 [문자열의 복사]

배열에 저장되어 있는 영단어를 다른 배열에 복사하는 함수를 다음과 같은 형태로 정의해보자. 참고로 이 함수의 정의를 위해서 문제 1에서 정의한 WordLen 함수를 활용해도 된다.

- int WordCopy(char src[], char dest[]);   /* 복사된 단어의 길이 반환 */

이 함수는 src로 전달된 영단어를 dest로 전달된 배열의 주소에 복사해야 한다. 이 함수의 테스트를 위한 main 함수는 다음과 같이 구성하자.

```c
int main(void)
{
    char word1[20]="Orange";
    char word2[20]="Programming";
    char buf1[20];
    char buf2[20];

    WordCopy(word1, buf1);
    WordCopy(word2, buf2);

    printf("복사본 1 : %s \n", buf1);
    printf("복사본 2 : %s \n", buf2);
    return 0;
}
```

> ■ 실행의 예
>
> 복사본 1 : Orange
> 복사본 2 : Programming

문 제 4 [회문 판단]

회문(palindrome)은 앞으로 읽으나 뒤로 읽으나 동일한 단어를 말한다. 예를 들어서 level과 noon은 회문이다. 이렇듯 프로그램 사용자가 입력한 단어가 회문인지 아닌지를 판단하는 프로그램을 작성하자. 그리고 대소문자가 함께 입력되더라도 회문으로 판단할 수 있어야 한다. 쉽게 말해서 프로그램 사용자가 level이 아닌 Level로 입력하더라도 회문으로 인식해야 한다.

> ■ 실행의 예
>
> 단어 입력 : Level
> 입력하신 단어는 회문입니다.

문 제 5 [문자열로 입력된 연산문의 분석]

프로그램 사용자로부터 다음과 같은 형식의 수식을 문자열의 형태로 입력 받는다.

- 23+25
- 105-25
- 120*4
- 365/15

그리고 나서 읽어 들인 문자열을 분석하여 두 개의 피연산자와 하나의 연산자 정보를 추출하여 연산을 진행하고, 연산의 결과를 출력해야 한다. 단 문제의 수준을 조금 낮추기 위해서 다음과 같은 제한사항을 두겠다.

- 다음의 형태로 문자열을 읽어 들일 수 있도록, 수식에는 공백을 삽입하면 안 된다.
  `scanf("%s", buf); /* buf에 문자열 저장 */`
- 연산의 종류는 사칙연산으로 제한을 한다.
- 정수형 연산을 진행한다. 따라서 피연산자는 반드시 정수이어야 한다.
- 두 개의 피연산자와 하나의 연산자로만 문장을 구성해야 한다.
- 피연산자는 반드시 양의 정수이어야 한다.

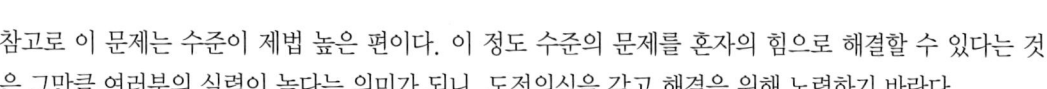

참고로 이 문제는 수준이 제법 높은 편이다. 이 정도 수준의 문제를 혼자의 힘으로 해결할 수 있다는 것은 그만큼 여러분의 실력이 높다는 의미가 되니, 도전의식을 갖고 해결을 위해 노력하기 바란다.

■ 실행의 예

```
수식 입력 : 3+124
3+124=127
```

*힌 트 : 이 문제의 관건은 문자열에 저장되어 있는 숫자 정보를 추출하는데 있다. 그런데 이는 생각보다 쉽지 않은 일이다. 하나의 문자열에 두 개의 숫자 정보와 연산자 정보가 함께 담겨 있어서 이를 구분하는 것도 쉽지 않을 뿐만 아니라, 구분을 한다 하더라도 문자열의 형태로 존재하는 숫자 정보를 사칙연산이 가능한 정수의 형태로 변환해야 하기 때문이다. 이 두 가지에 대한 해결책만 찾는다면 쉽게 해결이 가능한 문제이다.

문 제 6 [주민등록 번호의 유효성 판단]

프로그램 사용자로부터 주민등록번호를 입력 받아서 유효한 주민등록번호인지 확인하여 주는 프로그램을 작성하자. 프로그램 사용자가 정상적인 주민등록번호를 입력할 때까지 입력은 계속되어야 하며, 유효한 주민등록번호의 조건은 다음과 같이 제한한다.

- 바(-)를 포함하여 14개의 문자로 이뤄진다 : YYMMDD-Sxxxxxx
- MM은 01 이상 12 이하이다.
- DD는 01 이상 31 이하이다. 단 MM이 02이면 01 이상 29 이하이다.
- S는 1 아니면 2가 와야 한다.

보다 복잡한 형식을 취하여 정교한 검사도 가능하지만, 이 정도만 확인을 하도록 하겠다.

■ 실행의 예

```
바(-)를 포함한 주민등록번호 입력 : 850230-1012512
일 정보가 잘못되었습니다.
바(-)를 포함한 주민등록번호 입력 : 850229-1012512
정상적인 주민번호 입력에 감사 드립니다.
```

문 제 7 [공백을 포함하는 문자열의 입력]

scanf 함수와 서식문자 %s를 활용한 문자열 입력의 문제점은 문자열의 중간에 공백이 삽입될 수 없다는 것이다. 즉 다음과 같은 형태의 문자열은 scanf 함수의 호출을 통해서 한번에 읽어 들일 수 없다.

"Good Evening"

따라서 중간에 공백이 존재하는 문자열의 입력과 출력이 가능한 함수를 각각 다음과 같이 정의하자.

- int ReadString(char str[]); /* 읽어 들인 문자열의 수 반환 */
- int PrintString(char str[]); /* 출력된 문자열의 길이 반환 */

단 다음의 main 함수를 기반으로 동작해야 하고, 이어서 소개하는 실행의 예와 완전히 동일한 형태로 동작해야 한다.

```c
int main(void)
{
    char str[30];
    int len;

    printf("문자열 입력 : ");
    len=ReadString(str);
    printf("입력된 문자열 길이 %d \n", len);

    printf("입력된 문자열 : ");
    len=PrintString(str);
    printf("\n");
    printf("출력된 문자열 길이 %d \n", len);
    return 0;
}
```

■ 실행의 예

```
문자열 입력 : Good Evening
입력된 문자열 길이 12
입력된 문자열 : Good Evening
출력된 문자열 길이 12
```

*힌 트 : 문자열의 끝에 널 문자가 삽입된다는 사실을 모르면, 이 문제를 해결하기가 어렵다. 반대로 이 사실을 활용하면 쉽게 해결이 가능한 문제이다.

PART 04
포인터의 이해와 활용

제22장 포인터의 개념적인 이해
제23장 포인터의 포인터와 포인터 배열
제24장 배열과 포인터 그리고 포인터 연산
제25장 함수 중심의 포인터 활용과 메모리의 동적 할당
제26장 메모리 컨트롤 함수와 한정자(Type Qualifiers)
제27장 함수 포인터와 함수 포인터 기반의 표준 함수들
제28장 실력 다지기 연습문제 04

제22장 포인터의 개념적인 이해

포인터는 어렵지 않습니다.

포인터의 개념을 잡는 것은 생각만큼 어렵지 않다. 체계적으로 하나씩 이해해 나가면 쉽게 포인터를 이해할 수 있다. 하지만 포인터와 긴밀한 관계가 있는 배열과 함수의 포인터 기반 활용 방법을 이해하는 것은 어려운 것이 사실이다. 다행히도 여러분은 앞에서 배열과 함수를 깊이 있게 공부하였다. 때문에 여러분에게 포인터는 그리 어려운 대상이 아니다.

이 장의 목차페이지 ➤➤➤

22-1. 포인터는 메모리의 주소와 아주 깊은 관련이 있지요	508
22-2. 포인터 변수 선언하기	512
22-3. 포인터 형(Type)과 * 연산자	517
22-4. 잘못된 포인터 사용의 예와 널(NULL) 포인터	525
22-5. & 연산을 통해 얻은 주소 값은 단순한 숫자가 아닙니다.	529
22-6. 문자열 배열과 문자열을 참조하는 포인터	532
프로그래밍 문제의 답안	536

22-1 포인터는 메모리의 주소와 아주 깊은 관련이 있지요

아주 천천히 시작을 하겠다. 그리고 포인터를 공부하는데 필요한 기초적인 내용부터 언급을 하겠다. 그러니 포인터는 어려울 거라는 선입견을 완전히 지우고 시작하자. 참고로 공부하는 도중에 부담이 느껴진다면 PART 03의 복습도 고려해 볼만하다.

■ 포인터(Pointer)가 뭐에요?

포인터가 뭐에요? 이는 여러분이 지금 당장 묻고 싶은 질문일 것이다. 그런데 답은 의외로 간단하다.

"포인터는 주소 값을 담고 있는 변수(또는 상수)입니다."

이는 포인터가 무엇이냐는 질문에 대한 90점 정도되는 답변이다. 90점 정도면 높은 점수 아닌가? 그런데 이 답변이 100점이 아니고 90점인 이유가 있다. 그 이유에 대해서는 필자가 포인터의 정의에 필요한 모든 것을 설명한 다음에, 반대로 여러분에게 질문할 생각이다. 일단은 주소 값을 담을 수 있는 변수나 주소 값을 의미하는 상수를 가리켜 포인터라 한다는 사실을 기억하자.

■ 메모리의 주소체계, 그리고 간단한 질문 하나!

포인터가 메모리의 주소 값과 관련이 있는 만큼, 메모리의 주소체계를 이해하지 못하면 포인터를 정확히 이해할 수 없다. 따라서 여러분이 얼마나 정확히 메모리의 주소체계를 이해하고 있는지 확인하기 위해서 몇 가지 질문을 드리고자 한다. 다음은 첫 번째 질문이다.

"주소 값 하나가 표현하는(나타내는) 메모리의 크기는 어떻게 되나요?"

쉽게 말해서 0x12ff76이라는 하나의 주소 값이 가리키는 메모리 공간의 크기가 얼마나 되느냐를 묻고 있는 것이다. 이 질문에 대한 정답은 다음과 같다.

"하나의 주소 값은 1바이트 크기의 메모리 공간을 표현합니다."

이것에 대해서는 이유를 찾을 필요가 없다. 이는 약속에 지나지 않기 때문이다. 대한민국은 한 세대당 하나의 주소를 부여한다. 보다 세분화해서 방과 마루, 그리고 부엌에까지 주소를 부여하지 않는다. 이유가 뭘까? 여기서 뭘 이유까지 찾겠는가! 상식적으로 이것이 타당하다고 생각해서 정한 약속이 아니겠는가? 마찬가지다. 여러분이 사용하는 컴퓨터 시스템은 하나의 주소 값이 1바이트 메모리 공간을 나타내도록 약속되어 있다.

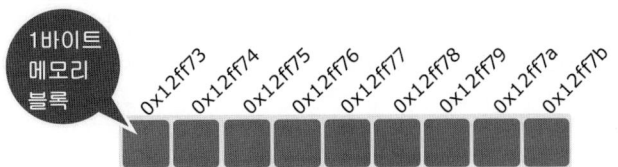

[그림 22-1 : 주소 값 하나가 표현하는 메모리 공간의 크기]

위 그림을 보면서 혹시 다음과 같은 궁금증이 발생하지는 않았는가?

"위 그림에서 0x12ff73번지는 첫 번째 비트에 할당된 값인가? 아니면 마지막 비트에 할당된 값인가?"

다음 그림은 여러분의 이러한 궁금증을 구체화한 것이다.

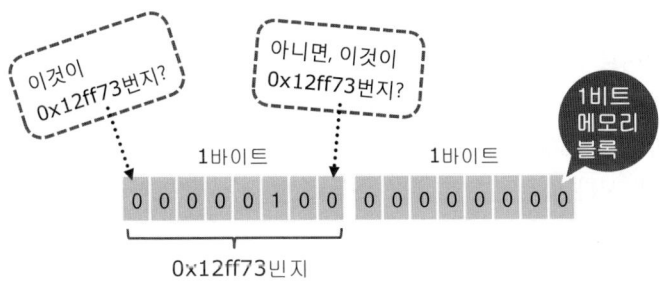

[그림 22-2 : 누가 0x12ff73번지란 말인지?]

어떤가 제법 혼란스럽지 않은가? 실제로 필자는 이러한 유형의 질문을 받아본 적이 있다. 그러나 이는 주소가 비트단위로 할당될 거라는 선입견에서 시작된 궁금증이다. 이는 다음 질문과 그 성격이 유사하다.

"우리 집의 주소인 충남 아산시 오리면 115번지는 안방에 할당된 주소인가? 아니면 거실에 할당된 주소인가?"

다시 한번 말씀 드리지만 주소 값은 1바이트 단위로 할당되는 것이지, 특정 비트에 할당되는 것이 아니다. 그림 22-2의 하단에서 보여주듯이 8개의 비트가 묶여서 하나의 주소 값을 이루는 것이다. 따라서 다음과 같은 질문이 등장한다면, 특별히 정해지지 않은 방식의 답을 해야만 한다.

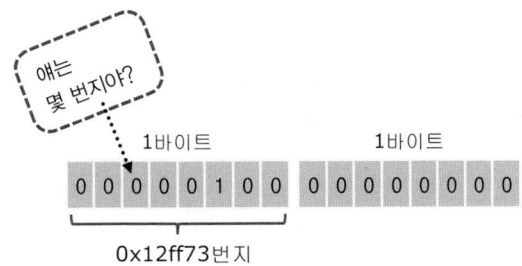

[그림 22-3 : 비트의 주소는 어떻게 표현하면 좋을까?]

제22장 포인터의 개념적인 이해 _509

위 그림에서는 0x12ff73번지의 세 번째 비트 주소가 어떻게 되냐고 묻고 있다. 여러분이라면 어떻게 대답하겠는가? 필자라면 다음과 같이 보이는 그대로 답할 것이다. 특별한 방법이 정해져 있지 않으니 말이다.

"아 그건 말이지 0x12ff73번지의 세 번째 비트야!"

■ **조금 더 수준이 있는 두 번째 질문!**

이제 조금 더 높은 수준의 질문을 드리겠다. 이 질문은 주소 값을 표현하는데 필요한 바이트 수와 관련된 질문이다. 위에서 드린 질문은 주소 값이 가리키는 메모리 공간의 크기에 대한 질문이었고, 이번에 드리는 질문은 주소 값 자체를 표현하는데 필요한 바이트 크기에 대한 질문이다. 자! 질문은 다음과 같다.

"주소 값을 표현하는데 필요한 바이트 수는 어떻게 되나요?"

예를 들어서 주소 값 0x12를 변수에 저장한다고 가정해 보자. 몇 바이트 크기의 변수가 필요하겠는가? 물론 값의 크기가 작으므로 1바이트, 2바이트 그리고 4바이트 변수에도 저장이 가능하다. 그러나 주소 값이 작으면 1바이트에, 주소 값이 크면 4바이트에 저장할 수는 없는 일이므로 하나의 크기를 정해야 한다.
주소 값을 1바이트로 표현할 때와 4바이트로 표현할 때의 차이점은 표현의 범위에 있다. 물론 1바이트로 표현할 때보다는 4바이트로 표현할 때, 보다 넓은 범위의 주소 값을 표현할 수 있다. 따라서 위 질문에 대한 답변은 다음과 같아야 한다.

"표현하고 싶은 주소 값의 범위에 따라서 달라집니다."

그렇다면 16비트로 주소 값을 표현할 때 나타낼 수 있는 주소 값의 범위는 어떻게 될까? 2의 16승은 65536이므로 16비트로는 총 65536개의 바이트(64킬로 바이트)에 주소를 부여할 수 있다. 따라서 주소 값의 시작이 0번지라면, 0에서 65535번지까지 주소를 부여할 수 있다.

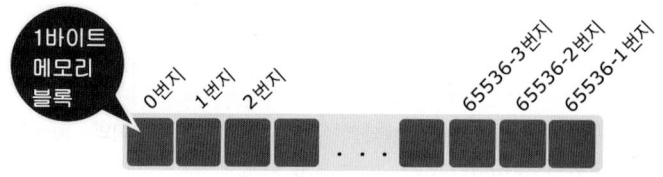

[그림 22-4 : 주소 값을 16비트로 표현할 때 주소 값의 구성]

정리하면, 메모리 공간의 크기에 따라서 주소 값의 바이트 수가 결정된다. 달리 말하면 주소 값의 바이트 수가 크면 클수록 보다 넓은 메모리 공간에 주소 값을 부여할 수 있다.

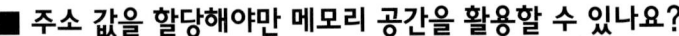

■ 주소 값을 할당해야만 메모리 공간을 활용할 수 있나요?

메모리 공간을 실제로 활용하는 주체는 운영체제이다. 그리고 운영체제는 메모리 공간을 관리하기 위해서 주소 값을 할당한다. 따라서 주소 값이 할당되지 않은 메모리 공간은 운영체제에서 활용할 수 없는 메모리 공간이 되어버린다.

주소 값이 16비트로 표현되는 시스템에서 사용할 수 있는 최대 메모리 공간은 2의 16승 크기가 되고, 주소 값이 32비트로 표현되는 시스템에서 사용할 수 있는 최대 메모리 공간은 2의 32승이 된다. 그만큼 주소 값의 크기는 중요한 의미를 담고 있다.

■ 32비트 시스템에서는 주소 값의 표현에 32비트를 사용합니다.

16비트 시스템에서는 주소 값을 표현하는데 16비트를 사용한다. 따라서 실행 중에 있는 프로그램이 사용할 수 있는 메모리 공간은 65536바이트(64킬로 바이트)가 최대이다. 마찬가지로 32비트 시스템에서는 주소 값을 표현하는데 32비트를 사용한다. 따라서 실행 중에 있는 프로그램이 사용할 수 있는 최대 메모리 공간은 4294967296바이트(4기가 바이트)가 된다.

64비트 시스템에 대해서는 별도로 언급하지 않겠다. 32비트 시스템을 기준으로 공부하면 당연히 64비트 시스템도 이해할 수 있기 때문이다. 그리고 64비트 시스템을 기준으로 설명을 하려면 숫자가 너무 커진다. 2의 64승을 해 보라. 그 값이 얼마나 큰지 말이다. 이렇게 숫자가 커지면 설명하는 필자도, 설명을 듣는 여러분도 불편하다.

앞으로 특별한 언급이 없는 한 모든 설명은 32비트 시스템을 기준으로 전개된다는 사실을 기억하기 바란다. 그리고 지금까지 질문하고 설명했던 이 두 가지 내용만 이해한다면 포인터를 공부하기 위한 기본을 100% 갖춘 셈이다.

> **참고**
>
> **프로그램이 사용할 수 있는 메모리 공간이 크다는 것은?**
>
> 여러분이 구현하는 응용프로그램과 Windows, Linux와 같은 운영체제들도 실행을 위해서는 메모리 공간을 필요로 한다. 따라서 메모리 공간이 크다는 것은 운영체제나 응용프로그램이 메모리 공간을 넉넉하게 사용할 수 있다는 뜻이 되고, 넉넉한 만큼 기능이 풍부하고 용량이 큰 프로그램의 개발이 가능해진다.

22-2 포인터 변수 선언하기

주소 값의 저장을 위해 선언되는 변수를 가리켜 포인터 변수라 한다. 따라서 포인터 변수에 대해서 이야기를 하려면 먼저 주소 값을 구하는 방법부터 살펴봐야 한다.

■ **주소 값을 얻기 위해 사용되는 & 연산자**

& 연산자는 이항 연산자로서 비트단위 AND의 기능을 제공하는 연산자였다. 그런데 이러한 & 연산자가 단항 연산자로 사용이 되면, 피연산자의 주소 값을 반환하는 기능의 연산자가 된다. 다음 예제는 주소 값을 반환하는 연산자로서의 & 연산자를 보여준다.

■ 예제 22-1.c

```
1.   #include <stdio.h>
2.
3.   int main(void)
4.   {
5.       int num1=3;
6.       char num2='A';
7.       double num3=3.15;
8.
9.       printf("num1의 저장위치 : %#x \n", &num1);
10.      printf("num2의 저장위치 : %#x \n", &num2);
11.      printf("num3의 저장위치 : %#x \n\n", &num3);
12.
13.      printf("num1의 주소 값 크기 : %d \n", sizeof(&num1));
14.      printf("num2의 주소 값 크기 : %d \n", sizeof(&num2));
15.      printf("num3의 주소 값 크기 : %d \n\n", sizeof(&num3));
16.      return 0;
17.  }
```

- 9~11행 : 변수 num1, num2, num3 앞에 & 연산자를 붙여서, 반환된 결과 값을 16진수의 형태로 출력하고 있다.
- 13~15행 : 변수 num1, num2, num3 앞에 & 연산자를 붙여서, 반환된 결과 값에 sizeof 연산을 하고 있다. 그리고 이렇게 해서 얻은 결과값을 출력하고 있다. 이는 주소 값이 몇 바이트로 표현되는지를 확인하기 위함이다.

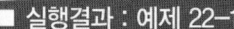

난 정말 C PROGRAMMING을 공부한 적이 없다구요!

■ 실행결과 : 예제 22-1

num1의 저장위치 : 0x12ff60
num2의 저장위치 : 0x12ff57
num3의 저장위치 : 0x12ff44

num1의 주소 값 크기 : 4
num2의 주소 값 크기 : 4
num3의 주소 값 크기 : 4

위 예제를 통해서 & 연산자의 기능을 파악했을 것이다. 그리고 실제로 주소 값의 크기가 4바이트로 표현된다는 것도 확인되었다. 물론 이는 필자의 32비트 시스템에서 보이는 출력 값으로 실행결과는 언제건 달라질 수 있다. 그러나 앞으로 설명하는 내용은 주소 값의 크기가 4바이트로 표현된다는 가정하에 진행을 하겠다.

● 문 제 22-1 [배열이 정말로 나란히 메모리 공간에 할당되는 자료형 맞나요?]

우리는 배열에 대해서 다음과 같이 정의하였다.
 "배열은 동일한 자료형의 변수가 메모리 공간에 나란히 할당되는 형태의 자료형이다."

여기서 중요한 것은 메모리 공간에 나란히 할당된다는 사실이다. 즉 다음과 같이 배열이 선언되면, 배열을 이루는 여섯 개의 변수가 모두 나란히 메모리 공간에 할당이 된다는 뜻이다.
 int arr[2][3];

이번 문제는 이 사실의 진위여부를 확인하기 위한 프로그램을 만드는 것이다. 여러분은 & 연산자를 이용해서 변수의 주소 값을 구할 수 있다. 그렇다면 배열이 정말로 메모리 공간에 나란히 할당되는지를 직접 확인하기 위한 예제를 작성할 수 있다.

■ 포인터 변수 선언의 기본 규칙

예제 22-1에서는 주소 값의 저장 방법을 몰라서, 주소 값을 저장하지 않는 방식으로 예제를 작성하였다. 주소 값을 저장하려면 포인터 변수를 선언해야 한다. 그런데 다행히도 포인터 변수를 선언하는 것은 일반 변수를 선언하는 것만큼이나 쉽다. 그 규칙이 매우 간단하기 때문이다. 예를 들어서 자료형이 TYPE

인 변수 val이 선언되어 있다고 가정하자(TYPE을 int로 대체하여 글을 읽어 내려가면 이해가 더 빠를 수 있다).

```
TYPE val;
```

이 때 이 변수의 주소 값을 저장하기 위한 포인터 변수의 선언은 다음과 같이하면 된다. 그저 * 하나만 중간에 추가해주면 되는 것이다.

```
TYPE * ptr;
```

이렇게 선언된 포인터 변수 ptr을 가리켜 다음과 같이 표현하면 아주 정확하다.

"TYPE형 변수의 주소 값을 저장하는 포인터 변수 ptr"

그런데 이는 너무 표현이 길다. 그래서 다음과 같이 줄여서 표현하는 것이 일반적이다.

"TYPE형 포인터 변수 ptr"

즉 TYPE형 포인터 변수 ptr은 TYPE형 변수의 주소 값을 저장할 수 있는 포인터이다. 이렇게 해서 포인터 변수 ptr을 선언했으니, 변수 val의 주소 값을 포인터 변수 ptr에 저장할 수 있게 되었다.

```
ptr = &val;
```

물론 포인터 변수도 선언과 동시에 초기화가 가능하다. 즉 다음과 같은 선언이 가능하다.

```
TYPE * ptr = &val;
```

참고로 포인터 변수의 선언에서 *의 앞과 뒤의 공백 삽입 여부는 문제가 되지 않는다. 즉 다음 세 문장은 모두 동일하게 포인터 변수 ptr을 선언하는 문장이다.

- `TYPE * ptr;`
- `TYPE* ptr;`
- `TYPE *ptr;`

자! 그럼 지금까지 설명한 내용을 활용하여 예제 22-1을 변경해 보겠다.

■ 예제 22-2.c

```
1.    #include <stdio.h>
2.
3.    int main(void)
4.    {
5.        int num1=3;
6.        char num2='A';
7.        double num3=3.15;
8.
9.        int * ptr1=&num1;        // int형 포인터 변수 선언
```

```
10.        char * ptr2=&num2;           // char형 포인터 변수 선언
11.        double * ptr3=&num3;         // double형 포인터 변수 선언
12.
13.        printf("num1의 저장위치 : %#x \n", ptr1);
14.        printf("num2의 저장위치 : %#x \n", ptr2);
15.        printf("num3의 저장위치 : %#x \n\n", ptr3);
16.
17.        printf("포인터 변수 ptr1의 크기 : %d \n", sizeof(ptr1));
18.        printf("포인터 변수 ptr2의 크기 : %d \n", sizeof(ptr2));
19.        printf("포인터 변수 ptr3의 크기 : %d \n\n", sizeof(ptr3));
20.        return 0;
21.    }
```

- 9~11행 : 각각 포인터 변수를 선언과 동시에 초기화하고 있다. 주석에서 설명하듯이 int형 변수의 주소 값을 저장할 수 있는 포인터를 가리켜 'int형 포인터 변수'라 한다. 나머지는 주석을 참조하자.

- 17~19행 : 여기서 출력하는 것은 포인터 변수의 크기이다. 이는 예제 22-1의 13~15행과 차이가 있다. 13~15행에서는 주소 값(상수 형태의)의 크기를 계산하여 출력한 것이고, 여기서는 포인터 변수의 크기를 계산하여 출력한 것이다. 물론 이 둘의 크기는 동일하다. 크기가 동일하기 때문에 주소 값을 포인터 변수에 저장할 수 있는 것 아니겠는가?

■ 실행결과 : 예제 22-2

```
num1의 저장위치 : 0x12ff74
num2의 저장위치 : 0x12ff73
num3의 저장위치 : 0x12ff78

포인터 변수 ptr1의 크기 : 4
포인터 변수 ptr2의 크기 : 4
포인터 변수 ptr3의 크기 : 4
```

이 예제의 출력결과를 통해서 확실해진 사실이 한가지 있다. 그것은 바로 포인터의 크기이다. int형 포인터이건, char형 포인터이건 그 크기는 4바이트로 항상 동일하다. 이는 변하지 않는 사실로서 앞으로 보게 될 다양한 형태의 포인터 모두 그 크기는 4바이트로 동일하다.

"포인터는 상수이건 변수이건 항상 4바이트 입니다!"

■ 포인터와 변수의 메모리상의 관계

예제 22-2의 9~11행을 통해서 형성되는 메모리 구조상의 관계를 그림으로 그려보면 다음과 같다. 예제 22-2의 실행결과를 참조하여 그린 그림이다.

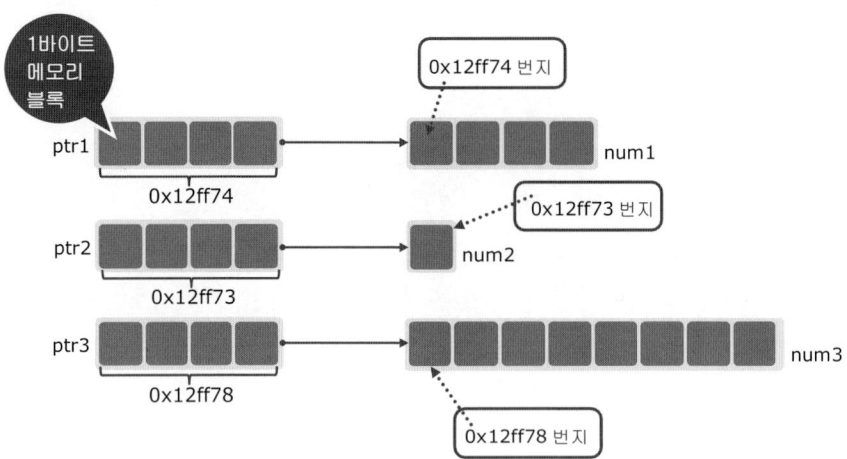

[그림 22-5 : 포인터와 변수의 참조 관계 1]

위 그림을 보면 1바이트짜리 변수 num2를 참조하는 포인터 변수 ptr2의 크기가 4바이트임을 알 수 있다 (사각형의 크기가 바이트 크기를 의미한다). 즉 가리키는 대상의 크기는 중요하지 않다. 어차피 첫 번째 바이트의 주소 값을 저장하는 것이 포인터 변수이기 때문에 대상이 1바이트이건 4바이트이건, 아니면 그보다 큰 8바이트이건 간에 무조건 4바이트로 선언이 되어 메모리 공간을 참조하게 된다.

그리고 위 그림을 메모리 구조상에서의 실제 모델에 가깝게 그리면 다음과 같다. 물론 이 그림에는 변수 num1, num2, num3가 메모리 공간에 나란히 할당되었다는 가정이 들어가 있다.

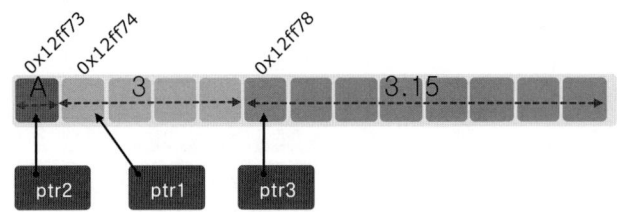

[그림 22-6 : 포인터와 변수의 참조 관계 2]

■ 아 그냥 int형 변수에 저장합시다! 안되나요?

주소 값도 정수이면서 4바이트로 표현이 되니, 그냥 int형 변수(또는 unsigned int형 변수)에 저장하는 것은 어떨까? int형 변수도 크기가 4바이트이고 정수를 저장하기 위한 변수니 말이다. 다시 말해서 굳이 포인터 변수라는 것을 선언해서 주소 값을 저장해야만 하는 이유가 있는 것일까?

만약에 주소 값의 저장이 유일한 목적이라면, int형 변수에 저장을 해도 된다. 하지만 주소 값을 저장하는 이유는 다른데 있다. 따라서 int형 변수에 주소 값을 저장하지 않는 것이다. 이어서 이와 관련된 이야기를 구체적으로 진행하겠다.

22-3 포인터 형(Type)과 * 연산자

조금 전에 int형 변수에 주소 값을 저장하면 안 되는 이유를 간단히 설명했는데, 이는 * 연산자와 관련이 있다. * 연산자는 곱셈의 의미로도 사용이 되고, 포인터 선언 시에도 사용이 된다. 이제 * 연산자가 갖는 세 번째 의미를 살펴볼 차례이다.

■ 포인터 형(Pointer Type)이란?

우리는 데이터의 형(type)에 대해 알고 있다('데이터'는 한글로 '자료'이기 때문에 이 책에서는 자료형으로 불러왔다). 그리고 여러분이 알고 있는 대표적인 데이터 형들은 다음과 같다.

```
char, int, long, float, double
```

이처럼 데이터에 데이터 형이 존재하듯이 포인터에도 포인터 형이 존재한다. 그리고 데이터 형이 데이터의 특성을 나타내듯이 포인터 형도 포인터의 특성을 나타낸다. 예제 22-2에서는 총 세 개의 포인터 형을 소개하였는데, 이를 정리하면 다음과 같다.

- `int *`   →   int형 포인터
- `char *`   →   char형 포인터
- `double *` →   double형 포인터

즉 포인터를 가리켜 "TYPE형 포인터"라고 부르는데, 이것이 바로 포인터 형의 이름이다.

■ 포인터와 함께 사용이 되는 * 연산자(간접 참조 연산자)

수학에서는 하나의 연산자가 둘 이상의 의미를 지니는 경우가 존재한다. 예를 들어서 수학의 − 기호는 뺄셈의 의미를 갖지만, 음수를 표현하기 위해서도 사용이 된다. 이처럼 C언어에서도 하나의 기호가 둘 이상의 의미를 갖는 경우가 자주 등장하는데, 그럼에도 불구하고 문제가 되지 않는 이유는 연산자의 의미가 피연산자에 따라서 결정되기 때문이다.
이번에 소개할 * 연산자도 마찬가지이다. 이항 연산자로 사용이 되면 곱셈을 의미하지만, 단항 연산자로 사용이 되면 포인터가 가리키는 메모리 공간의 접근을 의미한다.

■ 예제 22-3.c

```
1.   #include <stdio.h>
2.
3.   int main(void)
```

```
4.    {
5.        int num=10;
6.        int * ptr;
7.
8.        ptr=&num;
9.        printf("포인터 ptr이 가리키는 변수 값 : %d \n", *ptr);
10.       printf("num에 저장된 값 : %d \n\n", num);
11.
12.       *ptr=20;
13.       printf("포인터 ptr이 가리키는 변수 값 : %d \n", *ptr);
14.       printf("num에 저장된 값 : %d \n\n", num);
15.
16.       (*ptr)++;
17.       printf("포인터 ptr이 가리키는 변수 값 : %d \n", *ptr);
18.       printf("num에 저장된 값 : %d \n\n", num);
19.       return 0;
20.   }
```

- 8행 : 이 문장에 의해서 포인터 변수 ptr은 변수 num을 가리킨다.
- 9행 : 포인터 변수 ptr 앞에 * 연산자가 붙었다. 이는 포인터 변수 ptr에 저장된 값을 참조하라는 뜻이 아니고, ptr에 저장된 주소 값의 메모리 공간을 참조하라는 뜻이다. 즉 변수 num을 참조하라는 뜻이 된다.
- 12행 : ptr이 가리키는 변수에 20을 저장하라는 의미의 문장이다. 현재 ptr은 변수 num을 가리키니 (num의 주소 값을 저장하고 있으니), *ptr은 변수 num과 동일한 의미가 된다.
- 16행 : * 연산자보다 ++ 연산자의 우선순위가 높은 관계로 부득이하게 괄호를 사용하였다. 포인터 변수 ptr이 가리키는 변수에 저장된 값을 1 증가시키는 문장이다.

■ 실행결과 : 예제 22-3

```
포인터 ptr이 가리키는 변수 값 : 10
num에 저장된 값 : 10

포인터 ptr이 가리키는 변수 값 : 20
num에 저장된 값 : 20

포인터 ptr이 가리키는 변수 값 : 21
num에 저장된 값 : 21
```

실행결과에서 보여주듯이, 포인터 ptr과 * 연산자를 이용해서 진행한 모든 연산의 결과는 변수 num에 그대로 반영이 된다. 즉 *ptr은 변수 num이다.

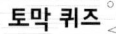

질문 : 포인터 변수 앞에 * 연산자를 붙이면 이것은 lvalue인가?

답변 : lvalue이다. 예제 22-3에서 보여주듯이 대입 연산자의 왼편에 올 수 있으므로 당연히 lvalue이다. 즉 변수만이 lvalue가 되는 것은 아니다.

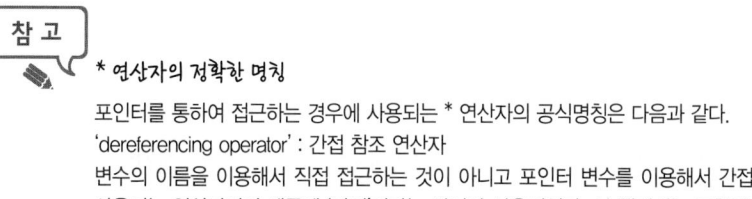

* 연산자의 정확한 명칭

포인터를 통하여 접근하는 경우에 사용되는 * 연산자의 공식명칭은 다음과 같다.
'dereferencing operator' : 간접 참조 연산자
변수의 이름을 이용해서 직접 접근하는 것이 아니고 포인터 변수를 이용해서 간접적으로 접근할 때 사용되는 연산자이기 때문에 '간접'이라는 단어가 사용되었다. 이 책에서는 표현의 편의를 위해서 그냥 * 연산자라 부르고 있다.

■ int형 변수에 주소 값을 저장하면 안 되는 이유!

int형 변수에 주소 값을 저장하면 안 되는 이유는, 이어서 소개할 두 개의 예제를 통해서 확인이 가능하다. 우선 첫 번째 예제를 보자.

■ 예제 22-4.c

```
1.   #include <stdio.h>
2.
3.   int main(void)
4.   {
5.       int data1;
6.       char data2;
7.       double data3;
8.
9.       int * ptr1=&data1;
10.      char * ptr2=&data2;
11.      double * ptr3=&data3;
12.
13.      *ptr1=100;
14.      *ptr2=100;
15.      *ptr3=100;
16.
```

```
17.     printf("data1 : %d \n", *ptr1);
18.     printf("data2 : %c \n", *ptr2);
19.     printf("data3 : %f \n", *ptr3);
20.     return 0;
21. }
```

■ 실행결과 : 예제 22-4

```
data1 : 100
data2 : d
data3 : 100.000000
```

위 예제는 여러분 스스로 충분히 분석 가능하다. 그럼에도 불구하고 예제로 제시한 이유는 관찰의 포인트가 달라서이다. 잠시 13, 14, 15행을 보자. 각각 포인터 ptr1, ptr2, ptr3가 가리키는 변수에 100을 저장하고 있다. 결과적으로 보면 100이 저장된다는 사실은 동일하지만, 저장되는 방식에는 아주 큰 차이가 있다.

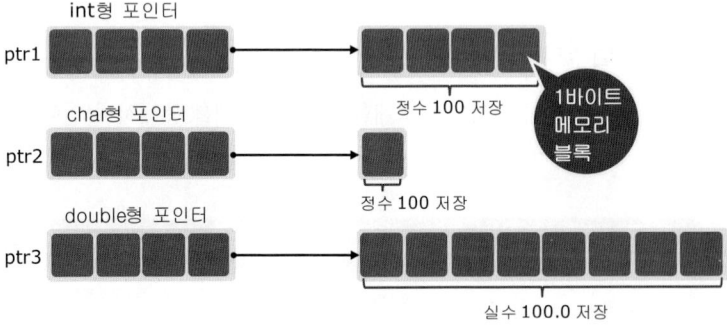

[그림 22-7 : 포인터의 자료형이 지니는 의미]

우선 int형 포인터 ptr1이 가리키는 대상에 100을 저장하니 4바이트 메모리 공간에 정수의 형태로 100이 저장되었다. 반면에 double형 포인터 ptr3이 가리키는 대상에 100을 저장하니 8바이트 메모리 공간에 실수의 형태로 100.0이 저장되었다. 이유가 무엇일까?

"아 그건 말이죠! ptr1이 가리키는 대상은 int형 변수이고, ptr3가 가리키는 대상은 double형 변수이기 때문입니다."

상당히 그럴듯한 답변이다. 하지만 제대로 틀렸다! 가리키는 대상이 무엇이냐는 중요하지 않다. 중요한 것은 포인터의 형(type)이다. int형 포인터를 통해서 포인터가 가리키는 변수에 값을 저장할 때에는 무조건 4바이트 정수의 형태로 저장이 된다. 그리고 double형 포인터를 통해서 포인터가 가리키는 변수에 값을 저장할 때에는 8바이트 실수의 형태로 저장이 된다. 즉 포인터의 형은 포인터가 가리키는 메모리 공간의 데이터 저장 및 참조 방식을 결정한다(메모리 공간의 접근을 위한 * 연산자의 연산방식을 결정한다는 의미이다). 중요한 결론이니 다시 한번 말하겠다.

"포인터의 형(type)은 포인터가 가리키는 메모리 공간의 데이터 저장 및 참조 방식을 결정한다."

중요한 결론이기 때문에 서너 번 더 이야기하고 싶지만, 책이 벽으로 향할까 두려워 그만하겠다. 대신 예제를 하나 더 보기로 하자. 이 예제는 포인터 형이 포인터가 가리키는 메모리 공간의 데이터 저장 및 참조 방식을 결정한다는 사실을 보여준다(은근슬쩍 한번 더 말한 것은 애교로 봐주길 바란다).

> **참고** 정수와 실수의 저장 및 참조 방식이 기억나지 않는다면
> 만약에 정수와 실수의 데이터 표현방식이 어떻게 차이를 보이는지 기억이 나지 않는다면, "4장 데이터 표현방식의 이해"를 복습하는 것도 좋은 선택이 될 수 있다.

■ 예제 22-5.c

```c
1.  #include <stdio.h>
2.
3.  int main(void)
4.  {
5.      int num=999999999;
6.      float * ptr;
7.      ptr=&num;
8.
9.      printf("num에 저장된 값 : %f \n", *ptr);
10.     printf("num에 저장된 값 : %d \n", *ptr);
11.     return 0;
12. }
```

• 7행 : int형 변수 num의 주소 값을 float형 포인터 변수 ptr에 저장하고 있는데, 이는 비정상적인 행위이다. 그리고 이 문장에 의해서 다음과 같은 상황이 벌어지고 만다.

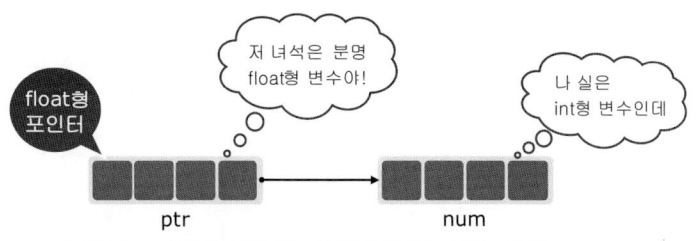

[그림 22-8 : 변수와 포인터의 자료형이 일치하지 않는 상황]

- 9, 10행 : 포인터 ptr을 이용해서 변수 num에 저장된 값을 출력하고 있다. num에 저장된 값이 제대로 출력되지 않는다는 사실을 보여드리기 위해서 %f, %d 두 가지 서식문자를 활용해서 출력을 진행하고 있다. 여기서 중요한 사실은 변수 num에 저장된 값을 4바이트 정수형으로 참조하는 것이 아니라, 4바이트 실수형으로 참조를 한다는 것이다. 따라서 전혀 엉뚱한 값이 출력된다.

■ 실행결과 : 예제 22-5

num에 저장된 값 : 0.004724
num에 저장된 값 : -536870912

이 예제는 필자가 주장한 사실을 증명해 보였다. 만약에 가리키는 대상에 따라서 참조 방식이 결정된다면 위 예제의 실행결과에는 정상적인 출력이 존재해야만 한다. 그리고 예제에서는 참조 방식과 관련해서만 증명해 보였지만, 저장도 마찬가지이다. 포인터가 가리키는 대상이 무엇이건 간에 포인터를 이용해서 값을 저장할 때에는 포인터 형에 따라서 저장 방식이 결정된다.

■ 토막 퀴즈

문제 : * 연산자를 이용해서 포인터 ptr이 가리키는 메모리 공간에 -27을 저장할 때, 정수 표현방식을 기준으로 1바이트 메모리 공간에 저장이 이뤄졌다면, 포인터 ptr의 형(type)은 무엇이겠는가?

정답 : 문제에서 이야기하는 포인터 ptr의 특징은 char형 포인터(char *)의 특징이다.

이제 int형 변수에 주소 값을 저장하면 안 되는 이유를 알겠는가? int형 변수에 저장 된 주소 값만을 이용해서는 해당 주소의 메모리 공간에 접근이 불가능하다. 해당 주소의 메모리 공간에 대한 정보가 없기 때문이다. 달리 말하면, int형 변수에는 해당 주소의 메모리 공간에 대한 정보가 없기 때문에 메모리 참조를 위한 * 연산이 불가능하다.

문 제 22-2 [필자가 여러분에게 드리기로 했던 문제]

이 장 앞 부분에서는 포인터에 대해서 다음과 같이 정의하였다.
"포인터는 주소 값을 담고 있는 변수(또는 상수)입니다."
그리고 이는 100점짜리 답변이 아니라고 하였다. 무엇인가 중요한 내용이 빠져있기 때문이다. 그리고 이것이 왜? 100점이 될 수 없는지 그 이유를 여러분에게 묻는다고 말씀 드렸다. 이제 이와 관련해서 질문을 드릴 테니 답을 하면서 지금까지의 내용을 정리하기 바란다.

◉ 문제 1
위의 포인터 정의는 완벽하지 못하다. 이것이 전부라면 int형 변수도 포인터가 될 수 있다. 그렇다면 포인터를 정의하는데 있어서 위의 정의에 추가해야 할 부분은 무엇인가?

◉ 문제 2
int형 변수의 주소 값을 int형 포인터가 아닌 다른 포인터에 저장을 해도 컴파일은 된다. 하지만 반드시 int형 포인터에 저장해야 하는데 그 이유는 무엇일까?

◉ 문제 3
포인터 변수와 일반 변수(포인터 변수가 아닌 데이터 변수)의 공통점과 차이점을 이야기 해 보자.

■ 포인터 변수도 변수이기 때문에 값의 변경이 허용됩니다.

포인터 변수에 저장된 값도 여느 변수와 마찬가지로 변경이 가능하다. 다음 예제는 이 사실을 확인시켜 준다.

■ 예제 22-6.c

```
1.   #include <stdio.h>
2.
3.   int main(void)
4.   {
5.       int num1=10;
6.       int num2=20;
7.
8.       int * p1;
9.       int * p2;
10.      int * temp;
11.
```

```
12.         /* p1은 num1을, p2는 num2를 가리킴 */
13.         p1=&num1;
14.         p2=&num2;
15.
16.         printf("p1 참조 값 : %d \n", *p1);
17.         printf("p2 참조 값 : %d \n\n", *p2);
18.
19.         /* p1과 p2가 저장하고 있는 값 교체 */
20.         temp=p1;
21.         p1=p2;
22.         p2=temp;
23.
24.         printf("p1 참조 값 : %d \n", *p1);
25.         printf("p2 참조 값 : %d \n\n", *p2);
26.         return 0;
27. }
```

• 20~22행 : 포인터 p1과 p2가 저장하고 있는 값을 서로 교환하는 코드이다. 이 코드는 포인터 변수에 저장되어 있는 값을 다른 값으로 변경할 수 있음을 보여준다.

■ 실행결과 : 예제 22-6

p1 참조 값 : 10
p2 참조 값 : 20

p1 참조 값 : 20
p2 참조 값 : 10

위의 실행결과는 포인터 변수에 저장된 주소의 값이 변경될 수 있음을 확인시켜준다. 단 여기서 주의할 것은 변수 num1과 num2에 저장된 값이 바뀐 것이 아니라는 사실이다. 포인터가 가리키는 대상이 바뀌었을 뿐이다.

● 문제 22-3 [포인터의 기능 이해하기]

아래에서 제시하는 예제 코드의 실행결과를 예측해 보자. 실행을 통해서 그 결과를 확인하지 말고 코드 분석을 통해서 실행결과를 예측하기 바란다.

◉ 문제 1

```
int main(void)
{
    int num=5;
    int * p1=&num;
    int * p2=&num;

    *p1 = *p1 + *p2;
    printf("%d %d %d", num, *p1, *p2);
    return 0;
}
```

◉ 문제 2

```
int main(void)
{
    int num=5;
    int * p1=&num;
    int * p2=p1;
    (*p1)++;
    (*p2)--;
    printf("%d", num);
    return 0;
}
```

22-4 잘못된 포인터 사용의 예와 널(NULL) 포인터

포인터를 종종 양날의 검에 비유한다. 메모리에 직접 접근할 수 있어서 일반적인 프로그래밍 언어로는 쉽게 할 수 없는 일이 가능하기도 하지만, 메모리의 잘못된 접근으로 인해서 치명적인 문제를 일으킬 수도 있기 때문이다. 따라서 포인터가 잘못 사용되는 대표적인 예를 통해서 이러한 실수를 미연에 방지하고자 한다.

■ 초기화되지 않은 포인터가 어디를 가리킬지는 아무도 몰라요.

지역변수는 선언과 동시에 초기화하지 않으면 쓰레기 값으로 초기화가 된다. 포인터 변수도 지역변수의 형태로 선언하고 초기화하지 않으면 쓰레기 값으로 초기화가 된다. 문제는 이 쓰레기 값을 주소 값으로 해석해서 연산하는 경우에 발생한다.

■ 예제 22-7.c

```c
1.   #include <stdio.h>
2.
3.   int main(void)
4.   {
5.       int * p1;
6.       double * p2;
7.
8.       /* 쓰레기 값 확인하기 */
9.       printf("쓰레기 값 1 : %#x \n", p1);
10.      printf("쓰레기 값 2 : %#x \n", p2);
11.
12.      /* 잘못된 연산 */
13.      printf("어떤 정수가 찍힐까? %d \n", *p1);
14.      printf("어떤 실수가 찍힐까? %f \n", *p2);
15.
16.      /* 위험한 연산 */
17.      *p1=25;
18.      *p2=3.15;
19.
20.      printf("저장된 정수 %d \n", *p1);
21.      printf("저장된 실수 %f \n", *p2);
22.      return 0;
23.  }
```

- 5, 6행 : 포인터 p1과 p2를 선언만 했을 뿐 초기화를 하지 않았다. 따라서 이 둘에 어떤 값이 저장될지 아무도 모른다.

- 9, 10행 : 포인터 p1과 p2에 저장된 값을 확인하고 있다. 잠시 아래의 실행결과를 보면 둘 다 쓰레기 값으로 초기화되었음을 알 수 있다.

- 13행 : 현재 p1에 저장된 값은 0x785bb6f0이다(실행결과 참조). 따라서 0x785bb6f0번지에 저장된 값을 시작으로 4바이트를 정수의 형태로 참조하여 그 결과를 출력하게 된다.

- 14행 : p2에 저장된 값은 0x425f3af0이다. 따라서 0x425f3af0번지에 저장된 값을 시작으로 8바이트를 실수의 형태로 참조하여 그 결과를 출력하게 된다. 이렇듯 13, 14행에서 출력한 값은 의도하지 않은 메모리 영역에 저장된 데이터를 읽어 들인 것으로서, 그 결과는 물론 아무런 의미가 없다. 하지만 이는 17, 18행에서 저지르는 만행(?)에 비하면 그나마 안전한 연산이라고 할 수 있다.

- 17행 : 0x785bb6f0번지를 시작으로 4바이트에 걸쳐서 25를 저장하고 있다. 만약에 이 위치에 매우 중요한 데이터가 저장되어 있었다면, 예를 들어서 운영체제와 관련된 데이터가 저장되어 있었다면, 운영체제에 손상을 일으키는 수준의 큰 문제가 발생할 수도 있는 상황이다.

- 18행 : 17행과 마찬가지로 아주 위험한 연산을 하고 있다.

■ 실행결과 : 예제 22-7

```
쓰레기 값 1 : 0x785bb6f0
쓰레기 값 2 : 0x425f3af0
어떤 정수가 찍힐까? 3683808
어떤 실수가 찍힐까? 0.000000
저장된 정수 858993459
저장된 실수 3.150000
```

소스코드를 해설하는 과정에서 필요한 대부분의 설명이 이뤄졌으니 참고하기 바라며, 위와 같은 형태의 예제를 작성하지 않도록 주의하기 바란다.

> **참고** 오래 전에는 정말 큰 문제가 발생할 수 있었답니다.
>
> 우리가 현재 사용하고 있는 운영체제는 자신이 사용하는 메모리 영역의 보호 능력을 가지고 있다. 따라서 위 예제의 17, 18행과 같은 연산이 치명적인 문제를 일으킬 상황에 처하게 되면, 이를 실행시키는 대신에 에러 메시지를 띄우고는 프로그램을 종료시켜버린다. 하지만 아주 오래 전에는 운영체제에 이러한 능력이 없어서 17, 18행과 같은 코드는 감히 실행해 볼 수 있는 코드가 아니었다.

■ 그래서 널(NULL) 포인터라는 것을 정의하였지요.

변수는 이후의 필요를 예측해서 미리 선언해 두기도 한다. 이는 포인터 변수도 마찬가지인데, 이러한 포인터 변수는 0으로 초기화를 시켜두는 것이 좋다. 왜냐하면 0은 특별한 의미를 담고 있는 주소 값이기 때문이다. 0이라고 하면 0번지를 의미하는 것으로 생각할 수 있는데, 0번지라는 것은 '널(NULL) 포인터'라 하여 다음과 같은 상징적인 의미를 지닌다.

"아무 곳에 대한 주소 값도 지니고 있지 않습니다."

또는 다음과 같이 이해해도 된다.

"아무 곳도 가리키고 있지 않습니다."

따라서 0으로 초기화 된 포인터를 가지고 메모리의 참조를 위한 * 연산을 시도할 경우 다음과 같은 메시지를 받게 된다.

"가리키는 곳이 없는데, 어디를 참조하겠다는 거야?"

다음 예제를 통해서 널 포인터의 안전성을 확인해 보겠다.

■ 예제 22-8.c

```
1.   #include <stdio.h>
2.
3.   int main(void)
4.   {
5.       int * ptr=0;      // int * ptr=NULL
6.       *ptr=100;
7.       printf("%d", *ptr);
8.       return 0;
9.   }
```

해 설

- 5행 : 포인터 ptr을 널 포인터로 초기화하고 있다. 이 때 0을 대신해서 문자 NULL을 사용해도 된다. 이 문자는 널 포인터를 의미하도록 정의되어 있기 때문이다. NULL도 출력해 보면 그 값이 0임을 알 수 있다.
- 6행 : 널 포인터가 가리키는 위치에 100을 저장하고 있다. 그런데 널 포인터는 가리키는 위치가 없는 포인터이다. 따라서 이 부분을 실행하는 순간에 운영체제는 더 이상의 실행을 멈추고 오류 메시지를 전달한 후 프로그램을 종료시킨다.

■ 실행결과 : 예제 22-8

Windows에서 프로그램을 실행시키면 7행이 실행되는 순간에 다음 형태의 오류 메시지를 받게 된다. 그리고 프로그램은 종료된다.

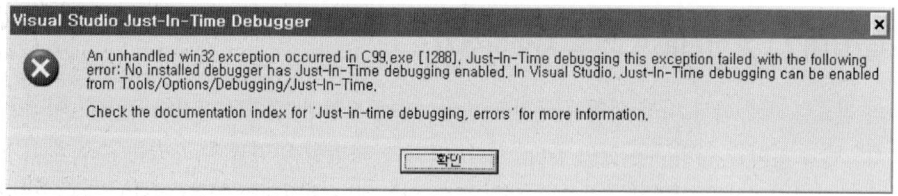

[그림 22-9 : 널 포인터의 접근에 따른 오류 메시지의 예]

예제 22-7의 17, 18행은 치명적인 오류를 일으킬 수 있음에도 불구하고 그냥 실행이 되었다. 때문에 이와 같은 실수를 하면 큰 문제로 이어질 수 있다. 반면에 위 예제에서는 7행을 실행하는 순간에 오류가 발생했음을 알려주고 프로그램을 종료시켰다. 때문에 널 포인터를 이용한 * 연산은 안전하다고 하는 것이다.

22-5 & 연산을 통해 얻은 주소 값은 단순한 숫자가 아닙니다.

& 연산을 통해서 반환되는 값을 주소 값에 해당하는 단순한 숫자로 생각하면 안 된다. & 연산의 결과를 통해서 얻는 주소 값은 그 자체로도 포인터이기 때문이다! 즉 상수 형태의 포인터로 인식을 해야 한다.

■ & 연산자가 반환하는 것은 상수 형태의 포인터

이제 포인터에 대해서 새롭게 정의를 내릴 때가 되었다. 우선 필자가 나름대로 정의를 해 보겠다.

"포인터는 주소 값을 지니며, 더불어 참조하는 대상의 자료형 정보도 지니는 변수나 상수를 의미합니다."

이 정의에서 중요한 것은 '주소 값' 과 '참조 대상의 자료형 정보' 이다. 특히 후자는 * 연산을 통한 메모리의 접근 방법을 결정하는 중요한 정보가 된다. 그렇다면 & 연산의 반환 값은 그저 주소 값에 지나지 않을까? 아니면 참조 대상의 자료형 정보도 동시에 반환이 되는 것으로 봐야 할까? 다음 예제는 이 질문에 대한 답을 알려준다.

■ 예제 22-9.c

```
1.  #include <stdio.h>
2.
3.  int main(void)
4.  {
5.      int num1=7;
6.      double num2=0.0012;
7.
8.      *(&num1)+=1000;
9.      *(&num2)+=1000.0;
10.
11.     printf("%d \n", num1);
12.     printf("%f \n", num2);
13.     return 0;
14. }
```

■ 실행결과 : 예제 22-9

```
1007
1000.001200
```

위 예제에서 주목해서 볼 부분은 8행과 9행이다. 두 행에서 모두 & 연산을 하고, & 연산의 결과를 이용해서 다시 * 연산을 하고 있다. 즉 & 연산의 결과로 반환된 주소 값에 해당하는 메모리 영역에 접근을 해서 1000씩 값을 증가시키고 있는 것이다.

실행결과를 보니 정상적으로 동작했음을 알 수 있다. 이것이 의미하는 바가 무엇인가? & 연산을 통해서 반환되는 정보는 단순한 숫자가 아니라는 것을 의미한다. & 연산의 결과를 가지고 * 연산을 하고 있지 않은가? 이는 & 연산자가 반환해 준 것이 포인터라는 사실을 말한다.
실제로 & 연산자가 반환하는 것은 포인터의 형 정보를 함께 지니는 주소 값이다. 즉 상수 형태의 포인터가 반환되는 것이다. 쉽게 생각하자! 위 예제 8행에서 int형 변수 num1에 & 연산을 하고 있지 않은가? 이 때 반환되는 정보는 변수 num1의 주소 값이다. 다만 이 주소 값과 더불어 int형 포인터라는 정보도 함께 반환된다고 생각하면 된다.

■ 포인터의 형 변환

경우에 따라서는 포인터의 형을 변환해야만 하는 경우도 있다. 그리고 이러한 포인터의 형 변환은 대부분 자동으로 이뤄지지만, 필요하다면 형 변환 연산자를 이용해서 강제로(명시적으로) 변환을 할 수도 있다.

```
int main(void)
{
    int num=10;
    char * p=&num;
    . . . .
}
```

위 코드에서 보면 변수 num의 주소 값을 포인터 변수 p에 저장하는 부분이 있는데, 이 부분에서 자동으로 형 변환이 발생한다. & 연산의 결과로 반환되는 값은 int형 변수의 주소 값인 반면(이것이 상수 형태의 int형 포인터이다), 이 값을 저장하는 포인터 변수 p는 char형 포인터 변수이기 때문이다. 때문에 & 연산의 결과인 주소 값의 포인터 형이 int* 에서 char* 으로 자동 형 변환이 된다.
그런데 이러한 경우에는 가급적이면 명시적으로 형 변환이 되도록 문장을 구성하는 것이 좋다. 즉 다음과 같이 문장을 구성하는 습관을 들이는 것이 좋다.

```
char * p=(char *)&num;
```

형 변환 연산자를 이용해서 강제로 형 변환이 발생하게 하였는데, 결과만 놓고 본다면 차이는 없다. 다만 위와 같이 문장을 구성하면, 프로그래머의 실수로 인한 형 변환이 아니라, 의도된 형 변환임을 구체적으로 명시하는 효과를 주게 된다. 사소하게 보일지 몰라도 이는 여러분을 위해서도 그리고 여러분과 함께 일할 팀 동료를 위해서도 반드시 필요하다.

문제 22-4 [포인터의 이해도 확인하기]

이번에 제시하는 문제들 중 일부는 상대적으로 수준이 높은 편에 속한다. 일부러 문제의 수준을 높인 것이 아니라, 문제 해결 과정에서 포인터에 대한 이해도를 높일 수 있도록 문제를 디자인하다 보니 수준이 조금 높아진 것이다. 따라서 시간을 들여서 천천히 풀어보기 바라며, 잘 해결이 되지 않는다면 이번 장에서 설명한 내용들을 조목조목 관찰하여 문제의 힌트를 여러분 스스로 찾아보기 바라겠다. 분명히 여러분의 실력 향상에 많은 도움이 될 것이다.

● 문제 1

프로그램상에서 다음과 같이 float형 변수 num를 초기화한다고 가정해 보자.
```
float num=3.15f;
```

이 때 변수 num에는 4바이트 메모리 공간이 할당되고 다음과 같이 데이터가 채워진다. 이 데이터는 실수 3.15를 4바이트 부동소수점 표현방식으로 표현한 결과이다(믿어라. 검산도 했다).
```
01000000 01001001 10011001 10011010
```

거꾸로 말해서 이 데이터를 4바이트 부동소수점 표현방식으로 해석을 하면 3.15가 된다. 이 때 문득 한가지 궁금한 것이 생겼다. 위 비트 열을 부호 있는 4바이트 정수 표현방식으로 해석을 하면 얼마가 될까(int형으로 해석을 하면 얼마가 될까)? 필자의 이 궁금증을 해결해 줄 수 있는 프로그램을 작성하여라.

● 문제 2

정수 1004008을 2진수로 표현하면 다음과 같다.
```
11110101000111101000
```
따라서 이를 부호 있는 4바이트 정수형으로 표현하면 다음과 같다.
```
00000000 00001111 01010001 11101000
```
그렇다면 다음 코드 실행 시 포인터 변수 p가 가리키는 위치는 어디일까?
```
int n=1004008;
int * p=&n;
```

다음 그림처럼 00000000 이 저장된 바이트를 가리킬 수도 있고, 11101000 이 저장된 바이트를 가리킬 수도 있다. 포인터는 무조건 데이터의 시작 번지를 가리킨다고 하지 않았는가? 따라서 포인터 p가 가리키는 위치는 데이터가 저장되는 방식에 따라 달라진다.

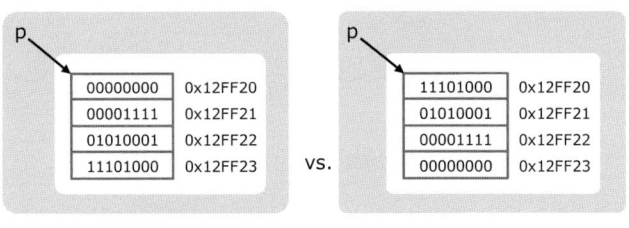

[그림 22-10 : Big-endian vs. Little-endian]

위 그림의 왼편을 보면 낮은 주소의 메모리에 높은 자리수의 값을 저장하고 있는데, 이러한 저장방식을 가리켜 빅-엔디안(big-endian) 방식이라 한다. 반면에 오른쪽 그림에서는 낮은 주소의 메모리에 낮은 자리수의 값을 저장하고 있는데, 이러한 저장방식을 가리켜 리틀-엔디안(little-endian) 방식이라 한다. 즉 포인터 p가 가리키는 대상은 바이트 저장방식에 따라서 결정되며, 이 바이트 저장방식은 CPU에 따라 달라진다.

그럼 이제 문제를 말씀 드리겠다. 아마도 여러분은 지금 사용중인 시스템의 데이터 저장방식이 궁금할 것이다. 확인해보고 싶지 않은가? 정수 1004008을 이용하여 데이터 저장방식을 확인할 수 있는 프로그램을 작성해 보자. 참고로 2진수 11101000을 1바이트 형태의 부호 있는 10진수로 해석을 하면(char형으로 해석을 하면) -24이다.

22-6 문자열 배열과 문자열을 참조하는 포인터

C언어에서 문자열을 표현하는 방식은 크게 두 가지로 나뉜다. 하나는 변수 형태로 표현하는 방식이고, 또 하나는 상수 형태로 표현하는 방식이다. 이중 상수 형태로 문자열을 표현하는 방식은 char형 포인터와도 깊은 관계가 있으니, 이번 장을 마무리하면서 간략히 소개하고자 한다.

■ 배열을 이용해서 선언하는 문자열은 변수 형태의 문자열이지요.

이미 배열을 설명하면서 언급한 내용이다. 다음과 같이 배열을 선언하면서 문자열로 초기화를 하면, 배열에는 문자열이 저장된다.

```
char vStr[30]="String Variable!";
```

여기서 중요한 것은 char형 배열을 통해서 문자열이 표현된다는 사실이다. 문자열이 다른 어딘가에 저장되는 것이 아니다. 그냥 배열에 저장될 뿐이다.

■ 포인터를 이용해서 상수 형태의 문자열을 참조하는 것도 가능합니다.

반면에 다음과 같이 포인터를 이용해서 문자열을 상수화하는 것도 가능하다.

```c
char * cStr="String Constant!";
```

위와 같이 선언을 하면 문자열은 어디에 저장이 될까? 답을 모르겠다면 그림 18-1과 18-2가 힌트가 될 수 있으니 참고 바란다. 그러면 배열로 표현되지 않은 문자열은 상수의 형태로 메모리 공간에 저장된다고 했던 필자의 설명을 떠올릴 수 있을 것이다.

일단 배열로 표현되지 않은 문자열은 메모리 공간에 자동으로 저장된다. 단 상수의 형태로 저장이 된다(변경이 불가능한 문자열이 만들어지는 셈이다). 그리고 나서 문자열의 시작 주소, 즉 첫 번째 문자가 저장된 주소의 값이 반환된다. 예를 들어서 문자열이 0x12번지를 시작으로 저장이 되면, 위 문장은 다음과 같은 형태가 된다.

```c
char * cStr=0x12;
```

그렇다면 char형 포인터 변수에 문자열의 시작 주소를 저장하는 것은 무리가 없을까? 0x12가 실제로 가리키는 대상은 문자열 전체가 아니라, 첫 번째 문자인 char형 데이터 S 하나이므로, char형 포인터에 반환되는 값을 저장하는 것은 아주 적절한 대처이다.

■ 예제 22-10.c

```c
1.  #include <stdio.h>
2.
3.  int main(void)
4.  {
5.      char * str1="Computer Systems";
6.      char * str2="Operating Systems";
7.      char * fmtStr="%s\n%s\n";
8.
9.      printf("%s\n", str1);
10.     printf("%s\n", str2);
11.     printf(fmtStr, str1, str2);
12.     return 0;
13. }
```

- 5~7행 : 상수의 형태로 문자열을 선언하고, 이 문자열들의 주소 값을 char형 포인터 변수에 저장하고 있다.
- 11행 : 11행은 9, 10행과 차이가 있어 보인다. 그러나 9, 10행도 첫 번째 전달인자로 문자열의 주소 값이 전달되는 것이므로, 11행처럼 문자열의 주소 값을 직접 전달한다고 해서 문제될 것은 없다.

■ 실행결과 : 예제 22-10

```
Computer Systems
Operating Systems
Computer Systems
Operating Systems
```

■ 문자열이 상수라는 증거 제시하기

문자열이 상수 형태로 선언되었다는 것은 저장된 문자열의 내용이 변경되지 않는다는 뜻으로 이해할 수 있다. 실제로 그런지 다음 예제를 통해서 확인해 보자.

■ 예제 22-11.c

```c
1.   #include <stdio.h>
2.
3.   int main(void)
4.   {
5.       char vStr[30]="String Variable";
6.       char * cStr="String Constant";
7.
8.       vStr[0]='Q';
9.       printf("%s\n", vStr);
10.
11.      *cStr='Q';
12.      printf("%s\n", cStr);
13.      return 0;
14.  }
```

- 5, 6행 : 각각 문자열을 변수의 형태로, 그리고 상수의 형태로 선언하고 있다.
- 8행 : 변수 형태로 선언된 문자열의 첫 문자를 Q로 변경하고 있다. 문자열 자체가 배열에 저장된 변수이니 당연히 정상적으로 동작을 한다.
- 11행 : cStr에 저장된 값이 문자열의 첫 번째 주소라는 점을 이용해서 6행에 선언된 문자열의 첫 문자를 변경하고 있다. 상수 형태의 문자열에 변경을 가하는 셈이다. 이 부분에 문제가 있다면 컴파일 과정에서, 또는 실행 과정에서 오류가 발생할 것이다.

■ 실행결과 : 예제 22-11

```
Qtring Variable
Qtring Constant
```

이 실행결과는 위 예제의 11행을 문제시 삼지 않는 컴파일러에서 실행한 결과이다(문제는 컴파일 시 발생하지 않고, 실행 시 발생한다). 그리고 실행결과만 놓고 보면 필자는 거짓말을 한 셈이 된다. 하지만 필자는 거짓말을 하지 않았다. ANSI 표준에서는 위 예제의 6행과 같은 선언을 상수 형태의 문자열 선언으로 정의하고 있기 때문이다. 하지만 문자열의 변경이 불가능해야 한다고 언급하고 있지는 않다(다소 말장난처럼 들릴 수 있다). 때문에 컴파일러에 따라서 위 예제의 11행을 허용하는 컴파일러도 존재하고, 허용하지 않는 컴파일러도 존재한다.

이러한 문자열 상수의 경우 차리리 변경이 불가능한 것으로 인식하는 것이 좋다. 다시 말해서 상수의 형태로 문자열을 선언했다면, 컴파일러의 지원 여부에 상관 없이 상수로 인식을 하고, 데이터의 변경을 시도하면 안 된다. 때문에 이 책에서는 앞으로도 문자열 상수는 데이터의 변경이 불가능하다고 언급할 것이다.

이로써 여러분은 문자열을 변수의 형태로도, 상수의 형태로도 선언하고 활용할 수 있게 되었다. 이 두 가지 선언 방식을 모두 기억해야 하며, 차이점도 반드시 기억하고 있기 바란다.

22장 프로그래밍 문제의 답안

■ 문제 22-1의 답안

■ 소스코드 답안

```
1.   #include <stdio.h>
2.
3.   int main(void)
4.   {
5.       int arr[2][3];
6.       int i, j;
7.
8.       for(i=0; i<2; i++)
9.       {
10.          for(j=0; j<3; j++)
11.              printf("%#10x", &arr[i][j]);
12.
13.          printf("\n");
14.      }
15.      return 0;
16.  }
```

위 예제에서는 배열 요소의 주소 값을 16진수의 형태로 전부 출력하고 있다. 이렇게 출력된 주소의 값이 4씩 차이가 난다면 배열은 나란히 메모리 공간에 할당되는 자료형이 맞는 것이다.

■ 문제 22-2의 답안

• 문제 1

포인터의 참조 대상에 대한 내용을 정의에 포함해야 100점짜리 정의가 될 수 있다.

"포인터는 주소 값을 담고 있는 변수(또는 상수)입니다. 그런데 포인터에는 포인터가 가리키는 메모리에 대한 정보가 포함되어 있습니다."

• 문제 2

포인터를 이용한 메모리의 접근을 위해서다. int형 변수에 주소 값을 저장할 경우, 주소 값의 저장은 가능하지만 저장된 주소 값의 메모리 공간에 대한 정보는 어디에도 존재하지 않기 때문에 * 연산을 통한 메모리의 접근이 불가능하다.

- 문제 3
    - 공통점 : 정수형 데이터의 저장이 가능하다.
    - 차이점 : 포인터 변수는 메모리 접근을 위한 * 연산 가능! 일반 변수는 불가능!

■ 문제 22-3의 답안

- 문제 1

포인터 p1과 p2는 동일하게 변수 num을 가리킨다. 그리고 덧셈 연산에 의해서 변수 num의 값은 10으로 증가한다. 따라서 실행결과는 다음과 같다.

"10 10 10"

- 문제 2

이 예제에서도 포인터 p1과 p2는 동일하게 변수 num을 가리킨다. 때문에 p1이 가리키는 변수의 값을 1 증가시키고 나서 p2가 가리키는 변수의 값을 1 감소시키면, 변수 num에 저장된 값은 변하지 않는다. 따라서 실행결과도 다음과 같다.

"5"

■ 문제 22-4의 답안

- 문제 1

■ 소스코드 답안
```
1.  #include <stdio.h>
2.
3.  int main(void)
4.  {
5.      float num=3.15f;
6.      int * ptr=(int *)&num;
7.      printf("%d \n", *ptr);
8.      return 0;
9.  }
```

6행에서는 변수 num을 int형 포인터로 가리키고 있다. 따라서 이 포인터를 이용해서 변수 num에 접근할 때에는 마치 int형 변수인마냥 접근을 하게 된다. 이어서 7행에서는 변수 num에 접근을 하되 포인터 ptr을 이용해서 접근하고 있다. 결국 7행에서 출력하는 값은 변수 num에 저장된 비트 열을 int형으로 해석해서 얻은 결과이다.

• 문제 2

■ <u>소스코드 답안</u>

```
1.   #include <stdio.h>
2.
3.   int main(void)
4.   {
5.       int n=1004008;
6.       int * p=&n;
7.
8.       char * ptr=(char *)p;
9.       printf("%d \n", *ptr);
10.      return 0;
11.  }
```

포인터 p가 가리키는 대상을 1바이트만 출력해 보면 될 일이다. 그래서 이 예제의 8행에서는 p에 저장된 값을 char형 포인터에 저장하고 있다. int형 포인터는 4바이트 단위로 접근을 하지만 char형 포인터는 1바이트 단위로 접근을 하기 때문이다.

9행에서 ptr이 가리키는 대상을 출력하고 있다. ptr이 가리키는 대상은 p가 가리키는 대상과 동일하면서 char형 포인터이므로, 1바이트만 읽어서 부호 있는 10진수의 형태로 출력을 해 보면 원하는 것을 알 수 있다. 혹시 −24가 출력이 되는가? 그렇다면 여러분의 시스템은 리틀−엔디안(little−endian) 방식으로 값을 저장하는 시스템이다.

제23장 포인터의 포인터와 포인터 배열

포인터가 있다고 해서 더 어려운 언어가 아닙니다.

필자는 90년대 말 한참 자바가 인기를 끌던 시절부터 자바를 공부하고 활용해 왔다. 그리고 자바는 포인터가 없다는 이유만으로 C언어보다 배우기 쉬운 언어로 인식되는 측면도 있다. 하지만 두 언어를 비교해 볼 때, 과연 초보자가 배우기에 자바가 C언어보다 쉬운 언어일까 하는 의구심이 든다. 자바는 C언어보다 공부할 분량이 더 많은 언어이다. 포인터는 없지만 그보다 더 개념적으로 이해하기 어려운 내용들도 많이 존재하기 때문이다.

원래 프로그래밍 언어를 처음 정복하는 것은 쉽지 않다. C언어건 자바건 그 언어가 여러분의 첫 번째 프로그래밍 언어라면 어려울 수 밖에 없다. 하지만 어떠한 언어이건 일단 정복하고 나면 언어가 여러분을 힘들게 하는 일은 없을 것이다. 새로운 언어를 공부해야 할 때도 말이다.

이 장의 목차페이지 ➤➤➤

23-1. 포인터의 포인터	540
23-2. 포인터 배열	547
프로그래밍 문제의 답안	554

23-1 포인터의 포인터

포인터 변수도 변수의 한 형태이기 때문에 선언 시 메모리 영역에 4바이트의 메모리 공간 할당이 이뤄진다. 따라서 포인터 변수에 대한 주소 값도 당연히 존재한다.

■ 포인터 변수도 변수이니 당연히 주소 값을 얻어 낼 수 있다.

포인터 변수의 주소 값을 얻을 때에도 & 연산자를 사용하면 된다. 다음은 포인터 변수가 할당된 메모리의 주소 값을 출력하는 예제이다.

■ 예제 23-1.c

```c
1.   #include <stdio.h>
2.
3.   int main(void)
4.   {
5.       int num1=3;
6.       double num2=3.15;
7.
8.       int * ptr1=&num1;
9.       double * ptr2=&num2;
10.
11.      printf("ptr1의 저장 값 : %#x \n", ptr1);
12.      printf("ptr1의 주소 값 : %#x \n", &ptr1);
13.
14.      printf("ptr2의 저장 값 : %#x \n", ptr2);
15.      printf("ptr2의 주소 값 : %#x \n", &ptr2);
16.      return 0;
17.  }
```

- 8, 9행 : ptr1에는 num1의 주소 값을, ptr2에는 num2의 주소 값을 저장하고 있다.
- 11행 : ptr1에 저장된 값을 출력하고 있다. 즉 num1의 주소 값이 출력된다.
- 12행 : 이번에는 ptr1에 & 연산을 하여 반환되는 값을 출력하고 있다. 이는 당연히 ptr1이 할당된 메모리의 주소 값이다.
- 14행 : 11행과 유사하게 num2의 주소 값을 출력하고 있다.
- 15행 : 12행과 유사하게 ptr2의 주소 값을 출력하고 있다.

■ 실행결과 : 예제 23-1

```
ptr1의 저장 값 : 0x12ff60
ptr1의 주소 값 : 0x12ff44
ptr2의 저장 값 : 0x12ff50
ptr2의 주소 값 : 0x12ff38
```

& 연산자를 이용해서 포인터 변수의 주소 값을 얻을 수 있음을 확인하였다. 그런데 이렇게 & 연산을 통해서 얻는 것은 단순히 주소 값이 아니라 상수 형태의 포인터이다! 이는 앞서 22장에서 강조하여 설명한 내용이다. 그렇다면 12행과 15행에서 반환되는 포인터의 형은 무엇일까?

■ 공식에 적용하여 포인터의 주소 값을 저장해 보자!

포인터 변수의 선언에는 기본 규칙이 존재한다. 그리고 이 규칙만 적용하면 우리는 대상에 상관없이 쉽게 포인터 변수를 선언할 수 있다. 다음은 위 예제의 12행과 15행에서 반환되는 주소 값을 포인터 변수에 저장하는 예제이다. 포인터 변수 선언 시에는 중간에 * 를 추가한다는 기본 규칙을 기억하고 이 예제를 보기 바란다.

■ 예제 23-2.c

```c
1.  #include <stdio.h>
2.
3.  int main(void)
4.  {
5.      int num1=3;
6.      double num2=3.15;
7.
8.      int * ptr1=&num1;
9.      double * ptr2=&num2;
10.
11.     int** dptr1=&ptr1;
12.     double** dptr2=&ptr2;
13.
14.     printf("ptr1의 저장 값 : %#x \n", ptr1);
15.     printf("ptr1의 주소 값 : %#x \n", dptr1);
16.
17.     printf("ptr2의 저장 값 : %#x \n", ptr2);
18.     printf("ptr2의 주소 값 : %#x \n", dptr2);
19.     return 0;
20. }
```

해설
- 11행 : 포인터 형이 int* 인 변수의 주소 값은 포인터 형이 int** 인 변수에 저장해야 함을 보여주는 대목이다.
- 12행 : 포인터 형이 double* 인 변수의 주소 값은 포인터 형이 double** 인 변수에 저장해야 함을 보여준다.

■ 실행결과 : 예제 23-2

```
ptr1의 저장 값 : 0x12ff60
ptr1의 주소 값 : 0x12ff44
ptr2의 저장 값 : 0x12ff50
ptr2의 주소 값 : 0x12ff38
```

이 예제는 예제 23-1과 완전히 동일한 기능의 예제이다. 다만 반환되는 주소 값을 포인터 변수에 저장할 뿐이다. 그리고 이 예제를 통해서 다음과 같은 결론을 내릴 수 있다.

- int형 포인터(int *) 변수의 주소 값 저장을 위한 포인터 변수는?
  → int형 포인터의 포인터(int **) 변수
- double형 포인터(double *) 변수의 주소 값 저장을 위한 포인터 변수는?
  → double형 포인터의 포인터(double **) 변수

이를 일반화하면 다음과 같다.

- TYPE형 포인터(TYPE *) 변수의 주소 값 저장을 위한 포인터 변수는?
  → TYPE형 포인터의 포인터(TYPE **) 변수

결국 사이에 * 를 하나 붙여서 포인터 변수를 선언한다는 기본 규칙이 그대로 반영된 것이다. 마지막으로 위 예제 23-2의 메모리 참조 관계를 그림으로 정리해 보겠다.

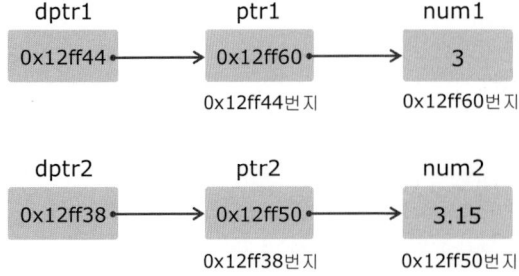

[그림 23-1 : 예제 23-2의 메모리 참조 관계]

● 문 제 23-1 [이중 포인터와 삼중 포인터]

포인터 변수 선언에서 * 의 개수가 의미하는 바를 어느 정도 파악했으리라 믿으면서 이번 문제를 제시한다. 그림 23-1을 보면 dptr1과 dptr2가 몇 번지에 할당되었는지에 대한 정보가 나타나 있지 않다. 이는 예제 23-2에 확인하는 코드가 없기 때문이다.
dptr1과 dptr2의 주소 값을 출력하는 프로그램을 작성해 보자. 단! 이 두 변수의 주소 값은 일단 저장되어야 한다. 즉 적절한 포인터 변수를 선언해서 저장한 다음에 출력이 진행되어야 한다.

■ 포인터의 포인터를 이용한 올바른 * 연산

다음 두 포인터 선언을 보자. 이 두 포인터는 선언된 형(type)이 다르다.

```
int* ptr;
int** dptr;
```

포인터 ptr은 int형 포인터이다. 따라서 컴파일러는 다음과 같은 기대를 한다.

"ptr에 저장되는 값은 int형 변수의 주소 값 일거야."

따라서 포인터 ptr에 허용이 되는, 참조를 위한 * 연산은 다음과 같다.

```
*ptr = 100;
```

반면 dptr은 int형 포인터의 포인터이다. 따라서 컴파일러는 다음과 같은 기대를 한다.

"dptr에 저장되는 값은 int형 포인터의 주소 값 일거야."

즉 dptr에 값이 저장이 되면, 다음과 같은 메모리 구조가 형성되어 있을 것으로 믿는다.

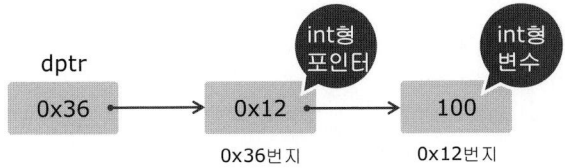

[그림 23-2 : 이중 포인터의 메모리 참조 모델]

따라서 dptr에 허용되는 포인터 연산은 다음 두 가지 형태이다.

```
int num = 0;
*dptr = &num;       // * 연산자를 한 번 사용하는 경우
**dptr = 100;       // * 연산자를 두 번 사용하는 경우
```

즉 포인터 dptr을 이용해서 참조할 수 있는 대상이 두 개인 것이다. * 연산자를 한 번만 사용하면 dptr이 가리키는 또 다른 포인터를 의미하게 되고, * 연산자를 두 번 사용하면 dptr이 가리키는 포인터가 가리키는 변수를 의미하게 된다. 이 관계를 그림으로 정리하면 다음과 같다.

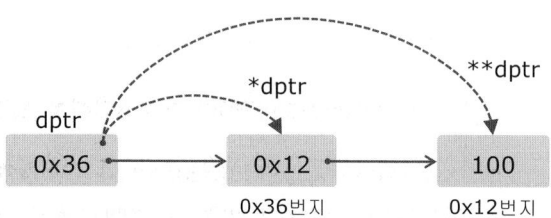

[그림 23-3 : 이중 포인터의 포인터 연산]

다음은 위 그림에서 보여주는 포인터 연산의 의미를 확인하기 위한 예제이다. 비교적 간단히 작성하여, 이어서 등장하는 문제의 힌트가 될 수 있도록 하였다.

■ 예제 23-3.c

```
1.   #include <stdio.h>
2.
3.   int main(void)
4.   {
5.       int num1=3;
6.       int num2=30;
7.
8.       int* ptr=&num1;
9.       int** dptr=&ptr;
10.
11.      printf("ptr이 가리키는 변수 값 : %d \n", num1);
12.      printf("ptr이 가리키는 변수 값 : %d \n", *ptr);
13.      printf("ptr이 가리키는 변수 값 : %d \n\n", **dptr);
14.
15.      *dptr=&num2;        // ptr=&num2와 동일
16.      printf("ptr이 가리키는 변수 값 : %d \n", num2);
17.      printf("ptr이 가리키는 변수 값 : %d \n", *ptr);
18.      printf("ptr이 가리키는 변수 값 : %d \n\n", **dptr);
19.
20.      **dptr+=3000;
```

```
21.     printf("ptr이 가리키는 변수 값 : %d \n", num2);
22.     printf("ptr이 가리키는 변수 값 : %d \n", *ptr);
23.     printf("ptr이 가리키는 변수 값 : %d \n\n", **dptr);
24.     return 0;
25. }
```

- 15행 : 현재 dptr이 ptr을 가리키고 있으므로 *dptr은 ptr과 동일하다. 따라서 이 문장에 의해서 포인터 ptr이 가리키는 대상은 num2로 변경된다.
- 20행 : 이 문장이 의미하는 바를 파악하려면 dptr이 가리키는 대상을 먼저 확인해야 한다. 현재 dptr은 9행에 의해 ptr을 가리키고 있으며, ptr은 15행에 의해서 num2를 가리키고 있는 상황이다. 따라서 이 문장은 num2에 저장된 값을 3000 증가하는 역할을 한다.

■ 실행결과 : 예제 23-3

```
ptr이 가리키는 변수 값 : 3
ptr이 가리키는 변수 값 : 3
ptr이 가리키는 변수 값 : 3

ptr이 가리키는 변수 값 : 30
ptr이 가리키는 변수 값 : 30
ptr이 가리키는 변수 값 : 30

ptr이 가리키는 변수 값 : 3030
ptr이 가리키는 변수 값 : 3030
ptr이 가리키는 변수 값 : 3030
```

참고로 아래 두 문장 중 하나가 위 예제 20행을 대신해도 그 결과는 동일하다.
```
num2+=3000;
*ptr+=3000;
```

이제 "23-1. 포인터의 포인터"를 마무리하는 문제를 하나 여러분에게 제시하겠다. 이 문제를 통해서 이중 포인터의 포인터 연산에 익숙해지기 바란다.

문 제 23-2 [이중 포인터를 이용한 포인터 관계 변경하기]

먼저 예제를 하나 제시하고 나서 문제를 제시하겠다.

```c
#include <stdio.h>

int main(void)
{
    int n1 = 100;
    int n2 = 200;

    int* ptr1 = &n1;
    int* ptr2 = &n2;
    int** dptr = &ptr1;

    printf(" *ptr1 = %d \n", *ptr1);
    printf(" *ptr2 = %d \n", *ptr2);
    printf("**dptr = %d \n\n", **dptr);
    return 0;
}
```

위 예제의 출력결과는 다음과 같다.

```
 *ptr1 = 100
 *ptr2 = 200
**dptr = 100
```

그리고 메모리상의 참조관계는 오른쪽과 같다.

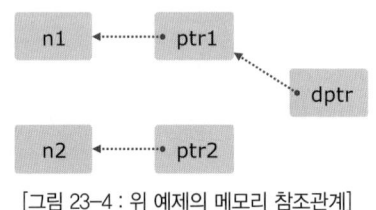

[그림 23-4 : 위 예제의 메모리 참조관계]

그럼 문제를 제시하겠다. 위 예제에 코드를 추가하여(변경이나 삭제는 허용 안 된다) 메모리상의 참조관계가 그림 23-5와 같이 변경되도록 하자. 단! 참조관계의 변경을 위해서 포인터 ptr1은 절대로 사용하면 안 된다.

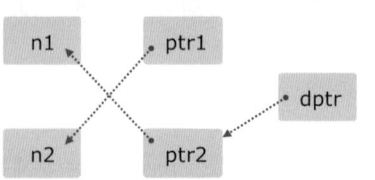

[그림 23-5 : 변경돼야 할 메모리 참조관계]

포인터의 참조관계가 제대로 변경되었다면, 예제의 출력결과는 다음과 같이 바뀌어야 한다.

```
 *ptr1 = 200
 *ptr2 = 100
**dptr = 100
```

> **참고**
>
> **2차원 포인터가 무엇을 말하는 겁니까?**
>
> 다음 포인터 선언을 보자. 이는 int형 포인터의 포인터이다(이중 포인터라고도 불린다).
>   int** p;
>
> 이 때 포인터 p를 가리켜 2차원 포인터라 부르는 경우가 있는데, 이는 적절치 않은 표현이다. '2차원' 이라는 표현은 배열의 메모리 구조가 2차원의 구조를 띠는 경우에 사용이 될 뿐이다.
> 이러한 잘못된 표현은 위의 포인터 선언이 2차원 배열을 가리킬 수 있는 포인터라는 의미로 해석될 수 있어서 더더욱 적절치 않은 표현이라고 말하고 싶다.

23-2 포인터 배열

포인터 변수도 일반적인 변수로 인식하는 것이 중요하다. 그리고 그렇게 인식을 한다면 포인터를 이용해서 배열을 선언하는 것도 전혀 이상하게 느껴지지 않는다.

■ **포인터 배열은 포인터 변수로 이뤄진 배열을 의미합니다.**

여러분은 포인터 변수의 선언방식과 배열의 선언방식을 알고 있다. 따라서 여러분은 포인터 변수로 이뤄진 포인터 배열을 충분히 선언할 수 있다. 예를 들어 int형 포인터 변수 3개로 이뤄진 1차원 배열은 다음과 같이 선언하면 된다.

    int* arrPtr[3];

배열을 이루는 요소의 형(type)이 int*, 배열 이름은 arrPtr, 그리고 길이가 3이므로 일반적인 배열의 선언 규칙이 그대로 적용되었음을 알 수 있다. 그리고 이렇게 선언된 배열은 총 3개의 주소 값을 저장할 수 있다. 다음 예제를 통해서 이를 확인하자.

■ 예제 23-4.c

```
1.   #include <stdio.h>
2.
3.   int main(void)
4.   {
5.       int n1, n2, n3;
6.       int* arrPtr[3]={&n1, &n2, &n3};
7.
8.       int i;
9.       for(i=0; i<3; i++)
10.      {
11.          printf("숫자 입력 : ");
12.          scanf("%d", arrPtr[i]);
13.      }
14.
15.      printf("입력된 숫자의 총 합은 %d 입니다 \n",
16.          *arrPtr[0] + *arrPtr[1] + *arrPtr[2]);
17.
18.      return 0;
19.  }
```

- 6행 : int형 포인터 배열 arrPtr을 선언하면서 n1, n2, n3의 주소 값으로 배열을 초기화하고 있다.
- 12행 : for문 안에서 숫자를 입력 받고 있다. arrPtr[0], arrPtr[1], arrPtr[2]가 의미하는 것은 변수 n1, n2, n3의 주소 값이다. 그래서 굳이 & 연산자를 붙여주지 않아도 된다(아니 & 연산자를 붙이면 안 된다).
- 16행 : 각 배열 요소는 변수의 주소 값을 저장하고 있으니 * 연산자를 이용해서 해당 변수에 접근이 가능하다. 여기서는 해당 변수의 값을 참조하여 그 결과를 더하고 있다.

■ 실행결과 : 예제 23-4

```
숫자 입력 : 3
숫자 입력 : 4
숫자 입력 : 5
입력된 숫자의 총 합은 12 입니다
```

포인터 배열에 대한 개념을 설명하기 위해서 간단한 예제를 제시하였는데, 이 정도의 예제만 기억하고 있어도 필요한 때에 포인터 배열을 적절히 활용할 수 있을 것이다.

■ 문자열 배열과 2차원 char형 배열

이전에 문제 19-2의 두 번째 문제를 통해서 다음과 같은 형태의 배열을 구성한 경험이 있다(아직 해결하지 않았다면 이 문제부터 해결하고 오자! 그래야 이야기가 통한다).

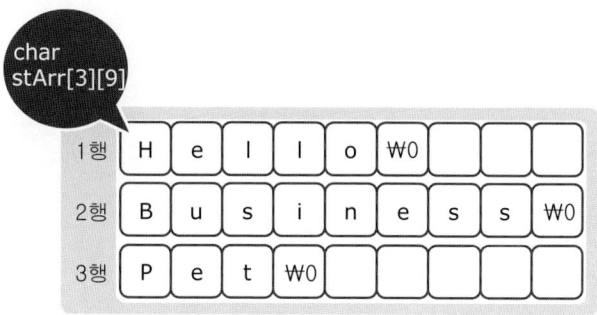

[그림 23-6 : 2차원 문자열 배열]

그런데 이렇게 2차원 배열을 선언하면 가로의 길이가 동일한 관계로 문자열의 길이에 배열의 길이를 딱 맞출 수가 없다. 결국 낭비되는 공간이 생기고 만다. 하지만 우리가 지금 막 공부한 포인터 배열을 활용하면 메모리 공간의 낭비 문제를 해결할 수 있다. 다음과 같은 구조를 구성할 수 있기 때문이다.

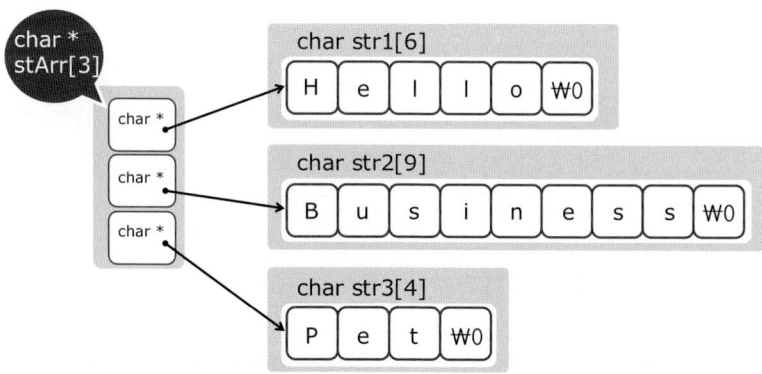

[그림 23-7 : 문자열 포인터 배열]

지금 하는 이야기가 어렵게 느껴질 수 있으니, 일단 그림 23-6의 모델로 예제를 하나 제시하겠다. 그리고 바로 이어서 그림 23-7의 모델로 예제를 제시하면 위 그림이 의미하는 바를 이해할 수 있을 것이다.

■ 예제 23-5.c

```
1.  #include <stdio.h>
2.
3.  int main(void)
4.  {
5.      char stArr[3][9]={"Hello", "Business", "Pet"};
6.      int i;
7.
8.      for(i=0; i<3; i++)
9.          printf("문자열 %d : %s \n", i+1, stArr[i]);
10.
11.     return 0;
12. }
```

- 5행 : 세로의 길이가 3이므로 총 세 개의 문자열을 저장할 수 있다. 따라서 이러한 형태의 초기화가 가능하다. 그리고 이 문장에 의해서 초기화 된 배열은 그림 23-6의 형태가 된다.
- 8, 9행 : 아주 간단하지만 둘 이상의 문자열을 하나의 배열에 저장하는 이유를 설명하고 있다. 둘 이상의 문자열을 하나의 배열에 저장할 경우, 이처럼 반복문을 활용해서 문자열을 일련의 방식으로 컨트롤하는 것이 가능하다. 이전에도 언급했지만, 반복문을 사용할 수 있다는 특징은 배열이 제공해 주는 장점이다.

■ 실행결과 : 예제 23-5

```
문자열 1 : Hello
문자열 2 : Business
문자열 3 : Pet
```

그럼 이제 그림 23-7의 모델을 구성하는 예제를 보기로 하자.

■ 예제 23-6.c

```
1.  #include <stdio.h>
2.
3.  int main(void)
4.  {
5.      char str1[]="Hello";
6.      char str2[]="Business";
7.      char str3[]="Pet";
8.
9.      char* stArr[3]={str1, str2, str3};
10.
11.     int i;
```

```
12.     for(i=0; i<3; i++)
13.         printf("문자열 %d : %s \n", i+1, stArr[i]);
14.
15.     return 0;
16. }
```

- 5~7행 : 문자열의 길이에 딱 맞는 배열을 선언하고 있다.
- 9행 : 배열의 이름이 첫 번째 배열 요소의 주소 값이므로 str1, str2, str3으로 초기화를 하고 있다. 이 문장에 의해서 그림 23-7의 형태가 완벽히 구성된다.
- 12, 13 : 이 두 줄은 예제 23-5의 8, 9행과 완전히 동일하다. 이는 활용방식에 있어서 그림 23-6과 23-7이 차이가 없음을 보여주는 예이다. 물론 선언방식은 그림 23-6이 간결하다.

■ 실행결과 : 예제 23-6

문자열 1 : Hello
문자열 2 : Business
문자열 3 : Pet

지금까지 두 가지의 문자열 배열 선언방법을 소개했는데, 한가지 모델을 더 소개하겠다.

■ 예제 23-7.c

```
1.  #include <stdio.h>
2.
3.  int main(void)
4.  {
5.      char* stArr[3]={"Hello", "Business", "Pet"};
6.
7.      int i;
8.      for(i=0; i<3; i++)
9.          printf("문자열 %d : %s \n", i+1, stArr[i]);
10.
11.     return 0;
12. }
```

■ 실행결과 : 예제 23-7

문자열 1 : Hello
문자열 2 : Business
문자열 3 : Pet

이 예제 5행의 배열 선언이 앞서 보여드렸던 두 가지 배열 선언과 비교했을 때 다른 점이 하나 있다.

"문자열을 저장할 메모리 공간을 별도로 선언하지 않았잖아요? 상수의 형태로 문자열을 선언한 거군요!"

결국 다음 두 단계를 통해서 문자열은 메모리 공간에 상수의 형태로 저장이 되고, 그 주소 값이 배열에 저장된다(22장의 마지막 부분에서도 유사한 이야기를 하였다).

[그림 23-8 : 예제 23-7의 문자열 포인터 배열 구성 1단계]

위 그림에서 보여주듯이 별도의 메모리 공간을 준비하지 않았으므로, 문자열은 메모리 공간에 상수의 형태로 저장이 된다. 그리고 다음 그림은 이어서 일어나는 일을 설명한다.

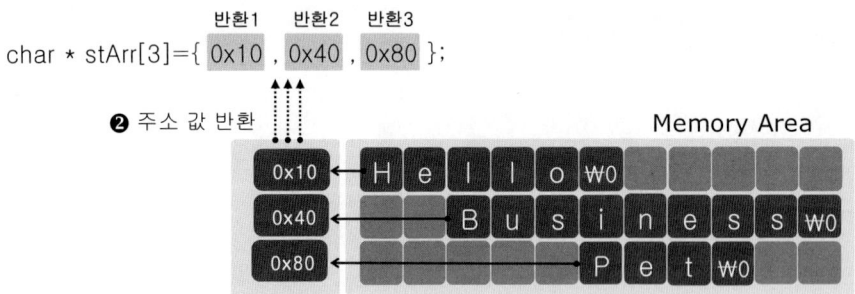

[그림 23-9 : 예제 23-7의 문자열 포인터 배열 구성 2단계]

따라서 선언이 완료된 배열은 메모리상에서 다음과 같은 형태를 띠게 된다.

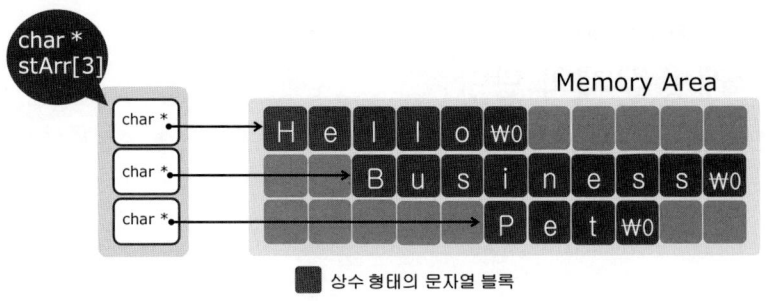

[그림 23-10 : 상수형태의 문자열로 구성된 포인터 배열]

위 그림은 그림 23-7과 유사하다. 다만 차이점은 그림 23-7과 달리 문자열이 상수의 형태로 메모리 공간에 존재한다는데 있다.

■ 언제 어떠한 문자열 배열을 선택해야 할까요?

필자는 총 3가지의 문자열 배열 선언방식을 설명했는데, 이중에서 가장 보편적인 선언 방식은 처음에 설명했던 그림 23-6의 형태이다. 왜냐하면 어느 정도의 메모리 공간 낭비는 있지만 선언 및 활용이 용이하기 때문이다.

그러나 이 성도의 메모리 낭비도 문제가 되는 시스템은 얼마든지 존재할 수 있다. 그렇다면 그림 23-10의 형태를 고려해야 한다. 하지만 이 모델은 문자열이 상수의 형태로 존재하게 된다는 단점이 있다. 결국 메모리의 효율성도 고려해야 하고, 문자열도 변수의 형태를 취해야 한다면 구현에 다소 불편함은 있지만, 그림 23-7의 형태를 취할 수밖에 없다.

23장 · 프로그래밍 문제의 답안

■ 문제 23-1의 답안

■ 소스코드 답안

```
1.   #include <stdio.h>
2.
3.   int main(void)
4.   {
5.       int num1=3;
6.       double num2=3.15;
7.
8.       int * ptr1=&num1;
9.       double * ptr2=&num2;
10.
11.      int** dptr1=&ptr1;
12.      double** dptr2=&ptr2;
13.
14.      int*** tptr1=&dptr1;
15.      double*** tptr2=&dptr2;
16.
17.      printf("ptr1의 저장 값 : %#x \n", ptr1);
18.      printf("ptr1의 주소 값 : %#x \n", dptr1);
19.      printf("dptr1의 주소 값 : %#x \n\n", tptr1);
20.
21.      printf("ptr2의 저장 값 : %#x \n", ptr2);
22.      printf("ptr2의 주소 값 : %#x \n", dptr2);
23.      printf("dptr2의 주소 값 : %#x \n\n", tptr2);
24.      return 0;
25.  }
```

이 예제에서 주목할 부분은 14행과 15행이다. 그리고 이 문제를 제시한 이유는 포인터 선언에서 * 의 개수가 의미하는 바를 이해할 수 있도록 돕기 위함이다. 참고로 포인터 선언 시 * 가 세 개 들어간 포인터를 가리켜 "포인터의 포인터의 포인터"라고 하는데, 간단히 삼중 포인터라 부르기도 한다. 이 정도되면 용어보다 의미가 더 중요하다.

■ 문제 23-2의 답안

■ 소스코드 답안

```
1.   #include <stdio.h>
2.
3.   int main(void)
4.   {
```

```
5.          int n1 = 100;
6.          int n2 = 200;
7.
8.          int* ptr1 = &n1;
9.          int* ptr2 = &n2;
10.         int** dptr = &ptr1;
11.
12.         /****** 추가 된 코드 ******/
13.         int* temp;
14.
15.         temp=*dptr;
16.         *dptr=ptr2;
17.         ptr2=temp;
18.
19.         dptr=&ptr2;
20.         /*************************/
21.
22.         printf(" *ptr1 = %d \n", *ptr1);
23.         printf(" *ptr2 = %d \n", *ptr2);
24.         printf("**dptr = %d \n\n", **dptr);
25.         return 0;
26.     }
```

문제에서 참조관계의 변경을 위해서 ptr1을 사용하지 말라고 하였는데, 이는 *dptr이 ptr1을 대신할 수 있기 때문에 가능한 일이다.

제24장 배열과 포인터 그리고 포인터 연산

배열의 이름과 포인터의 관계를 이해해야 합니다.

지금까지 여러분은 배열을 공부하고 포인터를 공부하였다. 그런데 이 둘은 사실 아주 깊은 관계가 있다. 때문에 이 둘의 관계를 정확히 이해해야만 배열과 포인터를 완벽히 이해했다고 할 수 있다. 그래서 이번 장에서는 배열과 포인터의 관계를 완전히 파헤칠 생각이다. 사실상 포인터를 이해하는데 있어서 어렵게 생각할 수 있는 마지막 부분에 해당하는 만큼, 즐거운 마음으로 이번 장의 내용을 학습하기 바란다.

이 장의 목차페이지 ➔➔➔

24-1. 제한된 형태의 포인터 연산	558
24-2. 배열의 이름은 상수 형태의 포인터	563
24-3. 다차원 배열 이름의 포인터 형	572
프로그래밍 문제의 답안	582

24-1 제한된 형태의 포인터 연산

포인터를 이야기할 때 포인터 연산에 대한 내용을 빼놓을 수 없다. 포인터를 이해한다는 것은 포인터가 주소 값을 저장한다는 사실과 더불어 포인터 연산의 특성을 잘 알고 있다는 의미가 담겨있기 때문이다.

■ **포인터를 가지고 덧셈과 뺄셈이 가능합니다.**

포인터 연산이라는 것은 포인터를 피연산자로 하는 연산 전부를 의미한다. 여러분이 알고 있는 대표적인 포인터관련 연산자는 다음과 같다.

- * 메모리 참조
- & 주소 값 반환

그런데 이것이 포인터 관련 연산의 전부일까? 아니다! 포인터를 피연산자로 하는 곱셈과 나눗셈은 불가능하지만 덧셈과 뺄셈은 가능하다. 그리고 포인터의 덧셈과 뺄셈은 일반적인 덧셈 및 뺄셈과는 그 의미가 다르다. 일단 다음 예제를 보자. 이 예제가 보여주는 결과만으로도 여러분이 충분히 흥미를 느낄만하다.

■ 예제 24-1.c

```c
1.   #include <stdio.h>
2.
3.   int main(void)
4.   {
5.       int num1=10;
6.       double num2=7.12345;
7.
8.       int * ptr1=&num1;
9.       double * ptr2=&num2;
10.
11.      printf("ptr1 : %d \n", ptr1);
12.      printf("ptr2 : %d \n\n", ptr2);
13.
14.      ptr1++, ptr2++;
15.      printf("ptr1 : %d \n", ptr1);
16.      printf("ptr2 : %d \n\n", ptr2);
17.
18.      printf("ptr1 : %d \n", ptr1+3);
19.      printf("ptr2 : %d \n\n", ptr2+3);
20.
21.      ptr1--, ptr2--;
```

```
22.        printf("ptr1 : %d \n", ptr1);
23.        printf("ptr2 : %d \n\n", ptr2);
24.
25.        printf("ptr1 : %d \n", ptr1-3);
26.        printf("ptr2 : %d \n\n", ptr2-3);
27.        return 0;
28.    }
```

- 8, 9행 : int형 포인터 변수와 double형 포인터 변수를 선언과 동시에 초기화하고 있다.
- 14행 : 중요한 것은 여기서부터 시작이다. 일단 8, 9행에서 선언한 포인터 변수의 값을 1씩 증가시키는 연산을 하고 있다. 일반 변수였다면 분명 값이 1씩 증가되었을 것이다. 그러나 15, 16행의 실행결과를 통해 알 수 있듯이 4와 8이 증가되었다.
- 18, 19행 : 포인터와 덧셈 연산을 하고 있다. 그리고 그 결과를 출력하고 있는데, 증가 된 값이 각각 12와 24이다.
- 21행 : 현재 ptr1과 ptr2에 저장되어 있는 값은 15, 16행의 출력결과를 통해 확인할 수 있다. 그리고 이번에는 ptr1과 ptr2에 저장된 값을 1씩 감소시키는 연산을 하고 있다. 그런데 출력결과에서는 4와 8이 감소되었음을 보이고 있다.
- 25, 26행 : 포인터와 뺄셈 연산을 하고 있다. 그리고 그 결과를 출력하고 있는데, 감소 된 값이 각각 12와 24이다.

■ 실행결과 : 예제 24-1

```
ptr1 : 1245044
ptr2 : 1245048

ptr1 : 1245048
ptr2 : 1245056

ptr1 : 1245060
ptr2 : 1245080

ptr1 : 1245044
ptr2 : 1245048

ptr1 : 1245032
ptr2 : 1245024
```

이 예제에서는 증가 및 감소되는 값의 크기를 쉽게 파악할 수 있도록 10진수의 형태로 출력하였다. 이 예제를 통해서 단순히 파악 가능한 사실은 다음 두 가지이다.

- int형 포인터 변수의 값을 1 증가시키면, int형 변수의 크기인 4가 증가된다.
- double형 포인터 변수의 값을 1 증가시키면, double형 변수의 크기인 8이 증가된다.

■ 중간을 가리켜서 무엇 하겠습니까?

포인터는 데이터의 첫 번째 바이트를 가리키는 녀석이다. 따라서 첫 번째 바이트를 기준으로 데이터의 참조를 위한 * 연산도 이뤄진다. 그렇다면 이러한 포인터가 int형 변수의 중간을 가리키거나, double형 변수의 중간을 가리키는 것이 의미가 있겠는가? 별 의미가 없다. 변수의 중간을 가리키는 순간부터 데이터 참조를 위한 * 연산의 결과가 무의미해지기 때문이다.

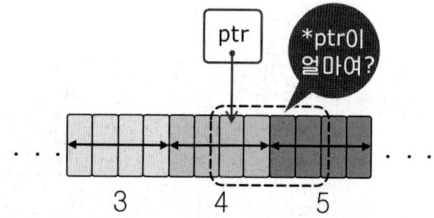

[그림 24-1 : 변수의 중간 위치를 가리키는 포인터 ptr]

위 그림의 ptr을 int형 포인터라 가정해 보자. 그런데 이 포인터는 숫자 4가 저장되어 있는 변수의 중간을 가리키고 있다. 때문에 이 포인터를 이용해서 * 연산을 할 경우, 숫자 4와 5가 저장된 두 변수의 뒤와 앞을 2바이트씩 참조하여 엉뚱한 값을 반환하게 된다. 이는 포인터가 데이터의 중간을 가리키는 것이 무의미한 이유를 다시 한번 확인시켜 준다.

그렇다면 우리는 포인터 변수가 데이터의 중간을 가리키지 않도록 주의해서 프로그래밍을 해야 하는 것일까? 물론 그렇다! 그러나 C언어에서의 포인터 연산 특성이 데이터의 중간을 참조하지 못하도록 디자인이 되어 있어서 실제로 우리가 신경 쓸 일은 거의 없다고 보면 된다. 포인터 값의 증가 및 감소를 다음과 같이 합리적으로 정의해 놓았기 때문이다.

"TYPE형 포인터 값을 1 증가 및 감소 시, TYPE의 바이트 크기만큼 증가 및 감소된다."

예를 들어 int형 포인터 변수에 저장된 값에 1을 더하거나 빼면, sizeof(int)의 반환 값의 크기인 4만큼 값이 증가하거나 감소한다. 마찬가지로 double형 포인터 변수에 저장된 값에 1을 더하거나 빼면, sizeof(double)의 반환 값의 크기인 8만큼 값이 증가하거나 감소한다. 때문에 일반적인 방법으로는 포인터가 데이터의 중간을 가리키는 것이 불가능하다.

■ 어라! 배열요소의 접근이 가능하네요?

포인터 값의 증가 및 감소가 어떠한 결과를 보이는지 설명하였는데, 이거 어디에 써먹으면 좋겠는가? 이는 배열에 접근할 때 써먹기 딱! 좋은 특성이다.

■ 예제 24-2.c

```
1.  #include <stdio.h>
2.
3.  int main(void)
4.  {
5.      int arr[]={1, 2, 3, 4, 5};
6.      int * p=&arr[2];
7.      printf("현 위치 : %d \n\n", *p);
8.
9.      printf("한 칸 앞 : %d \n", *(p+1));
10.     printf("두 칸 앞 : %d \n\n", *(p+2));
11.
12.     printf("한 칸 뒤 : %d \n", *(p-1));
13.     printf("두 칸 뒤 : %d \n\n", *(p-2));
14.     return 0;
15. }
```

해 설

- 6행 : 배열 arr의 세 번째 요소의 주소 값을 얻기 위해서 & 연산자를 사용하였다. 그리고 연산의 결과를 포인터 p에 저장하였으니, 포인터 p는 배열 arr의 세 번째 요소를 가리키게 된다.
- 9행 : 포인터 p에 저장된 주소 값에 1을 더하여 * 연산을 하고 있다. 이때 주소 값은 4가 증가되므로 p가 가리키는 배열 요소의 다음 번째 배열 요소의 값을 출력하게 된다.
- 10행 : 포인터 p에 저장된 값에 2를 더했으므로, 주소 값은 8이 증가가 되어 포인터 p가 가리키는 요소의 다음다음 번 요소를 참조하여 출력하게 된다.
- 12, 13행 : 포인터 p에 저장된 값에 각각 1과 2를 감소시켜서 얻은 주소 값을 이용하여 * 연산을 하고 있다.

■ 실행결과 : 예제 24-2

```
현 위치 : 3

한 칸 앞 : 4
두 칸 앞 : 5

한 칸 뒤 : 2
두 칸 뒤 : 1
```

위 예제는 포인터 연산을 통해서 배열 요소의 전부를 참조하는 것이 가능하다는 것을 보여준다. 그럼 이번에는 조금 다른 예제를 하나 더 제시하겠다.

■ 예제 24-3.c

```c
1.   #include <stdio.h>
2.
3.   int main(void)
4.   {
5.       int arr[]={1, 2, 3, 4, 5};
6.       int * p=arr;      /* int * p=&arr[0] 와 동일한 문장 */
7.
8.       printf("1번째 요소 : %d \n", *(p++));
9.       printf("2번째 요소 : %d \n", *(p++));
10.      printf("3번째 요소 : %d \n", *(p++));
11.      printf("4번째 요소 : %d \n", *(p++));
12.      printf("5번째 요소 : %d \n", *(p));
13.      return 0;
14.  }
```

- 6행 : 배열의 이름은 첫 번째 배열 요소의 주소 값을 의미하므로, 배열 이름이 지니고 있는 값을 int 형 포인터 p에 저장하는 것은 타당하다.
- 8~12행 : 순차적으로 배열 요소에 저장된 값을 참조하고 있다. 그런데 여기서 사용된 ++ 연산자는 포인터 p에 저장된 값을 증가시키는 연산을 한다. 단 1이 증가되는 것이 아니라, sizeof(int)의 반환 값만큼 증가하게 된다.

■ 실행결과 : 예제 24-3

```
1번째 요소 : 1
2번째 요소 : 2
3번째 요소 : 3
4번째 요소 : 4
5번째 요소 : 5
```

예제 24-2와 24-3의 가장 큰 차이점은 포인터 변수의 값을 증가시키는 방식에 있다. 예제 24-2에서는 포인터에 저장된 값을 증가시킨 것이 아니라, 포인터에 저장된 값을 참조하여 덧셈을 하였을 뿐이다. 그러나 예제 24-3에서는 ++ 연산자를 이용해서 포인터 변수에 저장된 값 자체를 증가시켰다.

문 제 24-1 [포인터 덧셈 뺄셈 연산]

● 문제 1

프로그램상에서 다음과 같은 문자열을 선언하자.

```
char * str="He Is My Best Friend!";
```

그리고 포인터 str을 이용해서 문자열에 저장된 대문자의 개수가 몇 개인지 세어보는 프로그램을 작성하자. 여러분은 이 문제의 해결을 위해서 포인터 str을 이용한 포인터 연산을 해야만 한다.

● 문제 2

우리는 23장에서 이중 포인터에 대해서 공부하였다. 대표적인 이중 포인터 선언은 다음과 같다.

```
int** dblPtr1;
double** dblPtr2;
```

위 선언 이후 포인터 dblPtr1과 dblPtr2에 각각 1을 더했을 때, 증가하는 값의 크기는 얼마가 되겠는가? 필자가 직접적으로 언급하지는 않았으나, 여러분이 유추할 수 있는 정도의 힌트는 주어졌다. 나름대로 판단이 섰다면, 여러분의 판단이 맞는지 확인하기 위한 예제를 직접 작성해 보자.

24-2 배열의 이름은 상수 형태의 포인터

눈치가 빠르신 분은 이미 짐작했을 것으로 생각한다. 포인터와 배열의 이름이 상당히 유사하다는 것을 말이다. 특히 앞서 포인터를 이용한 배열 요소의 접근 방법을 보여준 예제는 이러한 사실을 어느 정도 짐작 가능하게 했다.

■ **배열의 이름이 첫 번째 요소의 주소 값이니 배열의 이름은 포인터가 아닐까요?**

22-5장에서 포인터에 대하여 다음과 같이 정의하였다.

"포인터는 주소 값을 지니며, 더불어 참조하는 대상의 자료형 정보도 지니는 변수나 상수를 의미한다."

즉 포인터가 되기 위해서는 다음 두 가지 조건을 모두 갖춰야 한다.

- 포인터 조건 1. 주소 값을 지닌다.
- 포인터 조건 2. 주소 값이 가리키는 대상에 대한 자료형 정보를 지닌다.

그렇다면 배열의 이름도 포인터라는 아주 멋진 결론이 나온다. 일단 배열의 이름이 주소 값을 지니는 것은 알고 있는 사실이다. 더불어 배열의 이름은 참조 대상에 대한 정보도 지니는데, 이는 다음 예제를 통해서 증명하겠다.

■ 예제 24-4.c

```
1.  #include <stdio.h>
2.
3.  int main(void)
4.  {
5.      int arr[3]={100, 200, 300};
6.      printf("arr[0]는 %d, *arr는 %d \n", arr[0], *arr);
7.      return 0;
8.  }
```

■ 실행결과 : 예제 24-4

arr[0]는 100, *arr는 100

위 예제 6행을 보면 배열의 이름을 이용해서 다음 연산 식을 구성하고 있다.

`*arr;`

이는 arr이 가리키는 주소에 저장된 값을 참조하기 위한 연산식이다. 그런데 여기서 arr은 포인터가 아닌 배열의 이름이다. 그럼에도 불구하고 실행결과가 보여주듯이 아주 제대로 동작을 하고 있다. 여기서 첫 번째 배열 요소에 저장된 값 100을 정확히 출력했다는 것은 다음 사실을 증명하는 것이다.

"arr에는 가리키는 대상의 자료형 정보가 담겨있다."

때문에 데이터 참조를 위한 * 연산 시, 4바이트 크기의 정수 형태로 데이터를 읽을 수 있는 것이다. 그리고 6행에서 사용된 * 연산자는 포인터 연산자이다. 따라서 피연산자는 반드시 포인터가 와야 한다. 결국 이를 통해서 내릴 수 있는 결론은 다음과 같다.

"배열의 이름도 포인터이다."

다만 일반적인 포인터 변수와 차이가 있다면, 배열의 이름은 상수 형태의 포인터라는 점이다. 때문에 배열의 이름은 가리키는 위치를 변경시킬 수 없는 것이다.

■ 그럼 뭐에요. 결국 int형 1차원 배열의 이름은 int형 포인터잖아요?

그렇다! 결국 int형 1차원 배열의 이름은 int형 포인터이고, double형 1차원 배열의 이름은 double형 포인터이며, char형 1차원 배열의 이름은 char형 포인터이다. 이 관계를 정리하면 다음과 같이 일반화시킬 수 있다.

"TYPE형 1차원 배열의 이름은 TYPE형 포인터이다."

문 제 24-2 [1차원 배열 이름의 포인터 형 결정하기]

TYPE형 1차원 배열의 이름이 TYPE형 포인터라는 공식을 적용하여 1차원 배열의 포인터 형을 결정하는 연습을 해 보겠다. 아래에서 제시하는 배열 이름의 포인터 형을 결정하고, 그 결정이 옳음을 증명하기 위한 예제를 작성하는 것까지가 여러분의 몫이다(증명 방법을 제시할 수 있다면, 그만큼 포인터를 잘 이해하고 있는 것이다).

◉ 문제 1
다음 char형 배열 이름의 포인터 형을 결정하고, 이를 증명하는 예제를 작성하여라.
```
char str[30]="Orange Media";
```

◉ 문제 2
다음 int형 포인터 배열 이름 iPtrArr의 포인터 형을 결정하고, 이를 증명하는 예제를 작성하여라.
```
int a=10, b=20, c=30;
int * iPtrArr[3]={&a, &b, &c};
```

◉ 문제 3
다음 char형 포인터 배열 이름 sPtrArr의 포인터 형을 결정하고, 이를 증명하는 예제를 작성하여라.
```
char * sPtrArr[3]={"AAA", "BBB", "CCC"};
```

위의 세 문제에서 제시한 배열은 모두 1차원 배열이다. 따라서 다음 사실을 적용 함으로서 배열 이름의 포인터 형을 쉽게 결정할 수 있다.

"TYPE형 1차원 배열의 이름은 TYPE형 포인터이다."

그러나 중요한 것은 포인터 형을 결정하는 것이 아니라, 왜? 포인터 형이 그렇게 되는지 이해하는데 있다. 그래서 예제를 통한 증명의 과정을 여러분의 몫으로 돌리고 있는 것이다.

■ 배열 이름 관점에서 arr[i]와 *(arr+i)가 동일하네요.

배열의 이름은 포인터이기 때문에 배열 요소에 접근하는 방법에는 두 가지가 존재한다. 하나는 배열 접근방식이다. 다음 문장은 i번째 요소에 정수 5를 저장한다.

```
arr[i]=5;
```

또 하나는 포인터 접근방식이다. 다음 문장도 i번째 요소에 정수 5를 저장한다.

```
*(arr+i)=5;
```

결국 배열 이름의 관점에서 위 두 식은 완전히 동일하다. 때문에 기능적인 측면에서도 전혀 차이가 없다.

■ 예제 24-5.c

```
1.   #include <stdio.h>
2.
3.   int main(void)
4.   {
5.       int arr[5]={1, 2, 3, 4, 5};
6.       int i;
7.
8.       for(i=0; i<5; i++)
9.           printf("%d ", arr[i]);
10.
11.      printf("\n");
12.
13.      for(i=0; i<5; i++)
14.          printf("%d ", *(arr+i));
15.
16.      printf("\n");
17.      return 0;
18.  }
```

■ 실행결과 : 예제 24-5

```
1 2 3 4 5
1 2 3 4 5
```

이미 충분한 예제를 보여왔기 때문에 위 예제는 정리 차원에서 제시하였다. 결론적으로 배열의 이름 관점에서 arr[i]와 *(arr+i)는 완전히 동일하다.

■ 포인터 관점에서도 arr[i]와 *(arr+i)는 동일합니다.

이쯤 되면 다음과 같은 궁금증이 생기기도 한다.

"혹시 포인터 변수를 이용해서도 배열처럼 접근이 가능하지 않을까?"

이를 확인하는 것은 어려운 일이 아니니, 예제를 통해서 확인해 보기로 하겠다. 다음 예제는 예제 24-5를 포인터 접근방식으로만 변경시킨 것이다.

■ 예제 24-6.c

```
1.  #include <stdio.h>
2.
3.  int main(void)
4.  {
5.      int arr[5]={1, 2, 3, 4, 5};
6.      int * pArr=arr;
7.      int i;
8.
9.      for(i=0; i<5; i++)
10.         printf("%d ", pArr[i]);
11.
12.     printf("\n");
13.     for(i=0; i<5; i++)
14.         printf("%d ", *(pArr+i));
15.
16.     printf("\n");
17.     return 0;
18. }
```

■ 실행결과 : 예제 24-6

```
1 2 3 4 5
1 2 3 4 5
```

6행에서 선언한 pArr은 포인터이니 14행의 접근 방식은 당연한 것이다. 그런데 10행의 배열 접근 방식이 가능하다는 것은 다소 의외라고 생각할 수 있다. 결론부터 말씀을 드리면 포인터의 이름을 이용해서도 배열의 형태로 접근이 가능하다. 혼란스러운가? 혼란스러울 것 없다. 하나의 결론으로 모든 내용이 정리되니 말이다.

"arr이 포인터 변수이거나 배열의 이름일 때, arr[i]와 *(arr+i)는 결과적으로 동일한 연산문이다."

위의 문장으로 모든 내용이 정리되었다. 배열의 이름도 포인터이기 때문에 이러한 정리가 가능하다.

■ arr[i]와 *(arr+i)는 어느 상황에서나 동일합니다.

앞서 보였듯이 배열의 관점에서건 포인터의 관점에서건 arr[i]와 *(arr+i)는 같은 결과를 보인다. 때문에 arr[i]와 *(arr+i)는 동일한 문장이라 할 수 있다. 다만 전자는 배열의 이름을 이용할 때 주로 사용이 되고, 후자는 포인터를 이용할 때 주로 사용될 뿐이다.

● 문 제 24-3 [언제나 동일한 arr[i]와 *(arr+i)]

arr[i]와 *(arr+i)는 어느 상황에서나 동일하다고 하였는데, 실제로 이러한 특성은 다차원 배열에서도 성립을 한다. 이 사실을 참고하여 아래 예제에서 * 연산자를 없애서 순수하게 배열 접근의 형태로 예제를 변경해 보자.

```
int main(void)
{
    int arr[3][4]={{1}, {2}, {3}};
    (*(arr+2))[3]=20;
    *(arr[1]+3)=30;
    *(*(arr+2)+1)=40;
    *(*arr+2)=50;
    **arr=70;
    . . . . .
}
```

■ 배열의 이름을 전달받는 매개변수의 또 다른 선언방식

20장에서는 배열의 주소 값을 전달받는 함수의 매개변수 선언에 대해서 소개하였다. 그런데 이번에는 매개변수의 선언을 포인터 관점에서 고민해 보고자 한다. 다음 예제는 매개변수의 선언부분이 빠져있는 완전하지 않은 예제이다. 이 예제가 정상적으로 컴파일 및 실행될 수 있도록 빈 부분을(물음표로 표시 된 부분) 채워 넣기 바란다. 단 20장에서 설명한 내용이 아닌, 포인터 변수를 선언해서 해결해야 한다.

■ 예제 24-7.c

```c
1.  #include <stdio.h>
2.
3.  void IntArrPrintf(?? ONE ??, int len)
4.  {
5.      int i;
6.      for(i=0; i<len; i++)
7.          printf("%9d ", arr[i]);
8.
9.      printf("\n");
10. }
11.
12. void DblArrPrintf(?? TWO ??, int len)
13. {
14.     int i;
15.     for(i=0; i<len; i++)
16.         printf("%9.4f ", arr[i]);
17.
18.     printf("\n");
19. }
20.
21. int main(void)
22. {
23.     int arr1[3]={1, 2, 3};
24.     double arr2[3]={1.1, 2.2, 3.3};
25.
26.     IntArrPrintf(arr1, sizeof(arr1)/sizeof(int));
27.     DblArrPrintf(arr2, sizeof(arr2)/sizeof(double));
28.     return 0;
29. }
```

■ 실행결과 : 예제 24-7

```
        1        2        3
   1.1000   2.2000   3.3000
```

이미 앞서 이해한 내용을 함수의 매개변수에 적용하는 정도이니, 어렵지 않게 3행과 12행에 들어갈 내용을 채웠을 것이다. IntArrPrintf 함수는 첫 번째 전달인자로 int형 배열의 이름(주소 값)이 전달된다. 그런데 int형 1차원 배열의 이름은 int형 포인터이니, 매개변수도 int형 포인터로 선언해야 한다. 즉 위 예제 3행에 들어갈 적절한 매개변수 선언은 다음과 같다.

```
int * arr
```

마찬가지로 double형 1차원 배열의 이름은 double형 포인터이니, 12행에 들어갈 적절한 매개변수 선언은 다음과 같다.

```
double * arr
```

그렇다면 위 예제 3행과 12행에 들어갈 수 있는 매개변수의 선언은 각각 두 가지 형태로 정리가 가능하다. 우선 3행에 들어갈 수 있는 두 가지 매개변수 선언은 다음과 같다.

- `int * arr`
- `int arr[]`

그리고 12행에 들어갈 수 있는 두 가지 매개변수 선언도 다음과 같다.

- `double * arr`
- `double arr[]`

그렇다면 어떠한 매개변수 선언을 사용하는 것이 좋을까? 특별히 여러분이 좋아하는 선언방식이 있다면 그 방식을 사용하면 된다. 왜냐하면 일반적으로 이 두 가지 방식 모두 프로그래머들이 즐겨 사용하고, 또 차이도 전혀 없는 선언이기 때문이다. 하지만 가급적이면 20장에서 설명한 배열 형태의 선언방식을 추천 드리고 싶다. 왜냐하면 매개변수 선언 자체만으로도 배열이 인자로 전달된다는 정보를 충분히 나타내기 때문이다.

■ int arr[ ] 유형의 선언은 매개변수 선언에서만 사용이 가능합니다.

함수를 하나 정의해 보자. 이 함수는 배열의 이름을 전달받아서, 배열에 저장된 값의 부호를 반전시킨다. 그리고 배열의 주소 값을 다시 반환하는 함수이다.

■ 예제 24-8.c

```
1.  #include <stdio.h>
2.
3.  int * InvArr(int ar[], int len)
4.  {
5.      int i;
6.      for(i=0; i<len; i++)
7.          ar[i]=-ar[i];
8.
9.      return ar;
10. }
11.
12. int main(void)
13. {
```

```
14.        int arr[3]={1, 2, 3};
15.        int * pArr;
16.        int i;
17.
18.        pArr=InvArr(arr, sizeof(arr)/sizeof(int));
19.        for(i=0; i<3; i++)
20.            printf("%d \n", *(pArr+i));
21.
22.        return 0;
23.    }
```

■ 실행결과 : 예제 24-8

```
-1
-2
-3
```

int형 1차원 배열의 이름은 int형 포인터이기 때문에 3행에 정의되어 있는 InvArr 함수의 반환형으로 int형 포인터가 선언되었다. 그런데 이 함수는 다음과 같이 정의해도 되지 않겠는가? 배열의 주소 값을 반환하는 함수이니 말이다.

```
int[] InvArr(int ar[], int len)
{
    . . . .
    return ar;
}
```

그러나 안타깝게도 이러한 선언은 불가능하다. C언어에서 [ ]를 이용한 반환형의 선언은 허용되지 않기 때문이다. 따라서 여러분은 이러한 상황에서 어쩔 수 없이 포인터 관련 선언을 할 수밖에 없다.

문 제 24-4 [지역변수 및 함수의 주소 값 반환]

● 문제 1
다음 함수는 컴파일은 되지만 구조적으로 아주 큰 문제를 지니고 있다. 어떠한 문제점을 지니고 있는지 지적해 보자.

```c
int * InvArr(void)
{
    int arr[3]={1, 2, 3};
    return arr;
}
```

● 문제 2
다음과 같이 두 개의 문자열을 선언한다(문자열의 내용은 여러분이 결정해도 된다).

```c
char str1[]="C Programming";
char str2[]="Java Program";
```

그리고 이 두 문자열중에서 어떤 문자열의 길이가 더 긴지 판단해 주는 함수를 정의하고, 이 함수를 활용하는 main 함수를 정의하자.
이 함수는 두 문자열의 주소 값을 입력 받아서, 길이가 더 긴 문자열의 주소 값을 반환하는 형태로 구현해야 하며, 여러분은 이 정보를 참조하여 길이가 더 긴 문자열을 main 함수에서 출력해야 한다. 그리고 두 문자열의 길이가 같을 경우에는 널 포인터를 반환하도록 정의하자.

24-3 다차원 배열 이름의 포인터 형

필자 개인적으로는 이 부분을 지금 당장 공부하지 않아도 된다고 생각한다. 이미 지금까지 설명 드린 내용만으로도 벅찰 수 있기 때문이다. 때문에 지금까지의 학습량과 내용이 부담된다면, 포인터와 배열에 대해서 한번 정도 복습을 하고 난 다음에 이 부분을 공부하는 것도 나쁘지 않다고 생각한다. 이 부분은 사실상 포인터의 마지막 관문이다.

■ 다차원 배열의 포인터 형은 무엇인가?

앞서 1차원 배열 이름의 포인터 형과 관련하여 다음과 같이 정의를 하였다.

"TYPE형 1차원 배열의 이름은 TYPE형 포인터이다."

int형 1차원 배열의 이름은 int형 포인터라는 뜻이니 이 얼마나 간단한 이야기인가? 그런데 아쉽게도 이는 배열이 1차원인 경우에만 성립하는 이야기이다. 때문에 2차원 이상 되는 배열의 포인터 형을 결정짓기 위해서는 1차원의 경우와 전혀 다른 접근을 해야만 한다. 일단 다음 예제를 보자. 이는 int형 2차원 배열 이름의 포인터 형을 결정하는 것이 어려운 이유를 보여주는 예제이다.

■ 예제 24-9.c
```c
1.  #include <stdio.h>
2.
3.  int main(void)
4.  {
5.      int arr1[3][2];
6.      int arr2[3][3];
7.      int arr3[3][4];
8.
9.      printf("%d  %d \n", arr1, arr1+1);
10.     printf("%d  %d \n", arr2, arr2+1);
11.     printf("%d  %d \n", arr3, arr3+1);
12.
13.     return 0;
14. }
```

■ 실행결과 : 예제 24-9
```
1244948  1244956
1244972  1244984
1245008  1245024
```

위 예제의 5, 6, 7행에서는 2차원 배열을 선언하고 있다. 세로의 길이는 모두 동일하지만 가로의 길이가 다르다는 점에 주목하기 바란다. 그리고 9, 10, 11행에서는 앞서 선언한 배열의 주소 값과 더불어 1을 증가시킨 값을 출력하고 있다. 덧셈 연산을 하는 이유는 덧셈의 결과가 포인터 형을 결정하는데 아주 중요한 힌트가 되기 때문이다. 포인터 형이 동일하면 덧셈 연산 시 증가 하는 값의 크기도 동일하지 않은가?

결과값을 비교해보니 arr1에 1을 더한 경우 8이 증가하였고, arr2에 1을 더한 경우 12가 증가하였다. 그리고 arr3에 1을 더한 경우에는 16이 증가하였다. 이는 arr1, arr2, arr3의 포인터 형이 서로 다르다는 뜻이 된다. 이로써 하나의 결론을 내릴 수 있게 되었다.

"2차원 배열 이름의 포인터 형은 배열 요소의 자료형이 동일하더라도 달라질 수 있다."

■ 증가한 값의 근거는 어디에 있는가?

2차원 배열의 이름에 1을 더할 때 반환되는 값은 어디를 가리키는 것일까? 다음 그림은 예제 24-9에서 선언한 배열을 기준으로 이 질문에 대한 답을 알려준다.

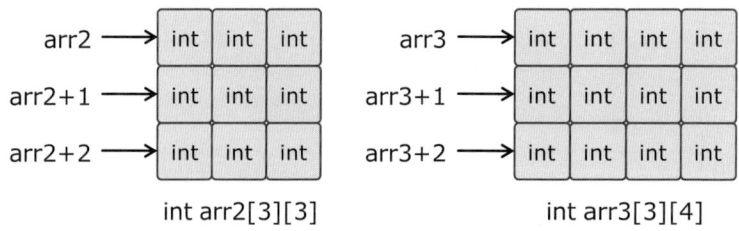

[그림 24-2 : 2차원 배열 이름의 덧셈 연산 결과]

즉 1을 더할 때마다 반환되는 주소 값의 크기는 행의 바이트 크기만큼 증가한다. 그럼 이제 2차원 배열 이름의 포인터 형을 결정짓는 중요한 요소가 무엇인지 알 수 있다. 행의 길이에 따라서 포인터 연산의 계산 결과가 달라지니 행의 길이도 포인터 형을 결정짓는 중요한 요소임을 알 수 있다.
위 그림의 왼편에 있는 배열은 행 단위로 이동을 하기 위해서 12바이트씩 증가를 해야만 한다. 이 값이 나오게 된 식의 구성은 다음과 같다.

  4(배열 요소가 int형이므로) × 3(가로 길이가 3이므로) = 12

다음은 위 그림의 오른편에 있는 배열에 해당하는 식의 구성이다.

  4(배열 요소가 int형이므로) × 4(가로 길이가 4이므로) = 16

즉 2차원 배열 이름의 포인터 형을 결정짓는 정보는 다음 두 가지이다.

- 배열 요소를 구성하는 변수의 자료형
- 배열의 가로 길이

이 두 가지 요소가 2차원 배열 이름의 포인터 형을 결정짓는다는 사실이 부담스럽게 느껴질 수 있다. 그러나 익숙해지면 당연한 것처럼 생각될 것이다. 그렇게 생각될 때까지 여러 차례 반복 학습을 해야 한다.

■ 이 두 가지 정보를 담고 있는 포인터 변수는 어떻게 선언을 하죠?

여러분은 지금까지 값을 1 더할 때마다 16 이상의 값이 증가하는 포인터를 본적이 없다. 다시 말해서 2차원 배열 이름의 포인터 형은 여러분이 지금까지 본적이 없는 포인터 형이다. 따라서 기존에 알고 있는 포인터에서 답을 찾으면 안 된다.

다음은 배열 요소의 자료형이 TYPE이고, 가로 길이가 LEN인 배열의 배열 이름과 형이 일치하는 포인터 변수의 선언방법을 공식화한 것이다(여기서 ptr은 포인터 변수의 이름이다).

```
TYPE (*ptr) [LEN];
```

예를 들어 2차원 배열 int arr[3][4]의 배열 이름 arr과 동일한 포인터 형의 변수는 다음과 같이 선언하면 된다.

```
int (*ptr)[4];
```

예를 하나 더 들겠다. 배열 double arr[4][5]의 배열 이름 arr과 동일한 포인터 형의 변수는 다음과 같이 선언하면 된다.

```
double (*ptr)[5];
```

이 선언에서 포인터 변수의 이름 앞에 존재하는 *는, 이 선언이 포인터 변수의 선언임을 의미한다. 즉 위 선언은 다음과 같이 해석을 하면 된다.

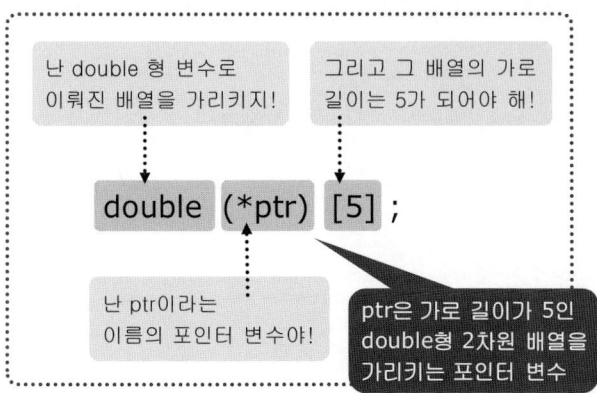

[그림 24-3 : 2차원 배열을 가리키는 포인터 변수의 선언]

토막 퀴즈

질문 : 2차원 배열 이름의 포인터 형을 결정할 수 있는지 묻기 위한 질문이다. 다음 배열 선언들 중에서 배열 이름의 포인터 형이 같은 것끼리 묶어 보아라.

    int arr1[3][2], int arr2[2][3], int arr3[3][3], int arr4[4][2], int arr5[3*2]
    int arr6[2*3], double arr7[3][2], double arr8[2][3], double arr9[3][3]

답변 : 2차원 배열 이름의 포인터 형을 분류하려면, 배열 요소의 자료형과 배열의 가로 길이만 살피면 된다. 그리고 3*2와 같은 표현을 사용한다고 해서 1차원 배열이 2차원 배열이 되는 것은 아니며, 1차원 배열과 2차원 배열은 근본적으로 포인터 형이 다르다. 따라서 위 배열 이름의 포인터 형은 다음과 같이 5개의 부류로 나뉜다.

- arr1, arr4 : 배열 요소의 자료형이 int, 가로 길이 2
- arr2, arr3 : 배열 요소의 자료형이 int, 가로 길이 3
- arr5, arr6 : int형 1차원 배열
- arr7 : 배열 요소의 자료형이 double, 가로 길이 2
- arr8, arr9 : 배열 요소의 자료형이 double, 가로 길이 3

다음은 2차원 배열을 가리키는 포인터 선언과 관련된 예제로서, 매개변수 선언과 관련하여 예제를 작성하였다.

■ 예제 24-10.c

```
1.   #include <stdio.h>
2.
3.   void InitArrWD3(int (*ar)[3], int height, int initNum)
4.   {
5.       int i, j;
6.       for(i=0; i<height; i++)
7.           for(j=0; j<3; j++)
8.               ar[i][j]=initNum;
9.   }
10.
11.  void InitArrWD4(int (*ar)[4], int height, int initNum)
12.  {
13.      int i, j;
14.      for(i=0; i<height; i++)
15.          for(j=0; j<4; j++)
16.              ar[i][j]=initNum;
17.  }
18.
```

```
19.   int main(void)
20.   {
21.       int i, j;
22.       int arr1[3][3];
23.       int arr2[4][4];
24.
25.       int (* pArr1)[3]=arr1;
26.       int (* pArr2)[4]=arr2;
27.
28.       InitArrWD3(arr1, 3, 5);
29.       InitArrWD4(arr2, 4, 7);
30.
31.       for(i=0; i<3; i++)
32.       {
33.           for(j=0; j<3; j++)
34.               printf("%4d", pArr1[i][j]);
35.
36.           printf("\n");
37.       }
38.
39.       printf("\n");
40.
41.       for(i=0; i<4; i++)
42.       {
43.           for(j=0; j<4; j++)
44.               printf("%4d", pArr2[i][j]);
45.
46.           printf("\n");
47.       }
48.       return 0;
49.   }
```

- 22, 23행 : 두 개의 배열이 선언되었다. 배열을 이루는 요소의 자료형은 같으나, 가로 길이가 다른 관계로, 이 두 배열의 이름은 포인터 형이 서로 다르다.

- 25, 26행 : 배열 이름 각각과 동일한 포인터 형의 변수를 선언하여, 배열의 주소 값을 저장하고 있다. 이를 통해서 배열의 포인터 형이 어떻게 되는지 확인할 수 있다.

- 28행 : 첫 번째 인자로 전달된 주소에 해당하는 배열을, 세 번째 인자로 전달된 정수로 초기화하는 함수를 호출하고 있다. 두 번째 전달인자는 전달되는 배열의 세로 길이를 의미한다.

- 29행 : 28행에서 호출하는 함수와 동일한 기능의 함수를 호출하고 있다. 다만 차이점이 있다면, 28행에서 호출하는 함수는 2차원 배열의 가로 길이가 3이고, 29행에서 호출하는 함수는 2차원 배열의 가로 길이가 4라는 점이다. 2차원 배열은 가로의 길이만 달라져도 배열 이름의 포인터 형이 달라지기 때문에 이렇게 가로 길이에 따라서 각각 함수를 정의해야 한다.

- 34, 44행 : 2차원 배열을 가리키는 포인터 변수의 이름을 이용해서 배열 방식으로 접근하는 것이 가능하다는 것을 보이고 있다. 이와 관련해서는 앞서 1차원 배열을 논의하면서 이미 결론을 내렸다. 포인터를 이용해서도 얼마든지 배열의 접근 방식으로 접근이 가능하다. 특히 2차원 배열을 가리키는 포인터의 경우는 2차원 배열의 접근 방식을 적용하면 된다.

■ 실행결과 : 예제 24-10

```
5 5 5
5 5 5
5 5 5

7 7 7 7
7 7 7 7
7 7 7 7
7 7 7 7
```

매개변수는 함수 호출 시 전달되는 데이터의 자료형과 일치하도록 선언되어야 하기 때문에, 3행과 11행에 동일한 기능의 함수가 두 개나 정의되었다. 첫 번째 인자로 전달되는 배열 이름의 포인터 형이 다르기 때문이다. 그리고 20장에서 설명했듯이, 3행과 11행에 정의되어 있는 함수의 첫 번째 매개변수를 각각 다음과 같이 선언해도 된다. 의미상으로 완전히 동일하기 때문이다.

```
int ar[][3], int ar[][4]
```

단 이러한 선언방식은 매개변수 선언에서만 사용할 수 있다는 점도 더불어 기억해야 한다. 매개변수가 아닌 지역변수의 형태로 선언하려면, 위 예제 25, 26행에서 보여주듯이 포인터의 형태로 선언해야 한다.

■ **이 두 가지 선언을 혼동하면 안됩니다.**

지금 필자가 설명하고 있는 형태의 포인터는 2차원 배열의 주소 값을 저장할 수 있는 포인터이다. 다시 말해서 2차원 배열을 가리킬 수 있는 포인터이다. 따라서 이를 가리켜 '배열 포인터'라 한다. 조금 더 구체적으로 '2차원 배열 포인터'라고 표현하기도 한다.
이러한 2차원 배열 포인터의 특징으로는 선언 시 괄호가 등장한다는 점이다. 예를 들어 가로의 길이가 5인 int형 2차원 배열을 가리킬 수 있는 배열 포인터를 선언하려면 다음과 같이 해야 한다.

```
int (* arrPtr)[5];
```

그렇다면 괄호를 없애면 어떠한 의미가 될까?

```
int * ptrArr[5];
```

혹시 이 선언이 생소해 보이는가? 그렇다면 잠시 23장의 내용을 복습하자. 이는 23장에서 설명한 '포인터 배열'이기 때문이다. 즉 포인터로 이뤄진 1차원 배열이다.

> **포인터 배열은 배열이고, 배열 포인터는 포인터 입니다.**
>
> 포인터 배열과 배열 포인터는 단어의 순서만 뒤 바꿔놓은 정도라 헷갈릴 수 있다. 그런데 국어의 표현법상 두 단어가 연결되면 앞의 단어는 뒤의 단어를 보충하는 역할을 할 뿐, 본질은 뒤의 단어에서 찾을 수 있다. 따라서 포인터 배열이라는 것은 포인터가 아닌 배열을 의미한다. 다만 포인터로 이뤄진 배열이라는 뜻이다. 마찬가지로 배열 포인터라는 것은 포인터를 의미한다. 다만 배열을 가리킬 수 있는 포인터라는 뜻이다.

다음 예제는 배열 포인터와 포인터 배열 선언의 차이점을 정리할 수 있도록 만든 예제이다. 이 예제를 통해서 배열 포인터와 포인터 배열을 정리하여 이 둘을 혼동하는 일은 없어야겠다.

■ 예제 24-11.c

```c
#include <stdio.h>

int main(void)
{
    int i, j;

    /* 포인터 배열의 선언*/
    int a=1, b=2, c=3;
    int * ptrArr[3]={&a, &b, &c};

    /* 배열 포인터의 선언 */
    int arr[2][3]={1, 2, 3, 4, 5, 6};
    int (*arrPtr)[3]=arr;

    /* 포인터 배열의 활용 */
    for(i=0; i<3; i++)
        printf("%d ", *(ptrArr[i]));

    printf("\n\n");

    /* 배열 포인터의 활용 */
    for(i=0; i<2; i++)
    {
        for(j=0; j<3; j++)
            printf("%d ", arrPtr[i][j]);

        printf("\n");
    }
    return 0;
}
```

■ 실행결과 : 예제 24-11

```
1 2 3

1 2 3
4 5 6
```

포인터 배열과 배열 포인터의 정리차원에서 제공한 예제이니 별도의 상세한 설명은 생략하겠다. 이미 지금까지 보아 왔고, 또 여러분이 알고 있는 내용들이다.

■ 2차원 배열의 주소 값을 반환하는 함수의 정의 : 상상력을 발휘해 봅시다.

여러분은 1차원 배열의 주소 값을 인자로 받거나 반환하는 함수를 정의할 수 있다. 마찬가지로 2차원 배열의 주소 값을 인자로 받는 함수도 정의할 수 있다. 이는 예제 24-10을 통해서도 소개가 되었다. 하지만 2차원 배열의 주소 값을 반환하는 함수의 정의 방법에 대해서는 아직 언급을 하지 않았다.

일반적으로 2차원 배열의 주소 값을 반환하는 것은 드문 일에 속한다. 그리고 1차원 배열의 주소 값을 반환하는 함수를 정의하는 것과는 다른 형태로 정의를 해야 2차원 배열의 주소 값을 반환할 수 있다(이와 관련해서는 25장에서 별도로 설명을 진행한다). 하지만 여러분은 이쯤에서 나름대로 상상력을 발휘해 볼 필요가 있다.

"이렇게 함수를 정의하면 2차원 배열의 주소 값도 반환이 가능할 것 같은데?"

물론 필자가 지금까지 설명한 내용만 가지고는 2차원 배열의 주소 값을 반환하는 함수를 정의하는데 무리가 있다. 하지만 여러분이 생각할 때 "이것이 하나의 방법이 될 수 있다" 라고 생각하는 것이 있다면, 확인해 보는 노력이 필요하다. 필자가 생각하기에 여러분 중에서 20% 정도는 2차원 배열의 주소 값 반환에 성공하지 않을까 생각한다(이거 괜히 경쟁심 부추기는 거 아닌지 모르겠다).

문 제 24-5 [2차원 배열 포인터의 선언과 활용]

필자가 여러분의 경쟁심을 부추기기 위해서 문제를 제시하고자 한다. 가로 세로의 길이가 각각 3인 int형 2차원 배열의 주소 값을 두 개 전달 받아서, 배열에 저장된 값의 총 합이 더 큰 배열의 주소 값을 반환하는 함수를 정의해 보자. 그리고 main 함수에서는 반환된 주소 값을 이용해서 총 합이 더 큰 배열에 저장된 모든 정수들을 출력하도록 정의하자.

다음은 이 문제의 해결에 사용될, 그리고 함수의 인자로 전달될 배열들이다.
```
int arr1[3][3]={{3, 2, 1}, {6, 7, 2}, {5, 1, 9}};
int arr2[3][3]={{1, 2, 3}, {4, 5, 6}, {7, 8, 9}};
```

그리고 한가지 기억해야 할 사실이 있다. 여러분은 2차원 배열의 주소 값의 반환 방법에 대해 알지 못한다. 때문에 25장에서 설명할 전통적인(정석적인) 방법을 찾아서 해결하는 것이 아니라, 여러분이 알고 있는 포인터와 배열의 지식을 총 동원해서 문제의 해결 방법을 찾아내는 것이 이 문제의 핵심이다.

24장 프로그래밍 문제의 답안

■ 문제 24-1의 답안

• 문제 1

■ 소스코드 답안

```
1.   #include <stdio.h>
2.   int IsCapital(char ch);
3.
4.   int main(void)
5.   {
6.       char * str="He Is My Best Friend!";
7.       int capCnt=0;
8.
9.       while(*str!='\0')
10.      {
11.          if(IsCapital(*str))
12.              capCnt++;
13.
14.          str++;
15.      }
16.      printf("대문자 개수 : %d \n", capCnt);
17.      return 0;
18.  }
19.
20.  int IsCapital(char ch)
21.  {
22.      if('A'<=ch && ch<='Z')
23.          return 1;
24.      else
25.          return 0;
26.  }
```

str이 char형 포인터이기 때문에, 저장된 값을 1 증가시킬 때마다 1바이트씩 증가한다. 따라서 str에 저장된 값을 1씩 증가시켜가면서 문자열에 저장된 문자를 하나씩 참조할 수 있다.

• 문제 2

앞서 소개한 다음 문장을 보면 답이 나온다.

"TYPE형 포인터 값을 1 증가 및 감소 시, sizeof(TYPE)의 크기만큼 값이 증가 및 감소된다."

이 문제의 경우 TYPE이, 하나는 int형 포인터(int*)이고, 다른 하나는 double형 포인터(double*)이다. 따라서 다음과 같은 문장이 구성이 된다.

"int*형 포인터 값을 1 증가 시, sizeof(int*)의 크기만큼 값이 증가한다."

"double* 형 포인터 값을 1 증가 시, sizeof(double*)의 크기만큼 값이 증가한다."

즉 int형 포인터와 double형 포인터의 크기만큼 값이 증가한다는 뜻인데, 모든 포인터는 그 대상에 상관없이 그 크기가 무조건 4바이트이므로 결과적으로 1을 더했을 때 증가하는 값의 크기는 4가 된다. 그리고 다음 예제는 이 사실을 확인해 준다.

■ 예 제

```
1.   #include <stdio.h>
2.
3.   int main(void)
4.   {
5.       int n1=10, n2=20, n3=30;
6.       int* arr[3]={&n1, &n2, &n3};
7.
8.       int** dptr=&arr[0];
9.       printf("%d %d %d \n", **dptr, **(dptr+1), **(dptr+2));
10.      return 0;
11.  }
```

9행에서는 int형 포인터의 포인터 값을 증가시켜서 반환되는 값을 이용해 * 연산을 하고 있다. 그리고 출력결과는 다음과 같다.

10 20 30

이는 포인터 변수 dptr에 1을 더했을 때, 값이 4가 증가되었음을 의미하는 출력결과이다. 유사한 형태로 double형 포인터의 포인터 값을 증가시킨 결과를 확인할 수 있으니, 별도의 예제로 제시하지 않겠다.

■ 문제 24-2의 답안

이 문제 해결을 위해 적용해야 할 공식은 다음과 같다.

"TYPE형 1차원 배열의 이름은 TYPE형 포인터이다."

• 문제 1

이 문제에서 제시된 배열 선언은 다음과 같다.

char str[30]="Orange Media";

이는 char형 1차원 배열이다. 따라서 다음과 같이 문장을 구성할 수 있다.

"char형 1차원 배열의 이름은 char형 포인터이다."

다음 예제는 char형 1차원 배열의 이름이 char형 포인터임을 보여준다. 참고로 여기서는 정답이라는 것이 없다. 여러분도 여러분 나름대로 char형 포인터임을 보였을 텐데, 그 예제가 위 사실을 충분히 뒷받침한다면 모두 정답이 될 수 있다.

■ 예 제

```
1.    #include <stdio.h>
2.
3.    int main(void)
4.    {
5.        char str[30]="Orange Media";
6.
7.        char* ptr=str;   // 형이 같으므로 대입연산이 OK!
8.        int i;
9.
10.       /* 포인터 연산을 이용한 문자열 출력 */
11.       i=0;
12.       while(*(ptr+i) != '\0')
13.       {
14.           printf("%c", *(ptr+i));
15.           i++;
16.       }
17.       printf("\n");
18.
19.       /* 위와 동일한 형태로 포인터 연산을 이용한 문자열 출력 */
20.       i=0;
21.       while(*(str+i) != '\0')
22.       {
23.           printf("%c", *(str+i));
24.           i++;
25.       }
26.       printf("\n");
27.       return 0;
28.   }
```

가장 주목해서 볼 부분은 7행이다. char형 배열의 이름을 가지고 char형 포인터 선언 과정에서 대입연산을 하고 있다. 이렇게 대입이 가능하다는 것은 두 피연산자의 형이 일치한다는 뜻이다. 그리고 이어서 11~17행까지 포인터 연산을 통해 문자열을 출력하고, 20~26행까지도 포인터 연산을 통해 문자열을 출력하고 있다. 그런데 이 때 사용된 것은 배열의 이름이다. 즉 배열의 이름이 char형 포인터임을 보여주고 있다.

• 문제 2

이 문제에서 제시된 배열 선언은 다음과 같다.

```
int a=10, b=20, c=30;
int* iPtrArr[3]={&a, &b, &c};
```

이는 int형 포인터 변수로 이뤄진 1차원 배열이다. 따라서 다음과 같이 문장을 구성할 수 있다.

"int*형 1차원 배열의 이름은 int*형 포인터이다."

다시 말해서

"int형 포인터 변수로 이뤄진 1차원 배열의 이름은 int형 포인터의 포인터이다."

필자는 이를 증명하기 위해서 * 연산자를 사용하여 아래의 예제를 작성하였다. int형 포인터의 포인터가 맞으면 * 연산자를 두 번 사용해서 int형 변수에 접근할 수 있기 때문이다.

■ 예 제

```
1.   #include <stdio.h>
2.
3.   int main(void)
4.   {
5.       int a=10, b=20, c=30;
6.       int* iPtrArr[3]={&a, &b, &c};
7.
8.       int** dptr=iPtrArr;
9.       printf("%d \n", **dptr);
10.      return 0;
11.  }
```

첫 번째 문제의 답안과 달리 간단히 작성하였다. 8행과 9행을 통해서 int형 포인터의 포인터임을 확인할 수 있다.

• 문제 3

이 문제에서 제시된 배열 선언은 다음과 같다.

```
char * sPtrArr[3]={"AAA", "BBB", "CCC"};
```

이는 char형 포인터 변수로 이뤄진 1차원 배열이다(이 부분이 혼란스럽다면, 23-2장을 복습!). 따라서 다음과 같이 문장을 구성할 수 있다.

"char*형 1차원 배열의 이름은 char*형 포인터이다."

다시 말해서

"char형 포인터 변수로 이뤄진 1차원 배열의 이름은 char형 포인터의 포인터이다."

이번에도 필자는 이를 증명하기 위해서 * 연산자를 사용해서 예제를 작성하고자 한다. char형 이중 포인터라면 * 연산자를 두 번 사용해서 char형 데이터에 접근할 수 있기 때문이다.

■ 예 제

```
1.   #include <stdio.h>
2.
3.   int main(void)
4.   {
5.       char* sPtrArr[3]={"AAA", "BBB", "CCC"};
6.       char** dptr=sPtrArr;
7.
8.       printf("%c \n", **dptr);
9.       return 0;
10.  }
```

■ 문제 24-3의 답안

arr[i]와 *(arr+i)는 동일하다는 사실을 토대로 다음과 같이 변경이 가능하다.

- (*(arr+2))[3]=20;
    → *(arr+2)는 arr[2]이므로, "arr[2][3]=20"과 동일한 문장

- *(arr[1]+3)=30;
    → arr[1]을 A로 치환하면 위 문장은 *(A+3)=30 이고, 이는 A[3]=30과 동일한 문장
    → A는 arr[1]이므로, A[3]은 arr[1][3], 따라서 "arr[1][3]=30"과 동일한 문장

- *(*(arr+2)+1)=40;
    → *(arr+2)는 arr[2]이므로, 위 문장은 *(arr[2]+1)=40
    → *(arr[2]+1)=40은 "arr[2][1]=40"과 동일한 문장

- *(*arr+2)=50;
    → *arr은 *(arr+0)과 동일하므로 이는 arr[0]과도 동일하다.
    → *arr이 arr[0]이므로, 위 문장은 *(arr[0]+2)=50
    → *(arr[0]+2)=50은 "arr[0][2]=50"과 동일한 문장

- **arr=70;
    → *arr은 *(arr+0)과 동일하므로, *arr은 arr[0]
    → *arr은 arr[0]이므로, 위 문장은 *(arr[0])=70
    → *(arr[0])=70은 *(arr[0]+0)=70과 동일하므로, "arr[0][0]=70"과 동일한 문장

■ 문제 24-4의 답안

• 문제 1

함수 내에서 선언된 배열의 주소 값을 반환하도록 함수가 정의되어 있다. 반환형의 선언은 적절하다. 그러나 배열이 함수 내부에 선언되어 있는 관계로 함수를 빠져나가면 배열은 소멸된다. 즉 반환이 되는 배열의 주소 값은 유효하지 않다. 따라서 이 함수를 호출하는 대상은 유효하지도 않은 배열의 주소 값을 반환 받게 된다.

• 문제 2

■소스코드 답안

```
1.    #include <stdio.h>
2.    char* RetLongStr(char * st1, char * st2);
3.
4.    int main(void)
5.    {
```

```
6.          char str1[]="C Programming";
7.          char str2[]="Java Program";
8.          char * longStr;
9.
10.         longStr=RetLongStr(str1, str2);
11.         if(longStr==NULL)
12.             printf("두 문자열의 길이가 동일합니다. \n");
13.         else
14.             printf("긴 문자열 : %s \n", longStr);
15.
16.         return 0;
17.     }
18.
19.     char* RetLongStr(char * st1, char * st2)
20.     {
21.         int i=0;
22.         while(1)
23.         {
24.             if(*(st1+i)=='\0' && *(st2+i)=='\0')
25.                 return NULL;
26.             else if(*(st1+i)=='\0')
27.                 return st2;
28.             else if(*(st2+i)=='\0')
29.                 return st1;
30.             else
31.                 i++;
32.         }
33.     }
```

■ 문제 24-5의 답안

필자가 여러분의 경쟁심을 부축이기 위해서 낸 문제이기 때문에 답을 구하지 못했더라도 실망할 필요 없다. 아래의 코드를 통해서 문제의 핵심을 이해만 할 수 있어도 여러분의 실력향상에는 많은 도움이 될 것이다.

■ 소스코드 답안

```
1.      #include <stdio.h>
2.      int SumArr(int arr[][3]);
3.      int * CmpArrSum(int ar1[][3], int ar2[][3]);
4.
5.      int main(void)
6.      {
7.          int arr1[3][3]={{3, 2, 1}, {6, 7, 2}, {5, 1, 9}};
8.          int arr2[3][3]={{1, 2, 3}, {4, 5, 6}, {7, 8, 9}};
9.
10.         int (*aptr)[3]=CmpArrSum(arr1, arr2);
11.
12.         int i, j;
13.         for(i=0; i<3; i++)
14.         {
15.             for(j=0; j<3; j++)
16.                 printf("%4d", aptr[i][j]);
17.
```

```
18.            printf("\n");
19.        }
20.        return 0;
21. }
22.
23. int * CmpArrSum(int ar1[][3], int ar2[][3])
24. {
25.        if(SumArr(ar1)>SumArr(ar2))
26.            return (int *)ar1;
27.        else
28.            return (int *)ar2;
29. }
30.
31. int SumArr(int arr[][3])
32. {
33.        int total=0;
34.        int i, j;
35.
36.        for(i=0; i<3; i++)
37.        {
38.            for(j=0; j<3; j++)
39.                total+=arr[i][j];
40.        }
41.        return total;
42. }
```

먼저 23행에 정의되어 있는 함수를 보자. 이 함수는 2차원 배열의 주소 값을 반환하는 함수이다. 그런데 반환형이 int형 포인터이다. 이것이 제대로 된 반환형인가? 제대로 된 반환형 일리 없다. 실제 반환하는 대상은 2차원 배열의 주소 값인데, 2차원 배열의 포인터 형으로 반환형을 지정하는 방법을 모르기 때문에(아직 배우지 않았기 때문에) 임시 방편으로 반환형을 이렇게 정의한 것이다.

이제 10행을 보자. 여기서는 23행에 정의된 함수가 반환하는 값을 2차원 배열의 포인터 형 변수에 저장하고 있다. 반환되는 포인터 형과 일치하지 않으므로 묵시적 형 변환이 발생하긴 하지만 제자리를 찾았다고 할 수 있다. 원래 반환 값이 2차원 배열의 주소 값이기 때문이다. 따라서 이후부터는 2차원 배열의 형태로 접근을 할 수 있다.

제25장
함수 중심의 포인터 활용과 메모리의 동적 할당

아무리 포인터를 잘 알아도 활용할 줄 모르면 의미가 없다.

지금까지 여러분은 포인터에 대해서 이론 중심으로 살펴보았다. 그러나 활용적 측면을 전혀 언급하지 않은 것은 아니다. 포인터를 사용하면 배열의 주소 값을 입력 받거나, 반환하는 함수를 정의할 수 있음에 대해서 설명하였다. 그리고 문자열을 표현하고 참조하는 데에도 상당히 중요한 역할을 차지하고 있음을 설명하였다. 이 정도만 가지고도 포인터가 얼마나 중요한 역할을 담당하는지 알 수 있다. 그러나 포인터는 더 많은 역할을 담당한다. 이번 장에서는 보다 다양한 포인터의 활용에 대해서 설명한다.

이 장의 목차페이지 ▶▶▶

25-1. Call-By-Value vs. Call-By-Reference	590
25-2. 자료형에 이름을 부여하는 typedef 키워드	596
25-3. 메모리 공간의 동적 할당	604
프로그래밍 문제의 답안	617

25-1 Call-By-Value vs. Call-By-Reference

포인터는 함수 호출 시 배열의 주소 값을 전달하거나 문자열을 표현하는 것 이외에도 중요하게 사용이 된다. 이번 장에서는 포인터가 지니는 또 다른 기능적 의미를 살펴볼 것이다.

■ **포인터를 이용하면 함수 내에서 외부에 있는 변수에 직접 접근이 가능하지요.**

우선 아래의 코드를 분석해 보자. 이 코드를 분석하는 과정에서 매개변수에서의 포인터가 지니는 의미를 이해한다면, 이번 장에서 말하고자 하는 내용의 절반 정도를 이해한 것이나 다름이 없다.

■ 예제 25-1.c

```c
1.  #include <stdio.h>
2.
3.  void CallByVal(int num)
4.  {
5.      num++;
6.  }
7.
8.  void CallByRef(int * ptr)
9.  {
10.     (*ptr)++;
11. }
12.
13. int main(void)
14. {
15.     int val=10;
16.     CallByVal(val);
17.     printf("CallByVal : %d \n", val);
18.
19.     CallByRef(&val);
20.     printf("CallByRef : %d \n", val);
21.     return 0;
22. }
```

- 3행 : 이 함수가 하는 일은 매개변수인 num에 저장된 값을 1 증가시키는 것이 전부이다.
- 8행 : 이 함수는 주소 값을 입력 받는다. 그리고 10행에서는 입력 받은 주소 값의 메모리에 저장된 값을 1 증가시키고 있다.

■ 실행결과 : 예제 25-1

CallByVal : 10
CallByRef : 11

위 예제 3행과 8행에 정의된 함수의 차이를 이해하겠는가? 3행에 정의된 함수와 이 함수를 호출하는 16행과의 관계를 그림으로 정리하면 다음과 같다.

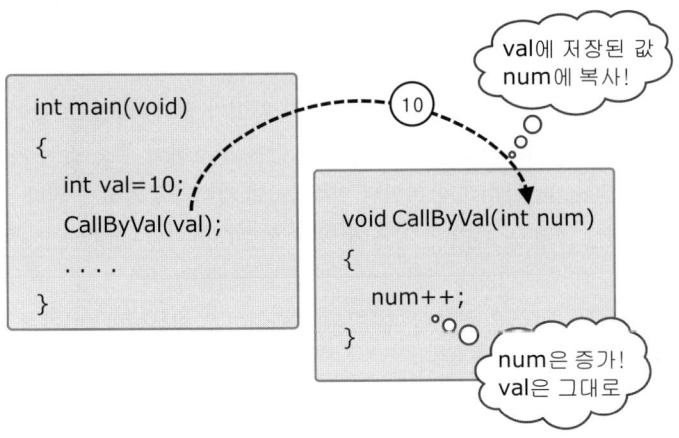

[그림 25-1 : 매개변수 값의 증가]

위 그림에서 주목할 부분은 변수 val이 전달되는 것이 아니고, 변수 val에 저장된 값이 전달된다는 사실이다. 때문에 함수가 호출이 되면서 변수 num이 초기화되고 나면, 변수 val과 변수 num은 별개의 변수가 된다. 따라서 CallByVal 함수 내에서 변수 num의 값을 1 증가하는 것은 main 함수에 선언된 변수 val에 아무런 영향을 미치지 않는다. 그리고 이렇게 변수에 저장된 값을 전달하는 형태의 함수호출을 가리켜 '값에 의한 호출(Call-By-Value)'이라 한다. 값을 복사해서 넘기기 때문이다.

이번에는 8행에 정의된 함수와 이를 호출하는 19행의 관계를 그림으로 정리해 보겠다.

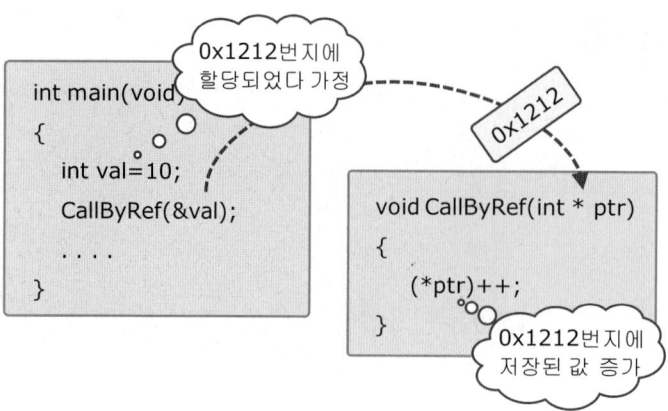

[그림 25-2 : 매개변수 참조 대상의 증가]

CallByRef 함수를 호출하면서 값이 전달되었다는 점에서는 그림 25-1과 차이가 없다. 다만 그 값이라는 것이 이 경우에는 주소 값이다. 따라서 CallByRef 함수 내에서 이 주소 값을 참조하여 주소 값이 가리키는 변수의 값을 1 증가시키니, 결과적으로 main 함수에서 선언된 변수 val의 값이 1 증가하게 된다. 그리고 이렇게 주소 값을 전달하는 형태의 함수 호출을 가리켜 '참조에 의한 호출(Call-By-Reference)'이라 한다.

여기서 참조란 포인터를 의미한다. 포인터는 변수를 참조할 수 있는 매개체이기 때문이다. 따라서 이를 '포인터에 의한 호출(Call-By-Pointer)'이라 부르기도 한다.

■ 잘못 정의된 Swap 함수 : Call-By-Value 버전

예제 25-1을 통해서 값의 전달과 포인터의 전달이 어떠한 의미를 지니는지 살펴보았다. 그럼 이제 이 내용을 바탕으로 두 변수에 저장된 값을 교환하는 함수를 정의해 보겠다.

■ 예제 25-2.c

```
1.  #include <stdio.h>
2.
3.  void SwapValue(int n1, int n2)
4.  {
5.      int tmp=n1;
6.      n1=n2;
7.      n2=tmp;
8.
9.      printf("n1 : %d \n", n1);
10.     printf("n2 : %d \n", n2);
11. }
12.
13. int main(void)
14. {
```

```
15.     int val1=5;
16.     int val2=7;
17.
18.     SwapValue(val1, val2);
19.     printf("val1 : %d \n", val1);
20.     printf("val2 : %d \n", val2);
21.     return 0;
22. }
```

■ 실행결과 : 예제 25-2

```
n1 : 7
n2 : 5
val1 : 5
val2 : 7
```

위 예제에서 SwapValue 함수가 내부적으로 하는 일은 다음과 같다. 분명 n1과 n2에 저장된 값을 서로 바꿔서 저장하고 있다.

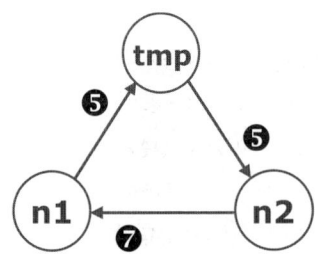

[그림 25-3 : 매개변수 값의 교환]

이 그림에서 보여주는 작업은 위 예제의 5~7행에서 일어나는 일이다. 분명히 n1과 n2에 저장된 값은 교환이 되었으며, 이는 출력결과를 통해서도 확인할 수 있다. 단! 여기서 값을 교환한 대상이 매개변수이기 때문에 매개변수에 저장된 값이 변경될 뿐, main 함수 내에 선언된 val1과 val2에 저장된 값은 변경되지 않는다. 만약에 이 프로그램을 통해서 원한 것이 main 함수에 선언된 val1과 val2에 저장된 값의 교환이었다면 함수의 구현 방법이 잘못되었다.

■ 제대로 정의된 Swap 함수 : Call-By-Reference 버전

이번 예제에서도 두 변수에 저장된 값을 교환하는 함수를 정의한다. 하지만 예제 25-2와 달리 교환의 대

상이 되는 변수는 매개변수가 아닌 main 함수에 선언된 지역변수이다.

■ 예제 25-3.c

```
1.   #include <stdio.h>
2.
3.   void SwapRef(int * p1, int * p2)
4.   {
5.       int tmp=*p1;
6.       *p1=*p2;
7.       *p2=tmp;
8.   }
9.
10.  int main(void)
11.  {
12.      int val1=5;
13.      int val2=7;
14.      printf("Swap 이전 [val1:%d, val2:%d] \n", val1, val2);
15.
16.      SwapRef(&val1, &val2);
17.      printf("Swap 이후 [val1:%d, val2:%d] \n", val1, val2);
18.      return 0;
19.  }
```

■ 실행결과 : 예제 25-3

```
Swap 이전 [val1:5, val2:7]
Swap 이후 [val1:7, val2:5]
```

위 예제 16행에서는 val1과 val2의 주소 값을 전달하면서 SwapRef 함수를 호출하고 있다. 그리고 이 함수 내부에서 일어나는 일은 다음과 같다.

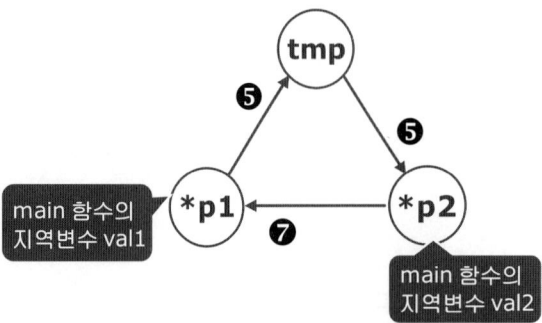

[그림 25-4 : 함수 외부에 선언된 변수의 값 교환]

위 그림에서 보여주는 함수의 호출 형태는 참조에 의한 호출이다. 즉 main 함수에서 선언된 지역변수 val1과 val2의 주소 값을 저장하고 있는 포인터 p1과 p2를 이용해서 값을 교환하기 때문에, 그 결과는 실제로 val1과 val2에 영향을 미쳐서 두 변수에 저장된 값이 교환된다.

> **토막 퀴즈**
>
> 질문 : 참조에 의한 호출을 제대로 이해했다면 scanf 함수 호출 시 변수의 이름 앞에 & 연산자를 붙여주는 이유에 대해서 설명할 수 있어야 한다. scanf 함수 호출 시 변수의 이름 앞에 & 연산자를 붙여서 변수의 주소 값을 전달하는 이유는 무엇인가?
>
> 답변 : scanf 함수는 키보드로부터 입력된 데이터를 미리 선언된 변수에 채워준다. 결과적으로 scanf 함수 내에서 외부에 선언된 변수에 값을 채우는 모양을 형성하므로, scanf 함수에서 필요로 하는 것은 값이 채워질 변수의 참조, 즉 주소 값이다. 그래서 scanf 함수 호출 시에는 & 연산자를 붙여서 주소 값을 인자로 전달하는 것이다.

이로써 함수 호출 관점에서의 포인터에 대한 유용성을 모두 설명하였다. 충분히 이해가 되었다면 문제를 통해서 여러분이 실제로 활용할 수 있는 능력을 갖춰야 한다. 다음 문제들을 통해서 그러한 기회를 갖기 바란다.

● 문 제 25-1 [Call-By-Reference 형태의 함수 정의]

◉ 문제 1
참조에 의한 호출의 형태로 Square라는 이름의 함수를 정의하자. 이 함수는 int형 정수로 채워진 변수의 주소 값을 입력 받아서, 변수에 저장된 값의 제곱을 계산한다. 그리고 인자로 전달된 주소 값이 가리키는 변수에 그 계산결과를 저장해야 한다. 예를 들어 정수 5가 저장되어 있는 변수 num의 주소 값을 인자로 전달하면서 Square 함수를 호출하고 나면, 변수 num에는 25가 저장되어야 한다.

◉ 문제 2
예제 25-3을 통해서 두 개의 변수에 저장된 값을 교환하는 함수를 살펴보았는데, 이를 참조하여 세 개의 변수에 저장된 값을 그림 25-5의 형태로 교환하는 함수 Swap3Val을 정의해 보자.

즉 n1=5, n2=6, n3=7이었다면 함수 호출 후에는 n1=6, n2=7, n3=5가 되어야 한다.

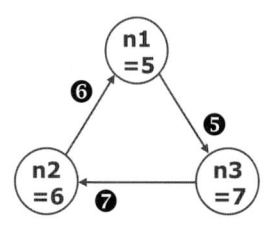

[그림 25-5 : 세 변수에 저장된 값의 교환]

25-2 자료형에 이름을 부여하는 typedef 키워드

typedef 키워드는 포인터의 활용과 맞지 않는 주제처럼 보이지만 이제 서서히 소개할 때도 되었고, 잠시 후에 소개하는 메모리 관련 함수들의 이해를 위해서도 필요한 내용이다.

■ **typedef 키워드를 이용해서 자료형에 새 이름을 부여한다.**

typedef는 자료형에 새로운 이름을 부여할 때 사용하는 키워드로서 다음과 같은 구조로 선언을 한다.

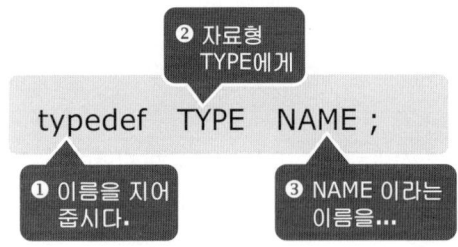

[그림 25-6 : typedef의 선언]

위 그림은 typedef의 가장 기본적인 선언방식을 설명한다. 이 선언에서 중간에 삽입되는 자료형 TYPE 의 위치에는 둘 이상의 식별자로(단어로) 이뤄진 자료형의 이름도 삽입이 가능하다. 예를 들어 다음과 같은 선언은 모두 TYPE의 위치에 올 수 있는 자료형의 이름들이다.

- int
- unsigned int
- unsigned int *
- const unsigned int *

하지만 자료형에 붙여지는 새로운 이름은 하나의 단어로 구성이 되어야 한다. 즉 둘 이상의 단어로 구성된 이름들은 새로운 이름으로 사용이 불가능하다. 따라서 typedef 선언이 등장하면 컴파일러는 맨 마지막에 등장하는 단어를 자료형의 새로운 이름으로 인식하고, typedef 키워드를 제외한 나머지를 새로운 이름이 붙여질 자료형으로 인식한다. 즉 typedef는 다음과 같은 형태로 선언된다.

typedef int   INT ;

typedef int *   P_INT ;

typedef unsigned int   UINT ;

typedef unsigned int *   P_UINT ;

[그림 25-7 : typedef 선언의 예]

그럼 이제 typedef와 관련된 예제 하나를 보도록 하겠다. 이 예제는 typedef 선언을 활용하여 예제 25-3을 재 구현한 것이다. 결과는 완전히 동일하다.

■ 예제 25-4.c

```c
1.  #include <stdio.h>
2.
3.  typedef int INT;
4.  typedef INT * PINT;
5.
6.  void SwapRef(PINT p1, PINT p2)
7.  {
8.      INT tmp=*p1;
9.      *p1=*p2;
10.     *p2=tmp;
11. }
12.
13. int main(void)
14. {
15.     INT val1=5;
16.     INT val2=7;
17.     printf("Swap 이전 [val1:%d, val2:%d] \n", val1, val2);
18.
19.     SwapRef(&val1, &val2);
20.     printf("Swap 이후 [val1:%d, val2:%d] \n", val1, val2);
21.
22.     return 0;
23. }
```

- 3행 : 이 typedef 선언으로 인해서 8, 15, 16행과 같은 형태로 int형 변수의 선언이 가능해졌다.
- 4행 : INT * 에 PINT라는 이름을 붙여주고 있다. 이처럼 3행에서 미리 만들어진 이름을 이용하여 typedef 선언을 하는 것도 얼마든지 가능하다. 반드시 기본 자료형의 이름으로만 typedef 선언을 해야 하는 것은 아니기 때문이다. 이 선언으로 인해서 6행과 같은 형태의 매개변수 선언이 가능해졌다.

■ 실행결과 : 예제 25-4

Swap 이전 [val1:5, val2:7]
Swap 이후 [val1:7, val2:5]

typedef 선언이 익숙하지 않은 상태에서 과도하게 사용을 하면, 오히려 코드를 분석하기가 혼란스럽다. 위 예제도 여러분의 눈에는 익숙하지 않을 것이다. 당분간은 typedef 선언을 이해하려고만 노력하자. 활용을 위해서는 다양한 사례를 접할 필요가 있다.

■ **typedef와 관련하여 되는 것과 안 되는 것**

typedef 선언으로 만들어진 새로운 이름의 자료형은 그 자체로 독립적인 형태의 자료형이다. 따라서 typedef 선언으로 만들어진 이름을 다른 자료형의 이름 전체 중 일부로 사용하는 것은 불가능하다. 예를 들어서 다음과 같은 형태로 typedef가 선언되었다고 가정하자.

```
typedef int * P_INT;
```

그러면 선언 이후로는 컴파일러가 P_INT를 int * 로 해석한다. 따라서 int형 포인터가 선언될 위치에는 항상 P_INT가 대신 사용될 수 있다. 그러나 다음과 같은 선언은 허용되지 않는다.

```
typedef unsigned P_INT uptr;
```

이 문장을 선언한 사람은 uptr을 unsigned int * 형으로 선언하고 싶었을 것이다. 그래서 unsigned int * 형의 선언을 위해 P_INT를 사용하였다. 그러나 이러한 경우는 P_INT를 하나의 독립된 자료형으로 사용한 것이 아니라, 다른 자료형의 일부로 사용한 것이므로 컴파일 시 에러를 발생시킨다. 이점을 기억하고 있기 바란다. 반면에 포인터 선언에는 언제든지 사용할 수 있으며, 변수에 특성을 부여하는 const, volatile, restrict와 같은 키워드의 사용에는 제한을 받지 않는다.

한정자(Type Qualifiers)
26장에서 설명하는 세가지 키워드 const, volatile, restrict를 가리켜 '한정자(자료형 한정자)'라 한다. 이들은 선언되는 변수에 특성을 부여하는(혹은 기능상에 제한을 가하는) 키워드들이다. 이러한 키워드들은 typedef로 새롭게 만들어진 자료형의 이름에 얼마든지 사용이 가능하다.

■ 조금 어려운 이야기! 배열 형에 typedef 선언하는 방법

지금까지 설명한 내용만 놓고 보면 typedef는 참으로 사용하기 쉬운 키워드라는 생각이 든다. 하지만 typedef는 C언어의 이해도에 따라서 사용하는 범위가 달라지는 키워드이며, 지금까지 설명한 것보다 훨씬 유용하게 사용되기도 한다.

그림 25-6을 통해서 설명한 typedef의 선언은 가장 쉬운 선언방식으로서, 이제부터 설명하는 typedef의 선언과는 조금 차이가 있다. 따라서 지금부터 설명하는 typedef 관련 내용은 그림 25-6의 선언방식과 별도로 이해해야 한다. 일단 다음 배열 선언을 보자.

```
double DBARR5 [5];
```

이는 길이가 5인 double형 배열의 선언이다. 물론 배열의 이름은 DBARR5이다. 그런데 이 선언 앞에 typedef를 붙이면 의미가 완전히 달라진다.

```
typedef double DBARR5 [5];
```

이것은 여느 typedef 선언과 마찬가지로 새로운 이름의 자료형을 정의하는 문장이다. 그런데 여기서는 DBARR5가 자료형의 새로운 이름이다. 그리고 이것은 길이가 5인 double형 배열의 자료형을 의미하게 된다. 따라서 위의 typedef 선언 이후로는 다음과 같은 형태의 배열 선언이 가능하다.

```
DBARR5 arr;      /* double arr[5]와 완전 동일 */
```

이러한 형태의 배열 선언은 double arr[5] 와 완전히 동일한 선언이다. 이 관계가 이해되는가? 이와 관련해서 다음과 같이 정리해 두면 좋을 듯 하다.

> "배열 선언 앞에 typedef를 붙여주면 배열의 이름이 typedef에 의해 선언된 자료형의 이름으로 인식된다."

그럼 예제를 통해서 배열의 자료형과 관련된 typedef의 다양한 활용의 예를 확인해 보겠다.

■ 예제 25-5.c

```
1.   #include <stdio.h>
2.   typedef int IARR3[3];
3.   typedef int I2ARR4[][4];
4.
5.   void Incre2Arr(I2ARR4 arr, int height);
6.   void Print2Arr(I2ARR4 arr, int height);
7.
8.   int main(void)
9.   {
10.      IARR3 arr1={1, 2, 3};
11.      I2ARR4 arr2={
12.          {1,  2,  3,  4},
13.          {5,  6,  7,  8},
14.          {9, 10, 11, 12}
```

```
15.         };
16.
17.         int i;
18.         for(i=0; i<3; i++)
19.             printf("%4d", arr1[i]);
20.
21.         printf("\n\n");
22.
23.         Print2Arr(arr2, 3);
24.         printf("\n");
25.
26.         Incre2Arr(arr2, 3);
27.         Print2Arr(arr2, 3);
28.         return 0;
29. }
30.
31. void Incre2Arr(I2ARR4 arr, int height)
32. {
33.         int i, j;
34.         for(i=0; i<height; i++)
35.             for(j=0; j<4; j++)
36.                 arr[i][j]++;
37. }
38.
39. void Print2Arr(I2ARR4 arr, int height)
40. {
41.         int i, j;
42.         for(i=0; i<height; i++)
43.         {
44.             for(j=0; j<4; j++)
45.             {
46.                 printf("%4d", arr[i][j]);
47.             }
48.             printf("\n");
49.         }
50. }
```

- 2행 : 길이가 3인 int형 배열의 형(type)에 IARR3라는 이름을 부여하고 있다. 이 선언으로 인하여 10행과 같은 방식으로 길이가 3인 int형 1차원 배열을 선언할 수 있다.
- 3행 : 가로 길이가 4인 int형 2차원 배열의 형에 I2ARR4라는 이름을 부여하고 있다. 이 선언으로 인하여, 11행과 같은 방식으로 가로 길이가 4인 int형 2차원 배열을 선언할 수 있다.
- 31, 39행 : 3행의 선언으로 만들어진 새로운 이름의 자료형 I2ARR4를 매개변수 선언에도 활용할 수 있음을 보이고 있다.

■ 실행결과 : 예제 25-5

```
1 2 3

1 2 3 4
5 6 7 8
9 10 11 12

2 3 4 5
6 7 8 9
10 11 12 13
```

■ 배열 포인터의 typedef 선언

배열 포인터의 typedef 선언도 배열의 typedef 선언과 유사한 형태를 띤다. 다음 배열 포인터 선언을 보자.

```
int (*I2ARR3)[3];
```

이는 가로 길이가 3인 int형 2차원 배열을 가리킬 수 있는 포인터 변수의 선언이다. 물론 변수의 이름은 I2ARR3가 된다. 그런데 이 선언 앞에 typedef를 붙이면 의미가 완전히 달라진다.

```
typedef int (*I2ARR3)[3];
```

이렇게 선언이 되면 I2ARR3은 자료형(정확히 말하면 포인터 형)의 이름이 된다. 가로 길이가 3인 int형 2차원 배열을 가리킬 수 있는 포인터 형의 이름이 된다.

 문 제 25-2 [문제 24-5 다시 풀기]

typedef의 다양한 선언 방식을 이해했으니, 문제 24-5를 다시 한번 풀어보자. 이 때 가장 문제가 되었던 것은 2차원 배열의 주소 값을 반환하는 함수의 정의 방법이었다. 왜냐하면 2차원 배열의 주소 값에 해당하는 반환형을 정의하는 것이 당시에는 불가능했기 때문이다.
그러나 typedef 선언을 이용하면 2차원 배열의 주소 값에 해당하는 반환형을 정의하는 것이 가능하다. 위에서 설명한 내용을 참조하여 이 문제를 보다 정상적이고 일반적인 형태로 해결해 보자.

■ **모든 프로젝트에서는 typedef로 자료형(또는 포인터 형)을 정의하는 것이 일반적입니다.**

그렇다면 이러한 typedef는 어떠한 경우에 사용이 될까? 소프트웨어 개발의 대부분에 사용이 된다. 프로젝트에서는 int형 변수가 아닌, 4바이트 정수형 변수가 필요한 상황도 존재하기 때문이다. 이것이 무슨 뜻인지 다음 대화 내용을 통해서 확인해보자.

- 팀원 : 팀장님 미디어 파일의 길이를 4바이트 정수의 형태로 표현해야 할 것 같습니다.

- 팀장 : 아 그래? 그 정도면 충분하겠어?

- 팀원 : 네! 그래서 다음과 같이 코드를 작성했어요.

    ```
    int MediaFctOne(void);
    int MediaFctTwo(void);

    int main(void)
    {
       int mdFileLenA;
       int mdFileLenB;
       . . . .
       mdFileLenA=MediaFctOne();
       mdFileLenB=MediaFctTwo();
       . . . .
    }
    ```

- 팀장 : 이 사람아! 어떤 컴파일러는 int를 2바이트로 표현하기도 해! 그리고 우리는 그런 컴파일러를 사용해야 할 수도 있어! 그땐 어떻게 할 셈이야?

- 팀원 : 그때는 long이든 뭐든 그 시스템에서 4바이트 정수형으로 표현되는 자료형으로 바꿔서 컴파일을 다시 하려고요. 그러면 되는 거죠?

- 팀장 : 프로그램 전체를 뒤져서 하나도 빠짐없이 바꾸는 것은 쉬운 일이 아니야! 게다가 자칫 실수를 할 수도 있어.

- 팀원 : 그럼 뭔가 뾰족한 수가 있을까요? 한방에 실수도 없이 싹~ 바꿔버리는 방법이요.

- 팀장 : typedef 선언을 활용하면 되지! 일단 자네가 구현한 코드를 다음과 같이 변경해 보자고.

    ```
    typedef int MD_LEN;

    MD_LEN MediaFctOne(void);
    MD_LEN MediaFctTwo(void);

    int main(void)
    ```

```
    {
       MD_LEN    mdFileLenA;
       MD_LEN    mdFileLenB;
       . . . .
       mdFileLenA=MediaFctOne();
       mdFileLenB=MediaFctTwo();
       . . . .
    }
```

- 팀원 : 오~ 감이 와요. 이렇게 선언해 놓으면, typedef 선언의 변경으로 모든 문제가 해결되네요. 굳이 소스코드 일일이 다 뒤져서 변경시킬 필요도 없고요.

- 팀장 : 그렇지! 그래서 대부분의 프로젝트에서는 typedef 선언으로 자료형과 포인터 형을 정의해서 프로젝트를 진행하는 거야.

위 대화의 내용은 int나 double과 같은 기본 자료형의 이름을 사용하지 않는다는 뜻이 아니다. 어느 시스템에서나 그 크기가 동일해야 하는 변수를 선언할 경우에 typedef를 유용하게 사용할 수 있다는 뜻이다.

■ OpenGL-ES 헤더파일에서의 typedef 선언

실무에서 typedef가 사용되는 사례를 보는 것도 좋은 경험이 될 것 같아서, 임베디드 3D 표준 라이브러리인 OpenGL-ES의 헤더파일 일부를(typedef 선언 부분만) 여러분에게 소개하겠으니, 부담 없이 보기 바란다.

```
/*-------------------------------------------------------------------
 * Data type definitions
 *------------------------------------------------------------------*/
typedef void              GLvoid;
typedef unsigned int      GLenum;
typedef unsigned char     GLboolean;
typedef unsigned int      GLbitfield;
typedef signed char       GLbyte;
typedef short             GLshort;
typedef int               GLint;
typedef int               GLsizei;
typedef unsigned char     GLubyte;
typedef unsigned short    GLushort;
typedef unsigned int      GLuint;
typedef float             GLfloat;
typedef float             GLclampf;
typedef int               GLfixed;
typedef int               GLclampx;

/* GL types for handling large vertex buffer objects */
```

```
typedef int                    GLintptr;
typedef int                    GLsizeiptr;
```

typedef를 이용해서 대부분의 자료형에 새로운 이름을 부여하고 있다. 실제로 프로젝트에서는 이 정도 규모의 typedef 선언을 하는 경우가 많다.

25-3 메모리 공간의 동적 할당

이제 다시 포인터와 관련된 이야기로 돌아오자. 앞에서는 함수와 관련해서 포인터가 제공하는 기능을 이야기하였는데, 이번에는 메모리 할당과 관련해서 포인터가 갖는 의미를 설명하고자 한다.

■ 메모리 구조에 대해서 잠시 복습을 하면

본격적인 설명에 앞서 복습이 조금 필요하다. 13장에서는 가상 메모리에 대해 설명하면서, 다음과 같이 크게 네 개의 영역으로 가상 메모리가 나뉨을 설명하였다.

- 실행할 프로그램의 코드를 올려 놓을(저장할) 공간 : 코드 영역
- 프로그램이 종료될 때까지 유지해야 할 데이터를 저장할 공간 : 데이터 영역
- 아주 잠깐 사용하고 삭제할 데이터의 저장공간 : 스택 영역
- 프로그래머가 원하는 형태로 쓸 수 있는 공간 : 힙 영역

이중에서 이번에 할 이야기는 마지막 부분에 있는 힙 영역에 대한 내용이다. 전역변수는 데이터 영역에 할당이 되어 프로그램이 종료될 때까지 남아있는 변수이고, 지역변수는 스택에 할당이 되었다가 해당 변수를 선언한 함수가 종료되면 소멸이 되는 변수이다. 따라서 이 두 가지 특성의 변수로는 충족되지 않는 부분이 있는데, 이 부분은 힙 영역을 통해서 해결해야 한다.

■ 지역변수와 전역변수가 갖는 한계

int형 1차원 배열을 생성하는 함수를 정의해 보자. 이 함수는 두 개의 인자를 전달 받는다. 하나는 배열의

길이이고, 다른 하나는 배열을 초기화 할 값이다. 즉 이 함수는 첫 번째 전달인자에 해당하는 길이의 int 형 배열을 만들어서(선언해서), 두 번째 전달인자로 배열 전체 요소를 초기화하여 함수를 호출한 대상에게 배열의 주소 값을 반환해 준다. 다음 예제에서는 이러한 기능의 함수를 MakeIntArray라는 이름으로 정의하고 있다. 하지만 이 함수는 문제가 있다. 어떠한 문제가 있는지 관찰해보자.

■ 예제 25-6.c

```
1.   #include <stdio.h>
2.
3.   int * MakeIntArray(int len, int init)
4.   {
5.       int arr[len];        /* 아직은 상당 수 컴파일러에서 에러 발생 */
6.
7.       int i;
8.       for(i=0; i<len; i++)
9.           arr[i]=init;
10.
11.      return arr;
12.  }
13.
14.  int main(void)
15.  {
16.      int * arr1=MakeIntArray(5, 0);
17.      int * arr2=MakeIntArray(7, 2);
18.
19.      int i;
20.      for(i=0; i<5; i++)
21.          printf("%d ", arr1[i]);
22.
23.      printf("\n");
24.      for(i=0; i<7; i++)
25.          printf("%d ", arr2[i]);
26.
27.      return 0;
28.  }
```

위 예제 5행에서는 가변 길이 배열이 선언되었다. 앞서 이 부분에 대해서 소개를 하였는데, 이는 가장 최근의 표준으로서 아직 대부분의 컴파일러에서 이를 허용하지 않는다. 하지만 허용이 된다고 가정하고 예제를 보겠다. MakeIntArray 함수는 배열을 선언하고(5행), 배열을 초기화 한 다음(8행, 9행), 배열의 주소 값을 반환하고 있다(11행). 그리고 이 함수를 호출한 main 함수는 반환되는 주소 값으로 포인터를 초기화 한 다음에(16행과 17행), 19~25행을 통해 초기화 된 배열의 내용을 확인하고 있다.

여러분은 이미 이 예제가 지니고 있는 문제점을 알고 있다. 그것은 5행에서 선언된 배열이 MakeIntArray 함수를 빠져나오면 소멸된다는 것이다. 즉 main 함수에서 반환된 주소 값을 가지고 배열에 접근하는 것이 잘못되었다. main 함수에서 이 주소 값을 가지고 배열에 접근할 시점이면 이미 배열은 소멸된 상태이기 때문이다. 즉 여기서 요구하는 함수의 특성(배열을 만들어서 반환한다는 특성)을 만족시키기에는 지역변수 형태의 배열도, 전역변수 형태의 배열도 답이 될 수 없다.

■ 그래서 배열을 힙 영역에다가 할당해야 합니다.

위 예제의 문제점은 배열을 스택에 할당했다는 것이다. 비록 함수 내에서 할당이 이뤄졌지만, 함수를 빠져나간 다음에도 할당된 메모리 공간이 소멸되지 않아야, 배열을 만들어서 제공하는 함수로서의 역할을 할 수 있다. 다행히도 이러한 성격의 메모리 공간이 제공되고 있으니 바로 힙 영역이다.

힙은 여러분이 할당하고 여러분이 소멸시키는 영역이다. 그 누구도, 운영체제 조차도 여러분이 힙을 사용하는데 있어서 관여하지 않는다. 여러분은 언제건 원하는 순간에 힙 영역에 메모리 공간을 할당할 수 있다. 그리고 원하는 순간에 할당된 메모리 공간을 소멸시킬 수 있다. 따라서 힙을 이용하면 할당된 메모리 공간의 특성을 여러분이 부여하는 꼴이 된다. 단! 힙에 한번 할당이 된 메모리는 결코 자동으로 소멸되지 않는다. 따라서 힙 영역에 메모리를 할당만 하고 해제를 시켜주지 않는 실수를 범하면 안 된다. 그리고 이렇게 힙 영역에 메모리를 할당하는것을 가리켜 '동적 할당(dynamic allocation)'이라 한다. 프로그램이 실행되면서 할당될 메모리 공간의 크기를 결정하는 형태이기 때문이다. 그럼 이제 힙 영역에 메모리 공간을 할당하고, 소멸시키기 위해 제공되는 두 개의 표준함수를 살펴보겠다.

■ 힙 영역에 메모리 공간을 할당할 때 사용하는 함수는 malloc 입니다.

우선 힙 영역에 메모리 공간의 할당을 위해 사용되는 함수를 먼저 소개하겠다.

```
#include <stdlib.h>
void * malloc(size_t size);
       성공 시 할당된 메모리의 주소 값, 실패 시 NULL 반환
```

이 함수는 헤더파일 stdlib.h에 선언되어 있으므로 호출을 위해서는 이 헤더파일을 반드시 포함시켜야 한다. 그런데 이 함수의 원형을 자세히 보니, 처음 보는 선언이 두 개나 존재한다. 그 중 하나는 반환형인 'void형 포인터(void *)'이고, 또 하나는 매개변수 형인 size_t이다.

먼저 size_t에 대해서 설명을 하겠다. 이것은 typedef에 의해 만들어진 자료형이다. 일반적으로 unsigned int 또는 unsigned long으로 선언되어 있어서, 말 그대로 사이즈(크기)에 대한 정보를 담기 좋도록 선언되어 있다.

이제 malloc 함수의 호출 방법을 간단하게나마 이해할 수 있을 것이다. 이 함수는 호출되는 과정에서 0보다 큰 하나의 숫자를 입력 받는다. 그러면 malloc 함수는 숫자의 크기만큼 바이트 단위로 힙 영역에 메모리 공간을 할당한다. 그리고 할당된 메모리 공간의 주소 값을 반환한다.

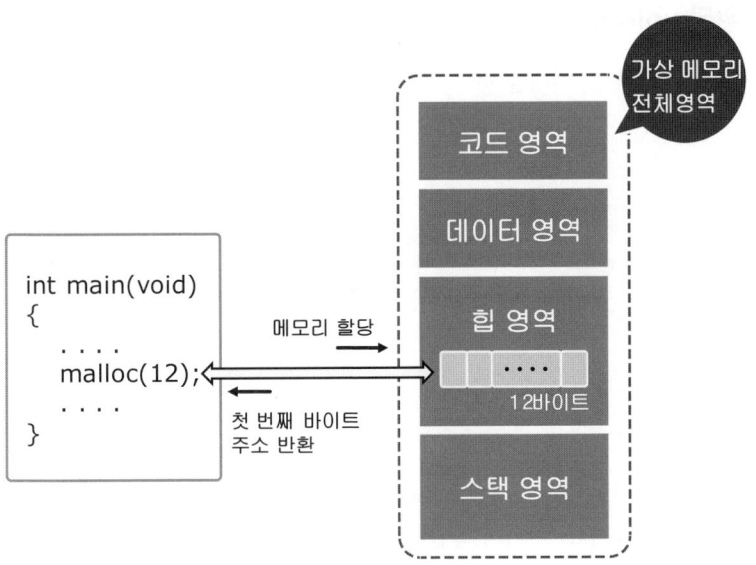

[그림 25-8 : malloc 함수의 호출과 힙 영역의 메모리 할당]

위 그림에서 보여주듯이 힙에 메모리 공간을 할당하고 얻는 것은 할당된 메모리의 주소 값이 전부이다. 때문에 할당된 힙 영역에 접근하기 위해서는 어쩔 수 없이 포인터 연산을 해야만 한다. 그리고 이 malloc 함수는 메모리 할당에 실패할 경우(예를 들어서 할당할만한 여유 공간이 없는 경우) NULL 포인터를 반환한다. 따라서 malloc 함수를 호출한 후에는 가급적 NULL 포인터의 반환여부를 확인하는 것이 코드의 안전성을 위해서 좋다.

■ malloc 함수가 주소 값의 포인터 형을 어떻게 결정해?

위 그림에서는 malloc 함수의 호출을 단순하게 묘사하지만 이는 단순한 문제가 아니다. malloc 함수가 받은 데이터는 오로지 12라는 숫자 하나이기 때문이다. 따라서 malloc 함수는 주소 값의 포인터 형을 결정하지 못한다. 12바이트이면 길이가 3인 int형 1차원 배열이 될 수도 있고, 길이가 12인(널 문자 포함하여) char형 문자열 배열일수도 있다. 어디 그뿐인가? 길이가 3인 float형 1차원 배열도 될 수 있다. 따라서 다음과 같은 결론이 나온다.

"malloc 함수는 반환되는 주소 값의 포인터 형을 결정하지 못한다."

때문에 malloc 함수는 포인터 형이 결정되지 않은 주소 값만을 반환할 수 있다. 그리고 이러한 값의 반환을 위해서 정의한 포인터가 바로 void형 포인터(void *)이다. 이것은 말이 포인터이지 그냥 주소 값 정보만을 담을 수 있는 변수에 지나지 않는다. 포인터라 하면 가리키는 대상의 정보가 담겨있어야 한다. 그러나 void형 포인터에는 그러한 정보가 담겨있지 않다.

■ malloc 함수에서 반환된 void형 포인터 사용하기

그럼 이 즈음에서 malloc 함수를 사용하는 예제를 하나 작성해 보자. 다음 예제는 malloc 함수의 호출 형식을 보여준다. 참고로 이 예제에서는 4바이트 int형 변수를 힙에 할당하고자 하는 의도가 담겨있다.

```
#include <stdio.h>
int main(void)
{
    void * ptr=malloc(sizeof(int));
    *ptr=10;      // 문제 발생
    . . . .
}
```

위 예제에서는 int형 변수의 크기를 인자로 전달하면서 malloc 함수를 호출하고 있다. 그리고 void형 포인터 ptr을 선언해서 반환되는 값을 저장한다. 여기서 확실한 사실 두 가지는 다음과 같다.

- 힙 영역에 int형 변수 크기의 메모리 공간이 할당되었다.
- 할당된 메모리 공간의 주소가 반환되어 ptr에 저장되었다.

그런데 이렇게 반환된 주소 값을 저장하고 있는 포인터 ptr을 이용해서 다음과 같은 연산을 하면 컴파일 오류가 발생한다.

　*ptr=10;

앞서 void형 포인터는 포인터가 가리키는 대상에 대한 정보 없이 그냥 주소 값만 저장하고 있는 변수라고 하였다. 따라서 이렇게 10을 저장하는 순간에, 해당 메모리 공간에 4바이트 정수의 형태로 10을 저장해야 할지, 8바이트 정수의 형태로 10을 저장해야 할지, 아니면 8바이트 실수의 형태로 10.0을 저장해야 할지 판단이 서지 않는다. 때문에 void형 포인터는 메모리 참조를 위한 * 연산이 불가능하다.

그렇다면 힙에 할당된 메모리 공간은 어떻게 사용해야 할까? 포인터에 대한 기본이 잘 갖춰졌다면 바로 답을 내릴 수 있다. 형 변환을 통해서 여러분이 직접 포인터의 형을 결정해야 한다.

```
#include <stdio.h>
int main(void)
{
    void * vPtr=malloc(sizeof(int));
    int * iPtr=(int *)vPtr;
    *iPtr=10;     // 정상 동작
    . . . .
}
```

위 코드에서 보면 void형 포인터를 int형 포인터로 변환하고 있다. 그리고 이 int형 포인터를 이용해서 메모리 공간에 10을 저장한다. 따라서 할당된 메모리 공간에는 숫자 10이 4바이트 정수의 형태로 저장이

된다. 이처럼 malloc으로 할당된 메모리 공간은 여러분이 포인터 형을 결정하는 방식으로 사용의 용도를 정하면 된다.

참고로 위 예제는 여러분이 이해하기 쉽도록 malloc 함수의 호출과 int형 포인터로의 변환과정을 두 줄에 걸쳐서 표현하였는데, 다음과 같이 한 줄에 표현하는 것이 일반적이다.

```
int * iPtr=(int *)malloc(sizeof(int));
```

명시적 형 변환이 필수는 아닙니다.

C 컴파일러는 void형 포인터를 다른 포인터 형으로 자동 형 변환하기 때문에 malloc 함수 호출 이후에 명시적인 형 변환이 반드시 필요한 것은 아니다. 그렇다면 무엇 때문에 명시적으로 형 변환을 해주고 있는 것일까? C언어의 이전 표준에서는 malloc 함수가 다음과 같이 정의되어 있었다.

```
char * malloc(unsigned size);
```

보다시피 void형 포인터가 아닌 char형 포인터가 반환형이었다. 그런데 char형 포인터에서 다른 형으로의 변환은 컴파일 시 경고를 일으키기 때문에, 이를 명시적으로 형 변환해 왔던 것이다. 그렇다면 이제는 명시적으로 형 변환을 하지 않는 것이 좋지 않을까? 일반적으로 자동 형 변환이 발생하는 위치에서도 명시적으로 형 변환을 하는 것이 좋다. 이는 형 변환이 발생하는 위치 정보를 표시하는 효과를 가져다 주기 때문이다.

■ **free : 힙을 사용하는데 있어서 주의해야 할 사항**

힙 영역에 메모리 공간을 할당하는 방법도, 그리고 할당된 메모리 공간을 활용하는 방법도 알게 되었다. 그런데 이러한 힙 영역은 메모리의 할당도, 그리고 할당된 메모리 공간의 해제도 프로그래머가 담당하는 영역이라 하였다.

다시 말해서 여러분이 malloc 함수의 호출을 통해서 할당한 메모리 공간을 해제해주지 않으면, 그만큼 메모리 공간의 낭비가 발생하게 된다. 따라서 malloc 함수의 호출을 통해 할당된 메모리 공간은 직접 해제해야 하며, 이 때 사용하는 함수가 바로 free 함수이다.

```
#include <stdlib.h>
void free(void * ptr);
```
    인자로 전달된 메모리 공간을 해제하는 void 반환 함수이 함수의 전달인자는 반드시 malloc 함수의 반환 값이어야 한다. malloc 함수를 호출할 때 반환된 값을 인자로 전달하면, malloc 함수 호출 시 할당되었던 메모리 공간 전부가 해제된다. 그리고 인자로 NULL 포인터가 전달되면 아무런 일도 발생하지 않는다는 것도 기억하기 바란다.

문 제 25-3 [malloc과 free 함수의 잘못 사용된 사례]

malloc과 free 함수가 제대로 사용된 사례를 보기에 앞서서, 잘못 사용된 사례를 먼저 소개하고자 한다. 잘못 사용된 사례를 아는 것도 상당히 중요하기 때문이다. 그런데 이를 문제의 형태로 꾸민 이유는 간단하다. 여러분이 충분히 문제점을 찾아낼 수 있고, 또 이렇게 하는 것이 더 기억에 오래 남기 때문이다.

◉ 문제 1
다음 함수가 지니는 문제점을 지적하여라. 잘못된 부분을 수정할 필요는 없다. 기본적으로 지니고 있는 문제가 무엇인지를 지적만 하면 된다.

```c
int main(void)
{
    int * arr=(int *)malloc(sizeof(int)*3);
    arr=NULL;
    . . . . .
}
```

◉ 문제 2
다음 함수가 지니는 문제점을 지적하여라. 이번에도 마찬가지로 문제점을 수정할 필요는 없다. 이 문제점을 기반으로 잠시 후에 모범적인 예제를 작성할 테니 말이다.

```c
int main(void)
{
    int * ptr=(int *)malloc(sizeof(int));
    *ptr=10;
    printf("%d", *ptr);
    . . . . .
    free(ptr);
    *ptr=20;
    . . . . .
}
```

■ malloc 함수와 free 함수의 모범적인(?) 사용 예

문제 25-3을 해결하는 과정에서 다음과 같은 결론을 내렸을 것이다(아직 해결하지 않았다면 이 문제부터 해결을 하자).

"free 함수로 해제된 메모리의 포인터는(포인터 변수는) NULL로 초기화하는 것이 좋다."

그리고 malloc 함수는 메모리 공간의 할당에 실패를 할 경우 NULL 포인터를 반환한다고 앞서 설명하였다. 따라서 이 두 가지 사실을 참고하여 다음과 같이 모범적인 malloc과 free 함수의 사용 예를 만들 수 있다.

■ 예제 25-7.c

```c
1.  #include <stdio.h>
2.  #include <stdlib.h>
3.  char * ReadString(void);
4.  int * ReadInteger(void);
5.
6.  int main(void)
7.  {
8.      char * strPtr;
9.      int * numPtr;
10.
11.     strPtr=ReadString();
12.     numPtr=ReadInteger();
13.
14.     if(strPtr!=NULL)
15.         printf("읽어 들인 문자열 : %s \n", strPtr);
16.     if(numPtr!=NULL)
17.         printf("읽어 들인 정수 : %d \n", *numPtr);
18.
19.     free(strPtr);
20.     strPtr=NULL;
21.     free(numPtr);
22.     numPtr=NULL;
23.
24.     return 0;
25. }
26.
27. char * ReadString(void)
28. {
29.     char * sPtr=(char*)malloc(sizeof(char)*20);
30.     if(sPtr==NULL)
31.         return NULL;
32.
33.     printf("문자열 입력 : ");
34.     scanf("%s", sPtr);
35.     return sPtr;
```

```
36.     }
37.
38.     int * ReadInteger(void)
39.     {
40.         int * iPtr=(int*)malloc(sizeof(int));
41.         if(iPtr==NULL)
42.             return NULL;
43.
44.         printf("정수 입력 : ");
45.         scanf("%d", iPtr);
46.         return iPtr;
47.     }
```

- 29행 : 우선 ReadString 함수부터 보도록 하자. 이 함수는 메모리 공간을 할당해서 문자열을 읽어 들이는 일까지 담당하는 함수이다. 29행에서는 널 문자를 포함하여 최대 길이가 20인 문자열을 읽어 들이기 위해서 malloc 함수의 호출을 통해 메모리 공간을 할당하고 있다.
- 30, 31행 : 메모리 공간 할당에 실패하지 않았는지를 확인하고 있다. 그리고 메모리 공간 할당에 실패를 한다면 그냥 NULL을 반환하면서 함수를 빠져나간다.
- 38행 : 이 함수는 ReadString 함수와 유사하다. 정수 하나를 입력 받기 위한 메모리 공간을 malloc 함수의 호출을 통해 할당 받고 정수까지 입력을 받는다.
- 19~22행 : malloc 함수 호출을 통해서 할당 받은 메모리 공간을 free 함수 호출을 통해서 반환하고 있다. 그리고 반환된 메모리를 가리키는 포인터 변수를 NULL로 초기화하고 있다.

■ 실행결과 : 예제 25-7

```
문자열 입력 : ABCDEFG
정수 입력 : 7
읽어 들인 문자열 : ABCDEFG
읽어 들인 정수 : 7
```

문제 25-3에서 설명한 내용을 위 예제 19~22행에 반영하고 있다. 반환이 완료된 포인터는 이처럼 NULL로 초기화 해주는 것이 좋다.

그리고 ReadString 함수와 ReadInteger 함수는 메모리 할당에 실패 시 NULL을 반환하기 때문에 main 함수의 14~17행에서는 NULL의 반환여부에 따라서 printf 함수의 호출을 결정하고 있다. 그렇다면 19행과 21행에서 이뤄지는 free 함수의 호출도 NULL의 반환여부에 따라서 결정해야 할 일 아닐까? 그렇게 구현해도 되지만 굳이 그렇게까지 할 필요는 없다. 앞서 간단히 언급했듯이 free 함수에 NULL이 전달되면 아무런 일도 발생하지 않기 때문이다.

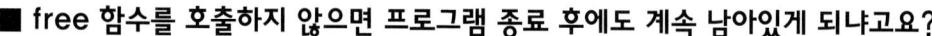

■ free 함수를 호출하지 않으면 프로그램 종료 후에도 계속 남아있게 되냐고요?

예제 25-7을 보면서 다음과 같은 질문을 할 수도 있다.

> "프로그램 종료 직전에라도 free 함수를 호출해 주는 것을 보니, 프로그램이 종료되고 나서도 malloc 으로 할당된 메모리 공간은 남아있게 되나 보죠?"

설마 그렇기야 하겠는가? 만약에 그렇다면 free 함수를 호출하지 않는 예제를 계속해서 실행을 하면, 메모리 공간의 부족으로 문제가 발생하게 된다. 하지만 이러한 일은 결코 일어나지 않는다. 프로그램 실행 시 할당된 모든 메모리 공간은 가상 메모리상에서 이뤄지는 것이고, 이 가상 메모리는 프로그램이 종료되면 통째로 반환되는 메모리 공간이기 때문이다.

> "그럼 위 예제에서 free 함수를 호출할 필요는 없겠네요?"

위 예제의 상황만을 놓고 보면 free 함수의 호출이 불필요하다고 말할 수 있다. 그러나 여러분이 앞으로 구현하게 될 프로그램은 지금 우리가 구현하는 프로그램들처럼 간단히 실행되고 종료되는 프로그램이 아닐 것이다. 따라서 위 예제와 같은 상황은 말 그대로 예제에서나 볼 수 있는 상황일 뿐, 실제 프로그램 구현에서는 반드시 free 함수를 호출해야 하는 상황이 대부분이다. 따라서 습관적으로라도 malloc 함수의 호출 횟수만큼, free 함수를 호출하는 것이 좋다. 프로그램을 종료하기 직전에 free 함수를 호출해서 메모리 공간을 정리한다고 해서 손해 볼 것도 없기 때문이다.

● 문 제 25-4 [malloc과 free를 활용한 예제의 작성]

◉ 문제 1
예제 25-6을 malloc과 free 함수를 이용해서 정상적으로 동작할 수 있도록 변경하여라.

◉ 문제 2 [고수준 문제]
최대 길이가 20을 넘지 않는 3개의 문자열을 저장할 수 있는 2차원 배열을 힙에 할당하고, 프로그램 사용자로부터 3개의 문자열을 이 배열에 입력 받아서, 입력된 순서대로 출력을 하는 프로그램을 작성하자.

■ malloc 함수의 사촌 뻘 되는 calloc 함수

calloc이라는 함수도 있다. 이 함수도 malloc과 제공하는 기능은 동일하다. 즉 힙 영역에 메모리 공간을 할당하는 기능을 제공한다. 다만 할당하는 방식과 초기화 방식에서 차이가 조금 있을 뿐이다. 우선 함수의 원형부터 보자.

```
#include <stdlib.h>
void * calloc(size_t elt_count, size_t elt_size);
```
성공 시 할당된 메모리의 주소 값, 실패 시 NULL 반환

원형에서 보여주듯이 malloc 함수와 달리 두 개의 숫자를 인자로 전달받음을 알 수 있다. malloc 함수의 전달인자는 하나였다. 즉 malloc 함수의 초기화 방식은 다음과 같았다.

"총 120 바이트를 힙 영역에 할당해 주세요."

반면 calloc 함수의 첫 번째 전달인자는 할당할 블록의 개수를 의미하고, 두 번째 전달인자는 블록 하나당 바이트 크기를 의미한다. 즉 calloc 함수의 초기화 방식은 다음과 같다.

"4바이트씩(elt_size), 총 30개를(elt_count) 힙 영역에 할당해 주세요."

120바이트를 할당해 달라는 것과, 4바이트씩 총 30개를 할당해 달라는 것은 결과적으로 완전히 동일하다. 다시 말해서 calloc 함수는 malloc 함수와 인자를 전달하는 방식에서 차이를 보인다.
그런데 이것 말고도 한가지 차이점이 더 있다. malloc 함수는 할당된 메모리 공간을 별도의 값으로 초기화하지 않는다. 따라서 할당된 메모리 공간이 쓰레기 값으로 채워지지만 calloc 함수는 할당된 메모리 공간의 모든 비트를 0으로 초기화시킨다. 바로 이러한 특성 때문에 calloc 함수가 자주 사용되기도 한다. 그리고 calloc 함수의 호출로 할당된 메모리 공간을 해제할 때에는 malloc 함수와 마찬가지로 free 함수를 사용하면 된다.

■ 힙에 할당된 메모리의 확장 시 호출하는 realloc 함수

한번 할당된 메모리 공간은 그 크기를 확장할 수 없다. 이는 모든 영역의 메모리 공간에 해당하는 말이다. 이미 할당되어버린 배열의 길이를 늘릴 수 있는가? 어느 영역에 선언을 하건 간에 이러한 일은 불가능하다. 하지만 그 영역이 힙이라면, 그리고 realloc 함수를 사용한다면 이러한 일이 가능해진다.

```
#include <stdlib.h>
void * realloc(void * ptr, size_t size);
```
성공 시 새로 할당된 메모리의 주소 값, 실패 시 NULL 반환

이 함수의 첫 번째 전달인자로, 확장하고자 하는 힙 메모리의 시작 주소 값을 전달한다. 그리고 두 번째 전달인자로는 확장하고자 하는 메모리의 전체 크기를 전달한다. 즉 매개변수 ptr과 size를 이용해서 다음

과 같은 요구를 하는 것이 realloc 함수이다.

"ptr이 가리키는 메모리의 크기를 size 크기로 조절해줘(늘려줘)"

그리고 함수 호출의 성공 시에는 새로 할당된 메모리의 주소 값이 반환되고, 실패 시에는 NULL이 반환된다. 그리고 realloc 함수는 필요에 따라서 요구하는 크기의 메모리 공간을 별도로 할당하여, 기존 메모리 공간에 저장된 값을 복사하기도 한다. 때문에 새로 할당된 메모리의 주소 값을 반환하는 것이며, 다음 예제는 이 사실을 증명해 보이고 있다.

■ 예제 25-8.c

```
1.  #include <stdio.h>
2.  #include <stdlib.h>
3.
4.  int main(void)
5.  {
6.      int * arr;
7.      int i;
8.
9.      arr=(int*)malloc(sizeof(int)*3);
10.     printf("arr 참조 주소 : %#x \n", arr);
11.     for(i=0; i<3; i++)
12.         arr[i]=i;
13.
14.     arr=(int*)realloc(arr, sizeof(int)*5);  // 메모리 확장
15.     printf("arr 참조 주소 : %#x \n", arr);
16.     for(i=3; i<5; i++)
17.         arr[i]=i;
18.
19.     /* 배열에 저장된 값 출력 */
20.     for(i=0; i<5; i++)
21.         printf("%d ", arr[i]);
22.
23.     free(arr);
24.     arr=NULL;
25.     return 0;
26. }
```

해 설

- 10행 : 9행에서 할당한 메모리 공간의 주소 정보를 출력하고 있다.
- 14행 : 9행에서 할당한 메모리 공간을 확장하고 있다.
- 10, 15행 : 10행과 15행에서는 malloc 함수로 할당된, 그리고 realloc 함수로 확장된 메모리의 주소 값을 출력하고 있다. 그런데 출력 결과를 보면 그 값이 다르다. 이를 통해서 realloc 함수가 별도의 메모리 공간을 할당했다는 사실을 알 수 있다.
- 20행 : 출력결과를 보면 11, 12행에서 초기화 한 값이 출력되고 있음을 확인할 수 있다. 이는 realloc 함수가 기존 메모리 공간에 저장된 값을 복사한다는 사실을 입증한다.

■ 실행결과 : 예제 25-8

arr 참조 주소 : 0x384f18
arr 참조 주소 : 0x3828b8
0 1 2 3 4

> 참고
>
> **메모리 공간을 축소하는 역할로도 사용할 수 있어요.**
>
> 필자가 메모리 공간을 확장하는 용도로 realloc 함수를 소개하였는데, 필요하다면 메모리 공간을 축소하는 용도로도 사용이 가능하다. realloc 함수 호출 시 두 번째 인자로 전달하는 메모리 공간의 크기 정보를 기존 메모리 공간의 크기보다 작은 값으로 전달하면, 메모리 공간은 그 크기에 맞춰서 축소가 된다. 그리고 이때에는 새로이 메모리 공간을 할당하지 않고 기존에 할당된 메모리 공간의 크기를 줄이기만 한다.

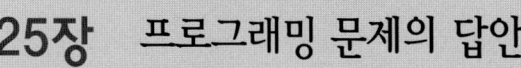

25장 프로그래밍 문제의 답안

■ 문제 25-1의 답안

• 문제 1

■ 소스코드 답안

```c
1.  #include <stdio.h>
2.  void Square(int * ptr);
3.
4.  int main(void)
5.  {
6.      int num;
7.      printf("숫자 입력 : ");
8.      scanf("%d", &num);
9.
10.     Square(&num);
11.     printf("제곱의 결과 : %d \n", num);
12.     return 0;
13. }
14.
15. void Square(int * ptr)
16. {
17.     (*ptr)*=(*ptr);
18. }
```

17행에서 복합 대입 연산자를 사용해서 문장이 조금 복잡해 보인다. 이를 대신해서 다음과 같은 코드를 구성하는 것도 좋다.

```
int val=*ptr;
*ptr=val*val;
```

• 문제 2

■ 소스코드 답안

```c
1.  #include <stdio.h>
2.  void Swap3Val(int * ptr1, int * ptr2, int * ptr3);
3.
4.  int main(void)
5.  {
6.      int n1=5, n2=6, n3=7;
7.
8.      printf("n1:%d, n2:%d, n3:%d \n", n1, n2, n3);
9.      Swap3Val(&n1, &n2, &n3);
10.
11.     printf("n1:%d, n2:%d, n3:%d \n", n1, n2, n3);
12.     return 0;
13. }
14.
```

```
15.    void Swap3Val(int * ptr1, int * ptr2, int * ptr3)
16.    {
17.        int temp=*ptr1;
18.        *ptr1=*ptr2;
19.        *ptr2=*ptr3;
20.        *ptr3=temp;
21.    }
```

■ 문제 25-2의 답안

■ 소스코드 답안

```
1.    #include <stdio.h>
2.    typedef int (*I2ARR3)[3];
3.
4.    int SumArr(int arr[][3]);
5.    I2ARR3 CmpArrSum(int ar1[][3], int ar2[][3]);
6.
7.    int main(void)
8.    {
9.        int arr1[3][3]={{3, 2, 1}, {6, 7, 2}, {5, 1, 9}};
10.       int arr2[3][3]={{1, 2, 3}, {4, 5, 6}, {7, 8, 9}};
11.
12.       I2ARR3 aptr=CmpArrSum(arr1, arr2);
13.
14.       int i, j;
15.       for(i=0; i<3; i++)
16.       {
17.           for(j=0; j<3; j++)
18.               printf("%4d", aptr[i][j]);
19.
20.           printf("\n");
21.       }
22.
23.       return 0;
24.   }
25.
26.   I2ARR3 CmpArrSum(int ar1[][3], int ar2[][3])
27.   {
28.       if(SumArr(ar1)>SumArr(ar2))
29.           return ar1;
30.       else
31.           return ar2;
32.   }
33.
34.   int SumArr(int arr[][3])
35.   {
36.       int total=0;
37.       int i, j;
38.
39.       for(i=0; i<3; i++)
40.       {
41.           for(j=0; j<3; j++)
42.               total+=arr[i][j];
43.       }
44.
45.       return total;
46.   }
```

2행의 typedef 선언을 통해서 배열의 이름에 해당하는 포인터 형을 선언하면, 이를 함수의 반환형에 사용할 수 있다.

■ 문제 25-3의 답안

• 문제 1

int형 포인터 arr에는 힙에 할당된 메모리의 주소 값이 저장되어 있었다. 그런데 이 값을 다른 어디에다 옮겨놓지도 않고, 이 포인터 변수에 NULL을 대입하였다. 결과적으로 힙에 할당된 메모리의 주소 값을 완전히 잃어버린 셈이다. 따라서 힙 영역에 공간을 차지하고 있음에도 불구하고, 이 메모리 영역을 사용하지도, 소멸시키지도 못하게 되었다.

• 문제 2

이 경우에는 힙 영역에 메모리 공간의 할당, 활용, 소멸까지 진행을 하고 있다. 그런데 문제는 이미 해제된 메모리 공간에 20을 저장하는 실수를 범하고 있다는 것이다.

```
free(ptr);
*ptr=20;      // 문제가 되는 코드
```

한번 해제된 메모리 영역은 접근이 불가능하기 때문에 문제가 된다. 그런데 실제로 더 무서운 것이 뭔지 아는가? 그것은 이러한 문제가 컴파일 시만 아니라, 실행 시에도 발견되지 않고 넘어갈 수 있다는 것이다. 따라서 위 코드를 다음과 같은 형태로 구현하는 것이 훨씬 안전하다.

```
free(ptr);
ptr=NULL;
*ptr=20;      // 문제가 되는 코드
```

해제된 메모리의 주소 값을 저장하고 있는 포인터 변수 ptr에 NULL을 대입하였으니, 그 다음 문장에서 20을 저장하는 순간에 프로그램은 종료가 된다. 즉 컴파일 시에는 문제가 발견되지 않지만, 실행 시에는 문제가 발견이 되어 프로그램의 버그를 수정할 수 있는 기회를 얻게 된다.

■ 문제 25-4의 답안

• 문제 1

■ 소스코드 답안

```
1.  #include <stdio.h>
2.  #include <stdlib.h>
3.
4.  int * MakeIntArray(int len, int init)
5.  {
6.      //int arr[len];
7.      int * arr=(int *)malloc(sizeof(int)*len);
8.
9.      int i;
```

```
10.     for(i=0; i<len; i++)
11.         arr[i]=init;
12.
13.     return arr;
14. }
15.
16. int main(void)
17. {
18.     int * arr1=MakeIntArray(5, 0);
19.     int * arr2=MakeIntArray(7, 2);
20.
21.     int i;
22.     for(i=0; i<5; i++)
23.         printf("%d ", arr1[i]);
24.
25.     printf("\n");
26.
27.     for(i=0; i<7; i++)
28.         printf("%d ", arr2[i]);
29.
30.     free(arr1);
31.     free(arr2);
32.
33.     return 0;
34. }
```

• 문제 2

■ 소스코드 답안

```
1.  #include <stdio.h>
2.  #include <stdlib.h>
3.
4.  typedef char (*STR_ARR)[20];
5.
6.  int main(void)
7.  {
8.      STR_ARR strAry =(STR_ARR)malloc(sizeof(char)*20*3);
9.
10.     int i;
11.     for(i=0; i<3; i++)
12.     {
13.         printf("문자열 입력 : ");
14.         scanf("%s", strAry[i]);
15.     }
16.
17.     for(i=0; i<3; i++)
18.         printf("문자열 %d : %s \n", i+1, strAry[i]);
19.
20.     free(strAry);
21.     return 0;
22. }
```

이 문제의 핵심은 4행의 typedef 선언에 있다. 그리고 malloc 함수의 전달인자 구성을 보자. 여기서 할당하고자 하는 배열의 크기가 가로 20, 세로 3이기 때문에 char형 변수의 크기에 20과 3을 곱하여 그 결과를 전달하고 있다.

제26장 메모리 컨트롤 함수와 한정자(Type Qualifiers)

> 포인터의 정복을 위해서 사례별로 분류를 해 보세요.
>
> 포인터가 C언어에서 차지하는 비율은 상당하다. 개념적으로는 간단하지만, 조금만 깊이 들어가면 다양한 형태의 포인터가 존재함을 알 수 있다. 그렇다면 어떻게 해야 포인터들 사이에서 모든 내용을 관통하는 형태로 개념을 정리할 수 있을까? 필자가 여러분에게 권하고픈 학습방법은 사례별 정리이다. 필자가 지금까지 설명했던 포인터의 종류를 사례별로 정리하자. 그리고 포인터의 사용 예가 등장했을 때, 유사한 사례를 참조하여 해당 포인터를 분석하자. 이러한 과정을 여러 번 거치다 보면 포인터와 관련된 내용이 하나로 연결이 되어 여러분들 머리 속에 자리잡을 것이다.

이 장의 목차페이지 ▶▶▶

26-1. 한정자(Type Qualifiers) 그리고 const	622
26-2. volatile 그리고 restrict	629
26-3. 메모리 컨트롤 함수	635
26-4. main 함수로의 문자열 전달	639

26-1 한정자(Type Qualifiers) 그리고 const

이번 장에서는 포인터를 이야기하려는 것이 아니라, 포인터와 관련 있는 내용들을 이야기하려는 것이다. 특히 지금 설명하려는 한정자의 경우 이미 오래 전부터 설명하고 싶었지만 포인터와 관련된 부분이 반을 차지하기 때문에 지금까지 미뤄왔던 내용이다.

■ 한정자? 성이 한이요, 이름이 정자인가?

필자의 경험으로 미뤄볼 때, 한정자라는 단어에 친근감을 느끼는 학생은 거의 없다. 그럼에도 불구하고 type qualifier를 한정자로 번역한 이유는 기존에 번역된 사례를 따르기 위함이다. 따라서 여러분이 한정자라는 단어를 이해하기 위해서는 qualifier의 사전적 의미를 참조하는 것이 좋다.
한정자는 '한정'과 '자'의 조합이다. 그리고 '한정'은 '제한'의 의미를 지닌다. 즉 한정자는 제한을 걸 때에 사용되는 키워드이다. C언어에서 제공하는 한정자는 다음과 같이 총 세 가지이다.

- const
- volatile
- restrict

■ 포인터의 const 선언 1

const에 대해서는 이미 여러 차례 설명하였다. 변수를 상수화하는 용도로 사용이 되는데, 이번에는 포인터와의 관계를 설명하고자 한다. 다음 포인터 선언을 보자.

    int num=10;
    int * ptr=#

포인터 ptr의 선언에서 const가 들어갈 수 있는 위치는 다음과 같다.

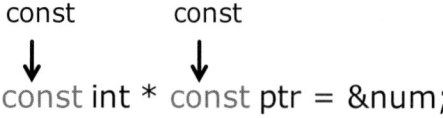

[그림 26-1 : const 선언 위치]

위 그림에서 보여주듯이 포인터 선언 앞 부분에 const가 삽입될 수도 있고, 포인터 변수의 이름 앞에 const가 삽입될 수도 있다. 물론 이 둘은 다른 의미를 지니며, 필요하다면 두 군데 모두에 const를 삽입할 수도 있다. 우선 포인터 선언의 앞 부분에 삽입되는 const의 의미부터 설명을 하겠다.

```
int num=10;
const int * ptr=&num;
```

이렇게 선언이 되면 포인터 ptr은 다음과 같이 가리키는 대상에 대한 값의 변경이 허용되지 않는다.

```
*ptr=20;      // 컴파일 에러 발생!
```

즉 위의 const 선언은 포인터를 이용한 값의 변경을 허용하지 않겠다는 뜻이 된다.

"아! 그러면 포인터 ptr이 가리키는 대상, 그러니까 변수 num이 상수가 되는 건가요?"

혹 여러분은 이렇게 확대 해석할 수 있다. 하지만 필자가 설명한 내용이 전부이다. 즉 포인터를 이용한 값의 변경만을 허용하지 않을 뿐이다. 다음 예제를 통해서 이 부분을 부연설명 하겠다.

■ 예제 26-1.c

```
1.  #include <stdio.h>
2.  void ShowData(const int * p);
3.
4.  int main(void)
5.  {
6.      int num1=10;
7.      int num2=20;
8.      const int * ptr=&num1;
9.
10.     //(*ptr)++;       // 컴파일 에러 발생
11.     num1++;           // 컴파일 성공!
12.     ShowData(&num1);
13.
14.     ptr=&num2;
15.     ShowData(ptr);
16.     return 0;
17. }
18.
19. void ShowData(const int * p)
20. {
21.     /*
22.     이 안에서는 p가 가리키는
23.     변수의 값을 바꿀 수 없다.
24.     */
25.
26.     printf("%d \n", *p);
27. }
```

• 8, 10행 : 포인터의 선언 앞에 const가 붙은 관계로 이 포인터를 이용해서는 값의 참조만 가능할 뿐 변경은 불가능하다. 따라서 이 예제의 실행을 위해서는 컴파일 에러가 발생하는 10행을 주석처리 해야 한다.

- 11행 : 포인터 ptr이 가리키는 변수가 상수화 된 것이 아님을 보여준다. 포인터 ptr을 이용한 값의 변경이 불가능할 뿐, ptr이 가리키는 변수의 이름 num1을 이용해서는 얼마든지 값의 변경이 가능하다.
- 14행 : 포인터 ptr이 가리키는 변수에 저장된 값만 변경이 불가능하다고 하였다. 따라서 포인터 ptr이 가리키는 대상을 변경하는 것은 전혀 문제되지 않는다. 즉 포인터 변수 ptr에 저장된 값은 얼마든지 변경 가능하다.

■ 실행결과 : 예제 26-1

```
11
20
```

참고로 위 예제에서 정의하고 있는 함수 ShowData를 주목해서 보자. 이렇게 매개변수로 포인터가 선언될 때 const 선언을 붙여주면, 함수 내에서는 포인터가 가리키는 변수에 저장된 값의 참조만 가능할 뿐, 변경은 불가능해진다. 그리고 이러한 형태의 선언은 함수를 보다 안정적으로 디자인한다는 측면에서 매우 의미 있는 선언이다.

const int와 int const는 동일한 의미를 갖습니다.

const int와 int const는 동일한 선언이다. 즉 다음 두 선언은 완전히 같은 선언이다.
```
const int * ptr;
int const * ptr;
```
그러나 const 선언을 자료형의 이름 앞에 두는 것이 일반적이다.

■ 포인터의 const 선언 2

이제 포인터 변수의 이름 앞에 선언되는 const에 대해서 설명하겠다. 포인터가 선언될 때 다음과 같은 형태로 선언될 수 있다.

```
int num=10;
int * const ptr=&num;
```

이 선언은 포인터 변수 ptr을 상수화시킨다는 의미이다. 즉 포인터 변수 ptr에 저장된 값의 변경이 불가능해지는 것이다.

"그럼 포인터 ptr은 끝까지 변수 num만 가리켜야 하겠네요."

그렇다! 포인터 변수에 저장된 값이 변경 불가능하니, 당연히 한번 가리키기 시작한 대상을 끝까지 가리켜야 한다. 이와 관련해서 다음 예제를 보자.

■ 예제 26-2.c

```c
1.  #include <stdio.h>
2.  void ShowData(const int * p);
3.
4.  int main(void)
5.  {
6.      int num1=10;
7.      int num2=20;
8.
9.      int * const ptr1=&num1;
10.     int * const ptr2;          // 선언과 동시에 쓸모 없어짐!
11.
12.     // ptr2=&num2;
13.     // ptr1=&num2;
14.
15.     (*ptr1)++;
16.     ShowData(ptr1);
17.     return 0;
18. }
19.
20. void ShowData(const int * p)
21. {
22.     /*
23.     이 안에서는 p가 가리키는
24.     변수의 값을 바꿀 수 없다.
25.     */
26.
27.     printf("%d \n", *p);
28. }
```

- 9, 13행 : 포인터 ptr1이 상수화되었으므로, 이후부터는 ptr1에 저장된 값을 변경하지 못한다. 그런데 13행에서는 ptr1에 저장된 값의 변경을 시도하고 있다. 따라서 컴파일을 위해서는 13행을 주석처리 해야 한다.

- 10, 12행 : 포인터 ptr2를 선언과 동시에 초기화하지 않았으므로 쓰레기 값으로 초기화가 진행된다. 그런데 이 포인터 변수 ptr2 역시 상수화되었으므로, 한번 초기화 된 쓰레기 값의 변경은 불가능하다. 따라서 컴파일을 위해서는 12행을 주석처리 해야 한다. 여기서 한가지 결론을 내릴 수 있다. 10행과 같은 포인터 선언은 아무짝에도 쓸모가 없는 선언이라는 결론을 말이다.

- 15행 : 포인터 ptr1이 상수화되었을 뿐이다. 따라서 ptr1이 가리키는 변수에 저장된 값을 ptr1을 이용해서 변경하는 것은 아무런 문제가 되지 않는다.

■ 실행결과 : 예제 26-2

```
11
```

지금까지 포인터와 관련된 두 가지 형태의 const 선언에 대해서 설명을 하였는데, 이 둘은 각각 별개의 선언이다. 서로 별개의 선언이기 때문에 다음과 같이 선언하는 것도 가능하다.

```
int num=10;
const int * const ptr=&num;
```

물론 이렇게 선언된 포인터 변수 ptr은 다음 두 가지 제약사항이 동시에 생기게 된다.

"포인터 ptr을 이용해서는 ptr이 가리키는 변수에 저장된 값을 변경할 수 없습니다."

"포인터 ptr은 끝까지 변수 num만 가리켜야 합니다. ptr이 상수화되었으니까요."

■ 포인터의 const 선언과 관련하여 좋은 모델 구경하기

다소 과격한, 그리고 일부 잘못된 표현일지 모르지만 필자는 다음과 같이 주장하곤 한다.

"const 선언을 열 번 한 프로그래머보다 스무 번 한 프로그래머가, 그리고 스무 번 한 프로그래머보다 서른 번 한 프로그래머가 실력 있는 프로그래머일 확률이 높습니다."

물론 위 문장만 놓고 보면 문제가 있다. 그러나 그만큼 const 선언의 중요성을 강조하고자 한 것이다. 아주 잘 돌아가는 버그도 없는 프로그램이 있다고 가정하자. 이러한 프로그램에 선언된 const 키워드를 모조리 지워버린다면 프로그램이 이전처럼 잘 돌아갈까? 대부분의 경우 잘 돌아간다. const 선언은 안정적으로 프로그램을 작성하기 위해 필요한 선언일 뿐, 안정적인 상태에서는 더 이상 의미를 지니지 않기 때문이다.

사실 초보 프로그래머의 코드에서는 const 선언을 찾아 보기가 어렵다. 하지만 프로그램에 대한 경험이 쌓이고, 프로그램에 숨어있는 버그로 고생을 하면 할수록 const 선언의 중요성을 느끼기 시작한다. 왜냐하면 const 선언은 컴파일 에러보다 찾기 어려운, 프로그램 기능상의 논리적 오류를 컴파일 오류로 바꿔주기 때문이다. 다음 예제를 보자. 그리고 이 예제의 기능적인 오류를 찾아보기 바란다. 참고로 컴파일 오류는 발생하지 않는다.

■ 예제 26-3.c

```
1.   #include <stdio.h>
2.       void CopyArray(int * src, int * dest, int len);
```

```
3.    void ShowArrElem(int * ary, int len);
4.
5.    int main(void)
6.    {
7.        int arr1[5]={1, 2, 3, 4, 5};
8.        int arr2[5];
9.
10.       CopyArray(arr1, arr2, 5);    // arr1의 내용을 arr2에 복사!
11.       ShowArrElem(arr2, 5);
12.       return 0;
13.   }
14.
15.   void CopyArray(int * src, int * dest, int len)
16.   {
17.       int i;
18.       for(i=0; i<len; i++)
19.       {
20.           src[i]=dest[i];
21.       }
22.   }
23.
24.   void ShowArrElem(int * ary, int len)
25.   {
26.       int i;
27.       for(i=0; i<len; i++)
28.       {
29.           printf("%d", ary[i]);
30.           len=i;
31.       }
32.       printf("\n");
33.   }
```

위 예제는 두 개의 오류가 있는데, 이 두 개를 모두 찾아냈는가? 일반적으로 두 개의 오류가 있으면 컴파일 시 오류도 두 개가 발생할 것으로 기대를 한다. 하지만 오류의 수만큼 컴파일 오류가 발생하는 것은 아니다.

위 예제에 보이는 첫 번째 오류는 20행에 있다. CopyArray 함수는 배열을 복사하는 함수인데, 언뜻 보면 무엇이 원본이고 무엇이 복사본(복사가 이뤄질 배열)인지 분간이 안 간다. 그러나 10행의 함수 호출을 보면 첫 번째 전달인자가 원본이고 두 번째 전달인자가 복사본임을 알 수 있다. 따라서 20행은 다음과 같이 바뀌어야 한다.

```
dest[i]=src[i];
```

어떤가? 이정도 되는 실수는 누구나 쉽게 할 수 있지 않겠는가? 그리고 두 번째 오류는 30행에 있다. 이 줄의 삽입으로 인해서 24행에 정의된 함수는 배열에 저장된 전체 요소의 출력을 기대할 수 없게 되었다.

"에이 누가 저런 엉뚱한 코드를 삽입하나요?"

물론 이러한 엉뚱한 코드가 삽입될 확률은 극히 낮다. 하지만 프로그래머들은 기존에 구현해 놓은 코드의 일부를 참조하기도 하는데, 바로 이때 30행과 같은 실수를 저지르기도 한다. 엉뚱한 코드를 복사해서 붙여 넣는 일은 얼마든지 발생할 수 있기 때문이다.

그렇다면 경험 많은 프로그래머는 위의 예제를 어떠한 형태로 구현할까? 숙련된 프로그래머일수록 자신이 얼마든지 실수할 수 있다는 사실을 인정하기 때문에 다음과 같은 형태로 구현을 한다.

■ 예제 26-4.c

```
1.  #include <stdio.h>
2.  void CopyArray(const int * const src, int * const dest, const int len);
3.  void ShowArrElem(const int * const ary, const int len);
4.
5.  int main(void)
6.  {
7.      int arr1[5]={1, 2, 3, 4, 5};
8.      int arr2[5];
9.
10.     CopyArray(arr1, arr2, 5);
11.     ShowArrElem(arr2, 5);
12.     return 0;
13. }
14.
15. void CopyArray(const int * const src, int * const dest, const int len)
16. {
17.     int i;
18.     for(i=0; i<len; i++)
19.     {
20.         src[i]=dest[i];      // 컴파일 오류 발생!
21.     }
22. }
23.
24. void ShowArrElem(const int * const ary, const int len)
25. {
26.     int i;
27.     for(i=0; i<len; i++)
28.     {
29.         printf("%d", ary[i]);
30.         len=i;       // 컴파일 오류 발생!
31.     }
32.     printf("\n");
33. }
```

위 예제의 15행에 정의되어 있는 함수의 경우, 첫 번째 매개변수를 다음과 같이 선언하고 있다.

```
const int * const src;
```

포인터 변수 src는 원본 배열의 주소 값을 저장할 변수이기 때문에 src가 가리키는 대상을 참조만 할 뿐 변경은 못하도록 맨 앞에 const 선언을 해 두었다. 반면 두 번째 매개변수의 선언은 다음과 같다.

```
int * const dest;
```

포인터 변수 dest는 복사할 배열의 주소 값을 저장할 변수이기 때문에 맨 앞에 const 선언을 하지 않았다. 이렇듯 두 매개변수에 함수의 기능을 고려하여 const 선언을 해 둔다면, 20행의 오류는 컴파일 과정에서 발견이 된다.

마찬가지로 30행의 오류도 매개변수 len을 const로 선언했기 때문에 컴파일 과정에서 발견이 된다. 이렇듯 const는 기능상의 논리적 오류가 컴파일 과정에서 발견될 수 있도록 돕는 역할을 하는데, 이는 상당히 중요하게 인식되어야 한다.

> 참고
>
> 솔직히 오버를 조금 했습니다(const의 부정적 측면).
>
> 예제 26-4에서는 붙일 수 있는 모든 위치에 const를 붙여주고 있다. const는 프로그램 개발에 안전성을 부여한다는 긍정적인 측면도 있지만, 프로그램을 읽기 어렵게 한다는 부정적인 측면도 있다. 따라서 const 선언은 적당히 할 필요가 있다. 그 적당함에 대한 기준은 지극히 주관적이기 때문에 필자가 언급하기에는 부담스럽다.

26-2 volatile 그리고 restrict

volatile과 restrict는 C언어 서적에서 잘 다뤄지지 않는 키워드들이다. 그러나 개발환경이 다양해짐에 따라서 중요한 요소로 부각되기 시작했으니 이들에 대해서도 잘 알아둘 필요가 있다. 그리고 잠시 후에 소개하는 표준 함수들의 정확한 이해를 위해서도 필요하다.

■ volatile : 최적화를 수행하지 마세요.

volatile이라는 단어는 다음과 같은 뜻을 지니는 형용사이다.

"휘발성의, 휘발하는, 순간적인, 일시적인"

그런데 필자 입장에서는 이 단어의 뜻을 시작으로 volatile 선언이 의미하는 바를 설명하기가 조금 어렵다. 그래서 volatile이라는 단어의 의미를 필자가 설명하는 내용에 근거하여 여러분이 유연하게 해석하기를 바라겠다. volatile은 다음과 같은 형태로 변수, 그리고 포인터에 선언할 수 있다.

```
volatile int num;
volatile int * ptr;
```

이렇게 변수 num을 volatile로 선언하면, 이는 컴파일러에게 다음과 같은 메시지를 전달하는 효과가 있다.

"변수 num에 저장된 값은 순간적으로(일시적으로) 다른 영역으로부터 참조될 수 있어! 그러니 코드 최적화를 수행하면 안돼!"

이게 도대체 무슨 소리인지 이해하기 힘들다. 이에 대한 이해를 위해서 코드를 하나 제시하겠다.

```
int num=20;      // 전역변수 num
. . . . .
int function(void)
{
    AAA(10);     // AAA 함수는 변수 num의 값을 변경 및 참조하지 않음
    num+=10;
    BBB(20);     // BBB 함수는 변수 num의 값을 변경 및 참조하지 않음
    num+=20;
    CCC(30);     // CCC 함수는 변수 num의 값을 변경 및 참조하지 않음
    num+=30;
    . . . .
}
```

이와 같은 코드가 있다고 가정할 때 컴파일러는 다음과 같이 생각할 수 있다.

"변수 num에 저장된 값을 한번에 60 증가시켜도 되겠구먼, 성능의 향상을 위해서라도 이렇게 해야겠군!"

왜냐하면 num의 값이 10 증가 된 이후 20이 증가될 때까지, 그리고 다시 30이 증가될 때까지 값의 참조가 어디에서도 이뤄지지 않고 있기 때문이다. 따라서 컴파일러는 위의 코드를 다음과 같은 형태로 바꿔서 컴파일을 하기도 하는데, 이는 컴파일러의 '코드 최적화(code optimization)' 기능에 따른 것이다.

```
int num=20;      // 전역변수 num
. . . . .
int function(void)
```

```
    {
        AAA(10);    // AAA 함수는 변수 num의 값을 변경 및 참조하지 않음
        BBB(20);    // BBB 함수는 변수 num의 값을 변경 및 참조하지 않음
        CCC(30);    // CCC 함수는 변수 num의 값을 변경 및 참조하지 않음
        num+=60;
        . . . .
    }
```

코드 최적화가 아주 잘 진행되었다. 이처럼 여러분이 생각하지 못한 부분까지도 컴파일러가 신경을 써주기 때문에, 여러분이 구현한 코드는 그 구현방식에 따라서 큰 차이를 보이지 않고 좋은 성능을 낼 수 있다. 그런데 이러한 코드 최적화가 문제가 되는 상황이 존재한다. 다른 영역의 프로그램 또는 하드웨어를 통해서 변수 num에 저장된 값이 참조되는 경우이다(이러한 상황을 지금 이해하기에는 무리가 있다. 그러나 충분히 가능하다고만 알고 있자).

즉 변수 num에 저장된 값이 10 증가되고 나서 20이 증가되기 이전에 순간적으로 다른 영역으로부터 값이 참조될 수 있다. 마찬가지로 변수 num에 저장된 값이 20이 증가되고 나서 30이 증가되기 이전에 순간적으로 다른 영역으로부터 값이 참조될 수 있다. 이러한 경우에는 위의 코드 최적화가 치명적인 문제가 된다. 따라서 다음과 같이 강력히 주장해야 한다.

"변수 num과 관련해서는 코드 최적화를 수행하면 안됩니다."

이러한 주장을 코드로 옮기려면 다음과 같이 선언하면 된다.

```
    volatile int num=20;
```

이제 volatile 선언이 의미하는 바를 이해할 수 있을 것이다. 참고로 이렇게 volatile로 선언된 변수 값의 변경은 항상 메인 메모리에 반영이 된다. volatile 선언이 없는 변수는 성능의 향상을 위해서 값의 변경이 캐쉬 메모리(또는 레지스터)에만 반영되었다가, 뒤늦게 메인 메모리에 반영되기도 한다. 그리고 volatile로 선언된 변수의 값은 참조될 때에도 캐쉬가 아닌 메인 메모리로부터 참조가 이뤄진다.

정리하면 volatile로 선언된 변수는 캐쉬 메모리를 거치지 않는다. 다른 영역으로부터 언제 어떠한 형태로 값의 참조가 이뤄질지 모르기 때문에 값의 변경이 실시간으로 메인 메모리에 반영이 된다.

■ 포인터 변수 선언에서의 volatile 선언도 비슷합니다.

그렇다면 포인터 변수가 volatile로 선언이 되면 어떠한 의미를 지니게 될까? 이는 포인터가 다른 영역에서(다른 영역의 프로그램 또는 하드웨어로부터) 참조될 수 있음을 의미하는 것이 아니라, 포인터가 가리키는 메모리 공간이 다른 영역으로부터 참조될 수 있음을 의미하는 것이다. 따라서 volatile로 선언된 포인터 변수의 * 연산은 코드 최적화의 대상에서 제외가 된다. 이에 대한 설명을 위해서 몇몇 코드를 살펴보겠다.

```
    int function(void)
    {
```

```
        int * ptr;
        ptr=&num1;
        ptr=&num2;
        *ptr=10;
        *ptr=20;
        return *ptr;
    }
```

위 코드는 다음과 같은 형태로 최적화가 수행될 수 있다(그 이유에 대해서는 별도의 설명이 필요치 않을 것이다).

```
    int function(void)
    {
        int * ptr;
        ptr=&num2;
        *ptr=20;
        return *ptr;
    }
```

그런데 여기서 포인터 ptr이 volatile로 선언되면, 다음과 같은 형태로 최적화가 진행된다. 포인터 ptr이 가리키는 메모리 공간의 접근에 대한 최적화가 수행되면 안되기 때문에 * 연산에 대해서는 최적화가 수행되지 않는다.

```
    int function(void)
    {
        int * ptr;
        ptr=&num2;
        *ptr=10;
        *ptr=20;
        return *ptr;
    }
```

이로써 volatile에 대한 설명을 마치겠다. 필자 개인적인 생각으로는 여러분이 지금 당장 volatile 선언을 할 일은 없어 보인다. 따라서 개념적으로 이해를 했다면 일단은 잊고 지내도 좋다. 그러나 여러분이 앞으로 개발하거나 공부하는 분야에 따라서 아주 중요하게 사용될 수 있는 키워드이기 때문에, 이후에라도 다시 참조할 수 있도록 기본적인 내용은 기억하고 있기를 바라겠다.

토막 퀴즈

질문 : 여러분은 아래코드의 문제점이 무엇이라고 생각하는가?

```
int function(void)
{
    volatile int data=20;
    int * ptr=&data;
    . . . .
}
```

답변 : 변수 data가 volatile로 선언되었으니, 이 변수의 주소 값을 저장하는 포인터 ptr도 volatile로 선언되어야 한다(이 관계를 곰곰이 생각해보자). 그래야 변수 data에 접근하는 포인터 연산도 최적화를 수행하지 않기 때문이다. 즉 다음과 같이 변경되어야 옳은 코드라 할 수 있다.

```
int function(void)
{
    volatile int data=20;
    volatile int * ptr=&data;
    . . . .
}
```

참고로 위의 코드에서 포인터 ptr을 volatile로 선언하지 않는다고 해서 컴파일 오류가 발생하지는 않는다. 대신 경고를 통해서 여러분에게 문제가 있음을 알린다.

■ restrict : 원하는 대로 맘껏 최적화를 수행하세요.

restrict는 volatile과 반대의 성격을 지닌다. volatile이 코드 최적화에 제한을 거는 선언이라면, restrict는 오히려 코드 최적화를 유도하는 선언이다. 그리고 restrict 선언은 다음과 같은 형태로 포인터에만 선언할 수 있다. 포인터의 특성을 설명하는 선언이기 때문이다.

```
int * restrict ptr;
```

restrict 선언은 컴파일러에게 다음과 같은 힌트를 제공해서 코드 최적화에 활용할 수 있도록 돕는다.

"이 포인터가 가리키는 메모리 공간은 이 포인터만으로 접근이 가능한 영역이다!"

이에 대한 내용을 소스코드를 통해서 부연 설명하겠다. 예를 들어 다음과 같은 코드가 있다고 가정해 보자.

```
int main(void)
{
    int num=10;
    int * ptr=&num;
    . . . .
```

    }

이 때 포인터 ptr을 restrict로 선언하는 것은 적절치 않다. 왜냐하면 포인터 ptr을 이용해서 접근 가능한 메모리 공간은 num이라는 변수 이름으로도 접근이 가능하기 때문이다. 반면 다음과 같이 선언된 포인터 ptr은 restrict로 선언하기에 적절하다. 왜냐하면 malloc 함수를 통해서 할당된 메모리 공간은 포인터 ptr을 통해서만 접근이 가능하기 때문이다.

```
int main(void)
{
    int * restrict ptr = (int *)malloc(sizeof(int));
    . . . .
}
```

이렇게 포인터가 restrict로 선언되면, 해당 포인터가 가리키는 메모리 영역의 접근 연산은 캐쉬 메모리를 기반으로 최고의 성능을 낼 수 있도록 코드가 최적화된다.

대부분의 컴파일러는 아직도 restrict를 지원하지 않습니다.

키워드 restrict는 C99에서 새롭게 표준화되었다. 따라서 아직도 상당수 컴파일러에서는 이 키워드를 지원하지 않고 있다.

26-3 메모리 컨트롤 함수

배열 A에 저장된 값을 배열 B에 저장하기 위해서는 번거로운 과정을 거쳐야 한다. 배열의 이름을 이용한 대입연산이 허용되지 않으므로 배열 요소 하나하나를 일일이 복사해야만 하기 때문이다. 하지만 지금부터 소개하는 이 함수들을 활용하면 배열에 저장된 데이터의 전부 또는 일부를 한방에 복사할 수 있다. 아니 그 이상의 일들도 할 수 있기 때문에 자주 사용이 된다. 이들은 포인터를 알아야 사용할 수 있는 함수들이기에 여기서 소개하고자 한다.

■ memmove : 어떠한 경우에도 사용할 수 있는 메모리 복사 함수

memmove는 memory와 move의 합성으로 만들어진 이름이다. 이렇게 이름에서도 느껴지듯이 메모리에 저장된 데이터를 다른 영역으로 이동하는 기능의 함수이다(참고로 여기서 말하는 이동은 복사를 의미한다).

```
#include <string.h>
void * memmove(void * dest, const void * src, size_t len);
```
매개변수 dest로 전달된 주소 값이 그대로 반환된다.

이 함수는 매개변수 src로 전달된 값을 시작주소로 하여 len 바이트를 읽어 들여서, 매개변수 dest로 전달된 주소에 복사를 한다. 예제를 통해서 이를 확인해 보자.

■ 예제 26-5.c

```
1.   #include <stdio.h>
2.   #include <string.h>
3.
4.   int main(void)
5.   {
6.       int i;
7.       int src1[5]={1, 2, 3, 4, 5};
8.       int dest1[5];
9.
10.      double src2[5]={1.1, 2.2, 3.3, 4.4, 5.5};
11.      double dest2[5];
12.
13.      memmove((void*)dest1, (void*)src1, sizeof(src1));
```

```
14.     memmove((void*)dest2, (void*)src2, sizeof(src2));
15.
16.     for(i=0; i<5; i++)
17.         printf("%2d %8.2f \n", dest1[i], dest2[i]);
18.
19.     return 0;
20. }
```

- 13, 14행 : 각각 src1과 src2에 저장된 값을 바이트 단위로 dest1과 dest2에 복사하고 있다. 결과적으로는 배열에 저장된 값을 단 한 줄로 복사하고 있는 것이다. 그 길이와 자료형에 상관없이 말이다.
- 16, 17행 : 이 출력결과를 통해서 복사가 제대로 이뤄졌는지를 확인할 수 있다.

■ 실행결과 : 예제 26-5

```
1    1.10
2    2.20
3    3.30
4    4.40
5    5.50
```

여기서 한가지 주의해야 할 사항이 있다. 복사의 대상이 되는 메모리 공간(위 예제의 dest1, dest2)의 크기가 복사할 바이트의 수보다 작다면 문제가 발생하기 때문에 복사의 대상이 되는 메모리 공간의 크기가 작게 할당되는 일이 없어야 한다.

string.h와 memory.h

memmove 함수와 잠시 후 소개하는 memcpy 함수는 원래 메모리 접근을 위해 정의된 함수였다. 따라서 과거에는 memory.h라는 헤더파일에 이 함수들의 선언을 묶어 놓았었다. 그러나 표준 C에서는 문자열 처리 함수의 일부로 인식을 하였고, 그래서 문자열 관련 함수들이 선언되어 있는 헤더파일 string.h에 묶어 놓았다. 하지만 이 두 함수의 활용 영역은 굳이 문자열 처리에 제한을 두지 않는다. 여전히 이 두 함수는 문자열 처리 이외의 영역에서 유용하게 사용되고 있다.

■ memcpy : 제한된 상황에서의 메모리 복사! memmove보다 빠르다.

memcpy는 memory와 copy의 합성으로 만들어진 이름이다. 역시 메모리에 저장된 데이터를 다른 영역으로 복사하는 기능을 제공한다. 말을 해 놓고 보니 memmove 함수와 기능상 차이가 없다. 그렇다면 memmove 함수와는 어떠한 차이점이 있을까? 일단 아래에서 보여주는 함수의 원형부터 잘 관찰해 보자.

```
#include <string.h>
void * memcpy(void * restrict dest, const void * restrict src, size_t len);
```
매개변수 dest로 전달된 주소 값이 그대로 반환된다.

위 함수의 매개변수 선언을 보면 dest와 src가 restrict로 선언되었음을 관찰할 수 있다. 따라서 함수가 호출되면서 dest와 src로 전달된 주소 값의 메모리는 각각 dest와 src로만 접근이 가능해야 한다(앞서 설명한 restrict 선언이 의미하는 바를 연상해서 이해하자). 즉 다음과 같은 상황에서는 이 함수를 호출할 수 없다.

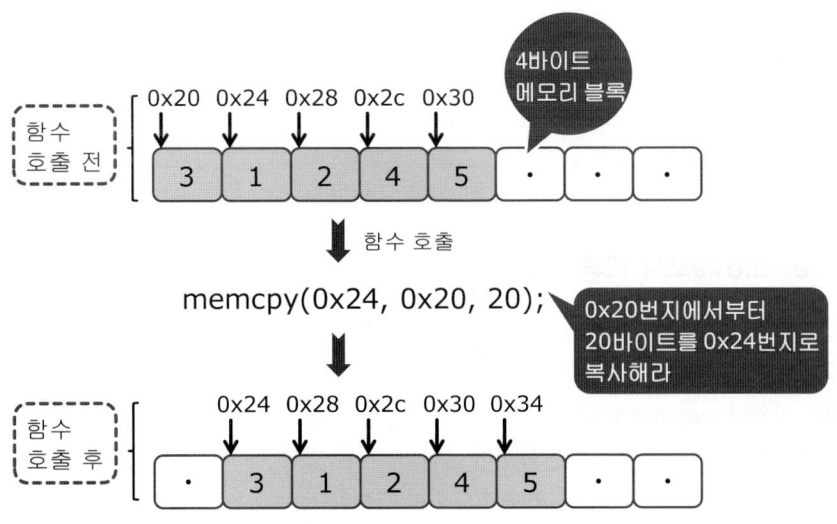

[그림 26-2 : 잘못된 memcpy 함수의 사용]

위 그림에서의 함수 호출은 0x20번지에 저장된 데이터를 4바이트씩 뒤로 밀기 위한 것이다. 그래서 memcpy 함수의 첫 번째 인자와 두 번째 인자로 각각 0x24와 0x20을 전달하였는데, 문제는 바로 여기에 있다. 두 개의 포인터 값 0x24와 0x20을 통해서 접근하는 메모리 공간 중 총 16바이트가 겹치기 때문이다. 이는 restrict로 선언된 포인터가 가리키는 메모리 영역은 해당 포인터로만 접근이 허용되어야 한다는 규칙에 위배가 된다. 따라서 이 함수의 호출결과는 예측을 할 수 없다.
이러한 경우에는 memcpy 함수가 아닌 memmove 함수를 호출해야만 원하는 결과를 보장받을 수 있다.

반면에 다음과 같은 경우의 함수 호출이라면 memcpy 함수를 사용 함으로서 성능의 향상을 기대할 수 있다.

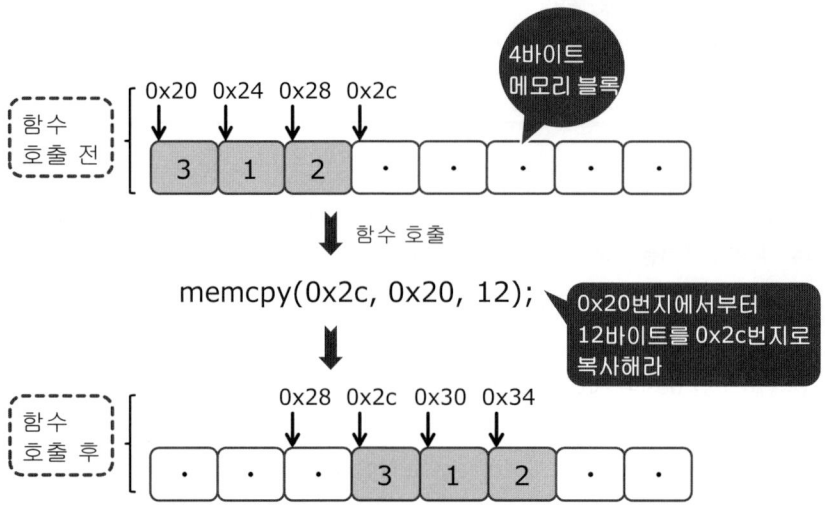

[그림 26-3 : 제대로 된 memcpy 함수의 사용]

위 그림의 경우에는 0x20번지에서부터 12바이트를 0x2c번지로 복사를 진행한다. 즉 두 개의 포인터 값 0x20과 0x2c를 통해서 접근하는 메모리 영역이 겹치지 않는다. 따라서 이 경우에는 memmove 함수를 대신해서 memcpy 함수를 호출하는 것이 성능 향상에 도움이 된다.

■ memcpy가 memmove보다 빠른 이유

복사 원본과 복사 대상이 겹치는 경우(그림 26-2의 경우)의 복사는 겹치지 않는 경우의 복사보다 시간과 메모리를 더 많이 요구한다. 뿐만 아니라 복사 원본과 복사 대상이 겹치는지 겹치지 않는지를 확인하는 것도 부담되는 일이다. 이처럼 memmove 함수는 다양한 부담을 안고 동작하도록 디자인 되어있다.
반면 복사 원본과 복사 대상이 겹치지 않는다는 확신이 있다면, 지금 말한 함수의 부담을 덜어 줄 수 있다. 때문에 그만큼 고속으로 복사가 이뤄지도록 함수의 구현이 가능하다.

> 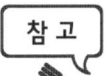 컴파일러에 따라서 이야기가 달라지긴 하지만
> 컴파일러 중에서는 memcpy 함수와 memmove 함수가 동일한 방식으로 동작하도록 구현되어 있는 경우도 있다. 이에 대해서 좋게 말하면 프로그래머가 memcpy 함수를 잘못 사용하는 경우에도 제대로 동작하도록 안전성을 부여했다고 할 수 있고, 안 좋게 말하면 성능향상을 위해 표준에서 정의하고 있는 사항을 무시했다고도 할 수 있다. 그러나 여러분은 컴파일러의 지원여부에 상관없이 표준에서 정의하는 대로 함수를 호출해야 한다. 컴파일러에 의존적인 코드는 가급적 만들지 않는 것이 좋기 때문이다.

26-4 main 함수로의 문자열 전달

지금까지는 main 함수의 매개변수 형을 void로 선언하였다. 그러나 프로그램 실행 시 인자를 전달받을 수 있는 형태로 main 함수를 선언할 수 있으며, 실제로 인자를 전달하는 것도 가능하다.

■ main 함수의 유형

우리는 지금까지 다음과 같은 형태로 main 함수를 정의하였다.

```
int main(void) { . . . . }
```

그러나 표준 C에서 허용하는 main 함수의 정의 유형은 다음과 같다.

- 유형 1.

```
int main(void)
{
    . . . .
}
```

- 유형 2.

```
int main(int argc, char * argv[])
{
    . . . .
}
```

이번에는 유형 2의 매개변수 선언에 대해서 살펴볼 차례이다.

■ char * argv[ ]

위에서 보인 main 함수의 유형 2를 이해하기 위해서는 두 번째 매개변수의 선언이 의미하는 바를 이해해야 한다. 그런데 비록 필자가 이러한 형태의 포인터 선언에 대해서는 별도로 언급하지 않았지만 여러분이 알고 있는 내용을 잘 정리하면, 이 매개변수 선언의 의미를 금새 파악할 수 있다. 여러분은 다음 함수의 매개변수 선언에 대해서 알고 있다.

```
void Func1(int prm[]) {. . . .}
void Func2(double prm[]) {. . . .}
```

이는 각각 1차원 int형 배열과 1차원 double형 배열의 주소 값을 인자로 전달받는 함수의 정의이다. 따라서 1차원 int형 포인터 배열과 1차원 double형 포인터 배열의 주소 값을 인자로 전달받는 함수의 매개변수는 다음과 같이 선언하면 된다.

```
void Func3(int* prm[]) {. . . .}
void Func4(double* prm[]) {. . . .}
```

그럼 다시 본론으로 돌아와서 예제를 하나 제시하겠다. 이 예제는 매개변수 선언 "char * argv[ ]"의 용도를 보여준다.

■ 예제 26-6.c

```
1.   #include <stdio.h>
2.   void ShowString(char * argv[], int strNum);
3.
4.   int main(void)
5.   {
6.       char* strPtrAry[3]={
7.           "AAA",
8.           "BBB",
9.           "CCC"
10.      };
11.
12.      char** strPtr=strPtrAry;
13.      ShowString(strPtr, 3);
14.      return 0;
15.  }
16.
17.  void ShowString(char * argv[], int strNum)
18.  {
19.      int i;
20.      for(i=0; i<strNum; i++)
21.          printf("%s \n", argv[i]);
22.  }
```

- 6행 : 23장에서 이러한 형태의 배열 선언에 대해서 설명하였다. 특히 그림 23-10의 내용을 참조하기 바란다.
- 12행 : strPtr이 char형 이중 포인터로 선언되었다. 그렇다면 6행에 선언된 배열의 이름 strPtrAry는 char형 포인터의 주소 값을 담고 있다는 뜻이 된다. 실제로 그런지 잠시 후에 이야기하자.
- 17행 : 1차원 char형 포인터 배열의 주소 값이 첫 번째 인자로 전달됨을 매개변수의 선언을 통해 알 수 있다.
- 20, 21행 : 문자열의 접근 방법을 보이고 있다. argv[0], argv[1], argv[2]는 각각 첫 번째, 두 번째, 세 번째 문자열을 가리킨다(주소 값 정보를 담고 있다).

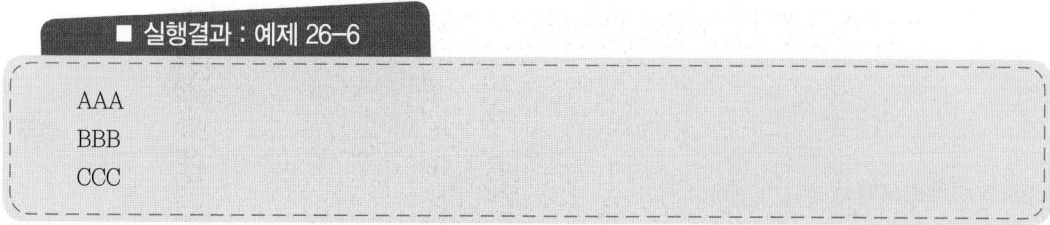

■ 실행결과 : 예제 26-6

```
AAA
BBB
CCC
```

위 예제의 6행에 의해 구성되는 메모리의 구조는 다음과 같다.

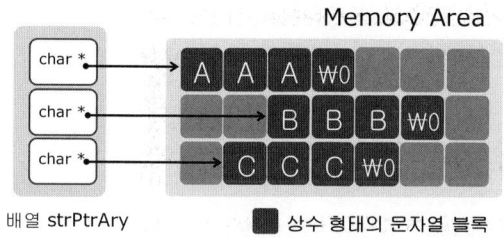

[그림 26-4 : 문자열 포인터 배열의 구성]

그런데 배열 이름 strPtrAry에는 배열의 첫 번째 요소의 주소 값이 담겨 있으므로, 결국은 char형 포인터를 가리키고 있는 셈이다. 따라서 위 예제 12행에서 보여주듯이, strPtrAry에 담겨 있는 값의 저장을 위해서는 char형 이중 포인터를 선언해야 한다.

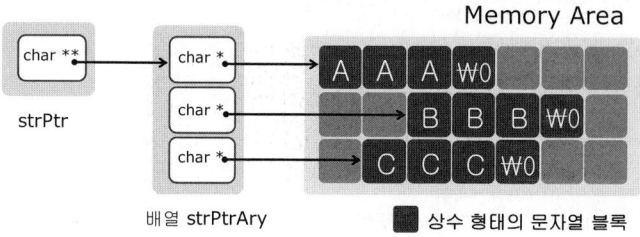

[그림 26-5 : 문자열 포인터 배열과 char형 포인터의 포인터]

이로써 char형 이중 포인터가 어떠한 상황에서 사용될 수 있는지, 어떠한 값이 저장될 수 있는지 파악이 되었다. 위 그림 26-5의 내용 그대로를 이해하면 된다.

■ main 함수로의 문자열 전달

main 함수가 다음과 같은 형태로 선언되면, main 함수로 문자열을 전달할 수 있다.

```
int main(int argc, char * argv[])
{
    . . . .
}
```

이와 관련해서 예제를 하나 보겠다.

■ 예제 26-7.c

```
1.  #include <stdio.h>
2.
3.  int main(int argc, char * argv[])
4.  {
5.      int idx=0;
6.
7.      /* argc에 저장된 값 조회 */
8.      printf("argc : %d \n", argc);
9.
10.     /* argv가 참조하는 문자열들 출력 */
11.     while(argv[idx] != NULL)
12.     {
13.         printf("argv[%d] : %s \n", idx, argv[idx]);
14.         idx++;
15.     }
16.     return 0;
17. }
```

우선 위 예제를 컴파일하자. 그리고 MainArgv라는 이름의 디렉터리를 만들어서 컴파일 시 생성된 실행파일을 옮겨놓자. 이어서 명령 프롬프트 창을 하나 띄워서 이 디렉터리로 이동을 하자. 그러면 실행파일의 이름이 argv.exe라 할 때, dir 명령을 통해서 다음과 동일한 상황을 확인할 수 있다.

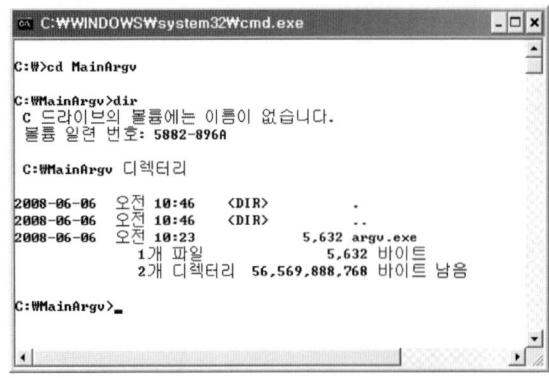

[그림 26-6 : 프로그램의 실행을 위한 디렉터리 구성]

이제 명령 프롬프트 창에서 argv.exe를 실행해 보겠다. 두 가지 사례를 보이겠으니, 이를 참조하여 여러분도 다양한 형태로 실행해보기 바란다.

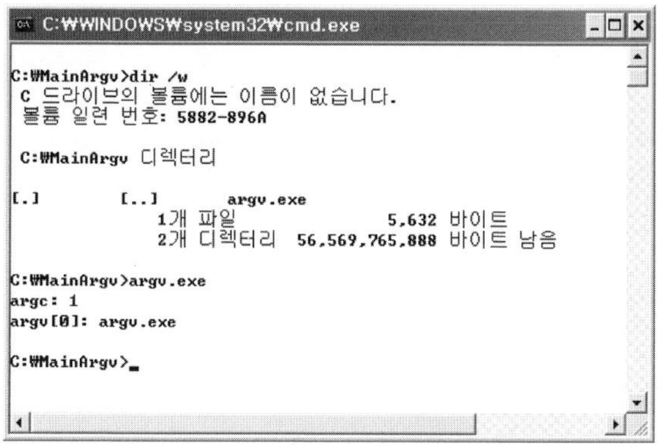

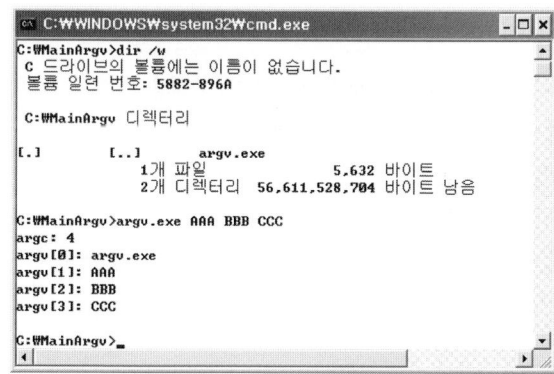

[그림 26-7 : 명령 프롬프트 창에서의 실행 예 1]

[그림 26-8 : 명령 프롬프트 창에서의 실행 예 2]

이제 이러한 실행결과가 나타난 이유에 대해서 알아보겠다.

■ 문자열 전달의 과정

위 그림 26-8을 보면 다음과 같은 형태로 함수를 호출하고 있다.

```
C:₩MainArgv>argv.exe  AAA  BBB  CCC
```

이 때 운영체제는 다음과 같은 형태로 char형 포인터 배열을 구성하여 main 함수의 인자로 전달한다.

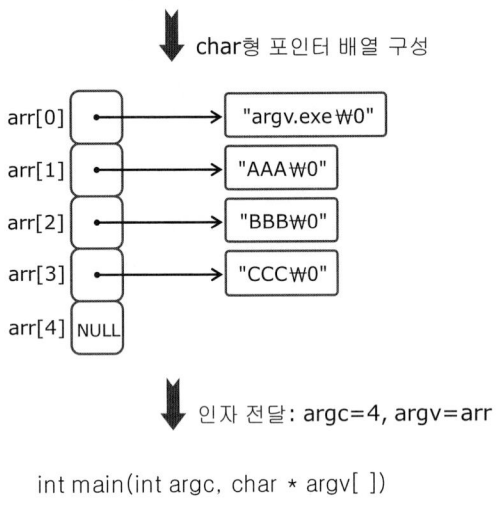

[그림 26-9 : 문자열 배열의 구성과 인자의 전달]

즉 main 함수의 첫 번째 전달인자로는 입력된 문자열의 개수 정보가(문자열은 공백을 기준으로 구분이 된다), 두 번째 전달인자로는 문자열의 주소 정보를 담고 있는 char형 포인터 배열의 주소 값이 전달된다. 그래서 매개변수 argc와 argv를 이용하면 명령 프롬프트상에서 전달된 문자열 정보를 참조할 수 있는 것이다.

특히 위 그림에서 배열의 마지막 요소에 NULL 포인터가 저장됨을 주목하자. 이러한 특성 때문에 위 예제 26-7에서 다음과 같은 형태로 while문을 구성할 수 있었다.

```
while(argv[idx] != NULL)
{
    printf("argv[%d] : %s \n", idx, argv[idx]);
    idx++;
}
```

그리고 argc에는 입력된 문자열의 개수 정보가 전달되기 때문에 위 반복문을 다음과 같은 형태로 대신할 수도 있다.

```
for(idx=0; idx<argc; idx++)
    printf("argv[%d] : %s \n", idx, argv[idx]);
```

■ Visual Studio 상에서 전달할 문자열 설정하기

Visual Studio 상에서 실행을 하다 보면, 명령 프롬프트 창을 열기가 귀찮을 수 있다. 그렇다면 Visual

Studio상에서 main 함수에 전달할 문자열을 직접 구성하면 된다. ALT+F7을 누르면 다음과 같이 프로젝트 속성 창이 뜬다.

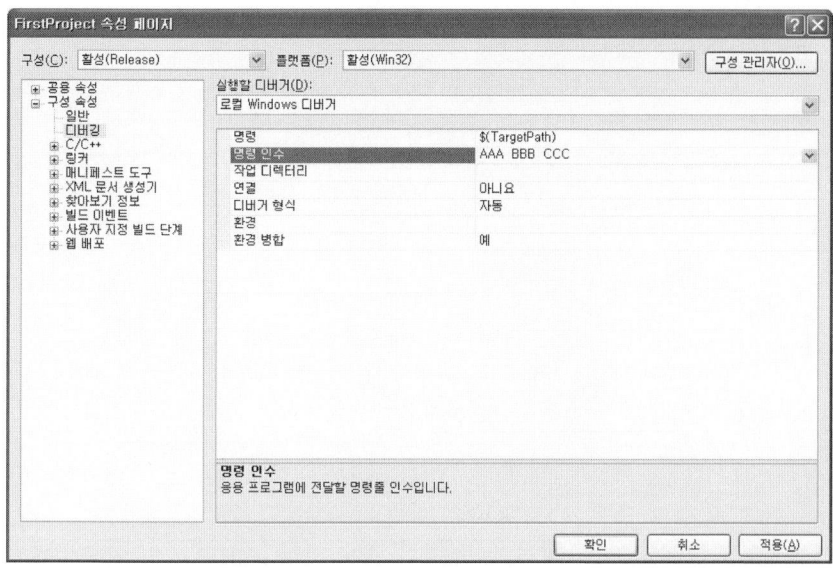

[그림 26-10 : Visual Studio상에서 명령 인수 지정하기]

여기서 '명령 인수' 부분에 추가로 전달할 문자열을 입력하면 된다. 단 실행파일의 이름은 입력할 필요 없다. 이는 자동으로 첫 번째 문자열로 입력이 되기 때문이다.

■ Dev C++ 상에서 전달할 문자열 설정하기

Dev C++ 상에서도 main 함수에 전달할 문자열을 구성할 수 있다. 메뉴에서 "실행→매개변수들"을 선택하면 다음과 같이 문자열을 입력할 수 있는 창이 뜬다. 마찬가지로 실행파일의 이름은 첫 번째 문자열로 자동 입력이 되고, 나머지 문자열은 공백을 기준으로 구분해서 입력하면 된다.

[그림 26-11 : Dev C++상에서 명령 인수 지정하기]

이로써 main 함수로의 문자열 전달과 관련된 설명도 마무리가 되었다.

제27장
함수 포인터와 함수 포인터 기반의 표준 함수들

과유불급(過猶不及)

단원의 시작부분에서 이번 단원의 내용은 어렵다고 이야기한다면 얼마나 많이 부담스럽겠는가? 그래서 필자는 조금 어렵다는 표현은 쓰지만, 많이 어렵다는 표현은 잘 쓰지 않는다. 그런데 이번 장의 내용은 조금 어렵다(말해 놓고도 필자가 민망하다). 따라서 조금 부담스러울 수도 있다. 일반적인 C 기본서에서 정의하는 수준을 조금 넘는 정도의 함수도 정의를 하기 때문에 더욱 그렇게 느껴질 수 있다. 하지만 최대한 쉽고 간결하게 설명을 진행할 것이고, 나름대로 프로그래밍의 재미를 느낄 수 있도록 단원을 유도하겠다.
혹 이번 장의 내용이 어렵다고 생각된다면, 필자가 과유불급(지나친 것은 미치지 못한 것과 같다)이라는 사자성어에서 언급하는 실수를 범하고 있다고 생각하자. 즉 내용이 부담스럽다면 여러분의 탓으로 돌리지 말고, 필자의 탓으로 돌리라는 뜻이다. 하지만 이왕 소개되고 있는 내용인데 완벽히 공부하고 나면 조금이라도 더 여러분의 실력에 보탬이 되지 않겠는가?

이 장의 목차페이지 ➡➡➡
27-1. 함수 포인터(Function Pointer)   648
27-2. 버블 정렬(Bubble Sort)의 이해와 함수 포인터 기반의 함수 정의   657
27-3. 함수 포인터를 인자로 요구하는 표준 함수들   664
프로그래밍 문제의 답안   676

27-1 함수 포인터(Function Pointer)

함수 포인터는 함수를 가리킬 수 있는 포인터를 의미한다. 이번 장에서는 이 함수 포인터에 대해서 최대한 간결하게, 그리고 쉽게 설명을 하겠다. 그리고 함수 포인터의 활용적 측면을 여러분에게 보이고자 한다.

■ **함수의 이름이 제공하는 두 가지**

일단 함수가 정의되면, 여러분은 다음과 같이 두 가지 일을 할 수 있다.

- 정의된 함수의 호출
- 함수가 위치하고 있는 주소 값의 확인

함수도 실행이 되기 위해서는 컴파일이 완료된 형태로 메모리 공간에 저장이 되어야 한다. 바로 이 위치의 주소 정보를 얻을 수 있다는 뜻이다. 다음 예제는 정의된 함수를 통해서 위의 두 가지 일 모두가 가능함을 보여준다.

■ 예제 27-1.c

```
1.   #include <stdio.h>
2.
3.   void FuncOne(void)
4.   {
5.       printf("FuncOne 함수가 호출되었다! \n");
6.   }
7.
8.   void FuncTwo(void)
9.   {
10.      printf("FuncTwo 함수가 호출되었다! \n");
11.  }
12.
13.  int main(void)
14.  {
15.      FuncOne();
16.      FuncTwo();
17.
18.      printf("FuncOne의 주소 값 : %#x \n", FuncOne);
19.      printf("FuncTwo의 주소 값 : %#x \n", FuncTwo);
20.      return 0;
21.  }
```

해설
- 15, 16행 : 일반적인 함수 호출을 보여준다. 이처럼 함수의 이름과 소괄호를 이어주면, 이는 해당 함수를 호출하겠다는 의미가 된다.
- 18, 19행 : 반면 소괄호 없이 함수의 이름만 사용이 되면, 이는 해당 함수가 저장되어 있는 메모리의 주소 값을 의미하게 된다. 따라서 18, 19행에서는 각각 FuncOne과 FuncTwo가 저장되어 있는 주소 값을 출력하게 된다.

■ 실행결과 : 예제 27-1

```
FuncOne 함수가 호출되었다!
FuncTwo 함수가 호출되었다!
FuncOne의 주소 값 : 0x401000
FuncTwo의 주소 값 : 0x401010
```

위 예제에서 보여주듯이 함수의 이름은 해당 함수가 저장되어 있는 메모리의 주소 값을 의미한다. 그리고 이러한 메모리의 주소 값을 저장하기 위한 포인터 변수를 가리켜 함수 포인터 변수라 한다.

■ 함수의 주소 값을 저장하는 포인터 변수의 선언

함수 포인터에도 형(type)이 존재한다. 함수 포인터의 형이 갖는 의미에 대해서는 잠시 후에 설명하기로 하고, 일단 함수 포인터 변수의 선언 방법을 설명하겠다. 다음과 같은 형태로 함수가 정의되었다고 가정하자.

```
int FuncName(int arg)
{
    . . . .
}
```

이 때 이 함수의 주소 값을 저장할 수 있는 포인터 변수는 다음과 같은 형태로 선언해야 한다.

```
int (* funcPtr)(int arg);
```

즉 참조할 함수의 반환형과 매개변수 형을 모두 명시하고, 변수의 이름 앞에 * 기호를 붙여서 선언하는 것이 포인터 변수임을 명시해야 한다.

[그림 27-1 : 함수 포인터 변수의 선언 방식]

이렇게 선언이 된 함수 포인터 변수는 반환형이 int이고 하나의 int형 매개변수를 갖는 함수의 주소 값이라면 무엇이든지 저장 가능하다. 저장하는 방법은 다음과 같다. 함수의 이름이 주소 값을 의미하므로 단순한 대입연산으로 저장이 가능하다.

```
funcPtr=FuncName;
```

참고로 함수 포인터 변수의 선언 시에는 매개변수의 형만 명시해도 된다. 매개변수의 이름까지 명시할 필요는 없다. 따라서 위의 함수 포인터 변수 선언은 다음과 같이 줄여서 표현하는 것이 가능하고, 또 이것이 일반적인 표현 방법이다.

```
int (*funcPtr)(int);
```

토막 퀴즈

질문 : 그림 27-1의 함수 포인터 변수 선언에서 변수의 이름과 포인터 선언을 의미하는 * 를 소괄호로 묶어주지 않으면 어떠한 선언이 되는가? 즉 다음 문장은 어떠한 선언인가?
```
int * funcPtr(int);
```

답변 : 이는 반환형이 int* 이고, 매개변수 형이 int인 함수의 원형 선언이다. 따라서 함수 포인터 변수의 선언을 위해서는 반드시 소괄호를 해야만 한다. 소괄호를 해 주지 않으면 함수 포인터 변수의 선언이 아니라, 함수의 원형 선언이 되어버린다.

■ 함수 포인터 변수를 이용해서도 함수를 호출할 수 있어요.

함수 포인터를 선언할 때 반환형과 매개변수 형을 일치시켜줘야 하는 이유는, 함수 포인터를 이용해서 해당 함수의 호출을 가능하도록 하기 위함이다(함수 포인터에 반환형 정보와 매개변수 형 정보가 존재해야 가리키는 함수를 호출할 수 있다. 이 두 가지는 함수 호출에 있어서 필요한 최소한의 정보이다). 사실 함수 포인터의 위력은 여기에 있다. 그저 함수의 주소 값을 저장하는 것이 전부라면 이것을 가지고 무엇을 할 수 있겠는가? 다음 예제에서는 함수 포인터를 이용해서 함수를 호출하는 간단한 예를 보이고 있다.

■ 예제 27-2.c

```c
1.  #include <stdio.h>
2.
3.  int SimpleAddOne(int num)
4.  {
5.      return num+1;
6.  }
7.
8.  int AddTwoNumber(int n1, int n2)
9.  {
10.     return n1+n2;
11. }
12.
13. int main(void)
14. {
15.     int (*fctPtrOne)(int);
16.     int (*fctPtrTwo)(int, int);
17.
18.     fctPtrOne=SimpleAddOne;
19.     fctPtrTwo=AddTwoNumber;
20.
21.     printf("10+1=%d \n", fctPtrOne(10));
22.     printf("10+20=%d \n\n", fctPtrTwo(10, 20));
23.
24.     printf("10+1=%d \n", (*fctPtrOne)(10));
25.     printf("10+20=%d \n\n", (*fctPtrTwo)(10, 20));
26.     return 0;
27. }
```

- 15, 16행 : 각각 3행과 8행에 정의되어 있는 함수의 주소 값을 저장할 수 있는 형태로 함수 포인터가 선언되었다.
- 18, 19행 : 함수 포인터를 각각 초기화하고 있다. 3행과 8행에 정의된 함수의 주소 값으로 초기화하고 있다.
- 21, 22행 : 함수 포인터를 이용해서 함수를 호출하고 있다. 이처럼 함수 포인터는 함수의 이름처럼 활용할 수 있다. 때문에 21, 22행의 문장만 놓고 보면 fctPtrOne과 fctPtrTwo가 함수의 이름인지 함수 포인터인지 구분이 불가능하다.
- 24, 25행 : 일반적으로 포인터가 가리키는 대상을 참조할 때에는 * 연산자를 활용해야 한다고 생각한다. 따라서 함수 포인터가 가리키는 대상 함수를 호출하는 과정에서 * 연산자를 활용하는 것도 허용이 된다. 이는 21, 22행의 함수 호출과 전혀 차이가 없다.

■ 실행결과 : 예제 27-2

```
10+1=11
10+20=30

10+1=11
10+20=30
```

잠시 후에는 함수 포인터가 갖는 위력을 여러분에게 보일 것이다. 위 예제만 놓고 본다면 함수 포인터를 사용하는 이유를 이해하기 어렵다. 하지만 함수 포인터는 C언어에서 상당히 중요한 위치를 차지하고 있는 문법적 요소이다.

■ 함수 포인터를 매개변수로 선언하는 방법

함수 포인터의 유용성을 말하기에 앞서 함수 포인터를 매개변수로 선언하는 방법을 살펴봐야 하는데, 사실 별도로 살펴볼만한 내용이 아니다. 일반적인 함수 포인터 선언과 차이가 없기 때문이다. 간단히 예제 하나 제시하고 다음으로 넘어가겠다.

■ 예제 27-3.c

```
1.   #include <stdio.h>
2.   void AddProc(void);
3.   void MinusProc(void);
4.   void CallFunc(void (*fctPtr)(void));
5.
6.   int main(void)
7.   {
8.       CallFunc(AddProc);
9.       CallFunc(MinusProc);
10.
11.      return 0;
12.  }
13.
14.  void CallFunc(void (*fctPtr)(void))
15.  {
16.      fctPtr();
17.  }
18.
19.  void AddProc(void)
20.  {
21.      int n1, n2;
22.      printf("덧셈 위한 두 개의 정수 입력 : ");
23.      scanf("%d %d", &n1, &n2);
```

```
24.        printf("덧셈 결과 : %d \n\n", n1+n2);
25. }
26.
27. void MinusProc(void)
28. {
29.     int n1, n2;
30.     printf("뺄셈 위한 두 개의 정수 입력 : ");
31.     scanf("%d %d", &n1, &n2);
32.     printf("뺄셈 결과 : %d \n\n", n1-n2);
33. }
```

- 14행 : 함수 포인터가 매개변수로 선언되었다. 따라서 이 함수 호출 시에는 반환형과 매개변수 형이 void인 함수의 주소 값이(함수의 이름이) 인자로 전달되어야 한다.

■ 실행결과 : 예제 27-3

덧셈 위한 두 개의 정수 입력 : 3 4
덧셈 결과 : 7

뺄셈 위한 두 개의 정수 입력 : 4 3
뺄셈 결과 : 1

■ 함수 포인터를 반환하는 함수의 정의

무엇이든지 매개변수를 선언하는 것은 어렵지 않다. 일반적으로 사용하는 변수 선언방식과 차이를 보이지 않기 때문이다. 하지만 반환형을 선언하는 것은 어렵다. 특히 함수 포인터를 반환하는 함수를 정의하는 것은 쉽지 않다. 아래 그램에서 빈 칸을 어떻게 채워야 할까?

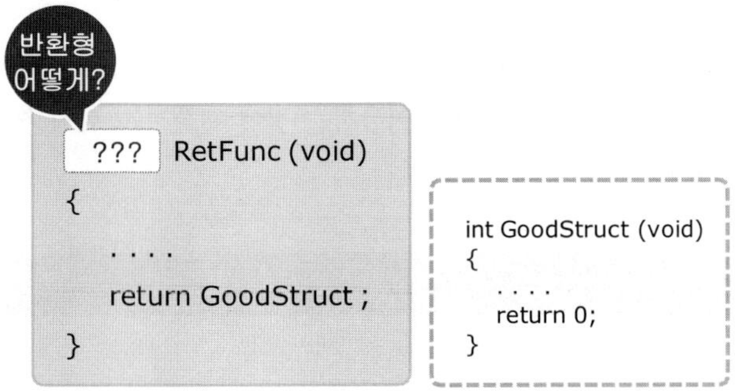

```
반환형
어떻게?
    ???  RetFunc (void)
    {
        ....
        return GoodStruct ;
    }

                        int GoodStruct (void)
                        {
                            ....
                            return 0;
                        }
```

[그림 27-2 : 함수 포인터의 반환형을 어떻게?]

GoodStruct 함수의 주소 값을 저장할 수 있는 함수 포인터는 다음과 같이 선언하면 된다.

```
int (* fctPtr) (void);
```

그런데 지금 해야 할 일은, 바로 이 fctPtr의 함수 포인터 형을 함수의 반환형으로 선언하는 일이다(그래서 너무나도 어렵다). 일단 함수 포인터 변수를 선언하는 것이 아니니, 위 선언에서 fctPtr이라는 변수 이름을 빼 보자. 그러면 남는 것은 다음과 같다.

```
int (*) (void);
```

이것을 그림 27-2의 빈 공간에 채워 넣으면 될까? 안타깝게도 이는 허용되지 않는 선언방식이다. 대신 C언어의 표준에서는 다음과 같은 형태로 채워 넣을 것을 요구하고 있다.

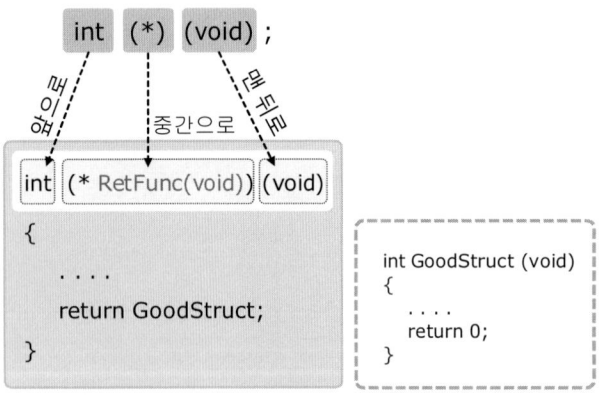

[그림 27-3 : 함수 포인터의 반환형 선언 방법]

위 그림을 통해서 함수 포인터를 반환하는 함수의 원형이 어떻게 되는지 파악이 되는가? 솔직히 말해서 필자가 설명해 놓고도 조금은 난처한 상황이다.

"이게 도대체 뭔 문법이래?"

여러분이 이렇게 말해도 할말이 없다(그런데 자주 보면 익숙해지고 친근해진다). 하지만 typedef 선언을 이용하면 한결 간단하게 함수를 정의할 수 있다. typedef 선언을 이용하는 것에 대해서는 잠시 후에 이야기를 하고 일단 그림 27-3을 참조하여 예제를 작성해 보자.

■ 예제 27-4.c

```
1.  #include <stdio.h>
2.
3.  void AddProc(void);
4.  void MinusProc(void);
5.  void (* RetFuncPtr(int sel))(void);     // RetFuncPtr 함수의 선언
```

```
6.
7.    int main(void)
8.    {
9.        void (*fctPtr)(void);
10.
11.       fctPtr=RetFuncPtr(1);
12.       fctPtr();
13.
14.       fctPtr=RetFuncPtr(2);
15.       fctPtr();
16.       return 0;
17.   }
18.
19.   void (* RetFuncPtr(int sel))(void)
20.   {
21.       if(sel==1)
22.           return AddProc;
23.       else
24.           return MinusProc;
25.   }
26.
27.   void AddProc(void)
28.   {
29.       int n1, n2;
30.       printf("덧셈 위한 두 개의 정수 입력 : ");
31.       scanf("%d %d", &n1, &n2);
32.       printf("덧셈 결과 : %d \n\n", n1+n2);
33.   }
34.
35.   void MinusProc(void)
36.   {
37.       int n1, n2;
38.       printf("뺄셈 위한 두 개의 정수 입력 : ");
39.       scanf("%d %d", &n1, &n2);
40.       printf("뺄셈 결과 : %d \n\n", n1-n2);
41.   }
```

- 19행 : 함수의 정의 형태를 그림 27-3과 비교해서 이해하자. 그렇다면 다음 사실들을 파악할 수 있다.

  함수의 이름 : RetFuncPtr
  함수의 매개변수 : int형 변수 sel 하나
  함수의 반환형 : 반환형과 매개변수 형이 void인 함수의 포인터

- 22, 24행 : 전달인자에 따라서 함수 포인터를 반환하고 있다. 19행에 표시되어 있는 함수의 반환형과 일치함을 알 수 있다.

■ 실행결과 : 예제 27-4

덧셈 위한 두 개의 정수 입력 : 3 4
덧셈 결과 : 7

뺄셈 위한 두 개의 정수 입력 : 4 3
뺄셈 결과 : 1

이어서 typedef 선언을 기반으로 함수 포인터의 반환형을 정의해 보고자 한다. 그런데 프로그래머가 반드시 typedef를 기반으로 함수의 반환형을 정의하는 것은 아니니, 그림 27-3의 형태도 기억하고 있어야 한다. 불편해도 말이다.

■ typedef 선언과 함수 포인터를 반환하는 함수의 정의

앞서 25장에서는 배열 및 배열 포인터 형의 typedef 선언에 대해서 설명하였다. 이 때 언급한 typedef 선언의 구조와 함수 포인터의 typedef 선언의 구조는 상당히 유사하다(가급적이면 비교해서 이해하자. 훨씬 이해가 쉽다). 일단 다음의 함수 포인터 선언을 보자.

```
void (* FUNC_TYPE)(void);
```

이는 반환형과 매개변수 형이 void인 함수 포인터 변수의 선언이다. 물론 포인터 변수의 이름은 FUNC_TYPE이다. 그런데 이 선언 앞에 typedef를 붙이면 의미가 완전히 달라진다.

```
typedef void (* FUNC_TYPE)(void);
```

이것은 여느 typedef 선언과 마찬가지로 새로운 이름의 자료형을 정의하는 것이다. 여기서 FUNC_TYPE이 새로운 자료형의 이름이다. 그리고 이것은 반환형과 매개변수 형이 void인 함수의 함수 포인터 형을 의미하게 된다. 따라서 typedef 선언을 사용하면, 그림 27-3의 반환형 선언이 한결 간단해 진다. 다음 그림처럼 말이다.

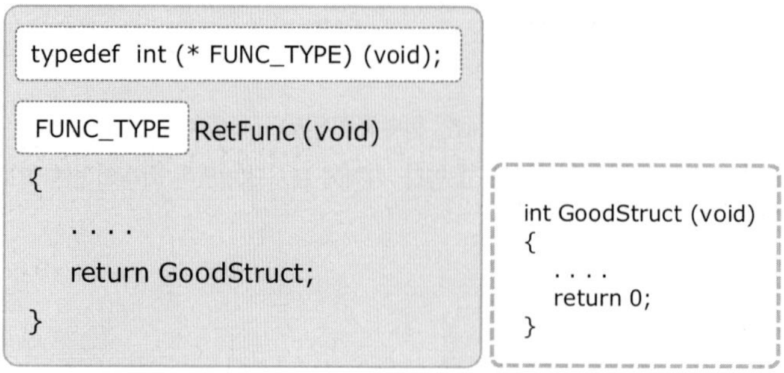

```
typedef int (* FUNC_TYPE) (void);

FUNC_TYPE RetFunc (void)
{
    ....
    return GoodStruct;
}
```

```
int GoodStruct (void)
{
    ....
    return 0;
}
```

[그림 27-4 : 함수 포인터의 반환형 선언 방법, typedef 기반]

위 그림에서 보여주듯이 typedef 선언에 의한 반환형 정의가 그림 27-3보다 훨씬 간결하고 이해하기도 쉽다. 이와 관련해서는 별도의 예제를 제시하지 않겠으나, 여러분은 개인적으로 예제 27-4를 typedef를 이용한 방식으로 변경해 보기 바란다.

● 문 제 27-1 [함수 포인터를 반환하는 함수의 선언]

아래에서 제시하는 3가지 함수 선언에 대해서 각각 함수의 이름, 함수의 매개변수, 함수의 반환형이 무엇인지 설명해 보자.

```
1.  void (* FctOne(void)) (void);
2.  int (* FctTwo(void)) (int *);
3.  double * (* FctThree(int *)) (double *);
```

27-2 버블 정렬(Bubble Sort)의 이해와 함수 포인터 기반의 함수 정의

필자는 여러분에게 함수 포인터의 활용에 필요한 모든 내용을 설명하였다. 따라서 이제는 함수 포인터가 지니는 위력을 실감할 차례이다. 그런데 그 위력을 실감하기에 앞서 정렬 알고리즘을 먼저 소개하고자 한다. 이는 함수 포인터의 위력을 실감할 재료로 사용하기 위해서다.

■ 버블 정렬은 가장 쉬운 정렬 알고리즘

예를 들어서 길이가 5인 배열에 정수 4, 3, 5, 1, 2가 저장되어 있다고 가정하자. 이것을 오름차순 (ascending order)으로 정렬하면 1, 2, 3, 4, 5 순으로 정렬되고, 내림차순(descending order)으로 정렬하면 5, 4, 3, 2, 1 순으로 정렬된다.
이렇게 배열에 저장된 값을 정렬하는 알고리즘은 그 형태와 종류가 다양하다. 일반적으로 전통적인 정렬 알고리즘의 구현 및 성능 평가는 자료구조나 알고리즘 과목에서 다뤄지는 것이니, 여기서는 정렬의 개념을 이해하기 위한 용도로 버블 정렬 알고리즘 하나를 간단히 소개하고자 한다.

버블 정렬이라는 이름은 정렬되는 과정이 마치 거품이 일어나는 모습과 유사하다고 해서 붙여진 이름이다. 그럼 그림을 통해서 버블 정렬의 기본 원리를 설명하겠다.

[그림 27-5 : 배열에 저장된 정렬의 대상]

위 그림에서 보여주는 데이터의 오름차순 정렬을 위해서 첫 번째로 해야 할 일은 가장 큰 값을 배열의 마지막으로 보내는 일이다. 이를 위해서 다음과 같은 순서의 연산을 진행하면 된다. 맨 앞에서부터 비교하여 큰 값을 뒤로 밀어내는 작업이다.

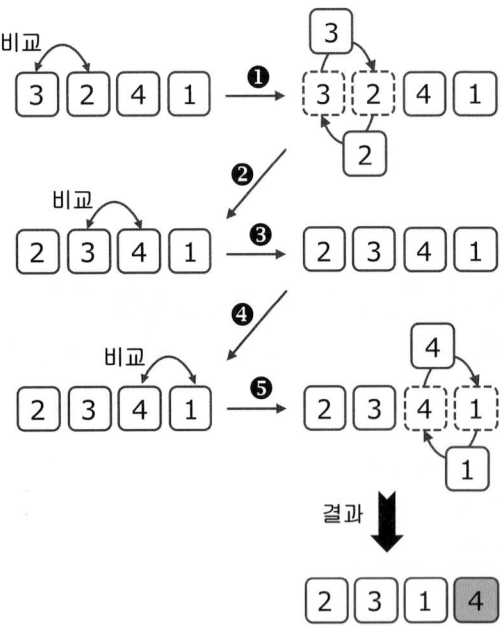

[그림 27-6 : 정렬 1단계, 큰 수를 배열의 마지막으로 보내기]

가장 큰 수를 배열의 마지막으로 보내는 것은 어렵지 않은 일이다. 앞에서부터 두 개의 숫자를 비교해가면서 큰 수를 뒤로 보내기만 하면 된다(그림을 통해서 충분히 이해했을 것이다).

이제 두 번째 단계로 들어가자. 가장 큰 수가 배열의 마지막에 위치하였으므로 이것은 더 이상 건드릴 필요가 없다. 대신 그 다음으로 큰 수를 배열의 마지막 바로 앞부분으로 이동시켜야 한다. 다음 그림은 이에 필요한 과정을 설명한다.

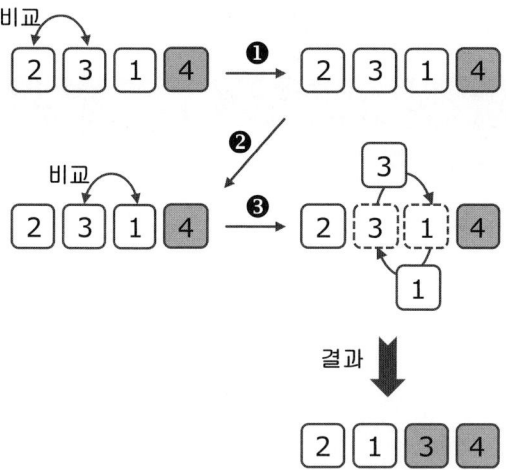

[그림 27-7 : 정렬 2단계, 두 번째 큰 수를 뒤로 보내기]

위 그림에서 보여주는 진행과정은 첫 번째 단계와 동일하나, 다만 차이점이 있다면, 배열의 마지막에 저장되어 있는 가장 큰 수를 건드리지 않았다는 점이다. 두 번째 단계까지 진행한 결과 네 개의 숫자 중에서 두 개의 숫자가 정렬되었다. 이제 나머지 두 개의 숫자를 정렬하기 위해서 마지막 단계를 진행하자.

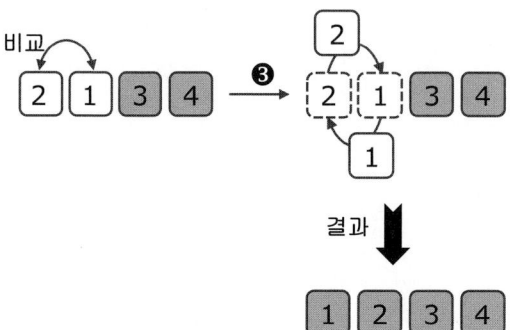

[그림 27-8 : 정렬 마지막 단계]

마지막 단계에서는 정렬되지 않은 두 개의 숫자를 비교해서 두 숫자 사이의 정렬을 진행하고 있다. 이로써 정렬이 완료되었다.

■ 버블 정렬의 구현

이제 우리가 해야 할 일은 지금까지 설명한 버블 정렬 과정을 일반화하여 프로그램 코드로 옮기는 것이다. 몇 줄 안되므로 가급적이면 여러분이 직접 한번 구현해보기 바란다. 필자는 버블 정렬 알고리즘을 함수의 형태로 정의하겠다. 그저 위에서 설명한 내용을 코드로 옮겨 놓았을 뿐이다.

■ 예제 27-5.c

```c
1.  #include <stdio.h>
2.
3.  void BubbleSort(int ary[], int len);
4.
5.  int main(void)
6.  {
7.      int arr[4]={3, 2, 1, 4};
8.      int i;
9.
10.     BubbleSort(arr, sizeof(arr)/sizeof(int));
11.     for(i=0; i<4; i++)
12.         printf("%d ", arr[i]);
13.
14.     printf("\n");
15.     return 0;
16. }
17.
18. void BubbleSort(int ary[], int len)
19. {
20.     int i, j;
21.     int temp;
22.
23.     for(i=0; i<len-1 ;i++)
24.     {
25.         for(j=0; j<(len-i)-1; j++)
26.         {
27.             if(ary[j]>ary[j+1])
28.             {
29.                 temp=ary[j];
30.                 ary[j]=ary[j+1];
31.                 ary[j+1]=temp;
32.             }
33.         }
34.     }
35. }
```

- 23~34행 : 약 열 줄 정도되는 이 부분이 버블 정렬 알고리즘의 실제 구현 부분이다. 27~32행에서는 앞 뒤에 저장된 두 개의 값을 비교해서, 앞에 저장된 값이 뒤에 저장된 값보다 크면 저장된 위치를 바꿔주고 있다.

■ 실행결과 : 예제 27-5

```
1 2 3 4
```

토막 퀴즈

질문 : 예제 27-5에서는 오름차순의 정렬을 하고 있다. 이것을 내림차순의 정렬방식으로 변경하려면 어느 부분을 고쳐야 하는가?

답변 : 27행의 if문에 있는 부등호를 변경하면 된다. 즉 다음과 같이 변경하면 된다. 이것이 전부다.
```
if(ary[j]<ary[j+1])
```

■ 오름차순 정렬과 내림차순 정렬이 모두 필요하다면?

예제 27-5에서는 오름차순으로 정렬을 하였다. 만약에 이 상황에서 내림차순 정렬도 필요하다면, 어떻게 구현해야 하겠는가? 가장 일반적인 방법은 예제 27-5의 18행에 정의되어 있는 BubbleSort 함수의 이름을 달리해서 내림차순 정렬 방식으로 하나 더 구현하는 것이다. 그런데 이러한 방식 이외에도 BubbleSort 함수가 오름차순으로도 정렬을 할 수 있고, 내림차순으로도 정렬을 할 수 있도록 함수 자체에 유연성을 부여하는 방법도 고려할 수 있다.

일단 다음 예제를 보자. 이 예제는 예제 27-5와 동일한 결과를 보인다. 다만 함수 포인터를 이용해서 BubbleSort 함수에 유연성을 부여했을 뿐이다.

■ 예제 27-6.c

```c
1.  #include <stdio.h>
2.
3.  int ACDSort(int n1, int n2);
4.  int DSDSort(int n1, int n2);
5.  void BubbleSort(int ary[], int len, int (*sortFunc)(int,int));
6.
7.  int main(void)
8.  {
9.      int arr[4]={3, 2, 1, 4};
10.     int i;
11.
12.     BubbleSort(arr, sizeof(arr)/sizeof(int), ACDSort);
13.     for(i=0; i<4; i++)
14.         printf("%d ", arr[i]);
15.
```

```
16.         printf("\n");
17.
18.         BubbleSort(arr, sizeof(arr)/sizeof(int), DSDSort);
19.         for(i=0; i<4; i++)
20.             printf("%d ", arr[i]);
21.
22.         printf("\n");
23.         return 0;
24. }
25.
26. int ACDSort(int n1, int n2)       // 오름차순 정렬의 KEY
27. {
28.     if(n1>n2)
29.         return 1;
30.     else
31.         return 0;
32. }
33.
34. int DSDSort(int n1, int n2)       // 내림차순 정렬의 KEY
35. {
36.     if(n1<n2)
37.         return 1;
38.     else
39.         return 0;
40. }
41.
42. void BubbleSort(int ary[], int len, int (*sortFunc)(int,int))
43. {
44.     int i, j;
45.     int temp;
46.
47.     for(i=0; i<len-1 ;i++)
48.     {
49.         for(j=0; j<(len-i)-1; j++)
50.         {
51.             if(sortFunc(ary[j], ary[j+1]))
52.             {
53.                 temp=ary[j];
54.                 ary[j]=ary[j+1];
55.                 ary[j+1]=temp;
56.             }
57.         }
58.     }
59. }
```

- 51행 : 여기서 호출하는 sortFunc 함수는 BubbleSort 함수의 세 번째 전달인자다. 그리고 sortFunc 함수가 0이 아닌 값을 반환하면 저장된 값의 교환이 이뤄지고, 0을 반환하면 값의 교환이 이뤄지지 않는 것을 알 수 있다. 즉 정렬의 기준은 BubbleSort 함수의 세 번째 인자로 전달되는 함수가 1을 반환하는 기준에 따라 달라진다.

- 26행 : ACDSort 함수는 첫 번째 전달인자인 n1에 저장된 값이 n2보다 클 때, 1이 반환되도록 정의되어 있다. 따라서 이 함수의 주소 값이 BubbleSort 함수의 세 번째 인자로 전달되면, BubbleSort 함수는 오름차순 정렬을 하게 된다.

- 34행 : 반면 DSDSort 함수는 첫 번째 전달인자인 n1에 저장된 값이 n2보다 작을 때, 1이 반환되도록 정의되어 있다. 따라서 이 함수의 주소 값이 BubbleSort 함수의 세 번째 인자로 전달되면, BubbleSort 함수는 내림차순 정렬을 하게 된다.

■ 실행결과 : 예제 27-6

```
1 2 3 4
4 3 2 1
```

BubbleSort 함수의 동작원리에 대해서 설명하였으므로 출력결과에 대해서는 이해할 수 있을 것이다. 그리고 이 예제를 통해서 함수 포인터가 어떻게 유용하게 활용될 수 있는지도 확인하였다. 물론 함수 포인터는 이보다 더 다양한 형태로 사용된다. 그리고 위 예제를 이해하면서 프로그래밍의 재미를 느꼈다면 여러분은 멋쟁이이다.

● 문 제 27-2 [매개변수로 사용될 함수의 정의]

예제 27-6에서는 유연성이 부여된 BubbleSort 함수를 정의하고, 이 함수에 활용할 ACDSort 함수와 DSDSort 함수를 정의하였다. ACDSort 함수는 BubbleSort 함수가 오름차순으로 정렬하도록 하기 위한 열쇠였고, DSDSort 함수는 내림차순 정렬의 열쇠였다. 그런데 이번에는 BubbleSort 함수를 아래에서 요구하는 바와 같이 동작시키고 싶다. 이를 위해 필요한 함수를 정의하여라. 그리고 테스트를 위한 main 함수도 적절히 정의하여라.

● [함수의 요구사항]
기본적으로는 오름차순 정렬을 해야 한다. 단 홀수는 홀수대로, 짝수는 짝수대로 나눠서 정렬을 하고 싶다. 예를 들어서 다음과 같은 순서의 데이터가 존재한다고 가정하자.
　　3, 2, 1, 4, 6, 8, 7, 5, 3, 4, 5
이 데이터는 정렬이 되고 난 다음에 다음과 같은 순서로 저장되어 있어야 한다.
　　1, 3, 3, 5, 5, 7, 2, 4, 4, 6, 8
주의할 점은 홀수가 짝수보다 앞 부분에 위치해야 한다는 점이다.

27-3 함수 포인터를 인자로 요구하는 표준 함수들

예제 27-6을 이해했다는 것은 많은 의미를 지닌다. 이번에는 함수 포인터를 매개변수로 선언하고 있는 표준 함수들에 대해 설명을 할 텐데, 이해하기가 어렵지 않을 것이다. 함수를 사용하는 방법이 예제 27-6과 상당히 유사하기 때문이다.

■ 프로그램 종료 시 호출하고픈 함수가 있다면 atexit(at exit)

표준함수에 정의된 atexit 함수를 이용하면 프로그램 종료 시 자동으로 호출하고픈 함수를 등록할 수 있다.

```
#include <stdlib.h>
int atexit(void (*func)(void));
       함수 호출 성공 시 0, 실패 시 0 아닌 값 반환
```

함수의 원형에서 보여주듯이, 반환형과 매개변수 형이 void로 선언된 함수의 이름이(주소 값이) atexit 함수의 인자로 전달되어야 한다. 그리고 이렇게 인자로 전달된 함수가 프로그램 종료 시 자동으로 호출되며, 이렇게 자동으로 호출되어야 할 함수는 32개 이상 등록할 수 있다. 그럼 예제를 통해서 위 함수가 제공하는 기능을 확인해 보겠다.

■ 예제 27-7.c

```
1.   #include <stdio.h>
2.   #include <stdlib.h>
3.
4.   void FirstFunc(void);
5.   void SecondFunc(void);
6.   void ThirdFunc(void);
7.
8.   int main(void)
9.   {
10.      if(!atexit(FirstFunc))
11.          printf("첫 번째 함수 정상적 등록 \n");
12.
13.      if(!atexit(SecondFunc))
14.          printf("두 번째 함수 정상적 등록 \n");
```

```
15.
16.     if(!atexit(ThirdFunc))
17.         printf("세 번째 함수 정상적 등록 \n\n");
18.
19.     return 0;
20. }
21.
22. void FirstFunc(void)
23. {
24.     printf("첫 번째 등록 함수. \n");
25. }
26.
27. void SecondFunc(void)
28. {
29.     printf("두 번째 등록 함수. \n");
30. }
31.
32. void ThirdFunc(void)
33. {
34.     printf("세 번째 등록 함수. \n");
35. }
```

- 10, 13, 16행 : atexit 함수를 이용해서 프로그램 종료 시 호출하고픈 함수를 등록하고 있다. 등록이 성공하면 0(false)를 반환하기 때문에 이러한 형태로 if문 구성이 가능하다.

■ 실행결과 : 예제 27-7

```
첫 번째 함수 정상적 등록
두 번째 함수 정상적 등록
세 번째 함수 정상적 등록

세 번째 등록 함수.
두 번째 등록 함수.
첫 번째 등록 함수.
```

실행결과를 보면 등록된 순서의 역순으로 호출되고 있음을 알 수 있다. atexit 함수의 이러한 특성을 기억하기 바란다. 그리고 한가지 더 기억할 사실이 있다. 그것은 atexit 함수를 통해서 등록된 함수는 프로그램이 정상적으로 종료될 때에만 호출된다는 사실이다. 이 부분에 대해서는 이어서 설명을 진행하겠다.

■ **atexit 함수와 유사 부류의 함수들**

비록 함수 포인터와는 상관이 없지만, atexit 함수와 유사 부류에 속하는 함수들이 있어 소개하고자 한다.

```
#include <stdlib.h>
void exit(int status);
void abort(void);
```
　　　　　두 함수 모두 실행중인 프로그램을 종료시킨다.

위 두 함수는 프로그램을 종료시킨다는 점에서는 동일하다. 하지만 다음과 같은 abort 함수의 특성이 exit 함수와 구분되게 한다.

"abort 함수는 프로그램의 오류로 인한 비정상적 종료를 의미합니다."

즉 abort 함수는 프로그램 자체에 아주 치명적인 오류가 발생해서 어쩔 수 없이 프로그램을 종료해야만 하는 경우에 호출하도록 정의된 함수이다. 때문에 이 함수가 호출이 되면, 운영체제에서 특별한(?) 액션을 취해주는데, Windows 운영체제에서 취해주는 특별한 액션을 잠시 후에 확인해보자.

반면 exit 함수는 프로그램의 정상적 종료도, 비정상적 종료도 나타낼 수 있는 함수이다. 일반적으로 정상적으로 종료하는 경우에는 정수 0을, 그리고 비정상적으로 종료하는 경우에는 0이 아닌 값을 인자로 전달하면서 exit 함수를 호출한다. 그리고 0과 1을 대신해서 각각 다음을 인자로 전달해도 된다.

- EXIT_SUCCESS
- EXIT_FAILURE

이 둘은 문자열처럼 보이지만 상수이다. 각각 0과 1을 의미하는 상수로 정의되어 있다(매크로라는 것을 이용해서 정의된 상수이다. 매크로에 대해서는 뒤에서 자세히 공부한다). 그리고 exit 함수를 호출하면서 인자로 전달하는 값은 main 함수에서 return 문을 통해 반환하는 값과 동일한 의미를 지닌다. 둘 다 운영체제로 값이 넘어가서 프로그램의 정상 종료 여부를 판단하는데 사용된다.

■ 예제 27-8.c

```
1.  #include <stdio.h>
2.  #include <stdlib.h>
3.  void FuncRegist(void);
4.
5.  int main(void)
6.  {
7.      int sel;
8.      if(!atexit(FuncRegist))
```

```
9.              printf("함수 정상적 등록\n");
10.
11.         printf("정상종료 1, 비정상종료 2 : ");
12.         scanf("%d", &sel);
13.
14.         if(sel==1)
15.             exit(EXIT_SUCCESS);
16.         else
17.             abort();
18.
19.         return 0;
20.     }
21.
22.     void FuncRegist(void)
23.     {
24.         printf("프로그램이 정상적으로 종료되었습니다.\n");
25.     }
```

- 8행 : FuncRegist 함수를 등록하고 있다. 따라서 프로그램이 정상 종료되면 FuncRegist 함수가 호출되어야 한다.

- 14, 15행 : 프로그램 사용자가 1을 입력하면 exit 함수가 호출되면서 프로그램이 종료되는데, 이 때에 exit 함수의 전달인자에 상관없이 FuncRegist 함수는 호출이 된다(이는 exit 함수의 특성이니 그냥 받아들이면 된다).

- 16, 17행 : 반면 abort 함수는 비정상적 종료만을 의미하기 때문에, abort 함수가 호출되면 FuncRegist 함수는 호출되지 않는다.

■ 실행결과 1 : 예제 27-8(1을 입력한 경우)

함수 정상적 등록
정상종료 1, 비정상종료 2 : 1
프로그램이 정상적으로 종료되었습니다.

■ 실행결과 2 : 예제 27-8(2를 입력한 경우)

함수 정상적 등록
정상종료 1, 비정상종료 2 : 2

This application has requested the Runtime to terminate it in an unusual way.
Please contact the application's support team for more information.

abort 함수가 호출되면, 별도의 에러메시지가 출력되는 것을 확인할 수 있다. 그리고 운영체제가 프로그램 사용자에게 별도의 에러메시지 창을 띄우는 것도 확인할 수 있다(이는 여러분이 직접 확인하기 바란다).

■ 표준 정렬 함수 : qsort

정렬 알고리즘 중에 '퀵 정렬(quick sort)'이라는 것이 있다. 이름 그대로 빠른 속도로 정렬하도록 디자인된 알고리즘이다. 이 책에서는 퀵 정렬 알고리즘 자체를 설명하진 않는다. 대신 퀵 정렬 알고리즘 기능을 제공하는 함수를 소개하고자 한다. 그리고 이렇게 이미 정의되어 있는 함수를 잘 사용하는 것도 프로그래머에겐 중요한 능력임을 기억하기 바란다.

```
#include <stdlib.h>
void qsort(
    void * buf,           // 정렬의 대상이 되는 배열의 주소
    size_t num,           // 배열 요소의 개수(배열의 길이)
    size_t size,          // 배열 요소의 크기
    int (*compare)(const void *, const void *)   // 정렬 규칙 제공 함수
);
```
대상의 자료형에 상관없이 정해진 규칙에 근거해 정렬 수행

퀵 정렬을 제공하는 qsort 함수가 사용하기 쉬운 함수는 아니다. 하나의 함수가 정렬의 규칙과 대상에 상관없이 정렬이 가능하도록 디자인되어 있으니 사용하는 방법이 쉬울 리 없다. 그러나 여러분은 위 함수의 선언만 봐도 대략적으로 사용방법을 파악할 수 있는 실력을 갖춘 상태이다(그저 필자의 바램일 수 있어서 이어서 자세한 설명을 진행한다).

qsort 함수의 첫 번째, 두 번째, 세 번째 매개변수에는 정렬할 대상에 대한 정보를 전달한다. 예를 들어 다음과 같은 형태의 배열이 선언되었다고 가정하자.

```
int arr[5]={3, 1, 2, 4, 5};
```

이 때 배열의 길이는 sizeof(arr)/sizeof(int), 배열 요소의 크기는 sizeof(int) 이므로, 다음과 같은 형태로 함수를 호출해야 한다.

```
qsort(
    (void*)arr,                    // 정렬의 대상이 되는 배열의 주소
    sizeof(arr)/sizeof(int),       // 배열의 길이 5
    sizeof(int),                   // 배열 요소의 크기 4
    '함수 포인터'                   // 아직 설명 안 했음!
);
```

이렇게 배열의 주소와 길이 정보, 그리고 배열 요소의 크기 정보를 인자로 전달해 주면, qsort 함수는 비교 대상에 대한 크기정보를 파악할 수 있다. 즉 위 함수 호출을 통해서 qsort 함수는 다음과 같은 결론을 내리게 된다.

"음! arr에서부터 시작해서 4바이트씩 끊어서, 총 5개의 요소를 정렬하면 되겠구먼!"

그리고 qsort 함수 내부에서 대소 비교를 해야 할 때, qsort 함수의 마지막 전달인자인 함수 포인터를 활용하게 된다(qsort 함수의 선언을 확인하자. 네 번째 매개변수 이름이 compare이다). 예를 들어서 배열의 첫 번째 요소와 두 번째 요소의 대소 비교를 해야 한다면, 다음 그림과 같이 함수 포인터 compare가 가리키는 함수를 호출하면서, 첫 번째 요소의 주소 값과 두 번째 요소의 주소 값을 인자로 전달한다.

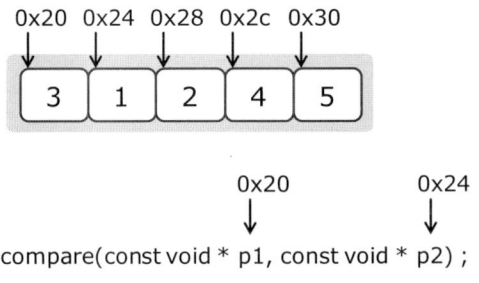

[그림 27-9 : qsort 함수의 첫 번째, 두 번째 요소 비교 방법]

따라서 여러분은 qsort 함수의 마지막 전달인자가 될 함수를 정의해야 하는데, 이 함수의 정의 규칙은 다음과 같이 정해져 있다.

- 반환 값 0 → 비교 대상의 정렬 순서가 동일한 경우
- 반환 값 1 → 두 번째 포인터(p2)가 가리키는 대상이 정렬 순서상 앞서는 경우
- 반환 값 -1 → 첫 번째 포인터(p1)가 가리키는 대상이 정렬 순서상 앞서는 경우

이 규칙을 지켜서 값을 반환만 해주면 qsort 함수는 퀵 정렬 알고리즘을 근거로 저장된 값의 위치를 변경해 가면서 정렬을 진행한다. 자! 그럼 아주 간단한 예제를 하나 보도록 하겠다.

■ 예제 27-9.c

```
1.  #include <stdio.h>
2.  #include <stdlib.h>
3.  int ACDSort(const void *, const void *);
4.
5.  int main(void)
6.  {
7.      int arr[5]={3, 1, 2, 4, 5};
8.      int i;
```

```
9.
10.     qsort((void*)arr, sizeof(arr)/sizeof(int), sizeof(int), ACDSort);
11.     for(i=0; i<5; i++)
12.         printf("%4d", arr[i]);
13.
14.     printf("\n");
15.     return 0;
16. }
17.
18. int ACDSort(const void * p1, const void * p2)
19. {
20.     int n1= *((int *)p1);
21.     int n2= *((int *)p2);
22.     int ret;
23.
24.     if(n1>n2)
25.         ret=1;
26.     else if(n1<n2)
27.         ret=-1;
28.     else
29.         ret=0;
30.     return ret;
31. }
```

- 18행 : qsort 함수에 정렬의 규칙을 제공하기 위한 함수이다. 이 함수는 반환형이 int형이어야 하고, void형 포인터 두 개를 인자로 전달받아야 한다. 특히 p1, p2가 const로 선언되어 있음에 주의하자.
- 20, 21행 : 주소 값이 void형 포인터로 전달되었으니, 값의 참조를 위해서는 포인터의 형 변환이 반드시 선행되어야 한다. 참조 대상이 int형 데이터이므로 int 포인터 형으로 형 변환하여 값을 참조하고 있다.
- 24, 25행 : 정렬 규칙을 알려주는 아주 중요한 힌트이다. n1이 n2보다 값이 큰 경우 1을 반환하도록 하고 있다. 1은 n2에 저장된 값의 정렬 순서가 앞설 경우에 반환하는 값이다. 그런데 n1의 값이 n2보다 더 클 때 1을 반환하고 있으니, 이는 오름차순으로 정렬이 이뤄짐을 요구하는 것이다(관계가 복잡한가? 그러면 1이 반환될 때 저장된 값의 교환이 일어난다고 생각해라! 그러면 이해하기가 쉬워진다).

■ 실행결과 : 예제 27-9

```
   1   2   3   4   5
```

문제 27-3 [qsort 함수의 활용]

프로그램 구현에서 정렬은 상당히 자주 사용되는 알고리즘 중 하나이다. 따라서 qsort 함수는 유용하게 사용될 수 있다. 다음 문제에서 요구하는 사항들을 qsort 함수를 활용해서 해결해 보자.

● 문제 1
다음과 같이 선언된 배열이 있다.
   double arr[ ]={2.5, 5.12, 4.12, 0.016, 9.14};

이 배열을 내림차순으로 정렬하고 싶다. qsort 함수를 활용해서 이 문제를 해결하여라. 그리고 qsort 함수 호출 후에 정렬 결과를 출력하여 제대로 동작했는지 확인하기 바란다.

● 문제 2
다음과 같이 선언된 배열이 있다.
   int arr[ ]={9, 8, 7, 6, 5, 4, 3, 2, 1};

이 배열을 버블 정렬 알고리즘을 이용해서 오름차순으로 정렬하려면 값의 비교를 총 몇 회 진행해야 하는지 예제 27-6을 일부 수정하여 확인하기 바란다(수학적으로 계산하지 말고 프로그램상에서 확인해야 한다). 그리고 퀵 정렬 알고리즘을 이용해서 오름차순으로 정렬할 때의 값의 비교 횟수도 프로그램의 구현을 통해서 확인하기 바란다.

■ 표준 검색 함수 : bsearch

qsort 함수와 함께 유용하게 사용할 수 있는 bsearch 함수를 소개하겠다. bsearch 함수는 이진 검색(binary search) 알고리즘을 구현한 함수이다. 간단히 말해서 원하는 데이터를 찾아주는 기능을 제공하는 함수이다. 다만 여기서 사용된 이진 검색 알고리즘은 다음과 같은 조건이 성립되어야 사용 가능하다는 특징이 있다.

"저장된 데이터가 정렬되어 있어야 합니다!"

그래서 qsort 함수와 더불어 유용하게 사용할 수 있다고 한 것이다. 이번에도 역시 이진 검색 알고리즘 자체에 대한 설명은 생략하겠으니, 궁금하다면 자료구조 및 알고리즘 관련 서적을 통해서 보충하기 바란다.

```
#include <stdlib.h>
void * bsearch(
    const void * key,      // 찾고자 하는 데이터가 저장되어 있는 주소 값
    const void * base,     // 검색 대상이 되는 배열의 주소
    size_t count,          // 배열 요소의 개수(배열의 길이)
    size_t size,           // 배열 요소의 크기
    int (*compare)(const void *, const void *)   // 값의 비교 기능 제공 함수
);
```
검색 성공 시 검색 대상의 주소 값 반환, 검색 실패 시 NULL 반환

이진 검색은 구현 방식에 따라서 검색의 대상이 오름차순 또는 내림차순으로 정렬되어 있어야 하는데, bsearch 함수는 검색의 대상이 오름차순으로 정렬되어 있을 것을 요구한다.

우선 첫 번째 매개변수를 통해 찾고자 하는 데이터가 저장되어 있는 변수의 주소 값을 전달해야 한다. 찾는 데이터를 값의 형태로 전달하지 않고, 주소의 형태로 전달하는 이유는 잠시 후에 설명하겠다(짓궂게도 문제를 통해서).

그리고 두 번째, 세 번째, 네 번째 매개변수는 qsort 함수의 첫 번째, 두 번째, 세 번째 매개변수와 의미가 동일하니 추가적인 설명은 생략하겠다. 이제 마지막 매개변수 compare에 대해 살펴보자. compare에 전달될 함수는 다음과 같은 형태로 정의되어야 한다.

```
int compare(const void * key, const void * value)
{
    if(key가 참조하는 값이 value이 참조하는 값보다 크다)
        return "양수";
    else if(key가 참조하는 값이 value이 참조하는 값보다 작다)
        return "음수";
    else    // key가 참조하는 값과 value이 참조하는 값이 같다.
        return 0;
}
```

이 함수는 bsearch 함수 내부에서 호출이 되는데, bsearch 함수의 첫 번째 전달인자가 이 함수의 첫 번째 전달인자가 된다. 이는 이 함수의 반환 값을 참조하여 찾고자 하는 데이터를 찾기 위해서다. 그리고 찾는 대상을 찾았을때, 이의 주소 값을 반환하면서 bsearch 함수를 종료한다. 그럼 이와 관련해서 예제를 하나 보도록 하겠다.

■ 예제 27-10.c

```
1.  #include <stdio.h>
2.  #include <stdlib.h>
3.
4.  int ACDSort(const void *, const void *);
```

```c
5.  int Compare(const void *, const void *);
6.
7.  int main(void)
8.  {
9.      int arr[5]={3, 1, 2, 4, 5};
10.     int srchValue=2;
11.     int * srchPtr;
12.     int i;
13.
14.     /* 정렬 과정 */
15.     qsort((void*)arr, sizeof(arr)/sizeof(int), sizeof(int), ACDSort);
16.     for(i=0; i<5; i++)
17.         printf("%4d", arr[i]);
18.
19.     printf("\n");
20.
21.     /* 검색 과정 */
22.     srchPtr=
23.         (int*)bsearch((void*)&srchValue, arr,
24.             sizeof(arr)/sizeof(int), sizeof(int), Compare);
25.
26.     if(srchPtr==NULL)
27.         printf("찾는 대상이 존재하지 않습니다. \n");
28.     else
29.         printf("찾는 대상 %d이(가) 저장되어 있는 위치 : %#x \n",
30.             *srchPtr, srchPtr);
31.
32.     return 0;
33. }
34.
35. int ACDSort(const void * p1, const void * p2)
36. {
37.     int n1= *((int *)p1);
38.     int n2= *((int *)p2);
39.     int ret;
40.
41.     if(n1>n2)
42.         ret=1;
43.     else if(n1<n2)
44.         ret=-1;
45.     else
46.         ret=0;
47.
48.     return ret;
49. }
50.
51. int Compare(const void * pKey, const void * pValue)
52. {
53.     int key= *((int*)pKey);
54.     int value= *((int*)pValue);
55.     return key-value;
56. }
```

- 15행 : 9행에 선언된 배열 arr을 오름차순으로 정렬하고 있다. 이는 bsearch 함수의 호출을 위해서도 반드시 선행되어야 하는 연산이다. 만약에 arr에 저장된 값들이 오름차순으로 정렬되어 있지 않다면 그 결과는 예측할 수 없게 된다.
- 51행 : 예제는 길지만 실제로 설명해야 할 것은 51행의 Compare 함수 하나뿐이다. 이 함수의 55행을 보자. key에서 value의 값을 뺀 결과를 반환하고 있다. 따라서 key와 value에 저장된 값이 같다면 0이 반환될 것이고, key 값이 크다면 양수가, value 값이 크다면 음수가 반환될 것이다. 즉 매개변수 compare에 전달될 함수의 요구조건이 충족되었다.

■ 실행결과 : 예제 27-10

```
1 2 3 4 5
찾는 대상 2이(가) 저장되어 있는 위치 : 0x12ff70
```

● 문 제 27-4 [bsearch 함수의 첫 번째 전달인자가 포인터인 이유는?]

bsearch 함수의 첫 번째 전달인자가 포인터인 이유는 검색의 범위를 문자열까지 확장할 수 있도록 하기 위함이다(지금 필자가 말한 이 부분을 곰곰이 생각해보자). 이 정보를 이용해서 다음 두 문제를 해결하기 바란다. 참고로 이 문제는 포인터 단원의 마지막 문제에 걸맞게 난이도가 상당히 높은 편에 속한다. 따라서 풀지 못했다고 해서 실망할 필요는 없다.

● 문제 1 [난이도 상]
다음과 같이 선언된 문자열 포인터 배열이 있다.
　　char* strAry[4]={"Hardware", "Cookie", "Boy", "Power"};

이 배열에 저장된 문자열들을 길이를 기준으로 오름차순으로 정렬하고 싶다. qsort 함수를 활용해서 이 문제를 해결하여라.

● 문제 2 [난이도 최상!]
다음과 같이 선언된 문자열 포인터 배열이 있다.
　　char* strAry[4]={"Boy", "Cookie", "Hardware", "Power"};

이 배열은 사전의 편찬 순으로 정렬이 되어 있다. 이를 바탕으로 문자열 "Cookie"의 시작 주소 값을 찾아서 출력하는 프로그램을 작성하여라. 물론 bsearch 함수를 활용해서 해결해야 한다.

여기서 문제 2는 필자의 설명을 깊이 있게 이해하고, 숙련된 프로그래밍 경험이 뒷받침 되어야 쉽게 풀 수 있는 문제이다(여러분에게 상당히 부담이 되는 문제이다). 따라서 한번에 풀기를 바라기보다는 실력을 쌓아 가면서 이 문제의 해결이 가능할 때까지 몇 번이고 시도해 보기를 바라겠다.

> **참고**
>
> **문제 27-4의 문제 2에 대해서**
>
> 이 책의 궁극적인 목표는 여러분이 이 문제를 풀 수 있는 수준에 이르도록 돕는데 있다(답을 보고 이해하는 수준을 의미하는 것이 아니다). 그러나 이는 한번 정도 책을 정독했다고 해서 길러지지 않는다. 몇 차례의 반복학습과 어느 정도의 프로그래밍 경험이 쌓여서 프로그램 구현에 필요한 시야가 형성되어야만 가능한 일이다. 따라서 필자는 이 문제를 풀 수 있는 수준에 이르도록 돕는다고 말하고 있다. 말 그대로 도울 뿐이고 노력은 여전히 여러분의 몫으로 남아 있다.

27장 프로그래밍 문제의 답안

■ 문제 27-1의 답안

• 문제 1 : void (* FctOne(void)) (void);

   함수의 이름 : FctOne
   매개변수 : void
   반환형 : 반환형과 매개변수 형이 모두 void인 함수의 포인터

• 문제 2 : int (* FctTwo(void)) (int *);

   함수의 이름 : FctTwo
   매개변수 : void
   반환형 : 반환형은 int이고, 매개변수 형은 int * 인 함수의 포인터

• 문제 3 : double * (* FctThree(int *)) (double *);

   함수의 이름 : FctThree
   매개변수 : int *
   반환형 : 반환형과 매개변수 형이 모두 double * 인 함수의 포인터

■ 문제 27-2의 답안

■ 소스코드 답안

```
1.    #include <stdio.h>
2.    int ACDSortOddLeft(int n1, int n2);
3.    void BubbleSort(int ary[], int len, int (*sortFunc)(int,int));
4.
5.    int main(void)
6.    {
7.        int arr[]={3, 2, 1, 4, 6, 8, 7, 5, 3, 4, 5};
8.        int i;
9.
10.       BubbleSort(arr, sizeof(arr)/sizeof(int), ACDSortOddLeft);
11.       for(i=0; i<sizeof(arr)/sizeof(int); i++)
12.           printf("%d ", arr[i]);
13.
14.       printf("\n");
15.       return 0;
16.   }
17.
18.   int ACDSortOddLeft(int n1, int n2)
```

```
19.    {
20.        if((n1%2)==0 && (n2%2)!=0)
21.            return 1;
22.
23.        if((n1%2)!=0 && (n2%2)==0)
24.            return 0;
25.
26.        if(n1>n2)
27.            return 1;
28.        else
29.            return 0;
30.    }
31.
32.    void BubbleSort(int ary[], int len, int (*sortFunc)(int,int))
33.    {
34.        int i, j;
35.        int temp;
36.
37.        for(i=0; i<len-1 ;i++)
38.        {
39.            for(j=0; j<(len-i)-1; j++)
40.            {
41.                if(sortFunc(ary[j], ary[j+1]))
42.                {
43.                    temp=ary[j];
44.                    ary[j]=ary[j+1];
45.                    ary[j+1]=temp;
46.                }
47.            }
48.        }
49.    }
```

■ 문제 27-3의 답안

• 문제 1

■ 소스코드 답안

```
1.    #include <stdio.h>
2.    #include <stdlib.h>
3.    int DSCSort(const void *, const void *);
4.
5.    int main(void)
6.    {
7.        double arr[]={2.5, 5.12, 4.12, 0.016, 9.14};
8.        int i;
9.
10.       qsort(
11.           (void*)arr, sizeof(arr)/sizeof(double), sizeof(double),
12.           DSCSort
13.       );
14.       for(i=0; i<5; i++)
15.           printf("%7g", arr[i]);
16.
17.       printf("\n");
18.       return 0;
```

```
19.    }
20.
21.    int DSCSort(const void * p1, const void * p2)
22.    {
23.        double n1= *((double *)p1);
24.        double n2= *((double *)p2);
25.        int ret;
26.
27.        if(n1<n2)
28.            ret=1;
29.        else if(n1>n2)
30.            ret=-1;
31.        else
32.            ret=0;
33.
34.        return ret;
35.    }
```

• 문제 2

■ 소스코드 답안

```
1.     #include <stdio.h>
2.     #include <stdlib.h>
3.
4.     int BubbleACDSort(int n1, int n2);
5.     int QuickACDSort(const void * p1, const void * p2);
6.     void BubbleSort(int ary[], int len, int (*sortFunc)(int,int));
7.
8.     int bubbleCompCnt;
9.     int quickCompCnt;
10.
11.    int main(void)
12.    {
13.        int arr1[ ]={9, 8, 7, 6, 5, 4, 3, 2, 1};
14.        int arr2[ ]={9, 8, 7, 6, 5, 4, 3, 2, 1};
15.
16.        BubbleSort(
17.            arr1, sizeof(arr1)/sizeof(int), BubbleACDSort
18.        );
19.        qsort(
20.            (void*)arr2, sizeof(arr2)/sizeof(int), sizeof(int),
21.            QuickACDSort
22.        );
23.
24.        printf("버블 정렬 비교 횟수 : %d \n", bubbleCompCnt);
25.        printf("퀵 정렬 비교 횟수 : %d \n", quickCompCnt);
26.        return 0;
27.    }
28.
29.    int BubbleACDSort(int n1, int n2)   // 버블 정렬용 비교함수
30.    {
31.        bubbleCompCnt++;
32.
33.        if(n1>n2)
34.            return 1;
35.        else
36.            return 0;
```

```
37.    }
38.
39.    int QuickACDSort(const void * p1, const void * p2)  // 퀵 정렬용 비교함수
40.    {
41.        int n1= *((int *)p1);
42.        int n2= *((int *)p2);
43.        quickCompCnt++;
44.
45.        if(n1>n2)
46.            return 1;
47.        else
48.            return 0;
49.    }
50.
51.    void BubbleSort(int ary[], int len, int (*sortFunc)(int,int))
52.    {
53.        int i, j;
54.        int temp;
55.
56.        for(i=0; i<len-1 ;i++)
57.        {
58.            for(j=0; j<(len-i)-1; j++)
59.            {
60.                if(sortFunc(ary[j], ary[j+1]))
61.                {
62.                    temp=ary[j];
63.                    ary[j]=ary[j+1];
64.                    ary[j+1]=temp;
65.                }
66.            }
67.        }
68.    }
```

31행과 43행은 각각 버블 정렬과 퀵 정렬에서 정렬순서 비교에 사용되는 함수의 호출횟수를 세어보기 위한 문장이다.

■ 문제 27-4의 답안

· 문제 1

■ 소스코드 답안

```
1.     #include <stdio.h>
2.     #include <stdlib.h>
3.
4.     int CalStrLen(char * str);
5.     int StrACDSort(const void * p1, const void * p2);
6.
7.     int main(void)
8.     {
9.         char* strAry[4]={"Hardware", "Cookie", "Boy", "Power"};
10.        int i;
11.
12.        qsort(
13.            (void*)strAry, sizeof(strAry)/sizeof(char*), sizeof(char*),
```

```
14.             StrACDSort
15.         );
16.
17.         for(i=0; i<4; i++)
18.             printf("%s \n", strAry[i]);
19.
20.         return 0;
21.     }
22.
23.     int CalStrLen(char * str)
24.     {
25.         int len=0;
26.         while(*str != '\0')
27.         {
28.             str++;
29.             len++;
30.         }
31.         return len;
32.     }
33.
34.     int StrACDSort(const void * p1, const void * p2)
35.     {
36.         char * str1=*((char**)p1);
37.         char * str2=*((char**)p2);
38.
39.         if(CalStrLen(str1)>CalStrLen(str2))
40.             return 1;
41.         else if (CalStrLen(str1)<CalStrLen(str2))
42.             return -1;
43.         else
44.             return 0;
45.     }
```

• 문제 2

■ 소스코드 답안

```
1.  #include <stdio.h>
2.  #include <stdlib.h>
3.
4.  int CmpString(char * str1, char * str2);
5.  int Compare(const void * pKey, const void * pValue);
6.
7.  int main(void)
8.  {
9.      char* strAry[4]={ "Boy", "Cookie", "Hardware", "Power"};
10.     char* srchStr="Cookie"; // 찾는 문자열;
11.     char** srchResult;
12.
13.     /* 검색 과정 */
14.     srchResult= (char**)bsearch(
15.         (void*)srchStr, strAry, sizeof(strAry)/sizeof(char*),
16.         sizeof(char*), Compare);
17.
18.     if(srchResult==NULL)
19.         printf("찾는 대상이 존재하지 않습니다. \n");
20.     else
```

```
21.            printf("찾는 대상 %s이(가) 저장되어 있는 위치 : %#x \n",
22.                *srchResult, srchResult);
23.        return 0;
24.    }
25.
26.    int CmpString(char * str1, char * str2)
27.    {
28.        while(*str1!='\0' || *str2!='\0')
29.        {
30.            if(*str1 < *str2)
31.            {
32.                return 1;
33.            }
34.            else if(*str1 > *str2)
35.            {
36.                return -1;
37.            }
38.            else
39.            {
40.                str1++;
41.                str2++;
42.            }
43.        }
44.        return 0;   // 두 문자열이 일치하는 경우
45.    }
46.
47.    int Compare(const void * pKey, const void * pValue)
48.    {
49.        char * key= (char*)pKey;
50.        char * value= *((char**)pValue);
51.
52.        return CmpString(key, value);
53.    }
```

제28장 실력 다지기 연습문제 04

C언어의 최대 무기가 포인터라고 말하는 분들이 있다. 하지만 필자는 그렇게 생각하지 않는다. 포인터가 중요한 역할을 차지하는 것은 사실이지만, C언어의 문법 중에서 포인터보다 덜 중요한 것은 없기 때문이다. 포인터가 중요한 것처럼 모든 요소가 다 중요하다는 사실을 기억하자. 이번 장에서는 포인터와 관련된 문제를 제시한다. 이전의 실력 다지기 연습문제와 달리 포인터의 이해에 초점이 맞춰져 있으니, 이 문제들을 통해서 포인터에 대한 이해를 더욱 견고히 다지기 바란다.

연습문제 리스트 ➡➡➡
- 문 제 1 [포인터 연산에 대한 점검 1차]
- 문 제 2 [포인터 연산에 대한 점검 2차]
- 문 제 3 [배열의 복사]
- 문 제 4 [CopyArray 함수의 활용]
- 문 제 5 [문자열 덧셈]
- 문 제 6 [문자열의 부분 검색]
- 문 제 7 [포인터 변수의 값 교환]

문 제 1 [포인터 연산에 대한 점검 1차]

다음 예제의 실행결과를 예측하고, 실제 실행을 통해서 이를 확인해 보자.

```c
#include <stdio.h>
int main(void)
{
    char str[]="C Pointer Operation";
    char * ptr=str;

    /* 포인터 덧셈 연산 */
    printf("%c \n", *(ptr+10));
    printf("%c \n", *ptr);
    printf("%c \n", *(ptr+=10));
    printf("%c \n", *ptr);

    /* 포인터 뺄셈 연산 */
    printf("%c \n", *(ptr-8));
    printf("%c \n", *(ptr));
    printf("%c \n", *(ptr-=8));
    printf("%c \n", *(ptr));
    return 0;
}
```

참고로 실행결과는 모두 대문자가 되도록 예제가 작성되었으니, 여러분의 출력 예상 결과에 소문자가 존재한다면 다시 한번 검토를 바란다.

문 제 2 [포인터 연산에 대한 점검 2차]

다음 예제의 실행결과를 예측하고, 실제 실행을 통해서 이를 확인해 보자.

```c
#include <stdio.h>
int main(void)
{
    int arr[]={1, 2, 3, 4, 5, 6, 7, 8, 9};
    int * ptr=arr;

    printf("%d \n", *(ptr+1));
    printf("%d \n", *(ptr+4)-*ptr);
    printf("%d \n", *(ptr++));
    printf("%d \n", *(++ptr));

    printf("%d \n", *(ptr-2));
    printf("%d \n", *(ptr--));
```

```
        printf("%d \n", *(ptr--));
        return 0;
}
```

문 제 3 [배열의 복사]

int형 1차원 배열을 복사하는 기능의 함수를 다음의 형태로 정의하자.

```
void CopyArray(int * src, int * dest, int len);
```

이 함수는 src로 전달된 주소 값의 배열을 dest로 전달된 주소 값의 배열에 복사하되, len으로 전달된 값에 해당하는 길이만큼 복사하는 형태로 정의해야 한다. 단 함수 내에서는 배열의 접근에 사용되는 [ ] 연산자를 사용하면 안 된다. 그리고 이 함수의 동작을 테스트하기 위한 main 함수도 더불어 정의하자.

문 제 4 [CopyArray 함수의 활용]

main 함수에서 다음의 형태로 배열을 선언하자.

```
int src[3][4]={1, 2, 3, 4, 5, 6, 7, 8, 9, 10, 11, 12};
```

그리고 이 배열과 동일한 크기의 배열을 다음과 같이 선언하자.

```
int dst[3][4];
```

이제 배열 src에 저장된 데이터를 배열 dst에 복사하는 기능의 main 함수를 구현하되, 반드시 문제 3에서 정의한 CopyArray 함수를 활용해서 이를 완성해야 한다. 그리고 복사가 완료되면 이의 확인을 위해서 아래의 실행의 예와 동일한 형태의 출력을 보이도록 하자.

■ 실행의 예

```
원본 데이터 출력
1  2  3  4
5  6  7  8
9  10 11 12

복사본 데이터 출력
1  2  3  4
5  6  7  8
9  10 11 12
```

문 제 5 [문자열 덧셈]

두 개의 문자열을 덧붙여서 새로운 문자열을 만드는 AddString이라는 이름의 함수를 다음의 형태로 정의하자. 단 이번에도 [ ] 연산자는 사용하면 안 된다.

```
char * AddString(char * str1, char * str2);    /* 새로운 문자열의 주소 값 반환 */
```

이 함수는 매개변수를 통해서 두 개의 문자열 정보를 입력 받는다. 그리고 이 두 문자열을 동시에 담을 수 있는 크기의 배열을 동적으로(malloc 함수의 호출을 통해) 할당하여 str1, str2의 순으로 복사를 한다. 그리고 이렇게 구성이 된 문자열의 주소 값을 반환해야 한다. 함수의 정의가 완료되면, 다음 main 함수를 기반으로 테스트를 진행해보자.

```c
int main(void)
{
    char * str1="A broken hand works, ";
    char * str2="but not a broken heart.";
    char * addStr=AddString(str1, str2);

    printf("%s + %s \n", str1, str2);
    printf("    = %s \n", addStr);
    return 0;
}
```

■ 실행의 예

```
A broken hand works,  + but not a broken heart.
= A broken hand works, but not a broken heart.
```

* 힌 트 : 문자열을 구성하는 것이므로 널 문자의 처리에 신경을 써야 한다. 인자로 전달된 두 문자열을 복사하되 널 문자는 마지막에 하나만 존재하도록 복사를 해야 한다.

문 제 6 [문자열의 부분 검색]

다음의 형태로 문자열의 부분 검색 함수를 정의하자.

```
char * PartialStringCmp(char * str, char * sch);    /* 주소 값 반환 */
```

예를 들어서 이 함수의 첫 번째 인자로 문자열 "Oh my god!"의 주소 값이, 두 번째 인자로 문자열 "my"의 주소 값이 전달되었다고 가정해 보자. 이는 다음의 의미를 지닌다.

문자열 "Oh my god!"에서 "my"라는 문자열이 시작하는 위치는 어디인가?

즉 첫 번째 인자로 전달된 주소의 문자열에서 두 번째 인자로 전달된 주소의 문자열이 시작되는 위치를 찾는 함수를 정의하는 것이다. 그리고 이 함수의 정의에 있어서 다음 조건을 반드시 만족시켜야 한다.

- 첫 번째 등장하는 위치의 값을 반환한다.
- 배열 요소의 접근에 사용되는 [ ] 연산자는 사용하지 않고 함수를 정의한다.
- 검색할 문자열을 포함하지 않을 때에는 NULL 포인터를 반환한다.

다음은 위 함수의 테스트를 위한 main 함수와 실행의 예이다.

```c
int main(void)
{
    char * str="She is my best friend";
    char * sch1="is";
    char * sch2="my";
    char * sch3="be";
    char * pos;

    pos=PartialStringCmp(str, sch1);
    if(pos==NULL)
        printf("찾는 영역 %s이(가) 존재하지 않습니다. \n", sch1);
    else
        printf("찾는 영역을 포함한 이후의 문자열 : %s \n", pos);

    pos=PartialStringCmp(str, sch2);
    if(pos==NULL)
        printf("찾는 영역 %s이(가) 존재하지 않습니다. \n", sch2);
    else
        printf("찾는 영역을 포함한 이후의 문자열 : %s \n", pos);

    pos=PartialStringCmp(str, sch3);
    if(pos==NULL)
        printf("찾는 영역 %s이(가) 존재하지 않습니다. \n", sch3);
    else
        printf("찾는 영역을 포함한 이후의 문자열 : %s \n", pos);

    return 0;
}
```

■ 실행의 예

```
찾는 영역을 포함한 이후의 문자열 : is my best friend
찾는 영역을 포함한 이후의 문자열 : my best friend
찾는 영역을 포함한 이후의 문자열 : best friend
```

*힌 트 : 때로는 하나의 함수를 정의하기 위해서 다른 함수를 추가로 정의하는 것이 편리할 때도 있다. 참고로 이 문제의 난이도는 결코 낮지 않다. 충분한 시간을 들여서 고민해야 하는 문제이다.

문 제 7 [포인터 변수의 값 교환]

두 개의 int형 포인터에 저장된 값을 교환하는 함수를 다음의 형태로 정의하자(매개변수가 포인터의 포인터인 이유를 잘 모른다면 포인터 관련 본문의 복습이 필요하다).

```c
void SwapPtr(int ** ptr1, int ** ptr2);
```

그리고 정의가 되었다면, 다음 main 함수와 더불어 실행하여, 이어지는 실행의 예와 동일한 결과를 보여야 한다.

```c
int main(void)
{
    int num1=10;
    int num2=20;

    int * ptr1=&num1;
    int * ptr2=&num2;

    printf("Before : ptr1->%d, ptr2->%d \n", *ptr1, *ptr2);
    SwapPtr(&ptr1, &ptr2);

    printf("After : ptr1->%d, ptr2->%d \n", *ptr1, *ptr2);
    return 0;
}
```

■ 실행의 예

```
Before : ptr1->10, ptr2->20
After : ptr1->20, ptr2->10
```

PART 05
매크로와 파일 그리고 다양한 표준함수들

제29장 문자열 관련 표준 함수
제30장 매크로와 전처리기(Preprocessor)
제31장 구조체(Structure Types)
제32장 공용체 그리고 열거형
제33장 파일 입출력
제34장 재귀 함수와 다양한 표준 함수들
제35장 파일의 분할과 헤더파일의 디자인
제36장 실력 다지기 연습문제 05

제29장 문자열 관련 표준 함수

만만치 않은 문자열의 처리

프로그래머라면 문자열 처리와 관련해서 좋은(?) 추억을 하나씩은 갖고 있기 마련이다. 그만큼 문자열은 프로그램 개발에서 중요한 역할을 차지한다. 때문에 ANSI 표준에서도 다양한 종류의 문자열 관련 함수들을 정의하고 있다. 이번 장을 한번 공부하고 나면 어떠한 함수들이 있는지 전체적인 파악이 가능하다. 그러면 그 이후부터는 필요할 때에만 참고를 해도 된다.

이 장의 목차페이지 ➡➡➡

29-1. gets 함수와 puts 함수, 그리고 버퍼(Buffer)	692
29-2. 문자열 컨트롤 함수들	705
29-3. 문자열의 정보를 파헤치는 함수들	714
29-4. printf와 scanf의 문자열 배열 버전(sprintf & sscanf)	720
프로그래밍 문제의 답안	724

29-1 gets 함수와 puts 함수, 그리고 버퍼(Buffer)

이번 장의 내용은 함수에 대한 설명이 주를 이루니, 가급적이면 간단하고 명료하게 설명을 진행하고자 한다.

■ puts 함수, 그리고 putchar 함수

"문자와 문자열의 출력!" 하면 떠오르는 것이 printf 함수와 서식문자 %c, %s 이다. 그러나 다음의 두 함수를 활용해도 문자와 문자열의 출력이 가능하다. 먼저 문자열 출력 함수를 살펴보자.

```
#include <stdio.h>
int puts(const char * s);
       성공 시 음수가 아닌 값을, 실패 시 EOF 반환
```

이 함수의 기본적인 호출방식은 다음과 같다.

```
puts("How beautiful day it is!");
```

이처럼 출력하고자 하는 문자열을(문자열의 주소 값을) 인자로 전달하면, 해당 문자열이 모니터로 출력된다. 그럼 이번에는 문자 출력 함수를 보자.

```
#include <stdio.h>
int putchar(int c);
       성공 시 출력된 문자 정보를, 실패 시 EOF 반환
```

이 함수의 기본적인 호출방식은 다음과 같다. 출력하고자 하는 문자 정보를 인자로 전달하면, 해당 문자가 모니터로 출력된다.

```
putchar('A');
```

그리고 이 두 함수는 실패 시 EOF를 반환한다는 사실에 주목하자. EOF는 End Of File의 약자로 구성이 된 상수로서 그 값은 -1이다. 이 값은 파일의 끝을 표시하기 위해 정의된 상수인데, 위 두 함수처럼 콘솔 출력의 실패를 알리기 위한 용도로도 사용이 된다.

■ gets 함수, 그리고 getchar 함수

gets, getchar 함수는 puts, putchar 함수의 상대적인 기능을 제공한다. 먼저 puts 함수의 상대적인 기능을 제공하는 gets 함수부터 살펴보자.

```
#include <stdio.h>
char * gets(char * s);
```
성공 시 매개변수로 전달된 값을, 실패 시 NULL 포인터 반환

이 함수를 호출하면서 메모리의 주소 값을 인자로 전달하면, 키보드로부터 입력되는 문자열이, 전달된 주소의 메모리에 저장된다. 이 함수의 기본적인 호출방식은 다음과 같다.

```
char str[20];
gets(str);          // 배열 str에 문자열 저장
```

다음은 putchar 함수의 상대적인 기능을 제공하는 getchar 함수이다.

```
#include <stdio.h>
int getchar(void);
```
성공 시 입력된 문자를, 실패 시 EOF 반환

이 함수는 키보드로부터 입력된 하나의 문자 정보를 반환한다. 따라서 다음과 같은 형태로 호출되어야 한다.

```
int ch;
ch=getchar();       // 변수 ch에 하나의 문자 정보 저장
```

getchar 함수의 호출 모델을 보면서 다음과 같은 생각을 하지 않을 수 없다.

"왜 char형 변수가 아닌, int형 변수에 반환 값을 저장하는 거죠?"

이는 getchar 함수가 int형 데이터를 반환하도록 정의되어 있기 때문이다. 그렇다면 궁금한 사항이 보다 구체화된다.

"getchar 함수의 반환형이 char형이 아닌 int형인 이유가 어디에 있나요?"

이와 관련된 궁금증은 잠시 후에 풀기로 하고, 일단은 지금까지 설명한 함수들의 모범적인 사용 예를 보도록 하겠다.

■ 예제 29-1.c

```
1.   #include <stdio.h>
2.
3.   int main(void)
4.   {
5.       int ch;
6.       char str[20];
7.
8.       /* 문자열의 입력과 출력 */
9.       if(gets(str)==NULL)
10.      {
11.          printf("문자열 READ 실패 \n");
12.          return -1;    // 오류 발생으로 인한 프로그램 종료
13.      }
14.      else
15.      {
16.          if(puts(str)==EOF)
17.              printf("문자열 WRITE 실패 \n");
18.      }
19.
20.      /* 문자의 입력과 출력 */
21.      if((ch=getchar())==EOF)
22.      {
23.          printf("문자 READ 실패 \n");
24.          return -1;
25.      }
26.      else
27.      {
28.          if(putchar(ch)==EOF)
29.              printf("문자 WRITE 실패 \n");
30.          putchar('\n');    // 한 줄 건너뛰기 위해!
31.      }
32.
33.      return 0;
34.  }
```

앞서 설명한 함수의 사용 예를 보이는 것이므로 추가적인 설명 없이도 이해할 수 있도록 간단히 예제를

작성하였다. 다만 이 예제를 통해서 주목할 것은 오류 검사의 방법과 getchar 함수의 반환 값을 int형 변수에 저장하고 있다는 점이다(이와 관련해서는 잠시 후에 언급하기로 했다).

```
■ 실행결과 : 예제 29-1
문자열 입력
문자열 입력
A
A
```

■ gets 함수의 특성과 입력 버퍼

gets 함수와 puts 함수의 내부 동작방식을 설명하고자 한다. 우선 다음 그림을 통해서 gets 함수의 문자열 입력 방식을 살펴보자.

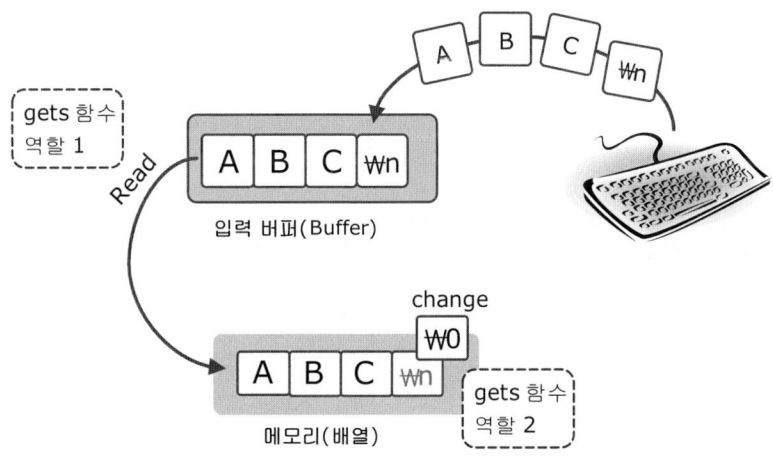

[그림 29-1 : gets 함수의 두 가지 역할]

위 그림에서 보여주는 gets 함수의 두 번째 역할부터 살펴 보자. gets 함수는 문자열을 읽어 들이는 함수이다. 그런데 데이터의 입력이 실제 이뤄지는 순간은 여러분이 엔터 키를 입력하는 순간이므로, 엔터 키의 입력까지도(\n을 의미함) 문자열의 일부로 입력이 된다.

그런데 gets 함수는 이렇게 읽어 들인 \n 문자를 프로그래머가 지정한 메모리 공간(일반적으로 배열)에 저장하기 전에 널 문자로 바꿔버린다. 따라서 gets 함수를 통해서 문자열을 읽어 들이면, 읽어 들인 데이터의 마지막에는 \n이 아닌 문자열의 끝을 의미하는 \0가 저장된다.

이제 위 그림에서 '입력 버퍼'라는 것을 살펴보자. 여기서 버퍼라는 것은 임시로 데이터를 저장할 수 있는 메모리 공간을 의미하는 것이니 입력 버퍼는 다음과 같이 정의할 수 있다.

"키보드로부터 입력되는 데이터가 임시로 저장되는 메모리 공간"

여러분이 키보드로 입력하는 데이터들은 엔터 키가 입력되는 순간에 입력 버퍼로 이동이 된다. 그리고 이렇게 이동된 데이터들이 gets 함수나 scanf 함수를 통해서 읽혀지게 되는 것이다. 그렇다면 이렇게 입력 버퍼를 중간에 두는 이유는 무엇일까(그냥 다이렉트로 배열에 저장하면 되지, 이렇게 중간 상인을 거치는 이유는 무엇일까)? 여기에는 여러 가지 이유가 있다. 하지만 지금은 입력 버퍼의 덕분으로 다양한 형태로 데이터를 해석할 수 있음을 언급하고 싶다. 예를 들어서 키보드를 통해서 기호 7이 입력되었고, 이 기호가 입력 버퍼에 저장되었다고 가정해보자. 이때 이 데이터는 숫자인가? 아니면 문자인가? 여러분은 이 기호를 숫자로도(%d), 문자로도(%c) 읽어 들일 수 있다. 뿐만 아니라 문자열의 일부로도(%s) 읽어 들일 수 있다. 이는 입력된 데이터가 입력 버퍼에 저장되기 때문에 가능한 일이다.

입력 버퍼, 그리고 잠시 후에 소개하는 출력 버퍼의 필요성

메모리 버퍼는 컴퓨터 공학의 다양한 영역에서 중요하게 다뤄지는 개념이다. 따라서 버퍼를 필요로 하는 이유에도 약간씩의 차이는 있다. 하지만 기본적으로 버퍼는 성능의 향상을 고려해서 디자인된다. 그림 29-1에서는 키보드로부터 데이터가 입력되는 모습을 보여줬다. 그런데 이는 생각보다 복잡한 과정을 거치기 때문에 상대적으로 시스템에 부담이 되는 작업이다. 따라서 최대한 많은 양의 데이터를 묶어서 한번에 처리를 해야 부담을 줄일 수 있다(승용차보다 버스가 효율적인 이유에 비유할 수 있다). 바로 이러한 이유로 중간에 입력 버퍼를 둬서 이동시킬 데이터를 모았다가 한번에 이동시키는 것이다. 그리고 이는 잠시 후에 소개하는 출력 버퍼에도 동일하게 적용되는 이야기이다. 출력시킬 데이터를 모았다가 한번에 출력을 하면, 그만큼 효율적으로 일을 처리할 수 있다.

문제 29-1 [입력 버퍼의 확인]

문제를 통해서 입력 버퍼의 존재를 이해하는 것이 목표이다. 이 두 문제를 해결하는 과정에서 입력 버퍼가 존재하기 때문에 가능한 일이 무엇인지 더불어 정리해 보자.

● 문제 1
키보드로 다음과 같이 데이터를 입력하자.
C:\> 77

이 때 여러분이 구현하는 프로그램에서 첫 번째 7은 문자의 형태로, 두 번째 7은 정수의 형태로 읽어 들여야 한다. 그리고 이렇게 읽어 들인 데이터를 각각 문자와 정수의 형태로 출력해야 한다.

● 문제 2
키보드로부터 다음과 같이 총 2회에 걸쳐서 입력을 하자.
C:\>-12
C:\>-12

첫 번째 입력은 문자열 "-12"의 형태로 읽어 들이고, 두 번째 입력은 문자 '-'와 정수 12의 형태로 읽어 들이는 프로그램을 작성하자. 물론 읽어 들인 후에는 적절한 형태의 출력을 보여야 한다.

■ puts 함수의 특성과 출력 버퍼

이번에는 그림을 통해서 puts 함수의 내부 동작 방식을 살펴보자.

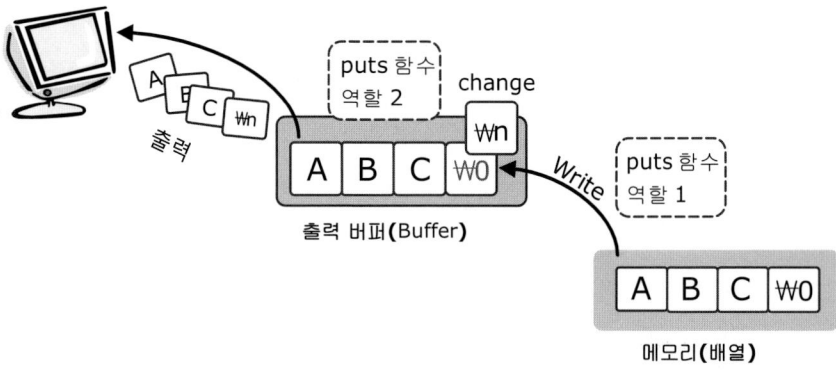

[그림 29-2 : puts 함수의 두 가지 역할]

위 그림이 보여주듯이 puts 함수는 출력을 위해서 메모리(일반적으로 문자열 배열)에 존재하는 문자열 데이터를 출력 버퍼로 이동시키는 역할을 하며, 더불어 문자열의 끝을 의미하는 널 문자를 개 행을 의미하는 \n 문자로 변경시키는 역할도 한다. 때문에 puts 함수를 이용해서 문자열을 출력할 때에는 항상 개 행이 이뤄진다.

그리고 이렇게 출력 버퍼에 저장된 데이터들은 들어올 때마다 출력이 이뤄지기도 하지만, 둘 이상의 데이터가 연속해서 들어오는 경우에는 이들을 묶어서 한번에 출력시키는 형태로 성능의 향상을 유도하기도 한다(이것이 버퍼가 필요한 이유 중 하나이다).

■ 입출력의 순서를 바꿔서 실행해 보면?

앞서 예제 29-1에서는 문자열을 입출력하고 나서 문자를 입출력 하였다. 만약에 이 순서를 바꾸면 어떻게 될까? 즉 예제 29-1의 8~18행과 20~31행의 위치를 서로 바꿔서 실행을 하면 어떻게 될까?

■ 예제 29-2.c

```
1.    #include <stdio.h>
2.
3.    int main(void)
4.    {
5.        int ch;
6.        char str[20];
7.
8.        /* 문자의 입력과 출력 */
9.        if((ch=getchar())==EOF)
10.       {
11.           printf("문자 READ 실패 \n");
12.           return -1;
13.       }
14.       else
15.       {
16.           if(putchar(ch)==EOF)
17.               printf("문자 WRITE 실패 \n");
18.           putchar('\n');
19.       }
20.
21.       /* 문자열의 입력과 출력 */
22.       if(gets(str)==NULL)
23.       {
24.           printf("문자열 READ 실패 \n");
25.           return -1;
26.       }
27.       else
28.       {
29.           if(puts(str)==EOF)
30.               printf("문자열 WRITE 실패 \n");
31.       }
```

```
32.     return 0;
33. }
```

다음은 위 예제를 실행했을 때의 실행결과이다.

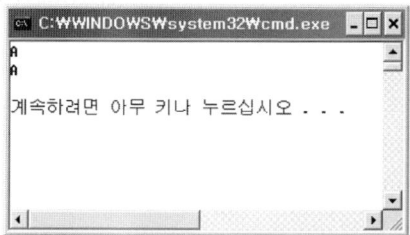

[그림 29-3 : 예제 29-2 실행의 예]

위 그림은 문자를 입출력 하자마자 프로그램이 종료된 상황을 보여준다. 즉 문자열의 입출력 기회가 사라진 것이다. 이러한 일이 벌어지는 이유가 무엇일까?

■ fflush(stdin) 이 필요합니다.

그림 29-3의 현상은 한 문자를 읽어 들이는 getchar 함수에 원인이 있다. 문자열을 읽어 들이는 gets 함수는 문자열의 끝에 입력되는 \n까지 읽어 들여서 이를 \0으로 교체해 버리지만, 문자를 읽어 들이는 getchar 함수는 하나의 문자만을 읽어 들이기 때문에 문자의 입력을 위해 더불어 입력되는 \n이 입력 버퍼에 남는 상황이 발생한다.
그리고 이는 이후에 호출되는 gets 함수에 의해서 읽혀지게 되어(gets 함수는 하나의 문자열을 읽어 들이는 함수이므로 \n을 만날 때까지만 데이터를 읽어 들인다), 결과적으로 문자열을 입력할 기회를 놓치게 되는 것이다. 이제 그림 29-3을 다시 보자. 이 실행결과는 문자열의 출력이 이뤄지지 않은 것처럼 보이지만 실제로는 \n이 하나의 문자열로 출력된 것이다.

우리는 새로운 문자열을 입력 받기 원했으므로 위의 실행결과는 분명 우리가 원하던 바가 아니다. 그렇다면 어떻게 해야 할까? 답은 하나다. 입력 버퍼에 불필요하게 남아있는 \n을 지워버리면 된다. 다시 말해서 입력 버퍼를 깨끗이 비워버리면 된다. 그리고 이를 위해서 fflush라는 이름의 함수를 호출하면 되는데, 이 함수의 원형은 다음과 같다.

```
#include <stdio.h>
int fflush(FILE * restrict stream);
```
　　　　　성공 시 0, 실패 시 EOF 반환

위 함수를 보면서 매개변수 선언에 대해 궁금해하지 않을 수 없다(특히 FILE에 대해서). 그러나 지금 이를 이해하기에는 무리가 있으니, 당분간은 다음과 같은 형태로 호출을 한다고만 기억을 하자. 이 함수에 대해서는 이후에 파일 입출력 부분에서 자세히 설명하겠다.

　　fflush(stdin);

인자로 전달되는 stdin은 입력 버퍼를 의미한다. 즉 위의 함수 호출은 다음과 같은 의미를 지닌다.

　　"입력 버퍼를 비워라!"

그럼 이번에는 위의 함수 호출 문을 예제 29-2의 20행에 삽입해서 다시 실행해보자. 그림 29-3에서 보이는 문제가 발생하지 않음을 확인할 수 있다.

토막 퀴즈

질문 : 예제 29-2에서는 getchar 함수를 이용해서 문자를 읽어 들였다. 그럼 scanf 함수를 이용해서 다음과 같은 형태로 문자를 읽어 들여도 그림 29-3과 같은 문제가 발생하겠는가?
　　scanf("%c", &ch);

답변 : 당연히 발생한다. 입력 버퍼에 \n이 남은 이유는 getchar 함수의 특성 때문이 아니다. 이는 읽어 들인 데이터가 문자이기 때문이다. 따라서 getchar 함수를 통해서 문자를 읽건, scanf 함수를 호출해서 문자를 읽건, 문제는 동일하게 존재한다.

■ fflush(stdin) 이거요! VC++ 이외의 컴파일러에서는 동작을 안 합니다!

사실 바로 위에서 설명한 아래의 fflush 함수 호출 문은 문제가 많은 문장이다. 이는 VC++ 계열의 컴파일러에서만 정상적으로 동작하기 때문이다.

　　fflush(stdin);

이 문장이 다른 컴파일러에서 제대로 동작하지 않는 이유는 33장에서 자세히 설명하겠다. 그러나 지금은 VC++ 이외의 컴파일러에서 입력 버퍼를 비우는 방법에 대해 고민해야 한다. 그런데 의외로 간단하다.

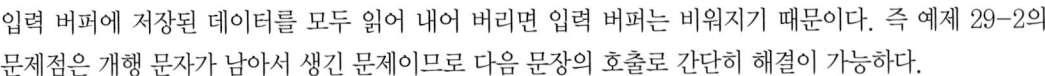

입력 버퍼에 저장된 데이터를 모두 읽어 내어 버리면 입력 버퍼는 비워지기 때문이다. 즉 예제 29-2의 문제점은 개행 문자가 남아서 생긴 문제이므로 다음 문장의 호출로 간단히 해결이 가능하다.

```
getchar();
```

위 함수의 호출이 예제 29-2의 20행에서 이뤄진다면, 메모리 공간에 남아 있는 개행 문자가 읽혀져서 입력 버퍼에 남았던 개행 문자는 삭제가 된다. 예제를 통해서 이를 확인해 보겠다.

■ 예제 29-3.c

```
1.   #include <stdio.h>
2.   void ClearReadBuffer(void);
3.
4.   int main(void)
5.   {
6.       int ch;
7.       char str[20];
8.
9.       /* 문자의 입력과 출력 */
10.      if((ch=getchar())==EOF)
11.      {
12.          printf("문자 READ 실패 \n");
13.          return 1;
14.      }
15.      else
16.      {
17.          if(putchar(ch)==EOF)
18.              printf("문자 WRITE 실패 \n");
19.          putchar('\n');
20.      }
21.
22.      /* fflush(stdin) 대행 */
23.      ClearReadBuffer();
24.
25.      /* 문자열의 입력과 출력 */
26.      if(gets(str)==NULL)
27.      {
28.          printf("문자열 READ 실패 \n");
29.          return -1;
30.      }
31.      else
32.      {
33.          if(puts(str)==EOF)
34.              printf("문자열 WRITE 실패 \n");
35.      }
36.      return 0;
37.   }
38.
```

```
39.    void ClearReadBuffer(void)
40.    {
41.        while(getchar()!='\n');
42.    }
```

위 예제의 23행에서 호출하고 있는 ClearReadBuffer 함수는 내부적으로 \n을 읽어 들일 때까지 getchar 함수가 호출되도록 정의되어 있다. 따라서 입력 버퍼에 남아 있는 \n 뿐만 아니라, \n 앞에 남아 있는 데이터들도 더불어 비워진다.

VC++ 기반에서도 ClearReadBuffer 함수를 사용합시다.

fflush(stdin)은 모든 컴파일러에서 동일한 결과를 보장하지 않으므로, 위 예제에서 보이듯이 ClearReadBuffer와 같은 형태의 함수를 직접 정의해서 사용하는 것이 좋다. 비록 이 책의 예제에서는 fflush(stdin)을 종종 사용하지만, 여러분은 이 때마다 ClearReadBuffer 함수를 떠올리기 바란다.

■ **printf, scanf 함수와의 차이점은? [성능적인 측면]**

지금까지 설명한 문자와 문자열의 입출력 기능은 printf 함수와 scanf 함수의 호출을 통해서도 얼마든지 구현이 가능하다. 그렇다면 이들의 차이점은 무엇일까? 우선 printf 함수와 scanf 함수는 위에서 설명한 함수들에 비해서 훨씬 기능이 막강하다(입력과 출력의 형태가 다양하므로). 때문에 기능이 다양한 만큼 성능적인 측면에서는 조금 뒤쳐질 수밖에 없다. 함수 내에서 고려해야 할 경우의 수가 훨씬 더 많기 때문이다. 따라서 위에서 소개한 함수들로도 충분한 상황에서는 굳이 scanf 함수와 printf 함수를 사용하지 않는 것이 성능에는 도움이 된다.

■ **printf, scanf 함수와의 차이점은? [기능적인 측면]**

그러나 성능적인 측면 때문에 printf 함수와 scanf 함수를 대신해서 앞에서 소개한 함수들을 선택하는 프로그래머는 많지 않다. scanf 함수를 이용해서 문자열을 입력 받을 수 있음에도 불구하고 gets 함수를 사용하는 특별한 이유가 있다. 마찬가지로 printf 함수를 이용해서 문자열을 출력할 수 있음에도 불구하고 puts 함수를 사용하는 특별한 이유가 있다. 다음 예제를 통해서 바로 이 특별한 이유가 무엇인지 살펴보겠다.

■ 예제 29-4.c
```
1.    #include <stdio.h>
2.
```

```
3.    int main(void)
4.    {
5.        char name[20];
6.        printf("이름 : ");
7.        gets(name);
8.
9.        printf("%s \n", name);
10.       puts(name);
11.       return 0;
12.   }
```

위 예제의 7행에서는 gets 함수를 이용해서 문자열을 입력 받고 있다. 그런데 gets 함수는 scanf 함수와 달리 개행 문자를 통해서 데이터를 구분한다. 따라서 다음과 같은 형태의 문자열은 모두 입력이 가능하다.

"홍길동"
"홍　　길동"
"홍　길　동"

그러나 scanf 함수는 공백을 기준으로 데이터를 구분하기 때문에 첫 번째 형태의 문자열만 입력이 가능하다. 그리고 위 예제 10행에서는 문자열을 출력하고 있는데, puts 함수는 문자열 출력 시 기본적으로 개행이 이뤄진다. 반면 printf 함수를 이용해서 10행과 동일한 결과를 기대하려면 9행과 같이 문장을 구성해야 한다. 9행보다 10행의 문장구성이 훨씬 간단하지 않은가?
지금 설명한 이 두 가지 이유가 scanf 함수를 대신해서 gets 함수를, printf 함수를 대신해서 puts 함수를 이용하는 가장 일반적인 이유이다.

■ getchar 함수의 반환형이 int인 이유는? (오해가 많은 이야기)

필자는 getchar 함수의 반환형이 int인 이유에 대해 많은 분들이 궁금해 함을 알게 되었다. 그래서 이 부분에 대해서 설명을 하고자 한다. 앞서 5장의 '참고'를 통해서 char형은 컴파일러에 따라서 unsigned char형으로 처리되기도 하고, signed char형으로 처리되기도 한다고 언급하였다. 이러한 기본지식을 가지고 아래의 코드를 실행해 보자.

■ 예제 29-5.c

```
1.    #include <stdio.h>
2.
3.    int main(void)
4.    {
5.        char ch;
6.        while(1)
7.        {
8.            printf("문자 입력 : ");
```

```
9.          ch=getchar();      /* Ctrl+Z 입력 시 EOF 반환 */
10.         if(ch==EOF)
11.             break;
12.
13.         fflush(stdin);
14.         printf("입력 문자 : %c \n", ch);
15.     }
16.     printf("이용해 주셔서 감사 드립니다. \n");
17.     return 0;
18. }
```

■ 실행결과 : 예제 29-5

문자 입력 : A
입력 문자 : A
문자 입력 : B
입력 문자 : B
문자 입력 : ^Z
이용해 주셔서 감사 드립니다.

여러분이 사용하는 대부분의 컴파일러에서는 위의 실행결과처럼 제대로 동작을 했을 것이다. 그러나 이는 char가 signed char로 처리되는 경우에 한해서다. 컴파일러에 따라서 char가 unsigned char로 처리될 수도 있다고 하지 않았는가? 이러한 경우에는 문제를 일으키는데, 이를 확인하기 위해서 위 예제 5행을 다음과 같이 선언하고 다시 실행해 보자.

```
unsigned char ch;
```

Ctrl+z 키를 입력해도 프로그램이 종료되지 않음을 확인할 수 있을 것이다. 이러한 문제가 왜 발생하는가? getchar 함수가 반환하는 EOF는 정수 -1이다. 그런데 이 값을 음의 정수를 표현하지 못하는 unsigned char형 변수 ch에 저장하기 때문에 발생하는 것이다. -1을 unsigned char형 변수 ch에 저장하면 255가 저장된다. 따라서 위 예제 10행은 항상 '거짓'이 되어 프로그램은 종료되지 않는다. 하지만 int는 컴파일러에 상관없이 항상 signed int로 표현되기 때문에 위 예제의 5행을 다음과 같이 선언해야 안정적인 실행을 보장받을 수 있다.

```
int ch;
```

이러한 이유 때문에 getchar 함수의 반환형이 int이고, getchar 함수가 반환하는 값도 int형 변수에 저장하는 것이다(이렇게 이야기하면서 필자 스스로 되돌아 보니 필자도 그리 떳떳하지만은 않은 것 같다).

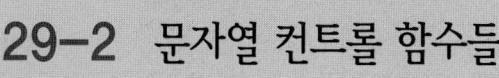

29-2 문자열 컨트롤 함수들

문자열을 복사하고 붙이고 비교하는 등의 표준함수들을 소개하고자 한다. 여기서 소개하는 함수들은 이후에 소개하는 다른 문자열 관련 함수들보다 사용빈도수가 높은 편이니 기억하고 있는 편이 좋다.

■ strlen : 문자열의 길이가 어떻게 되나요?

다음은 문자열의 길이를 계산해서 반환하는 기능의 함수이다.

```
#include <string.h>
size_t strlen(const char * s);
        문자열의 길이 정보 반환
```

이 함수는 인자로 전달된 주소 값을 시작으로, 널 문자를 만날 때까지 문자의 개수를 세어 나가는 방식으로 문자열의 길이를 계산하는데, 이 때에 널 문자는 문자열의 길이에 포함이 되지 않는다. 그리고 이렇게 계산된 문자열의 길이 정보는 함수 호출이 완료되면서 반환된다.
참고로 위 함수의 원형을 보면 반환형에 대해서 "성공 시 oo을 반환, 실패 시 xx를 반환"이라고 설명되어 있지 않고, 그저 다음과 같이 설명되어 있음을 알 수 있다.

"문자열의 길이 정보 반환"

이렇듯 strlen 함수는 오류 상황에서 반환되어야 할 값이 정의되어 있지 않다. 그런데 제대로 된 문자열의 주소 값만 전달한다면, 특별히 오류 상황이 발생할 일도 없다.

■ 예제 29-6.c
```
1.   #include <stdio.h>
2.   #include <string.h>
3.
4.   int main(void)
5.   {
6.       char str1[]="1234567";
7.       char str2[]="프로그래밍";
8.       char str3[]="C Programming";
9.
10.      printf("%s : %d \n",str1, strlen(str1));
```

```
11.     printf("배열 크기 : %d \n", sizeof(str1));
12.
13.     printf("%s : %d \n",str2, strlen(str2));
14.     printf("배열 크기 : %d \n", sizeof(str2));
15.
16.     printf("%s : %d \n",str3, strlen(str3));
17.     printf("배열 크기 : %d \n", sizeof(str3));
18.     return 0;
19. }
```

■ 실행결과 : 예제 29-6

```
1234567 : 7
배열 크기 : 8
프로그래밍 : 10
배열 크기 : 11
C Programming : 13
배열 크기 : 14
```

위 예제의 실행결과를 통해서 strlen 함수의 반환 값에는 널 문자가 포함되지 않음을 알 수 있다. 그리고 더불어 한글은 한 글자당 2바이트로 표현된다는 사실도 알 수 있다.

한글이요? 당연히 써도 됩니다.

예제 29-5를 보면서 한글을 사용하면 안될 것 같은 느낌을 받을 수 있다. 그러나 실제 프로그램 개발에서도 한글이 2바이트로 표현된다는 사실을 기억하면서, 더불어 strlen 함수의 반환 값이 실제 한글 길이의 두 배가 된다는 사실을 기억하면서 한글을 사용한다.

■ strcpy, strncpy : 저 문자열을 이 배열에 복사해 주세요!

문자열의 복사를 다음과 같은 방식으로 시도하는 경우가 있다(누구나 한번쯤은 시도해 보니 부끄러워할 필요 없다).

```
char str1[20]="Read String";
char str2[20];
str2=str1;      // str1에 저장된 문자열을 str2에 복사하란 말이지!
```

하지만 이전에도 언급했듯이 이는 문자열의 복사로 이어지지 않는다. 배열의 이름은 배열의 주소 값을 나타내는 상수에 지나지 않기 때문에, 위 코드의 대입연산은 다음과 같은 이해 불가능한 문장이 되어버린다(0x24와 0x12는 각각 str2와 str1의 주소 값이라 가정).

    0x24=0x12;   // 상수에 상수를 대입하라고?

그래서 문자열의 복사를 위해서는 다음 두 개의 표준함수 중 하나를 선택해서 사용해야 한다.

```
#include <string.h>
char * strcpy(char * dest, const char * src);
char * strncpy(char * dest, const char * src, size_t n);
```
첫 번째 매개변수에 전달된 주소 값(dest에 전달된 값) 반환

위 두 함수 모두, 두 번째 매개변수 src에 전달된 주소의 문자열을, 첫 번째 매개변수 dest에 전달된 주소의 메모리 공간에 복사한다. 단 strncpy 함수는 복사할 문자열의 길이가(널 문자를 포함한 문자열의 길이) 세 번째 전달인자의 값보다 클 경우, 세 번째 전달인자의 크기만큼만 복사를 진행한다.

■ 예제 29-7.c

```
1.  #include <stdio.h>
2.  #include <string.h>
3.
4.  int main(void)
5.  {
6.      char src[20]="1234567890";
7.      char dest1[20];
8.      char dest2[20];
9.
10.     strcpy(dest1, src);     // 복사하는 문자열의 길이는 널 문자 포함하여 11
11.     strncpy(dest2, src, strlen(src));
12.
13.     printf("dest1 : %s \n", dest1);
14.     printf("dest2 : %s \n", dest2);
15.     return 0;
16. }
```

■ 실행결과 : 예제 29-7

dest1 : 1234567890
dest2 : 1234567890微微微微微微微1234567890

위 예제 10행에서는 strcpy 함수의 사용 예를 보여준다. 여기서는 복사될 메모리 공간 dest1이 넉넉하므로 문제없이 복사가 이뤄진다. 그러나 11행은 문제가 있다. strlen(src)의 반환 값이 10이므로, 이 문장은 다음과 같은 형식으로 호출이 되어 문제가 발생한다.

```
strncpy(dest2, src, 10);
```

최대 열 개의 문자까지 복사가 되는데, 널 문자는 열 한번째 문자이다. 따라서 널 문자는 복사되지 않는다. 그러므로 dest2에 저장된 문자열은 C언어에서 말하는 문자열이 아닌 셈이다(널 문자가 삽입되지 않았으므로). 그래서 정상이 아닌 출력결과를 보였는데, 이를 수정하기 위해서는 11행을 다음과 같이 변경하거나 직접 널 문자를 삽입해야 한다.

```
strncpy(dest2, src, strlen(src)+1);    // 널 문자까지 복사를 위해 +1
```

위 예제에서는 strncpy 함수의 주의사항을 보여줬는데, 다음 예제에서는 strcpy 함수의 주의 사항을 보여준다.

■ 예제 29-8.c

```
1.   #include <stdio.h>
2.   #include <string.h>
3.
4.   int main(void)
5.   {
6.       char src[20]="1234567890";
7.       char dest1[5];
8.       char dest2[5];
9.
10.      strcpy(dest1, src);
11.      strncpy(dest2, src, sizeof(dest2)-1);      // 널 문자 공간 위해 -1
12.      dest2[sizeof(dest2)-1]='\0';      // 널 문자 삽입
13.
14.      printf("dest1 : %s \n", dest1);
15.      printf("dest2 : %s \n", dest2);
16.      return 0;
17.  }
```

위 예제에서 배열 src에 저장된 문자열의 길이는 배열 dest1의 길이보다 길다. 이러한 상황에서 10행의 함수 호출은 어떠한 형태로 실행이 되겠는가?

• 답변 1 : 배열의 길이만큼만 딱 복사가 이뤄집니다.

• 답변 2 : dest1에 할당된 메모리 공간을 넘어서서 복사가 진행됩니다.

무엇이 답이겠는가? 앞서 공부했듯이 함수 내에서는 인자로 전달되는 주소 값만 가지고 배열의 길이를 계산하지 못한다. 때문에 strcpy 함수는 dest1의 크기를 모르는 상태에서 복사를 진행할 수밖에 없고, 이

과정에서 선언하지 않은 메모리 공간까지 침범하는 문제가 생기게 된다. 반면 strncpy 함수를 사용하면 배열의 길이만큼만 딱 복사가 이뤄지도록 함수의 호출문장을 구성할 수 있다. 위 예제 11, 12행에서 보이는 것처럼 말이다.

지금까지 strcpy 함수와 strncpy 함수가 문제가 되는 상황들을 설명했는데, 여러분은 이 내용을 토대로 strcpy 함수를 사용해도 괜찮은 상황과 strncpy 함수를 사용해야만 하는 상황을 구분할 수 있어야 한다.

strncpy 함수를 많이 사용하라고 합니다.
strncpy 함수를 이용하면 strcpy 함수가 할 수 있는 모든 일을 안정적으로 처리할 수 있기 때문에, 일반적으로 strncpy 함수의 사용을 추천한다.

■ strcat, strncat : 이 문자열의 뒤에다가 저 문자열을 복사해 주세요!

두 개의 문자열을 연결하고 싶은 경우가 있다. 다음은 이러한 경우에 사용할 수 있는 함수들이다.

```
#include <string.h>
char * strcat(char * dest, const char * src);
char * strncat(char * dest, const char * src, size_t n);
```
첫 번째 매개변수에 전달된 주소 값(dest에 전달된 값) 반환

이 두 함수는 src로 전달된 문자열을 dest로 전달된 문자열의 뒤에 복사한다. 그리고 strcat 함수와 strncat 함수의 차이점은 strcpy 함수와 strncpy 함수와의 차이점과 동일하다. 즉 strncat 함수의 세 번째 전달인자는 덧붙일(문자열의 뒤에 복사할) 문자열의 최대 길이를 제한한다.

■ 예제 29-9.c
```
1.  #include <stdio.h>
2.  #include <string.h>
3.
4.  int main(void)
5.  {
6.      char str1[20]="Your name is ";
7.      char str2[20];
8.
9.      printf("이름을 입력하세요 : ");
10.     gets(str2);
```

```
11.
12.     strcat(str1, str2);
13.     puts(str1);
14.     return 0;
15. }
```

■ 실행결과 : 예제 29-9

이름을 입력하세요 : Hong
Your name is Hong

이 예제의 6행에 선언된 배열 str1의 길이는 20이다. 따라서 이 배열에는 널 문자를 포함해서 최대 길이가 20을 넘지 않는 문자열만 저장할 수 있다. 그리고 12행에서는 이 배열에 문자열을 덧붙이는데, 덧붙일 문자열이 "Hong"이라면, 메모리 상에서는 다음과 같은 방식으로 덧붙임이 진행된다.

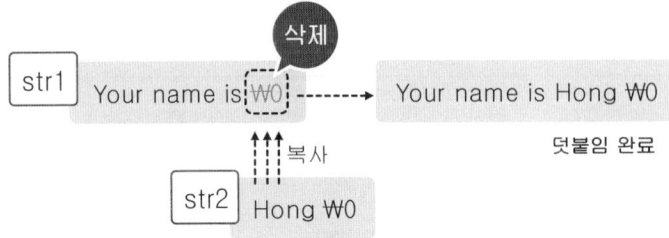

[그림 29-4 : strcat 함수의 동작원리]

strcat 함수는 문자열을 덧붙여서 새로운 문자열을 구성하니, 첫 번째 문자열에 저장된 널 문자가 삭제되는 것은 당연하다. 그런데 위 예제에는 한가지 문제점이 존재한다. 예를 들어 10행에서 다음과 같은 길이의 문자열이 입력되었다고 가정해 보자.

"Hong gil dong"

이 문자열은 널 문자를 포함하여 그 길이가 14에 이른다. 따라서 배열 str1에 덧붙일 수 있는 문자열이 아니다. 그럼에도 불구하고 덧붙이고자 한다면 strcat 함수는 어떻게 동작하는 것이 타당하다고 생각하는가?

- 동작 1 : 덧붙임이 아예 이뤄지지 않아야 한다.
- 동작 2 : 배열 str1의 길이가 허용하는 만큼만 덧붙임이 이뤄져야 한다.

두 가지 모두 타당한 동작방식이 될 수 있다. 다만 상황에 따라서 첫 번째 동작방식이 적합할 수도 있고,

두 번째 동작방식이 적합할 수도 있다. 때문에 우리는 strcat 함수와 strncat 함수를 활용해서 각각의 방식으로 동작하는 별도의 함수를 정의해 보고자 한다. 그런데 필자가 바로 소개할 수도 있으나 여러분이 먼저 구현해 보는 것이 순서일 것 같아서 이를 문제의 형태로 구성하였다.

● 문 제 29-2 [예제 29-9에 안정성 부여하기]

이번에 소개하는 문제들도 시도해 볼만하다. 비록 strncat 함수를 활용한 예제를 제시하지는 않았지만, 이와 유사한 strncpy 함수의 사용 예를 보여드렸으니 충분히 해결할 수 있을 것이다.

◉ 문제 1
예제 29-9를 변경하자. strcat 함수를 통해서 문자열의 덧붙임을 했을 때, 배열 str1의 길이를 넘어서지 않는 경우에만 덧붙임이 이뤄지도록 예제를 변경하자. 그리고 덧붙임이 가능한 문자열이 입력될 때가지 계속해서 문자열의 입력을 요구하는 형태로 예제를 작성하자.

◉ 문제 2
예제 29-9를 변경하자. 배열 str1의 길이가 허용하는 만큼만 덧붙임이 이뤄지는 형태로 예제를 변경하자.

참고로 필자는 각각의 문제에서 요구하는 기능의 함수를 별도로 정의해서 해결을 하였으니, 여러분도 별도로 함수를 정의해서 문제를 해결해보기 바란다.

■ strcmp, strncmp : 두 문자열이 서로 동일한가요?

두 문자열이 동일한지 확인하고 싶을 때가 있다. 그리고 이러한 경우에 다음과 같은 실수를 범할 수 있다.

```
char * str1="Software and Hardware";
char * str2="Software and Hardware";
if(str1==str2) { . . . }      // 두 문자열이 동일하냔 말이지!
```

이는 문자열 비교가 아니고, 두 문자열이 저장되어 있는 주소 값의 비교이기 때문에 문자열 비교와는 거리가 멀다. 문자열의 내용을 비교하고 싶다면 다음 함수들을 사용해야 한다.

```
#include <string.h>
int strcmp(const char * s1, const char * s2);
int strncmp(const char * s1, const char * s2, size_t n);
```
두 문자열이 동일하면 0, 동일하지 않으면 0이 아닌 값 반환

위 함수들은 두 문자열이 동일하면 0을 반환한다. 그러나 동일하지 않고 사전편찬 순서상 (lexicographically) 첫 번째 문자열 s1이 앞서면(s1이 사전의 앞부분에 위치한다면) 0보다 작은 값을, 두 번째 문자열 s2가 앞서면 0보다 큰 값을 반환한다. 그리고 함수 strncmp는 비교하는 문자열의 길이가 세 번째 전달 인자의 값보다 크면, 세 번째 전달인자의 길이만큼만 부분 비교를 한다.

■ 예제 29-10.c

```c
1.  #include <stdio.h>
2.  #include <string.h>
3.
4.  void LexiCmp(char * str1, char * str2);
5.  void LexiPartialCmp(char * str1, char * str2, int len);
6.
7.  int main(void)
8.  {
9.      char str1[]="It is possible to master C";
10.     char str2[]="It is impossible to master C";
11.     char str3[]="It is possible to master C in a month or two";
12.
13.     LexiCmp(str1, str2);
14.     LexiCmp(str1, str3);
15.     LexiPartialCmp(str1, str3, 26);
16.     return 0;
17. }
18.
19. void LexiCmp(char * str1, char * str2)
20. {
21.     int ret=strcmp(str1, str2);
22.
23.     if(ret==0)
24.         puts("두 문자열은 동일합니다.");
25.     else if(ret<0)
26.         printf("앞서는 문자열 : %s \n", str1);
27.     else
28.         printf("앞서는 문자열 : %s \n", str2);
29. }
30.
31. void LexiPartialCmp(char * str1, char * str2, int len)
32. {
33.     int ret=strncmp(str1, str2, len);
```

```
34.
35.     if(ret==0)
36.         printf("%d번째 문자까지 두 문자열은 동일합니다.\n", len);
37.     else if(ret<0)
38.         printf("앞서는 문자열 : %s \n", str1);
39.     else
40.         printf("앞서는 문자열 : %s \n", str2);
41. }
```

- 19~29행 : strcmp 함수를 이용해서, 입력되는 문자열중 사전편찬 순서가 앞서는 문자열을 출력하도록 정의하였다.
- 31~41행 : strncmp 함수를 이용해서, 입력되는 문자열을 부분적으로 비교할 수 있도록 정의하였다.
- 13행 : str1과 str2를 비교하고 있다. 사전편찬 순서상 str2이 앞서기 때문에 str2가 출력된다.
- 14행 : str1과 str3를 비교하고 있다. 사전편찬 순서상 str1이 앞서기 때문에 str1이 출력된다.
- 15행 : str1과 str3를 부분적으로 비교하고 있다. 26번째 문자까지 비교하는데, 이 부분까지는 서로 동일하기 때문에 두 문자열이 부분적으로 동일하다는 메시지가 출력된다.

■ 실행결과 : 예제 29-10

앞서는 문자열 : It is impossible to master C
앞서는 문자열 : It is possible to master C
26번째 문자까지 두 문자열은 동일합니다.

물론 위의 문자열들은 문장이기 때문에 사전에서 찾을 수 없습니다.

예제 29-10에서 사용한 문자열들은 사전에서 찾을 수 있는 단어가 아닌 문장들이다. 따라서 사전의 편찬 순서를 기준으로 앞서고, 뒤섬을 판단한다는 것이 이상하게 생각될 수 있다. 그러나 사전의 편찬 순서가 정해지는 기준을 문장에 적용해서 앞서고 뒤섬을 판단하는 것으로 이해하면 된다. 예를 들어 문자열 "It is p~"보다 "It is i~"가 사전의 편찬 순서상 앞선다고 할 수 있다. i가 p보다 순서상 앞서기 때문이다.

29-3 문자열의 정보를 파헤치는 함수들

이번에는 문자열을 구성하는 요소들의 정보를 추출하는 기능의 함수들을 소개하고자 한다. 문자열에 문자 A가 존재하는지 궁금한가? 문자열을 이루는 단어들은 어떤 것들이 있는지 궁금한가? 여기서 소개하는 함수들을 활용하면 이러한 궁금증을 해결할 수 있다.

■ strchr, strrchr : 문자 Q가 언제 처음 또는 마지막에 등장하나요?

문자열에서 특정 문자가 등장하는 처음 또는 마지막 위치를 알고 싶을 때에는 다음 함수를 사용하면 된다.

```
#include <string.h>
char * strchr(const char * s, int c);
char * strrchr(const char * s, int c);
```
문자를 찾을 시 해당 문자의 포인터를, 못 찾을 시 NULL 포인터를 반환

함수 strchr은 두 번째 인자로 전달되는 문자가 처음 등장하는 위치를, 첫 번째 인자로 전달되는 주소 값의 문자열에서 찾는다. 그리고 찾으면 해당 문자의 주소 값을, 못 찾으면 NULL 포인터를 반환한다. 함수 strrchr의 기능도 strchr과 유사하다. 다만 차이점은 strrchr은 문자열의 끝에서부터 찾기 시작한다는 점에 있다. 즉 strrchr 함수는 찾고자 하는 문자가 등장하는 마지막 위치의 정보를 반환한다.

■ 예제 29-11.c

```
1.  #include <stdio.h>
2.  #include <string.h>
3.
4.  int main(void)
5.  {
6.      char str[]="It is possible to master C in a month or two";
7.      char * chPtr;
8.
9.      chPtr=strchr(str, 'i');
10.     printf("첫 번째 i 이후 문자열 : %s \n", chPtr);
11.
12.     chPtr=strrchr(str, 'i');
13.     printf("마지막 i 이후 문자열 : %s \n", chPtr);
14.     return 0;
15. }
```

■ 실행결과 : 예제 29-11

첫 번째 i 이후 문자열 : is possible to master C in a month or two
마지막 i 이후 문자열 : in a month or two

■ **strstr : 이 문자열 안에 "an engineer"가 등장하나요?**

문자열 안에 특정 문자열이 존재하는지 확인하고 싶을 때에는 다음 함수를 사용하면 된다.

```
#include <string.h>
char * strstr(const char * src, const char * sub);
```
문자열을 찾을 시 해당 문자열의 시작 주소를, 못 찾을 시 NULL 포인터를 반환

위 함수의 반환형에 대한 설명 그대로, 두 번째 매개변수로 전달된 문자열과 동일한 문자열 블록을 찾았을 시에는 해당 문자열의 주소 값이 반환된다. 그리고 이러한 문자열 관련 함수에도 한글이 사용될 수 있음을 보이기 위해서 이번 예제는 한글을 기반으로 작성하였다.

■ 예제 29-12.c

```c
1.  #include <stdio.h>
2.  #include <string.h>
3.
4.  int main(void)
5.  {
6.      char str[]="한글도 얼마든지 전달인자가 될 수 있습니다.";
7.      char * stPtr;
8.
9.      stPtr=strstr(str, "가 될 수 있습");
10.     printf("시작 위치 이후 문자열 : %s \n", stPtr);
11.     return 0;
12. }
```

■ 실행결과 : 예제 29-12

시작 위치 이후 문자열 : 가 될 수 있습니다.

■ strtok : 이 문자열은 '-'를 기준으로 어떻게 나눠지나요?

프로그램을 개발하다 보면 어떠한 기준을 가지고 문자열을 나눠야 하는 경우가 종종 발생하는데, 이 때에는 다음 함수를 사용하면 된다.

```
#include <string.h>
char * strtok(char * str, const char * set);
```
　　　다음 번 토큰의 주소 값을 반환하며, 반환할 토큰이 없으면 NULL 포인터 반환

첫 번째 전달인자에는 토큰을 나눌 대상이 되는 문자열의 주소 값이 전달되고, 두 번째 전달인자에는 토큰의 기준 정보가 문자열의 형태로 전달된다. 그런데 이 함수의 사용방법은 예제를 통해서 확인하는 것이 최선이니, 예제를 통해서 보다 구체적인 설명을 진행하겠다.

토큰(token)이란?
토큰이라는 단어는 컴퓨터 공학의 다양한 분야에서 다양한 의미로 사용이 되는데, 여기서 말하는 토큰은 "특정 조건에 의해서 구분이 되는 문자열의 일부"라는 의미로 사용이 되었다.

예제를 보기에 앞서 잠시 토큰에 대해서 설명하겠다. 아래의 문자열을 보자.

　"AAA-BBB_CCC-DDD!EEE"

이 문자열을 기호 -를 기준으로 토큰을 나누면, 다음과 같이 총 세 개의 토큰이 형성된다.

　"AAA", "BBB_CCC", "DDD!EEE"

그리고 이 문자열을 기호 -와 _를 기준으로 토큰을 나누면, 다음과 같이 총 네 개의 토큰이 형성된다.

　"AAA", "BBB", "CCC", "DDD!EEE"

이처럼 토큰이라는 것은 특정한 기준을 적용해서 나눠진, 문자열의 일부분을 의미한다.

■ 예제 29-13.c

```
1.  #include <stdio.h>
2.  #include <string.h>
3.
```

```
4.    int main(void)
5.    {
6.        char str[]="AAA-BBB_CCC-DDD!EEE";
7.        char * tok;
8.        int cnt=0;
9.
10.       tok=strtok(str, "-_!");
11.
12.       while(tok!=NULL)
13.       {
14.           cnt++;
15.           printf("토큰 %d : %s \n", cnt, tok);
16.           tok=strtok(NULL, "-_!");
17.       }
18.       return 0;
19.   }
```

- 10행 : strtok 함수가 호출되면서 첫 번째 인자로 str이 전달되었으므로, 6행에 선언된 문자열을 대상으로 토큰이 나뉜다. 그리고 두 번째 인자로 문자열 "-_!"가 전달되었는데, 이는 토큰을 나누는 기준 문자의 집합이다. 즉 문자열 str은 기호 -, _, !를 기준으로 토큰이 나뉜다. 그리고 이렇게 함수가 호출이 되고 나면, 첫 번째 토큰의 주소 값이 반환된다.
- 16행 : 첫 번째 토큰의 정보는 10행을 통해서 얻었으므로, 두 번째 그리고 세 번째 토큰의 정보를 얻어야 하는데, 이를 위해서는 10행과 같은 형태로 함수를 호출해야 한다. 즉 첫 번째 인자로는 NULL을 전달해야 하며(10행의 함수 호출을 통해서 전달된 문자열 정보는 함수 내에서 유지가 된다), 두 번째 인자인 토큰의 기준 정보는 동일하게 유지를 해야 한다.
- 12, 16행 : 더 이상 반환할 토큰이 존재하지 않는 경우에는 NULL이 반환되므로, 16행의 함수 호출의 결과로 NULL이 반환되면 while문을 빠져나가도록 구현하였다.

■ 실행결과 : 예제 29-13

```
토큰 1 : AAA
토큰 2 : BBB
토큰 3 : CCC
토큰 4 : DDD
토큰 5 : EEE
```

■ **strtok 함수는 문자열을 변경시킵니다.**

strtok 함수를 호출하는데 있어서 주의해야 할 사실이 한가지 있다. 우선 다음 예제의 실행결과부터 보기로 하자.

■ 예제 29-14.c

```
1.    #include <stdio.h>
2.    #include <string.h>
3.
4.    int main(void)
5.    {
6.        char str[]="AAA-BBB_CCC-DDD!EEE";
7.        char * tok;
8.
9.        tok=strtok(str, "-_!");
10.       printf("호출 이후 문자열 : %s \n", str);
11.       return 0;
12.   }
```

■ 실행결과 : 예제 29-14

호출 이후 문자열 : AAA

실행결과를 보면 strtok 함수의 호출 이후에 6행에 선언된 문자열이 변경되었음을 알 수 있다(토큰의 기준문자들이 널 문자로 변경된다). 때문에 strtok 함수의 호출 이후에도 그 내용이 보전되어야 하는 문자열이라면, strtok 함수를 호출하기 이전에 원본을 복사해 두는 것이 좋다.

문 제 29-3 [문자열 관련 함수들의 활용]

● 문제 1
다음 문자열은 민수의 가장 절친한 친구들의 메일 주소이다.

"EFE@naver.com, ABA@hanmail.net, LEE12@hanmail.net, UCC01@gmail.com"

이중에서 '다음'의 메일(hanmail.net)을 사용하는 친구가 몇 명인지 세어주는 프로그램을 작성하여라.

● 문제 2
다음 문장을 보자.

"It is possible to master C in a month or two."

이 문장에서 처음 등장하는 소문자 i와 마지막에 등장하는 소문자 i 사이의 문자열을 출력하는 프로그램을 작성하자.

■ atof, atoi, atol, atoll

이번에 소개할 함수들은 문자열에 저장되어 있는 숫자 정보를 실제 숫자로 변환하는 기능을 제공한다.

```
#include <stdlib.h>
double atof (const char * str);         // double형 데이터로 변환
int atoi(const char * str);             // int형 데이터로 변환
long atol(const char * str);            // long형 데이터로 변환
long long atoll(const char * str);      // long long형 데이터로 변환
```

예제만 봐도 이 함수들의 기능과 활용방법을 쉽게 알 수 있으니, 추가적인 설명을 뒤로하고 예제를 먼저 제시하겠다.

■ 예제 29-15.c

```
1.   #include <stdio.h>
2.   #include <stdlib.h>
3.
4.   int main(void)
5.   {
6.       int num1;
7.       double num2;
8.       long num3;
9.
10.      num1=atoi("123");
11.      num2=atof("-1.234");
12.      num3=atol("1234123");
13.
14.      printf("%d, %g, %ld \n", num1, num2, num3);
15.      return 0;
16.  }
```

■ 실행결과 : 예제 29-15

```
123, -1.234, 1234123
```

실행의 결과에서도 보여주듯이 문자열이 숫자로 바뀌었다는 사실이 가장 중요하다. 그리고 atoll 함수는 아직도 상당수의 컴파일러가 지원을 하지 않고 있어서 위 예제에서는 생략하였다.

> **토막 퀴즈**
>
> 질문 : 다음 함수 호출 문의 문제점을 지적하여라.
> ```
> double num2=atof("-1.AFTER234");
> ```
>
> 답변 : 인자로 전달되는 문자열이 순수한 숫자 정보가 아니기 때문에 double형으로의 변환이 불가능하다. 따라서 값은 반환이 되지만 정상적인 값의 반환은 기대할 수 없다.

29-4 printf와 scanf의 문자열 배열 버전(sprintf & sscanf)

이번에 소개할 내용은 printf 함수와 scanf 함수의 문자열 배열 버전이다. 무슨 소린가 하면, printf 함수와 scanf 함수의 입출력 대상은 콘솔인 반면, 이번에 소개하는 함수들의 입출력 대상은 문자열을 저장할 수 있는 문자열 배열이라는 뜻이다. 참고로 이 함수들은 아주 유용하게 사용이 되는 함수들이므로 반드시 이해하고 넘어가기 바란다.

■ sprintf 함수 : 출력의 대상이 메모리 공간

매우 잘생긴(for woman), 또는 아주 예쁜(for man) 후배 한 명이 다음과 같은 부탁을 했다고 가정해 보자.

"두 개의 문자열을 이어서 새로운 문자열 하나를 구성하고 싶은데, 좀 도와주세요."

이 때 여러분은 strcpy 함수와 strcat 함수가 바로 생각날 것이다. 이 두 함수를 적절히 활용하면 후배의 부탁을 들어줄 수 있기 때문이다. 그렇다면 다음과 같은 부탁은 어떠한 방법으로 들어줄 수 있겠는가?

"이 문자열하고, 요 정수하고, 저 실수를 묶어서 하나의 문자열로 구성해 주세요."

아니 이보다 훨씬 더 복잡한 부탁도 얼마든지 존재할 수 있다(잘생기거나 예쁜 후배이니 화내면 안된다).

"요 문자열을 앞 뒤로 한번씩 넣고요, 중간에 숫자 123을 넣어서 하나의 문자열을 구성해 주세요."

물론 지금까지 설명한 함수들을 활용해도 이러한 부탁은 얼마든지 들어줄 수 있다. 그러나 이는 아주 번거로운 일이고, 그리 간단히 해결할 수 있는 문제도 아니다. 그런데 다행히도 이러한 일들을 쉽게 처리해 주는 함수가 있어서 소개하고자 한다.

```
#include <stdio.h>
int sprintf(char * restrict s, const char * restrict format, ...);
```
성공 시 저장된 문자열의 길이, 실패 시 EOF 반환

위 함수의 원형을 보면 말 줄임표(...)가 삽입되어있는데, 이를 보면서 다음과 같이 생각하기가 쉽다.

"매개변수 선언이 많아서 생략했나 보네."

하지만 이는 생략의 의미로 사용된 것이 아니라, 가변인자 함수의 정의에 사용되는 표준 문법의 일부가 사용된 것이다. 그러나 이와 관련해서는 34장에서나 설명이 이뤄지니, 여기서는 위 함수의 사용법 위주로 설명을 하고자 한다.

sprintf 함수의 사용방법과 기능은 printf 함수와 상당히 유사하다. 둘 다 문자열을 조합해서 만들어 낸다는 공통점을 지닌다. 다만 printf 함수는 만들어진 문자열을 모니터로 출력하는 반면, sprintf 함수는 문자열 배열에 출력을 한다(저장을 한다). 따라서 sprintf 함수는 첫 번째 전달인자로, 출력의 대상이 되는 문자열 배열의 주소 값 정보가 전달되도록 정의되어 있다.

■ 예제 29-16.c

```c
1.  #include <stdio.h>
2.
3.  int main(void)
4.  {
5.      int num1=24;
6.      float num2=7.15f;
7.      char str[]="Hi!";
8.
9.      char strBuf[50];
10.
11.     printf("%d %s %g \n", num1, str, num2);
12.     sprintf(strBuf, "%d %s %g \n", num1, str, num2);
13.
14.     puts(strBuf);    // sprintf 함수에 의해 만들어진 문자열 출력
15.     return 0;
16. }
```

■ 실행결과 : 예제 29-16

```
24 Hi! 7.15
24 Hi! 7.15
```

먼저 위 예제의 11행과 12행을 비교해 보자. 그러면 printf 함수와 sprintf 함수의 인자 전달구조가 유사함을 알 수 있다.

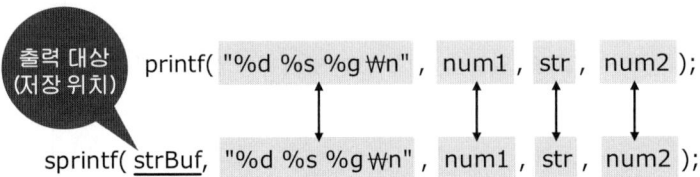

[그림 29-5 : printf 함수와 sprintf 함수의 인자 전달 비교]

위 그림에서 보여주듯이 printf 함수도, sprintf 함수도 변수 num1과 num2, 그리고 문자열 str을 조합해서 새로운 문자열을 구성한다. 단 printf 함수는 이 문자열을 모니터로 출력을 할 뿐이고, sprintf 함수는 첫 번째 인자로 전달된 문자열 배열에 출력(저장)할 뿐이다.

■ sscanf 함수 : 입력의 대상이 메모리 공간

printf 함수와 sprintf 함수의 관계를 통해서 scanf 함수와 sscanf 함수의 관계를 유추해 볼 수 있다. scanf 함수가 키보드를 통해 데이터를 입력 받는 함수라면, sscanf 함수는 문자열 배열로부터 데이터를 입력 받는(추출하는) 형태의 함수이다.

```
#include <stdio.h>
int sscanf(char * s, const char * restrict format, ...);
    → 성공 시 읽어 들인 데이터의 개수, 실패 시 EOF 반환
```

scanf 함수는 키보드로부터 데이터를 입력 받는다. 그러나 위 함수는 첫 번째 인자로 전달되는 문자열이 키보드의 입력을 대신하는데, 이 부분은 예제를 통해서 보다 구체적으로 설명하겠다.

■ 예제 29-17.c

```c
1.   #include <stdio.h>
2.
3.   int main(void)
4.   {
5.       int num1;
6.       float num2;
7.       char str[20];
8.
9.       sscanf("Hi! 24 3.15", "%s %d %g", str, &num1, &num2);
10.      printf("문자열 추출 데이터 : %s %d %g \n\n", str, num1, num2);
11.
12.      printf("문자열 입력 : ");
13.      scanf("%s %d %g", str, &num1, &num2);
14.      printf("키보드 추출 데이터 : %s %d %g \n", str, num1, num2);
15.      return 0;
16.  }
```

■ 실행결과 : 예제 29-17

```
문자열 추출 데이터 : Hi! 24 3.15


문자열 입력 : Hi! 24 3.15
키보드 추출 데이터 : Hi! 24 3.15
```

위 예제 9행과 13행의 함수 호출 문을 그림을 통해 비교하면 다음과 같다.

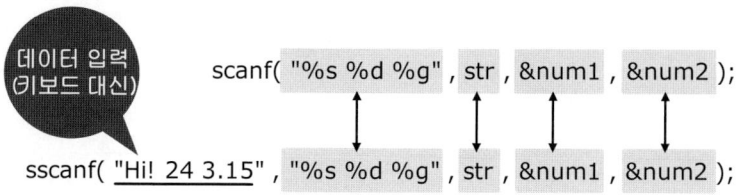

[그림 29-6 : scanf 함수와 sscanf 함수의 인자 전달 비교]

위 그림에서 보여주듯이, scanf 함수도 sscanf 함수도 "문자열 정수 실수"의 순으로 데이터를 입력 받고 있다. 다만 scanf 함수는 키보드로부터 입력을 받고, sscanf 함수는 첫 번째 인자로 전달된 문자열로부터 입력을 받을 뿐이다.

29장 프로그래밍 문제의 답안

■ 문제 29-1의 답안

• 문제 1

■ 소스코드 답안

```
1.   #include <stdio.h>
2.
3.   int main(void)
4.   {
5.       int ch;
6.       int num;
7.
8.       printf("데이터 입력 : ");
9.       ch=getchar();
10.      scanf("%d", &num);
11.
12.      printf("문자 : %c \n", ch);
13.      printf("숫자 : %d \n", num);
14.      return 0;
15.  }
```

• 문제 2

■ 소스코드 답안

```
1.   #include <stdio.h>
2.
3.   int main(void)
4.   {
5.       char str[10];
6.       int ch;
7.       int num;
8.
9.       printf("문자열 Read : ");
10.      gets(str);
11.
12.      printf("문자 & 숫자 Read : ");
13.      ch=getchar();
14.      scanf("%d", &num);
15.
16.      printf("문자열 : %s \n", str);
17.      printf("문자 : %c \n", ch);
18.      printf("숫자 : %d \n", num);
19.      return 0;
20.  }
```

위 두 문제의 답안에서 보여주듯이, 입력 버퍼가 존재하기 때문에 데이터의 입력 형태와 상관없이 원하는 형태대로 데이터를 읽어 들일 수 있다.

■ 문제 29-2의 답안

• 문제 1

■ 소스코드 답안

```
1.   #include <stdio.h>
2.   #include <string.h>
3.   char* AddStringOne(char des[], char src[], int desLen);
4.
5.   int main(void)
6.   {
7.       char str1[20]="Your name is ";
8.       char str2[20];
9.       char * ret;
10.
11.      while(1)
12.      {
13.          printf("이름을 입력하세요 : ");
14.          gets(str2);
15.          ret=AddStringOne(str1, str2, sizeof(str1)/sizeof(char));
16.          if(ret!=NULL)
17.              break;
18.          else
19.              puts("너무 길어요. 조금 짧게 입력하세요.");
20.      }
21.      puts(str1);
22.      return 0;
23.  }
24.
25.  char* AddStringOne(char des[], char src[], int desLen)
26.  {
27.      int dStrLen=strlen(des);
28.      int sStrLen=strlen(src);
29.      int maxAddLen=desLen-dStrLen;
30.
31.      if(maxAddLen>sStrLen)          // 덧붙임 가능하다면
32.          return strcat(des, src);
33.      else
34.          return NULL;
35.  }
```

• 문제 2

■ 소스코드 답안

```
1.   #include <stdio.h>
2.   #include <string.h>
3.   char* AddStringTwo(char des[], char src[], int desLen);
4.
5.   int main(void)
6.   {
```

```c
7.          char str1[20]="Your name is ";
8.          char str2[20];
9.
10.         printf("이름을 입력하세요 : ");
11.         gets(str2);
12.         AddStringTwo(str1, str2, sizeof(str1)/sizeof(char));
13.
14.         puts(str1);
15.         return 0;
16.     }
17.
18.     char* AddStringTwo(char des[], char src[], int desLen)
19.     {
20.         int dStrLen=strlen(des);
21.         int sStrLen=strlen(src);
22.         int maxAddLen=desLen-dStrLen;
23.
24.         if(maxAddLen>sStrLen)    // 덧붙임 가능하다면
25.             return strcat(des, src);
26.         else
27.         {
28.             des[desLen-1]='\0';
29.             return strncat(des, src, maxAddLen-1);
30.         }
31.     }
```

■ 문제 29-3의 답안

• 문제 1

■ 소스코드 답안

```c
1.  #include <stdio.h>
2.  #include <string.h>
3.
4.  int main(void)
5.  {
6.      char myfriends[]=
7.          "EFE@naver.com, ABA@hanmail.net, LEE12@hanmail.net, UCC01@gmail.com";
8.
9.      char * hanmailPtr=myfriends;
10.     int hanmailCnt=0;
11.
12.     while(1)
13.     {
14.         hanmailPtr=strstr(hanmailPtr, "hanmail.net");
15.         if(hanmailPtr!=NULL)
16.         {
17.             hanmailCnt++;
18.             hanmailPtr+=strlen("hanmail.net");
19.         }
20.         else
21.             break;
22.     }
23.     printf("한메일을 사용하는 친구의 수 : %d \n", hanmailCnt);
24.     return 0;
25. }
```

• 문제 2

■ 소스코드 답안

```
1.    #include <stdio.h>
2.    #include <string.h>
3.
4.    int main(void)
5.    {
6.        char str[]="It is possible to master C in a month or two.";
7.        char * firstI=strchr(str, 'i');
8.        char * lastI=strrchr(str, 'i');
9.
10.       firstI++;
11.       *lastI='\0';
12.       printf("처음과 마지막 i 사이의 문자열 : %s \n", firstI);
13.       return 0;
14.   }
```

제30장 매크로와 전처리기(Preprocessor)

> 1장의 내용을 복습합시다.
>
> 1장에서는 프로그래밍 언어와 컴파일러 그리고 링커의 역할을 설명했는데, 이는 C언어의 문법과 직접적인 연관은 없지만 실행파일의 생성과 관련해서 아주 중요한 내용들이다. 그리고 이번 장에서 언급하는 전처리기와도 관련이 깊다. 따라서 공부한지 오래된 1장의 내용을 간단히 복습을 하고 이번 장을 시작하는 것이 좋을 듯 하다.

이 장의 목차페이지 ▶▶▶

30-1. 전처리기(선행처리기)와 매크로	730
30-2. 대표적인 선행처리 명령문	732
30-3. 조건부 컴파일(Conditional Compilation)을 위한 매크로	741
30-4. 매개변수의 결합과 문자열화	747
30-5. 그밖에 매크로	753
프로그래밍 문제의 답안	759

30-1 전처리기(선행처리기)와 매크로

1장에서는 실행파일이 컴파일과 링크의 과정을 거쳐서 만들어지는 것으로 설명하고 있다. 그러나 실제로는 컴파일 이전에 '전처리'라는 과정을 거치게 된다. 다만 이를 컴파일 과정에 포함시키는 것이 보통이기 때문에 1장에서는 별도로 전처리 과정을 언급하지 않았을 뿐이다. 그러나 이번 장에서는 전처리 과정이 이야기의 핵심이기 때문에 이를 별도로 구분 지어 언급하려고 한다.

■ 전처리는 선행처리를 의미합니다.

'전처리기' 그리고 '전처리'라는 단어가 보편적으로 사용되지만, 필자는 조금 더 뜻이 쉽게 통할 수 있도록 '선행처리기' 그리고 '선행처리'라는 단어를 사용하고자 한다. 그런데 여기서 말하는 '선행'이란, 컴파일 이전을 의미한다. 즉 소스코드는 컴파일러에 의해서 컴파일 되기 이전에, 선행처리기라는 것에 의해서 선행처리 과정을 거치게 된다.

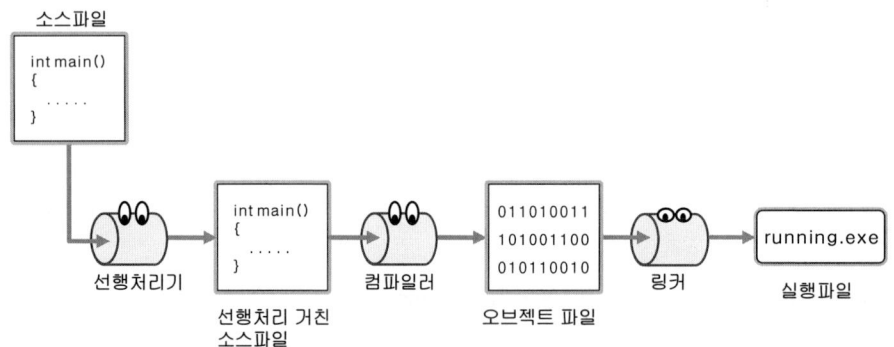

[그림 30-1 : 실행파일 생성 과정에서의 선행처리]

■ 선행처리기가 하는 일은?

소스파일은 컴파일 과정을 거치면서 오브젝트 파일이 된다. 그렇다면 컴파일 이전에 진행되는 선행처리 과정을 거치면 무슨 파일이 될까? 선행처리 과정을 거쳐도 소스파일의 형태가 그대로 유지되기 때문에 여전히 소스파일일 뿐이다. 선행처리기가 하는 일은 지극히 단순하다. 여러분이 삽입해 놓은 선행처리 명령문대로 소스코드의 일부를 수정할 뿐인데, 여기서 말하는 수정이란, 단순 치환(substitution)의 형태를 띠는 경우가 대부분이다. 예를 들어보겠다. 다음은 가장 간단한 선행처리 명령문이다.

```
#define    PI    3.14
```

이처럼 선행처리 명령문은 # 문자로 시작을 하며, 컴파일러가 아닌 선행처리기에 의해서 처리되는 문장이기 때문에 명령어의 끝에 세미콜론을 붙이지 않는다. 그리고 이렇게 구성이 된 명령문은 선행처리기에게 다음과 같은 메시지를 전달한다.

"PI를 만나면 인정사정 볼 것 없이 3.14로 치환하여라!"

따라서 위의 명령문이 삽입되어 있는 소스코드는 선행처리 과정에서 다음과 같은 방식으로 변환이 된다.

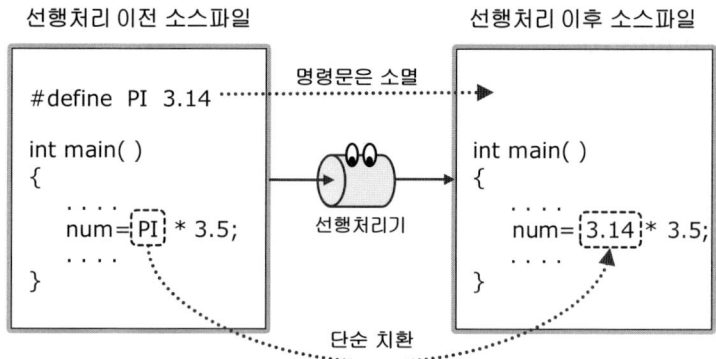

[그림 30-2 : 선행처리의 결과]

#include<stdio.h>

우리가 자주 선언해왔던 #include<stdio.h>도 # 문자로 시작하기 때문에, 선행처리 명령문임을 알 수 있다. 이후에 자세히 설명을 하지만, 이는 다음과 같은 의미를 지닌다.

"stdio.h 파일의 내용을 이곳에 가져다 놓으세요."

따라서 여러분이 직접 stdio.h 파일을 열어서 그 안에 있는 내용을 옮겨놓아도 같은 효과를 기대할 수 있다.

제30장 매크로와 전처리기(Preprocessor) _731

30-2 대표적인 선행처리 명령문

선행처리가 무엇인지 알았으니, 이제 본격적으로 선행처리 명령문들에 대해서 살펴보기로 하겠다.

■ #define : Object-like macro

앞서 정의한 #define 명령문을 다시 한번 보자.

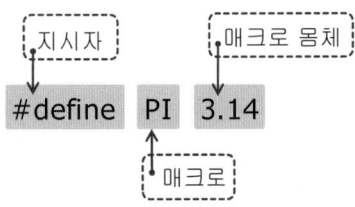

[그림 30-3 : 선행처리 명령문의 구성]

위 그림에서 보여주듯이 선행처리 명령문은 기본적으로 세 부분으로 나뉘는데, 제일 먼저 등장하는 #define을 가리켜 '지시자'라 한다. 선행처리기가 이 부분을 보고 프로그래머가 지시하는 바를 파악하기 때문에 지시자라 하는 것이다. 그리고 앞서 설명했듯이 #define 지시자는 선행처리기에게 다음과 같은 내용을 지시한다.

"이어서 등장하는 매크로를 마지막에 등장하는 매크로 몸체로 치환하라!"

그리고 #define 지시자 뒤에 등장하는 것을 가리켜 '매크로'라 하고, 그 뒤를 이어서 등장하는 것을 가리켜 '매크로 몸체(또는 대체 리스트)'라 한다. 따라서 위의 선행처리 명령문은 다음의 내용을 선행처리기에게 지시한다.

"매크로 PI를 매크로 몸체 3.14로 전부 치환하라!"

결과적으로 PI라는 이름의 매크로는 그 자체로 상수 3.14가 된 셈이다. 참고로 PI와 같은 매크로를 가리켜 '오브젝트와 유사한 매크로(object-like macro)'라 한다.

참고

오브젝트(object) 유사 매크로
오브젝트(object)라는 것은 그 자체로 "완전한 의미를 갖는 대상이나 사물"을 의미한다. 그런데 위에서 정의한 매크로 PI는 그 자체로 3.14라는 상수를 의미하기 때문에 "오브젝트와 유사한 매크로" 또는 "오브젝트와 비슷한 매크로"라 하는 것이다.

다음 예제에서는 다양한 오브젝트 유사 매크로를 보여준다.

■ 예제 30-1.c

```c
1.  #include <stdio.h>
2.
3.  #define  NAME       "홍길동"
4.  #define  AGE        24
5.  #define  PRINT_ADDR      puts("주소 : 경기도 용인시\n");
6.
7.  int main(void)
8.  {
9.      printf("이름 : %s \n", NAME);
10.     printf("나이 : %d \n", AGE);
11.     PRINT_ADDR;
12.     return 0;
13. }
```

해설

- 3행 : 문자열을 NAME이라는 매크로로 정의하고 있는데, 그 자체로 "홍길동"이라는 문자열을 의미하는 하나의 완전한 오브젝트이다.
- 4행 : 상수 24를 AGE라는 이름의 매크로로 정의하고 있다. 대표적인 오브젝트 유사 매크로의 정의이다.
- 5행 : 함수의 호출 문도 매크로로 정의될 수 있다. 뿐만 아니라 여러분이 원하는 대부분의 것이 매크로로 정의될 수 있다.
- 9행 : 전처리 과정을 거치면 이 문장은 다음과 같이 변경된다. 매크로 NAME이 문자열 "홍길동"으로 대체되었다.
  `printf("이름 : %s \n", "홍길동");`
- 10, 11행 : 매크로 AGE는 상수 24로, 매크로 PRINT_ADDR은 puts 함수의 호출 문으로 대체된다.

■ 실행결과 : 예제 30-1

```
이름 : 홍길동
나이 : 24
주소 : 경기도 용인시
```

참고로 위 예제의 3, 4행과 같이 상수를 몸체로 두고 있는 매크로를 가리켜 '매크로 상수'라고도 부른다. 또한 위 예제에서 정의하고 있는 매크로처럼 매크로는 대문자로 정의하는 것이 일반적이다. 대문자로 정의함으로 인해서 변수나 함수의 이름과는 쉽게 구분이 되고, 이 식별자가 매크로라는 사실을 부각시킬 수 있기 때문이다.

■ #define : Function-like macro

매크로는 매개변수가 존재하는 형태로도 정의할 수 있다. 그리고 이렇게 매개변수가 존재하는 매크로는 그 동작방식이 마치 함수와 유사하여 '함수와 유사한 매크로(function-like macro)'라 하는데, 줄여서 "매크로 함수"라고도 부른다. 다음은 매크로 함수의 예이다.

    #define   SQUARE(X)   X*X

#define으로 시작을 하는 것은 오브젝트 유사 매크로와 동일하다. 그러나 매크로에 괄호가 등장함으로 인해서 아래 그림에서 보여주는 바와 같이 해석이 된다. 여기서 괄호 안에 존재하는 X는(X라는 이름이 중요한 것이 아니라, 괄호 안에 존재한다는 사실이 중요하다. X라는 이름은 바꿔도 된다) 정해지지 않은 임의의 값(또는 문장)을 의미한다.

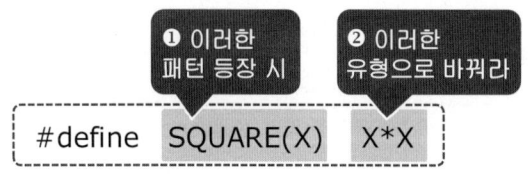

[그림 30-4 : 함수 유사 매크로의 해석 방식]

그리고 위의 정의를 접한 선행처리기는 SQUARE(X)와 동일한 패턴을 만나면, 무조건 X * X로 치환해버린다. 예를 들어서 위의 매크로 정의 이후에 다음과 같은 코드가 등장했다고 가정해 보자.

    SQUARE(123);
    SQUARE(NUM);

그러면 선행처리 후에는 다음과 같이 변경이 된다.

    123*123;
    NUM*NUM;

함수의 호출과 유사하지 않은가? 참고로 이렇게 선행처리기에 의해서 변경이 되는 과정 자체를 가리켜 '매크로 확장(macro expansion)'이라 한다. 그림 예제를 통해서 매크로 확장의 결과를 확인해 보겠다.

■ 예제 30-2.c

```c
1.  #include <stdio.h>
2.  #define SQUARE(X)    X*X
3.
4.  int main(void)
5.  {
6.      int num=20;
7.
8.      /* 정상 결과 출력 */
9.      printf("Square of num : %d \n", SQUARE(num));
10.     printf("Square of  -5 : %d \n", SQUARE(-5));
11.     printf("Square of 2.5 : %g \n", SQUARE(2.5));
12.
13.     /* 비정상 결과 출력 */
14.     printf("Square of 3+2 : %d \n", SQUARE(3+2));
15.     return 0;
16. }
```

■ 실행결과 : 예제 30-2

```
Square of num : 400
Square of -5 : 25
Square of 2.5 : 6.25
Square of 3+2 : 11
```

위 예제를 통해서 함수 유사 매크로가 처리되는 방식을 확인할 수 있다. 더불어 2행에 정의된 매크로가 잘못 정의된 매크로라는 사실도 알 수 있다.

■ 잘못된 매크로 정의

2행에 정의된 매크로에 어떠한 문제가 있는지 살펴보겠다. 위 예제 14행에는 다음 문장이 있다.

SQUARE(3+2)

이를 함수의 관점에서 본다면 3과 2의 합인 5를 SQUARE 함수의 인자로 전달하는 것으로 생각하는 것이 당연하다. 즉 25가 반환되어야 한다. 그러나 출력결과는 11이다. 무엇이 문제인가?
먼저 연산을 하고, 그 연산결과를 가지고 함수를 호출하게끔 돕는 것은 컴파일러이지 선행처리기가 아니다. 그런데 매크로는 선행처리기에 의해서 처리가 된다. 즉 위 문장은 단순히 다음과 같이 치환될 뿐이다.

3+2*3+2

따라서 11이 출력되는 것은 아주 당연하다. 그렇다면 해결책은 무엇인가? 위 예제 14행의 SQUARE를 다음과 같이 구성하면 된다.

    SQUARE((3+2))

그러면 다음과 같이 단순 치환이 되어 문제는 해결이 된다.

    (3+2)*(3+2)

그러나 이는 함수를 호출하는(매크로인 SQUARE를 그냥 함수라 하자) 사람에게 주의를 요하는 형태이기 때문에 안정적이지 못하다. 안정적인 형태가 되려면, 위 예제 14행의 실행결과로 25가 출력되어야 한다. 그래야 보다 함수답지 않겠는가?

■ **매크로 몸체에 괄호를 마구마구 칩시다.**

예제 30-2의 매크로를 다음과 같이 정의하면, 14행에서는 정상적인 값의 출력을 기대할 수 있다.

    #define   SQUARE(X)   (X)*(X)

14행의 SQUARE 매크로가 다음과 같이 치환되기 때문이다.

    (3+2)*(3+2)

그러나 여전히 문제는 남아있다. 다음 문장을 예로 들겠다.

    int num = 120/SQUARE(2);

SQUARE(2)는 4이므로 변수 num이 30으로 초기화될 것을 기대할 수 있다. 그런데 실제로 초기화 되는 값은 120이다. 왜냐하면 다음과 같이 치환이 되기 때문이다.

    int num = 120/(2)*(2);

따라서 이런 저런 문제를 모두 해결하기 위해서는 다음과 같은 형태로 매크로를 정의해야 한다.

    #define   SQUARE(X)   ((X)*(X))

이제 변수 num은 다음 식에 의해서 30으로 초기화된다.

    int num = 120/((2)*(2));

이처럼 함수 유사 매크로를 정의할 때에는 매크로의 몸체 부분을 구성하는 X와 같은 전달인자 하나하나에 괄호를 해야 함은 물론이고, 반드시 전체를 괄호로 한번 더 묶어줘야 한다는 사실을 기억하자.

■ **매크로를 두 줄에 걸쳐서 정의하려면요**

정의하는 매크로의 길이가 길어지는 경우에는 가독성을 높이기 위해서 두 줄에 걸쳐서 매크로를 정의하고 싶을 때도 있다. 그런데 다음과 같이 임의로 줄을 변경하면 에러가 발생한다. 기본적으로 매크로는 한 줄에 정의하는 것이 원칙이기 때문이다.

```
#define   SQUARE(X)
            ((X)*(X))
```

따라서 매크로를 두 줄 이상에 걸쳐서 정의할 때에는 다음과 같이 ₩ 문자를 활용해서 줄이 바뀌었음을 명시해야 한다.

```
#define   SQUARE(X)    ₩
            ((X)*(X))
```

■ 매크로 정의 시, 먼저 정의된 매크로도 사용이 가능하다.

앞에서 이미 정의된 매크로는 뒤에서 매크로를 정의하는데 사용 가능하다. 다음 예제를 통해서 이를 간단히 보이겠다. 더불어 매개변수가 두 개 이상인 경우의 매크로 함수를 예제로 제시하겠다.

■ 예제 30-3.c

```
1.   #include <stdio.h>
2.
3.   #define PI 3.14
4.   #define PRODUCT(X, Y)    ((X)*(Y))
5.   #define CIRCLE_AREA(R)   (PRODUCT((R), (R))*PI)
6.
7.   int main(void)
8.   {
9.       double rad=2.1;
10.      printf("반지름 %g인 원의 넓이 : %g ₩n", rad, CIRCLE_AREA(rad));
11.
12.      return 0;
13.  }
```

■ 실행결과 : 예제 30-3

반지름 2.1인 원의 넓이 : 13.8474

위 예제의 5행에서는 3행과 4행에서 정의한 매크로를 활용해서 매크로 함수를 정의하고 있다. 이렇듯 이전에 정의된 매크로는 새로운 매크로를 정의하는데 사용이 가능하다.

■ 매크로 함수의 장점

매크로 함수를 정의하는 것은 일반 함수를 정의하는 것보다 어렵다. 그리고 정의하고자 하는 함수의 크기가 크면, 매크로로 정의하는 것 자체가 불가능할 수도 있다. 그럼에도 불구하고 함수를 매크로로 정의하는 이유는 어디에 있을까? 이에 대한 이해를 위해서 매크로 함수의 장점과 단점에 대해서 살펴보겠다. 다음은 함수를 매크로로 정의할 때 얻게 되는 장점들이다.

- 매크로 함수는 일반 함수에 비해 실행속도가 빠르다.
- 자료형에 따라서 별도로 함수를 정의하지 않아도 된다.

먼저 실행속도가 빠른 이유부터 살펴보자. 여러분도 알다시피 함수가 호출이 되면, 다음 사항들이 동반된다.

- 호출된 함수를 위한 스택 메모리의 할당
- 실행위치의 이동과 매개변수로의 인자 전달
- return문에 의한 값의 반환

따라서 함수의 빈번한 호출은 실행속도의 저하를 가져온다. 반면 매크로 함수는 선행처리기에 의해서 함수의 몸체 부분이 매크로 함수의 호출 문장을 대신하기 때문에, 위에서 언급하고 있는 사항들을 동반하지 않는다. 따라서 실행속도상의 이점이 있다.

이제 매크로 함수의 두 번째 장점에 대해서 이야기할 차례이다. 그런데 별도로 설명할 필요가 없어 보인다. 이미 예제 30-2를 통해서 두 번째 장점을 경험하지 않았는가? 예제 30-2에서 정의한 매크로 함수 SQUARE를 보면, 전달인자의 자료형에 상관이 없음을 알 수 있다. 이 모두가 매크로 함수의 호출 문장이 매크로 함수의 몸체 부분으로 단순히 치환되기 때문에 가능한 일이다.

■ 매크로 함수의 단점

바로 위에서 매크로 함수의 장점을 설명하였는데, 이에 못지않은 단점도 존재한다. 다음은 함수를 매크로로 정의할 때 더불어 따라오는 단점들이다.

- 정의하기가 정말로 까다롭다.
- 디버깅하기가 대략(한번 웃자고 ^^) 난감하다.

우선 함수를 하나 제공하겠으니, 첫 번째 단점을 직접 느낄 수 있도록 이 함수를 매크로의 형태로 정의해 보기 바란다. 참고로 이 함수는 두 값의 차를 계산하는데, 반환되는 것은 두 값의 차에 대한 절대값이다.

```
int DiffABS(int a, int b)
{
    if(a>b)
```

```
        return a-b;
    else
        return b-a;
}
```

구현해 보았는가? 만약에 매크로로 정의하는 과정이 부담스럽지 않았다면 필자가 할말이 없어진다(제대로 동작하는지 테스트까지 해야 인정하겠다! ^^). 그러나 if~else의 형태를 그대로 유지하고자 했다면 그 과정이 분명 부담스러웠을 것이다. 그리고 사고를 조금 달리해서 조건 연산자를 떠올렸다면 상대적으로 조금은 쉽게 정의가 가능했을 것이다.

```
#define   DIFF_ABS(X, Y)    ((X)>(Y)? (X)-(Y):(Y)-(X))
```

어찌되었거나 부담스러운 작업이다. 괄호를 쳐주는 부분도 부담스럽다. 그럼 이번에는 두 번째 단점에 대해서 이야기 해 보자. 다음은 두 번째 단점을 보여주기 위한 예제이다.

■ 예제 30-4.c
```
1.  #include <stdio.h>
2.  #define   DIFF_ABS(X, Y)    ((x)>(y)? (x)-(y):(y)-(x))
3.
4.  int main(void)
5.  {
6.      printf("두 값의 차 : %d \n", DIFF_ABS(5, 7));
7.      printf("두 값의 차 : %g \n", DIFF_ABS(1.8, -1.4));
8.      return 0;
9.  }
```

위 예제가 지니고 있는 문제점이 무엇인지 보이는가? 일단 컴파일을 하면 다음과 같은 내용의 에러 메시지가 출력된다.

"6행에서 사용한 x는 선언된 적이 없는 거예요."

"6행에서 사용한 y는 선언된 적이 없는 거라고요."

분명히 6행에는 x와 y가 존재하지 않는다. 그런데 왜 컴파일러는 6행에 있는 x와 y에 문제가 있다고 하는 것일까? 이유는 매크로에 있다. 위 예제 2행에 정의된 매크로에서는 대문자 X와 Y가 사용되었는데, 매크로 몸체 부분에서는 소문자 x와 y가 사용되었다. 따라서 6행과 7행은 선행처리 이후에 다음과 같이 각각 변경된다.

```
printf("두 값의 차 : %d \n", ((x)>(y)? (x)-(y):(y)-(x)) );
printf("두 값의 차 : %g \n", ((x)>(y)? (x)-(y):(y)-(x)) );
```

5와 7, 그리고 1.8과 -1.4로 채워져야 할 부분이 그냥 x와 y로 남겨져 있다. 때문에 컴파일러는 x와 y가 선언된 적 없는 식별자라고 에러 메시지를 출력하는 것이다. 이처럼 매크로를 잘못 정의할 경우, 에러 메시지는 선행처리기를 기준으로 출력되지 않고, 컴파일러를 기준으로 출력이 된다. 따라서 일반적인 에러 메시지보다 이해하기 힘든 것도 사실이다.

■ 그래서 이러한 함수들을 매크로로 정의하지요.

바로 앞에서 설명한 매크로 함수의 장점과 단점을 종합해보면, 다음의 특성을 지니는 함수들을 매크로의 형태로 정의하는 것이 좋다는 결론이 나온다.

- 함수의 크기 또는 길이가 짧은 함수
- 호출이 되는 빈도수가 높은 함수

우선 함수의 크기 또는 길이가 짧아야 매크로의 형태로 정의하기가 편리하고 에러의 발생 확률이 낮아서 디버깅에 대한 염려를 덜 수 있다. 그리고 호출의 빈도수가 높아야 매크로 함수가 가져다 주는 성능 향상의 이점도 최대한 누릴 수 있다.

 문 제 30-1 [malloc 함수와 free 함수의 매크로화]

● 문제 1
아래의 코드는 malloc 함수의 일반적인 사용 예이다.
```
int * ptr;
ptr=(int *)malloc(sizeof(int)*5);
```

여기서 malloc 함수의 호출 과정을 다음과 같이 간단히 할 수 있도록 MALLOC이라는 이름의 매크로 함수를 정의하자. 즉 형 변환과 sizeof연산, 그리고 곱셈 연산의 과정을 생략할 수 있도록 매크로 함수를 정의하면 된다.
```
int * ptr;
ptr=MALLOC(int, 5);    /* 길이가 5인 int형 배열을 할당하고자 합니다!   */
```

● 문제 2
동적으로 할당된 메모리 공간은 free 함수의 호출을 통해서 소멸시켜야 한다. 그리고 소멸된 메모리의 주소 값을 저장하고 있는 포인터 변수에는 NULL을 저장하는 것이 안정적이다. 즉 다음 코드는 free 함수 호출에 대한 모범적인 예로 볼 수 있다.
```
free(ptr);
ptr=NULL;
```

위 코드가 하는 역할을 다음 한 줄의 코드가 대신할 수 있도록 매크로 함수를 정의하자.
```
FREE(ptr);
```

30-3 조건부 컴파일(Conditional Compilation)을 위한 매크로

매크로 지시자 중에는 특정 조건에 따라 소스코드의 일부를 삽입하거나 삭제할 수 있도록 디자인 된 지시자가 있어 이를 소개하고자 한다.

■ #if... #endif : 참이라면

if문이 조건부 실행을 위한 것이라면, #if...#endif는 조건부 코드 삽입을 위한 지시자 이다. 이 지시자가 처리되는 방식은 다음 예제를 통해서 설명하겠다.

■ 예제 30-5.c

```
1.   #include <stdio.h>
2.   #define  ADD     1
3.   #define  MIN     0
4.
5.   int main(void)
6.   {
7.       int num1, num2;
8.
9.       printf("두 개의 정수 입력 : ");
10.      scanf("%d %d", &num1, &num2);
11.
12.  #if ADD
13.      printf("%d + %d = %d \n", num1, num2, num1+num2);
14.  #endif
15.
16.  #if MIN
17.      printf("%d - %d = %d \n", num1, num2, num1-num2);
18.  #endif
19.
20.      return 0;
21.  }
```

- 12~14행 : #if문의 뒤에는 반드시 #endif문이 등장해야 하고, 이 두 지시자 사이에 존재하는 코드는 조건에 따라서 삽입 및 삭제가 된다. 12행의 #if문은 "ADD가 참이라면"의 뜻을 지닌다. 즉 ADD가 참이면 이어서 등장하는 #endif까지의 코드는 삽입이 되고, 반대로 거짓이면 삭제가 된다.

- 16~18행 : 12~14행과 마찬가지로 MIN이 참이면 이어서 등장하는 #endif까지의 코드는 삽입이 되고, 거짓이면 삭제가 된다.

■ 실행결과 : 예제 30-5

```
두 개의 정수 입력 : 5 4
5 + 4 = 9
```

2행과 3행에 정의되어 있는 매크로 ADD와 MIN이 각각 1과 0인 관계로 13행은 삽입이 되지만, 17행은 삭제가 되어 위의 실행결과를 보이게 된다. 여러분은 매크로 ADD와 MIN의 값을 적절히 변경시켜가면서 예제를 실행해보기 바란다.

토막 퀴즈

질문 : 아래 코드에서 잘못된 부분은 어디이고, 또 그 이유는 무엇인지 말해보자.

```c
int main(void)
{
    int STE=1;

    #if STE
        puts("STE는 참");
    #endif
        . . . .
}
```

답변 : 매크로는 선행처리기에 의해서 인식이 되고, 변수는 컴파일러에 의해서 인식이 된다. 그런데 위에서는 #if문을 구성하는데 있어서 변수 STE를 사용하고 있다. 따라서 STE에 저장된 값이 아무리 '참'이라 하더라도 선행처리기는 이를 인식하지 못한다. 그래서 반드시 #if문을 구성할 때에는 예제 30-5에서와 같이 매크로 상수를 이용해야 한다.

그리고 #if문의 구성에는 연산자도 활용할 수 있는데, 이와 관련해서는 이후에 소개하는 예제를 통해서 확인하도록 하겠다.

■ **#ifdef... #endif : 정의되었다면**

이 지시자의 조합도 #if...#endif와 유사하다. #if는 매크로가 '참'이냐 '거짓'이냐를 기준으로 동작한다면, #ifdef는 매크로가 정의되었느냐, 정의되지 않느냐를 기준으로 동작한다.

■ 예제 30-6.c

```c
1.    #include <stdio.h>
2.    // #define ADD   1
3.    #define MIN   0
4.
5.    int main(void)
6.    {
7.        int num1, num2;
8.
9.        printf("두 개의 정수 입력 : ");
10.       scanf("%d %d", &num1, &num2);
11.
12.   #ifdef ADD
13.       printf("%d + %d = %d \n", num1, num2, num1+num2);
14.   #endif
15.
16.   #ifdef MIN
17.       printf("%d - %d = %d \n", num1, num2, num1-num2);
18.   #endif
19.
20.       return 0;
21.   }
```

해 설

- 12행~14행 : 12행의 #ifdef문은 "매크로 ADD가 정의되어 있다면"의 뜻을 지닌다. 따라서 ADD가 정의되어 있는 값에 상관없이, ADD라는 매크로만 정의되어 있으면, 이어서 등장하는 #endif 사이에 존재하는 소스코드는 삽입이 된다.
- 16행~18행 : MIN이라는 매크로가 정의만 되어 있으면 17행은 삽입이 된다.

■ 실행결과 : 예제 30-6

```
두 개의 정수 입력 : 7 2
7 - 2 = 5
```

위 예제의 2행과 3행에 정의되어 있는 매크로의 값은 중요하지 않기 때문에, 다음과 같이 매크로의 몸체를 생략해서 정의해도 된다.

```
#define   ADD
#define   MIN
```

그리고 이렇게 매크로가 정의되면 소스코드에 있는 ADD와 MIN은 선행처리 과정에서 공백으로 대체가 된다(그냥 소멸된다는 뜻).

■ #ifndef... #endif : 정의되지 않았다면

이 지시자의 조합은 별도의 설명이 필요치 않을 것 같다. #ifdef문은 "매크로 …이 정의되어 있다면"의 의미를 지니는 반면, #ifndef문은 "매크로 …이 정의되어 있지 않다면"의 의미를 지니기 때문이다. 참고로 #ifndef의 중간에 있는 n은 not을 의미한다. 그리고 이와 관련해서는 별도의 예제를 제시하지 않겠으나, 앞서 본 예제 30-6의 #ifdef를 #ifndef로 바꿔도 충분한 예제가 될 수 있다.

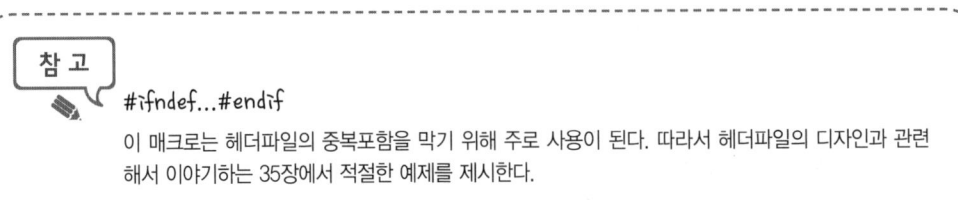

참고

#ifndef...#endif
이 매크로는 헤더파일의 중복포함을 막기 위해 주로 사용이 된다. 따라서 헤더파일의 디자인과 관련해서 이야기하는 35장에서 적절한 예제를 제시한다.

■ #else의 삽입 : #if, #ifdef, #ifndef에 해당

if문에 else를 추가할 수 있듯이 #if, #ifdef, #ifndef문에도 #else문을 추가하여 사용할 수 있다. 다음 예제를 통해서 삽입의 방식과 의미를 보이도록 하겠다. 이 예제는 기능의 파악에 초점을 맞춰서 최대한 간단히 작성하였다.

■ 예제 30-7.c

```c
1.  #include <stdio.h>
2.  #define  HIT_NUM    5
3.
4.  int main(void)
5.  {
6.
7.  #if HIT_NUM==5
8.      puts("매크로 상수 HIT_NUM은 현재 5입니다.");
9.  #else
10.     puts("매크로 상수 HIT_NUM은 현재 5가 아닙니다.");
11. #endif
12.
13.     return 0;
14. }
```

- 7행 : #if는 참과 거짓을 따지는 매크로이기 때문에 이렇게 비교연산이 올 수 있다.
- 9행 : 7행의 매크로가 참이면 8행이 삽입되지만, 거짓이라면 9행의 #else에 의해 10행이 삽입된다.

■ 실행결과 : 예제 30-7

매크로 상수 HIT_NUM은 현재 5입니다.

■ **#elif의 삽입 : #if에만 해당**

if문에 else if를 여러 번 추가할 수 있듯이, #if문에는 #elif를 여러 번 추가할 수 있다. 그리고 else if의 끝은 else로 마무리 할 수 있듯이, #elif의 삽입 이후에 #else로 마무리 하는 것도 가능하다.

■ 예제 30-8.c

```
1.  #include <stdio.h>
2.  #define  HIT_NUM    7
3.
4.  int main(void)
5.  {
6.
7.  #if HIT_NUM==5
8.      puts("매크로 상수 HIT_NUM은 현재 5입니다.");
9.  #elif HIT_NUM==6
10.     puts("매크로 상수 HIT_NUM은 현재 6입니다.");
11. #elif HIT_NUM==7
12.     puts("매크로 상수 HIT_NUM은 현재 7입니다.");
13. #else
14.     puts("매크로 상수 HIT_NUM은 5, 6, 7은 확실히 아닙니다.");
15. #endif
16.
17.     return 0;
18. }
```

■ 실행결과 : 예제 30-8

매크로 상수 HIT_NUM은 현재 7입니다.

■ **#if의 한계와 #ifdef의 한계**

지금까지 배운 내용만을 기준으로 다음 요구사항을 만족하는 코드를 작성해 보자.

"매크로 HIT_NUM의 값이 5이고, 매크로 TIME이 정의되어 있으며, 매크로 COUNT의 값이 7이 아닌 경우에 "모두 만족되었군!"이라는 문자열을 출력하고 싶습니다."

#if는 '참'과 '거짓'을, #ifdef는 매크로의 정의 유무를 따지는 지시자들이니 다음과 같은 형태로 조합을 하면 된다(여기서 #if문에 다양한 연산자가 사용되고 있음에 더불어 주목하자).

■ 예제 30-9.c
```
1.   #include <stdio.h>
2.   #define  TIME
3.   #define  COUNT    9
4.   #define  HIT_NUM  5
5.
6.   int main(void)
7.   {
8.
9.   #ifdef TIME
10.      #if COUNT!=7 && HIT_NUM==5   // COUNT가 7이 아니고 HIT_NUM이 5이면
11.          puts("모두 만족되었군!");
12.      #endif
13.   #endif
14.
15.      return 0;
16.   }
```

매크로는 일반적으로 가장 왼쪽으로 정렬하는 것이 보통인데, 위 예제에서는 포함관계를 파악할 수 있도록 적절히 들여쓰기를 하였다. 이렇게 #if도 필요하고, #ifdef도 필요한 이유는 #if는 매크로의 정의 유무를 확인하지 못하고, #ifdef는 '참'과 '거짓'을 따지지 못하기 때문이다.
그렇다면 #if문에서 매크로의 정의 유무를 확인할 수만 있다면, 위 예제의 9행과 10행을(더불어 12행과 13행도) 한 줄로 표현할 수 있지 않겠는가? 이리하여 등장한 것이 defined 연산자이다.

■ #if와 함께 사용할 수 있는 defined 연산자

defined 연산자는 매크로 #if문의 구성에 활용할 수 있는 연산자이다. 이 연산자의 덕분으로 #if문에서도 매크로의 정의 유무를 확인할 수 있게 되었다. 예를 들어서 매크로 TIME의 정의여부를 확인하고 싶다면 다음과 같이 문장을 구성하면 된다.

```
#if defined(TIME)   …   #endif
```

이 문장은 아래의 문장과 그 의미와 기능이 완전히 동일하다.

```
#ifdef TIME   …   #endif
```

이제 defined 연산자에 대해서도 알았으니, 이를 바탕으로 예제 30-9를 재 구현해 볼 차례이다.

■ 예제 30-10.c

```c
1.  #include <stdio.h>
2.  #define   TIME
3.  #define   COUNT      9
4.  #define   HIT_NUM    5
5.
6.  int main(void)
7.  {
8.
9.  #if defined(TIME) && COUNT!=7 && HIT_NUM==5
10.     puts("모두 만족되었군!");
11. #endif
12.
13.     return 0;
14. }
```

예제 30-9에서는 두 줄에 걸쳐서 표현되었던 것이, 위 예제에서는 9행 한 줄로 표현이 되었다. 따라서 #endif의 사용횟수도 더불어 하나 줄게 되었다. 이것이 바로 defined 연산자가 갖는 매력이다.

30-4 매개변수의 결합과 문자열화

이번에도 두 개의 매크로 연산자를 소개할 텐데, 연산자에 대한 설명에 앞서 먼저 제시하는 문제의 상황을 이해하기 바란다.

■ printf 함수의 호출 문장을 매크로 함수로 구성해 보았습니다 : # 연산자의 설명을 위한 도입

문자열의 구성을 위한 매크로 함수를 다음의 형태로 정의하였다.

```c
#define   STRING_JOB(A, B)       "A의 직업은 B입니다."
```

제30장 매크로와 전처리기(Preprocessor) _747

그리고는 STRING_JOB(이동춘, 나무꾼) 이라는 매크로 문장이 다음의 문자열을 만들어낼 것을 기대하였다.

"이동춘의 직업은 나무꾼입니다."

제대로 된 기대인지를 확인하기 위해서 예제를 작성하여 보겠다

■ 예제 30-11.c

```
1.   #include <stdio.h>
2.   #define    STRING_JOB(A, B)     "A의 직업은 B입니다."
3.   #define    PRINT_STR(STR)    puts(STR);
4.
5.   int main(void)
6.   {
7.       PRINT_STR(STRING_JOB(이동춘, 나무꾼));
8.       PRINT_STR(STRING_JOB(한상순, 사냥꾼));
9.       return 0;
10.  }
```

■ 실행결과 : 예제 30-11

```
A의 직업은 B입니다.
A의 직업은 B입니다.
```

출력 결과를 보면 앞서 했던 기대가 잘못되었음을 알 수 있다. 이는 다음 사실을 모르고 있었기 때문에 발생한 문제이다.

"문자열 안에서는 매크로의 매개변수 치환이 발생하지 않습니다."

■ **문자열은 나란히 선언하면 그냥 하나의 문자열로 인식이 되지요.**

이 문제의 해결을 위해서 알고 있어야 할 사실이 하나 있다. 다음 문자열 선언을 보자.

```
char * str = "이동춘은 나무꾼입니다. 오늘 아침에도 나무를 합니다.";
```

이는 다음과 같은 형태로 선언을 해도 된다. 완전히 동일한 선언이다.

```
char * str = "이동춘은 나무꾼입니다. "
             "오늘 아침에도 나무를 합니다.";
```

큰 따옴표로 표현되는 둘 이상의 문자열이 이어서 등장을 하면, 이는 하나의 문자열로 처리가 된다. 다음 예제를 통해서 이 사실을 확인해 보겠다.

■ 예제 30-12.c

```c
1.  #include <stdio.h>
2.
3.  int main(void)
4.  {
5.      char * str1 = "이동춘은 나무꾼입니다. 오늘 아침에도 나무를 합니다.";
6.      char * str2 = "이동춘은 나무꾼입니다. "     /* 세미콜론 없음에 주의! */
7.                    "오늘 아침에도 나무를 합니다.";
8.
9.      puts(str1);
10.     puts(str2);
11.     return 0;
12. }
```

■ 실행결과 : 예제 30-12

```
이동춘은 나무꾼입니다. 오늘 아침에도 나무를 합니다.
이동춘은 나무꾼입니다. 오늘 아침에도 나무를 합니다.
```

■ 매개변수를 문자열로 표현해서 문제를 해결했습니다 : 매크로 # 연산자

이제 예제 30-11의 문제점을 해결할 차례인데, 이를 위해서 매개변수를 문자열로 바꿔주는 매크로 연산자 #을 소개하겠다.

```
#define   STR(ABC)      #ABC
```

위 문장은 # 연산자를 활용해서 정의된 매크로 함수로서 다음과 같은 뜻이 담겨있다.

 "매개변수 ABC에 전달되는 인자를 문자열 "ABC"로 치환해라!"

따라서 다음과 같은 문장이 오면,

```
printf(STR(%d, %c, %s), 10, 'A', STR(string));
```

선행처리기에 의해서 다음과 같이 치환이 된다.

```
printf("%d, %c, %s", 10, 'A', "string");
```

이로써 예제 30-11의 문제점 해결에 필요한 모든 것을 설명했으니, 여러분 스스로 해결할 수 있도록 이는 문제의 형태로 제시를 하겠다.

문 제 30-2 [예제 30-11의 문제점 해결]

여러분은 예제 30-11의 문제점이 무엇인지 이미 알고 있다. 그리고 이 문제점의 해결이 여기서 제시하는 문제이다. 출력 결과가 다음과 같아야 문제가 해결된 것이다.

"이동춘의 직업은 나무꾼입니다."
"한상순의 직업은 사냥꾼입니다."

■ 학번을 조합하여 출력하는 프로그램을 작성해 봅시다 : ## 연산자의 설명을 위한 도입

학번은 일반적으로 다음과 같은 형태로 조합하여 결정이 된다.

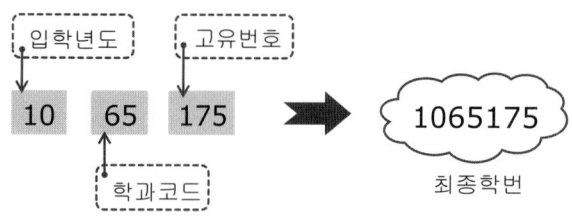

[그림 30-5 : 학번의 구성]

이에 우리는 학번을 조합하는 매크로 함수를 정의하고자 한다. 이 함수는 다음과 같은 형태로 호출이 된다.

　STNUM(10, 65, 175);

그리고 이 문장은 선행처리기에 의해서 다음과 같이 변환되어야 한다.

　1065175

물론 여러분은 이러한 기능의 매크로 함수를 정의할 수 있다. 그러나 필자가 제시하는 함수들부터 평가를 해 보자. 다음은 필자가 제시하는 첫 번째 매크로 함수이다.

　#define　　STNUM(Y, S, P)　　YSP

언뜻 보면 잘 정의해 놓은 것 같다. 그러나 이는 우리가 원하는 바를 제공하지 못한다. 매개변수 Y, S, P가 붙어있기 때문이다. 이렇게 붙어서 표현을 하면, 이는 Y, S, P의 조합이 아닌, 하나의 YSP로 인식이 된다. 결국 Y, S, P에 전달되는 값에 상관없이 그냥 YSP로 변환이 이뤄진다.

"그럼 한 칸씩 띄어주면 되잖아요!"

좋은 지적이다. 필자도 그렇게 해볼 참이었다.

```
#define   STNUM(Y, S, P)    Y  S  P
```

그러나 위와 같이 정의가 되면, 변환 과정에서 공백도 그대로 반영이 된다. 따라서 1065175라는 하나의 숫자로 구성이 되는 학번이 아닌 10, 65, 175라는 세 개의 숫자로 구성이 되는 학번이 만들어진다. 따라서 현재 "우리가 생각해 볼 수 있는 최선의 방법"은 다음 정도이다.

```
#define   STNUM(Y, S, P)    ((Y)*100000+(S)*1000+(P))
```

그럼 지금까지 설명한 내용을 예제를 통해서 확인해 보겠다.

■ 예제 30-13.c

```c
1.   #include <stdio.h>
2.   // #define   STNUM(Y, S, P)    YSP
3.   // #define   STNUM(Y, S, P)    Y S P
4.   #define   STNUM(Y, S, P)    ((Y)*100000+(S)*1000+(P))
5.
6.   int main(void)
7.   {
8.       printf("학번 : %d \n", STNUM(10, 65, 175));
9.       printf("학번 : %d \n", STNUM(10, 65, 075));
10.      return 0;
11.  }
```

■ 실행결과 : 예제 30-13

```
학번 : 1065175
학번 : 1065061
```

앞서 설명했듯이, 위 예제 2행의 매크로를 사용하면 8행은 다음과 같이 변환이 되어 에러가 발생한다.

```
printf("학번 : %d \n", YSP);
```

마찬가지로 3행의 매크로를 사용하면 8행은 다음과 같이 변환이 되어 에러가 발생한다.

```
printf("학번 : %d \n", 10 65 175);
```

그렇다면 4행에 정의된 매크로는 문제가 없을까? 학생 중에는 학생의 고유번호가 세 자릿수인 경우도 있고, 두 자릿수 또는 한 자릿수인 경우도 있다. 위 예제 9행에서는 고유번호가 두 자릿수인 경우를 보여주는데, 이 때에는 다음과 같은 형태로 호출을 해야 정상적인 출력을 기대할 수 있다. 앞에 붙는 0은 8진수의 표현을 의미하기 때문이다.

```
printf("학번 : %d \n", STNUM(10, 65, 75));
```

만약에 9행의 형식으로 호출하기 원한다면, 우리는 다른 방법을 고민해야 한다. 즉 필자가 제시한 " 우리가 생각해 볼 수 있는 최선의 방법"은 해결책이 되지 못한다.

■ 필요한 형태대로 조합 가능하도록 했지요 : 매크로 ## 연산자

예제 30-13의 9행은 다음과 같은 기대감으로 구성이 된 문장이다.

"매크로 함수에 10, 65, 075를 전달했으니까 1065075가 만들어질 거야."

한마디로, 전달인자들이 단순히 이어지기를 기대하고 있다. 그런데 다행히도 이러한 기대감을 만족시켜 주는 연산자가 있으니, 매크로 연산자 ##가 바로 그것이다. 이 연산자는 매크로 함수의 전달인자를 다른 대상(전달인자, 숫자, 문자, 문자열등)과 이어줄 때 사용된다. 다음 문장을 보자.

```
#define  CON(UPP, LOW)    UPP ## 00 ## LOW
```

위의 매크로 몸체는 UPP와 00 그리고 LOW가 순서대로 이어질 수 있도록 정의되어 있다. 따라서 다음과 같은 문장을 삽입하면,

```
int num = CON(22, 77);
```

이는 선행처리기에 의해서 컴파일 이전에 다음과 같이 변환된다.

```
int num = 220077;
```

이제 ## 연산자에 대해서 알았으니, 예제 30-13은 다음과 같이 달리 구현할 수 있다.

■ 예제 30-14.c

```
1.  #include <stdio.h>
2.  #define  STNUM(Y, S, P)    Y ## S ## P
3.
4.  int main(void)
5.  {
6.      printf("학번 : %d \n", STNUM(10, 65, 175));
7.      printf("학번 : %d \n", STNUM(10, 65, 075));
8.      return 0;
9.  }
```

■ 실행결과 : 예제 30-14

학번 : 1065175
학번 : 1065075

실행결과를 보자. 7행의 문장도 원하던 바대로 출력이 되었다.

30-5 그밖에 매크로

자주 사용이 되는 매크로에 대해서는 대부분 설명을 하였다. 하지만 이것이 전부는 아니기에, 지금까지 설명하지 못한 매크로들도 설명을 하고자 한다.

■ 미리 정의되어 있는 매크로들

C언어에는 기본적으로 정의되어 있는 매크로들이 존재한다. 자주 사용되지는 않지만, 필요한 경우에는 유용하게 사용될 수 있는 매크로들이다.

매크로	의 미
__FILE__	현재 소스코드의 파일명을 나타내는 문자열
__TIME__	선행처리 시각을 "시:분:초" 의 형태로 나타내는 문자열
__DATE__	선행처리 날짜를 "월:일:년" 의 형태로 나타내는 문자열
__LINE__	현재 소스코드의 행 번호를 나타내는 상수

[표 30-1 : 미리 정의되어 있는 매크로들]

다음 예제는 위 매크로들의 사용 예를 보여준다.

■ 예제 30-15.c

```
1.   #include <stdio.h>
2.
3.   int main(void)
4.   {
5.       printf("현재 행 : %d \n", __LINE__);
6.       printf("파일 명 : %s \n", __FILE__);
7.       printf("전처리 시간 : %s \n", __TIME__);
8.       printf("전처리 날짜 : %s \n", __DATE__);
9.       return 0;
10.  }
```

■ 실행결과 : 예제 30-15

```
현재 행 : 5
파일 명 : C:\CPERF\src\30장\예제 30-15.c
전처리 시간 : 10:07:38
전처리 날짜 : December 24 2008
```

■ 미리 정의되어 있는 매크로의 활용

이렇게 미리 정의되어 있는 매크로들은 어떠한 경우에 사용을 하면 좋을까? 이들의 사용 범위가 정해져 있는 것은 아니니, 예제 30-15에서 보여주는 출력 정보가 필요한 경우라면 언제든지 사용해도 좋다. 필자는 오류 발생시 오류가 발생한 파일의 이름과 위치 정보를 알려주는 모델을 예로 제시하겠다.

■ 예제 30-16.c

```
1.   #include <stdio.h>
2.
3.   int main(void)
4.   {
5.       int dividend, divisor;
6.       printf("두 개의 정수 입력 : ");
7.       scanf("%d %d", &dividend, &divisor);
8.
9.       if(divisor==0)
10.      {
11.          puts("실행오류 발생");
12.          printf("Line : %d \n", __LINE__);
13.          printf("File : %s \n", __FILE__);
14.      }
15.      else
```

```
16.     {
17.         printf("나눗셈 결과 : %d \n", dividend/divisor);
18.     }
19.     return 0;
20. }
```

■ 실행결과 : 예제 30-16

```
두 개의 정수 입력 : 7 0
실행오류 발생
Line : 13
File : C:\CPrj\30-16.c
```

이 예제에서는 나눗셈 연산을 이용해서 실행과정에서 발생할 수 있는 오류상황을 연출하고 있다. 정수형 나눗셈을 진행하고 있으니, 7행에서 변수 divisor에 입력 받은 값이 0이면 나눗셈을 진행할 수 없는 오류상황이 된다. 그런데 이러한 상황이 발생하면 11~13행에 의해서 오류가 발생한 대략적인 위치와 파일의 이름이 출력된다. 실제로는 여러 개의 파일이 하나의 프로그램을 이루기 때문에 이는 어느 정도 유용하게 사용이 된 사례로 볼 수 있다.

> **참고**
>
> **치환되는 문자열의 종류는 컴파일러(선행처리기)에 따라 달라집니다.**
> 위 예제의 출력결과를 보면, 매크로 __FILE__이 파일의 전체경로 정보를 포함한 문자열로 치환이 됨을 확인할 수 있다. 그러나 이는 어디까지나 컴파일러에 의존적인 결과로서, 파일의 이름 정보로만 치환이 되기도 한다. 다시 말해서 다음과 같은 출력을 보이는 컴파일러도 존재한다.
>   "File : 30-16.c"

■ **행 번호와 파일 이름을 지정합니다 : #line**

예제 30-16을 보면서 다음과 같은 생각을 할 수도 있다.

> "오류가 발생한 위치 정보를 main 함수를 기준으로 출력해주면 좋겠다. 그리고 전체경로를 포함한 파일의 이름이 아닌, 그냥 파일의 이름만 출력이 되면 좋겠다."

이는 다음과 같은 출력을 기대하는 것이다.

```
"Line : main 함수의  9행"
"File : 30-16.c
```

그렇다면 #line 지시자를 이용해서 원하는 바를 완성할 수 있다. #line 지시자는 행 번호와 파일이름을 지정할 수 있기 때문이다.

```
#line  0    /* 현재 행 번호를 0으로 설정한다. */
#line  0   "simple.c"   /* 현재 행 번호 0으로 설정, 파일이름 simple.c 설정 */
```

이렇듯 #line을 이용해서 행 번호와 파일의 이름을 재정의하면, 그 결과는 매크로 __LINE__과 __FILE__에 의해서 치환되는 문자열에 반영이 된다.

■ 예제 30-17.c

```
1.   #include <stdio.h>
2.
3.   int main(void)
4.   {
5.   #line 1  "30-17.c"
6.       int dividend, divisor;
7.
8.       printf("두 개의 정수 입력 : ");
9.       scanf("%d %d", &dividend, &divisor);
10.
11.      if(divisor==0)
12.      {
13.          puts("실행오류 발생");
14.          printf("Line : main 함수의 %d행 \n", __LINE__);
15.          printf("File : %s \n", __FILE__);
16.      }
17.      else
18.      {
19.          printf("나눗셈 결과 : %d \n", dividend/divisor);
20.      }
21.      return 0;
22.  }
```

■ 실행결과 : 예제 30-17

```
두 개의 정수 입력 : 7 0
실행오류 발생
Line : main 함수의 9행
File : 30-17.c
```

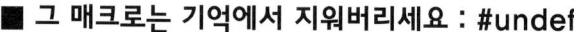

■ 그 매크로는 기억에서 지워버리세요 : #undef

이전에 정의된 매크로를 무효화시킬 필요가 있다면 #undef 지시자를 사용하면 된다. 다음 예제를 통해서 이 지시자의 기능과 활용방법을 살펴보겠다.

■ 예제 30-18.c

```
1.  #include <stdio.h>
2.
3.  int main(void)
4.  {
5.  #undef DATE
6.  #define DATE    "11월 : 24일"
7.      printf("오늘은 %s \n", DATE);
8.
9.  #undef DATE
10. #define DATE    "11월 : 25일"
11.     printf("내일은 %s \n", DATE);
12.
13. #undef DATE
14. #define DATE    "11월 : 26일"
15.     printf("모레는 %s \n", DATE);
16.
17.     return 0;
18. }
```

- 5행 : 매크로 DATE를 무효화시키고 있다. 무효화시킨다는 것은 선행처리기의 기억에서 지우는 것을 의미한다. 그런데 앞서 매크로 DATE가 정의된 적이 없다. 하지만 이는 오류가 아니다. #undef는 정의되지 않은 매크로의 무효화 명령에도 오류를 발생시키지 않기 때문이다. 따라서 정의 유무가 확실하지는 않지만, 무효화시켜야 할 매크로가 있다면 언제든지 #undef 명령문을 구성하면 된다.

- 6행 : 매크로 DATE를 정의하고 있다. 참고로 매크로는 지역성을 갖지 않는다. 때문에 main 함수 내에서 선언되었다 하더라도, main 함수 내에서만 유효한 것이 아니라 선언된 행 이후부터 파일의 마지막까지 유효하다.

- 9, 10행 : 매크로 DATE를 무효화시킨 다음에 재정의를 하고 있다. 참고로 매크로의 무효화 과정 없이도 재정의는 가능하다. 그러나 경고메시지가 발생하므로 무효화 과정을 거치는 것을 권장한다.

■ 실행결과 : 예제 30-18

```
오늘은 11월 : 24일
내일은 11월 : 25일
모레는 11월 : 26일
```

■ 컴파일러에게 정보를 전달해 줍시다 : #pragma

#pragma는 컴파일러에게 정보를 전달하기 위해서 사용이 되는 매크로 지시자이다. 그런데 컴파일러마다 지원하는 #pragma 지시자의 구성에 차이가 있기 때문에, 이를 일괄적으로 설명하는 데에는 무리가 있다. 따라서 여기서는 #pragma를 개념적으로만 설명하고, 이후에 추가적으로 보충을 하려고 한다. 9장에서는 다음 문장을 보이면서 #pragma 지시자에 대해서 간단히 소개를 하였다.

```
#pragma warning(disable:4996)
```

이 문장은 VC++ 컴파일러에게 다음과 같은 메시지를 전달하는 매크로 명령문이다.

"4996번 경고 메시지는 그냥 뿌리지 마세요."

VC++ 컴파일러는 경고 메시지의 유형별로 번호를 부여하고 있다. 다음은 VC++ 컴파일러가 출력하는 경고 메시지의 일부이다.

```
"warning C4996 : 'scanf' : This function or variable may be unsafe."
"warning C4005 : 'DATE' : 매크로 재정의"
```

여기서 4996, 4005가 경고 메시지의 번호이다. 이렇듯 위의 번호는 VC++ 컴파일러가 이해할 수 있는 경고 메시지의 고유번호이기 때문에, 다음의 #pragma 명령문은 VC++ 컴파일러에서만 의미를 갖는다.

```
#pragma warning(disable:4996)
#pragma warning(disable:4005)
```

이제 #pragma 명령문 구성이 컴파일러마다 차이를 보이는 이유를 이해했을 것이다. 일단 이 정도만 이해를 하자. 이후에 보다 다양한 사례를 여러분에게 소개할 테니 말이다.

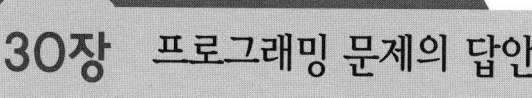

30장 프로그래밍 문제의 답안

■ 문제 30-1의 답안

문제 1과 문제 2의 답안을 다음 예제에 모두 담겠다. 그리고 이 문제는 단순히 매크로 함수의 정의를 연습하기 위함일 뿐, malloc 함수와 free 함수를 반드시 매크로로 정의해야 함을 의미하는 것은 아니다.

■ 소스코드 답안

```c
1.  #include <stdio.h>
2.  #include <stdlib.h>
3.
4.  #define MALLOC(TYPE, LEN)  ((TYPE *)malloc(sizeof(TYPE)*(LEN)))
5.  #define FREE(ADDR) free(ADDR); ADDR=NULL;
6.
7.  int main(void)
8.  {
9.      int * ptr;
10.     ptr=MALLOC(int, 5);
11.     if(ptr==NULL)
12.         puts("메모리 공간 할당의 실패!");
13.
14.     ptr[0]=ptr[1]=ptr[2]=ptr[3]=ptr[4]=7;
15.     printf("배열 시작 : %d \n", ptr[0]);
16.     printf("배열 중간 : %d \n", ptr[2]);
17.     printf("배열 마지막 : %d \n", ptr[4]);
18.
19.     FREE(ptr);
20.     return 0;
21. }
```

■ 문제 30-2의 답안

■ 소스코드 답안

```c
1.  #include <stdio.h>
2.
3.  #define STRING_JOB(A, B)    #A "의 직업은" #B "입니다."
4.  #define PRINT_STR(STR)      puts(STR);
5.
6.  int main(void)
7.  {
8.      PRINT_STR(STRING_JOB(이동춘, 나무꾼));
9.      PRINT_STR(STRING_JOB(한상순, 사냥꾼));
10.     return 0;
11. }
```

제31장 구조체(Structure Types)

구조체를 쉽게 공부할 수 있는 방법이 무엇인지 아세요?

이번 장에서 설명하는 구조체와 관련해서도 할 말이 참으로 많다. 그러나 필자가 시시콜콜하게 일일이 설명하지 않아도, 여러분 스스로 깨달을 수 있는 내용이 상당수이다. 구조체와 관련해서 설명하는 대부분의 내용을 int, double과 같은 기본 자료형과 비교해서 이해하기 바란다. 그러면 여기서 설명하는 내용의 반 이상은 아주 쉽게 이해할 수 있다.

이 장의 목차페이지 ➡➡➡
31-1. 데이터를 하나로 묶을 수 있으면 좋겠다.   762
31-2. 첫 번째 구조체의 정의   764
31-3. 구조체 변수로 가능한 것과 불가능한 것   769
31-4. 구조체의 정의에 포함되는 typedef 선언과 구조체 배열   777
31-5. 구조체의 추가적인 특성과 메모리 관계   780
프로그래밍 문제의 답안   791

31-1 데이터를 하나로 묶을 수 있으면 좋겠다.

간단한 프로그램을 하나 구현하는 것에서부터 이번 장을 시작하고자 한다. 프로그램의 구현목적은 구조체의 필요성을 설명하기 위함이다.

■ 입력된 모든 점을 입력 순서대로 연결했을 때 얻게 되는 선(line)의 길이는?

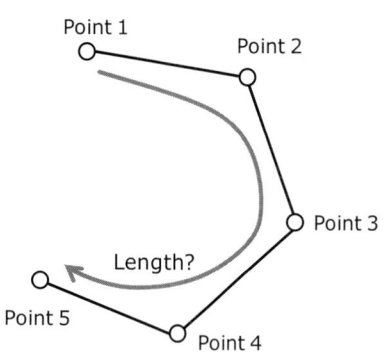

프로그램상에서 표현해야 할 데이터들이 갖는 일반적인 특성이 있다. 이러한 특성을 이해하는 것은 구조체를 이해하는 것 이상으로 매우 중요하다. 따라서 이에 대한 이해를 갖추기 위해 예제를 하나 제시하고자 한다.

이 예제는 왼쪽 그림에서 보여주듯이, 총 5개의 점 좌표를 입력 받아서, 입력 받은 모든 점을 입력 순서대로 연결했을 때 얻게 되는 선의 길이를 계산하여 출력한다. 여러분은 필자가 제시하는 예제를 보면서, 점의 좌표를 표현하기 위해 사용된 데이터들이 지니는 특성이 무엇인지 관찰하기 바란다.

■ 예제 31-1.c

```
1.   #include <stdio.h>
2.   #include <math.h>
3.   #define POINT_NUMBER    5
4.
5.   double CalDist(double x1, double y1, double x2, double y2);
6.   double CalLineLen(double xpos[], double ypos[]);
7.
8.   int main(void)
9.   {
10.      double lineLen=0;
11.      double xPosArr[POINT_NUMBER];
12.      double yPosArr[POINT_NUMBER];
13.
14.      int i;
15.      for(i=0; i<POINT_NUMBER; i++)
16.      {
17.          printf("점 %d의 좌표 입력 : ", i+1);
18.          scanf("%lf %lf", &xPosArr[i], &yPosArr[i]);
19.      }
20.
```

```
21.        lineLen=CalLineLen(xPosArr, yPosArr);
22.        printf("라인의 길이 : %g \n", lineLen);
23.        return 0;
24. }
25.
26. double CalDist(double x1, double y1, double x2, double y2)
27. {
28.        double xDist=x1-x2;
29.        double yDist=y1-y2;
30.        return sqrt(xDist*xDist+yDist*yDist);
31. }
32.
33. double CalLineLen(double xpos[], double ypos[])
34. {
35.        double len=0;
36.        int i;
37.        for(i=0; i<POINT_NUMBER-1; i++)
38.            len+=CalDist(xpos[i], ypos[i], xpos[i+1], ypos[i+1]);
39.        return len;
40. }
```

해설

- 3행 : 필요로 하는 배열의 길이를 매크로로 정의하고, 이를 예제 전반에 걸쳐서 사용하고 있는데, 이렇게 매크로로 정의를 하면 프로그램의 변경이 용이해진다. 예를 들어서 매크로 POINT_NUMBER의 값을 7로 변경하면, 추가적인 변경 없이도 총 7개의 점을 입력 받는 방식으로 프로그램이 변경된다.

- 11, 12행 : 점의 위치 정보를 저장하기 위한 배열이 선언되었다. 하나의 점은 두 개의 값으로 표현되기 때문에, 이렇게 두 개의 배열을 선언하였다.

- 15~19행 : 상수 POINT_NUMBER의 개수만큼 점의 위치 정보를 입력 받는다. xPosArr[0], yPosArr[0]에 첫 번째 점의 정보가, xPosArr[POINT_NUMBER-1], yPosArr[POINT_NUMBER-1]에 마지막 점의 정보가 저장된다.

- 21행 : 33행에 정의되어 있는 CalLineLen 함수를 호출하고 있다. 이 함수는 배열 xPosArr과 yPosArr의 정보를 참조하여, 선의 길이를 계산해서 반환하는 함수이다.

- 26행 : CalDist 함수는 두 점 사이의 거리를 반환한다. 그리고 이 함수 내에서 호출하고 있는 sqrt 함수는 루트(제곱근)의 계산 결과를 반환하는 함수로서 문제 9-1을 통해서 소개한바 있다.

- 38행 : CalLineLen 함수는 26행에 정의되어 있는 CalDist 함수를 기반으로 구현되어 있음을 확인할 수 있다.

■ 실행결과 : 예제 31-1

```
점 1의 좌표 입력 : 1 1
점 2의 좌표 입력 : 2 2
점 3의 좌표 입력 : 3 3
점 4의 좌표 입력 : 4 4
점 5의 좌표 입력 : 5 5
라인의 길이 : 5.65685
```

■ 소프트웨어에서 표현하는 데이터들의 일반적인 특징

예제 31-1에서 표현하고 있는 점의 좌표 정보가 지니는 특징은 다음과 같다.

"x좌표의 정보와 y좌표의 정보는 함께 이동합니다."

프로그램 사용자로부터 x좌표가 입력될 때, y좌표도 입력된다. 그리고 CalDist 함수의 인자로 x좌표가 전달될 때, 더불어 y좌표도 전달된다. 생각해 보면 이 둘은 함께 존재해야 의미를 지니는 정보이기 때문에(둘이 함께해야 점의 위치 정보가 완성되므로), 프로그램 내에서 항상 같이 움직이는 것은 당연한 일이다. 그런데 이것이 바로 데이터들의 일반적인 특징이다.

"소프트웨어 개발 과정에서 표현하는 데이터들은 그룹(group)을 형성하게 됩니다."

예를 들어서 주소록 관리 프로그램을 구현해야 한다면, 다음과 같은 데이터들이 그룹을 형성하게 된다.

이름, 주소, 전화번호

그리고 도서 관리 프로그램을 구현해야 한다면, 다음과 같은 데이터들이 그룹을 형성하게 된다. 이들은 한 권의 도서정보를 등록하는데 필요한 기본적인 정보들이다.

제목, 정가, ISBN, 출판사

이렇게 그룹을 형성하는 데이터들을 묶어서 관리할 수 있다면, 프로그램 내에서 데이터들을 관리하기가 한결 수월해진다. 그래서 이러한 목적으로 디자인 된 것이 바로 구조체이다.

31-2 첫 번째 구조체의 정의

구조체의 등장 배경을 알았으니, 구조체의 사용 방법을 확인할 차례이다.

■ 필요한 것은 일단 집어넣어!

예제 31-1에서 그룹을 지어줘야 하는 데이터는 x좌표 정보와 y좌표 정보였다. 여기서 이들 각각을 저장하기 위한 변수의 이름을 xPos, yPos라 해보자. 그리고 이들은 모두 double형으로 선언한다고 가정해보자.

```
double xPos;
double yPos;
```

그렇다면 위의 두 변수를 묶어서 관리할 수 있어야 하는데, 이 때 필요한 것이 구조체이며 구조체를 기반으로 위의 두 변수를 묶으면 다음과 같은 형태가 된다.

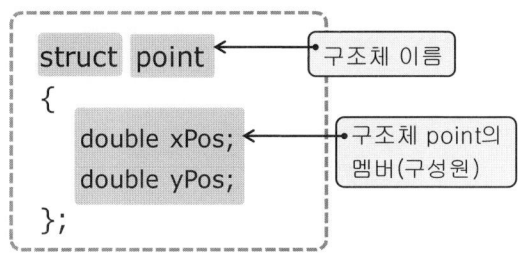

[그림 31-1 : 구조체 point의 정의]

이것이 우리의 첫 번째 구조체 정의이다. 위 정의에서 키워드 struct는 이것이 구조체의 정의가 되도록 한다. 만약에 struct가 아닌 다른 키워드가 온다면(다음 장에서 설명하는), 이는 구조체가 아닌 또 다른 형태의 정의가 된다. 그리고 point라는 이름은 구조체의 이름이며, point 구조체를 이루는 구성원 정보는 중괄호 안에 선언되어 있다.

■ 구조체의 정의가 의미하는 것은?

그림 31-1에서 구조체 point를 정의했는데, 이러한 정의가 이뤄지고 난 다음부터 point는 변수의 선언에 사용되는 자료형의 이름으로 인식이 된다. 즉 point라는 이름은 프로그래머가 정의한 자료형이다.

	double	point
제공 방식	기본적으로 제공	프로그래머의 정의에 의해 제공
변수 선언	double num; double num1, num2;	struct point pnt; struct point p1, p2;
접근 방식	num=20;	pnt.xPos=10; pnt.yPos=20;

[표 31-1 : 기본 자료형과 point의 비교]

위의 표에 기본 자료형 double과 구조체 자료형 point를 비교해 놓았다. 변수의 선언방식과 선언된 변수의 접근방식에는 차이가 있지만, point도 double과 마찬가지로 변수의 선언에 사용이 되는 자료형의 이름이다. 그럼 예제를 통해서 보다 구체적으로 비교를 하겠다.

■ 구조체 활용의 예와 구조체 멤버의 접근

다음은 표 31-1에서 보여준 구조체 변수의 선언과 접근 방법을 확인하기 위한 예제이다.

■ 예제 31-2.c

```
1.  #include <stdio.h>
2.
3.  /*** point라는 이름의 자료형 정의 ***/
4.  struct point
5.  {
6.      double xPos;
7.      double yPos;
8.  };
9.
10. int main(void)
11. {
12.     /** 변수의 선언 **/
13.     double num;
14.     struct point pnt;
15.
16.     /** 변수의 초기화 **/
17.     num=1.2;
18.     pnt.xPos=2.2;
19.     pnt.yPos=3.4;
20.
21.     /** 초기화된 값의 출력 **/
22.     printf("num : %g \n", num);
23.     printf("pnt.xPos : %g \n", pnt.xPos);
24.     printf("pnt.yPos : %g \n\n", pnt.yPos);
25.
26.     /** 변수의 크기 계산 **/
27.     printf("num의 크기 : %d바이트 \n", sizeof(num));
28.     printf("pnt의 크기 : %d바이트 \n", sizeof(pnt));
29.     return 0;
30. }
```

- 13, 14행 : 일반 변수와 구조체 변수의 선언방식을 보여준다. 선언방식에 있어서의 차이점은 구조체 변수의 경우 구조체를 의미하는 키워드 struct를 붙여준다는데 있다. 그리고 이렇게 선언이 되면 메모리 공간에는 다음과 같이 할당이 이뤄진다.

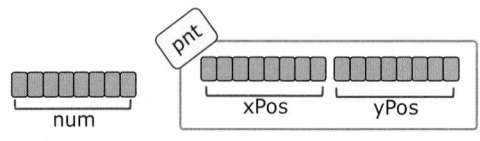

■ : 1바이트 메모리 블록

[그림 31-2 : 일반 변수와 구조체 변수의 메모리 구성]

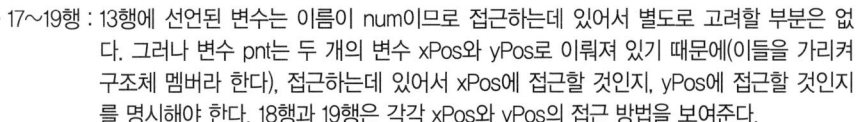

- 17~19행 : 13행에 선언된 변수는 이름이 num이므로 접근하는데 있어서 별도로 고려할 부분은 없다. 그러나 변수 pnt는 두 개의 변수 xPos와 yPos로 이뤄져 있기 때문에(이들을 가리켜 구조체 멤버라 한다), 접근하는데 있어서 xPos에 접근할 것인지, yPos에 접근할 것인지를 명시해야 한다. 18행과 19행은 각각 xPos와 yPos의 접근 방법을 보여준다.
- 27, 28행 : 여기서의 출력결과는 그림 31-2의 메모리 구성을 대략의 형태로 증명한다. 변수 pnt가 실제로 double형 변수 xPos와 yPos로 이뤄져 있다면, 28행의 출력결과는 16이 되어야 한다.

■ 실행결과 : 예제 31-2

```
num : 1.2
pnt.xPos : 2.2
pnt.yPos : 3.4

num의 크기 : 8바이트
pnt의 크기 : 16바이트
```

특히 위 예제 18, 19행 그리고 23, 24행에서 구조체 변수의 멤버에 접근하기 위해서 사용된 연산자가 .(dot) 임을 기억하기 바란다.

■ **typedef를 사용하면 구조체 변수의 선언이 한결 편해집니다.**

예제 31-2에서 정의한 구조체 point도 int나 double과 같은 자료형의 이름이기 때문에, 다음과 같은 형태로 구조체 변수를 선언하고 싶을 것이다.

```
point pnt;
```

그런데 typedef 선언을 이용하면 이것이 실제로 가능하다. 다음 typedef 선언을 보자.

```
typedef unsigned long UINT;
```

이 선언에 의해서 UINT가 unsigned long을 대신할 수 있음은 이미 알고 있는 사실이다. 그렇다면 이와 유사한 형태의 typedef 선언을 보자.

```
typedef struct point point;
```

이는 point가 struct point를 대신하도록 선언된 typedef 선언이다. 비록 point가 겹쳐서 이상하다는 느낌을 받을 수 있지만, 위의 typedef 선언 이후에 컴파일러가 다음과 같이 적절히 해석을 하기 때문에 문제가 되지 않는다.

- struct point pnt; ➡ 이 경우 컴파일러는 point를 struct point로 인식 안 함
- point pnt; ➡ 이 경우 컴파일러는 point를 struct point로 인식 함

그리고 이것이 마음에 들지 않는다면, 다음과 같이 이름을 달리해서 선언하는 것도 좋다.

```
typedef struct point POINT;
```

그럼 간단한 예제를 통해서 이 부분을 확인하기로 하자.

■ 예제 31-3.c

```
1.   #include <stdio.h>
2.
3.   struct point
4.   {
5.       double xPos;
6.       double yPos;
7.   };
8.
9.   typedef struct point point;
10.  typedef struct point POINT;
11.
12.  int main(void)
13.  {
14.      point p1;
15.      POINT p2;
16.
17.      p1.xPos=0.1, p1.yPos=0.2;
18.      p2.xPos=2.4, p2.yPos=2.5;
19.
20.      printf("X축 거리 : %g \n", p2.xPos-p1.xPos);
21.      printf("Y축 거리 : %g \n", p2.yPos-p1.yPos);
22.      return 0;
23.  }
```

- 9, 10행 : 두 가지 형태로 typedef 선언을 하고 있다. point와 POINT가 모두 struct point를 대신하도록 선언되었다.
- 14, 15행 : 9, 10행의 덕분으로 구조체 변수의 선언이 한결 간단해졌다. struct 키워드를 붙이지 않아도 되니, 보다 변수 선언다운 느낌마저 든다.
- 20, 21행 : 구조체 변수의 멤버를 이용해서 뺄셈연산을 하고 있다. 이처럼 구조체 멤버에 접근하여 다양한 연산이 가능하다.

■ 실행결과 : 예제 31-3

```
X축 거리 : 2.3
Y축 거리 : 2.3
```

토막 퀴즈

질문 : 예제 31-3의 다음 typedef 선언은 문제가 없다.

```
typedef struct point point;
```

따라서 다음의 typedef 선언도 문제가 없다고 생각할 수 있다.

```
typedef unsigned int int;   /* int로 unsigned int를 대신하려는 의도 */
```

그런데 컴파일을 하면 에러가 발생한다. 에러가 발생하는 이유는 무엇일까?

답변 : 이미 그 용도가 약속되어 있는 C언어의 키워드에 다른 의미를 부여하는 것은 허용되지 않는다. 때문에 int나 double과 같은 자료형의 이름을 변수의 이름으로 사용하지 못하는 것이다. 마찬가지로 typedef 선언을 이용해서 int에 다른 의미를 부여할 수 없다. 그래서 위의 typedef 선언에서는 에러가 발생하는 것이다.

31-3 구조체 변수로 가능한 것과 불가능한 것

구조체 변수의 선언방식을 알았으니, 이제 선언된 구조체 변수의 활용방법에 대해서 살펴볼 차례이다.

■ 함수의 인자로 전달과 반환! 그리고 대입연산도 됩니다. 단 사칙연산은 안됩니다.

구조체 변수의 활용방법은 일반변수와 크게 차이가 없다. 함수의 인자로 전달도 가능하고, 반환도 가능하다. 뿐만 아니라 대입연산의 피연산자로도 사용이 가능하다. 변수로 가능한 대부분의 일이 가능하다고 생각하면 된다. 조금 더 정확히 말하면 변수와 별 차이가 없다. 아니! 그 자체도 변수이다. 다음 예제를 통해 이 사실을 확인하자.

■ 예제 31-4.c

```
1.   #include <stdio.h>
2.
3.   struct __point
4.   {
5.       double xPos;
6.       double yPos;
7.   };
8.   typedef struct __point point;
9.
10.  point IncrePos(point pnt)
11.  {
12.      pnt.xPos++;
13.      pnt.yPos++;
14.      return pnt;
15.  }
16.
17.  int main(void)
18.  {
19.      point p1, p2, p3;
20.      p1.xPos=0.5;
21.      p1.yPos=1.5;
22.
23.      p2=p1;
24.      p3=IncrePos(p2);
25.
26.      printf("X : %g \n", p3.xPos);
27.      printf("Y : %g \n", p3.yPos);
28.      return 0;
29.  }
```

- 10행 : point가 자료형의 이름이기 때문에 이를 반환형과 매개변수형으로 선언할 수 있다. 즉 함수 IncrePos는 point형 데이터를 인자로 받고, point형 데이터를 반환하는 함수이다.
- 23행 : 일반 변수와 동일하게 대입연산이 가능하다. 이 대입연산으로 인해서 p1의 모든 값은 p2에 복사된다.
- 24행 : IncrePos 함수를 호출하면서 p2를 인자로 전달하고 있다. 따라서 p2에 저장된 값이 전달되어 매개변수가 초기화 된다. 그리고 반환 값은 p3에 저장이 된다.

■ 실행결과 : 예제 31-4

```
X : 1.5
Y : 2.5
```

참고로 위 예제 24행에서 이뤄지는 값의 복사 과정을 그림으로 정리하면 다음과 같다.

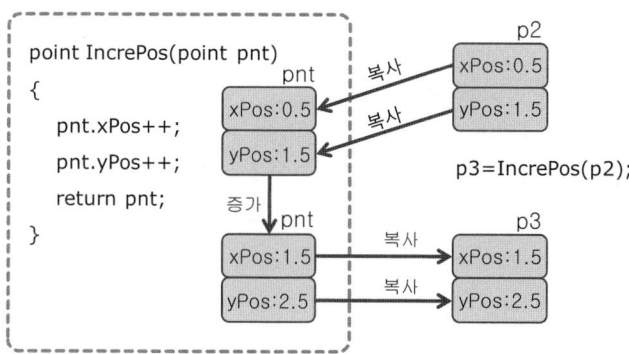

[그림 31-3 : 구조체 변수의 전달과 반환]

그렇다면 구조체 변수를 이용한 사칙연산도 가능할까? 위 예제를 보면 가능할 것도 같아 보인다. point 구조체를 형성하는 두 개의 구조체 멤버가 실수이기 때문이다. 그러나 구조체 변수를 이용한 사칙연산은 허용되지 않는다. 구조체 멤버에는 문자열의 저장이 가능한 char형 배열처럼 사칙연산을 적용하기 어려운 대상도 포함될 수 있기 때문이다.

> **토막 퀴즈**
>
> 질문 : 구조체 변수는 대입 연산자의 피연산자로 사용이 가능하지만, 사칙 연산자의 피연산자로는 사용이 불가능하다. 그렇다면 구조체 변수는 복합대입 연산자 += 의 피연산자가 될 수 있겠는가?
>
> 답변 : 연산자 += 의 경우 대입연산 이전에 덧셈연산을 거쳐야 한다. 그런데 구조체 변수로는 덧셈이 불가능하기 때문에 += 연산자의 피연산자가 될 수 없다.

■ 배열을 멤버로 하는 구조체의 정의와 대입연산

구조체의 멤버에는 배열도 올 수 있다. 그리고 이렇게 멤버로 배열이 오게 될 경우, 대입연산을 통해서 배열을 통째로 복사하는 것이 가능한데, 다음 예제를 통해서 이를 보이겠다.

■ 예제 31-5.c

```
1.  #include <stdio.h>
2.  #include <string.h>
3.  #define NAME_LEN    30
```

```
4.   #define PID_LEN    15
5.
6.   struct __person
7.   {
8.       char name[NAME_LEN];        // 이름
9.       char ID[PID_LEN];           // 주민등록 번호
10.      unsigned int age;           // 나이
11.  };
12.  typedef struct __person   person;
13.
14.  void ShowPersonData(person prsn)
15.  {
16.      printf("이름 : %s \n", prsn.name);
17.      printf("주민등록 번호 : %s \n", prsn.ID);
18.      printf("나이 : %u \n", prsn.age);
19.  }
20.
21.  int main(void)
22.  {
23.      person jongsoo;
24.      person copyman;
25.
26.      strcpy(jongsoo.name, "한종수");
27.      strcpy(jongsoo.ID, "900218-1012589");
28.      jongsoo.age=20;
29.
30.      copyman=jongsoo;
31.      ShowPersonData(copyman);
32.      return 0;
33.  }
```

- 8, 9행 : 구조체의 멤버로 배열이 선언되었다. 이처럼 구조체 안에는 배열이 선언될 수 있다.
- 14행 : 이 함수는 구조체 person의 데이터를 인자로 전달받아서, 그 안에 저장되어 있는 데이터를 출력하도록 정의되었다.
- 26, 27행 : 23행에서 선언한 구조체 변수의 멤버 일부를 초기화하고 있다. 문자열을 저장해야 하기 때문에 strcpy 함수의 도움을 받아야 한다.
- 30행 : 구조체 변수 jongsoo에 저장된 값을 동일한 자료형의 변수인 copyman에 대입연산을 통해서 복사하고 있다. 이 경우에 jongsoo에 저장된 모든 멤버의 데이터가 copyman에 그대로 복사된다.
- 31행 : 30행의 대입연산으로 초기화 된 변수 값의 출력을 위해 ShowPersonData 함수를 호출하고 있다.

■ 실행결과 : 예제 31-5

이름 : 한종수
주민등록 번호 : 900218-1012589
나이 : 20

위의 출력결과는 30행의 대입연산이 제대로 이뤄졌음을 보여준다. 지금까지는 대입연산을 통한 배열의 복사가 불가능했다. 뿐만 아니라 함수의 전달인자로 배열의 주소 값만 전달이 가능했을 뿐, 배열 자체를 전달하는 것도 불가능했다. 그러나 위 예제에서는 대입연산을 통해서 배열을 복사도 하고, 함수의 매개 변수로 배열 자체를 전달도 하고 있다. 비록 구조체의 멤버로 선언된 배열이긴 하지만 말이다. 다음 그림 은 위 예제의 30행과 31행에서 일어나는 상황을 정리해 놓은 것이다.

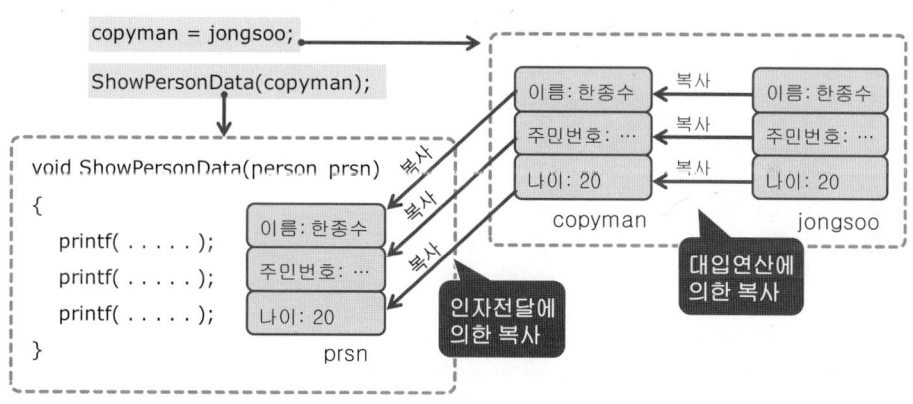

[그림 31-4 : 대입연산과 인자전달 과정에서의 구조체 멤버의 복사방식]

■ 구조체와 구조체 포인터

여러분은 이미 포인터를 잘 알고 있기 때문에, 구조체 포인터에 대해서는 별도로 설명할 내용이 많지 않다. 따라서 예제 31-5에서 정의한 함수를, 참조에 의한 호출방식으로 변경하면서 구조체 포인터에 대해서 설명하고자 한다.

■ 예제 31-6.c

```
1.  #include <stdio.h>
2.  #include <string.h>
3.  #define NAME_LEN    30
4.  #define PID_LEN     15
5.
```

```
6.  struct __person
7.  {
8.      char name[NAME_LEN];    // 이름
9.      char ID[PID_LEN];       // 주민등록 번호
10.     unsigned int age;       // 나이
11. };
12. typedef struct __person  person;
13.
14. void ShowPersonData(person * ptr)
15. {
16.     printf("이름 : %s \n", (*ptr).name);
17.     printf("주민등록 번호 : %s \n", (*ptr).ID);
18.     printf("나이 : %u \n", ptr->age);
19. }
20.
21. int main(void)
22. {
23.     person jongsoo;
24.     person copyman;
25.     person * personPtr;
26.
27.     strcpy(jongsoo.name, "한종수");
28.     strcpy(jongsoo.ID, "900218-1012589");
29.     jongsoo.age=20;
30.
31.     copyman=jongsoo;
32.     personPtr=&copyman;
33.
34.     ShowPersonData(personPtr);
35.     return 0;
36. }
```

- 14행 : 구조체 person의 주소 값을 인자로 전달받도록 함수가 변경되었는데, 여기서 사용된 매개변수의 포인터 선언 방식은 기본 자료형 변수의 포인터 선언방식과 동일하다.
- 16~18행 : 포인터를 이용한 구조체 변수의 접근과 관련된 내용으로 잠시 후에 별도로 설명을 하겠다.
- 25행 : 구조체 변수의 포인터 선언방식을 보여준다. 일반적인 변수의 포인터 선언 규칙을 그대로 적용하면 된다.
- 32행 : 구조체 변수의 주소 값을 얻을 때도 & 연산자를 사용한다. 다시 말하지만 기본 자료형 변수와 차이가 없다.

실행결과는 예제 31-5와 동일하므로 생략하고, 16~18행에 대해서 설명을 하겠다. 34행의 함수 호출문장이 실행되면, 14행에 선언된 매개변수 ptr은 24행에 선언된 구조체 변수 copyman을 가리키게 된다. 따라서 (*ptr)은 구조체 변수 copyman을 의미하게 되어, copyman의 멤버에 접근하기 위해서는 다음과 같이 연산문을 구성해야 한다.

- ptr이 가리키는 구조체 변수의 name 접근 : (*ptr).name
- ptr이 가리키는 구조체 변수의 ID 접근 : (*ptr).ID
- ptr이 가리키는 구조체 변수의 age 접근 : (*ptr).age

멤버에 접근하는 위 문장에서 괄호가 필요한 이유는 . 연산자보다 * 연산자의 우선순위가 낮기 때문이다. 그리고 C언어에서는 위와 같이 포인터를 이용한 구조체 멤버의 접근을 간단히 처리할 수 있도록 -> 연산자를 제공하고 있다. 이 연산자를 사용하면 다음과 같은 방식으로 접근이 가능하다.

- ptr이 가리키는 구조체 변수의 name 접근 : ptr->name
- ptr이 가리키는 구조체 변수의 ID 접근 : ptr->ID
- ptr이 가리키는 구조체 변수의 age 접근 : ptr->age

즉 (*pointer).member는 pointer->member와 완전히 동일한 연산문이다. 그러나 후자의 방식이 보다 간결한 형식을 띠기 때문에 일반적으로 많이 사용된다. 지금까지 구조체 포인터와 관련해서 예제 31-6을 제시하고 설명을 하였는데, 이 예제를 통해서 필자가 강조하고픈 내용은 다음과 같다.

"구조체 포인터라고 해서 다를 것 없습니다. int형 포인터 변수를 선언하듯이 선언하면 되고, int형 포인터를 통해 접근하듯이 접근하면 됩니다."

■ 구조체 변수의 선언과 초기화

int형 변수나 double형 변수는 선언과 동시에 초기화가 가능하다. 마찬가지로 구조체 변수도 선언과 동시에 초기화가 가능한데, 그 방법이 마치 배열의 초기화와 유사하다. 즉 초기화할 값을 중괄호 안에 쉼표로 구분 지어 표시하면 된다. 이와 관련해서 예제를 보도록 하겠다.

■ 예제 31-7.c

```
1.   #include <stdio.h>
2.   #define NAME_LEN  30
3.   #define PID_LEN   15
4.
5.   struct __person
6.   {
7.       char name[NAME_LEN];      // 이름
8.       char ID[PID_LEN];         // 주민등록 번호
9.       unsigned int age;         // 나이
10.  };
11.  typedef struct __person  person;
12.
13.  void ShowPersonData(person * ptr)
14.  {
```

```
15.         printf("이름 : %s \n", (*ptr).name);
16.         printf("주민등록 번호 : %s \n", (*ptr).ID);
17.         printf("나이 : %u \n\n", ptr->age);
18.     }
19.
20.     int main(void)
21.     {
22.         person jongsoo={"한종수", "900218-1012589", 20};
23.         person sungeun={"이성은", "910218-1012589", 19};
24.
25.         ShowPersonData(&jongsoo);
26.         ShowPersonData(&sungeun);
27.         return 0;
28.     }
```

- 22, 23행 : 구조체 변수를 선언과 동시에 초기화하고 있다. 중괄호 안에다가 구조체의 멤버가 선언된 순서대로, 초기화할 값을 정리해서 삽입하고 있다.

■ 실행결과 : 예제 31-7

이름 : 한종수
주민등록 번호 : 900218-1012589
나이 : 20

이름 : 이성은
주민등록 번호 : 910218-1012589
나이 : 19

이로써 구조체와 관련된 기본이 되는 내용을 모두 설명하였으니, 다음 문제를 통해서 점검의 시간을 갖기 바란다.

● 문 제 31-1 [구조체 변수의 기본 활용능력 다지기]

예제 31-7에서 정의한 구조체를 기반으로 다음 순서대로 진행이 되는 프로그램을 작성해보자.
1. 두 개의 person 구조체 변수를 선언한다.
2. 프로그램 사용자로부터 적절한 값을 입력 받아서, 두 개의 구조체 변수를 완벽히 초기화 한다.
3. 두 구조체 변수에 저장된 값을 바꾼다. 이 때 SwapPersonData라는 이름의 함수를 정의하고 활용해야 한다.
4. 저장된 값이 제대로 변경되었는지 확인하기 위해서 출력을 한다.

참고로 SwapPersonData 함수는 두 구조체 변수에 저장된 값을 변경시켜야 하므로, 참조에 의한 호출 방식으로 정의해야 한다.

31-4 구조체의 정의에 포함되는 typedef 선언과 구조체 배열

구조체를 기반으로 프로그램을 작성하는데 필요한 설명은 이미 끝이 났다. 그러나 typedef와 관련해서 코드 작성에 도움이 되는 문법적 요소가 있어서 이를 설명하고, 별도로 설명하지 않아도 이해할 수 있는 구조체 배열에 대해서 소개하고자 한다.

■ **구조체의 정의와 typedef 선언을 한방에 끝내세요.**

예제 31-7의 5~11행에서는 구조체의 정의와 typedef 선언을 별도로 하고 있다. 그러나 이 둘은 다음과 같이 묶어서 선언이 가능하다.

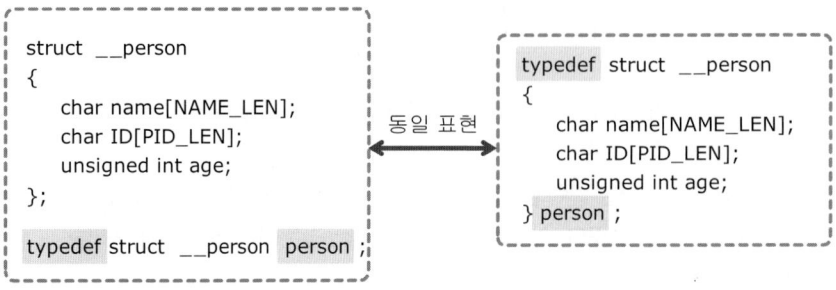

[그림 31-5 : 구조체 정의와 typedef 선언의 결합]

위 그림의 왼편에 있는 선언방식이 예제 31-7의 선언방식이다. 그리고 이는 오른편에 있는 선언방식으로 대체할 수 있다. 참고로 오른편에 있는 선언방식이 왼편의 선언방식을 대체할 수 있다는 것은 일종의 약속이다. 따라서 이해의 대상이 아닌 인식의 대상인 셈이다.

■ 구조체 배열은 구조체 변수로 이루어진 배열에 지나지 않습니다.

구조체도 필요에 따라서 배열의 형태로 선언이 가능하다. 그런데 그 선언방식이 기본 자료형의 배열 선언방식과 동일하기 때문에 별도의 설명이 필요하진 않다. 따라서 예제를 통해서 구조체 배열의 선언방식을 보이면서, 더불어 구조체 배열의 초기화 방식도 함께 보이겠다.

■ 예제 31-8.c

```c
#include <stdio.h>
#define ARRY_LEN 3
#define NAME_LEN  30
#define PID_LEN   15

typedef struct __person
{
    char name[NAME_LEN];
    char ID[PID_LEN];
    unsigned int age;
} person;

void ShowPersonData(person * ptr);

int main(void)
{
    int i;
    person personArr[ARRY_LEN]={
        {"한종수", "900218-1012589", 20},   // 첫 번째 요소 초기화
        {"이성은", "910218-1012589", 19},   // 두 번째 요소 초기화
        {"윤지민", "930218-1012589", 17}    // 세 번째 요소 초기화
    };
```

```
23.
24.     for(i=0; i<ARRY_LEN ; i++)
25.         ShowPersonData(&personArr[i]);
26.
27.     return 0;
28. }
29.
30. void ShowPersonData(person * ptr)
31. {
32.     printf("이름 : %s \n", (*ptr).name);
33.     printf("주민등록 번호 : %s \n", (*ptr).ID);
34.     printf("나이 : %u \n\n", ptr->age);
35. }
```

- 6~11행 : 그림 31-5에서 설명한 형태대로 구조체의 정의와 typedef 선언이 동시에 이뤄졌다.
- 18~22행 : person 구조체의 배열을 선언과 동시에 초기화하고 있다. 선언방식은 일반 자료형의 배열 선언방식과 차이가 없다. 그리고 초기화 방식도 단순하다. 각각의 구조체 변수를 초기화 할 데이터들의 집합을 다시 한번 중괄호로 묶었을 뿐이다.

■ 실행결과 : 예제 31-8

이름 : 한종수
주민등록 번호 : 900218-1012589
나이 : 20

이름 : 이성은
주민등록 번호 : 910218-1012589
나이 : 19

이름 : 윤지민
주민등록 번호 : 930218-1012589
나이 : 17

문제 31-2 [구조체 배열의 선언과 활용]

직원의 급여정보를 저장하기 위한 프로그램을 작성하자. 이 프로그램은 다음과 같은 순서로 진행이 되어야 한다.
  1. 프로그램 사용자로부터 총 5명의 이름과 급여정보를 입력 받는다.
  2. 입력 받은 정보를 참조하여 평균 급여가 얼마인지 계산하여 출력한다.
  3. 입력 받은 정보를 참조하여 평균 이상의 급여를 받는 사람의 이름을 전부 출력한다.

단, 총 5명의 정보를 입력 받기 위해서 구조체 배열을 선언해야 하며, 이 문제의 해결을 위한 구조체는 다음 조건을 만족시켜서 정의해야 한다.
  1. 이름 정보는 char형 배열에 저장을 한다.
  2. 급여정보의 저장을 위한 변수는 unsigned int로 선언한다.

그리고 이름과 급여정보 이외에 추가하고픈 구조체 멤버가 있다면 얼마든지 추가해도 좋다.

31-5 구조체의 추가적인 특성과 메모리 관계

마지막으로 지금까지 설명하지 못한 구조체 변수의 특성을 설명하면서, 메모리 할당과 관련된 내용을 조금 이야기하고자 한다.

■ **구조체 변수도 구조체의 멤버가 될 수 있습니다.**

int, double, char 그리고 배열 등 기본 자료형을 기반으로 선언이 되는 변수는 모두 구조체의 멤버가 될 수 있다. 뿐만 아니라 "구조체 변수"와 "구조체 변수의 포인터"도 구조체의 멤버가 될 수 있는데, 예제를 통해서 이를 보이도록 하겠다.

■ 예제 31-9.c

```c
1.  #include <stdio.h>
2.  #define PI   3.14
3.
4.  typedef struct __point
5.  {
6.      double xPos;
7.      double yPos;
8.  } point;
9.
10. typedef struct __circle
11. {
12.     point center;       // 원의 중심
13.     double rad;         // 반지름
14. } circle;
15.
16. void ShowCircleInfo(const circle * ptr)
17. {
18.     printf("원의 중심 : [%g, %g] \n",
19.         (ptr->center).xPos, (ptr->center).yPos);
20.     printf("원의 넓이 : %g \n",
21.         (ptr->rad)*(ptr->rad)*PI);
22. }
23.
24. int main(void)
25. {
26.     circle cl={
27.         {1.1, 2.2},     // center 초기화
28.         2.5             // 반지름 초기화
29.     };
30.
31.     ShowCircleInfo(&cl);
32.     return 0;
33. }
```

해 설

- 12행 : 구조체 point의 변수를 구조체 circle의 멤버로 정의하고 있다. 이처럼 구조체의 멤버로 다른 구조체의 변수가 정의될 수 있다.

- 16행 : circle 구조체의 주소 값을 인자로 전달받을 수 있도록 함수가 정의되었다. 그리고 이 매개변수는 const로 선언되었다. 따라서 포인터 ptr을 참조하여, ptr이 가리키는 변수의 값을 변경시키는 것은 불가능하다.

- 26~29행 : 구조체 변수를 멤버로 두고 있는 구조체 변수의 초기화 방법을 보여준다. 제일 먼저 초기화할 대상이 구조체 변수이기 때문에 중괄호가 등장하였고, 이어서 초기화 대상이 실수이기 때문에 실수 값이 등장하였다.

제31장 구조체(Structure Types) _781

■ 실행결과 : 예제 31-9

원의 중심 : [1.1, 2.2]
원의 넓이 : 19.625

위 예제의 26행에서 생성되는 구조체 변수는 다음과 같은 형태로 할당 및 초기화된다.

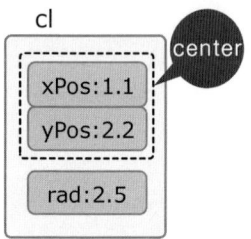

[그림 31-6 : 구조체 변수를 멤버로 두고 있는 구조체의 변수]

그리고 이 구조체 변수의 주소 값이 31행에서 ShowCircleInfo 함수의 인자로 전달이 되므로, 16행에 정의되어 있는 매개변수 ptr과의 관계는 다음과 같다.

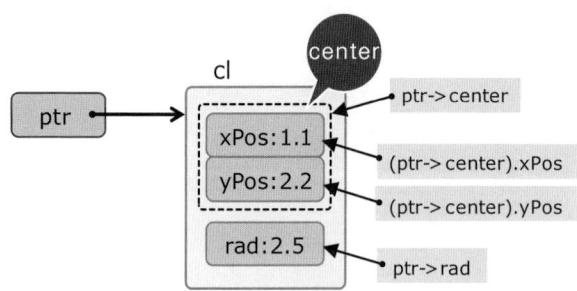

[그림 31-7 : 매개변수 포인터와 구조체 변수의 참조 관계]

따라서 원의 중심 좌표를 출력하기 위해서 19행과 같은 연산식이 만들어졌으며, 원의 넓이를 계산하기 위해서 21행과 같은 연산식이 만들어졌다.

■ "구조체 변수의 포인터"도 구조체의 멤버가 될 수 있습니다.

그림 31-7은 circle형 구조체 변수 cl이 point형 구조체 변수 center를 내부에 포함하고 있는 모습이다. 원을 구성하는 두 가지 요소가 원의 중심점과 반지름이니, 이는 합리적인 모습이라 할 수 있다. 그런데

이러한 포함 관계를 조금 다른 형태로도 표현할 수 있다.

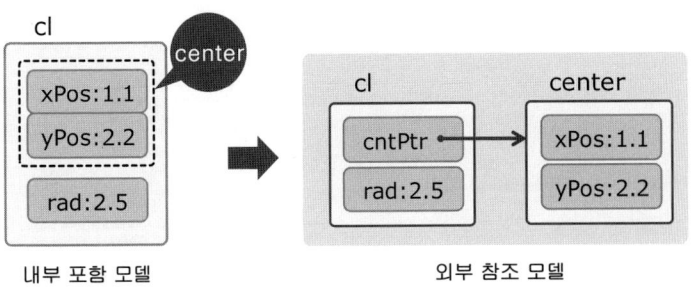

[그림 31-8 : 구조체 변수의 포함 모델 두 가지]

위 그림의 왼쪽은 예제 31-9에서 구현한 모델이다. 이 모델은 구조체 변수 center를 내부에 포함하는 모델이다. 반면 오른쪽에서 보여주는 모델은 외부에 선언된 구조체 변수 center를 참조하는 모델이다. 구현방식과 모델의 형태는 다르지만, 물리적 관점이 아닌 논리적인 관점에서 포함의 형태를 취한다는 데에는 차이가 없다. 그럼 예제 31-9를 외부 참조 모델의 형태로 구현해 보겠다.

■ 예제 31-10.c

```c
1.  #include <stdio.h>
2.  #include <stdlib.h>
3.  #define PI   3.14
4.
5.  typedef struct __point
6.  {
7.      double xPos;
8.      double yPos;
9.  } point;
10.
11. typedef struct __circle
12. {
13.     point * cntPtr;
14.     double rad;
15. } circle;
16.
17. void ShowCircleInfo(const circle * ptr)
18. {
19.     printf("원의 중심 : [%g, %g] \n",
20.         (ptr->cntPtr)->xPos, (ptr->cntPtr)->yPos);
21.     printf("원의 넓이 : %g \n",
22.         (ptr->rad)*(ptr->rad)*PI);
23. }
24.
25. int main(void)
26. {
```

```
27.        circle cl={NULL, 2.5};
28.        cl.cntPtr=(point*)malloc(sizeof(point));
29.
30.        cl.cntPtr->xPos=1.1;
31.        cl.cntPtr->yPos=2.2;
32.
33.        ShowCircleInfo(&cl);
34.        free(cl.cntPtr);
35.        return 0;
36.    }
```

- 13행 : point 구조체 변수를 가리킬 수 있도록 포인터가 멤버로 정의되었다.
- 27행 : circle 구조체 변수를 초기화하고 있다. 첫 번째 멤버인 포인터 cntPtr은 NULL로 초기화하고, 두 번째 멤버인 rad는 2.5로 초기화 하였다.
- 28행 : 구조체 point의 크기만큼을 힙 영역에 할당하고, 반환되는 주소 값을 저장하고 있다. 이렇게 구조체 변수도 힙 영역에 얼마든지 동적으로 할당할 수 있으며, 할당의 방법은 기본 자료형 변수의 동적 할당방법과 동일하다.

실행결과는 예제 31-9와 동일하므로 생략을 하고, 대신 33행의 함수가 호출되었을 때, 구조체 변수 cl과 매개변수 ptr의 메모리 관계를 그림으로 정리해 보겠다.

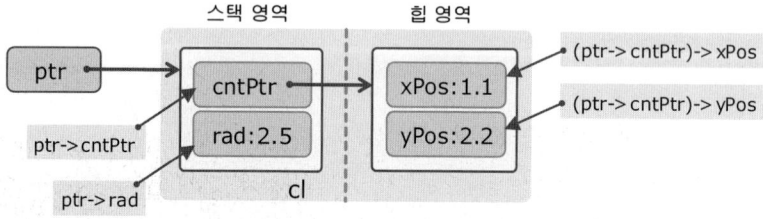

[그림 31-9 : 매개변수 포인터와 구조체 변수의 참조 관계]

구조체 변수 cl은 main 함수 내에서 선언되었지만, cl의 멤버 cntPtr이 가리키는 변수는 malloc 함수에 의해서 할당되었으므로, 위 그림처럼 각각이 존재하는 메모리 영역이 구분된다.

>
>
> **어떤 모델이 더 좋은 모델인가요?**
>
> 하나의 구조체가 다른 하나의 구조체를 포함하는 방식에는 두 가지가 있음을 설명하였다. 그 중 하나는 멤버 변수의 형태로 정의하는 방식이고, 다른 하나는 포인터를 이용해서 참조만 하는 방식이다. 그런데 모두 합리적이고 유용하게 사용이 되는 모델이기 때문에 둘 다 기억할 필요가 있다. 그리고 무엇을 선택하느냐 하는 문제는 구현하고자 하는 내용과 상황에 따라서 달라지기 때문에 공식화해 놓을 수는 없다. 둘 중 하나를 적절히 선택하는 능력은 여러분이 앞으로 경험해 가면서 쌓아야 한다.

■ **구조체 변수의 주소 값은 첫 번째 멤버의 주소 값**

제목 그대로 구조체 변수의 주소 값은 구조체의 첫 번째 멤버의 주소 값과 동일하다. 예제를 통해서 이 사실을 확인하고 얼른 다음 이야기로 넘어가자.

■ 예제 31-11.c

```c
1.  #include <stdio.h>
2.
3.  typedef struct __point
4.  {
5.      double xPos;
6.      double yPos;
7.  } point;
8.
9.
10. int main(void)
11. {
12.     point pnt={1.1, 2.2};
13.
14.     printf("구조체 pnt의 주소 : %#x \n", &pnt);
15.     printf("구조체 pnt의 첫 번째 멤버의 주소 : %#x \n", &(pnt.xPos));
16.     return 0;
17. }
```

■ 실행결과 : 예제 31-11

```
구조체 pnt의 주소 : 0x12ff70
구조체 pnt의 첫 번째 멤버의 주소 : 0x12ff70
```

아무것도 아닌 것 같지만, 이후에 여러분이 다양한 라이브러리(유용하게 사용할 수 있는 함수들의 모음)를 기반으로 개발을 할 때, 알고 있어야 할 내용이기에 설명을 하였다. 그리고 이러한 특성이 활용되는 사례는 지금 설명할 내용이 아닌 듯 하여, 이 정도로 마무리 하고자 한다.

■ 자기 참조 구조체(Self-Referential Structures)

자기 참조 구조체? 조금 뜻이 와 닿지 않는다. 그래서 필자는 다음과 같이 이 말을 풀어보았다.

"자기자신과 동일한 자료형의 구조체 변수를 참조할 수 있도록 정의된 구조체"

조금 낳아진 듯 하나 썩 마음에 들지는 않는다. 그래서 예제를 통해서 위의 설명을 보충하고자 한다.

■ 예제 31-12.c

```c
#include <stdio.h>

typedef struct box
{
    int data;
    struct box * boxRef;
} box;

int main(void)
{
    int i;
    box * bxPtr;

    box b1={1, NULL};
    box b2={11, NULL};

    b1.boxRef=&b2;
    b2.boxRef=&b1;

    bxPtr=&b1;
    for(i=1; i<=10; i++)
    {
        printf("%3d", bxPtr->data);
        (bxPtr->data)++;
        bxPtr=bxPtr->boxRef;
        if(!(i%2))
            printf("\t");
    }
    return 0;
}
```

■ 실행결과 : 예제 31-12

1 11 2 12 3 13 4 14 5 15

실행결과보다는 3행에 정의되어 있는 구조체를 먼저 관찰해 보자. 그러면 다음과 같은 특징이 있음을 확인할 수 있다.

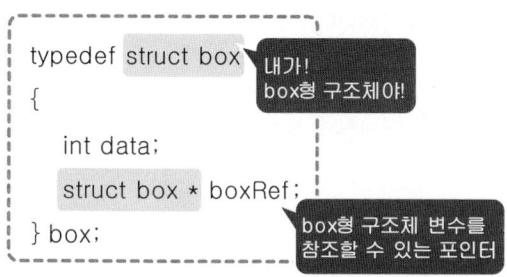

[그림 31-10 : 자기 참조 구조체의 기본 모델]

낯설어 보이지만 전혀 이상하지 않은 구조체 정의이다. box형 구조체 변수는 둘 이상 선언될 수 있지 않은가? 그래서 하나의 box형 구조체 변수가 다른 box형 구조체 변수의 주소 값을 저장할 수 있는 형태로 정의된 것뿐이다. 따라서 이와 같은 구조체 정의 이후에 17행이 실행되면서, 두 구조체 변수의 관계는 다음과 같이 형성된다.

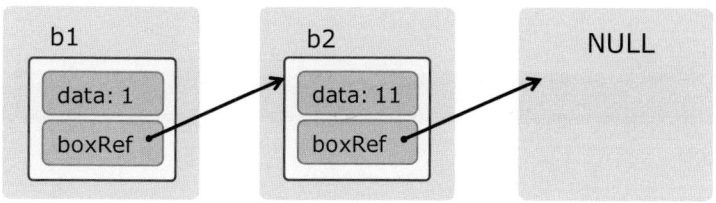

[그림 31-11 : 17행까지의 실행 결과]

그리고 이어서 18행이 실행되면서, 두 구조체 변수의 관계는 다음과 같이 변경된다. 간단히 말해서 구조체 변수 b1과 b2가 서로를 참조하는 형태로 변경이 된다.

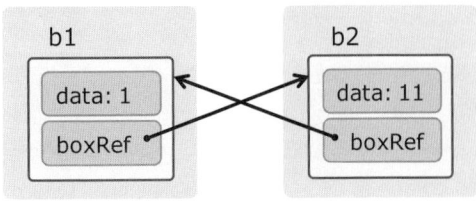

[그림 31-12 : 18행까지의 실행 결과]

이로써 필자가 말하고픈 다음 사실에 대한 설명을 완료하였다.

"구조체 box의 멤버로는 구조체 box의 포인터 변수가 올 수 있습니다."

이제 위 예제의 20~28행을 분석할 차례인데, 그림 31-12의 형태로 구성이 된 두 구조체 변수 사이를 오가며 저장된 값을 출력 및 증가하는 코드이니, 자세한 분석은 여러분의 몫으로 남겨두겠다.

 자기 참조 구조체는 언제 필요한가요?

자기 참조 구조체는 자료구조 과목에서 소개하는 데이터 저장 모델을 구현하는 과정에서 자주 필요로 하는 문법적 요소이다. 따라서 지금은 자기 참조 구조체가 무엇인지, 그 개념만 정리해 놓기를 바란다.

■ 구조체 변수는 정렬되어 할당된다.

먼저 예제를 하나 제시하겠으니, 코드와 출력결과를 관찰하기 바란다.

■ 예제 31-13.c

```
1.  #include <stdio.h>
2.
3.  typedef struct box1
4.  {
5.      int AAA;
6.      short BBB;
7.      short CCC;
8.  } box1;
9.
10. typedef struct box2
11. {
12.     short BBB;
13.     int AAA;
```

788_ PART05 매크로와 파일 그리고 다양한 표준함수들

```
14.        short CCC;
15.    } box2;
16.
17.    int main(void)
18.    {
19.        box1 bx1;
20.        box2 bx2;
21.
22.        printf("구조체 box1의 변수 크기 : %d \n", sizeof(bx1));
23.        printf("구조체 box2의 변수 크기 : %d \n", sizeof(bx2));
24.        return 0;
25.    }
```

■ 실행결과 : 예제 31-13

구조체 box1의 변수 크기 : 8
구조체 box2의 변수 크기 : 12

의외의 출력결과에 조금 놀랐을 것이다. 위의 출력결과에서는 구조체 box1의 크기를 8바이트, box2의 크기를 12바이트라고 말하고 있다. 구조체 box1과 box2의 유일한 차이점은 구조체 멤버를 배치한 순서인데, 이러한 차이를 보이는 이유는 어디에 있을까?
이는 메모리 공간에 구조체 변수를 할당할 때, 멤버의 접근 용이성을 위해서 특정 바이트 크기 단위로 정렬을 하기 때문에 생기는 현상이다. 예를 들어서 구조체 변수를 4바이트 단위로 정렬해서 할당하는 컴파일러가 있다고 가정해보자. 그렇다면 이 컴파일러는 메모리 공간을 다음과 같은 방식으로 나눈다.

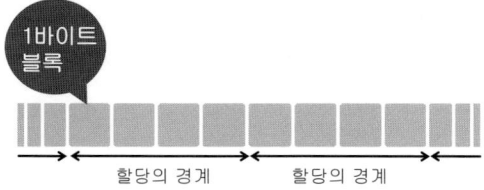

[그림 31-13 : 4바이트 단위의 정렬 할당]

그리고는 할당의 경계에 걸치지 않도록 멤버 변수를 할당한다. 쉽게 말해서 다음과 같은 할당은 이뤄지지 않는다는 뜻이다(단 8바이트 변수를 할당할 때에는 할당의 경계 두 개를 가득 채워서 할당한다).

[그림 31-14 : 잘못된 4바이트 단위의 정렬 할당]

따라서 위 예제에서 선언한 bx1과 bx2는 각각 다음의 형태로 할당이 이뤄진다(위 예제의 실행결과는 4바이트 정렬방식으로 컴파일 및 실행한 결과이다).

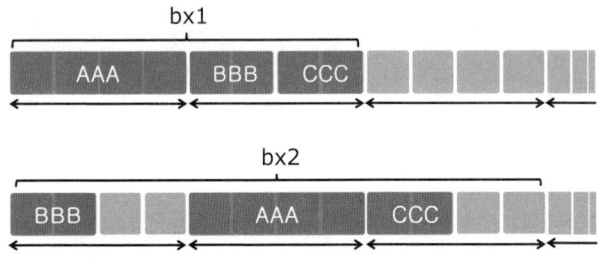

[그림 31-15 : 구조체 변수 bx1과 bx2의 메모리 할당]

이제 위 예제의 출력결과가 이해될 것이다. 그리고 구조체를 정의할 때, 구조체 멤버의 배치 순서를 어떻게 가져가는 것이 좋을지에 대한 기준도 나름대로 세워졌으리라 믿는다.

■ 정렬의 기준을 바꾸고 싶으세요? #pragma가 있습니다!

앞서 필자는 매크로 지시자 #pragma에 대해서 간단히 설명하였다. 그런데 이를 이용하면 구조체 변수 할당 시에 적용이 되는 정렬의 기준을 변경할 수 있으며, 이를 위한 명령문의 기본 구성은 다음과 같다.

```
#pragma pack(sz)
```

여기서 sz는 정렬의 기준이 되는 바이트 수이며 1 또는 2의 배수만 삽입이 가능하다. 따라서 다음 명령문을 삽입하면, 이후에 정의되는 구조체는 2바이트 정렬을 하게 된다.

```
#pragma pack(2)
```

예제 31-13의 2행에 이 명령문을 삽입해서 컴파일 및 실행해 보자. 그리고 구조체 변수의 크기가 어떻게 달라지는지도 확인해 보자. 그러면 2바이트로 정렬되었음을 알 수 있을 것이다.

31장 프로그래밍 문제의 답안

■문제 31-1의 답안

■ 소스코드 답안

```c
1.  #include <stdio.h>
2.  #define NAME_LEN  30
3.  #define PID_LEN   15
4.
5.  struct __person
6.  {
7.      char name[NAME_LEN];   // 이름
8.      char ID[PID_LEN];      // 주민등록 번호
9.      unsigned int age;      // 나이
10. };
11. typedef struct __person  person;
12.
13. void ShowPersonData(person * ptr)
14. {
15.     printf("이름 : %s \n", ptr->name);
16.     printf("주민등록 번호 : %s \n", ptr->ID);
17.     printf("나이 : %u \n\n", ptr->age);
18. }
19.
20. void SwapPersonData(person * p1, person * p2)
21. {
22.     person temp=*p1;
23.     *p1=*p2;
24.     *p2=temp;
25. }
26.
27. int main(void)
28. {
29.     /* 1. 두 개의 person 구조체 변수 선언*/
30.     person man1;
31.     person man2;
32.
33.     /* 2. 입력을 통한 두 변수의 초기화 */
34.     printf("이름, 주민번호, 나이 순 입력 1 : ");
35.     scanf("%s %s %d", man1.name, man1.ID, &(man1.age));
36.
37.     printf("이름, 주민번호, 나이 순 입력 2 : ");
38.     scanf("%s %s %d", man2.name, man2.ID, &(man2.age));
39.
40.     /* 3. 두 변수의 값 변경 */
41.     SwapPersonData(&man1, &man2);
42.
43.     /* 4. 제대로 변경되었는지 확인 */
44.     ShowPersonData(&man1);
45.     ShowPersonData(&man2);
46.     return 0;
47. }
```

■문제 31-2의 답안

■소스코드 답안

```c
1.   #include <stdio.h>
2.   #define NAME_LEN     30
3.   #define PID_LEN      15
4.   #define EMP_NUM      5
5.
6.   typedef struct __employee
7.   {
8.       char name[NAME_LEN];    // 이름
9.       char ID[PID_LEN];       // 직원 고유번호
10.      unsigned int salary;    // 급여
11.  } employee;
12.
13.  void ShowEmployeeData(employee * ptr)
14.  {
15.      printf("이름 : %s \n", ptr->name);
16.      printf("사번 : %s \n", ptr->ID);
17.      printf("급여 : %u \n\n", ptr->salary);
18.  }
19.
20.  int main(void)
21.  {
22.      employee empAry[EMP_NUM];
23.      double avrSry=0;   // 평균 급여
24.      int sumSry=0;
25.      int i;
26.
27.      /* 1. 5명의 정보 입력 */
28.      for(i=0; i<EMP_NUM; i++)
29.      {
30.          printf("사번 이름 급여 순 입력 : ");
31.          scanf("%s %s %u",
32.              empAry[i].ID, empAry[i].name, &(empAry[i].salary));
33.          sumSry+=empAry[i].salary;
34.      }
35.
36.      /* 2. 평균 급여 계산 및 출력 */
37.      avrSry=(double)sumSry/EMP_NUM;
38.      printf("평균 급여 : %g \n", avrSry);
39.
40.      /* 3. 평균 이상의 급여자 이름 및 ID 출력 */
41.      puts("평균 이상의 급여자 정보..............");
42.      for(i=0; i<EMP_NUM; i++)
43.          if((double)empAry[i].salary>=avrSry)
44.              ShowEmployeeData(&empAry[i]);
45.
46.      return 0;
47.  }
```

제32장 공용체 그리고 열거형

공용체? 이거 어디에 사용하는 거에요?

필자는 문법을 설명하면서 활용의 용도를 더불어 설명하려고 많은 노력을 하고 있다. 그리고 그것은 이번 장에서도 마찬가지이다. 그런데 공용체의 활용 용도를 설명하는 것은 쉬운 일이 아니다. 공용체의 필요성을 인식하기에는 우리의 경험이 부족하기 때문이다. 공용체도 분명 중요한 문법 요소 중 하나이다. 따라서 필자가 제시하는 활용의 예가 납득하기 어렵다 하더라도 문법적으로 완벽히 이해하고 있기를 바란다. 공용체의 필요성은 다양한 프로그래밍 경험을 통해서 자연스럽게 인식되는 부분이니 지금 너무 조급해 할 필요는 없다.

이 장의 목차페이지 ➜➜➜

32-1. 공용체의 정의와 의미   794

32-2. 열거형(Enumerated Types)의 정의와 의미   798

32-3. 지금까지 설명하지 않은 구조체, 공용체, 열거형의 공통된 특성   802

32-1 공용체의 정의와 의미

구조체는 struct라는 키워드를 사용해서 정의하는 반면, 공용체는 union이라는 키워드를 사용해서 정의를 한다. 그리고 union이라는 단어의 의미에 공용체의 특성이 고스란히 담겨있다.

■ **구조체 vs. 공용체**

공용체는 구조체와 비교를 하면 이해가 쉽다. 그래서 동일한 구성의 멤버를 이용해서 구조체와 공용체를 각각 정의해 보겠다.

✓ 구조체 정의
```
typedef struct __stBox
{
    int data1;
    double data2;
} stBox;
```

✓ 공용체 정의
```
typedef union __uniBox
{
    int data1;
    double data2;
} uniBox;
```

[그림 32-1 : 구조체와 공용체의 정의방법 비교]

위 그림에서 보여주듯이 정의방식에서의 유일한 차이점은 키워드 struct를 쓰느냐, union을 쓰느냐에 있다. 하지만 각각의 변수가 메모리 공간에 할당되는 방식과 접근방식에는 많은 차이가 있다. 다음 그림에서는 이러한 차이점을 보여준다.

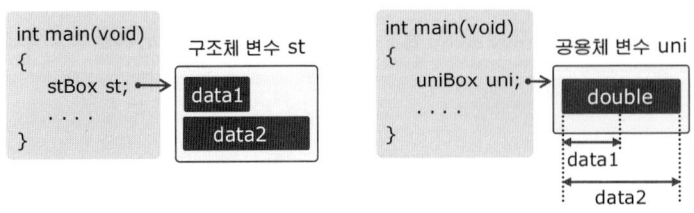

[그림 32-2 : 구조체 변수와 공용체 변수의 메모리 할당]

위 그림의 왼편에서는 그림 32-1에서 정의한 구조체 stBox의 변수 st가 선언된 상황을 보여준다. 변수 st의 메모리 공간에는 int형 변수 data1와 double형 변수 data2가 각각 할당되어 하나의 구조체 변수를 이룬다.

반면 위 그림의 오른편에서 보여주듯이 공용체 변수는 멤버 중에서 크기가 가장 큰 멤버의 바이트만큼만 메모리 공간이 할당된다. 즉 공용체 uniBox의 멤버 중에서 double형 변수가 가장 크므로, uniBox형 변수가 선언되면 double형의 크기에 해당하는 8바이트만 할당이 된다.

그리고 공용체 변수 uni의 멤버 data1에 접근을 하면 상위 4바이트에 값을 읽고 쓰게 되고, 멤버 data2에 접근을 하면 전체 8바이트에 값을 읽고 쓰게 된다. 이처럼 모든 멤버가 하나의 메모리 공간을 공유하는 것이 바로 공용체의 특징이다. 그럼 이러한 공용체의 특징을 확인하기 위한 예제를 보겠다.

■ 예제 32-1.c

```
1.   #include <stdio.h>
2.   #include <string.h>
3.
4.   typedef union __uniBox
5.   {
6.       char data1[15];
7.       char data2[30];
8.       char data3[45];
9.   } uniBox;
10.
11.  int main(void)
12.  {
13.      uniBox uni;
14.      printf("공용체 uniBox의 크기 : %d 바이트 \n", sizeof(uniBox));
15.
16.      strcpy(uni.data3, "공유합시다.");
17.      puts(uni.data1);
18.      puts(uni.data2);
19.
20.      strcpy(uni.data1, "변경되었습니다.");
21.      puts(uni.data2);
22.      puts(uni.data3);
23.      return 0;
24.  }
```

- 4~9행 : 공용체의 멤버 크기가 각각 15, 30, 45바이트이다. 따라서 가장 크기가 큰 멤버 data3의 크기를 기준으로 공용체의 변수 크기가 결정된다.

- 16~18행 : 공용체 변수 uni의 멤버 data3에 문자열을 복사하고, 멤버 data1과 data2에 저장된 문자열을 출력하고 있다. 실제로 공유가 되고 있다면 복사된 문자열이 출력될 것이다.

■ 실행결과 : 예제 32-1

```
공용체 uniBox의 크기 : 45 바이트
공유합시다.
공유합시다.
변경되었습니다.
변경되었습니다.
```

실행결과는 공용체의 멤버들이 메모리 공간을 공유하고 있음을 확인시켜주고 있다. 그렇다면 이러한 공용체는 어떠한 경우에 사용이 될까?

■ 공용체의 유용함은 다양한 접근방식을 제공하는데 있습니다.

공용체의 유용함은 간단히 설명되지 않는다. 결과적으로는 하나의 메모리 공간을 둘 이상의 방식으로 접근할 수 있다는 것으로 정리가 되지만, 유용하게 사용이 되는 상황은 분야별로 약간씩 차이가 있기 때문이다. 그런데 이러한 다양한 상황을 이해하기 위해서는 경험과 배경지식이 필요하다. 그래서 필자는 아주 간단한 상황을 연출해 보았다.

- 민선 : 수진아! 교수님이 과제를 내 주셨어
- 수진 : 뭔데?
- 민선 : 프로그램 사용자로부터 int형 데이터를 하나 입력 받으래
- 수진 : 그래서?
- 민선 : 입력 받은 정수의 상위 2바이트와 하위 2바이트 값을 부호 없는 10진수 정수형으로 출력하라는 거야
- 수진 : 그게 다야?
- 민선 : 아니 그 다음엔 최상위 1바이트와 최하위 1바이트에 저장된 값에 해당하는 아스키 코드 문자도 출력을 하라고 하시네
- 수진 : 그거 공용체를 이용해 보라는 깊은 뜻이 담겨있는 것 같은데?

필자가 말하는 간단한 상황이라는 것이 고작 교수님의 과제라서 조금 민망하긴 하다(솔직히 말투도 민망하다). 하지만 이 시나리오를 기억하고 있으면, 실제로 공용체가 필요한 상황을 접했을 때 쉽게 공용체를 떠올릴 수 있을 것이다. 그럼 민선이에게 주어진 과제를 함께 해결해 보자.

■ 예제 32-2.c

```
1.    #include <stdio.h>
2.
3.    typedef struct __dbShort
```

```
4.  {
5.      unsigned short upper;
6.      unsigned short lower;
7.  }dbShort;
8.
9.  typedef union __readbuf
10. {
11.     int iBuf;
12.     char bBuf[4];
13.     dbShort sBuf;
14. } readBuf;
15.
16. int main(void)
17. {
18.     readBuf buf;
19.     printf("정수 입력 : ");
20.     scanf("%d", &(buf.iBuf));
21.
22.     printf("상위 2바이트 : %u \n", buf.sBuf.upper);
23.     printf("하위 2바이트 : %u \n", buf.sBuf.lower);
24.     printf("상위 1바이트 아스키 코드 : %c \n", buf.bBuf[0]);
25.     printf("하위 1바이트 아스키 코드 : %c \n", buf.bBuf[3]);
26.     return 0;
27. }
```

■ 실행결과 : 예제 32-2

정수 입력 : 1145258561
상위 2바이트 : 16961
하위 2바이트 : 17475
상위 1바이트 아스키 코드 : A
하위 1바이트 아스키 코드 : D

위 예제의 18행에서 선언한 공용체 변수는 다음과 같은 형태로 메모리 공간에 할당 및 접근이 이뤄진다.

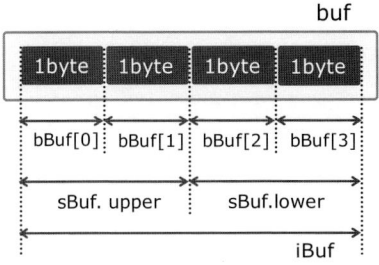

[그림 32-3 : 공용체 변수의 메모리 할당]

이렇듯 공용체의 적절한 정의를 통해서 4바이트 메모리 공간을 2바이트씩, 그리고 1바이트씩 접근을 할 수 있기 때문에 공용체는 민선이의 과제를 해결하는 열쇠가 된다.

32-2 열거형(Enumerated Types)의 정의와 의미

이번에 소개하는 열거형도 구조체나 공용체와 마찬가지로 자료형을 정의하는 한가지 방법이다. 따라서 열거형을 기반으로 자료형을 정의하는 방법은 구조체 및 공용체와 유사하고, 정의된 열거형을 기반으로 변수를 선언하는 방법은 구조체 및 공용체와 완전히 동일하다.

■ 열거형의 정의와 변수의 선언

열거형으로 syllable이라는 이름의 자료형을 정의한다는 것은 다음과 같은 의미를 지닌다.

"syllable형 변수에 저장이 가능한 정수 값들을 결정하겠다!"

지금까지 소개한 구조체와 공용체의 경우에는 해당 변수에 저장이 가능한 값의 유형(정수 혹은 실수)만 결정했을 뿐이다. 하지만 열거형은 값 자체를 정수의 형태로 결정한다. 즉 다음과 같은 선언이 열거형의 정의에 해당한다.

"syllable형 변수에는 1, 2, 3, 4, 5, 6, 7이 저장 가능하도록 정의하겠다!"

이렇게 변수에 저장이 가능한 값들을 열거하여 정의한다고 해서 열거형이라 한다. 그럼 간단히 열거형을 하나 정의해 보겠다.

```
enum syllable
{
    Do=1, Re=2, Mi=3, Fa=4, So=5, La=6, Ti=7
};
```

언뜻 보면 정의 방식이 구조체와 차이가 있어 보이나, 그 기본적인 구성은 동일하다. struct 대신에

enum이 왔고, 구조체의 정의 방식과 마찬가지로 enum에 이어서 자료형의 이름 syllable이 등장하였다. 그리고 syllable에 관련된 내용은 중괄호 안에 선언되었다.

일단 중괄호 안에 있는 내용을 보자. 다음 식이 제일 먼저 등장한다.

 Do=1

이는 다음과 같은 의미를 지닌다.

 "Do를 정수 1을 의미하는 상수로 정의한다. 그리고 이 값은 syllable형 변수에 저장이 가능한 값으로 선언한다."

즉 위의 열거형 정의에서는 Do, Re, Mi, Fa, So, La, Ti라는 이름의 상수를 각각 1, 2, 3, 4, 5, 6, 7로 정의하고, 이 값들을 syllable형 변수가 저장할 수 있는 값들로 제한하고 있다. 그럼 보다 자세한 이해를 위해서 예제를 하나 제시하겠다.

■ 예제 32-3.c

```c
#include <stdio.h>

typedef enum __syllable
{
    Do=1, Re=2, Mi=3, Fa=4, So=5, La=6, Ti=7
} syllable;

void Sound(syllable sy);

int main(void)
{
    syllable tone;
    for(tone=Do; tone<=Ti; tone+=1)
        Sound(tone);
    return 0;
}

void Sound(syllable sy)
{
    switch(sy)
    {
    case Do:
        puts("도는 하얀 도라지 ♪"); return;
    case Re:
        puts("레는 둥근 레코드 ♩"); return;
    case Mi:
        puts("미는 파란 미나리 ♩♪"); return;
    case Fa:
        puts("파는 예쁜 파랑새 ♪♭"); return;
    case So:
```

```
31.            puts("솔은 작은 솔방울 ♩♪♪"); return;
32.        case La:
33.            puts("라는 라디오고요~ ♪♩♭♩"); return;
34.        case Ti:
35.            puts("시는 졸졸 시냇물 ♩♭♩♪"); return;
36.    }
37.    puts("다 함께 부르세~ 도레미파 솔라시도 솔 도~ 짠~");
38. }
```

- 13, 14행 : Do와 Ti는 각각 1과 7이니, 이 for문은 다음과 완전히 동일하다.
  ```
  for(tone=1; tone<=7; tone+=1)
      Sound(tone);
  ```
- 20~36행 : case 레이블에 사용된 상수 Do, Re, Mi…를 대신해서, 1, 2, 3…을 삽입해도 결과는 동일하다.

■ 실행결과 : 예제 32-3

```
도는 하얀 도라지 ♪
레는 둥근 레코드 ♩
미는 파란 미나리 ♩♪
파는 예쁜 파랑새 ♩♪♭
솔은 작은 솔방울 ♩♪♪
라는 라디오고요~ ♪♩♭♩
시는 졸졸 시냇물 ♩♭♩♪
```

여러분은 위 예제를 통해서 열거형의 정의는 상수의 정의를 포함한다는 사실에 주목하기 바란다.

■ 열거형 정의 시 선언되는 상수들은 int형 입니다.

열거형 정의 시 선언되는 상수를 가리켜 '열거형 상수(enumeration constants)'라 하는데, 이 열거형 상수들은 int형으로 표현되기 때문에 사실상 int형 데이터이다. 따라서 int형 데이터가 올 수 있는 곳에는 이들 상수가 올 수 있다. 그런데 이러한 사실은 예제 32-3만 보더라도 확인할 수 있다. 이 예제에서는 열거형 상수를 switch문의 case 레이블로 사용하고 있는데, case 레이블에는 int형 데이터가 올 수 있기 때문에 열거형 상수도 당연히 올 수 있다.

■ 열거형의 상수가 할당되는 방식

열거형 상수의 값이 결정되는 방식을 추가로 설명하고자 한다. 다음 정의를 보자.

```
enum color {RED, BLUE, WHITE, BLACK};
```

위 정의에는 열거형 상수의 이름만 선언되었을 뿐, 상수의 값은 선언되어 있지 않다. 이러한 경우 열거형 상수의 값은 0에서부터 시작해서 1씩 증가하는 형태로 할당이 된다. 즉 위의 정의는 다음의 정의와 완전히 동일하다.

```
enum color {RED=0, BLUE=1, WHITE=2, BLACK=3};
```

이번에는 정의 형태가 조금 다른 예를 보자.

```
enum color {RED=3, BLUE, WHITE=6, BLACK};
```

이 정의에서는 열거형 상수 BLUE와 BLACK의 값이 선언되어 있지 않다. 그러나 값이 선언되지 않으면 앞서 선언된 상수보다 1이 증가된 값이 할당된다고 하였으니, 이는 다음의 정의와 완전히 동일하다.

```
enum color {RED=3, BLUE=4, WHITE=6, BLACK=7};
```

■ 열거형의 유용함은 상수의 정의를 통한 의미 부여에 있습니다.

이로써 열거형을 정의하는데 필요한 내용은 전부 설명을 하였다. 그런데 열거형은 구조체 및 공용체와 정의하는 방식이 유사함에도 불구하고 정의하는 목적에서 큰 차이를 보인다. 구조체와 공용체는 자료형의 정의에 의미가 있다. 즉 변수를 선언하기 위해서 자료형을 정의하는 것이다. 그렇다면 열거형은 어떨까? 열거형도 마찬가지이다. 정의하고 나면 해당 열거형의 변수 선언이 가능하다. 하지만 일반적으로 열거형을 정의하는 이유는 다음과 같다.

"열거형 상수를 통해서 둘 이상의 상수를 정의할 수 있다."

예제 32-3에서 보이듯이 열거형 상수를 정의함으로 인해서 프로그램을 이해하기가 한결 좋아졌다. 만약에 Do를 대신해서 1을, Re를 대신해서 2를 사용해서 예제를 작성했다면, 각각의 상수가 의미하는 바를 파악하기도 힘들뿐 아니라, 이 예제가 음계와 관련이 있다는 것을 파악하기도 쉽지 않았을 것이다. 정리하면, 열거형의 유용함은 열거형 상수를 선언함으로 인해서 프로그램의 가독성을 높이는데 있다.

32-3 지금까지 설명하지 않은 구조체, 공용체, 열거형의 공통된 특성

구조체, 공용체 그리고 열거형을 사용함에 있어서 필요한 대부분을 이미 설명하였다. 그러나 아직 언급하지 못한 내용이 있어서, 이들을 정리하면서 이번 장을 마무리하고자 한다.

■ 정의하면서 변수 선언이 가능합니다.

구조체, 공용체 그리고 열거형 모두, 정의하면서 동시에 변수를 선언하는 것이 가능하다. 다시 말해서 정의와 변수의 선언을 하나로 묶을 수 있다.

■ 예제 32-4.c

```c
1.  #include <stdio.h>
2.
3.  /* 구조체 point의 정의와 변수 선언 */
4.  struct point {
5.      int x;
6.      int y;
7.  } p1, p2;
8.
9.  /* 열거형 language의 정의와 변수 선언 */
10. enum language {
11.     C, JAVA, COBOL
12. } prolang;
13.
14. int main(void)
15. {
16.     p1.x=1, p1.y=2;
17.     p2.x=2, p2.y=3;
18.
19.     prolang=COBOL;
20.
21.     printf("%d %d \n", p1.x+p2.x, p1.y+p2.y);
22.     printf("%d \n", prolang);
23.     return 0;
24. }
```

- 7행 : 구조체 point의 정의 마지막에 point형 구조체 변수 p1과 p2가 선언되었다. 이러한 형태로 정의와 동시에 변수의 선언이 가능하다는 사실을 기억하자.
- 12행 : 12행에서도 7행과 마찬가지로 열거형 language를 정의하면서 변수 prolang가 선언되었다.

변수의 선언 위치는 구조체의 typedef 선언에서 새로운 자료형의 이름이 등장하는 위치이다. 때문에 혼란스러울 수 있는데, typedef 선언이 아닌 경우에는 이 위치에 7행과 12행의 형태로 변수의 선언이 등장할 수 있는 것으로 정리해 두면 혼란스럽지 않다.

■ 불필요하다면 자료형의 이름도 생략하세요.

예제 32-4와 같이 일단 변수가 선언되고 난 이후부터 추가로 변수를 선언할 필요가 없다면, 그리고 함수의 반환형이나 매개변수형으로도 선언할 필요가 없다면, 다음 예제에서 보이듯이 자료형의 이름을 생략해도 된다.

■ 예제 32-5.c

```
1.   #include <stdio.h>
2.
3.   struct {            /* 구조체의 이름이 존재하지 않는다. */
4.       int x;
5.       int y;
6.   } p1, p2;
7.
8.   enum {              /* 열거형의 이름이 존재하지 않는다. */
9.       C, JAVA, COBOL
10.  } prolang;
11.
12.  int main(void)
13.  {
14.      p1.x=1, p1.y=2;
15.      p2.x=2, p2.y=3;
16.
17.      prolang=COBOL;
18.
19.      printf("%d %d \n", p1.x+p2.x, p1.y+p2.y);
20.      printf("%d \n", prolang);
21.      return 0;
22.  }
```

열거형을 정의하는 이유의 대부분은 열거형 상수를 사용하기 위함이라고 앞서 설명하였다. 그렇다면(열거형 변수의 선언이 목적이 아니라면), 열거형의 이름은 거의 대부분의 상황에서 별 의미가 없을 것이다. 때문에 실제로 열거형의 이름은 흔히 생략한다. 즉 예제 32-3에서는 다음과 같은 형태로 열거형을 정의했는데,

```
typedef enum __syllable
{
    Do=1, Re=2, Mi=3, Fa=4, So=5, La=6, Ti=7
```

```
    } syllable;
```

열거형 syllable의 변수를 선언하는 것이 목적이 아닌 상황에서는 다음과 같이 선언하기도 한다. 그리고 이렇게 선언이 되면 열거형 상수 Do, Re, Mi, Fa, So, La, Ti만 상수로서 의미를 지니게 된다.

```
    enum { Do=1, Re=2, Mi=3, Fa=4, So=5, La=6, Ti=7};
```

이로써 구조체, 공용체 그리고 열거형에 대한 설명을 마친다. 이들은 사용방법도 중요하지만 사용하는 이유를 이해하는 것도 중요하다는 사실을 기억하기 바란다.

제33장 파일 입출력

파일을 다룰 줄 알면 조금 더 프로그램다운 프로그램을 만들 수 있습니다.

프로그램이라면 기본적으로 갖춰야 할 요소 중에 하나가 데이터의 저장이다. 계산기 프로그램처럼 질문에 답변만 하는 경우에는 저장할 데이터가 존재하지 않을 수도 있지만, 우리가 일반적으로 접하는 거의 대부분의 프로그램에서는 데이터의 저장이라는 기능이 다양한 형태로 존재하고 있다. 때문에 파일에 데이터를 저장하고, 저장한 데이터를 참조할 줄 알아야 프로그램다운 프로그램을 만들 수 있다.

이 장의 목차페이지 ▶▶▶

33-1. 파일과 스트림(Stream) 그리고 기본적인 파일의 입출력	806
33-2. 파일의 개방 모드(mode)	816
33-3. 기본적인 파일 입출력 함수들의 활용	821
33-4. 텍스트 데이터와 바이너리 데이터의 동시 입출력	833
33-5. 임의 접근을 위한 파일 위치 지시자의 이동	838
33-6. 표준 입력 및 출력 그리고 에러의 리다이렉션	846
33-7. 입력과 출력을 동시에 하기 위한 r+, w+, a+의 활용	849
프로그래밍 문제의 답안	852

33-1 파일과 스트림(Stream) 그리고 기본적인 파일의 입출력

우리가 이번 장에서 공부할 내용은 파일이다. 그런데 파일이라는 것은 운영체제에 의해서 관리되는 대상이기 때문에 운영체제와 파일과의 관계를 이해하는 데서부터 시작하는 것이 파일을 잘 이해하는데 도움이 된다.

■ 저기 저 파일에 저장되어 있는 데이터를 읽고 싶어요.

프로그램상에서 파일에 저장되어 있는 데이터를 참조하기 원한다고(읽기 원한다고) 가정해 보자. 이 때 제일먼저 해야 할 일은 무엇일까? 그것은 우리가 구현한 프로그램과 참조할 데이터가 저장되어 있는 파일 사이에 데이터가 이동할 수 있는 다리를 놓는 일이다. 그리고 이 다리를 가리켜 컴퓨터 공학에서는 '스트림(stream)'이라 한다.

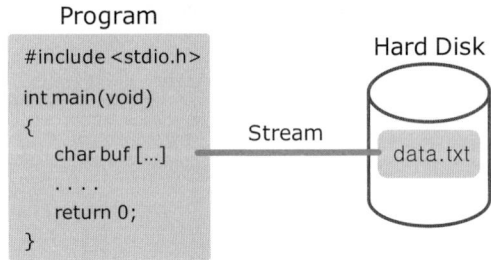

[그림 33-1 : 프로그램과 파일 사이의 스트림]

여기서 스트림이라는 것은 운영체제에 의해서 형성되는 소프트웨어적인 상태를 의미하는 것일 뿐, 실제로 위 그림과 같은 형태의 다리가 놓여지는 것은 아니다. 따라서 여러분은 프로그램과 파일 사이에 스트림이 형성되었다고 하면 다음과 같이 이해하면 된다.

"파일로부터 데이터를 읽어 들일 기본적인 준비과정이 완료되었구나!"

그런데 파일은 운영체제에 의해서 그 구조가 결정되어 관리되는 대상이기 때문에, 파일 뿐만 아니라 스트림의 형성도 운영체제의 몫임을 기억해야 한다.

> **참고**
>
> **스트림이라는 이름을 붙인 이유는?**
>
> 스트림이란 "물(꼭 물이 아니더라도)의 흐름"을 의미한다. 그런데 이러한 흐름은 한쪽 방향으로만 형성된다는 특징이 있다. 즉 스트림이란 이름을 붙인 이유는, 데이터 이동이 한쪽 방향으로만 형성되는 파일의 일반적인 특징을 나타내기 위해서다.

■ 파일과의 스트림을 형성하는 방법은? fopen 함수

다음은 스트림을 형성할 때 호출하는 함수이다. 이 함수의 호출로 프로그램상에서 파일과의 스트림을 형성할 수 있다.

```
#include <stdio.h>
FILE * fopen(const char * filename, const char * mode);
```
　　　　성공 시 해당 파일의 FILE 구조체 포인터, 실패 시 NULL 포인터 반환

위 함수의 첫 번째 전달인자로 스트림을 형성할 파일의 이름을, 두 번째 인자로는 형성할 스트림의 종류에 대한 정보를 문자열의 형태로 전달한다. 그러면 이 함수는 해당 파일과의 스트림을 형성하고 스트림 정보를 FILE 구조체 변수에 담아서 그 변수의 포인터를 반환한다.

■ FILE 구조체란?

일단 대략적으로나마 fopen 함수에 대해서 소개를 했는데, 많이 부족한 것이 사실이다. 그러나 이제부터 하나씩 알아가면 된다. fopen 함수의 반환형을 다시 보자. FILE 이라는 이름의 기본 자료형이 존재하지 않으니 이는 분명 구조체의 이름이다. 그렇다면 이 구조체는 어떻게 정의되어 있으며 무엇에 사용되는 것일까?

사실 FILE 구조체가 어떻게 정의되어 있는지를 알 필요는 없다. FILE 구조체 변수의 멤버에 직접 접근할 일이 없기 때문이다. 위 함수가 반환하는 포인터는 파일을 지시하기 위한 용도로 사용된다. 이 포인터를 이용해서 포인터가 가리키는 파일에 데이터를 저장하거나 파일에 저장된 데이터를 읽게 된다. 따라서 FILE 구조체가 어떻게 정의되어 있는지를 알 필요는 없으며, C의 표준에서도 이를 프로그래머가 알아야 할 대상으로 정의하고 있지 않다.

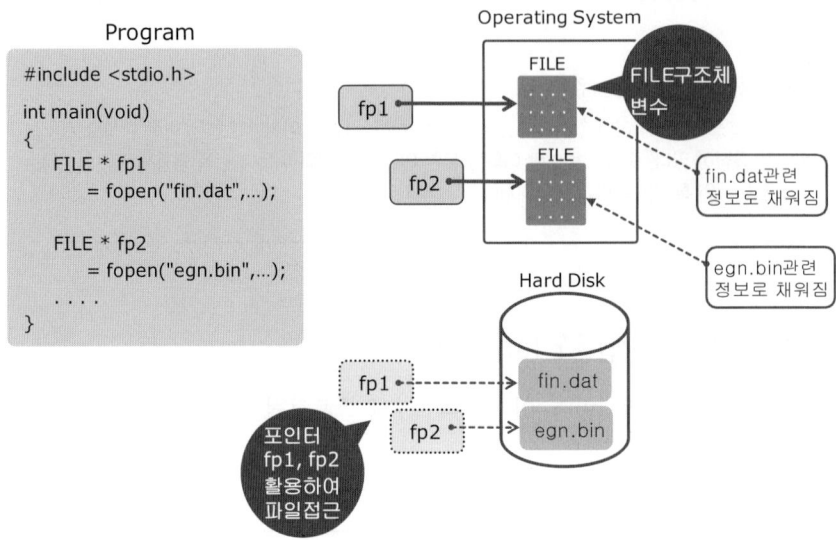

[그림 33-2 : 프로그램과 파일 사이의 스트림]

위 그림은 프로그램상에서 fopen 함수를 호출했을 때 일어나는 일들을 정리해 놓은 것이다. 위 그림에서 주목할 부분은 다음 세 가지이다.

- fopen 함수가 호출되면 FILE 구조체 변수가 생성된다.
- 생성된 FILE 구조체 변수에는 파일의 정보가 담긴다.
- FILE 구조체의 포인터는 사실상 파일을 가리키는 참조자의 역할을 한다.

■ 입력 스트림과 출력 스트림

예제를 작성해봐야 위의 그림을 완벽히 이해할 수 있으므로, fopen 함수의 사용방법을 소개하고자 한다. fopen 함수를 호출할 때에는 다음 두 가지가 인자로 전달된다.

- 첫 번째 전달인자 : 스트림을 형성할 파일의 이름
- 두 번째 전달인자 : 생성하고자 하는 스트림의 종류

다음은 대표적인 fopen 함수 호출의 예이다.

```
FILE * fp = fopen("C:\\Prog\\data.txt", "wt");
```

위 함수 호출의 첫 번째 전달인자는 스트림을 형성할 파일의 경로가 C:\Prog 이고, 파일의 이름은 data.txt 임을 알려준다. 그리고 두 번째 전달인자는 스트림의 종류가 "텍스트 데이터를 쓰기 위한 스트림"임을 알려준다(이 부분은 잠시 후에 자세히 정리하여 설명한다). 따라서 위의 함수 호출이 성공을 하면 다음 형태의 스트림이 형성되며, 이 스트림을 가리켜 '출력(output) 스트림'이라 한다.

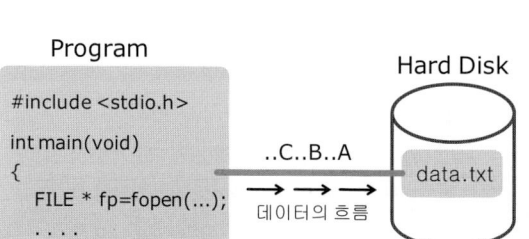

[그림 33-3 : 텍스트 기반의 출력 스트림 형성]

그리고 출력 스트림을 통해서는 파일에 데이터를 쓸 수만 있고 읽지는 못한다. 만약에 파일로부터 데이터를 읽기 원한다면, 다음과 같은 형태의 함수 호출로 '입력(input) 스트림'을 형성해야 한다.

    FILE * fp = fopen("C:₩₩Prog₩₩data.txt", "rt");

위 함수 호출의 두 번째 전달인자 "rt"가 데이터를 읽기 위한 입력 스트림의 형성을 요구하고 있다. 따라서 위 함수의 호출이 성공을 하면, 다음 형태의 입력 스트림이 형성되어 파일로부터 데이터를 읽을 수가 있다.

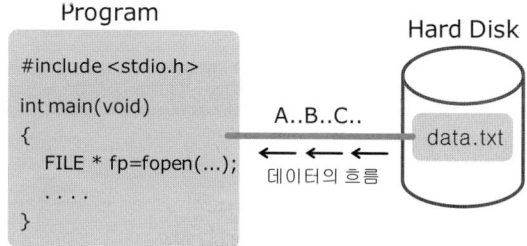

[그림 33-4 : 텍스트 기반의 입력 스트림 형성]

그리고 fopen 함수의 호출을 통해서 파일과의 스트림이 형성되었을 때 "파일이 개방(오픈)되었다"라고 간단히 표현하는 것이 일반적이니, 필자 또한 이러한 표현을 종종 사용하겠다.

토막 퀴즈

질문 : fopen 함수의 첫 번째 전달인자로 파일의 경로를 지정할 때, ₩ 문자를 두 번 이어서 사용하는 이유는 어디에 있을까?

답변 : ₩는 ₩n과 같은 특수문자를 표현하기 위해 사용되는 문자이다. 따라서 이를 구분하기 위해서 경로명을 지정할 때 ₩₩을 사용한다.

참고

입력(input) 스트림과 출력(output) 스트림의 해석

입력 스트림과 출력 스트림이라는 이름은 프로그램을 중심으로 정해진 용어이다. 따라서 프로그램에서 파일로 데이터가 나가는 스트림을 가리켜 출력 스트림이라 하고, 파일로부터 데이터가 들어오는 스트림을 가리켜 입력 스트림이라 하는 것이다.

■ 파일에 데이터를 써 봅시다.

아직 fopen 함수의 두 번째 전달인자에 대해서는 설명하지 않았지만 "rt"를 전달 함으로서 텍스트 입력용 스트림이, "wt"를 전달 함으로서 텍스트 출력용 스트림이 형성된다는 사실 정도는 확인을 하였다. 따라서 이번에는 실제로 스트림을 형성해서 파일에 데이터를 전송해 보고자 한다. 그리고 이를 위해서 fputc라는 이름의 함수를 다음과 같은 형태로 사용할 것이다. 이 함수의 호출로 FILE 구조체 포인터인 fp가 가리키는 파일에 문자 A가 저장된다.

```
fputc('A', fp);
```

fputc 함수에 대해서는 이후에 다시 설명을 하니, 여기서는 실제로 파일에 데이터가 저장되는지를 확인하는 도구로만 사용을 하자.

■ 예제 33-1.c

```
1.   #include <stdio.h>
2.
3.   int main(void)
4.   {
5.       FILE * fp=fopen("C:\\Prog\\data.txt", "wt");
6.       if(fp==NULL)
7.       {
8.           puts("파일오픈 실패!");
9.           return -1;
10.      }
11.
12.      fputc('A', fp);
13.      fputc('B', fp);
14.      fputc('C', fp);
15.
16.      fclose(fp);
17.      return 0;
18.  }
```

• 5행 : 문자 데이터의 저장을 위해 파일 data.txt에 출력용 스트림을 형성하고 있다. 그런데 파일의 경로가 C:\Prog 이므로, 반드시 로컬디스크 C에 Prog 라는 이름의 디렉터리가 존재해야 한다.

그리고 이렇게 출력용 스트림을 형성하는 경우에는 스트림을 형성할 파일이 존재하지 않으면 자동으로 파일이 생성되니, 굳이 data.txt라는 이름의 파일을 미리 마련해 두지 않아도 된다.
- 12~14행 : 문자 A, B, C를 구조체 포인터 fp가 가리키는 파일에 저장하고 있다. 이로써 fopen 함수가 반환하는 구조체 포인터가 어떠한 용도로 사용되는지 확인이 되었다.
- 16행 : 5행에서 개방한 파일을 닫기 위해서 fclose 함수를 호출하고 있는데, 이 함수에 대해서는 바로 이어서 별도로 설명을 하겠다.

위 예제를 실행하면 C:\Prog에 data.txt라는 이름의 파일이 생성된다. 그리고 그 파일을 메모장으로 열면 다음처럼 저장된 문자들을 확인할 수 있다.

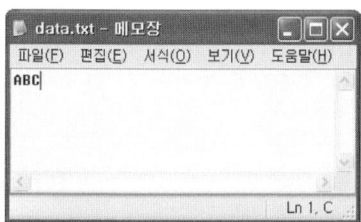

[그림 33-5 : 파일에 저장된 문자 데이터]

■ 형성된 스트림의 소멸을 요청하는 fclose 함수

위 예제에서 호출한 fclose 함수에 대해서 자세히 살펴보자. 간단히 설명하면 fclose 함수는 fopen 함수의 반대 기능을 제공한다. fopen 함수가 스트림을 형성하는 함수라면, fclose 함수는 스트림을 해제하는 함수이다. 다시 말해서 fopen 함수가 파일을 개방하는 함수라면, fclose 함수는 파일을 닫는 함수이다.

```
#include <stdio.h>
int fclose(FILE * stream);
       성공 시 0, 실패 시 EOF 반환
```

그렇다면 이렇게 fclose 함수의 호출을 통해서 개방되었던 파일을 닫아줘야 하는 이유는 어디에 있을까? 여기에는 다음 두 가지 이유가 있다.
- 운영체제가 할당한 자원의 반환
- 버퍼링 되었던 데이터의 출력

파일의 스트림을 형성하는 주체는 운영체제라고 앞서 설명하였는데, 이렇듯 운영체제는 스트림의 형성을 위해서 시스템의 자원(주로 메모리)을 사용한다. 그런데 이 자원은 파일을 닫아주지 않으면 할당된 체로 남아있게 되어, 그만큼의 자원손실을 초래하기 때문에 파일의 사용이 끝나는 즉시 fclose 함수를 호출해서 자원을 반환해 줄 필요가 있다.

그럼 이제 fclose 함수를 호출해야 하는 두 번째 이유를 설명하겠다. 프로그램과 파일의 실제 입출력은 다음과 같은 형태로 이뤄진다.

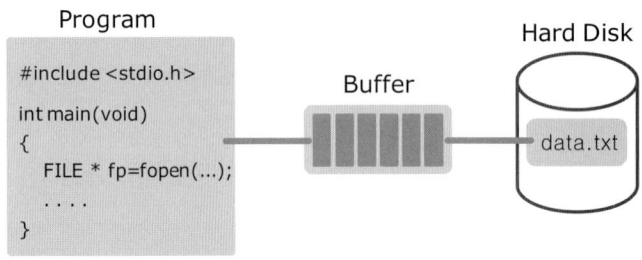

[그림 33-6 : 실제 스트림의 구조]

위 그림을 보면 프로그램과 파일 사이에 메모리 버퍼가 존재하는 것을 볼 수 있다. 이처럼 대부분의 운영체제는 프로그램과 파일 사이에 메모리 버퍼를 둬서 성능의 향상을 도모하고 있다. 때문에 여러분이 fputc와 같은 함수의 호출로 데이터를 전송한다고 해서 파일에 바로 저장되는 것이 아니라, 일단 메모리 버퍼에 기록되었다가 운영체제가 정해놓은 버퍼링 방식에 따라서 뒤늦게 파일에 저장이 된다.

그런데 이러한 버퍼링 방식이 지니고 있는 문제점이 하나 있다. 예를 들어서 문자 A와 B가 버퍼에 저장되어 있는 상태에서(파일에 저장되기 직전의 상태에서) 컴퓨터의 전원이 꺼졌다고 가정해 보자. 문자 A와 B는 파일에 저장이 되겠는가? 저장되지 않는다. 그러나 fclose 함수의 호출을 통해서 파일을 닫아주면 메모리 버퍼에 저장되어 있던 데이터가 파일로 이동이 되면서 버퍼는 비워지게 된다. 물론 그 이후에는 컴퓨터의 전원이 꺼져도 파일에 저장된 데이터는 소멸되지 않는다. 때문에 사용이 끝난 파일은 곧바로 fclose 함수를 호출해 주는 것이 좋다.

■ 이전에 호출한 적 있는 fflush 함수

버퍼링 얘기가 나왔으니 fflush 함수에 대해서도 정리를 하자. 스트림을 종료하지 않고 버퍼만 비우고 싶을 때에는 fflush 함수를 호출하면 된다.

```
#include <stdio.h>
int fflush(FILE * restrict stream);
```
　　　성공 시 0, 실패 시 EOF 반환

우리는 이 함수를 이미 앞서 사용한 경험이 있다. 그 때에는 이 함수를 콘솔 입출력에서 사용하였는데, 사실 이 함수는 그림 33-6에서 보여주는 종류의 버퍼를 비우는데 사용이 되는 파일 관련 함수이다. FILE 구조체의 포인터를 인자로 전달하면서 이 함수를 호출하면, 해당 파일과 연관이 있는 메모리 버퍼가 비워지게 된다.

파일 관련 함수 fflush를 콘솔 입출력에서 사용할 수 있는 이유는?

fflush 함수뿐만 아니라 이후에 설명하는 파일 관련 입출력 함수 대부분을 콘솔 입출력에 사용할 수 있는데, 이는 콘솔 입출력이 운영체제의 파일시스템을 기반으로 구현되어있기 때문이다(운영체제의 파일 관리 부분을 활용하여 콘솔 입출력이 가능하도록 설계되었다고 생각하면 된다).

■ fflush 함수는 입력 스트림에 대해서는 의미를 지니지 않습니다.

바로 위에서 "스트림을 종료하지 않고 버퍼만 비우고 싶을 때에는 fflush 함수를 호출하면 된다."라고 하였다. 그런데 표준 C에서는 입력 스트림에 대해서 fflush 함수의 기능을 정의하고 있지 않다. 쉽게 말해서 fflush 함수는 입력 스트림을 비우는 용도로 사용할 수 없다. 따라서 다음은 잘못된 코드이다.

```
FILE * fp = fopen("C:\\Prog\\data.txt", "rt");    // 입력 스트림 형성
. . . . . .
fflush(fp);    // 입력 버퍼를 비우라는 요청!
```

위의 fp는 데이터를 읽기 위한 용도의 포인터이다. 따라서 이 포인터는 입력 스트림을 의미한다. 때문에 fflush 함수의 인자로 전달될 수 없다. fflush 함수는 다음의 경우에만 의미를 지닌다.

```
FILE * fp = fopen("C:\\Prog\\data.txt", "wt");    // 출력 스트림 형성
. . . . . .
fflush(fp);    // 출력 버퍼를 비우라는 요청!
```

위의 fp는 데이터를 쓰기 위한 용도의 포인터이다. 즉 출력 스트림을 의미하므로 fflush 함수의 인자로 전달될 수 있다. 그렇다면 다음 질문에 답을 해 보겠는가?

"fflush 함수의 호출을 통해 출력 버퍼가 비워진다는 것이 의미하는 바는?"

앞서 언급했듯이 출력 버퍼가 비워진다는 것은 출력 버퍼에 저장된 데이터가 그냥 소멸되는 것이 아니라, 출력 버퍼에 저장된 데이터가 목적지(예를 들어 파일)에 전송이 되어 비워지는 것을 의미한다. 그렇다면 다음 질문에도 답을 해 보겠는가?

"fflush 함수의 호출을 통해 입력 버퍼가 비워진다는 것이 의미하는 바는?"

이 질문에는 답이 존재할 수 없다. fflush 함수는 입력 버퍼에 대해서 어떠한 동작을 해야 한다고 명시적으로 언급하고 있지 않기 때문이다.

■ 아! 그래서 fflush(stdin)은 VC++ 계열 컴파일러에서만 동작을 하는군요.

잠시 후에 소개가 되지만, 콘솔 입력과 출력에 사용되는 stdin과 stdout도 각각 입력 스트림과 출력 스트림을 의미하는 FILE 구조체의 포인터이다. 따라서 fflush 함수의 인자로 전달될 수 있다. 실제로 우리는 29장에서 다음 코드를 입력 버퍼를 비우는 용도로 사용하였다.

```
fflush(stdin);
```

더불어 필자가, 이는 VC++ 계열의 컴파일러에서만 동작을 한다고 설명했던 것을 기억하는가? 이제 그 이유를 이해할 수 있을 것이다. 하지만 오해하지 말자. 표준에서 정의하고 있지 않은 기능을 제공한다고 해서 이를 문제시 삼을 수는 없는 일이다(이 부분은 전문가들마다 의견이 조금씩 다르다. 솔직히 말해서 소심한 필자는 중립이다. ^^).

■ 파일로부터 데이터를 읽어 봅시다.

이번에는 예제 33-1에서 만든 파일을 열어서 데이터를 읽어 들이는 프로그램을 작성해 볼 텐데, 이를 위해서 fgetc라는 이름의 함수를 다음과 같은 형태로 사용할 것이다.

```
int ch=fgetc(fp);
```

fgetc 함수는 파일에 저장된 문자 데이터를 읽는데 사용되는 함수로서 자세한 설명은 이후에 다시 진행하겠으니, 여기서는 위의 함수 호출로 인하여 fp가 가리키는 파일에 저장된 문자 하나가 반환이 되어, 변수 ch에 저장된다는 사실에만 주목을 하자.

■ 예제 33-2.c

```
1.   #include <stdio.h>
2.
3.   int main(void)
4.   {
5.       int ch, i;
6.       FILE * fp=fopen("C:\\Prog\\data.txt", "rt");
7.       if(fp==NULL)
8.       {
9.           puts("파일오픈 실패!");
10.          return -1;
11.      }
12.
13.      for(i=0; i<3; i++)
14.      {
15.          ch=fgetc(fp);
```

```
16.             putchar(ch);
17.         }
18.
19.         fclose(fp);
20.         return 0;
21.     }
```

- 6행 : 두 번째 인자로 "rt"가 전달되면서 fopen 함수가 호출되었으니, 데이터를 텍스트 방식으로 읽기 위한 스트림이 형성된다.
- 13~17행 : 총 세 개의 문자가 저장되어 있는 파일로부터 세 개의 문자를 읽어 들여서 모니터에 출력하고 있다.

■ 실행결과 : 예제 33-2

```
ABC
```

■ fopen 함수의 파일 경로 지정

위 예제 33-1, 33-2에서는 fopen 함수의 첫 번째 인자로 다음 문자열을 전달하였는데, 이 문자열에는 파일에 대한 완전한 경로가 나타나 있었다.

　"C:\\Prog\\data.txt"

그러나 다음과 같이 파일의 이름만 지정을 해서 fopen 함수를 호출할 수도 있는데, 이러한 경우에는 실행파일(fopen 함수를 호출하는 소스코드의 실행파일)과 동일한 위치의 파일이 개방되나, VC++ 또는 Dev C++과 같은 통합개발 환경에서 실행하는 경우에는 별도의 위치에 파일이 개방되기도 한다.

　"data.txt"

참고로 파일의 이름만 주어졌을 때, 파일의 개방을 위해 접근이 이뤄지는 디렉터리를 가리켜 '현재 디렉터리(current directory)'라 하며, 이 현재 디렉터리는 실행의 방식과 실행파일의 위치에 따라서 달라지는 상대적인 개념의 디렉터리이다.

> **토막 퀴즈**
>
> 질문 : 여러분이 사용하고 있는 통합개발 환경에서 다음과 같이 파일을 개방하였을 때, 파일이 생성되는 위치가 어디인지 확인하자.
>
>   FILE * fp = fopen("data.txt", "wt");
>
> 답변 : 예제 33-1을 일부 변경해서 확인할 수 있다. 그리고 data.txt가 생성되는 위치를 참조하여, 현재 여러분이 사용중인 통합개발 환경의 디폴트(기본적인) 현재 디렉터리 위치를 확인할 수 있다.

33-2 파일의 개방 모드(mode)

fopen 함수의 호출을 통해서 형성할 수 있는 스트림의 종류는 다음 두 가지 기준으로 세분화된다.

- 기준 1 : 읽기 위한 스트림이냐? 쓰기 위한 스트림이냐?
- 기준 2 : 텍스트 데이터를 위한 스트림이냐? 바이너리 데이터를 위한 스트림이냐?

■ 기준 1 : 쓰려고? 아님 읽으려고?

스트림은 기능에 따라서 다음과 같이 크게 네 가지로 구분할 수 있다.

- 데이터를 읽기 위한 스트림 : 읽기만 가능
- 데이터를 쓰기 위한 스트림 : 쓰기만 가능
- 데이터 추가를 위한 스트림 : 덧붙여 쓰기만 가능
- 데이터 읽기 쓰기 스트림 : 데이터 읽기, 쓰기 모두 가능

그러나 C언어에서는 이를 바탕으로 총 6가지 종류의 스트림 형성을 지원하고 있다. 아래의 표를 통하여, 바로 이 6가지 종류의 스트림과 해당 스트림의 형성을 위한 fopen 함수의 두 번째 전달인자 정보를 정리

해 놓았다.

모드	스트림의 성격	파일이 없으면?
r	읽기 가능	에러
w	쓰기 가능	생성
a	파일의 끝에 덧붙여 쓰기 가능	생성
r+	읽기/쓰기 가능	에러
w+	읽기/쓰기 가능	생성
a+	읽기/덧붙여 쓰기 가능	생성

[표 33-1 : 파일 개방 모드]

위 표를 참조하여 필요로 하는 스트림의 특성과 일치하는 모드를 선택하면 된다. 그러나 다음 두 가지 사실을 정리해 놓으면 모드의 선택이 한결 수월해진다.

- +는 읽기, 쓰기가 모두 가능한 스트림의 형성을 의미한다.
- a는 쓰기가 가능한 스트림을 형성하는데, 여기서 말하는 쓰기는 덧붙이기이다.

> **참고**
>
> **웬만하면 r, w, a 중에서 선택하세요**
>
> 파일의 개방 모드 중 r+, w+, a+는 읽기와 동시에 쓰기가 가능하므로 더 좋은 모드라고 생각할 수 있다. 그러나 이러한 모드를 기반으로 작업을 하는 경우에는 읽기에서 쓰기, 그리고 쓰기에서 읽기로 작업을 변경할 때마다 메모리 버퍼를 비워줘야 하는 등의 불편함과 더불어 잘못된 사용의 위험성도 따른다. 그래서 r, w, a 중에서 하나를 선택하여 스트림을 형성하는 것이 좋으며, 이것이 보다 일반적인 선택이다.

■ 텍스트 파일과 바이너리 파일

파일에 담을 수 있는 대표적인 데이터들을 나열하면 다음과 같다.

- 개인이 소유하는 도서의 목록 : 문자 데이터
- 슈퍼마켓의 물품 가격 : 문자 데이터
- 니콜라 필리베르 감독의 마지막 수업 영상 파일 : 바이너리 데이터
- 한동준의 너를 사랑해 음원 : 바이너리 데이터

정리하면, 사람이 인식할 수 있는 글자로 이뤄져 있는 데이터는 문자 데이터이고, 이러한 데이터를 담고

있는 파일을 가리켜 '텍스트 파일(text file)'이라 하며, 그 이외에 컴퓨터가 인식할 수 있는 데이터를 담고 있는 파일을 가리켜 '바이너리 파일(binary file)'이라 한다.

그렇다면 우리가 파일을 개방해서 데이터를 입력 및 출력하는데 있어서 특별히 신경 써야 할 부분은 무엇일까? 사실 저장된 데이터의 종류가 문자냐, 문자가 아니냐에 따라서 우리가 크게 신경 쓸 부분은 없다. 어차피 문자도 바이너리의 형태로(0과 1의 형태로) 저장되기 때문이다. 그러나 조금 신경 쓸 부분은 있다. 그것은 바로 문장의 끝을 의미하는 개행의 표현방식이다.

■ 개행이 \n 아니냐고요?

개행은 일반적인 문자 데이터와 성격이 조금 다르다. 개행은 줄이 바뀌었다는 일종의 현상이지 그 자체가 하나의 데이터로 존재할 수 있는 대상은 아니기 때문이다. 예를 들어서 사람이라면 누구나 한 장의 흰 종이에 문자 A만을 표시할 수 있다. 그러나 그 누구도 흰 종이에 개행만을 표시할 수는 없다. 그래서 C언어에서는 개행을 \n으로 표현하도록 약속하였다. 여기서 중요한 사실은, 이는 모든 컴퓨터 환경에서의 약속이 아닌, C언어만의 약속이라는 점이다.

"C언어에서는 개행을 \n으로 표시합니다. 이는 C언어만의 약속입니다."

그렇다면 다른 환경에서는 개행을 어떻게 표시할까? 개행에 대한 몇몇 약속을 소개하면 다음과 같다.

- MS-DOS(Windows)에서의 파일 : \r\n
- Mac(Mackintosh)에서의 파일 : \r
- UNIX 계열에서의 파일 : \n

따라서 MS-DOS 기반의 편집기(텍스트 편집기)에서는 파일에 저장된 데이터 중에서 \r과 \n이 나란히 등장할 때 개행을 시켜서 프로그램 사용자에게 보이고, 매킨토시 기반의 편집기 프로그램에서는 \r이 등장할 때 개행을 시켜서 프로그램 사용자에게 보인다. 이렇듯 개행의 표현에 있어서 운영체제마다 차이가 있기 때문에 개행 문자가 포함될 수 있는 텍스트 데이터의 저장에는 주의가 필요하다.

■ C언어와 동일한 것은 UNIX 계열의 시스템밖에 없네요?

C언어에서 개행을 의미하는 문자 데이터 \n을 그대로(아무런 변경 없이) 파일에 저장했을 때 문제가 발생하지 않는 시스템은 UNIX 계열의 시스템밖에 없다. 왜냐하면 \n을 개행으로 인식하는 시스템은 UNIX 계열의 시스템이 유일하기 때문이다. 따라서 Windows와 Mac에서 개행 문자를 파일에 저장할 때에는(개행으로 인식할 수 있도록 저장하기 위해서는) 다음과 같은 형태의 변환과정이 필요하다.

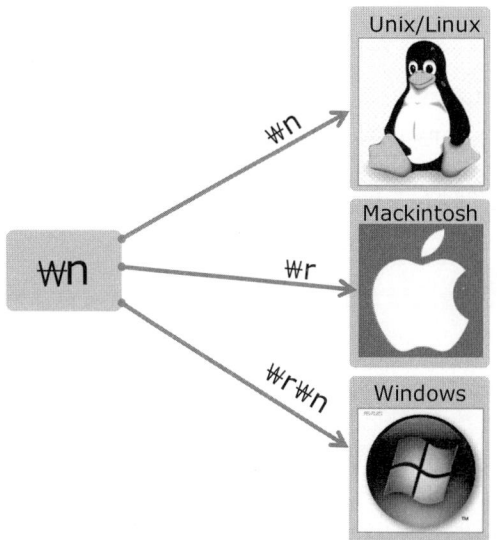

[그림 33-7 : \n의 적절한 파일 저장 방식]

순간 귀찮다는 생각이 들지 않는가? 이러한 작업을 누군가가 대신해줬으면 하는 생각도 들지 않는가? 그렇다면 파일을 텍스트 모드로 개방하면 된다.

■ 기준 2 : 텍스트 모드와 바이너리 모드의 파일 개방

파일을 텍스트 모드의 형태로 개방하면 바로 위에서 말한 형태의(그림 33-7 형태의) 변환이 자동으로 이뤄진다. 때문에 우리가 직접 이러한 형태의 변환을 할 필요는 없다. 그리고 텍스트 모드로 파일을 개방하려면 fopen 함수의 두 번째 전달인자는 다음과 같은 형태이어야 한다.

    rt, wt, at, r+t, w+t, a+t

표 33-1에서 설명한 개방 모드에서 텍스트를 의미하는 t가 붙은 형태이다. 반대로 바이너리 데이터를 저장하고 있는 파일의 경우에는 이러한 형태의 변환이 불필요하다. 아니 정확히 말해서 이러한 형태의 변환이 발생하면 안 된다. 따라서 이러한 경우에는 파일을 바이너리 모드로 개방해야 하는데, 이때에는 fopen 함수의 두 번째 전달인자를 다음과 같이 구성하면 된다.

    rb, wb, ab, r+b, w+b, a+b

표 33-1의 개방 모드에 바이너리를 의미하는 b가 붙은 형태이다. 참고로 표 33-1의 개방 모드에 t도 b도 붙여주지 않으면 파일은 텍스트 모드로 개방이 된다는 사실도 함께 알아두기 바란다.

> **참고**
>
> **ω+t vs. ωt+**
>
> 개방 모드 w+t와 wt+는 동일한 의미이다. 즉 t는 w와 + 사이, 또는 끝에 올 수 있다. 마찬가지로 w+b와 wb+도 동일한 의미이고, a+b와 ab+도 동일한 의미이다. 이 이상 언급하지 않아도 나머지 개방 모드에도 이러한 사실을 적용할 수 있을 것이다.

토막 퀴즈

질문 : Windows(MS-DOS)에서 실행중인 C로 구현한 프로그램에서 파일을 텍스트 모드로 개방하여 \n을 저장하면 파일에는 \r\n이 저장된다. 그렇다면 동일한 환경에서 파일을 텍스트 모드로 개방하여 \r\n을 읽어 들이면, 이는 C 프로그램상에서 어떻게 읽혀지겠는가?

답변 : 역의 방향으로 변환이 이뤄져야 한다. 따라서 \n으로 읽혀진다. 참고로 이 답변이 이해되지 않는다면 필자가 앞서 설명한 내용을 완벽히 이해하지 못했을 확률이 높다.

■ 그럼 UNIX 계열에서는 파일을 어떻게 개방하던 차이가 없네요?

UNIX 계열의 운영체제에서 개행은 C언어와 마찬가지로 \n으로 표현이 된다. 따라서 파일을 텍스트 모드로 개방한다고 해서 달라질 것은 없다. 그래서 일반적으로 다음과 같이 이야기 한다.

"UNIX 계열의 운영체제에서는 텍스트 파일과 바이너리 파일을 구분하지 않습니다."

그냥 단순히 위의 문장만 접하게 되면 오해를 할 소지가 있다. 그러나 여러분은 위의 문장이 의미하는 바의 본질을 이해하였으니 오해할 일이 없다. 참고로 ANSI 표준에서는 두 가지 모드로 파일 개방이 가능해야 함을 명시하고 있다. 따라서 Mac도 Windows도, 그 내부적인 처리방식은 서로 다르지만 둘 다 표준을 준수하고 있는 것이다.

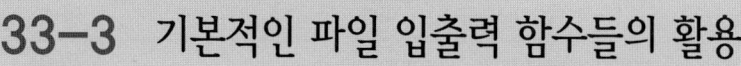

33-3 기본적인 파일 입출력 함수들의 활용

파일의 개방에 대한 정리가 끝났으니 개방된 파일에 데이터를 입력 및 출력하는 방법을 살펴볼 차례이다.

■ 자동으로 열리는 스트림 : stdin, stdout, stderr

파일 입출력 함수의 설명에 앞서, 프로그램이 시작되면 fopen 함수를 호출하지 않아도 자동으로 열리는 세 개의 스트림을 먼저 소개하겠다.

이름	설명	입출력 대상
stdin	표준 입력 스트림	키보드
stdout	표준 출력 스트림	모니터
stderr	표준 에러 스트림	모니터

[표 33-2 : 표준 스트림]

위 스트림의 이름 stdin, stdout, stderr은 모두 FILE 구조체의 포인터로서, fopen 함수 호출의 반환 결과와 동일한 형의 포인터들이다.

"키보드와 모니터가 파일은 아니지 않나요?"

분명 그렇다! 하지만 콘솔 입출력이 운영체제의 파일시스템을 기반으로 구현되어있기 때문에 콘솔과의 연결을 구성하는 스트림도 FILE 구조체의 포인터로 참조하도록 되어있다. 때문에 지금부터 설명하는 파일 입출력 함수는 위의 표준 스트림을 활용하여(인자로 전달하여) 키보드와 모니터로부터의 입출력에도 활용할 수 있다는 사실을 기억하기 바란다.

■ 일단 한번 정리합시다.

C언어에는 다양한 형태의 입출력 함수가 존재한다. 따라서 입출력 할 데이터의 종류에 맞는 적절한 함수를 선택할 수 있어야 한다. 그래서 함수의 종류와 그 용도를 표의 형태로 정리하고 시작하고자 한다.

데이터	함수의 선언(모두 헤더파일 stdio.h에 선언)	기능
문자	int fgetc(FILE * stream); int getc(FILE * stream);	입력
	int fputc(int c, FILE * stream); int putc(int c, FILE * stream);	출력

문자열	char * fgets(char * s, int n, FILE * stream);	입력
	int fputs(const char * s, FILE * stream);	출력
서식	int fscanf(FILE * stream, const char * format, ...);	입력
	int fprintf(FILE * stream, const char * format, ...);	출력
바이너리	size_t fread (void * ptr, size_t size, size_t cnt, FILE * stream);	입력
	size_t fwrite (const void * ptr, size_t size, size_t cnt, FILE * stream);	출력

[표 33-3 : 파일 기반 표준 입출력 함수]

위 표에서 정리한 함수들의 사용방법은 이제부터 자세히 소개하니, 여러분은 이 표를 통해서 데이터 종류에 따른 입출력 함수의 이름만 확인하기 바란다.

■ 문자의 입출력 : fgetc, fputc

문자의 입력과 출력에 사용되는 두 함수의 이름은 각각 fgetc와 fputc이다. 그런데 이 두 함수의 사용방법은 앞서 간단히 설명하였으니, 텍스트 파일을 복사하는 다음 예제를 통해서 조금만 더 보충을 하겠다.

■ 예제 33-3.c

```
1.   #include <stdio.h>
2.
3.   int main(void)
4.   {
5.       int ch;
6.       FILE * src=fopen("src.txt", "rt");
7.       FILE * des=fopen("dst.txt", "wt");
8.       if(src==NULL || des==NULL)
9.       {
10.          puts("파일오픈 실패!");
11.          return -1;
12.      }
13.
14.      while((ch=fgetc(src))!=EOF)
15.          fputc(ch, des);
16.
17.      fclose(src);
18.      fclose(des);
19.
20.      puts("파일복사 완료!");
21.      return 0;
22.  }
```

- 6행 : 데이터를 읽기 위한 입력 스트림을 형성하고 있다. 따라서 파일이 존재하지 않으면 개방할 수 없다.
- 7행 : 데이터를 쓰기 위해서 wt 모드로 파일을 개방하고 있다. 따라서 파일이 존재하지 않으면 새로운 파일을 생성하게 된다.
- 14, 15행 : fgetc 함수는 오류가 발생하거나 파일의 끝에 도달을 하면 EOF를 반환한다. 그래서 이 예제에서는 fgetc 함수가 EOF를 반환할 때까지 한 문자씩 복사를 진행하고 있다.

예제의 실행을 통해서 파일이 복사됨을 확인할 수 있다. 물론 여러분은 src.txt라는 이름의 텍스트 파일을 미리 만들어 둬야 한다. 간단히 메모장을 이용해서 만들면 된다. 그리고 getc와 putc라는 이름의 함수도 있는데, 이는 효율을 고려하여 fgetc와 fputc 함수를 매크로의 형태로 정의한 함수일뿐, 기능 및 사용방법은 fgetc, fputc 함수와 완전히 동일하다. 때문에 위 예제에서 fgetc 함수를 대신해서 getc 함수를, fputc 함수를 대신해서 putc 함수를 호출해도 동일한 결과를 확인할 수 있다.

fgetc 함수의 반환형이 int인 이유는?

앞서 29장에서 getchar 함수의 반환형이 int인 이유를 설명하였다. 이와 동일한 이유로 fgetc 함수도 반환형이 int이고, 반환되는 값은 반드시 int형 변수에 저장해야 한다.

■ 파일의 끝을 확인하는 방법 : feof

예제 33-3에서 구현한 파일 복사 프로그램은 완전하지 못하다. 이 예제에서는 fgetc 함수의 반환 값 EOF를 참조하여 파일의 끝까지 복사를 진행하는데, 문제는 이 EOF가 파일의 끝에서만 반환되는 값이 아닌, 오류가 발생한 상황에서도 반환되는 값이라는 점에 있다. 따라서 "파일복사 완료!"라는 메시지가 출력이 되도, 실제로 복사가 제대로 이뤄졌는지는 별도로 확인을 해야 알 수 있다. 때문에 우리는 다음 함수를 사용하여 에러 상황과 파일의 끝에 도달한 상황을 구분해야 한다.

```
#include <stdio.h>
int feof(FILE * stream);
```
　　　파일의 끝에 도달한 경우 0이 아닌 값 반환

이 함수는 인자로 전달된 FILE 포인터가 가리키는 파일이 끝에 도달을 하면 0이 아닌 값을 반환하기 때문에, fgetc 함수가 EOF를 반환하고 이 함수가 0을 반환하면 이는 에러가 발생한 것으로 확신할 수 있다. 즉 위 예제는 다음과 같이 구현이 되어야 완벽한 결과를 기대할 수 있다.

■ 예제 33-4.c

```
1.   #include <stdio.h>
2.
3.   int main(void)
4.   {
5.       int ch;
6.       FILE * src=fopen("src.txt", "rt");
7.       FILE * des=fopen("dst.txt", "wt");
8.
9.       if(src==NULL || des==NULL)
10.      {
11.          puts("파일오픈 실패!");
12.          return -1;
13.      }
14.
15.      while((ch=getc(src))!=EOF)
16.          putc(ch, des);
17.
18.      if(feof(src)!=0)
19.          puts("파일복사 완료!");
20.      else
21.          puts("파일복사 실패!");
22.
23.      fclose(src);
24.      fclose(des);
25.      return 0;
26.  }
```

- 15, 16행 : 이전 예제와 달리 getc, putc 함수를 호출하고 있다. 그러나 fgetc, fputc 함수를 호출할 때와 전혀 차이가 없다. 다만 매크로로 정의된 함수가 호출되었으므로 함수 호출에 따른 부담은 줄게 되었다.
- 18~21행 : 15행의 getc 함수가 EOF를 반환한 이후에 실행되는 부분이다. 따라서 파일의 끝에 도달해서 EOF가 반환된 것이라면 feof 함수는 0이 아닌 값을 반환하고, 오류가 발생해서 EOF가 반환된 것이라면 feof 함수는 0을 반환한다.

■ 문자열의 입출력 : fgets, fputs

fgetc, fputc 함수가 문자 단위 입출력 함수인 반면, fgets 함수와 fputs 함수는 문자열 단위 입출력 함수이다. 그런데 이 두 함수는 개행 문자, 즉 ₩n으로 문자열을 구분한다는 특징이 있다. 때문에 공백을 포함하는 문자열의 입출력에 활용할 수 있다(scanf 함수로는 불가능 했던 일). 우선 fgets 함수에 대해서 먼저 설명하겠다. 이 함수의 호출방식은 다음과 같다.

```
char buf[100];
fgets(buf, 100, fp);     // fp는 FILE 구조체 포인터
```

그리고 이 문장은 다음과 같은 의미로 해석이 된다.

"fp가 가리키는 파일로부터 최대 길이가 100인 문자열을 읽어서 배열 buf에 저장해라!"

여기서 100은 문장의 끝을 의미하는 널 문자를 포함한 길이이기 때문에, 실제로 읽을 수 있는 문자열의 길이는 99가 된다. 그리고 길이가 100을 넘는 문자열을 읽어야 한다면 다음 두 가지 방법 중에 하나를 선택해야 한다.

- 읽을 수 있는 문자열의 최대 길이를 증가시킨다.
- fgets 함수를 여러 번 호출하여 하나의 문장을 나눠서 읽어 들인다.

참고로 이 함수는 오류가 발생하거나 파일의 끝 부분에 도달했을 때 NULL을 반환한다는 점에도 주목할 필요가 있다(fgetc 함수는 EOF를 반환하였다). 그럼 이번에는 fputs 함수에 대해서 설명하겠다. 이 함수의 호출방식은 다음과 같다.

```
char buf[]="좋은 아침입니다.";
fputs(buf, fp);    // fp는 FILE 구조체 포인터
```

그리고 이 문장은 다음과 같은 의미로 해석이 된다.

"buf에 저장된 문자열을 fp가 가리키는 파일에 저장하라!"

이번에도 텍스트 파일을 복사하는 예제를 통해서 이 두 함수의 사용방법을 설명하겠다. 이 예제는 기능상으로 예제 33-4와 완전히 동일하다. 다만 복사의 과정이 문자 단위가 아닌 문자열 단위로 이뤄진다는 점에 차이가 있을 뿐이다.

■ 예제 33-5.c

```
1.   #include <stdio.h>
2.   #define BUF_SIZE   30
3.
4.   int main(void)
5.   {
6.       char str[BUF_SIZE];
7.
8.       FILE * src=fopen("src.txt", "rt");
9.       FILE * des=fopen("dst.txt", "wt");
10.
11.      if(src==NULL || des==NULL)
12.      {
13.          puts("파일오픈 실패!");
14.          return -1;
15.      }
16.
17.      while(fgets(str, BUF_SIZE, src)!=NULL)
18.          fputs(str, des);
```

```
19.
20.     if(feof(src)!=0)
21.         puts("파일복사 완료!");
22.     else
23.         puts("파일복사 실패!");
24.
25.     fclose(src);
26.     fclose(des);
27.     return 0;
28. }
```

- 17, 18행 : NULL이 반환될 때까지 문자열 단위로 복사가 이뤄진다.
- 20~23행 : 오류 없이 복사가 제대로 이뤄졌는지 확인하는 문장이다.

fgets 함수는 \n까지 읽어 들입니다(매우 중요한 이야기).

앞에서 fgets 함수와 fputs 함수는 문자열을 개행 문자로 구분한다고 하였다. 따라서 fgets 함수는 \n 을 만날 때까지 문자열을 읽게 되는데, \n을 제외하고 읽는 것이 아니라 \n을 포함하여 읽어 들인 다는 사실을 반드시 기억하기 바란다. 그래서 fgets 함수로 문자열을 완전히 읽어 들이면 항상 \n이 삽입이 된다. 이와 관련해서는 잠시 후에 자세히 언급을 하지만 중요한 내용이라서 일단 한번 언급하 였다.

■ 바이너리 데이터의 입출력 : fread, fwrite

이번에 설명하는 함수는 바이너리 데이터의 입출력에 사용이 된다. 참고로 바이너리 데이터의 입출력은 텍스트 데이터의 입출력보다 단순하기 때문에 여러 종류의 함수를 제공하지 않고 있다. 먼저 바이너리 데이터의 입력에 사용되는 fread 함수부터 소개를 하겠다.

```
#include <stdio.h>
size_t fread(void * buffer, size_t size, size_t count, FILE * stream);
```
성공 시 전달인자 count, 실패 또는 파일의 끝 도달 시 count보다 작은 값 반환

이 함수의 호출방식은 다음과 같다.

```
int buf[12];
fread((void*)buf, sizeof(int), 12, fp);    // fp는 FILE 구조체 포인터
```

그리고 이 문장은 다음과 같은 의미로 해석이 된다.

"sizeof(int) 크기의 데이터 12개를 fp로부터 읽어 들여서 배열 buf에 저장하라!"

즉 fread 함수는 두 번째 전달인자와 세 번째 전달인자의 곱의 바이트 크기만큼 데이터를 읽어 들이는 함수이다. 따라서 위의 문장은 int형 데이터 12개를 fp로부터 읽어서 배열 buf에 저장하는 함수의 호출이다. 그리고 이 함수는 실제로 읽어 들인 데이터의 개수를 반환하는데(읽어 들인 바이트 수가 아니라 개수이다), 위 문장은 sizeof(int) 크기의 데이터를 12개 읽어 들이는 경우이니, 함수의 호출이 성공을 하면 12가 반환된다. 그리고 만약에 12보다 작은 값이 반환된다면 파일의 끝에 도달을 해서 12개를 채우지 못했거나, 오류가 발생한 상황으로 인식할 수 있다.

이번에는 바이너리 데이터의 출력에 사용되는 fwrite 함수를 소개하겠다.

```
#include <stdio.h>
size_t fwrite(const void * buffer, size_t size, size_t count, FILE * stream);
```
성공 시 전달인자 count, 실패 시 count보다 작은 값 반환

이 함수의 호출방식은 다음과 같다.

```
int buf[7]={1, 2, 3, 4, 5, 6, 7};
fwrite((void*)buf, sizeof(int), 7, fp);
```

그리고 이 문장은 다음과 같은 의미로 해석이 된다.

"sizeof(int) 크기의 데이터 7개를 buf로부터 읽어서 fp에 저장해라!"

자! 그럼 지금 설명한 이 두 함수를 이용해서 바이너리 파일의 복사 프로그램을 작성해 보겠다. 참고로 이전에 소개한 예제들보다는 조금 까다롭다. 하지만 fread, fwrite 함수를 정상적으로 사용하고 싶다면 이 예제를 완벽히 이해해서 활용해야 한다.

■ 예제 33-6.c

```
1.  #include <stdio.h>
2.  #define BUF_SIZE   30
3.
4.  int main(void)
5.  {
6.      char buf[BUF_SIZE];
```

```
7.      int readCnt;
8.
9.      FILE * src=fopen("lineSrc.bmp", "rb");
10.     FILE * des=fopen("lineCpy.bmp", "wb");
11.
12.     if(src==NULL || des==NULL)
13.     {
14.         puts("파일오픈 실패!");
15.         return -1;
16.     }
17.
18.     while(1)
19.     {
20.         readCnt=fread((void*)buf, 1, BUF_SIZE, src);
21.
22.         if(readCnt<BUF_SIZE)
23.         {
24.             if(feof(src)!=0)
25.             {
26.                 fwrite((void*)buf, 1, readCnt, des);
27.                 puts("파일복사 완료");
28.                 break;
29.             }
30.             else
31.                 puts("파일복사 실패");
32.
33.             break;
34.         }
35.         fwrite((void*)buf, 1, BUF_SIZE, des);
36.     }
37.
38.     fclose(src);
39.     fclose(des);
40.     return 0;
41. }
```

- 6행 : 바이너리 데이터를 읽을 때에는 일반적으로 char형 배열을 사용한다. char는 모든 시스템에서 1바이트로 처리되므로 크기를 지정하기가 수월하기 때문이다.

- 9, 10행 : 복사할 파일이 텍스트 파일이 아니기 때문에 바이너리 모드로 개방을 해야 한다. 간혹 이 부분을 실수해서 잘못된 결과를 접하는 경우가 있으므로 실수하지 않도록 주의해야 한다.

- 20행 : fread 함수를 이용해서 파일로부터 데이터를 읽고 있다. 두 번째 전달인자가 1, 세 번째 전달인자가 BUF_SIZE이니, 읽어 들이는 데이터의 크기는 총 1×BUF_SIZE 바이트가 된다.

- 22행 : 이 if문은 fread 함수가 BUF_SIZE보다 작은 값을 반환했을 때 참이 된다. 그런데 fread 함수가 BUF_SIZE를 반환하지 않았다는 것은 오류가 발생했거나, 파일의 끝에 도달했다는 의미가 되므로 feof 함수를 이용해서 이를 확인해야 한다.

- 24~29행 : 파일의 끝에 도달해서 BUF_SIZE보다 적은 수의 바이트를 읽었을 때 실행이 된다. 비록 적은 바이트를 읽었다 할지라도 이 데이터 역시 파일의 일부이므로 fwrite 함수를 이용

해서 복사를 해 줘야 한다. 따라서 26행에서 fwrite 함수의 호출을 통해 읽어 들인 마지막 데이터를 출력하고 있다.

• 35행 : 20행에서 읽어 들인 BUF_SIZE 바이트의 데이터를 그대로 파일에 저장하고 있다.

여러분은 위 예제에서 9, 10행의 파일 이름을 변경해가면서 다양한 파일의 복사를 진행해보기 바란다.

> **참 고**
>
> **왜 예제가 계속해서 복사 프로그램인가요?**
>
> 복사 프로그램은 다음의 성격을 지닌다.
> • READ / WRITE를 동시에 진행해야 한다.
> • 파일의 끝에 도달을 했는지 확인해야 한다.
>
> 그런데 이 두 가지는 파일 입출력에 가장 기본이 되는 중요한 내용이다(파일 입출력의 전부로도 볼 수 있다). 따라서 하나의 간결한 프로그램 안에서 이 둘을 동시에 보여드리기 위해서 복사 프로그램을 예로 들고 있다.

■ stdin과 stdout 활용하기

앞서 stdin과 stdout도 FILE 구조체의 포인터이고, 때문에 표 33-3에서 소개한 함수의 인자로 전달될 수 있음을 간단히 언급하였다. 따라서 예제를 통해서 이를 확인해 보고자 한다. 표 33-3에서 소개한 함수의 인자로 stdin과 stdout를 전달하여 파일이 아닌 콘솔로부터의 입력과 출력을 진행해 보겠다.

■ 예제 33-7.c

```
1.   #include <stdio.h>
2.
3.   int main(void)
4.   {
5.       int ch;
6.       char str[100];
7.       int num;
8.
9.       /* 문자의 입력과 출력 */
10.      ch=fgetc(stdin);
11.      fputc(ch, stdout);
12.      ch=fgetc(stdin);
13.      fputc(ch, stdout);
14.
15.      /* 문자열의 입력과 출력 */
16.      fgets(str, 100, stdin);
```

```
17.         fputs(str, stdout);
18.
19.         /* 서식 문자열 형태의 입력과 출력 */
20.         fscanf(stdin, "%d %c", &num, &ch);
21.         fprintf(stdout, "숫자 : %d, 문자 : %c \n", num, ch);
22.         return 0;
23.     }
```

- 10, 12행 : stdin은 콘솔 입력을 의미하므로 fgetc 함수는 키보드로부터 문자 하나를 입력 받는다. 단 12행의 fgetc 함수 호출은 \n 문자를 읽기 위해서 삽입하였다.
- 11, 13행 : stdout은 콘솔 출력을 의미하므로 fputc 함수는 모니터로 문자 하나를 출력 한다.
- 16, 17행 : fgets, fputs 함수의 입출력 대상이 콘솔이니, 키보드로부터 문자열을 입력 받아서 모니터로 출력을 한다.
- 20, 21행 : 마찬가지로 fscanf 함수와 fprintf 함수의 입출력 대상은 콘솔이다.

■ 실행결과 : 예제 33-7

```
A
A
안녕하세요
안녕하세요
7 B
숫자 : 7, 문자 : B
```

■ gets 함수와 fgets 함수, puts 함수와 fputs 함수의 차이점 확인하기

gets 함수로도, 그리고 fgets 함수로도 키보드로부터 데이터를 입력 받을 수 있다. 그리고 puts 함수로도, 그리고 fputs 함수로도 모니터로 데이터를 출력할 수 있다. 하지만 데이터의 입출력 방식에서 약간의 차이를 보이는데, 다음 예제를 통해서 이를 확인하고자 한다.

■ 예제 33-8.c
```
1.  #include <stdio.h>
2.
3.  int main(void)
4.  {
5.      char str1[100];
6.      char str2[100];
7.
8.      printf("gets read : ");
```

```
9.         gets(str1);
10.
11.        printf("fgets read : ");
12.        fgets(str2, 100, stdin);
13.
14.        printf("%s %s", str1, str2);
15.
16.        puts(str1);
17.        fputs(str1, stdout);
18.        return 0;
19. }
```

- 9, 12행 : 각각 gets 함수와 fgets 함수로 문자열을 읽어 들이고 있다.
- 14행 : 이어서 읽어 들인 문자열을 출력하고 있는데, gets 함수로 읽어 들인 문자열에는 \n이 존재하지 않지만, fgets 함수로 읽어 들인 문자열에는 \n이 존재함을 확인할 수 있다.
- 16, 17행 : \n이 존재하지 않는 문자열을 puts 함수와 fputs 함수를 이용해서 출력하고 있다. 그런데 출력 결과를 통해서 puts 함수는 개행을 해 주지만, fputs 함수는 자동으로 개행이 되지 않음을 확인할 수 있다.

■ 실행결과 : 예제 33-8

```
gets read : 좋은 아침입니다.
fgets read : 정말 좋은 아침입니다.
좋은 아침입니다. 정말 좋은 아침입니다.
좋은 아침입니다.
좋은 아침입니다.
```

위 예제는 직접 실행을 하여 소스코드와 실행결과를 적절히 비교해야 설명하는 바를 이해할 수 있다. 그리고 이 예제에서는 콘솔 기반으로 작성되었지만, 여기서 보인 fgets, fputs 함수의 특성은 파일에서도 동일하게 적용됨을 반드시 기억하기 바란다.

문 제 33-1 [문자열 방식의 데이터 입출력]

◉ 문제 1

프로그램상에서 mystory.txt라는 이름의 파일을 만들어서 본인의 이름, 주민번호, 전화번호를 입력하는 프로그램을 작성하자. 입력의 형태는 다음과 같아야 한다.

#이름 : 윤성우

#주민번호 : 900208-1012589

#전화번호 : 010-1111-2222

그리고 입력이 완성되면 메모장으로 확인이 가능해야 한다.

◉ 문제 2

문제 1에서 작성한 파일에 데이터를 추가하자. 추가할 데이터는 즐겨 먹는 음식의 정보와 취미이다. 입력의 형태는 다음과 같아야 한다.

#즐겨먹는 음식 : 짬뽕, 탕수육

#취미 : 축구

마찬가지로 추가가 완료되면 제대로 추가되었는지 메모장으로 확인해보기 바란다.

◉ 문제 3

문제 1과 2에서 생성한 파일에 저장된 정보 전체를 출력하는 프로그램을 작성하자.

◉ 문제 4

검색 프로그램을 작성하자! 프로그램 사용자가 검색의 대상을 입력하면, 해당 정보를 문제 1과 2를 통해서 만든 파일 mystory.txt에서 검색하여 출력해야 한다. 예를 들어서 프로그램 사용자가 검색의 대상으로 '전화번호'를 입력하면 전화번호 정보가 출력되어야 한다.

 문 제 33-2 [파일 입출력 함수를 이용한 콘솔 입출력 함수의 구현]

◉ 문제 1

fgetc 함수, fputc 함수를 이용해서 getchar 함수, putchar 함수와 동일한 기능의 함수를 정의하자. 단 함수의 이름을 각각 getchar_f, putchar_f로 정의하고, 함수의 정의가 올바른지 확인하기 위해서 적절한 형태의 main 함수도 정의하자.

◉ 문제 2

fgets 함수, fputs 함수를 이용해서 gets 함수, puts 함수와 동일한 기능의 함수를 정의하자. 단 함수의 이름을 각각 gets_f, puts_f로 정의하고, 함수의 정의가 올바른지 확인하기 위해서 적절한 형태의 main 함수도 정의하자.

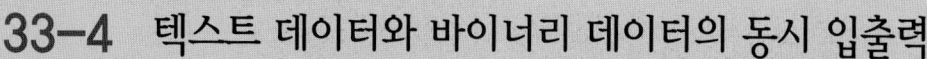

33-4 텍스트 데이터와 바이너리 데이터의 동시 입출력

하나의 파일에 입출력 할 데이터가 텍스트 데이터와 바이너리 데이터 둘로 이뤄져 있다면 어떠한 방법을 택해서 입출력을 해야 할까? 지금부터 텍스트 데이터인 문자와 문자열, 그리고 바이너리 데이터인 int형 정수를 하나의 파일에 입출력 해야 하는 상황에 대해서 논의 해 보자.

■ 서식에 따른 데이터 출력 : fprintf

이러한 상황에서 제일 먼저 생각할 수 있는 것은 fscanf 함수와 fprintf 함수를 활용하는 방법이다. 이 두 함수는 scanf, printf 함수와 유사하다. 다만 입출력의 대상이 콘솔이 아니라 파일이라는 차이점만 있다. 먼저 fprintf 함수의 활용방법부터 소개하겠다.

```c
char name[10]="홍길동";
char sex='M';        // 남자는 M, 여자는 F
int age=24;
fprintf(fp, "%s %c %d", name, sex, age);    // fp는 FILE 구조체 포인터
```

위의 fprintf 함수 호출문이 printf 함수 호출문과 차이를 보이는 부분은 FILE 구조체의 포인터가 첫 번째 전달인자라는 점이다. 그래서 printf 함수와 달리 fprintf 함수는 첫 번째 인자로 전달된 포인터가 가리키는 파일로 출력이 이뤄진다. 위의 fprintf 함수 호출 문장도 두 번째 이후의 전달인자를 통해서 다음 문자열이 만들어진다.

"홍길동 M 24"

그리고 이렇게 만들어진 문자열이 첫 번째 전달인자가 가리키는 파일에 저장이 된다. 그럼 예제를 통해서 이를 확인해 보겠다. 다음 예제에서는 텍스트 데이터인 이름과 성별, 그리고 바이너리 데이터인 나이 정보를 하나의 파일에 입력하는 방법을 fprintf 함수를 기준으로 보여준다.

■ 예제 33-9.c

```c
1.   #include <stdio.h>
2.
3.   int main(void)
4.   {
5.       char name[10];
6.       char sex;
7.       int age;
8.
```

```
9.        int i;
10.       FILE * fp=fopen("friend.txt", "wt");
11.
12.       for(i=0; i<3; i++)
13.       {
14.           printf("이름 성별 나이 순 입력 : ");
15.           scanf("%s %c %d", name, &sex, &age);
16.           fflush(stdin);      /* 29장의 ClearReadBuffer 함수로 대신 */
17.
18.           fprintf(fp, "%s %c %d", name, sex, age);
19.       }
20.       fclose(fp);
21.       return 0;
22.   }
```

- 10행 : fprintf 함수는 printf 함수와 마찬가지로 문자열을 구성하여 출력을 하는 함수이다. 따라서 텍스트 모드로 파일을 개방해야 한다.
- 15, 16행 : 이름, 성별 그리고 나이를 입력 받은 후에 입력 버퍼에 남아있는 엔터 키의 소멸을 위해서 fflush 함수를 호출하고 있다. 그런데 이 함수를 대신해서 이전에 29장에서 구현한 ClearReadBuffer 함수를 호출하는 것이 보다 좋은 방법이다.
- 18행 : 15행을 통해서 입력 받은 데이터로 문자열을 구성해서 포인터 fp가 가리키는 파일에 입력하고 있다.

위의 예제를 실행하고 나면 friend.txt라는 이름의 파일이 생성되는데, 이 파일을 메모장으로 열어보면 다음과 같은 형태로 데이터가 저장됨을 확인할 수 있다.

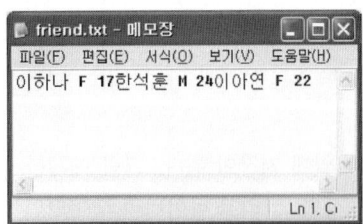

[그림 33-8 : fprintf 함수 호출에 의한 데이터 저장 결과]

위 그림에서 보이듯이 파일에 저장된 데이터는 전부 텍스트이다. 하지만 이 파일로부터 데이터의 일부는 텍스트 방식으로, 또 일부는 바이너리 방식으로 읽어 들일 수 있다면 결과적으로는 텍스트 데이터와 바이너리 데이터를 동시에 입출력 한 셈이 된다.

■ 서식에 따른 데이터 입력 : fscanf

그럼 이번에는 fscanf 함수를 호출해서 파일에 저장한 데이터를 읽어 보겠다. fprintf 함수를 이용해서

저장한 데이터는 fscanf 함수를 이용해서 읽어 들여야 한다. fscanf 함수의 호출방식은 다음과 같다.

```
char name[10];
char sex;
int age;
fscanf(fp, "%s %c %d", name, &sex, &age);
```

위의 fscanf 함수 호출문이 scanf 함수 호출문과 차이를 보이는 부분은 첫 번째 전달인자로 FILE 구조체의 포인터가 전달된다는 점이다(fprintf 함수와 printf 함수의 차이점과 동일하다). 따라서 scanf 함수와 달리 fscanf 함수는 첫 번째 인자로 전달된 포인터가 가리키는 파일로부터 데이터를 읽어 들인다. 그리고 fscanf 함수는 파일의 끝에 도달을 하거나 오류가 발생하면 EOF를 반환한다는 점도 더불어 기억하고 다음 예제를 보기 바란다.

■ 예제 33-10.c

```
1.   #include <stdio.h>
2.
3.   int main(void)
4.   {
5.       char name[10];
6.       char sex;
7.       int age;
8.
9.       int ret;
10.      FILE * fp=fopen("friend.txt", "rt");
11.
12.      while(1)
13.      {
14.          ret=fscanf(fp, "%s %c %d", name, &sex, &age);
15.          if(ret==EOF)
16.              break;
17.
18.          printf("%s %c %d \n", name, sex, age);
19.      }
20.      return 0;
21.  }
```

- 10행 : fprintf 함수의 호출로 저장된 데이터는 텍스트의 형식으로 저장이 되기 때문에 반드시 텍스트 모드로 개방해야 한다.
- 14행 : 데이터를 읽어 들이는 순서는 fprintf 함수의 데이터 입력 순서와 일치해야 한다. %s %c %d의 순으로 데이터를 입력했기 때문에 이 순서로 데이터를 읽어 들이고 있다.
- 15, 16 : fscanf 함수가 EOF를 반환하면 while문을 빠져 나오게 된다. 그런데 EOF는 파일의 끝에 도달하거나 오류가 발생할 때 반환이 된다. 이 예제에서는 이 두 가지 상황을 구분하지 않고 있지만, 필요하다면 이전 예제와 유사하게 feof 함수의 호출을 통해서 이 두 가지 상황을 구분할 수 있다.

■ 실행결과 : 예제 33-10

```
이하나 F 17
한석훈 M 24
이아연 F 22
```

■ **텍스트와 바이너리 데이터의 집합체인 구조체 변수의 입출력**

예제 33-9와 33-10에서 보여준 입출력의 대상은 아래와 같다.

```
char name[10], char sex, int age
```

실제 프로그램에서는 이들을 다음과 같이 구조체의 형태로 묶는 것이 보통이다. 때문에 파일에 대한 데이터의 입력 및 출력이 구조체 변수단위로 이뤄진다면 입출력이 한결 편리해진다.

```c
typedef struct __friend
{
    char name[10];   // 텍스트 데이터
    char sex;        // 텍스트 데이터
    int age;         // 바이너리 데이터
} friend;
```

앞서 우리는 int형 변수에 저장된 값을 하나의 바이너리 데이터로 인식해서 파일에 입출력 하였다. 마찬가지로 구조체 friend 변수에 저장된 데이터도 하나의 바이너리 데이터로 인식을 하면 fread, fwrite 함수를 이용해서 멤버의 수와 형태에 상관없이 쉽게 입출력이 가능하다(구조체의 멤버 중 일부가 텍스트 데이터라도 상관없다). 다음 예제를 통해서 이를 보이겠다. 이 예제는 예제 33-9를 구조체 기반으로 변경한 것이다.

■ 예제 33-11.c

```c
1.  #include <stdio.h>
2.
3.  typedef struct __friend
4.  {
5.      char name[10];
6.      char sex;
7.      int age;
8.  } friend;
9.
10. int main(void)
11. {
12.     int i;
13.     FILE * fp=fopen("friend.bin", "wb");
```

```
14.        friend fren;
15.
16.        for(i=0; i<3; i++)
17.        {
18.            printf("이름 성별 나이 순 입력 : ");
19.            scanf("%s %c %d", fren.name, &(fren.sex), &(fren.age));
20.            fflush(stdin);
21.
22.            fwrite((void*)&fren, sizeof(friend), 1, fp);
23.        }
24.        return 0;
25.    }
```

- 13행 : 구조체 변수를 int형 변수와 마찬가지로 바이너리 형태로 통째로 저장을 하는 것이 목적이기 때문에 바이너리 모드로 파일을 개방하였다.
- 22행 : 앞서 설명한 int형 변수의 저장방식(예제 33-6에서 보인 저장방식)과 차이를 보이지 않는다. 다만 구조체 변수를 파일에 저장했을 뿐이다.

위 예제를 실행하고 나면 friend.bin이라는 이름의 파일이 생성되는데, 이 파일에 저장된 내용은 메모장으로 확인이 불가능하다. 따라서 제대로 저장이 되었는지 확인하기 위해서 예제 33-10을 구조체 기반으로 변경해 보겠다.

■ 예제 33-12.c

```
1.     #include <stdio.h>
2.
3.     typedef struct __friend
4.     {
5.         char name[10];
6.         char sex;
7.         int age;
8.     } friend;
9.
10.    int main(void)
11.    {
12.        int ret;
13.        FILE * fp=fopen("friend.bin", "rb");
14.        friend fren;
15.
16.        while(1)
17.        {
18.            ret=fread((void*)&fren, sizeof(friend), 1, fp);
19.            if(ret<1)
20.                break;
21.
22.            printf("%s %c %d \n", fren.name, fren.sex, fren.age);
```

제33장 파일 입출력 _837

```
23.     }
24.     return 0;
25. }
```

- 13행 : 바이너리 모드에서 작성된 파일이므로 바이너리 모드로 개방해야 한다.
- 18행 : 구조체 변수를 파일로부터 바이너리 형태로 읽어 들이고 있다.
- 19, 20행 : fread 함수의 반환 값이 fread 함수의 세 번째 전달인자보다 작은 경우에는 오류가 발생했거나 파일의 끝에 도달을 한 경우이다. 이 예제에서는 이 둘을 구분 짓지 않고 단순히 구현을 하였다.

이렇듯 구조체 변수의 데이터를 통째로 바이너리 형태로 저장할 수 있는 이유는, 구조체 변수의 데이터를 통째로 바이너리 형태로 읽어 들이기 때문이다.

33-5 임의 접근을 위한 파일 위치 지시자의 이동

경우에 따라서는 파일의 중간 또는 마지막 부분에서부터 데이터를 읽을 필요도 있다. 이러한 경우에는 파일 위치 지시자를 중간 또는 마지막 부분으로 이동시켜야 한다.

■ 파일 위치 지시자란?

FILE 구조체의 멤버 중에는 파일의 위치 정보를 저장하고 있는 멤버가 있는데, 이 멤버의 값은 fgets, fputs 또는 fread, fwrite와 같은 함수가 호출될 때마다 참조 및 갱신이 된다. 예를 들어서 fgets 함수의 호출을 통해서 파일에 저장된 문자열을 읽어 들이고자 하는 경우, 이 멤버가 가리키는 위치를 시작으로 문자열을 읽어 들이게 되며, fgets 함수의 호출을 통해서 크기가 20바이트인 문자열을 읽어 들이고 나면, 이 멤버는 20바이트 뒤를 가리키게 된다. 이처럼 이 멤버에 저장된 위치 정보의 갱신을 통해서 데이터를 읽고 쓸 위치 정보가 유지되는 것이다. 따라서 우리는 이 멤버를 가리켜 '파일 위치 지시자'라 부르기로 약속하겠다.

파일 위치 지시자는 파일이 처음 개방되면 무조건 파일의 맨 앞부분을 가리킨다. 따라서 파일의 중간 혹은 마지막 부분에서부터 데이터를 읽거나 쓰기 원한다면 파일 위치 지시자를 이동시켜야 한다.

■ 파일 위치 지시자의 이동 : fseek

파일 위치 지시자를 이동시키는 대표적인 함수는 fseek으로서 다음과 같이 선언되어 있다. 이 함수를 이용하면 파일 위치 지시자를 원하는 위치에 놓을 수 있다.

```
#include <stdio.h>
int fseek(FILE * stream, long offset, int wherefrom);
```
성공 시 0, 실패 시 0이 아닌 값을 반환

이 함수는 총 세 개의 인자를 요구하는데, 인자가 의미하는 바는 다음과 같다.

"stream으로 전달된 파일의 위치 지시자를 wherefrom에서부터 offset 바이트만큼 이동시켜라."

아래의 표는 wherefrom에 전달될 수 있는 상수와 그 의미를 설명하고 있다.

매개변수 wherefrom 이	파일 위치 지시자는
SEEK_SET(0) 이라면	파일의 맨 앞으로 이동한다.
SEEK_CUR(1) 이라면	현재 위치에서 이동하지 않는다.
SEEK_END(2) 이라면	파일의 맨 끝으로 이동한다.

[표 33-4 : 매개변수 wherefrom]

그리고 매개변수 offset에는 양의 정수뿐만 아니라 음의 정수도 올 수 있다. 양의 정수가 오면 파일의 마지막을 향해서 파일 위치 지시자가 이동을 하지만, 음의 정수가 오면 파일의 시작 위치를 향해서 이동을 한다.

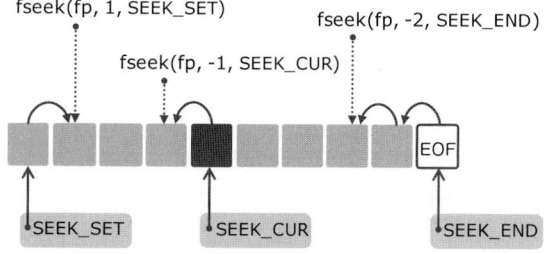

[그림 33-9 : fseek 함수의 연산결과]

위 그림은 fseek 함수의 연산결과를 보여주는데, 이 그림을 통해서 특별히 언급하고자 하는 사항 세 가지는 다음과 같다.

- SEEK_SET에 의해 이동하는 파일 위치 지시자는 첫 번째 바이트 정보를 가리킨다.
- fseek 함수의 두 번째 인자로 음수가 전달되면, 왼쪽으로(앞 부분으로) 이동을 한다.
- SEEK_END에 의해 이동하는 파일 위치 지시자는 EOF를 가리킨다.

SEEK_END에 의해서 이동하는 위치를 파일의 끝이라 하였는데, 이는 파일의 마지막 데이터가 아닌, 파일의 끝을 표시하기 위해서 삽입이 되는 EOF를 의미함에 특히 주의해야 한다. 그럼 예제를 통해서 fseek 함수가 동작하는 방식을 실제로 확인해 보겠다.

■ 예제 33-13.c

```c
#include <stdio.h>

int main(void)
{
    /* 파일생성 */
    FILE * fp=fopen("text.txt", "wt");
    fputs("123456789", fp);
    fclose(fp);

    /* 파일개방 */
    fp=fopen("text.txt", "rt");

    /* SEEK_END test */
    fseek(fp, -2, SEEK_END);
    putchar(fgetc(fp));

    /* SEEK_SET test */
    fseek(fp, 2, SEEK_SET);
    putchar(fgetc(fp));

    /* SEEK_CUR test */
    fseek(fp, 2, SEEK_CUR);
    putchar(fgetc(fp));

    fclose(fp);
    return 0;
}
```

- 14, 15행 : 파일의 끝(EOF)에서 앞으로(파일의 시작 부분으로) 두 칸 이동을 하니, 파일 위치 지시자는 8을 가리킨다. 그래서 15행에서는 8이 출력된다.
- 18, 19행 : 파일의 첫 번째 데이터인 1에서부터 두 칸 뒤로 이동을 하니, 파일 위치 지시자는 3을 가리킨다. 그래서 19행에서는 3이 출력이 되면서 파일 위치 지시자는 4를 가리키게 된다.

• 22, 23행 : 현재 파일 위치 지시자는 4를 가리키는데, 현 위치에서 뒤로 두 칸을 이동 시키니, 파일 위치 지시자는 6을 가리키게 된다. 그래서 23행에서는 6이 출력된다.

■ 실행결과 : 예제 33-13

```
836
```

■ 현재 파일 위치 지시자의 위치는? : ftell

파일의 위치 지시자 정보를 확인하고 싶다면 다음 함수를 사용하면 된다.

```
#include <stdio.h>
long ftell(FILE * stream);
```
파일 위치 지시자의 위치 정보 반환

이 함수는 파일 위치 지시자의 위치 정보를 반환하는데, 파일 위치 지시자가 첫 번째 바이트를 가리킬 경우 0을 반환한다. 이처럼 가장 앞 부분의 위치를 0으로 간주한다는 점에 주의를 하고 다음 예제를 보자. 이 예제는 ftell 함수가 유용하게 사용될 수 있는 상황에 대한 힌트를 제공한다.

■ 예제 33-14.c

```c
1.   #include <stdio.h>
2.
3.   int main(void)
4.   {
5.       long fpos;
6.       int i;
7.
8.       /* 파일생성 */
9.       FILE * fp=fopen("text.txt", "wt");
10.      fputs("1234-", fp);
11.      fclose(fp);
12.
13.      /* 파일개방 */
14.      fp=fopen("text.txt", "rt");
15.
16.      for(i=0; i<4; i++)
17.      {
18.          putchar(fgetc(fp));
```

```
19.          fpos=ftell(fp);
20.          fseek(fp, -1, SEEK_END);
21.          putchar(fgetc(fp));
22.
23.          fseek(fp, fpos, SEEK_SET);
24.      }
25.      fclose(fp);
26.      return 0;
27. }
```

- 19행 : 현재의 파일 위치 지시자 정보를 변수 fpos에 저장하고 있다. 이로써 파일 위치 지시자를 어디로 이동시키건 다시 이전 위치로 되돌아 올 수 있게 되었다.
- 23행 : 19행에서 저장해 놓은 정보를 참조하여 파일 위치 지시자를 이전의 위치로 되돌리고 있다.

■ 실행결과 : 예제 33-14

```
1-2-3-4-
```

위 예제에서 보여주듯이 ftell 함수는 파일 위치 지시자의 정보를 임시로 저장할 때 사용할 수 있다.

● 문 제 33-3 [파일의 크기를 바이트 단위로 계산하기]

FILE 구조체의 포인터를 인자로 전달하면, 파일의 크기를 바이트 단위로 계산하여 반환하는 함수를 정의하자. 단! 바로 위에서 소개한 ftell 함수를 이용해서 구현해야 하며, 함수가 호출된 이후에도 파일 위치 지시자의 정보는 변경되면 안 된다(파일의 크기를 계산하는 과정에서 변경시켰다면, 파일의 크기를 계산한 이후에 되돌려 놓아야 한다).

■ 파일 위치 지시자 되돌리기 : rewind

파일 위치 지시자의 위치를 파일이 개방된 직후로 되돌리고 싶다면(파일의 맨 앞으로 이동시키고 싶다면) 간단히 다음 함수를 사용할 수 있다.

```
#include <stdio.h>
void rewind(FILE * stream);
        반환형이 void 이므로 반환 값 없음
```

참고로 fseek 함수를 다음의 형태로 호출해도 위 함수의 호출 결과와 동일한 결과를 얻을 수 있다.

```
fseek(fp, 0, SEEK_SET);
```

그렇다면 어떠한 방법이 더 권할만할까? rewind 함수를 사용하면 그 뜻이 명확하여 하고자 하는 일이 쉽게 파악된다. 반면 반환형이 void이기 때문에 함수 호출의 성공여부를 확인하지 못한다. 하지만 fseek 함수를 사용하면 함수 호출의 성공여부를 확인할 수 있다. 이렇듯 일장일단(一長一短)이 있으니 상황에 맞게 적절히 선택할 필요가 있다.

■ **fseek보다 더 큰 파일을 다루는 함수 : fsetpos**

fseek 함수의 문제점은 다룰 수 있는 파일의 크기가 long형으로 제한된다는 점이다(fseek 함수의 두 번째 매개변수가 long형이기 때문에). 따라서 이러한 제약사항의 보완을 위해서(대신하기 위한 것이 아니라 보완하기 위해서이나) C 표준에는 fsetpos라는 이름의 함수가 추가되었다.

```
#include <stdio.h>
int fsetpos(FILE * stream, const fpos_t * pos);
        성공 시 0, 실패 시 0 아닌 값 반환
```

위 함수의 기능은 다음과 같다.

"stream이 가리키는 파일의 위치 지시자를 포인터 pos가 가리키는 변수에 저장된 값만큼 이동시켜라!"

그렇다면 fpos_t의 정체를 알아야 할 것이다. 그런데 이는 자료형 size_t와 마찬가지로 typedef 선언으로 정의된 자료형이다. 따라서 컴파일 환경에 따라서 그 정의 형태는 약간씩 차이를 보인다. 하지만 한가지 확실한 것인 long형 보다는 큰 정수 자료형으로 선언이 되어 있다는 점이다. 다음 예제에서는 fpos_t의 크기를 확인하고 있다.

■ 예제 33-15.c

```
1.  #include <stdio.h>
2.
3.  int main(void)
```

```
4.  {
5.      fpos_t filePos;
6.      printf("long형의 크기 : %d \n", sizeof(long));
7.      printf("fpos_t의 크기 : %d \n", sizeof(filePos));
8.      return 0;
9.  }
```

■ 실행결과 : 예제 33-15

```
long형의 크기 : 4
fpos_t의 크기 : 8
```

위의 실행결과는 시스템에 따라 달라질 수 있지만 한가지 확실한 것은 fpos_t는 long보다 큰 정수 자료형이라는 점이다.

■ ftell보다 더 큰 파일을 다루는 함수 : fgetpos

앞서 소개한 fsetpos 함수의 사용방법을 보이기에 앞서 소개할 함수가 하나 더 있다. 다음 함수는 ftell이 지니고 있는 제약사항의 보완을 위해 표준에 추가된 함수이다.

```
#include <stdio.h>
int fgetpos(FILE * stream, fpos_t * pos);
        성공 시 0, 실패 시 0 아닌 값 반환
```

위 함수의 기능은 다음과 같다.

"stream이 가리키는 파일의 위치 지시자 정보를 포인터 pos가 가리키는 변수에 저장해라."

그럼 fsetpos 함수와 fgetpos 함수를 이용한 예제를 하나 보일 테니, 이 두 함수의 활용 모델로 삼기 바란다.

■ 예제 33-16.c

```
1.  #include <stdio.h>
2.
3.  int main(void)
```

```
4.    {
5.        fpos_t fpos;
6.
7.        /* 파일생성 */
8.        FILE * fp=fopen("text.txt", "wt");
9.        fputs("12345", fp);
10.       fclose(fp);
11.
12.       /* 파일개방 */
13.       fp=fopen("text.txt", "rt");
14.
15.       putchar(fgetc(fp));      // 1 출력, 파일 위치 지시자는 2를 가리킴
16.       fgetpos(fp, &fpos);      // 저장, 현재 파일 위치 지시자 정보
17.
18.       putchar(fgetc(fp));      // 2 출력, 파일 위치 지시자는 3을 가리킴
19.       fsetpos(fp, &fpos);      // 복원, 파일 위치 지시자는 다시 2를 가리킴
20.
21.       putchar(fgetc(fp));      // 2 출력, 파일 위치 지시자는 3을 가리킴
22.       fclose(fp);
23.       return 0;
24.   }
```

해 설

- 15, 16행 : 문자 하나를 읽어서 출력하고 난 다음, 16행에서 현재의 파일 위치 지시자의 위치 정보를 변수 fpos에 저장하고 있다.
- 18, 19행 : 문자 하나를 읽어서 출력하고 난 다음, 16행에서 저장한 파일 위치 지시자 정보를 복원하고 있다.
- 21행 : 복원된 파일 위치 지시자를 참조하여 문자를 하나 읽어서 출력하고 있다.

■ 실행결과 : 예제 33-16

```
122
```

위 예제가 보여주는 기능은 ftell 함수와 fseek 함수를 이용해도 충분히 구현 가능하다. 하지만 위 예제는 long형의 범위를 넘어서는 대용량 파일의 경우에도 동작한다는 특징이 있다.

33-6 표준 입력 및 출력 그리고 에러의 리다이렉션

프로그램이 실행되면 자동으로 열리는 세 개의 스트림 stdin, stdout, stderr이 FILE 구조체의 포인터임은 앞서 언급하였다. 이번에는 이들을 이용한 리다이렉션 기능에 대해서 설명하고자 한다.

■ 리다이렉션이란 입력과 출력의 대상을 변경시키는 것

stdin은 키보드, stdout과 stderr은 모니터로 스트림이 연결되어 있다. 하지만 이는 기본적인 스트림의 연결일 뿐, 우리는 이 연결의 대상을 얼마든지 변경시킬 수 있다. 그리고 이렇게 연결 대상을 변경시키는 것을 가리켜 '리다이렉션(redirection)'이라 한다.

리다이렉션은 Windows의 DOS(명령 프롬프트)와 같은 프로그램에서 제공하는 기능이기 때문에 운영체제 별로 그 방식에 있어서 약간의 차이를 보인다. 때문에 Linux 콘솔에서의 리다이렉션 방법과 DOS에서의 리다이렉션 방법에는 차이가 있다. 하지만 여러분에게 지금 필요한 것은 리다이렉션의 방법이 아닌 리다이렉션의 개념이기 때문에, 이 책에서는 쉽게 접할 수 있는 DOS를 기반으로 리다이렉션을 설명하고자 한다.

■ DOS상에서의 리다이렉션

먼저 아주 간단한 프로그램을 하나 작성해보겠다. 다음은 키보드로부터 문자열을 읽어 들여서 출력하는 아주 단순한 예제이다.

■ 예제 33-17.c

```
1.    #include <stdio.h>
2.    #define STR_LEN    100
3.
4.    int main(void)
5.    {
6.        char str[STR_LEN];
7.        fgets(str, STR_LEN, stdin);
8.        fputs(str, stdout);
9.        fputs("Error Output", stderr);
10.       return 0;
11.   }
```

- 7행 : stdin으로부터 문자열을 읽어 들이고 있다. 따라서 키보드로부터 문자열을 입력 받게 된다.
- 8행 : 7행에서 입력 받은 문자열을 stdout으로 출력하고 있다. 따라서 모니터로 출력이 이뤄진다.
- 9행 : "Error Output"이라는 문자열을 stderr로 출력하고 있다. stderr 역시 모니터로 출력이 이뤄진다.

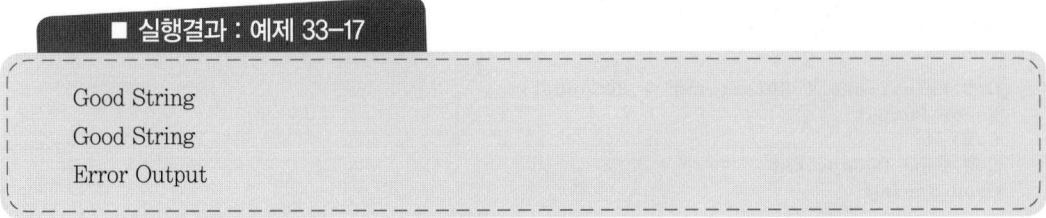

■ 실행결과 : 예제 33-17

```
Good String
Good String
Error Output
```

그럼 이제 이 예제를 리다이렉션 시켜보겠다. 우선 위 예제의 실행파일 이름을 RDTest.exe라 하여 로컬 디스크 C에 가져다 놓자. 그리고 다음과 같은 형태로 실행을 해 보자.

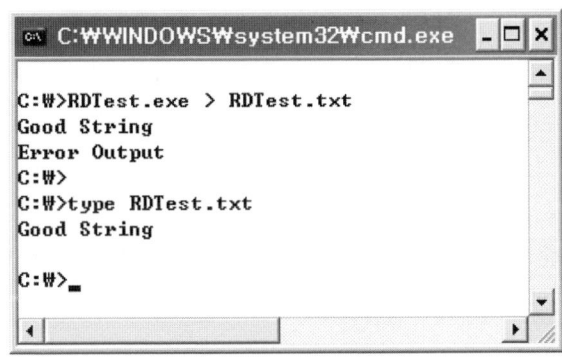

[그림 33-10 : stdout의 리다이렉션]

위 실행의 과정과 결과를 통해서 확인할 수 있는 사실은 다음과 같다(참고로 type은 파일에 저장된 내용을 출력하는 명령어이다).

- RDTest.txt라는 이름의 파일이 생성되었다.
- 위 예제 8행의 출력결과는 콘솔 창에 출력되지 않고 RDTest.txt라는 파일에 저장되었다.

정리하면 모니터로 연결되어 있는 stdout이 파일 RDTest.txt로 리다이렉션 되어서 stdout을 통한 출력 결과가 모두 RDTest.txt에 저장된 것이다. 이처럼 stdout을 리다이렉션 시킬 때에는 기호 〉를 활용한다. 위 실행의 예에서는 다음과 같이 명령문을 구성하였다.

    C:\>RDTest.exe > RDTest.txt

이는 다음과 같은 명령의 의미를 지닌다.

"RDTest.exe를 실행하되 이 프로그램의 표준 출력(stdout)을 파일 RDTest.txt로 리다이렉션 시켜라!"

그럼 이번에는 표준 출력과 더불어 표준 입력(stdin)도 리다이렉션 시켜보겠다. 표준 입력의 리다이렉션에 사용되는 기호는 〈 이다.

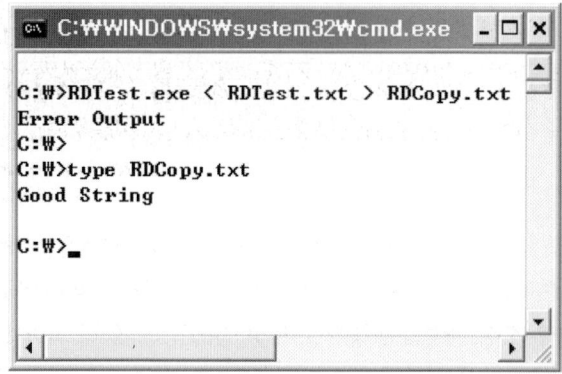

[그림 33-11 : stdin의 리다이렉션]

위 실행의 예에서는 다음과 같은 형태로 명령문이 구성되었다.

   C:\>RDTest.exe < RDTest.txt > RDCopy.txt

이는 다음과 같은 명령의 의미를 지닌다.

  "RDTest.exe를 실행하되 이 프로그램의 표준 입력(stdin)은 RDTest.txt로 리다이렉션 시키고, 표준
   출력(stdout)은 파일 RDCopy.txt로 리다이렉션 시켜라!"

따라서 그림 33-10의 실행과정에서 만들어진 RDTest.txt에 저장된 문자열이 표준 입력으로 전달되고, 표준 출력의 결과는 다시 RDCopy.txt라는 이름의 파일에 저장되었다. 그래서 콘솔 창에는 표준 에러 (stderr)를 향한 출력만 보여지게 되었다.

■ stdout과 stderr을 동시에 제공하는 이유?

아마 한번쯤은 다음과 같은 고민을 해보았을 것이다.

  "stdout도, stderr도 모두 모니터로 출력이 이뤄지는데, 이 둘을 동시에 제공하는 이유가 뭘까?"

일반적인 출력은 stdout으로, 에러 메시지와 관련된 출력은 stderr로 연결을 시켜놓으면 다음과 같은 요구사항을 별도의 코드 변경 없이 만족시킬 수 있다.

  "일반 출력은 그냥 모니터로 해 주시고요, 에러 메시지 출력은 log.txt라는 파일에 저장 해 주세요."

다음은 예제 33-17을 위의 요구사항대로 실행시킨 결과이다. 표준 에러의 리다이렉션에는 2> 가 사용된다.

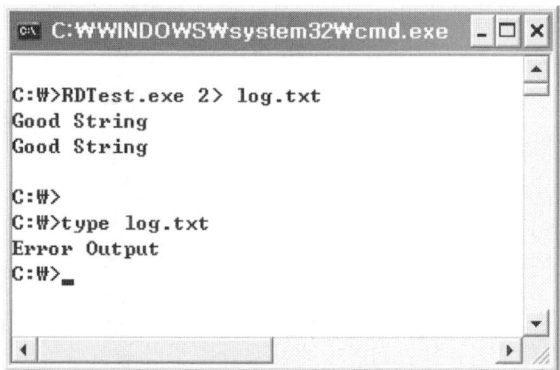

[그림 33-12 : stderr의 리다이렉션]

바로 이러한 요구사항의 충족을 위해서 stdout과 stderr을 동시에 제공하고 있는 것이다.

33-7 입력과 출력을 동시에 하기 위한 r+, w+, a+의 활용

입출력이 동시에 가능한 스트림의 형성 방법은 알고 있지만, 이 스트림 기반의 입출력 방법은 모르고 있다. 그래서 이 장의 마지막 내용으로 이 부분을 간단히 설명하고자 한다.

■ r+, w+, a+ 모드를 활용하는데 있어서의 어려운 점

일반적으로 입출력이 동시에 가능한 r+, w+, a+ 모드로는 파일을 개방하지 않는다. 가급적이면 입력 또는 출력만이 가능한 스트림을 형성해서 문제를 해결하려고 한다. 왜냐하면 입출력이 동시에 가능한 파일은 컨트롤하는데 있어서 많은 불편함이 따르기 때문이다.
예를 들어보자. 일단 데이터를 저장한다. 그리고 어느 정도 저장이 된 상태에서 데이터의 일부를 읽고자 한다. 무엇부터 해야겠는가? 데이터를 읽을 위치로 파일 위치 지시자를 이동시켜야 한다. 그리고 데이터를 읽고 난 후에 이어서 데이터를 쓰려고 한다. 그렇다면 파일 위치 지시자를 다시 파일의 마지막으로 이동시켜야 한다.

이러한 파일 위치 지시자의 이동과정은 오류를 발생시킬 수 있어서 부담스러운 일로 비춰지기 쉽다. 하지만 그렇다고 해서 피하기만 할 수는 없는 일이다. 입출력이 동시에 가능한 하나의 스트림으로 쉽게 해결되는 문제를 피하기 위해서 한참을 돌아갈 수는 없는 일 아닌가?

■ r+, w+, a+ 모드의 활용 방안

대표적인 활용의 예를 하나만 봐도 입출력이 동시에 가능한 스트림에 대한 부담을 한결 줄일 수 있다. 따라서 간단한 예제를 통해서 w+ 모드로 개방한 파일의 입출력 방법을 비교적 상세히 설명하겠다.

■ 예제 33-18.c

```c
1.  #include <stdio.h>
2.  #define STR_LEN     100
3.
4.  int main(void)
5.  {
6.      char str[STR_LEN];
7.      FILE * fp=fopen("readwrite.txt", "w+t");
8.      long rpos;
9.
10.     /* 데이터 쓰기 */
11.     fputs("좋은 아침입니다. \n", fp);
12.     fputs("아침 식사는 하셨나요? \n", fp);
13.
14.     /* 데이터 읽기 전환 */
15.     fflush(fp);
16.     rewind(fp);
17.     fgets(str, STR_LEN, fp);
18.     fputs(str, stdout);
19.     rpos=ftell(fp);
20.
21.     /* 데이터 쓰기 전환 */
22.     fflush(fp);
23.     fseek(fp, 0, SEEK_END);
24.     fputs("어느새 저녁이군요. \n", fp);
25.     fputs("일찍 퇴근들 합시다. \n", fp);
26.
27.     /* 데이터 읽기 전환 */
28.     fflush(fp);
29.     fseek(fp, rpos, SEEK_SET);
30.     fgets(str, STR_LEN, fp);
31.     fputs(str, stdout);
32.
33.     fclose(fp);
34.     return 0;
35. }
```

- 7행 : readwrite.txt라는 이름의 파일을 입출력 모드로 개방하였다.
- 11, 12행 : 여기서 보이듯이 처음에 데이터를 입력할 때에는 추가로 해야 할 별도의 일이 존재하지 않는다.
- 15행 : 이처럼 데이터를 쓰기에서 읽기, 읽기에서 쓰기로 전환할 때에는 반드시 버퍼를 비워주는 작업을 해야 한다.
- 16행 : 저장된 데이터의 첫 부분부터 읽기 위해서 파일의 위치 지시자를 맨 앞으로 이동시키고 있다.
- 19행 : 파일 위치 지시자의 정보를 저장하고 있다. 이후에 데이터를 이어서 읽기 위함이다.
- 22, 23행 : 데이터를 읽기에서 쓰기로 전환했기 때문에 fflush 함수를 호출하였고, 파일의 마지막 부분에 데이터를 이어서 저장하기 위해 파일 위치 지시자를 파일의 끝으로 이동시켰다.
- 28, 29행 : 쓰기에서 읽기로 전환하기 위해서 fflush 함수를 호출하였고, 17행에서 읽어 들인 데이터의 이후 부분을 읽기 위해서 파일 위치 지시자의 정보를 19행의 반환 값으로 복원하였다.

■ 실행결과 : 예제 33-18

```
좋은 아침입니다.
아침 식사는 하셨나요?
```

위 예제는 생각보다 복잡하지 않다. 그러나 이 예제를 기억하고 활용하면 여러분이 원하는 형태의 입출력은 가능할 것이다.

33장 프로그래밍 문제의 답안

■ 문제 33-1의 답안

• 문제 1

■ 소스코드 답안

```
1.  #include <stdio.h>
2.
3.  int main(void)
4.  {
5.      FILE * fp=fopen("mystory.txt", "wt");
6.      fputs("#이름 : 윤성우 \n", fp);
7.      fputs("#주민번호 : 900208-1012589 \n", fp);
8.      fputs("#전화번호 : 010-1111-2222 \n", fp);
9.
10.     fclose(fp);
11.     return 0;
12. }
```

• 문제 2

■ 소스코드 답안

```
1.  #include <stdio.h>
2.
3.  int main(void)
4.  {
5.      FILE * fp=fopen("mystory.txt", "at");
6.      fputs("#즐겨먹는 음식 : 짬뽕, 탕수육 \n", fp);
7.      fputs("#취미 : 축구 \n", fp);
8.
9.      fclose(fp);
10.     return 0;
11. }
```

• 문제 3

■ 소스코드 답안

```
1.  #include <stdio.h>
2.  #define BUF_SIZE    100
3.
4.  int main(void)
5.  {
6.      char str[BUF_SIZE];
7.      FILE * fp=fopen("mystory.txt", "rt");
8.
```

```
9.      while(fgets(str, BUF_SIZE, fp)!=NULL)
10.         printf(str);
11.
12.     fclose(fp);
13.     return 0;
14. }
```

• 문제 4

■ 소스코드 답안

```
1.  #include <stdio.h>
2.  #include <string.h>
3.  #define BUF_SIZE    100
4.
5.  int main(void)
6.  {
7.      char str[BUF_SIZE];
8.      char srch[20];
9.      FILE * fp;
10.
11.     printf("검색 대상 : ");
12.     gets(srch);
13.
14.     fp=fopen("mystory.txt", "rt");
15.     while(fgets(str, BUF_SIZE, fp)!=NULL)
16.     {
17.         if(!strncmp(srch, str+1, strlen(srch)))
18.         {
19.             puts(str);
20.             fclose(fp);
21.             return 0;
22.         }
23.     }
24.
25.     puts("검색 대상이 존재하지 않습니다.");
26.     fclose(fp);
27.     return 0;
28. }
```

■ 문제 33-2의 답안

필자는 이번 문제의 답안에 매크로를 일부 사용하였다. 여러분이 이전에 학습한 내용의 복습을 겸하기 위해서다.

• 문제 1

■ 소스코드 답안

```
1.  #include <stdio.h>
2.  #define STD_MODE    0
3.
4.  #if STD_MODE
5.  #define GET_CH      getchar
```

```
6.    #define PUT_CH    putchar
7.    #else
8.    #define GET_CH    getchar_f
9.    #define PUT_CH    putchar_f
10.   #endif
11.
12.   int getchar_f(void);
13.   int putchar_f(int ch);
14.
15.   int main(void)
16.   {
17.       int ch=GET_CH();
18.       PUT_CH(ch);
19.       return 0;
20.   }
21.
22.   int getchar_f(void)
23.   {
24.       return fgetc(stdin);
25.   }
26.
27.   int putchar_f(int ch)
28.   {
29.       return fputc(ch, stdout);
30.   }
```

하나의 함수 호출 문이 getchar_f, putchar_f 함수의 호출문으로, 그리고 fgetc, fputc 함수의 호출문으로도 동작할 수 있도록 매크로를 조금 사용하였다.

위 코드 2행의 매크로 STD_MODE의 상수 값을 1로 지정하면 17, 18행의 함수 호출문은 getchar, putchar 함수의 호출문이 되고, 0으로 지정하면 getchar_f, putchar_f 함수의 호출문이 된다. 따라서 이 상수의 값을 1로 했을 때의 실행결과와 0으로 했을 때의 실행결과가 동일해야 한다.

• 문제 2

■ 소스코드 답안

```
1.    #include <stdio.h>
2.    #include <string.h>
3.    #define STD_MODE    1
4.
5.    #if STD_MODE
6.    #define GET_STR    gets
7.    #define PUT_STR    puts
8.    #else
9.    #define GET_STR    gets_f
10.   #define PUT_STR    puts_f
11.   #endif
12.
13.   char * gets_f(char* buffer);
14.   int puts_f(const char* string);
15.
16.   int main(void)
17.   {
18.       char str[100];
```

```
19.         GET_STR(str);
20.         PUT_STR(str);
21.         return 0;
22. }
23.
24. char * gets_f(char* buffer)
25. {
26.     char * ret = fgets(buffer, 1000, stdin);
27.     int stLen=strlen(buffer);
28.     buffer[stLen-1]='\0';   // \n 삭제 과정
29.     return ret;
30. }
31.
32. int puts_f(const char* string)
33. {
34.     int ret=fputs(string, stdout);
35.     fputs("\n", stdout);   // \n 추가 과정
36.     return ret;
37. }
```

■ 문제 33-3의 답안

■ 소스코드 답안

```
1.  #include <stdio.h>
2.  #include <string.h>
3.  long GetFileSize(FILE * fp);
4.
5.  int main(void)
6.  {
7.      char str[100];
8.      FILE * fp=fopen("ABC.txt", "rt");   /* ABC.txt는 메모장으로 만들자 */
9.      fgets(str, 100, fp);
10.     fputs(str, stdout);
11.     printf("파일의 크기 : %ld \n", GetFileSize(fp));
12.     fgets(str, 100, fp);
13.     fputs(str, stdout);
14.     printf("파일의 크기 : %ld \n", GetFileSize(fp));
15.     fgets(str, 100, fp);
16.     fputs(str, stdout);
17.     return 0;
18. }
19.
20. long GetFileSize(FILE * fp)
21. {
22.     long fpos;
23.     long fsize;
24.     fpos=ftell(fp);     /* 파일 위치 지시자 정보 백업 */
25.
26.     fseek(fp, 0, SEEK_END);
27.     fsize=ftell(fp);
28.     fseek(fp, fpos, SEEK_SET);   /* 파일 위치 지시자 정보 복구 */
29.     return fsize;
30. }
```

위 예제에서 9행과 10행, 12행과 13행, 그리고 15행과 16행을 통해서 총 세 개의 문자열을 읽어서 출력하는 이유는 파일 위치 지시자의 변경 유무를 확인하기 위해서다. 파일의 크기를 계산하는 GetFileSize 함수의 호출 이후에도 파일 위치 지시자가 변경되지 않았다면, 파일에 저장되어 있는 문자열들이 순서대로 출력되어야 한다.

제34장 재귀 함수와 다양한 표준 함수들

어떻게 하면 재귀 함수를 쉽고 재미있게 설명할 수 있을까?

무엇인가를 이해하는 방법과 이해에 대한 포만감은 사람마다 차이가 있는 것 같다. 어떤 분들은 적당한 이해만으로도 쉽게 포만감을 느끼고 활용에 대한 측면을 고려하는 반면, 자신의 기준에 조금이라도 못 미치면 이해하지 못하는 것으로 생각하고 괴로워하는 분들도 있으니 말이다.

이번에 설명하는 내용 중에서 가장 이해하기 힘든 주제가 바로 재귀이다. 그런데 전자에 해당하는 분들은 의외로 재귀 함수를 힘들이지 않고 이해를 한다. 하시만 후사에 해당하는 분들은 재귀 함수를 이해하기 위해서 정말로 다양한 노력을 한다. 그래서 필자는 참으로 오랫동안 재귀 함수의 이해를 돕기 위해 고민해 왔다.

이 장의 목차페이지 ➜➜➜

34-1. 재귀의 이해와 재귀 함수의 정의	858
34-2. 수학 관련 함수들	866
34-3. 시간과 날짜 관련 함수들	875
34-4. 가변인자 함수의 정의와 이해	884
프로그래밍 문제의 답안	889

34-1 재귀의 이해와 재귀 함수의 정의

이 세상에는 해결하기 어려운 문제들이 많이 있다. 그런데 다행히도 이러한 문제들의 해결방법을 자료구조와 알고리즘이라는 학문을 통해서 공부하게 된다. 그리고 이 두 학문에서 빠질 수 없는 개념 중 하나가 바로 재귀(recursion)이다. 재귀 또는 재귀적 사고는 어려운 문제를 쉽게 해결하도록 돕기 때문이다. 따라서 이 책에서는 자료구조와 알고리즘의 학습에 도움이 될 수 있도록 재귀 함수의 이해와 정의방법에 대해서 설명하고자 한다.

■ **수학적 측면에서의 재귀적인(순환적인) 사고**

우리는 고등학교 수학시간에 계승 또는 팩토리얼(factorial)의 개념을 공부한적이 있다. 기호 ! 으로 표현되는 팩토리얼의 계산방식은 다음과 같다.

- $5! = 5 \times 4 \times 3 \times 2 \times 1$
- $4! = 4 \times 3 \times 2 \times 1$
- $3! = 3 \times 2 \times 1$
- $2! = 2 \times 1$
- $1! = 1$

따라서 이 계산식은 다음과 같이 달리 쓸 수도 있다.

- $5! = 5 \times 4!$
- $4! = 4 \times 3!$
- $3! = 3 \times 2!$
- $2! = 2 \times 1!$
- $1! = 1$

여기서 우리는 재귀(순환)를 발견할 수 있다. 팩토리얼의 계산식에 다시 팩토리얼이 등장했으니 말이다. 그럼 이를 함수로 정의해 보자. 여기서 말하는 함수란 C언어의 함수가 아닌 수학에서의 함수를 말하는 것이다. 사실 이 둘은 차이가 별로 없지만 말이다.

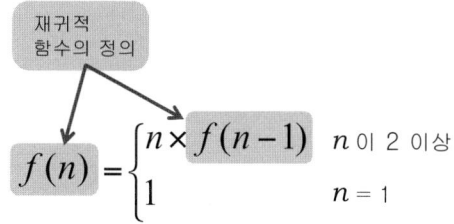

[그림 34-1 : 팩토리얼에 대한 수학 함수의 정의]

위의 식은 팩토리얼에 대한 수학적인 함수식이다(이해의 편의를 위해서 0 이상이 아닌, 1 이상에 대해서 정의하였다). 그런데 여기서도 보이듯이 함수 f의 정의에 함수 f의 실행문이 삽입되어 있다. 그리고 이는 수학적으로 전혀 문제되지 않는다. 마찬가지로 C언어의 함수는 수학에서의 재귀를 지원한다. 즉 함수 f의 몸체 부분에서 함수 f의 호출문이 삽입되는 것을 허용하고 있다.

■ 재귀적 함수의 정의

그림 34-1의 수학식을 C언어의 함수로 정의해 보겠다. 참고로 아직 재귀적으로 정의된 함수를 본적은 없지만 그림 34-1을 힌트로 하여 직접 정의해 보는 것도 아주 좋은 시도가 될 수 있다.

■ 예제 34-1.c

```c
1.  #include <stdio.h>
2.
3.  int Factorial(int n)
4.  {
5.      if(n==1)
6.          return 1;
7.      else
8.          return n*Factorial(n-1);
9.  }
10.
11. int main(void)
12. {
13.     int result;
14.     result=Factorial(3);
15.     printf(" 3! 계산 결과 : %d \n", result);
16.     result=Factorial(10);
17.     printf("10! 계산 결과 : %d \n", result);
18.     return 0;
19. }
```

제34장 재귀 함수와 다양한 표준 함수들 _859

■ 실행결과 : 예제 34-1

```
3! 계산 결과 : 6
10! 계산 결과 : 3628800
```

위의 Factorial 함수와 그림 34-1을 비교하면 다음과 같다.

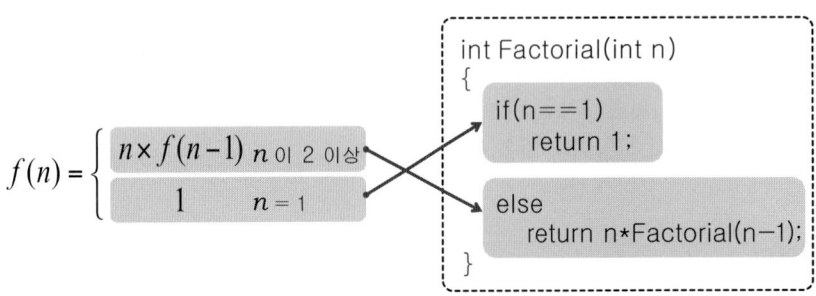

[그림 34-2 : 팩토리얼에 대한 함수의 정의]

그리고 Factorial 함수가 실제로 동작하는 방식을 14행의 함수 호출을 기준으로 정리하면 다음과 같다. 이 그림에서 보여주는 실행의 순서와 전달되는 값을 관찰하면 재귀 함수의 동작방식을 이해할 수 있을 것이다.

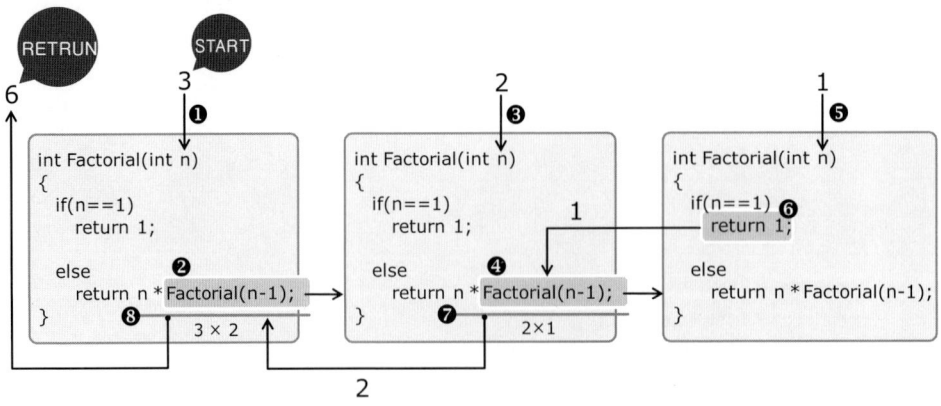

[그림 34-3 : 재귀 함수의 실행 과정]

■ 이거 뭔가 조금 찜찜한데, 어떻게 이해해야 하죠?

아무리 생각해도 자기 자신을 호출한다는 사실이 이해하기 힘들 수 있다. 하지만 실행할 명령어는 메모리 공간에 저장이 되고, 이 명령어들이 실행되는 위치가 CPU임을 감안하면 이 부분도 이해가 가능하다.

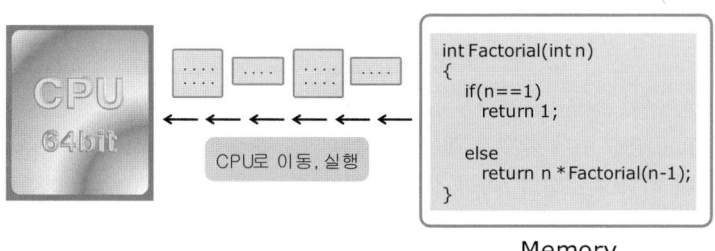

[그림 34-4 : 코드의 실행 원리]

위 그림에서 보여주듯이, Factorial 함수의 바이너리 코드(Factorial 함수를 구성하는 명령문)는 메모리에 저장이 된 상태에서, 이중에 일부가 CPU로 이동하여 실행이 된다. 따라서 Factorial 함수의 일부분을 CPU로 반복해서 이동하는 것도 가능하다. 마찬가지로 Factorial 함수의 실행 중간에 Factorial 함수의 호출문을 만난다면, Factorial 함수의 앞부분에 해당하는 명령문을 CPU로 옮겨서 실행만하면 그만이다.

■ 잘못된 재귀 함수의 정의 : 종료 조건이 없어요!

이번에는 잘못 정의된 재귀 함수를 통해서 주의사항을 살펴보겠다. 다음 예제를 관찰하고 실행해 보자. 그리고 이 예제의 문제점이 무엇인지 찾아보자.

■ 예제 34-2.c

```
1.  #include <stdio.h>
2.
3.  void ShowHi(int cnt)
4.  {
5.      puts("Hi~ ");
6.      ShowHi(cnt--);
7.      if(cnt==1)
8.          return;
9.  }
10.
11. int main(void)
12. {
13.     ShowHi(3);
14.     return 0;
15. }
```

위 예제의 ShowHi 함수를 보면 재귀의 고리를 끊기 위한 문장을 발견할 수 있다(7, 8행). 그러나 이 예제는 재귀의 고리를 끊을 수 없다. 이유는 7행의 조건을 만족시킬 수 없기 때문이다. 6행에 보면 cnt의 값을 감소시키는 코드가 다음의 형태로 존재한다.

```
cnt--;
```

문제가 무엇인가? -- 연산자가 cnt 변수 뒤에 붙었기 때문에 6행의 함수 호출을 통해서 인자가 전달되고 난 다음에야 비로소 cnt의 값이 하나 감소한다. 따라서 13행에서 전달된 값 3은 줄지 않고 계속해서 매개변수의 초기화 값으로 사용이 된다. 이것이 바로 위 예제의 첫 번째 문제점이다. 그럼 이 문제를 해결해보자. 대략 다음과 같은 형태로 고쳐서 쉽게 해결이 가능하다.

```
--cnt;
```

이제 모든 문제가 해결이 되었는가? 아니다. 문제는 여전히 남아있다. 분명 cnt의 값은 하나씩 줄어들면서 ShowHi 함수의 인자로 전달이 된다. 그러나 재귀의 고리는 끊을 수 없다. 위 예제의 7행과 8행이 실행되지 않기 때문이다. 즉 재귀의 고리를 끊기 위한 조건 검사의 위치가 잘못 지정되었다. 조건 검사는 재귀 함수가 호출되기 이전에 이뤄져야 한다. 그래야 조건 검사를 재귀의 매 과정마다 진행할 수 있을 것 아닌가? 따라서 위 예제는 다음과 같이 정정되어야 한다.

■ 예제 34-3.c

```
1.  #include <stdio.h>
2.
3.  void ShowHi(int cnt)
4.  {
5.      puts("Hi~ ");
6.      if(cnt==1)
7.          return;
8.      ShowHi(--cnt);
9.  }
10.
11. int main(void)
12. {
13.     ShowHi(3);
14.     return 0;
15. }
```

■ 실행결과 : 예제 34-3

```
Hi~
Hi~
Hi~
```

위의 예제를 통해서 기억해야 할 재귀 함수 정의의 주의 사항 두 가지는 다음과 같다.

- 재귀의 연결 고리를 끊기 위한 조건검사의 위치가 적절해야 한다.
- 재귀의 연결 고리를 끊기 위한 조건검사가 참이 되도록 적절한 연산이 이뤄져야 한다.

■ 재귀의 두 갈래 세 갈래

다양한 재귀 함수를 접해본다는 의미에서 피보나치 수열의 값을 계산해서 반환하는 함수를 정의해 보겠다. 간단히 피보나치 수열에 대해서 설명을 하면 다음과 같다.

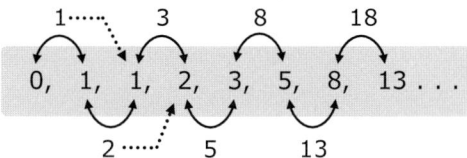

[그림 34-5 : 피보나치 수열의 전개 방식]

위 그림에서 보이듯이 피보나치 수열은 0과 1에서부터 시작을 한다. 그리고 앞에 있는 두 개의 값을 더하는 형태로 피보나치 수열은 진개된다. 여기시 첫 번째 피보나치 수열의 값은 0이고, 두 번째와 세 번째 피보나치 수열의 값은 1이다. 그리고 이 수열을 수학의 함수로 정의하면 다음과 같다.

$$fib(n) = \begin{cases} 0 & n = 0 \\ 1 & n = 1 \\ fib(n-2) + fib(n-1) & n \text{이 2 이상} \end{cases}$$

[그림 34-6 : 피보나치 수열의 수학 식]

위 수학식이 그림 34-1의 수학식과 차이를 보이는 부분은 fib 함수 내에서 fib 함수를 실행하는 부분이 한 군데가 아니라 두 군데라는 점이다. 따라서 이를 재귀 함수로 정의할 때에도 fib 함수 내에서 fib 함수를 호출하는 부분이 두 군데 존재하게 된다.

■ 예제 34-4.c

```
1.  #include <stdio.h>
2.
3.  int Fibonacci(int num)
4.  {
5.      if(num==0)
```

```
6.            return 0;
7.        else if(num==1)
8.            return 1;
9.        else
10.           return Fibonacci(num-2)+Fibonacci(num-1);
11. }
12.
13. int main(void)
14. {
15.     int i;
16.     for(i=0; i<7; i++)
17.         printf("%4d", Fibonacci(i));
18.
19.     return 0;
20. }
```

■ 실행결과 : 예제 34-4

0 1 1 2 3 5 8

위 예제의 설명은 다음 그림으로 대신하겠다. 이 그림은 5가 전달되면서 Fibonacci 함수가 호출되었을 때의 진행내용과 순서를 정리해 놓은 것이다. 그리고 이 그림의 내용을 이해하는 것도 재귀 함수와 관련해서 반드시 필요한 공부이다.

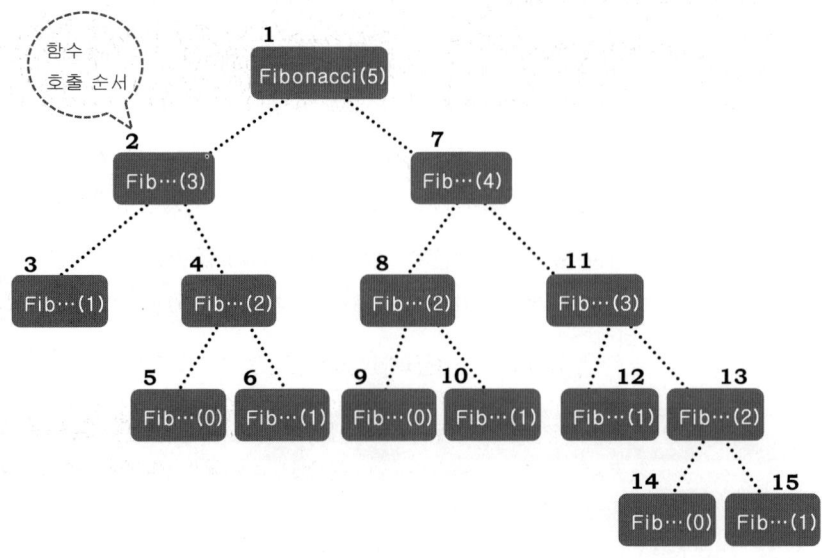

[그림 34-7 : 피보나치 함수의 호출 과정과 순서]

위 그림에서 보이듯이 재귀 함수로 문제를 해결할 때에는 빈번한 함수의 호출이 문제가 될 수 있다. 이는 과도한 메모리의 사용으로 인한 성능의 저하로 이어지기 때문이다. 그럼에도 불구하고 재귀 함수가 지니는 다음 장점으로 인해서 재귀는 자료구조와 알고리즘에서 아주 중요한 위치를 차지한다.

- 재귀적 사고는 복잡한 문제를 간결하게 한다.
- 수백 줄 이상의 코드가 요구되는 문제를 불과 수십 줄의 코드로 해결할 수 있다.

문 제 34-1 [재귀 함수의 정의]

◉ 문제 1
0 이상의 정수 N을 입력 받아서 2의 N승을 계산하여 반환하는 함수를 재귀 함수의 형태로 정의하고, 정의한 함수의 테스트를 위한 main 함수도 함께 정의하자.

◉ 문제 2
프로그램 사용자로부터 두 개의 정수를 입력 받아서 입력 받은 수를 포함하여 그 사이에 존재하는 값의 합을 계산하여 반환하는 함수를 재귀 함수로 정의하자. 예를 들어서 2와 5가 입력되면 2+3+4+5의 계산 값이 반환되어야 한다. 단 입력되는 순서에 상관없이 동일한 값을 반환하도록 함수를 정의하자. 즉 2와 5가 입력되건, 5와 2가 입력되건 2+3+4+5의 계산 값이 반환되어야 한다.

◉ 문제 3
프로그램 사용자로부터 0 이상의 정수를 10진수의 형태로 입력 받아서, 입력 받은 정수에 해당하는 2진수를 출력하는 함수를 재귀 함수로 정의하자.

34-2 수학 관련 함수들

C언어는 강력한 수학 관련 함수들을 제공하고 있다. 그리고 이러한 함수들은 실제 소프트웨어 개발에서 유용하게 사용된다.

■ **대표적인 수학 관련 함수들**

대부분의 수학 관련 함수들은 math.h에 선언되어 있다. 따라서 특별한 언급 없이 소개하는 함수들은 math.h에 선언된 함수들이다. 먼저 표를 통해서 주로 사용이 되는 함수들을 정리해 보겠다.

함수 원형	기 능
double fabs (double x);	x의 절대값 반환
double ceil (double x);	x보다 작지 않은 최소 크기의 정수 반환
double floor (double x);	x보다 크지 않은 최대 크기의 정수 반환
double exp (double x);	e^x 값 반환(e는 오일러 수)
double pow (double x, double y);	x^y 값 반환
double log (double x);	$\log_e x$ 값 반환
double log10 (double x);	$\log_{10} x$ 값 반환
double sqrt (double x);	$\sqrt{x}$ 값 반환

[표 34-1 : 대표적인 수학 관련 함수들]

위의 표를 통해 정리된 함수의 사용방법 및 기능을 확인할 수 있도록 예제를 하나 제시할 텐데, 이 예제만 참조해도 함수의 사용방법을 쉽게 파악할 수 있으니, 별도의 해설은 추가하지 않겠다.

■ 예제 34-5.c

```
1.  #include <stdio.h>
2.  #define _USE_MATH_DEFINES    /* Only Visual C/C++ */
3.  #include <math.h>
4.
5.  int main(void)
6.  {
7.      printf("fabs(-2.4) : %g \n", fabs(-2.4));
8.      printf("ceil(-2.4) : %g \n", ceil(-2.4));
9.      printf("floor(-2.4) : %g \n", floor(-2.4));
10.
```

```
11.     printf("exp(1) : %g \n", exp(1));
12.     printf("M_E : %g \n", M_E);    // M_E는 오일러 상수
13.
14.     printf("pow(2, 3) : %g \n", pow(2, 3));
15.     printf("log(M_E) : %g \n", log(M_E));
16.     printf("log10(10) : %g \n", log10(10));
17.     printf("sqrt(9) : %g \n", sqrt(9));
18.     return 0;
19. }
```

■ 실행결과 : 예제 34-5

```
fabs(-2.4) : 2.4
ceil(-2.4) : -2
floor(-2.4) : -3
exp(1) : 2.71828
M_E : 2.71828
pow(2, 3) : 8
log(M_E) : 1
log10(10) : 1
sqrt(9) : 3
```

수학에는 e로 표시가 되는 '오일러(Euler) 수'라는 것이 있다(우리는 수학을 공부하는 것이 아니므로 이에 대해 몰라도 된다. 단 공대생이라면 알고 있어야 한다). 그런데 이 수는 C의 표준에서 상수로 정의하고 있지 않다. 대신 VC++에서는 M_E라는 이름으로 오일러 상수를 정의하고 있다. 그리고 이 수를 사용하기 위해서는 위의 예제에서처럼 math.h의 헤더파일 포함 문장 앞에(반드시 앞에) 다음 매크로 정의가 와야만 한다.

#define _USE_MATH_DEFINES

위의 매크로 선언은 다음과 같은 의미를 지닌다.

"VC++에서 정의하고 있는 수학 관련 상수들을 사용하겠습니다."

참고로 위의 매크로가 정의되면 파이(π)도 M_PI라는 이름의 상수로 정의된다는 것을 기억해 두면 좋을 듯 하다.

> **참고** DEV C++에서 M_E를 사용하고 싶다면.
>
> 위 예제 34-5.c는 DEV C++에서도 컴파일 및 실행이 된다. DEV C++에도 M_E라는 이름의 상수가 오일러 상수의 값으로 정의되어 있기 때문이다. 단 VC++과 달리 특별히 매크로를 정의하지 않아도 이 상수를 사용할 수 있도록 헤더파일 math.h가 디자인되어 있다. 그리고 이것이 마음에 들지 않는다면(표준 C/C++에서 벗어난 것을 지원하는 것이 맘에 들지 않는다면), 매크로 __STRICT_ANSI__를 정의하면 된다. 그러면 상수 M_E의 선언은 생략이 된다.
> 참고로 필자는 오일러 상수를 사용해야 할 일이 생기면 인터넷 검색 창에서 오일러 상수를 검색해서 직접 상수를 정의한다. 그러면 컴파일러에 따른 매크로 정의를 신경 쓰지 않아도 되기 때문이다.

■ stdlib.h에 선언되어 있는 수학 관련 함수들

수학 관련 함수들 중 일부는 헤더파일 stdlib.h에 선언되어 있어서, 이에 대해 언급을 하고자 한다.

함수 원형	기 능
int abs (int x);	x의 절대값 반환
long labs (long x);	x의 절대값 반환

[표 34-2 : stdlib.h에 선언되어 있는 수학 관련 함수들]

위 함수의 사용방법은 그리 어렵지 않으므로 별도의 예제를 제시하지는 않겠다. 그런데 필자가 위 함수들을 소개하는 특별한 이유가 있다. 이는 위의 두 함수를 추가로 설명하기 위함이 아니다. 이는 함수의 선언 규칙을 설명하기 위함이다.

대부분의 수학 관련 함수들은 실수형 연산을 하도록 정의되어 있다. 그런데 이중에서 일부는(아주 일부이긴 하지만) 정수형 연산을 하도록 정의되어 있다. 예를 들어서 fabs 함수는 실수에 대한 절대값을 반환하는 반면, abs는 정수에 대한 절대값을 반환한다. 그런데 이렇게 동일한 기능을 제공하는 함수들도 선언되어 있는 헤더파일이 다르다. 이는 다음의 선언 규칙에 의해서 구분되기 때문이다.

- 실수형 연산을 하는 수학 함수들은 math.h에 선언한다.
- 정수형 연산을 하는 수학 함수들은 stdlib.h에 선언한다.

C언어에는 다양한 수학 관련 함수들이 존재하는데, 기회가 되면 이들을 종류별로, 기능별로 구분을 지어 보기 바라겠다. 그러면 여러분이 원할 때, 필요로 하는 함수를 쉽게 찾을 수 있을 것이다. 그리고 이것은 함수를 많이 아는 것보다 중요한 능력이다.

> **참고**
>
> **일단은 이 책에서 설명하는 정도만으로도 충분합니다.**
>
> 일반적인 프로그램 개발을 목적으로 한다면(공학 관련 프로그램이 아니라면), 이 책에서 설명하고 있는 정도의 수학 관련 함수들로도 충분하다. 하지만 그 이상을 목적으로 한다면 C언어의 수학 관련 함수보다는 수치해석과 관련된 지식을 습득해야 한다. 참고로 여러분이 공학을 전공하고 있다면 수치해석(numerical analysis) 과목을 반드시 수강하기 바란다. 자료구조와 알고리즘은 학교를 떠나도 공부할 수 있는 기회나 여건이 충분하지만 수치해석과 같은 과목은 학교를 떠나서 쉽게 공부하기 힘든 과목이기 때문에 나름의 가치가 있다.

■ 활용도가 높은 난수(Random Number)의 추출 : rand

먼저 난수에 대해서 간단히 설명하겠으니, 이를 위해서 다음 수의 열 들을 관찰하기 바란다.

- 2, 4, 8, 16, 32, 64...
- 4, 5, 7, 10, 14, 19...
- 4, 9, 12, 7, 9, 1...

위의 수열 중에서 첫 번째 열은 2의 배수로 값이 증가하고, 두 번째 열은 1, 2, 3, 4, 5씩 값이 증가한다. 따라서 다음 번에 등장할 수가 예측되기 때문에 이들은 난수가 아니다. 하지만 세 번째 열은 수의 생성 규칙이 없다. 따라서 다음에 등장할 수의 예측이 불가능한데, 이러한 형태로 생성되는 수를 가리켜 난수라 한다. 그리고 다음은 이렇게 난수를 생성하는데 사용되는 함수의 원형이다.

```
#include <stdlib.h>
int rand(void);
       의사 난수(Pseudo-Random Number) 반환
```

호출될 때마다 난수가 반환되는 이 함수 역시 수학 관련 함수이다. 다만 함수가 정수와 관련 있기 때문에 stdlib.h에 선언되어 있는 상태이다. 그럼 예제를 통해서 이 함수의 기능을 확인해 보자.

■ 예제 34-6.c

```
1.  #include <stdio.h>
2.  #include <stdlib.h>
3.
4.  int main(void)
5.  {
```

```
6.      int i;
7.      printf("난수의 범위 : 0이상 %d 이하 \n", RAND_MAX);
8.
9.      for(i=0; i<7; i++)
10.         printf("%-10d", rand());
11.
12.     return 0;
13. }
```

- 7행 : rand 함수는 0이상 RAND_MAX 이하의 값 중에서 난수를 생성한다. 그리고 RAND_MAX 값은 stdlib.h에 선언되어 있는 상수로서 아래의 출력 결과를 통해서 값을 확인할 수 있다.

■ 실행결과 : 예제 34-6

```
난수의 범위 : 0이상 32767 이하
41        18467     6334      26500     19169     15724     11478
```

예제도 간단하고 출력결과도 난수의 형태를 띠고 있다. 그렇다면 위 예제를 다시 한번 실행해 보자. 생성되는 난수의 형태가 동일하다는 사실을 발견할 수 있을 것이다. 이는 몇 번을 실행해도 달라지지 않는다. 즉 rand 함수는 난수를 발생시키지만, 그 생성되는 패턴이 항상 동일하기 때문에 수학에서 말하는 진정한 난수는 아니다. 그래서 rand 함수가 반환하는 수를 가리켜 '의사(가짜) 난수'라 하는 것이다.

■ 생성되는 난수의 씨앗(Seed)을 심자 : srand

rand 함수가 동일한 패턴의 난수를 발생시키는 이유는 난수를 생성하는 기초 정보인 씨드(seed) 값이 항상 동일하기 때문이다(씨드는 씨앗을 의미한다. 난수라는 열매의 씨앗으로 생각하면 된다). 그래서 난수의 생성 패턴을 바꾸기 위해서는 씨앗을 바꿔야만 한다. 콩을 심으면 항상 콩이 나듯이, 씨앗을 바꾸지 않으면 생성되는 난수의 패턴도 바뀌지 않는다.

```
#include <stdlib.h>
void srand(unsigned seed);
        반환하지 않는다.
```

위 함수를 호출하면서 정수를 전달하면, 전달된 정수로 씨드 값이 변경된다. 따라서 이 함수를 통해서 씨드 값을 변경시키면 rand 함수의 난수 생성 패턴은 달라진다.

■ 예제 34-7.c

```c
1.   #include <stdio.h>
2.   #include <stdlib.h>
3.
4.   int main(void)
5.   {
6.       int i;
7.       unsigned seed;
8.
9.       printf("씨드 입력 : ");
10.      scanf("%u", &seed);
11.      srand(seed);
12.      printf("씨드 %u의 열매 : ", seed);
13.
14.      for(i=0; i<7; i++)
15.          printf("%d ", rand());
16.
17.      return 0;
18.  }
```

- 10, 11행 : 입력 받은 값을 srand 함수의 인자로 전달하고 있다.
- 14, 15행 : 총 7개의 난수가 11행에서 지정한 씨드 값을 기준으로 생성된다.

■ 실행결과 : 예제 34-7

```
씨드 입력 : 5
씨드 5의 열매 : 54 28693 12255 24449 27660 31430 23927
```

■ 생성되는 난수의 범위를 제한하기

난수의 생성은 프로그램에서 아주 유용하게 사용이 된다. 그런데 rand 함수가 반환하는 값은 0 이상 RAND_MAX(일반적으로 32767) 이하이기 때문에 값의 범위를 조절할 필요가 있다. 그래서 값의 조절 방법을 예제를 통해서 간단히 소개하고 적당한 분량의 문제를 제시하고자 한다. 다음 예제는 0 이상 99 이하의 난수 생성 방법을 보여준다.

■ 예제 34-8.c

```c
1.   #include <stdio.h>
2.   #include <stdlib.h>
3.   #define RAND_LIMIT    99
```

```
4.
5.    int main(void)
6.    {
7.        int i;
8.        unsigned seed;
9.
10.       printf("씨드 입력 : ");
11.       scanf("%u", &seed);
12.       srand(seed);
13.
14.       printf("씨드 %u의 열매 : ", seed);
15.
16.       for(i=0; i<7; i++)
17.           printf("%d ", rand()%(RAND_LIMIT+1));
18.
19.       return 0;
20.   }
```

- 3행 : 난수의 최대값을 상수로 정의하고 있다.
- 17행 : rand 함수가 반환하는 값을 100으로 나머지 연산하고 있다. 따라서 그 결과는 100 이상이 될 수 없다.

■ 실행결과 : 예제 34-8

씨드 입력 : 544
씨드 544의 열매 : 15 48 51 47 55 18 70

위 예제를 통해서 값의 범위를 조절하는 방법에 대해서 다양하게 생각할 수 있게 되었을 것이다. 그럼 이를 힌트로 하여 다음 문제들을 해결해 보자.

문제 34-2 [난수의 범위 제한]

아래의 두 문제는 생각보다 단순하지 않다. 문제를 잘 읽고 문제에서 요구하는 바를 완전히 만족시키는 답안을 제시해 보자.

◉ 문제 1

예제 34-8을 수정하여 난수의 범위가 20 이상 70 이하가 되게 하자. 단 다음과 같은 형태로 난수가 생성되어야 한다.

- rand 함수가 최소값을 반환하면 이 값은 20 정도가 되어야 한다.
- rand 함수가 최대값을 반환하면 이 값은 70 정도가 되어야 한다.
- rand 함수가 중간 크기의 값을 반환하면, 이 값은 20과 70의 중간 크기인 45 정도의 값이 되어야 한다.

이는 rand 함수가 반환하는 값의 크기 분포 비율을 거의 그대로 유지하기 위함이다. 참고로 이 문제의 해결을 위해서는 rand 함수의 최대 반환 값으로 정의되어 있는 상수 RAND_MAX를 활용해야 한다.

◉ 문제 2

예제 34-7을 수정하여 난수의 범위가 10 이상 100 이하 중에서 3의 배수가 되게 하여라. 단 문제 1과 마찬가지로 값의 크기 분포 비율이 rand 함수가 반환하는 값의 크기 분포 비율과 유사해야 한다.

■ 사인(sine), 코사인(cosine), 탄젠트(tangent) 관련 함수들

이 책을 공부하는 학생들 중에서 공학을 전공하는 학생들, 그리고 다양한 수학식을 구성해야 하는 분들을 위해서 사인, 코사인, 탄젠트 관련 함수들을 정리하고자 한다. 참고로 쌍곡선 사인, 쌍곡선 코사인, 쌍곡선 탄젠트는 대학수학에서 다뤄지는 내용이므로 자신의 전공분야와 거리가 있다면 모르는 것이 당연하다.

함수 원형	기 능
double cos (double x);	x의 삼각(trigonometric) 코사인 값 반환
double sin (double x);	x의 삼각 사인 값 반환
double tan (double x);	x의 삼각 탄젠트 값 반환
double cosh (double x);	x의 쌍곡선(hyperbolic) 코사인 값 반환

double sinh (double x);	x의 쌍곡선 사인 값 반환
double tanh (double x);	x의 쌍곡선 탄젠트 값 반환
double acos (double x);	x의 삼각(trigonometric) 아크코사인 값 반환
double asin (double x);	x의 삼각 아크사인 값 반환
double atan (double x);	x의 삼각 아크탄젠트 값 반환
double acosh (double x);	x의 쌍곡선(hyperbolic) 아크코사인 값 반환
double asinh (double x);	x의 쌍곡선 아크사인 값 반환
double atanh (double x);	x의 쌍곡선 아크탄젠트 값 반환

[표 34-3 : 사인, 코사인, 탄젠트 관련 함수들]

위의 모든 함수는 math.h에 선언되어 있으며, 각도는 라디안(radian)으로 계산됨을 기억하기 바란다. 다음은 우리에게 익숙한 삼각함수 관련 예제이다.

■ 예제 34-9.c

```
1.   #include <stdio.h>
2.   #include <math.h>
3.   #define MATH_PI    3.14159265
4.
5.   int main(void)
6.   {
7.       double input, output;
8.       input=MATH_PI/2;
9.
10.      output=sin(input);
11.      printf("sin(%g) = %g \n", input, output);
12.
13.      input=asin(output);
14.      printf("asin(%g) = %g \n", output, input);
15.      return 0;
16.  }
```

■ 실행결과 : 예제 34-9

```
sin(1.5708) = 1
asin(1) = 1.5708
```

위 예제는 표 34-3의 함수 사용방법을 보여준다. 그리고 sin과 asin은 역함수 관계인데, 이 역시 확인시켜주고 있다.

> **참고** 표 34-3의 float형, long double형 함수
>
> 표 34-3에서는 double형 함수들만 소개를 했는데, 각 함수 별로 float형, long double형 함수들도 정의가 되어있다. 정의 방식은 다음과 같다.
> - 함수의 이름 끝에 f가 붙으면 float 기반 함수
> - 함수의 이름 끝에 l이 붙으면 long double 기반 함수
>
> 예를 들어서 cos 함수의 float형, long double형 버전의 함수는 다음과 같이 선언되어 있다.
> ```
> float       cosf (float f);
> long double cosl (long double f);
> ```

34-3 시간과 날짜 관련 함수들

헤더파일 time.h에는 시간과 날짜 관련 함수들이 정의되어 있다. 이들 중에는 앞서 소개한 난수의 생성 방식에 개선점을 가져다 주는 함수도 있고, 성능의 측정에 활용이 되는 함수도 있다.

■ 성능을 확인하시려면 clock 함수를 활용하세요.

'프로세스 타임(process time)'이라는 것이 있다. 이는 프로그램이 실행된 이후로 지나간 시간을 의미한다. 그리고 이 시간은 다음 함수의 호출을 통해서 확인할 수 있다.

```
#include <time.h>
clock_t clock(void);
    성공 시 프로세스 타임 반환, 실패 시 형 변환하여 -1 반환
```

먼저 위 함수의 반환형으로 선언된 clock_t를 살펴보자. 이는 일반적으로 다음과 같이 정의되어 있다.

```
typedef long    clock_t;
```

즉 long형으로 새로 정의된 자료형의 이름이다. 그러나 표준 C에서는 이 자료형의 선택에 자유를 부여하고 있어서 컴파일러에 따른 정의형태의 차이는 존재할 수 있다. 그리고 이 함수가 반환하는 프로세스 타임은 0부터 시작을 해서 그 값이 증가하는 형태를 띤다.

그리고 이 값이 1씩 증가하는 시간의 간격(이를 가리켜 '클럭 틱(clock tick)'이라 한다)은 매크로 CLOCKS_PER_SEC를 통해서 확인할 수 있다. 이 매크로는 1초당 클럭 틱이 발생하는 횟수를 정의하는 매크로이다. 따라서 이 매크로의 값이 1000이면 이는 다음과 같은 의미로 이어지게 된다.

- 클럭 틱은 0.001초에 한번씩 발생(증가)한다.
- 1초에 총 1000회의 클럭 틱이 발생한다.
- 1초가 지날 때마다 clock 함수의 반환 값은 1000씩 증가한다.

표현만 달리했을 뿐, 위의 세 문장은 모두 동일한 의미를 담고 있다. 그럼 예제를 통해서 이 함수가 지니는 유용성에 대해서 살펴보기로 하자.

■ 예제 34-10.c

```c
1.  #include <stdio.h>
2.  #include <time.h>
3.
4.  #define  RETURN_LARGE_NUM (A, B)    ((A)>(B) ? (A) : (B))
5.
6.  int ReturnLargeNum(int num1, int num2)
7.  {
8.      if(num1>num2)
9.          return num1;
10.     else
11.         return num2;
12. }
13.
14. int main(void)
15. {
16.     clock_t start, finish;
17.     int i;
18.
19.     start=clock();
20.     for(i=0; i<99999999; i++)
21.         ReturnLargeNum(i, i+1);
22.     finish=clock();
23.     printf("일반 함수 : 연산 위해 %f 초 소모 \n",
24.         (double)(finish-start)/CLOCKS_PER_SEC);
25.
```

```
26.         start=clock();
27.         for(i=0; i<99999999; i++)
28.             RETURN_LARGE_NUM(i, i+1);
29.         finish=clock();
30.         printf("매크로 함수 : 연산 위해 %f 초 소모 \n",
31.             (double)(finish-start)/CLOCKS_PER_SEC);
32.
33.         return 0;
34.     }
```

- 4행 : 두 정수 중에서 큰 값을 반환하는 기능의 함수를 매크로의 형태로 정의하였다.
- 6행 : 4행의 매크로 함수와 동일한 기능의 함수이다. 다만 일반적인 형태의 함수로 정의되었을 뿐이다.
- 19~22행 : 19행에서, 그리고 22행에서 각각 프로세스 타임을 체크하고 있다. 따라서 이 두 영역에서 측정한 값을 비교하면, 그 사이에 존재하는 코드의 실행에 어느 정도 시간이 소요되었는지를 확인할 수 있다.
- 23행 : CLOCKS_PER_SEC로 나누는 이유는 프로세스 타임을 초 단위로 변환하기 위해서이고, double형으로 형 변환하는 이유는 실수형 나눗셈을 통해서 정밀한 결과를 보이기 위함이다.

■ 실행결과 : 예제 34-10

```
일반 함수 : 연산 위해 2.456000 초 소모
매크로 함수 : 연산 위해 0.261000 초 소모
```

위 예제에서는 일반 함수와 매크로 함수의 실행속도 차를 보이고 있다. 필자의 실행결과만 보더라도 빈번한 함수의 호출이 있을 시에는 약 열 배의 성능적 차이를 보이고 있음을 알 수 있다. 이처럼 clock 함수는 성능 측정을 위해서 사용이 되기 때문에 알고리즘을 평가하는 수단으로 사용이 된다.

예제 34-10은 디버그 모드로 동작시켜야 합니다.

컴파일러는 기본적으로 코드 최적화를 수행한다. 그런데 이러한 최적화는 예제 34-10의 실행결과를 확인하는데 방해가 될 수 있다. 너무 빨리 실행이 되어서 출력 결과가 모두 0이 될 수 있기 때문이다. 따라서 가급적이면 최적화를 수행하지 않도록 옵션을 설정해서 예제를 컴파일 하는 것이 좋다. 참고로 VC++ 사용시에는 다음과 같이 디버그 모드로 설정을 하고 컴파일을 하면 원하는 결과를 확인할 수 있다.

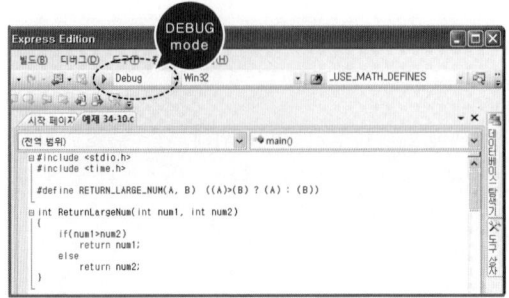

[그림 34-8 : VC++ 상에서의 디버그 모드 설정]

■ 난 프로세스 타임이 아니라 날짜와 시간을 알고 싶다고!

캘린더 타임(calendar time)이라는 것이 있다. 이는 우리가 일상적으로 사용하는 형태의 날짜와 시간정보를 의미한다. 그리고 캘린더 타임을 얻기 위해서는 다음 함수를 사용하면 된다.

```
#include <time.h>
time_t time(time_t * tptr);
```
성공 시 1970년 1월 1일 자정 이후로 경과한 시간을 초 단위로 반환, 실패 시 -1

위의 선언에서 등장한 time_t는 앞서 설명한 clock_t와 마찬가지로 정수 자료형의 typedef 선언에 의해 만들어진 자료형의 이름이다. 다만 clock_t와 달리 1970년 1월 1일 00시 00분 00초 이후로 경과한 시간을 표현하다 보니 64비트 정수 자료형으로 선언되는 것이 요즘의 추세이다. 참고로 64비트 정수 자료형으로 선언이 되면 time_t는 3000년도까지 표현이 가능하니 표현할 수 있는 범위와 관련해서는 신경 쓰지 않아도 된다. 그럼 이 함수의 사용방법을 간단히 설명하겠다. 이 함수의 첫 번째 호출방식은 다음과 같다.

```
time_t current;
current = time(NULL);
```

그리고 두 번째 호출방식은 다음과 같다.

```
time_t current;
time(&current);
```

둘 다 동일한 결과를 보인다. 다만 호출하는 방식의 차이만 있을 뿐이다.

■ 지역에 맞게 문자열의 형태로 시간을 알고 싶다고!

time 함수는 날짜와 시간 정보를 초 단위로 계산하여(그것도 1970년 1월 1일을 기준으로) 반환하기 때문에 현재의 시간과 날짜를 계산하려면 별도의 연산과정을 거쳐야 한다. 그런데 이 과정이 생각보다 쉽지 않다. 왜냐하면 time 함수는 UTC 기준의 시간이기 때문이다.

UTC(Coordinated Universal Time)
'협정 세계시'라 하여 국제 사회가 사용하는 과학적 시간의 표준이다. 그리고 대한민국의 시간은 협정 세계시보다 9시간이 빠르다. 따라서 협정 세계시가 10시이면 대한민국의 시간은 19시가 된다.

따라서 time 함수가 반환한 값을 가지고 현재의 날짜와 시간을 계산하기 위해서는 UTC를 대한민국 시간으로 변경하는 방법도 알아야 한다. 그런데 다행히도 이러한 연산을 대신해주는 함수가 있어서 소개하고자 한다.

```
#include <time.h>
char * ctime(const time_t * tptr);
```
성공 시 현재 지역의 시간과 날짜를 문자열의 형태로, 실패 시 NULL 반환

이 함수의 인자로 time 함수의 반환 값을 포인터 형태로 전달하면, 전달된 값에 해당하는 지역별 날짜와 시간정보를 문자열의 형태로 반환한다. 다음 예제를 통해서 이를 확인해 보자.

■ 예제 34-11.c

```
1.  #include <stdio.h>
2.  #include <time.h>
3.
4.  int main(void)
5.  {
6.      time_t current;
7.      current=time(NULL);
8.      printf("현재 시간 : %s \n", ctime(&current));
9.      return 0;
10. }
```

- 7행 : 현재 시간 정보를 얻기 위해서 time 함수를 호출하고 있다.
- 8행 : 7행에서 얻은 정보를 참조하여 ctime 함수를 호출하고 있다. 그리고 반환되는 값을 참조하여 문자열을 출력하고 있다.

■ 실행결과 : 예제 34-11

현재 시간 : Thu Aug 14 17:13:57 2008

필자가 위 예제를 실행한 시간이 2008년 8월 14일 17시 13분 57초이니, 위의 출력결과는 아주 정확하다.

■ 년, 월, 일, 시, 분, 초 정보를 정수의 형태로 각각 얻고 싶다고!

ctime 함수의 장점은 현재 시간을 보기 좋게 출력할 수 있다는데 있다. 하지만 시간 정보를 가지고 연산을 해야 하는 상황에서는 활용하기 힘든 함수이다. 한 예로 프로그램상에서 두 개의 시간 정보를 비교해야 하는 상황이 등장할 수 있는데, 이러한 경우에는 정수의 형태로 년, 월, 일 그리고 시, 분, 초 정보를 추출할 수 있어야 한다. 그렇다면 ctime 함수가 반환하는 문자열 정보를 참조해서 데이터를 추출해야 할까? 다음 함수의 존재를 알지 못한다면 그렇게 해야 할 수도 있다.

```
#include <time.h>
struct tm * localtime(const time_t * t);
```
→ 현재 지역의 시간과 날짜 정보를 담은 tm 구조체 변수의 포인터 반환

위 함수와 ctime 함수의 유일한 차이점은 날짜와 시간정보를 반환하는 방식이다. ctime 함수가 문자열의 형태로 반환하는 반면, 위의 함수는 구조체 tm을 활용하여 정수의 형태로 반환을 한다. 우선 time.h에 정의되어 있는 구조체 tm을 소개하겠다.

```
struct tm
{
    int tm_sec;      /* 초 [0,59] */
    int tm_min;      /* 분 [0,59] */
    int tm_hour;     /* 시 [0,23] */
    int tm_mday;     /* 일 [1,31] */
    int tm_mon;      /* 월 [0,11] */
    int tm_year;     /* 년 [1900년 이후를 기준으로] */
    int tm_wday;     /* 요일 [0,6] */
```

```
        int tm_yday;      /* 일 [0,365] */
        int tm_isdst;     /* 써머타임 적용여부 */
};
```

즉 localtime 함수가 호출이 되면, 시간정보가 담긴 위 구조체 변수의 포인터가 반환된다. 위 구조체 멤버 각각에 담기는 데이터의 의미는 다음 예제를 통해서 설명하겠으니, 일단은 주석에 표시된 내용을 통해서 각각의 의미를 예상해보기 바란다.

■ 예제 34-12.c

```
1.  #include <stdio.h>
2.  #include <time.h>
3.
4.  enum {SUN=0, MON, TUE, WED, THU, FRI, SAT};
5.  void TodayIs(struct tm * today);
6.  void IsSummerTime(struct tm * today);
7.
8.  int main(void)
9.  {
10.     time_t current;
11.     struct tm * sptime;
12.
13.     current=time(NULL);
14.     sptime=localtime(&current);
15.
16.     printf("년 : %d \n", sptime->tm_year + 1900);
17.     printf("월 : %d \n", sptime->tm_mon + 1);
18.     printf("일 : %d \n", sptime->tm_mday);
19.     printf("시 : %d \n", sptime->tm_hour);
20.     printf("분 : %d \n", sptime->tm_min);
21.     printf("초 : %d \n", sptime->tm_sec);
22.
23.     TodayIs(sptime);
24.     IsSummerTime(sptime);
25.     printf("오늘은 올해의 %d번째 날이다! \n", sptime->tm_yday + 1);
26.     return 0;
27. }
28.
29. void TodayIs(struct tm * today)
30. {
31.     switch(today->tm_wday)
32.     {
33.     case SUN:
34.         puts("일요일"); break;
35.     case MON:
36.         puts("월요일"); break;
37.     case TUE:
38.         puts("화요일"); break;
```

```
39.        case WED:
40.            puts("수요일"); break;
41.        case THU:
42.            puts("목요일"); break;
43.        case FRI:
44.            puts("금요일"); break;
45.        case SAT:
46.            puts("토요일"); break;
47.    }
48. }
49.
50. void IsSummerTime(struct tm * today)
51. {
52.    if(today->tm_isdst>0)
53.        puts("써머타임 적용");
54.    else if(today->tm_isdst==0)
55.        puts("써머타임 미 적용");
56.    else
57.        puts("써머타임 정보 없음");
58. }
```

- 13, 14행 : time 함수의 호출을 통해서 현재 시간 정보를 얻어와서 이를 localtime 함수의 인자로 전달하고 있다. 이것이 localtime 함수의 호출방식으로서 ctime 함수의 호출방식과 유사하다.
- 16행 : 구조체 tm의 멤버 tm_year에는 1900년을 기준으로 경과된 년도의 정보가 저장된다. 따라서 1900을 더하면 현재의 년도 정보를 얻을 수 있다.
- 17행 : 멤버 tm_mon에는 월 정보가 저장되는데, 0은 1월을 의미한다. 그리고 11은 12월을 의미한다. 따라서 이 값에 1을 더해야 현재 월의 정보를 얻을 수 있다.
- 18~21행 : 각각 일, 시, 분, 초의 정보가 저장되는데, 여러분이 생각하는 방식으로 저장이 되기 때문에 별도의 설명이 필요 없을 듯 하다.
- 29행 : TodayIs 함수는 멤버 tm_wday에 저장되는 데이터의 종류와 저장방식을 설명하기 위해 정의하였다. 4행에 선언된 상수와 비교하여 알 수 있듯이 일요일은 0, 토요일은 6으로 표현이 된다.
- 50행 : IsSummerTime 함수는 멤버 tm_isdst에 저장되는 데이터의 종류와 저장방식을 설명하기 위해 정의하였다. 52~57행에 걸쳐있는 if~else 문을 통해서 알 수 있듯이, 이 값이 0보다 크면 써머타임이 적용중인 상태이고, 0이면 써머타임이 적용되지 않고 있는 상태이다. 그리고 0보다 작은 값이 저장되어 있으면 써머타임 정보를 확인할 수 없는 상태를 의미한다.

■ 실행결과 : 예제 34-12

```
년 : 2008
월 : 8
일 : 15
시 : 14
분 : 7
```

```
초 : 55
금요일
써머타임 미 적용
오늘은 올해의 228번째 날이다!
```

■ 난수는 이렇게 생성을 하는 것이 좋습니다 : time 함수의 활용

난수에 대해서 조금 더 이야기하고자 한다. 진정한 난수의 생성을 위해서는 srand 함수의 호출을 통해서 씨드 값을 매번 바꿔줘야 함을 설명하였다. 그리고는 예제 34-8을 제시하였는데, 이 예제는 씨드 값을 입력하는 형태였다. 그렇다면 씨드 값의 입력과정 없이 매번 다른 패턴의 난수를 생성하려면 어떻게 해야 할까? 이러한 경우에 우리는 time 함수를 매우 유용하게 활용할 수 있다.

■ 예제 34-13.c

```c
1.  #include <stdio.h>
2.  #include <stdlib.h>
3.  #include <time.h>
4.  #define RAND_LIMIT    99
5.
6.  int main(void)
7.  {
8.      int i;
9.      srand( (unsigned)time( NULL ) );
10.
11.     for(i=0; i<7; i++)
12.         printf("%d ", rand()%(RAND_LIMIT+1));
13.
14.     return 0;
15. }
```

time 함수는 현재의 시간 정보를 반환한다. 그런데 현재의 시간이라는 것은 매번 달라지는 것이기 때문에 위 예제 9행과 같이 time 함수의 반환 값을 srand 함수의 전달인자로 설정해 놓으면, 프로그램이 실행될 때마다 다른 씨드 값을 설정하는 효과를 볼 수 있다. 참고로 이는 마치 공식과 같이 사용이 되기 때문에 기억해 두는 것이 좋다.

34-4 가변인자 함수의 정의와 이해

가변인자 함수를 소개하는 이유는 printf와 scanf 계열의 함수 선언을 이해할 수 있도록 돕는데 있다.

■ printf 함수와 scanf 함수의 사용 방법을 생각해 보면

printf 함수와 scanf 함수의 공통점은 다음과 같다.

"첫 번째 전달인자인 문자열에 존재하는 서식문자의 수만큼 전달인자의 수도 증가한다."

즉 printf 함수와 scanf 함수는 전달인자의 수가 제한되어 있지 않다는 특징이 있다. 그렇다면 우리도 다음과 같은 형태의 호출이 가능한 함수를 정의할 수 있지 않을까(Sum 함수의 첫 번째 전달인자는 이후에 등장하는 매개변수의 개수 정보이다)?

- num = Sum(2, 1, 2);   /* 1과 2의 합 */
- num = Sum(3, 1, 2, 3);   /* 1과 2와 3의 합 */
- num = Sum(4, 1, 2, 3, 4); /* 1, 2, 3 그리고 4의 합 */

Sum과 같은 형태의 호출이 가능한 함수를 가리켜 '가변인자 함수'라 하는데, 이 함수에 대한 모든 것은 stdarg.h에 선언되어 있다. 따라서 stdarg.h에 선언된 내용들을 이해하면, Sum 함수의 정의 가능 여부를 판단할 수 있다.

■ 가변인자 매개변수의 선언방법

매개변수 선언은 함수 호출 시 전달되어야 할 인자의 수와 자료형을 결정짓는다(이미 여러분이 알고 있는 사실을 말한 것뿐이다. 새롭게 느끼면 안 된다). 그런데 가변인자 함수는 호출이 될 때, 비로소 인자의 수가 결정되기 때문에 다음과 같은 형태로 정의해야 한다.

■ 예제 34-14.c

```
1.   #include <stdio.h>
2.   int Sum(int n, ...);
3.
4.   int main(void)
5.   {
6.       Sum(2, 1, 2);
7.       Sum(3, 1, 2, 3);
```

```
8.         Sum(4, 1, 2, 3, 4);
9.         return 0;
10. }
11.
12. int Sum(int n, ...)
13. {
14.     printf("n=%d \n", n);
15.     return 0;
16. }
```

- 12행 : 매개변수 선언인 ...은 인자의 자료형과 수에 제한이 없음을 의미한다. 즉 Sum 함수는 첫 번째 인자로 정수가, 그리고 두 번째 이후의 인자로 무엇이든지 전달될 수 있다.
- 6, 7, 8행 : Sum 함수를 호출하면서 첫 번째 인자로 정수가 전달되고 있다. 따라서 이들은 모두 적절한 형태의 함수 호출이다.

■ 실행결과 : 예제 34-14

```
n=2
n=3
n=4
```

위 예제를 통해서 가변인자에 대한 매개변수의 선언방식을 이해했으니, 이제 가변인자의 정보 추출방법을 살펴봐야 한다. 위 예제에서는 인자의 전달방법만 설명했을 뿐, 전달된 인자의 참조방법은 보여주지 않고 있다.

int Sum(int n, ...) 대신에 int Sum(...) 은 안되나요?

앞서 보인 Sum 함수의 정의형태는 다음과 같다.
    int Sum(int n, ...) { }

이를 보면서 다음과 같이 정의하고픈 생각을 했을 것이다.
    int Sum(...) { }

하지만 C 표준에서는 가변인자 함수의 첫 번째 전달인자로 이름있는 매개변수의 선언이 와야 한다고 명시하고 있다. 이유는 첫 번째 전달인자를 통해서 인자의 개수 정보를 전달해야 하기 때문이다(이에 대한 내용은 잠시 후에 자세히 언급한다).
참고로 printf 함수와 scanf 함수도 각각 다음과 같이 정의되어 있다. 그리고 실제로 첫 번째 전달인자인 문자열에 존재하는 서식문자의 개수를 통해서 이후에 전달되는 인자의 수를 파악하도록 printf 함수와 scanf 함수는 정의되어 있다.
    int printf(const char * format, ...) { }
    int scanf(const char * format, ...) { }

■ 전달된 인자들을 어떻게 추출해 내나요?

가변인자 함수의 호출을 통해서 전달되는 인자정보를 추출하기 위해서는 다음의 단계를 거쳐야 한다.

- 단계 1 : 가변인자를 가리킬 수 있는 참조자를 선언한다.
- 단계 2 : 참조자가 가변인자를 실제로 참조할 수 있도록 한다.
- 단계 3 : 참조자를 통해 전달된 정보를 추출한다.
- 단계 4 : 참조자가 더 이상 가변인자를 가리키지 않도록 해제한다.

그리고 각각의 기능을 제공하는 함수의 이름과 참조자의 자료형은 다음과 같으며, 이들을 사용하기 위해서는 헤더파일 stdarg.h를 포함해야 한다.

- 단계 1 : va_list   /* 참조자 이름 */
- 단계 2 : va_start
- 단계 3 : va_arg
- 단계 4 : va_end

그럼 예제를 통해서 자세한 내용을 설명하겠다. 가변인자의 추출방법은 예제를 참조하는 것이 이해가 빠르다.

■ 예제 34-15.c

```
1.  #include <stdio.h>
2.  #include <stdarg.h>
3.  int Sum(int n, ...);
4.
5.  int main(void)
6.  {
7.      printf("1+2=%d \n", Sum(2, 1, 2));
8.      printf("1+2+3=%d \n", Sum(3, 1, 2, 3));
9.      printf("1+2+3+4=%d \n", Sum(4, 1, 2, 3, 4));
10.     return 0;
11. }
12.
13. int Sum(int n, ...)
14. {
15.     int sum=0;
16.     int i;
17.     va_list vlist;              /* 단계1 : 가변인자의 참조자 선언 */
18.
19.     va_start(vlist, n);         /* 단계2 : 참조 대상과 범위 지정 */
20.     for(i=0; i<n; i++)
21.         sum+=va_arg(vlist, int);  /* 단계3 : 값의 추출 */
22.
```

```
23.        va_end(vlist);              /* 단계4 : 해 제 */
24.        return sum;
25. }
```

- 17행 : 7, 8, 9행의 함수 호출을 통해서 전달된 가변인자들은 메모리 공간에 저장이 된다. 그런데 이들은 이름이 존재하지 않으므로 이들의 참조를 위해서는 참조자가 필요한데, va_list형 변수가 참조자의 역할을 담당한다. 그래서 va_list형 변수를 선언하고 있다.
- 19행 : 17행에서 선언한 vlist가 가변인자들을 참조하도록 va_start 함수가 호출되고 있다. 이 문장에서 보이듯이 첫 번째 전달인자는 가변인자들을 참조하기 위해 선언된 변수의 이름이, 두 번째 전달인자로는 참조할 인자의 개수 정보가 전달되어야 한다.
- 21행 : va_arg 함수는 값의 추출을 위해 제공되는 함수이다. 첫 번째 인자로 참조자의 이름이, 두 번째 인자로 참조 대상의 자료형이 와야 한다. 특히 두 번째 인자인 참조 대상의 자료형이 잘못되지 않도록 주의해야 한다.
- 23행 : 값의 추출이 끝나면 참조자 vlist가 더 이상 가변인자를 참조하지 않도록 해제해줘야 한다(메모리의 안전한 사용을 위해서). 이를 위해서 va_end 함수가 호출되고 있다.

■ 실행결과 : 예제 34-15

```
1+2=3
1+2+3=6
1+2+3+4=10
```

이로써 여러분은 printf 함수와 scanf 함수의 인자전달 원리를 이해할 수 있게 되었다. 그리고 위 예제만 기억하고 있어도 여러분이 필요로 하는 가변인자 함수는 얼마든지 정의가 가능하다.

■ 매크로 함수의 가변인자 정의 : __VA_ARGS__

매크로 __VA_ARGS__를 활용하면, 매크로의 형태로도 가변인자 함수의 정의가 가능하다. 그리 어려운 내용이 아니니 예제를 통해서 간단히 설명하겠다.

■ 예제 34-16.c

```
1.  #include <stdio.h>
2.  #define PF(...)    printf(__VA_ARGS__)
3.  #define SF(...)    scanf(__VA_ARGS__)
4.
5.  int main(void)
6.  {
7.      int num1, num2;
```

```
8.      PF("두 개의 정수 입력 : ");
9.      SF("%d %d", &num1, &num2);
10.     PF("%d+%d=%d \n", num1, num2, num1+num2);
11.     return 0;
12. }
```

■ 실행결과 : 예제 34-16

```
두 개의 정수 입력 : 3 7
   3+7=10
```

위 예제 2행과 3행에는 다음의 매크로가 정의되어 있다.

```
#define    PF(...)      printf(__VA_ARGS__)
#define    SP(...)      scanf(__VA_ARGS__)
```

그리고 여기서 ...는 다양한 전달인자가 올 수 있음을 의미하고, __VA_ARGS__은 전달된 매개변수를 그대로 옮겨 놓는다는 의미의 매크로이다. 따라서 다음과 같은 형태의 매크로 함수 호출은

```
SF("%d %d", &num1, &num2);
PF("%d+%d=%d \n", num1, num2, num1+num2);
```

각각 다음과 같은 형태로 치환이 된다.

```
scanf("%d %d", &num1, &num2);
printf("%d+%d=%d \n", num1, num2, num1+num2);
```

다소 생소한 내용이기는 하나 어렵지 않은 내용이니 이 정도로 설명하면서 이번 장을 마무리 하고자 한다.

34장 프로그래밍 문제의 답안

■ 문제 34-1의 답안

• 문제 1

■ 소스코드 답안

```
1.   #include <stdio.h>
2.   int PowerOfTwo(int n);
3.
4.   int main(void)
5.   {
6.       int num;
7.       printf("정수 입력 : ");
8.       scanf("%d", &num);
9.
10.      printf("2의 %d승 : %d \n", num, PowerOfTwo(num));
11.      return 0;
12.  }
13.
14.  int PowerOfTwo(int n)
15.  {
16.      if(n==0)
17.          return 1;
18.
19.      return 2*PowerOfTwo(n-1);
20.  }
```

• 문제 2

■ 소스코드 답안

```
1.   #include <stdio.h>
2.   int AddBetween(int n1, int n2);
3.
4.   int main(void)
5.   {
6.       int num1, num2;
7.       printf("두 개의 정수 입력 : ");
8.       scanf("%d %d", &num1, &num2);
9.
10.      printf("합의 결과 : %d \n", AddBetween(num1, num2));
11.      return 0;
12.  }
13.
14.  int AddBetween(int n1, int n2)
15.  {
16.      if(n1==n2)
17.          return n1;
18.      else if(n1<n2)
```

제34장 재귀 함수와 다양한 표준 함수들 _889

```
19.            return n1 + AddBetween(n1+1, n2);
20.       else
21.            return n2 + AddBetween(n1, n2+1);
22. }
```

• 문제 3

■ 소스코드 답안

```
1.  #include <stdio.h>
2.  int ToBinary(int decimal);
3.
4.  int main(int a)
5.  {
6.      int decimal;
7.      printf("변환할 10진수 정수 입력 : ");
8.      scanf("%d", &decimal);
9.
10.     ToBinary(decimal);
11.     return 0;
12. }
13.
14. int ToBinary(int decimal)
15. {
16.     if(decimal>0)
17.     {
18.         int bin;
19.         bin=decimal%2;
20.         decimal/=2;
21.         ToBinary(decimal);
22.         printf("%d", bin);
23.     }
24.     return 0;
25. }
```

■ 문제 34-2의 답안

• 문제 1

■ 소스코드 답안

```
1.  #include <stdio.h>
2.  #include <stdlib.h>
3.  #define RND_MIN    20
4.  #define RND_MAX    70
5.
6.  int main(void)
7.  {
8.      int i;
9.      unsigned seed;
10.     int rand2070;
11.     int diff=RND_MAX-RND_MIN;
12.
13.     printf("씨드 입력 : ");
14.     scanf("%u", &seed);
```

```
15.        srand(seed);
16.        printf("씨드 %u의 열매 : ", seed);
17.
18.        for(i=0; i<7; i++)
19.        {
20.            rand2070= (rand() / (double)RAND_MAX) * diff + RND_MIN;
21.            printf("%d ", rand2070);
22.        }
23.        return 0;
24.    }
```

위 답안의 20행에서는 rand 함수의 반환 값을 RAND_MAX로 나누되 double형 나눗셈을 진행하고 있다. 따라서 나눗셈의 결과는 0 이상 1 이하의 실수가 된다. 이어서 변수 diff에 저장된 값 50을 곱하니, 연산의 결과는 최대 0 이상 50 이하의 실수가 된다. 이제 이 결과에다 RND_MIN을 더하니 20 이상 70 이하의 값이 된다.

참고로 다음과 같이 문장을 구성해도 20이상 70이하의 값을 얻을 수는 있다. 문제는 rand 함수가 반환하는 값의 크기 분포를 유지하지 못한다는데 있다. 따라서 문제의 조건을 만족시키려면 위 답안의 20행과 같이 문장을 구성해야 한다.

```
rand2070 = (rand()%diff+1) + RND_MIN;
```

이 문장과 위 답안 20행의 문장은 지정한 범위 내의 난수 생성에 사용되는 대표적인 문장들이다. 둘 다 유용하게 사용될 수 있으니 각각의 특징을 정리하기 바란다.

• 문제 2

■ 소스코드 답안

```
1.    #include <stdio.h>
2.    #include <stdlib.h>
3.    #define RND_MIN    10
4.    #define RND_MAX    100
5.
6.    int main(void)
7.    {
8.        int i;
9.        unsigned seed;
10.       int rand3div;
11.       int diff=RND_MAX-RND_MIN;
12.
13.       printf("씨드 입력 : ");
14.       scanf("%u", &seed);
15.       srand(seed);
16.       printf("씨드 %u의 열매 : ", seed);
17.
18.       for(i=0; i<7; i++)
19.       {
20.           rand3div=(rand() / (double)RAND_MAX) * diff + RND_MIN;
21.           rand3div/=3;
22.           rand3div*=3;
23.           printf("%d ", rand3div);
24.       }
```

```
25.        return 0;
26.    }
```

위 답안의 21, 22행은 반환 값을 rand3div 보다 작은 3의 배수로 변환하는 방법이다. 21행의 정수형 나눗셈에 의해서 소수점 이하의 부분은 잘려나간다. 그리고 이렇게 소수점 이하가 잘려나간 정수에 3을 곱하기 때문에 RND_MAX를 넘지 않는 3의 배수가 된다.

제35장 파일의 분할과 헤더파일의 디자인

소스파일이 하나인 프로그램은 없습니다.

C언어로 구현된 프로그램의 소스코드는 여러 개의 파일로 구성이 된다. 그리고 이렇게 여러 개의 파일로 소스코드를 나누는 이유는 다음과 같다.
- 프로그램의 소스코드 분석이 용이하다.
- 파일을 나누면 소스코드를 관리하기가 쉽다.
- 소스코드의 분석과 관리가 용이해지면, 소스코드를 변경 및 확장하기가 좋아진다.

때문에 프로그램 중에서 하나의 파일로 작성된 프로그램은 존재하지 않는다고 말할 수 있다. 혹 존재할 수도 있지만 필자는 지금껏 본적이 없다.

이 장의 목차페이지 ▶▶▶
- 35-1. 파일의 분할 894
- 35-2. 둘 이상의 파일을 컴파일하는 방법과 static에 대한 고찰 898
- 35-3. 헤더파일의 디자인과 활용 904

35-1 파일의 분할

지금까지 이 책에서 구현한 프로그램은 크기에 상관없이 하나의 파일로 작성하였다. 실제로 이런 형태로 프로그램을 구현할 수도 있지만, 프로그램의 크기가 커지면 관리하기가 어려워진다는 문제점이 있다. 따라서 현명한 프로그래머들은 서로 연관이 있는 함수와 변수들을 분류해서 서로 다른 파일에 나누어 관리를 한다.

■ 파일을 나누는 이유

두 개의 수납장이 있다. 하나는 서랍이 통으로 된 수납장이고, 다른 하나는 크고 작은 여러 개의 서랍으로 이뤄진 수납장이다. 어떠한 수납장이 물건의 관리가 용이한가? 당연히 여러 개의 서랍으로 이뤄진 수납장이 물건의 관리가 용이하다. 물건을 크기 또는 종류별로 나눠서 저장을 하면 찾기가 매우 수월하기 때문이다. 간단히 말해본다면 파일을 나누는 이유도 이와 별반 차이가 없다.

■ 파일을 그냥 나눠서 저장하면 될까요?

일단 다음 프로그램을 이용해서 파일을 나눠보기로 하겠다.

■ 예제 35-1.c

```c
1.  #include <stdio.h>
2.  int num=0;
3.
4.  void Increment(void)
5.  {
6.      num++;
7.  }
8.
9.  int GetNum(void)
10. {
11.     return num;
12. }
13.
14. int main(void)
15. {
16.     printf("num : %d \n", GetNum());
17.     Increment();
18.     printf("num : %d \n", GetNum());
19.     Increment();
```

```
20.        printf("num : %d \n", GetNum());
21.        return 0;
22. }
```

■ 실행결과 : 예제 35-1

```
num : 0
num : 1
num : 2
```

이 파일을 다음과 같이 총 세 개의 파일로 나눠서 저장한다고 가정해 보자. 컴파일이 제대로 되겠는가(헤더파일은 적절히 선언되었다고 가정한다)?

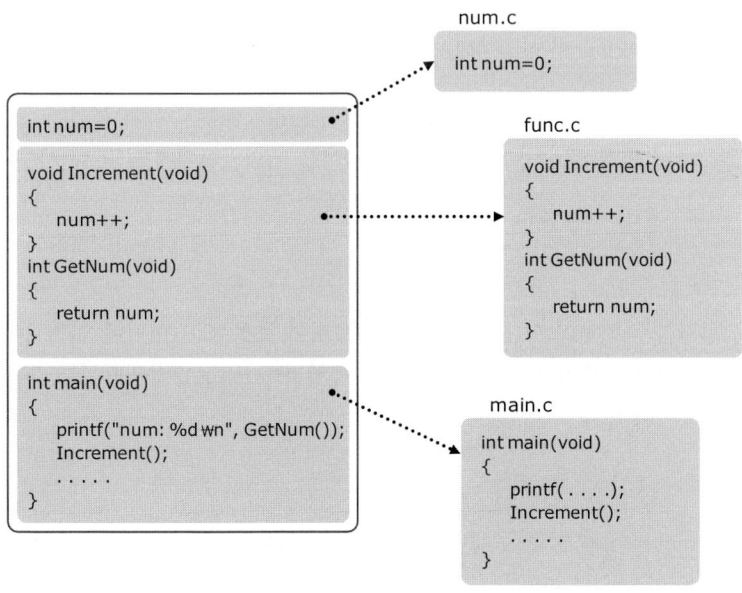

[그림 35-1 : 단순한 구조의 파일 분할]

안타깝게도 위의 그림과 같은 형태로 파일을 나누면 컴파일 시 에러가 발생하는데(컴파일 방법은 잠시 후에 설명), 에러의 발생 이유는 컴파일러의 다음과 같은 특성 때문이다.

"컴파일러는 파일 단위로 컴파일을 진행합니다."

쉽게 말해서 컴파일러는 다른 파일의 정보를 참조하여 컴파일을 진행하지 않는다. 때문에 위 그림의 파일 func.c를 컴파일하면 다음과 같은 내용의 불평을 한다.

"변수 num이 도대체 어디에 선언된 거야?"

그리고 main.c를 컴파일하면서도 다음과 같은 내용의 불평을 한다.

"Increment 함수는 정의된 적이 없잖아?"

물론 우리는 변수 num이 num.c에 선언되어 있고, Increment 함수가 func.c에 정의되어 있는 것을 안다. 그러나 컴파일러는 이를 인식하지 못한다. 앞서 컴파일 했더라도 인식하지 못한다. 컴파일러는 func.c 안에서만 변수 num의 선언을 찾고, main.c 안에서만 Increment 함수의 정의를 찾다가 에러 메시지를 출력할 뿐이다.

■ 외부에 선언 및 정의되었다고 컴파일러에게 알려줘야 합니다!

그림 35-1의 형태로 파일을 분할하고 컴파일하기 위해서는 컴파일러에게 다음과 같은 내용의 메시지를 전달해야 한다.

"num은 외부 파일에 int형으로 선언된 변수야!"

"Increment는 반환형과 매개변수형이 void인 함수인데, 외부 파일에 정의되어 있어!"

이 중에서 첫 번째 메시지는 func.c를 컴파일 할 때 필요하다. 따라서 func.c에는 다음의 선언이 삽입되어야 하는데, 여기서 extern은 int형 변수 num이 외부에 선언되었음을 컴파일러에게 알릴 때 사용되는 키워드이다.

```
extern int num;
```

즉 위의 선언은 변수 num을 할당하는 선언이 아니다. num의 자료형이 무엇이고, 어디에 선언되어 있는지를 컴파일러에게 알려주는 메시지일 뿐이다. 그리고 두 번째 메시지는 main.c에 필요하다. 따라서 main.c에는 다음의 선언이 삽입되어야 한다.

```
extern void Increment(void);
```

참고로 함수가 외부에 정의되어 있음을 알릴 때에는 extern을 생략할 수 있다. 즉 다음과 같이 선언을 해도 동일한 메시지를 컴파일러에게 전달할 수 있다.

```
void Increment(void);
```

이제 그림 35-1에서 보여주는 문제점을 수정하기 위해서 소스코드는 다음과 같은 형태가 되어야 함을 알 수 있을 것이다.

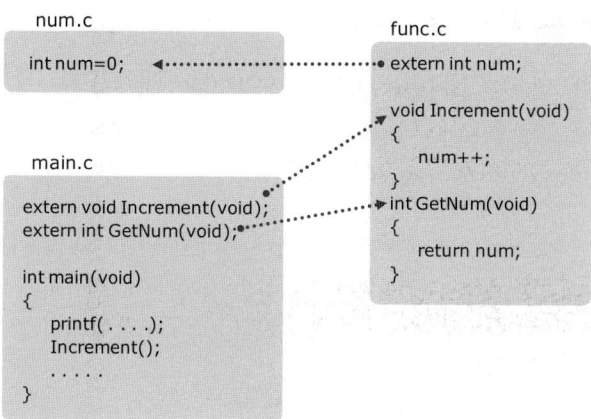

[그림 35-2 : 컴파일을 위한 extern 선언]

참고로 컴파일러에게는 extern 선언을 통해서 함수 또는 변수가 외부에 선언 및 정의되어 있음을 알리기만 하면 된다. 구체적으로 어느 파일에 선언 및 정의되어있는지 까지는 알리지 않아도 된다.

■ 다른 파일에서 접근을 못하게 하고 싶다면 static!

이미 오래 전에 static 지역변수에 대해서 설명을 했는데, 이를 이어서 static 전역변수에 대해 설명하고자 한다. 전역변수의 static 선언은 다음의 의미를 담고 있다.

"이 변수는 외부 파일에서의 접근을 허용하지 않는다."

이를 다소 전문적으로 표현하면 다음과 같다.

"이 변수의 접근범위는 파일로 제한을 한다."

따라서 그림 35-2의 num.c에 선언된 변수 num을 다음과 같이 선언하면 func.c에서는 변수 num에 접근을 할 수 없어서 컴파일 오류가 발생한다.

```
static int num=0;
```

이처럼 static 전역변수는 접근의 범위를 파일의 내부로 제한하는 경우에 사용이 된다.

35-2 둘 이상의 파일을 컴파일하는 방법과 static에 대한 고찰

지금까지 설명한 내용의 확인을 위해서 VC++을 기반으로 실습을 해 보겠다. 참고로 지금까지 Dev C++을 사용해 왔다면 아래의 내용을 참조하여 Dev C++에도 쉽게 적용이 가능할 것이다. 그만큼 쉬운 내용이기 때문에 이 책에는 싣지 않겠으나(조금이라도 지면을 줄이기 위해 노력하고 있다), 오렌지미디어 홈페이지의 자료실에는 관련 내용을 정리해서 올려 놓겠다.

■ 파일부터 정리하고 시작합시다!

실행을 위해서 그림 35-2와 같은 형태로 파일을 나누자. 물론 이를 위해서는 다음과 같이 총 세 개의 파일을 만들어서, 그림 35-2의 형태대로 코드를 삽입해야 한다.

- num.c
- func.c
- main.c

그리고 추가로 printf 함수의 호출문이 존재하는 main.c에는 다음 문장을 삽입해야 한다.

```
#include <stdio.h>
```

이 때 이들 파일을 생성하고 프로젝트에 추가하는 방법에는 다음과 같이 두 가지가 있다.

- 첫 번째 방법 : 먼저 파일을 생성해서 코드를 삽입한 다음에 프로젝트에 추가를 한다.
- 두 번째 방법 : 프로젝트에 파일을 추가한 다음에 코드를 삽입한다.

첫 번째 방법에서는 먼저 파일을 생성해서 코드를 삽입한다고 했는데, 이 때 메모장을 포함한 어떠한 편집기를 사용해도 된다. 하지만 이는 일반적으로 컴파일 할 파일이 이미 존재하는 경우에 사용하는 방법이다. 예를 들어서 필자가 제시하는 소스파일을 이용해서 예제를 테스트하려면 이 방법을 사용해야 한다. 반면 두 번째 방법은 새로운 파일을 직접 추가하는 경우에 사용하는 방법이다.

■ 첫 번째 방법 : 이미 만들어진 파일을 프로젝트에 추가하는 방법

먼저 필자가 제공하는 이 책의 소스파일을 이용해서 컴파일하는 방법을 소개하겠다. 일단 다음과 같이 컴파일을 위한 프로젝트를 생성하자. 지금까지 여러분이 만들어오던 프로젝트와 동일한 형태의 프로젝트를 생성하면 된다.

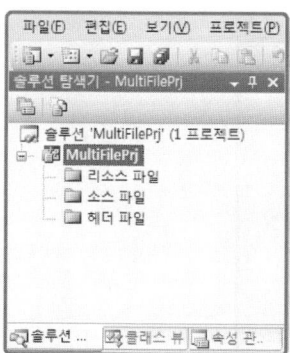

[그림 35-3 : 실습을 위한 프로젝트 생성]

이제 파일을 추가할 차례인데, 파일 탐색기를 열어서 추가할 파일을 끌어다 놓는 형태로 간단히 추가할 수 있다. 하지만 일반적인 방식은 솔루션 탐색기의 '소스 파일' 위에서 마우스 오른쪽 버튼을 누르는 방식이다. 다음 그림처럼 말이다.

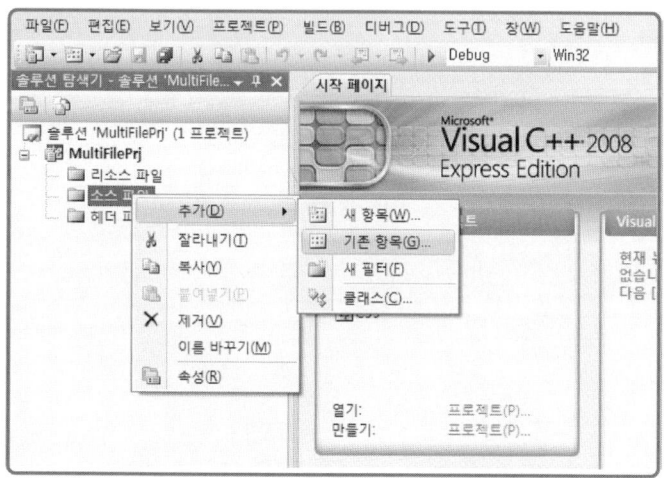

[그림 35-4 : 소스파일의 추가 1단계]

위 그림에서 보이듯이 '기존 항목'을 선택하면, 다음과 같이 파일을 선택할 수 있는 창을 보게 된다.

[그림 35-5 : 소스파일의 추가 2단계]

위 그림에서 보이듯이 마우스를 이용해서 한번에 둘 이상의 파일을 추가 대상으로 선택할 수 있다. 이렇게 해서 추가가 완료되면 솔루션 탐색기에는 다음과 같이 추가된 파일이 표시되어야 한다.

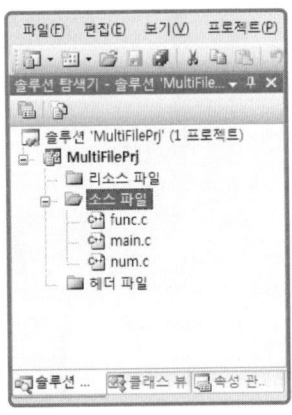

[그림 35-6 : 소스파일의 추가 3단계]

이로써 소스파일의 추가 과정이 모두 끝이 났다. 이제 종전과 동일한 방식으로 컴파일 및 실행을 하여 결과를 확인할 수 있다. 참고로 추가할 파일이 잠시 후에 살펴볼 헤더파일이라면 솔루션 탐색기에서 '소스 파일'이 아닌, '헤더 파일'에서 마우스의 오른쪽 버튼을 클릭 후 그림 35-4에서 35-6의 과정을 반복하면 된다.

■ 두 번째 방법 : 프로젝트에 파일을 추가한 다음에 코드를 삽입하여 컴파일하는 방법

사실 프로젝트에 새로운 파일을 추가한 다음에 코드를 삽입하는 방법은 이미 여러분이 사용해 오던 방식이다. 이 방법을 사용하려면 그림 35-4에서 '기존 항목'이 아닌 '새 항목'을 선택하면 된다.

[그림 35-7 : 새로운 파일의 추가 방법]

그리고 이후의 과정은 여러분이 앞서 해오던 파일의 추가 방법과 동일하므로 생략을 하겠다.

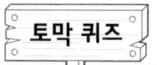

문제 : 그림 35-2의 소스파일 num.c에 선언된 변수를 다음과 같이 선언하면 컴파일 시 문제가 발생하는가? 실습을 통해서 직접 확인을 하고 답을 하기 바란다. 그리고 에러가 발생한다면 그 이유에 대해서도 설명해 보자.
     static int num=0;

답변 : 실습을 유도하기 위한 문제이다. 앞서 설명한대로 컴파일 시 에러가 발생한다. static 전역변수는 파일 내에서만 접근이 가능하기 때문이다.

■ static 전역변수의 장점과 활용도는?

앞서 간단히 static 전역변수에 대해서 설명했는데, 이 부분을 보충하고자 한다. 전역변수는 프로그램 전체 영역에서 접근 가능하다는 특징이 있는데, 이는 전역변수의 장점이자 동시에 단점이 된다. "프로그램 전체 영역에서의 접근"이라는 기능을 제공하기 때문에 장점이 부각되지만, 다음과 같은 단점도 존재하기 때문이다.

- 프로그램 전체 영역에서 접근이 가능하므로 잘못된 접근이 발생할 확률이 높다.
- 전역변수에 접근하는 코드가 프로그램 전체 영역에 분산되어 있다.

이중에서 두 번째 단점의 해결을 위해서는 가급적 전역변수를 사용하지 않도록 프로그램을 설계하는 수밖에 없다. 실제로 하나의 프로그램 안에서 필요로 하는 전역변수의 수는 생각보다 많지 않으며, 소프트웨어를 설계하는 개발자들도 프로그램의 구조를 향상시키기 위해서 전역변수의 수를 최소화하려고 노력한다. 그러나 다음과 같은 상황에서는 전역변수의 선언이 불가피해 보인다.

■ counter.c

```
1.  int cnt=0;   // 불가피해 보이는 전역변수
2.
3.  void AddCnt(void)
4.  {
5.      cnt++;
6.  }
7.
8.  void MinCnt(void)
9.  {
10.     cnt--;
11. }
12.
13. int GetCnt(void)
14. {
15.     return cnt;
16. }
```

■ main.c

```
1.  #include <stdio.h>
2.
3.  extern void AddCnt(void);
4.  extern void MinCnt(void);
5.  extern int GetCnt(void);
6.
7.  int main(void)
8.  {
9.      AddCnt();
```

```
10.         AddCnt();
11.         printf("현재 참여자 : %d \n", GetCnt());
12.         MinCnt();
13.         printf("현재 참여자 : %d \n", GetCnt());
14.         return 0;
15. }
```

■ **실행결과** : counter.c, main.c

```
현재 참여자 : 2
현재 참여자 : 1
```

소스파일 counter.c를 보면 변수 cnt가 전역변수로 선언되어 있다. 총 세 개의 함수에서 접근을 하고 있기 때문이다. 그러나 이 세 개의 함수가 하나의 파일 안에 정의되어 있기 때문에 굳이 변수 cnt를 전역변수로 선언해서 잘못된 접근의 위험에 노출시키기보다는 파일 내에서만 접근이 가능하도록 선언하는 것이 프로그램의 안전성을 높이는 길이 된다.

바로 이러한 경우에 static 전역변수가 선언이 되며, 이는 프로그램의 안전성을 높이는 길이기 때문에 활용도가 매우 높다고 할 수 있다.

토막 퀴즈

문제 : 위 예제 counter.c와 main.c을 보면서 다음과 같은 생각을 하지 않을 수 없다.

"AddCnt, MinCnt, GetCnt 함수가 필요한 이유가 뭐야? 전역변수로 선언했으니 main 함수에서 직접 접근해도 되잖아?"

여러분은 함수를 이용해서 전역변수에 접근하는 이유가 무엇이라고 생각하는가?

답변 : 함수를 통해서만 전역변수에 접근을 하면, 제한된 방식으로의 접근만을 허용하게 된다. 위 예제의 경우 함수를 통해서만 접근을 했기 때문에 증가 및 감소시킬 수 있는 값의 크기는 1로 제한이 되었다. 하지만 직접접근을 했다면 변수 cnt에 다음과 같은 형태로 잘못 접근하는 일이 발생할 수도 있다.

```
cnt=1;
```

원하던 바는 cnt+=1 이었다. 그런데 실수로 +를 빼먹어서(흔히 있을 수 있는 일 아닌가?) cnt의 값이 1로 초기화 되어버렸다. 즉 코드의 안전성 때문에 함수를 통해서 전역변수에 접근하는 것이다.

■ 함수에도 static을 붙일 수 있습니다.

전역변수에 static을 붙일 수 있듯이 함수에도 static을 붙일 수 있다. 그리고 그 의미는 static 전역변수와 마찬가지로 파일 내에서만 접근이 가능하도록 함수를 제한하는 것이다.

```
static void MinCnt(void)
{
    cnt--;
}
```

함수가 위와 같이 정의되면, extern 선언을 하더라도 다른 파일에서는 접근이 불가능하다. 그리고 이는 코드의 안전성을 높이는 역할을 하는 만큼(파일의 외부에서 원치 않게 호출되는 것을 막을 수 있다), 파일 내에서만 호출하기 위해서 정의된 함수라면 이렇게 static을 삽입하여 코드의 안전성을 부여하는 것이 좋다.

35-3 헤더파일의 디자인과 활용

이제 마지막으로 헤더파일에 대해서 살펴볼 차례이다. 지금까지 막연하게만 알고 사용해왔던 헤더파일에 대해서 살펴보겠다.

■ #include 지시자의 의미를 알면 헤더파일을 완전히 이해할 수 있습니다.

먼저 #include 지시자의 의미를 이해하자. 그러면 헤더파일을 이해할 수 있을 뿐만 아니라, 잘 디자인된 헤더파일에 대해서도 생각해 볼 수 있으니 말이다. 이를 위해서 다음 예제를 제시하겠다. 이 예제는 #include 지시자의 이해를 목적으로 작성하였다. 참고로 헤더파일을 추가하는 방법은 앞서 설명한 소스파일의 추가 방법과 유사하니 별도로 설명하지 않겠다(단 아래의 세 파일은 모두 동일한 디렉터리에 존재해야 컴파일이 된다).

■ header1.h
```
1.  {
2.      puts("Hello world!");
```

■ header2.h
```
1.      return 0;
2.  }
```

■ main.c
```
1.  #include <stdio.h>
2.
3.  int main(void)
4.  #include "header1.h"
5.  #include "header2.h"
```

언뜻 보면 이것이 정상적인 프로그램인가 하는 의심이 든다. 하지만 정상적인 프로그램이 맞다. 일단 이 프로그램의 분석을 위해서 다음 문장의 의미를 설명하겠다(1행의 #include문과 4, 5행의 #include문의 차이점은 잠시 후에 설명한다).

```
#include "header1.h"
```

이는 다음과 같은 메시지를 선행처리기에게 전달하는 것이다.

"이 문장의 위치에다가 header1.h에 저장된 내용을 가져다 놓으세요."

유사하게 main.c의 5행에 있는 지시자는 다음의 의미를 지닌다.

"이 문장의 위치에다가 header2.h에 저장된 내용을 가져다 놓으세요."

그럼 가져다 놓아 보자. 그러면 정상적인 프로그램임을 확인할 수 있다.

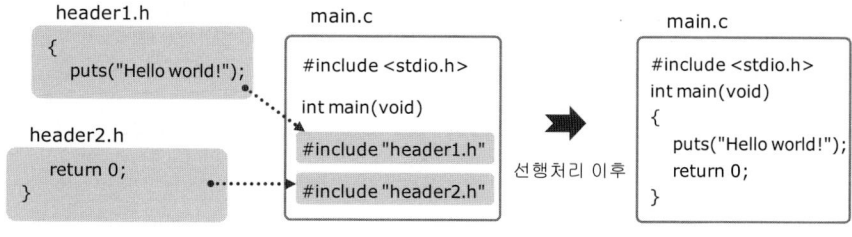

[그림 35-8 : #include의 의미]

이처럼 #include 지시자는 그 이름이 의미하듯이 파일의 내용을 단순히 포함시키는 것이다. 그 이상도 그 이하도 아닌 단순한 '포함'일 뿐이다.

■ 헤더파일을 include 하는 두 가지 방법

그림 35-8에서도 보이듯이 헤더파일을 포함시키는 방식에는 두 가지가 있다. 그 중 하나는 다음과 같다.

```
#include <헤더파일 이름>        /* 첫 번째 방식이라 하자! */
```

그리고 다른 하나는 다음과 같다.

```
#include "헤더파일 이름"        /* 두 번째 방식이라 하자! */
```

이 둘의 유일한 차이점은 포함시킬 헤더파일의 기본 경로인데, 첫 번째 방식을 사용하면 표준 헤더파일(C의 표준에서 정의하고 있는, 기본적으로 제공되는 헤더파일)이 저장되어 있는 디렉터리에서 파일을 찾게 된다. 때문에 이 방식은 stdio.h, stdlib.h 그리고 string.h와 같은 표준 헤더파일을 포함시킬 경우에 사용된다.

반면 두 번째 방식은 이 문장을 포함하는 소스파일이 저장된 디렉터리에서 헤더파일을 찾는다. 때문에 프로그래머가 정의하는 헤더파일을 포함시킬 때 사용하는 방식이다. 그리고 이 방식을 사용하면 헤더파일의 이름뿐만 아니라, 드라이브 명과 디렉터리 경로를 포함하는 형태의 '절대 경로(완전 경로)'도 지정할 수 있다. 다음은 절대 경로의 지정 예이다.

```
#include "C:\CPower\MyProject\header.h"   /* Windows 상에서의 절대 경로 지정 */
#include "/CPower/MyProject/header.h"     /* Linux 상에서의 절대 경로 지정 */
```

참고로, Linux 상에서의 절대 경로 지정 방식은 지금 당장 몰라도 된다. 이후에 Linux를 공부할 기회가 된다면 그때 가서 참고하기로 하자.

컴파일러 및 개발환경에 따라서 달라집니다.

헤더파일을 포함시키는 첫 번째 방식의 경우, 표준 헤더파일이 존재하는 디렉터리뿐만 아니라, 컴파일러 또는 VC++과 같은 통합개발 환경이 추가로 지정해 놓은 디렉터리도 헤더파일의 검색 경로에 포함이 된다. 그런데 이는 컴파일러 또는 통합개발 환경의 설정에 따라서 달라지기 때문에 일반적으로 활용하는 경로는 아니다.

> **토막 퀴즈**
>
> 문제 : 표준 헤더파일이 저장되어 있는 위치는 어떻게 찾을 수 있을까?
>
> 답변 : 파일 탐색기를 띄우고 stdio.h가 어디에 저장되어 있는지 찾으면 된다. 너무 쉬운 문제인가? 사실 문제도 아니다. 다만 stdio.h와 같은 헤더파일을 직접 열어볼 기회를 제공하고 싶어서 이러한 질문을 드렸다.

이처럼 절대 경로는 파일의 위치 정보를 완벽히 표현한다. 하지만 프로그램 개발에서는 특별한 이유가 없으면 절대 경로를 사용하여 헤더파일의 위치를 지정하지 않는다. 이는 다음과 같은 단점이 있기 때문이다.

〈어느 날씨 좋은 오후에〉

- 동수 : 야! 네가 준 프로그램이 내 컴퓨터에서 컴파일이 안돼!
- 홍준 : 내가 준 소스파일과 헤더파일을 어디에 뒀어?

- 동수 : 그냥 하나의 디렉터리에 묶어뒀지, 그럼 안되냐?
- 홍준 : 헤더파일은 MyHeader라는 디렉터리에 둬야 해! 내가 소스코드상에서 절대 경로를 지정해 뒀거든 ^^

〈 몇 시간이 지나고 나서〉

- 동수 : 야! 그래도 안 되는데, 이거 문제 있는 거 아냐?
- 홍준 : 아 참! D 드라이브에서 컴파일을 해야 한다. 내가 그 얘긴 안 했지?

- 동수 : 엥? MyHeader라는 디렉터리만 만들면 된다며, 그리고 난 하드디스크 포맷할 때 D 드라이브를 만들지 않았단 말이야!
- 홍준 : 아 그럼 소스파일들을 열어서 맨 위쪽에 있는 #include문을 찾아, 그리고...

이처럼 드라이브 및 디렉터리 정보를 포함하는 형태의 완전 경로를 지정하면 다른 컴퓨터에서 컴파일 시 소스코드의 변경이 필요할 수도 있다. 그래서 #include 문에서는 파일의 이름만 명시하는 형태의 상대 경로를 지정하는 것이 바람직하다.

■ 상대 경로의 지정 방법

드라이브 명과 디렉터리 경로를 포함하는 방식을 가리켜 절대 경로라 하는 이유는 다음과 같다.

"절대로 경로가 변경되지 않는다. 컴퓨터를 옮겨도 지정한 경로는 변경되지 않는다."

조금 설명이 어설펐지만 이해하는 데에는 충분했으리라 믿는다. 반면 상대 경로는 말 그대로 상대적인 경로이다. 즉 실행하는 컴퓨터의 환경에 따라서 경로가 바뀌기 때문에 상대 경로라 하는 것이다. 예를 들어서 헤더파일을 다음과 같이 포함시켰다고 가정해 보자(참고로 이는 상대 경로 지정 방식이다).

```
#include "header.h"
```

여러분은 이 문장의 헤더파일 검색경로를 알 수 없다. 왜냐하면 상대적이기 때문이다. 이 문장을 포함하는 소스파일이 C:\AAA에 저장되어 있다면, 이 문장의 헤더파일 검색경로도 C:\AAA가 된다. 반면 이 문장을 포함하는 소스파일이 C:\AAA\BBB에 저장되어 있다면, 이 문장의 헤더파일 검색경로 역시 C:\AAA\BBB가 된다. 그리고 상대 경로는 다음과 같은 형태로도 지정이 가능하다(때문에 상대 경로가 절대 경로보다 훨씬 유용하다).

- `#include "Release\header0.h"`
- `#include "..\CProg\header1.h"`
- `#include "..\..\MyHeader\header2.h"`

첫 번째 행은 다음과 같은 의미로 해석이 된다.

"소스파일이 있는 디렉터리의 하위 디렉터리인 Release 디렉터리에 존재하는 header0.h를 포함하라."

그리고 두 번째 행은 다음과 같이 해석이 된다. ".."가 한 단계 상위 디렉터리를 의미하기 때문이다.

"한 단계 상위 디렉터리의 하위 디렉터리인 CProg에 존재하는 header1.h를 포함하라."

유사하게 세 번째 행은 다음과 같은 의미로 해석이 된다.

"두 단계 상위 디렉터리의 하위 디렉터리인 MyHeader에 존재하는 header2.h를 포함하라."

■ 헤더파일에 무엇을 담으면 좋겠습니까?

그렇다면 헤더파일에는 무엇을 담으면 좋겠는가? 사실 이에 대한 힌트는 앞서 예제를 통해 충분히 제시되었다. 기본적으로 헤더파일에는 다음과 같은 유형의 선언을 담게 된다.

- `extern int num;`
- `extern int GetNumber(void);    /* extern 생략 가능 */`

외부에 선언된 변수에 접근하거나 외부 함수를 호출하기 위한 선언들인데, 이들은 둘 이상의 소스파일로 이뤄진 프로그램에서 당연히 삽입될 수 밖에 없는 유형의 선언들이다. 그런데 필요할 때마다 매번 삽입하는 것은 번거로운 일이다. 따라서 이들 선언을 헤더파일에 모아두고 필요할 때마다 포함시키는 방법을 선택한다. 다음 예제를 통해서 이를 구체적으로 설명하겠다.

■ basicArith.h

```
1.   #define PI 3.1415
2.   double Add(double num1, double num2);
3.   double Min(double num1, double num2);
4.   double Mul(double num1, double num2);
5.   double Div(double num1, double num2);
```

■ basicArith.c

```
1.   double Add(double num1, double num2)
2.   {
3.       return num1+num2;
4.   }
5.
6.   double Min(double num1, double num2)
7.   {
8.       return num1-num2;
9.   }
10.
11.  double Mul(double num1, double num2)
12.  {
13.      return num1*num2;
14.  }
15.
16.  double Div(double num1, double num2)
17.  {
18.      return num1/num2;
19.  }
```

basicArith.c에는 사칙연산의 기능을 제공하는 함수들이 정의되어 있다. 그리고 이 함수들의 선언을 basicArith.h에 모아두었으므로, basicArith.c에 정의된 함수의 호출을 위해서는 #include문으로 basicArith.h를 포함시키기만 하면 된다.

그리고 매크로의 명령문도 파일 단위로만 유효하기 때문에(선행처리기도 파일 단위로 선행처리를 한다) 매크로 PI에 대한 정의가 헤더파일 basicArith.h에 삽입되었다. 때문에 매크로 PI를 필요로 하는 소스파일은 헤더파일 basicArith.h를 포함시키기만 하면 된다.

■ areaArith.h
```
1.  double TriangleArea(double base, double height);
2.  double CircleArea(double rad);
```

■ areaArith.c
```
1.  #include "basicArith.h"
2.
3.  double TriangleArea(double base, double height)
4.  {
5.      return Div(Mul(base, height), 2);
6.  }
7.
8.  double CircleArea(double rad)
9.  {
10.     return Mul(Mul(rad, rad), PI);
11. }
```

areaArith.c에는 면적을 구하는 함수들이 정의되어 있다. 그런데 이 함수들은 basicArith.c에 정의된 함수를 호출하기 때문에 헤더파일 basicArith.h를 포함시켜야 한다.

■ roundArith.h
```
1.  double RectangleRound(double base, double height);
2.  double SquareRound(double side);
```

■ roundArith.c
```
1.  #include "basicArith.h"
2.
3.  double RectangleRound(double base, double height)
4.  {
5.      return Mul(Add(base, height), 2);
6.  }
7.
8.  double SquareRound(double side)
9.  {
10.     return Mul(side, 4);
11. }
```

roundArith.c에는 둘레를 구하는 함수들이 정의되어 있다. 그런데 이 함수들 역시 basicArith.c에 정의된 함수를 호출하기 때문에 헤더파일 basicArith.h를 포함시켜야 한다.

잠시 여기서 헤더파일의 유용함을 관찰해보자. 만약에 헤더파일 basicArith.h가 존재하지 않았다면, 소스파일 areaArith.c와 roundArith.c에서 호출하고 있는 함수의 선언을 각각의 소스파일에 추가해야만 한다. 즉 번거로운 과정을 거쳐야만 하는 것이다. 그러나 헤더파일을 만들었기 때문에 한 줄의 #include문으로 모든 것이 해결되었다. 이것이 바로 헤더파일이 제공하는 유용함이다. 이제 위의 파일들과 더불어 컴파일 및 실행하기 위한 main 함수를 보자.

■ main.c

```
1.   #include <stdio.h>
2.   #include "areaArith.h"
3.   #include "roundArith.h"
4.
5.   int main(void)
6.   {
7.       printf("삼각형 넓이(밑변 4, 높이 2) : %g \n",
8.           TriangleArea(4, 2));
9.       printf("원 넓이(반지름 3) : %g \n",
10.          CircleArea(3));
11.
12.      printf("직사각형 둘레(밑변 2.5, 높이 5.2) : %g \n",
13.          RectangleRound(2.5, 5.2));
14.      printf("정사각형 둘레(변의 길이 3) : %g \n",
15.          SquareRound(3));
16.      return 0;
17.  }
```

헤더파일의 유용함은 main.c에서도 확인할 수 있다. areaArith.h와 roundArith.h를 만들지 않았다면 2행과 3행을 대신해서 여러 줄의 함수 선언이 추가되어야 한다. 이 경우에는 예제가 간단하여 네 줄로 끝나지만, 실제 프로그램 개발에서는 네 줄로 끝나지 않을 것이다.

■ 실행결과 : basicArith.c, areaArith.c, roundArith.c, main.c

```
삼각형 넓이(밑변 4, 높이 2) : 4
원 넓이(반지름 3) : 28.2735
직사각형 둘레(밑변 2.5, 높이 5.2) : 15.4
정사각형 둘레(변의 길이 3) : 12
```

■ 구조체의 정의는 어디에 둘까요? 그런데 중복은 안됩니다.

이전에 구조체를 설명할 때도 간단히 언급했듯이 구조체는 프로그램 개발에서 빠질 수 없는 문법적 요소이다. 그렇다면 구조체의 선언(typedef 선언) 및 정의는 어디에 두는 것이 정답일까? 소스파일일까 아니면 헤더파일일까? 두 개의 파일로 이뤄진 다음 예제를 참조하여 이 부분에 대한 답을 대략적으로나마 내려보자.

■ intdiv.c
```c
1.  typedef struct __div
2.  {
3.      int quotient;    // 몫
4.      int remainder;   // 나머지
5.  } div;
6.
7.  div IntDiv(int num1, int num2)
8.  {
9.      div dval;
10.     dval.quotient=num1/num2;
11.     dval.remainder=num1%num2;
12.     return dval;
13. }
```

■ main.c
```c
1.  #include <stdio.h>
2.
3.  typedef struct __div
4.  {
5.      int quotient;    // 몫
6.      int remainder;   // 나머지
7.  } div;
8.
9.  extern div IntDiv(int num1, int num2);
10.
11. int main(void)
12. {
13.     div val=IntDiv(5, 2);
14.     printf("몫 : %d \n", val.quotient);
15.     printf("나머지 : %d \n", val.remainder);
16.     return 0;
17. }
```

■ 실행결과 : intdiv.c, main.c

```
몫 : 2
나머지 : 1
```

위 예제를 분석하는 일은 어렵지 않으니 여러분의 몫으로 남기겠다. 그런데 분석하는 과정에서 다음 사실에 놀라지 않을 수 없다.

"구조체 div의 선언 및 정의가 두 번씩이나 삽입되었네요?"

처음 보면 상당히 이상하게 보이지만 앞서 설명한 다음 사실을 기억하면 전혀 이상하게 느껴지지 않을 것이다.

"컴파일러는 파일 단위로 컴파일을 진행합니다."

컴파일러는 다른 파일의 정보를 참조하여 컴파일을 진행하지 않는다고 하였다. 때문에 구조체 div에 대한 선언 및 정의는 div를 활용하는 모든 소스파일에 존재해야 한다. 그러나 우리는 헤더파일을 만들어서 div의 선언 및 정의가 프로그램 내에서 하나만 존재하도록 개선시킬 수 있다. 아니 반드시 개선시켜야 한다(다음 예제와 같은 구조로 말이다). 동일한 구조체의 정의가 두 군데 이상 존재하면 구조체의 수정 및 확장에 불편함이 따르기 때문이다.

■ stdiv.h

```
1.   typedef struct __div
2.   {
3.       int quotient;    // 몫
4.       int remainder;   // 나머지
5.   } div;
```

■ intdiv2.c

```
1.   #include "stdiv.h"
2.
3.   div IntDiv(int num1, int num2)
4.   {
5.       div dval;
6.       dval.quotient=num1/num2;
7.       dval.remainder=num1%num2;
8.       return dval;
9.   }
```

■ main.c

```
1.   #include <stdio.h>
2.   #include "stdiv.h"
3.
4.   extern div IntDiv(int num1, int num2);
5.
6.   int main(void)
7.   {
8.       div val=IntDiv(5, 2);
9.       printf("몫 : %d \n", val.quotient);
10.      printf("나머지 : %d \n", val.remainder);
11.
12.      return 0;
13.  }
```

위 예제에서 보이듯이 구조체의 선언 및 정의는 헤더파일에 삽입하는 것이 좋다. 그러나 하나의 소스파일 내에서만 사용이 되는 구조체는 소스파일에 정의하는 것도 괜찮다.

■ 헤더파일의 중복 삽입 문제

일단 구조체의 선언 및 정의는 헤더파일에 삽입하는 것이 좋다는 결론이 내려졌다. 그런데 이는 자칫 컴파일 에러의 원인으로 이어질 수 있어서 주의해야 한다. 총 네 개의 파일로 이뤄진 다음 예제를 통해서 이 부분을 언급할 텐데, 이 예제는 앞서 소개한 예제를(stdiv.h, intdiv2.c로 이뤄진 예제) 조금 변경시킨 것이다.

■ stdiv.h

```
1.   typedef struct __div
2.   {
3.       int quotient;    // 몫
4.       int remainder;   // 나머지
5.   } div;
```

■ intdiv3.c

```
1.   #include "stdiv.h"
2.
3.   div IntDiv(int num1, int num2)
4.   {
5.       div dval;
6.       dval.quotient=num1/num2;
7.       dval.remainder=num1%num2;
8.       return dval;
9.   }
```

위 소스파일에서는 헤더파일 stdiv.h를 포함하고 있다. IntDiv 함수에서 구조체 div의 변수를 선언하니 이는 당연한 것이다.

■ intdiv3.h
```
1.    #include "stdiv.h"
2.
3.    div IntDiv(int num1, int num2);
```

위 헤더파일은 소스파일 intdiv3.c에서 정의한 함수의 선언을 담고 있다. 그런데 함수의 선언에서 구조체 div가 반환형으로 선언되어 있기 때문에, 헤더파일 stdiv.h를 포함하는 것은 일반적인 선택이며 당연한 일로 간주가 된다.

■ main.c
```
1.    #include <stdio.h>
2.    #include "stdiv.h"
3.    #include "intdiv3.h"
4.
5.    int main(void)
6.    {
7.        div val=IntDiv(5, 2);
8.        printf("몫 : %d \n", val.quotient);
9.        printf("나머지 : %d \n", val.remainder);
10.       return 0;
11.   }
```

이 main.c의 3행에서는 intdiv3.h를 포함하고 있다. 7행에서 IntDiv 함수를 호출하기 때문이다. 그리고 2행에서는 stdiv.h를 포함하고 있다. 7행에서 div형 변수를 선언하고 있기 때문이다.
이렇듯 이 예제는 파일을 하나씩만 놓고 보면 문제될 것이 없어 보인다. 그러나 이들을 묶어놓고 보면 문제가 발생한다. 다음 그림은 헤더파일의 포함관계를 보여주고 있다. 이 그림을 통해서 문제가 무엇인지 찾아보기 바란다.

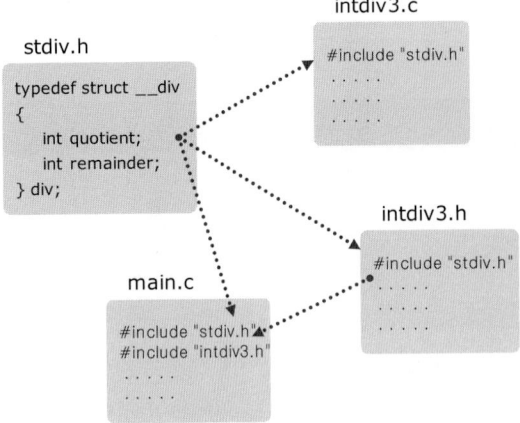

[그림 35-9 : 헤더파일의 중복 포함]

위 그림을 통해서 main.c가 포함하는 헤더파일의 종류와 수를 관찰해 보자. 일단 다음 문장에 의해서 stdiv.h를 한번 포함한다.

```
#include "stdiv.h"
```

그리고 다음 문장에 의해서 stdiv.h를 한번 더 포함한다. 왜냐하면 헤더파일 intdiv3.h가 stdiv.h를 포함하고 있기 때문이다.

```
#include "intdiv3.h"
```

결과적으로 main.c는 구조체 div를 두 번 정의하는 꼴이 되어 컴파일 에러가 발생한다. 그렇다면 이 문제를 어떻게 해결해야 할까? 가장 간단한 방법은 main.c에서 stdiv.h를 포함하는 #include문을 삭제하는 것이다. 어차피 헤더파일 intdiv3.h를 통해서 stdiv.h를 포함하게 되니 삭제를 해도 문제되지 않는다. 그러나 이는 이 상황에서의 해결책일 뿐 일반적인 해결책은 되지 못한다.

프로그램이 복잡해질수록 소스파일과 헤더파일은 많아지고, 더불어 헤더파일의 포함관계도 복잡해진다. 때문에 헤더파일을 한번만 포함시키도록 주의해서 프로그래밍을 하는 것은 매우 거슬리는 일이 되어버린다. 따라서 보다 근본적인 대책이 필요하다. 헤더파일의 중복 삽입을 고민하지 않아도 되는 아주 근본적인 대책 말이다.

■ 헤더파일을 중복 삽입했다고 해서 문제가 되나요?

헤더파일을 중복 삽입한 것 자체는 문제가 되지 않는다. 특히 다음과 같은 유형의 선언은 두 번 이상 삽입이 되어도 컴파일 오류가 발생하지 않는다. 왜냐하면 이는 컴파일러에게 전달하는 메시지에 지나지 않기 때문이다.

```
extern int num;
void Increment(void);
```

컴파일러에게 메시지를 두 번 이상 전달한다고 해서 문제가 되지는 않는다. 컴파일러가 짜증을 부릴 수는 있겠지만 말이다(재미없는 농담이다). 그리고 이러한 유형의 선언은 실행파일의 크기와도 상관이 없다(컴파일러가 컴파일을 할 수 있도록 도움을 줄 뿐이므로).

하지만 구조체의 정의는 이야기가 다르다. 이는 컴파일을 하는데 도움을 주는 정보가 아닌, 실행파일의 내용에 직접적인 연관이 있는 정보이기 때문이다. 구조체를 어떻게 정의하느냐에 따라서 실행파일의 크기뿐만 아니라 실행파일의 내용도 달라지지 않겠는가? 따라서 이러한 형태의 정의는 두 번 이상 중복될 수 없다.

■ **조건부 컴파일을 활용한 중복 삽입의 문제의 해결**

헤더파일의 중복 삽입에 대한 해결책은 30-3장에서 학습한 "조건부 컴파일을 위한 매크로"에서 찾을 수 있다. 바로 이어서 해결책을 보일 테니 여러분은 30-3장에서 학습한 내용을 복습 또는 참고하기 바란다. 총 네 개의 파일로 이뤄진 다음 예제는 헤더파일의 중복 삽입에 대한 해결책을 보여준다.

■ stdiv2.h

```
1.  #ifndef __STDIV2_H__
2.  #define __STDIV2_H__
3.
4.  typedef struct __div
5.  {
6.      int quotient;    // 몫
7.      int remainder;   // 나머지
8.  } div;
9.
10. #endif
```

위 파일은 앞서 중복 삽입으로 인해 문제가 되었던 헤더파일이다. 그런데 이 파일의 1, 2 그리고 10행을 통해서 4~8행의 중복삽입을 막고 있다.

이 파일을 처음 포함하는 소스파일은 __STDIV2_H__라는 이름의 매크로가 정의되지 않은 상태이므로 2~8행까지를 포함시킬 것이다. 때문에 매크로 __STDIV2_H__와 구조체 div가 정의된 상태가 된다. 그리고 이후에 이 파일을 다시 포함하게 될 경우에는 매크로 __STDIV2_H__가 정의된 상태이므로 1행과 10행에 의해서 그 사이에 있는 모든 내용이 포함되지 않는다. 결국 구조체 div는 소스파일당 하나씩만 정의가 된다.

■ intdiv4.h

```
1.  #ifndef __INTDIV4_H__
2.  #define __INTDIV4_H__
3.
4.  #include "stdiv2.h"
```

```
5.    div IntDiv(int num1, int num2);
6.
7.    #endif
```

위의 파일은 중복 삽입으로 인한 문제를 일으켰던 헤더파일은 아니다. 하지만 헤더파일에 존재하는 내용은 #ifndef문을 이용해서 중복 삽입의 문제를 미연에 방지하는 것이 좋다.

■ intdiv4.c
```
1.    #include "stdiv2.h"
2.
3.    div IntDiv(int num1, int num2)
4.    {
5.        div dval;
6.        dval.quotient=num1/num2;
7.        dval.remainder=num1%num2;
8.        return dval;
9.    }
```

■ main.c
```
1.    #include <stdio.h>
2.    #include "stdiv2.h"
3.    #include "intdiv4.h"
4.
5.    int main(void)
6.    {
7.        div val=IntDiv(5, 2);
8.        printf("몫 : %d \n", val.quotient);
9.        printf("나머지 : %d \n", val.remainder);
10.
11.       return 0;
12.   }
```

위 main.c에서는 2행과 3행에 의해서 stdiv2.h를 두 번 포함하려 든다. 하지만 stdiv2.h에 삽입된 매크로 지시자 #ifndef에 의해서 중복 삽입으로 인한 문제는 발생하지 않는다.

■ #pragma once 활용하기

#ifndef ~ #endif를 이용해서 헤더 파일에 정의된 내용의 중복 삽입 문제가 해결됨을 확인하였다. 그런데 이 방법 이외에도 컴파일러(선행처리기를 포함하는 개념의 컴파일러)에게 다음과 같이 명시적으로 명

령을 내리는 방법도 있다.

"이 파일은 소스파일 하나당 한번씩만 포함하도록 해라!"

이러한 명령을 내리려면 헤더파일에 다음의 문장을 추가하면 된다.

```
#pragma once
```

처리되는 방식에 있어서는 다음과 같은 차이가 있다.

- #ifndef ~ #endif : 프로그래머의 매크로 정의에 의한 중복 삽입 방지
- #pragma once : 컴파일러에게 인지를 시켜서 중복 삽입 방지

즉 처리되는 방식에 있어서는 약간의 차이를 보이지만 결과적으로는 완전히 동일한 기능을 제공하는 셈이다.

많은 분들이 #ifndef ~ #endif를 추천합니다.

#pragma once는 컴파일러에 의존적인 코드이다. 비록 상당수의 컴파일러가 이를 제공하고 있지만 C의 표준은 아니다(#pragma는 표준이나 once는 표준이 아니다). 따라서 공부하는 여러분의 입장에서는 #ifndef ~ #endif를 사용하는 편이 좋다. 다만 이후에 여러분이 프로그래머로서 개발환경에 대한 보다 깊이 있는 이해를 갖추고 나면, 그 때에는 #pragma once를 사용해도 좋지 않을까 생각한다.

제36장 실력 다지기 연습문제 05

PART 05에서 다룬 내용들 중 핵심이 되는 요소들을 정리하면 다음과 같다.
- 문자열 관련 함수들
- 구조체
- 파일의 입력과 출력
- 선행처리기의 특성과 헤더파일
- 파일을 나누는 방법

따라서 이들에 대한 프로그래밍 연습을 해야 하는데, 이들은 하나의 프로젝트 안에서 연습을 하는 것이 보다 효율적이다. 그래서 이번 장에서는 단계별로 소프트웨어의 기능을 향상시키는 형태의 프로젝트를 진행하고자 한다. 여러분은 프로젝트의 진행 과정을 통해서 PART 05에서 학습한 내용의 적용능력을 갖추게 될 것이다.

이 장의 목차페이지 ➡➡➡

36-1. 명함관리 프로그램 제작 01단계 : 데이터의 입력과 조회   922
36-2. 명함관리 프로그램 제작 01단계의 답안   925
36-3. 명함관리 프로그램 제작 02단계 : 파일의 분할   927
36-4. 명함관리 프로그램 제작 02단계의 답안   928
36-5. 명함관리 프로그램 제작 03단계 : 파일 입출력을 통한 데이터 유지   932
36-6. 명함관리 프로그램 제작 03단계의 답안   934

36-1 명함관리 프로그램 제작 01단계 : 데이터의 입력과 조회

이 프로젝트는 프로그래머와 고객의 대화로부터 시작한다. 대화를 통해서 여러분이 구현해야 할 소프트웨어의 특성을 파악해야 한다.

■ 프로그래머와 고객의 대화

다음은 고객과 프로그래머 사이의 대화이다. 이 대화를 듣고 고객이 요구하는 프로그램의 기능을 관찰하기 바란다.

- 프로그래머 : 원하시는 프로그램이 무엇인가요?
- 고객 : 전 하루에도 열 개가 넘는 명함을 받기 때문에 명함을 모아둘 수가 없지요. 그래서 명함에 있는 데이터를 컴퓨터에 저장하고 싶습니다.

- 프로그래머 : 구체적으로 저장해야 할 데이터들은 무엇인가요?
- 고객 : 명함에 있는 내용 전부입니다. 명함을 주신 분의 성함과 직급, 그리고 전화번호 정도이지요. 아! 회사의 이름도 저장되어야 합니다.

- 프로그래머 : 그럼 이들 데이터를 저장할 수 있고, 또 검색할 수 있으면 되겠네요?
- 고객 : 그렇습니다. 그 정도면 충분합니다.

- 프로그래머 : 검색을 하실 때에는 무엇을 기준으로 하셔야 합니까?
- 고객 : 글쎄요, 일단은 이름이면 충분할 것 같습니다.

■ 구현의 범위

- 명함 정보를 저장할 수 있는 구조체 namecard를 정의한다.
- 길이가 100인 namecard 구조체 배열을 선언하여 명함 정보를 저장한다.
- 이름과 전화번호가 동일하면 동일인으로 간주하고 입력을 허용하지 않는다.
- 소스파일의 이름을 ncManager.c로 하여 구현을 완료하자.

■ 실행의 예

• 정상적인 데이터 입력의 예

선택하세요
1. 정보 입력
2. 정보 검색
3. 종료
>> 1
이름 : 김 종 윤
회사 : SS소프트 서울 논현동 멋진빌딩 3층
직급 : 선임 연구원
전화번호 : 02)123-1234 내선번호 12

• 검색의 예

선택하세요
1. 정보 입력
2. 정보 검색
3. 종료
>> 2
찾고자 하는 이름 입력 : 김 종 윤
이름 : 김 종 윤
회사 : SS소프트 서울 논현동 멋진빌딩 3층
직급 : 선임 연구원
전화번호 : 02)123-1234 내선번호 12

• 데이터 중복 입력의 예

선택하세요
1. 정보 입력
2. 정보 검색
3. 종료
>> 1
이름 : 김 종 윤
회사 : SS소프트 서울 논현동 멋진빌딩 3층
직급 : 선임 연구원
전화번호 : 02)123-1234 내선번호 12
동일인의 정보가 입력되었습니다.

■ 필자가 제공하는 main 함수

필자가 제공하는 main 함수를 기반으로 프로그램이 동작하도록 나머지 부분을 완성해 나가기로 하자. 이 main 함수를 잘 분석하면 구현해야 할 프로그램의 전체적인 윤곽이 잡힐 것이다.

■ ncManager.c의 main 함수

```
1.   int main(void)
2.   {
3.       int dataCnt=0;
4.       namecard ncList[MAX_CNT];
5.   
6.       while(1)
7.       {
8.           int choice;
9.           ShowMenu();         // 메뉴를 출력 한다.
10.          choice=ReadChoice();     // 프로그램 사용자의 선택 반환
11.  
12.          switch(choice)
13.          {
14.          case INSERT:
15.              InsertData(ncList, &dataCnt);  // 데이터 입력 처리
16.              break;
17.          case SEARCH:
18.              SearchData(ncList, dataCnt);   // 데이터 검색 처리
19.              break;
20.          case EXIT:
21.              ExitProg();    // 프로그램 종료 직전 처리
22.              return 0;
23.          }
24.      }
25.      return 0;     // 형식적인 retrun문, 실제 호출되지 않는다.
26.  }
```

■ 문제를 통해서 갖추게 될 능력

이 문제를 통해서 여러분에게 다음 부분에 대한 실력 향상을 요구하고 있다.

- 문자열 관련 표준 함수의 활용 능력(29장)
- 매크로 기반의 상수 정의 (30장)
- 구조체의 정의와 구조체 연산의 능력(31장)
- enum 타입의 상수 정의 및 활용 (32장)

더불어 프로그램의 완성을 통해서 함수의 정의능력과 기본적인 코드의 구현 능력도 향상될 것이다.

36-2 명함관리 프로그램 제작 01단계의 답안

답안을 제공하는 이유는 계속되는 프로젝트의 진행을 위해서다. 따라서 여러분이 구현한 답안과 필자가 제공하는 답안을 비교하여 하나의 모범답안을 만들어서 다음 프로젝트의 도구로 활용하기 바란다.

■ ncManager.c

```
1.   #include <stdio.h>
2.   #include <string.h>
3.   #define   SHORT_STR    40
4.   #define   LONG_STR     80
5.   #define   MAX_CNT      100
6.
7.   enum {INSERT=1, SEARCH=2, EXIT=3};
8.
9.   typedef struct __namecard
10.  {
11.      char name[SHORT_STR];
12.      char company[LONG_STR];
13.      char position[SHORT_STR];
14.      char phone[SHORT_STR];
15.  } namecard;
16.
17.  void ShowMenu(void);
18.
19.  int ReadChoice(void);
20.  void InsertData(namecard arr[], int * cntPtr);
21.  void SearchData(namecard arr[], int cnt);
22.  void ExitProg(void);
23.
24.  int main(void)
25.  {
26.      /* 앞서 소개했으므로 생략 */
27.      return 0;
28.  }
29.
30.  void ShowMenu(void)
31.  {
32.      puts("선택하세요");
33.      puts("1. 정보 입력");
34.      puts("2. 정보 검색");
35.      puts("3. 종료");
36.      printf(">> ");
37.  }
38.
```

```c
39.  int ReadChoice(void)
40.  {
41.      int choice;
42.      scanf("%d", &choice);
43.      fflush(stdin);
44.      return choice;
45.  }
46.
47.  void InsertData(namecard arr[], int * cntPtr)
48.  {
49.      int i;
50.      int cnt=*cntPtr;
51.      namecard read;
52.
53.      printf("이름 : "); gets(read.name);
54.      printf("회사 : "); gets(read.company);
55.      printf("직급 : "); gets(read.position);
56.      printf("전화번호 : "); gets(read.phone);
57.
58.      for(i=0; i<cnt; i++)
59.      {
60.          if( !strcmp(read.name, arr[i].name)
61.              && !strcmp(read.phone, arr[i].phone))
62.          {
63.              puts("동일인의 정보가 입력되었습니다. \n");
64.              return;
65.          }
66.      }
67.
68.      arr[cnt]=read;
69.      (*cntPtr)++;
70.      printf("\n");
71.  }
72.
73.  void SearchData(namecard arr[], int cnt)
74.  {
75.      int i;
76.      char name[SHORT_STR];
77.      printf("찾고자 하는 이름 입력 : "); gets(name);
78.
79.      for(i=0; i<cnt; i++)
80.      {
81.          if(!strcmp(name, arr[i].name))
82.          {
83.              printf("이름 : "); puts(arr[i].name);
84.              printf("회사 : "); puts(arr[i].company);
85.              printf("직급 : "); puts(arr[i].position);
86.              printf("전화번호 : "); puts(arr[i].phone);
87.          }
88.      }
89.      printf("\n");
```

```
90.     }
91.
92.     void ExitProg(void)
93.     {
94.         puts("이용해 주셔서 감사합니다.");
95.     }
```

■ 더불어 시도해 볼만한 것들

아래의 기능을 더불어 추가해 보는 연습은 여러분의 몫으로 남겨 두고자 한다.

- 저장된 데이터의 삭제
- 데이터의 저장을 위해서 구조체 배열이 아닌 구조체 포인터 배열의 활용

36-3 명함관리 프로그램 제작 02단계 : 파일의 분할

앞서 구현한 ncManager.c에 모든 것이 담겨있다 보니 파일을 관리하기가 용이하지 못하다. 따라서 이번에는 35장에서 공부한 "파일의 분할과 헤더파일의 디자인"을 바탕으로 헤더파일을 디자인하고 파일을 분할하고자 한다.

■ 파일 분할의 기준

- namecard.h : 구조체 namecard의 typedef 선언과 정의
- ncControl.c : 함수 ShowMenu, ReadChoice, InsertData, SearchData, ExitProg의 정의
- ncControl.h : ncControl.c에 정의된 함수의 호출을 위한 함수의 선언
- main.c : main 함수의 정의

여기서 헤더파일 ncControl.h와 namecard.h에는 헤더파일 중복 삽입의 문제 방지를 위한 조건부 컴파일 지시자 #ifndef ~ #endif를 삽입해야 한다. 참고로 이보다 더 세밀한 구조로 파일을 분할할 수도 있다. 그러나 여기서는 이 정도로만 분할하는 것을 원칙으로 하겠다.

■ **문제를 통해서 갖추게 될 능력**

이 문제는 여러분에게 다음 부분에 대한 실력 향상을 요구하고 있다.

- 헤더파일 중복 삽입의 문제 해결을 위한 매크로의 활용 (35장)
- 헤더파일을 디자인하고 파일을 분할하는 능력 (35장)

36-4 명함관리 프로그램 제작 02단계의 답안

별도의 설명이 필요할 만큼 어려운 내용이 아닌 관계로 바로 이어서 답안을 제시하겠다.

■ namecard.h
```
1.  #ifndef __NAMECARD_H__
2.  #define __NAMECARD_H__
3.
4.  #define SHORT_STR    40
5.  #define LONG_STR     80
6.  #define MAX_CNT      100
7.
8.  typedef struct __namecard
9.  {
10.     char name[SHORT_STR];
11.     char company[LONG_STR];
12.     char position[SHORT_STR];
13.     char phone[SHORT_STR];
14. } namecard;
15.
16. #endif
```

■ ncControl.c

```c
1.   #include <stdio.h>
2.   #include <string.h>
3.   #include "namecard.h"
4.
5.   void ShowMenu(void)
6.   {
7.       puts("선택하세요");
8.       puts("1. 정보 입력");
9.       puts("2. 정보 검색");
10.      puts("3. 종료");
11.      printf(">> ");
12.  }
13.
14.  int ReadChoice(void)
15.  {
16.      int choice;
17.      scanf("%d", &choice);
18.      fflush(stdin);
19.      return choice;
20.  }
21.
22.  void InsertData(namecard arr[], int * cntPtr)
23.  {
24.      int i;
25.      int cnt=*cntPtr;
26.      namecard read;
27.
28.      printf("이름 : "); gets(read.name);
29.      printf("회사 : "); gets(read.company);
30.      printf("직급 : "); gets(read.position);
31.      printf("전화번호 : "); gets(read.phone);
32.
33.      for(i=0; i<cnt; i++)
34.      {
35.          if( !strcmp(read.name, arr[i].name)
36.              && !strcmp(read.phone, arr[i].phone))
37.          {
38.              puts("동일인의 정보가 입력되었습니다. \n");
39.              return;
40.          }
41.      }
42.
43.      arr[cnt]=read;
44.      (*cntPtr)++;
45.      printf("\n");
46.  }
47.
48.  void SearchData(namecard arr[], int cnt)
```

```
49.  {
50.      int i;
51.      char name[SHORT_STR];
52.      printf("찾고자 하는 이름 입력 : "); gets(name);
53.
54.      for(i=0; i<cnt; i++)
55.      {
56.          if(!strcmp(name, arr[i].name))
57.          {
58.              printf("이름 : "); puts(arr[i].name);
59.              printf("회사 : "); puts(arr[i].company);
60.              printf("직급 : "); puts(arr[i].position);
61.              printf("전화번호 : "); puts(arr[i].phone);
62.          }
63.      }
64.      printf("\n");
65.  }
66.
67.  void ExitProg(void)
68.  {
69.      puts("이용해 주셔서 감사합니다.");
70.  }
```

■ ncControl.h

```
1.  #ifndef __NC_CONTROL_H__
2.  #define __NC_CONTROL_H__
3.
4.  #include "namecard.h"
5.
6.  void ShowMenu(void);
7.  int ReadChoice(void);
8.  void InsertData(namecard arr[], int * cntPtr);
9.  void SearchData(namecard arr[], int cnt);
10. void ExitProg(void);
11.
12. #endif
```

■ main.c

```
1.  #include <stdio.h>
2.  #include "namecard.h"
3.  #include "ncControl.h"
4.
5.  enum {INSERT=1, SEARCH=2, EXIT=3};
6.
```

```
7.   int main(void)
8.   {
9.       int dataCnt=0;
10.      namecard ncList[MAX_CNT];
11.
12.      while(1)
13.      {
14.          int choice;
15.          ShowMenu();
16.          choice=ReadChoice();
17.
18.          switch(choice)
19.          {
20.          case INSERT:
21.              InsertData(ncList, &dataCnt);
22.              break;
23.          case SEARCH:
24.              SearchData(ncList, dataCnt);
25.              break;
26.          case EXIT:
27.              ExitProg();
28.              return 0;
29.          }
30.      }
31.      return 0;
32.  }
```

■ 더불어 시도해 볼만한 것들

- 파일 ncControl.c의 ShowMenu 함수와 ExitProg 함수는 프로그램 사용자를 위한 가이드의 역할을 담당하는 함수이므로 이러한 유형의 함수는 별도의 파일로 분리시키는 것을 고려해볼 수 있다.

- 헤더파일 stdio.h, stdlib.h, string.h와 같은 표준 헤더파일의 #include문을 묶어서 별도의 헤더파일에 담아두는 것을 고려해볼 수 있다

36-5 명함관리 프로그램 제작 03단계 : 파일 입출력을 통한 데이터 유지

지금까지 완성한 명함관리 프로그램은 프로그램이 종료되면 저장된 데이터 전부가 손실되는 구조였다. 따라서 실제로는 사용할 수 있는 형태의 프로그램이 아니다. 이러한 형태의 프로그램을 실제로 사용하기 위해서는 데이터의 손실이 없어야 한다. 즉 프로그램을 재실행하면 이전에 저장되었던 데이터가 그대로 복원되어야 한다. 이번 단계에서는 이러한 문제점의 해결을 위해서 파일 입출력 기능을 삽입하고자 한다.

■ 입출력 방식에 대한 가이드

구조체의 멤버가 전부 문자열로 이뤄져 있기 때문에 입출력 방식에 선택의 여지가 없어 보이지만, 실제로는 다양한 방식으로의 입출력을 고려해 볼 수 있다. 이에 필자가 하나의 입출력 방식을 제안하고자 한다.

- main 함수의 지역변수로 선언되어 있는 dataCnt에 저장된 값을 바이너리 형태로 저장한다. 그리고 저장을 위한 파일의 이름은 nccount.bin으로 하자.
- 배열 ncList의 데이터를 저장하는데, 텍스트 형태로 저장을 한다. 그리고 저장을 위한 파일의 이름은 ncList.txt로 하자.
- 파일에 데이터를 저장할 때에는 추가된 데이터만 저장하는 방식이 아닌, 전부를 처음부터 다시 저장하는 방식으로 구현하자.
- 데이터의 저장과 복원을 담당하는 함수의 이름을 각각 StoreToFile, LoadFromFile로 정의하자. 단 함수의 반환형 및 매개변수형, 그리고 호출 위치는 여러분이 결정해야 한다.

물론 하나의 파일에 모든 데이터를 저장하는 방식으로 예제를 작성할 수도 있지만, 파일 입출력에 대한 다양한 실습이 요구되는 시점이기 때문에 바이너리 기반의 파일과 텍스트 기반의 파일을 둘 다 생성하도록 요구하였다.

■ 추가되는 파일

위에서 언급한 StoreToFile, LoadFromFile 함수를 정의하여 fileControl.c라는 이름의 새로운 파일에 삽입하자. 물론 더불어서 헤더파일 fileControl.h도 추가해야 한다.

■ 문제를 통해서 갖추게 될 능력

이 문제는 여러분에게 다음 부분에 대한 실력 향상을 요구하고 있다.

- 매크로 기반의 상수 정의 (30장)

- 파일 컨트롤 능력(33장)
- 파일의 추가와 함수의 적절한 배치 능력(35장)

■ 실행의 예

• 프로그램의 1차 실행 후 종료

```
선택하세요
1. 정보 입력
2. 정보 검색
3. 종료
>> 1
이름 : 윤 성 우
회사 : 액시스소프트
직급 : 책임 연구원
전화번호 : 02)1234-1234 내선 2

선택하세요
1. 정보 입력
2. 정보 검색
3. 종료
>> 3
이용해 주셔서 감사합니다.
```

• 프로그램의 2차 실행 후 검색

```
선택하세요
1. 정보 입력
2. 정보 검색
3. 종료
>> 2
찾고자 하는 이름 입력 : 윤 성 우
이름 : 윤 성 우
회사 : 액시스소프트
직급 : 책임 연구원
전화번호 : 02)1234-1234 내선 2
```

위의 출력 결과는 파일에 데이터가 저장 후 완벽히 복원되었음을 보여주고 있다.

36-6 명함관리 프로그램 제작 03단계의 답안

아마도 시행착오를 한번 정도는 거쳤을 것으로 생각한다. 앞서 파일 입출력 부분에서 필자는 다음 두 가지 사실을 여러분에게 설명하였다.

- fgets, fputs 함수는 개행 문자를 기반으로 문자열의 끝을 구분한다.
- fgets 함수는 개행 문자인 \n을 포함하여 읽는다.

때문에 여러분은 다음 두 가지 사실에 주의하여 프로그래밍해야 한다. 만약에 이중에서 하나라도 생각하지 못했다면, 적지 않은 고생을 했을 것이다.

- fputs 함수를 통해서 문자열을 저장한 다음에는 별도로 \n을 저장해야 한다. 그래야 이후에 fgets 함수를 통해서 문자열을 읽어 들일 수 있다.
- fgets 함수를 통해서 문자열을 읽고 난 다음에는 \n의 삭제과정을 거쳐야 한다. 그렇지 않으면 \n이 문자열의 일부로 존재하여 프로그램 사용자가 처음 저장한 문자열과 차이를 보이게 된다.

이제 소스코드를 보일 차례인데, 실제로 코드의 변경이 발생한 파일은 main.c 하나이다. 따라서 새로 추가된 파일 fileControl.h와 fileControl.c, 그리고 main.c만 보이겠다.

■ fileControl.h

```
1.  #include "namecard.h"
2.
3.  void StoreToFile(namecard * list, int cnt);
4.  void LoadFromFile(namecard * list, int * cntPtr);
```

■ fileControl.c

```
1.  #include <stdio.h>
2.  #include <string.h>
3.  #include "namecard.h"
4.
5.  #define BIN_FILE    "nccount.bin"
6.  #define TXT_FILE    "ncList.txt"
7.
8.  void StoreToFile(namecard * list, int cnt)
9.  {
10.     int i;
11.     FILE * binFP=fopen(BIN_FILE, "wb");
```

```c
12.         FILE * txtFP=fopen(TXT_FILE, "wt");
13.
14.         fwrite((void*)&cnt, sizeof(int), 1, binFP);
15.         fclose(binFP);
16.
17.         for(i=0; i<cnt; i++)
18.         {
19.             fputs(list[i].name, txtFP); fputs("\n", txtFP);
20.             fputs(list[i].company, txtFP); fputs("\n", txtFP);
21.             fputs(list[i].position, txtFP); fputs("\n", txtFP);
22.             fputs(list[i].phone, txtFP); fputs("\n", txtFP);
23.         }
24.
25.         fclose(txtFP);
26.     }
27.
28.     void LoadFromFile(namecard * list, int * cntPtr)
29.     {
30.         int i, cnt, sLen;
31.         FILE * binFP=fopen(BIN_FILE, "rb");
32.         FILE * txtFP=fopen(TXT_FILE, "rt");
33.
34.         if(binFP==NULL || txtFP==NULL)   /* 복원할 파일이 존재하지 않으면 */
35.             return;
36.
37.         fread((void*)cntPtr, sizeof(int), 1, binFP);
38.         fclose(binFP);
39.
40.         cnt=*cntPtr;
41.         for(i=0; i<cnt; i++)
42.         {
43.             fgets(list[i].name, SHORT_STR, txtFP);
44.             sLen=strlen(list[i].name);
45.             list[i].name[sLen-1]='\0';
46.
47.             fgets(list[i].company, LONG_STR, txtFP);
48.             sLen=strlen(list[i].company);
49.             list[i].company[sLen-1]='\0';
50.
51.             fgets(list[i].position, SHORT_STR, txtFP);
52.             sLen=strlen(list[i].position);
53.             list[i].position[sLen-1]='\0';
54.
55.             fgets(list[i].phone, SHORT_STR, txtFP);
56.             sLen=strlen(list[i].phone);
57.             list[i].phone[sLen-1]='\0';
58.         }
59.
60.         fclose(txtFP);
61.     }
```

■ main.c

```
1.   #include <stdio.h>
2.   #include "namecard.h"
3.   #include "ncControl.h"
4.   #include "fileControl.h"
5.
6.   enum {INSERT=1, SEARCH=2, EXIT=3};
7.
8.   int main(void)
9.   {
10.      int dataCnt=0;
11.      namecard ncList[MAX_CNT];
12.
13.      LoadFromFile(ncList, &dataCnt);
14.
15.      while(1)
16.      {
17.          int choice;
18.          ShowMenu();
19.          choice=ReadChoice();
20.
21.          switch(choice)
22.          {
23.          case INSERT:
24.              InsertData(ncList, &dataCnt);
25.              break;
26.          case SEARCH:
27.              SearchData(ncList, dataCnt);
28.              break;
29.          case EXIT:
30.              StoreToFile(ncList, dataCnt);
31.              ExitProg();
32.              return 0;
33.          }
34.      }
35.      return 0;
36.  }
```

이로써 이 책의 마지막 장을 마치도록 하겠습니다. 지금까지 고생하신 여러분께 축하와 더불어 감사의 말씀을 올려드립니다.

■ APPENDIX 아스키 코드 표

Dec.	Char.	Name	Dec.	Char.	Dec.	Char.	Dec.	Char.
0	^@	NUL	32	SP	64	@	96	`
1	^A	SOH	33	!	65	A	97	a
2	^B	STX	34	"	66	B	98	b
3	^C	ETX	35	#	67	C	99	c
4	^D	EOT	36	$	68	D	100	d
5	^E	ENQ	37	%	69	E	101	e
6	^F	ACK	38	&	70	F	102	f
7	^G	BEL, ₩a	39	'	71	G	103	g
8	^H	BS, ₩b	40	(	72	H	104	h
9	^I	TAB, ₩t	41	)	73	I	105	i
10	^J	LF, ₩n	42	*	74	J	106	j
11	^K	VT, ₩v	43	+	75	K	107	k
12	^L	FF, ₩f	44	,	76	L	108	l
13	^M	CR, ₩r	45	-	77	M	109	m
14	^N	SO	46	.	78	N	110	n
15	^O	SI	47	/	79	O	111	o
16	^P	DLE	48	0	80	P	112	p
17	^Q	DC1	49	1	81	Q	113	q
18	^R	DC2	50	2	82	R	114	r
19	^S	DC3	51	3	83	S	115	s
20	^T	DC4	52	4	84	T	116	t
21	^U	NAK	53	5	85	U	117	u
22	^V	SYN	54	6	86	V	118	v
23	^W	ETB	55	7	87	W	119	w
24	^X	CAN	56	8	88	X	120	x
25	^Y	EM	57	9	89	Y	121	y
26	^Z	SUB	58	:	90	Z	122	z
27	^[	ESC	59	;	91	[	123	{
28	^₩	FS	60	<	92	₩	124	|
29	^]	GS	61	=	93	]	125	}
30	^^	RS	62	>	94	^	126	~
31	^_	US	63	?	95	_	127	DEL

찾아보기

ㄱ

가변 길이 배열 (variable length array)	424
가변인자 매개변수	884
가변인자 함수	884
가상 메모리 (virtual memory)	329
간접 참조 연산자 (dereferencing operator)	517, 519
가상 메모리	453
가시성(visibility)	264
감소 연산자	148, 149
개행	818
거짓(false)	155
결합방향	140
공용체	794
공용체의 유용함	796
관계 연산자	153
구분자(separator)	144
구조체 멤버	767
구조체 변수의 입출력	836
구조체 변수의 주소 값	785
구조체 변수의 초기화	775
구조체 배열	778
기가 바이트	88

ㄴ

난수	869
내림차순 (descending order)	657
널(null) 문자	432
널(null) 포인터	525, 527
논리 연산자	156

ㄷ

다차원 배열	446
다차원 배열 이름	572
단위행렬	450
단항 연산자 (unary operator)	146
대입 연산자	68, 136
대체 리스트	732
데이터 영역	331, 604
동적 할당	604

ㄹ

램(RAM)	324
레이블(label)	244
레지스터(register)	204, 324, 345
리다이렉션(redirection)	846
리터럴	430
리터럴(literal) 상수	125
리틀-엔디안(little-endian)	532
링커(linker)	22
링킹(linking)	22

ㅁ

매개변수(parameter)	181, 332
매크로	732
매크로 몸체	732
매크로 상수	734
매크로 함수	734
매크로 함수의 장점	738
매크로 함수의 단점	738
매크로 확장 (macro expansion)	734
메가 바이트	88
메모리 버퍼	812
메인 메모리(main memory)	327
명령 인수	645
명령 프롬프트	74
모듈(module)	176
무한루프	270, 272, 287
문자열	55
문자열 상수	435
문자열 배열	549
문자열 변수	435
미리 정의되어 있는 매크로	753

ㅂ

바이너리 모드	819
바이너리 파일	817
바이너리(binary) 코드	19
바이트	87
반복문(iterative statement)	268
반복문의 중첩 (nested loop)	290
반환형	182
배열 요소	415
배열의 길이	415
배열의 복사	773
배열의 이름	415
배열의 접근방식	416
배열 포인터	578
버블 정렬	657
변수	66
복합(compound) 대입 연산자	144
부동소수점 오차	98
부호 연산자	146
블록(block) 단위 주석	70
비교 연산자	153
비트	87
비트단위 AND	375
비트단위 NOT	378
비트단위 OR	376
비트단위 XOR	377
비트 마스크	387
비트 연산자	374
비트 쉬프트 연산자	380
빅-엔디안(big-endian)	532
빌드(Build)	32

ㅅ

산술 변환 (arithmetic conversion)	139, 167
산술 연산자	136
삼 항 연산자	241
상대 경로	908
상수(constant)	430, 120
서식문자 (conversion specifier)	63
서식문자 조합	357
선언(declaration)	116
선행처리	730
선행처리기	730
세미콜론(;)	56
소괄호	143
솔루션	24
솔루션 탐색기	28
순환	858

찾아보기

쉘	74
스코프(scope)	264
스택 영역	331, 604
스트림(stream)	806
스트림의 소멸	811
실수의 표현방식	93
실수 자료형	96
실수형	109
심볼릭(symbolic) 상수	125

ㅇ	
아스키(ASCII) 코드	308
아스키코드 값	308
아스키코드 문자	308
완전경로	906
어셈블러(assembler)	19
어셈블리 언어	18
언더플로우(underflow)	106
연산자	68, 136
연산자 우선순위	69
열거형(enumerated types)	798
열거형 상수 (enumeration constants)	800
열거형의 유용함	801
오름차순(ascending order)	657
오버플로우(overflow)	107
오브젝트 파일	22
오브젝트와 유사한 매크로 (object-like macro)	732
오일러(Euler) 수	867
우선순위	140
워드	88
이스케이프 시퀀스 (escape sequence)	55, 56
이진 검색	671
이항 연산자	136
입력 버퍼	695
입력 스트림	808
입력 포맷	224
의사 난수(pseudo-random number)	869

ㅈ	
자기 참조 구조체 (self-referential structures)	786
자동변수 (automatic variable)	266
자동생성 코드	76
자동으로 열리는 스트림	821
자료형(data type)	96
자료형 변환 연산자 (cast operator)	161
자료형 선택	111
자료형을 나누는 기준	104
재귀(recursion)	858
재귀적 함수의 정의	859
적절한 자료형의 선택	111
전역변수(global variable)	336
전위 증가 연산자	151
전처리	730
전처리기	730
절대 경로	906
접미사	124
정밀도	93
정수의 승격	112
정수의 표현방식	89
정수 자료형	96
정수형	104
정적변수(static variable)	341
정적 전역변수	341
정적 지역변수	341
조건부 컴파일 (conditional compilation)	741, 917
조건식	285
조건 연산자	241
주석(comment)	70
주소체계	508
중괄호	233
증가 연산자	148, 149
증감식	285
지역변수(local variable)	266, 332
진리 표(truth table)	156

ㅊ	
참(true)	155
참조에 의한 호출 (call-by-reference)	592
초기식	285
출력 버퍼	696, 697
출력 스트림	808

ㅋ	
캐스트 연산자	162
캐쉬(cache)	324
캘린터 타임(calendar time)	878
컴파일러(compiler)	20
코드 영역	331, 604
코드 최적화 (code optimization)	630
콘솔(console)	73, 214
콘솔 입력 장치	214
콘솔 출력 장치	214
콘솔 입력 함수	214
콘솔 출력 함수	214
콤마(,) 연산자	161
퀵 정렬	668
클럭 틱(clock tick)	876
키워드	96
킬로 바이트	88

ㅌ	
텍스트 모드	819
텍스트 파일	817
토큰(token)	716
통합개발환경(IDE)	39
트라이그래프 시퀀스 (trigraph sequence)	59
특수문자	55

ㅍ	
파일 개방	809
파일 오픈	809
파일 위치 지시자	838
파일의 개방 모드	816
팩토리얼	859
포인터(pointer)	508
포인터에 의한 호출	592
포인터 연산	558
포인터의 주소 값	541

찾아보기

포인터 배열	547, 578	
포인터 변수	512, 513	
포인터 형(pointer type)	517	
포인터 형의 이름	517	
포인터 형 변환	530	
표시문자	357, 359	
표준 검색 함수	671	
표준 정렬 함수	668	
프로세스 타임 (process time)	875	
프로젝트	24	
피보나치 수열	863	

ㅎ

하드디스크(hard disk)	324
한정자 (type qualifiers)	598
함수	176
함수의 몸체	180
함수의 선언	195
함수의 호출	183
함수와 유사한 매크로 (function-like macro)	734
함수 정의(definition)	179
함수 포인터	648
함수 포인터 변수	649
행(line) 단위 주석	71
헤더파일 선언	55
현재 디렉터리 (current directory)	815
형 변환 연산자	161
후위 증가 연산자	151
휘발성 메모리	325
흐름의 분기	230
힙 영역	331, 604

a

abort	666
abs	868
acos	874
acosh	874
argc	644
argv	639, 644
arithmetic conversion	167
asin	874
asinh	874
assembler	19
atan	874
atanh	874
atexit	664
atof	719
atoi	719
atol	719
atoll	719
auto	266
automatic variable	266
ALU(arithmetic logic unit)	204, 325
ANSI	38

b

bsearch	671
big-endian	532
break	247, 274, 294
Build	32

c

cache	324
calendar time	878
calloc	613
call-by-reference	590
call-by-value	590
case	244
cast operator	161
ceil	866
char	104
clock	875
clock tick	876
clock_t	876
cls	75
code optimization	630
comment	70
compiler	20
conditional compilation	741
console	73, 214
const	127, 483, 598, 622
const 상수	126, 127
continue	275
conversion specifier	63
cos	873
constant	120
cosf	875
cosh	873
cosl	875
cpu	18, 308
current directory	815
ctime	879
ctype.h	315
CLOCKS_PER_SEC	876
C99	38

d

data type	96
declaration	116
default	244
defined	746
definition	179
deprecated	225
dereferencing operator	519
dir	75
double	97, 110
do~while	278
Dev C++	39

e

else	236
enum	798
enumerated types	798
enumeration constants	800
escape sequence	55, 56
exit	666
exp	866
extern	896
e 표기법	352
EOF	693, 823
EXIT_FAILURE	666
EXIT_SUCCESS	666

f

fabs	866
fclose	811
feof	823

찾아보기

fflush	699, 812	
fflush(stdin)	814	
fgetc	814, 821, 822	
fgetpos	844	
fgets	822, 824, 830	
float	110	
floor	866	
fopen	807	
for	282	
fpos_t	843	
fprintf	822, 833	
fputc	810, 821, 822	
fputs	822, 824, 830	
fread	822, 826	
free	609	
function	176	
function-like macro	734	
fscanf	822, 834	
fseek	839	
fsetpos	843	
ftell	841	
fwrite	822, 826	
FILE 구조체	807	

g
gcc	39
getchar	693, 703
getc	821, 823
gets	693, 830
global variable	336

h
hard disk	324

i
if~else	236
if…else if…else	239
int	105
isalpha	316
isdigit	315

islower	316
isupper	316
iterative statement	268
IDE	39
IEEE	95
IEEE 754 표준	94
Integer(Integral) Promotion	112, 114

l
label	244
labs	868
lazy evaluation	158
linker	22
linking	22
little-endian	532
localtime	880
local variable	266
log	866
log10	866
long	105
long double	110
long long	105
lvalue	165
L	128
LL	128

m
macro expansion	734
main memory	326
main 함수	52
malloc	606
math.h	866
memcpy	637
memmove	635
memory.h	636
module	176
MSB(Most Significant Bit)	90
M_E	867
M_PI	867

n
nested loop	290
null	432

o
object-like macro	732
overflow	107

p
parameter	181
pause	74
pointer	508
pointer type	517
postfix	149
pow	866
prefix	148
printf	53, 62, 350
process time	875
pseudo-random number	869
putc	821, 823
putchar	692
puts	692, 697, 830

q
qsort	668

r
rand	869
realloc	614
recursion	858
redirection	846
register	204, 324
restrict	598, 622, 629, 633
return	182
rewind	842
rvalue	165
RAND_MAX	870
RAM	324

s
scanf	214, 350, 364
scanf_s	224
scope	274
self-referential structures	786

찾아보기

separator	144
short	105
short-circuit evaluation	158
signed	108
sin	873
sinh	874
sizeof	164, 419
size_t	606
sprintf	720
sqrt	866
srand	870
sscanf	720, 722
static	341, 897, 902, 904
static 변수	341
static 전역변수	341, 902
static 지역변수	341
stdarg.h	884
stderr	821
stdin	814, 821, 829
stdlib.h	868
stdout	814, 821, 829
strcat	709
strchr	714
strcmp	711
strcpy	706
stream	806
string.h	636
strlen	705
struct	765
switch	244
system	75
SEEK_CUR	839
SEEK_END	839
SEEK_SET	839

t	
tan	873
tanh	874
time	878
time_t	878
tm	880

token	716
trigraph sequence	59
truth table	156
typedef	596, 601, 654, 656, 767, 777
type qualifiers	598, 622

u	
unary operator	146
underflow	106
union	794
unsigned	108
U	128
UL	128
ULL	128
UTC	879

v	
variable length array	424
va_arg	886
va_end	886
va_list	886
va_start	886
virtual memory	329
visibility	264
void	186, 187
void형 포인터	606
volatile	598, 622, 629

w	
while	268

기타	
& 연산자	216, 438, 512
%s	434
\n	55, 818
\0	432
1차원 배열	415
2의 보수	91
2차원 배열	446
2차원 배열의 선언	449
2차원 배열의 초기화	454
2차원 배열 포인터	578
3차원 배열	470, 446
#define	732
#elif	745
#else	744
#if… #endif	741
#ifdef… #endif	742
#ifndef… #endif	744
#include	906
#line	755
#pragma	758, 790
#pragma once	918
#pragma pack	790
#pragma warning	225
#undef	757
# 연산자	749
## 연산자	750, 752
_USE_MATH_DEFINES	867
__DATE__	753
__FILE__	753
__LINE__	753
__STRICT_ANSI__	868
__TIME__	753
__VA_ARGS__	887

무료 인터넷 강의 쿠폰

ORANGE MEDIA

쿠폰번호는 뒷면에 기재되어 있습니다.

www.orentec.co.kr